中國現代思想的起源

中國現代思想的起源 (ZHONG GUO XIAN DAI SI XIANG DE QI YUAN)
by 金觀濤 (Jin Guantao), 劉靑峰 (Liu Qingfeng)
Copyright 2011 ⓒ 金觀濤 (Jin Guantao), 劉靑峰 (Liu Qingfeng)
All rights reserved.
Korean copyright ⓒ 2024 by Geulhangari Publishers
Korean language edition arranged with Research Centre for Contemporary Chinese Culture through
Eric Yang Agency Inc.
이 책의 한국어 판권은 EYA를 통한 Research Centre for Contemporary Chinese Culture 와의 독
점계약으로 ㈜글항아리가 소유합니다. 저작권법에 따라 한국 내에서 보호를 받는 저작물이므로
무단전재와 복제를 금합니다.

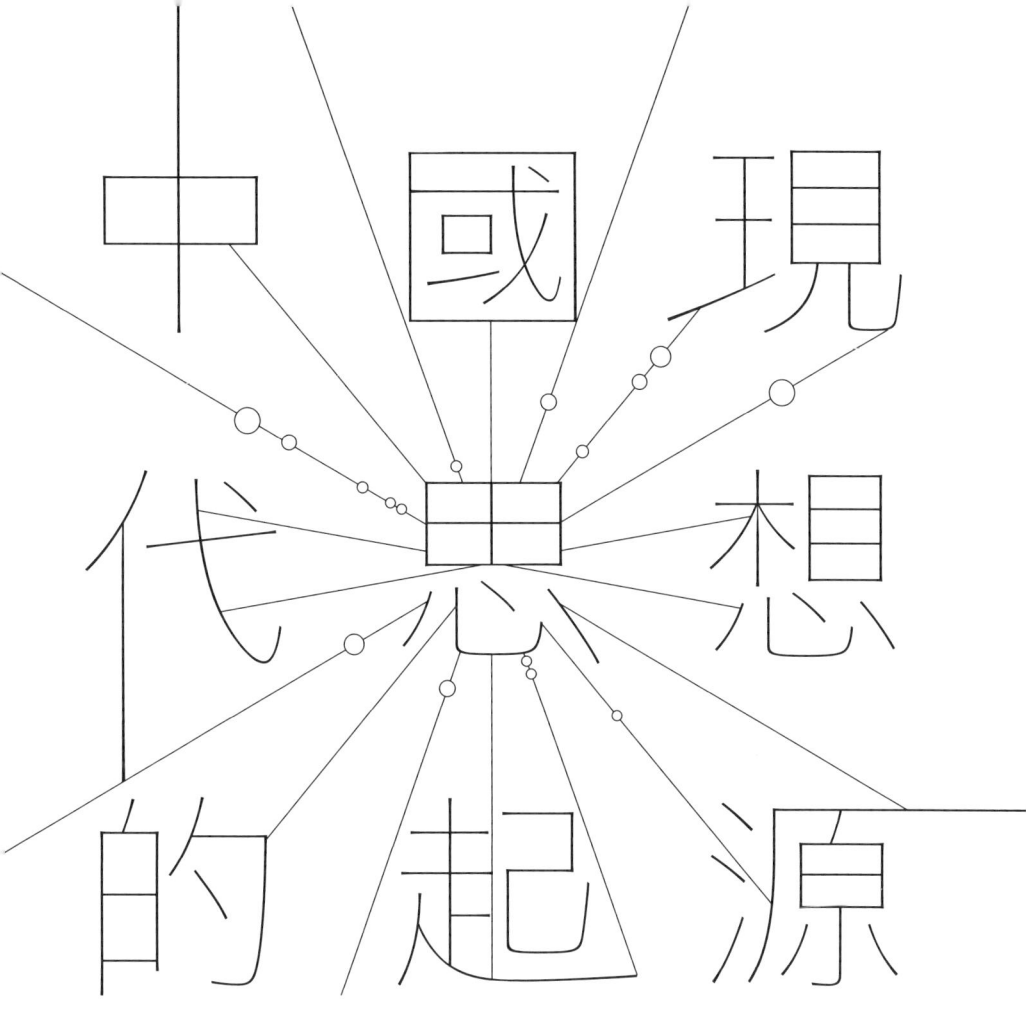

중국 현대사상의 기원

초안정 구조와
중국 정치문화의 변천

진관타오 | 류칭펑 지음
송종서 옮김

글항아리

일러두기

1. 이 책은 金觀濤·劉靑峰의 『中國現代思想的起源: 超穩定結構與中國政治文化的演變』 제一卷(中文大學出版社, 2000)의 제2판(2005)을 완역한 것이다.
2. 인명 표기는 신해혁명(1911)을 기준으로 그 이전 사망자는 한자음 표기, 그 이후 사망자는 현지음으로 표기하는 것을 원칙으로 했다. 다만 실명을 알 수 없거나 사망 연도가 불확실한 경우 부득이 역자의 주관대로 표기했다.
3. 역자는 저자의 독특한 개념과 용어들의 유래를 밝히기 위해 본문과 부록에서 원어를 병기하고 [ ]에 해설을 넣었고, 역자 후기에서는 따로 설명하기도 했다.

한국어판 서문

한국의 글항아리 출판사가 조만간 『중국 현대사상의 기원』(이하 『기원』) 을 출판할 예정이며 한국어 번역도 끝났다는 소식을 접하고서 우리는 조금 뜻밖이었습니다. 글항아리 출판사와 한국 역자의 작업에 감사합니다. 이 저서는 문명 융합의 각도에서 중국 현대사상의 기원, 역사와 사회의 근현대적 변천을 상세히 해석하고자 노력한 것입니다. 한국어판이 세상에 나오는 즈음에 한국 독자들에게 이 책의 집필 과정과 문제의식을 대략이나마 소개할 필요를 느낍니다.

『기원』은 우리가 중국 역사와 사회를 연구한 세 번째 저서입니다. 첫 번째 저서인 『흥성과 위기: 중국 사회의 초안정 구조를 논함興盛與危機: 論中國社會超穩定結構』은 40여 년 전에 출판되었고, 시스템진화론系統演化論을 사용해 중국 전통사회에 2000년간 특유했던 왕조 교체 현상 및 그 메커니즘機制을 연구해보려는 시도였습니다. 우리는 마르크스든 베버의 역사관이든 모두 중국 역사를 유효하게 해석할 수 없음을 알게 되었습니다. 사회 진화는 경제에 의해 결정되거나 단순히 이념에 의해 추진되는 것이 아니라, 정치·경제·문화 3개 하위 체계들子系統의 상호작용에 의존합니다.[01] 상이한 사회에서 하위 체계 3자가 상호작용하는 방식과 진화의 메커니즘은 상이합니다. 『흥성과 위기』는 중국 전통사회에서 정치·경제·

---

[01] 저자의 '시스템진화론'은 베르탈란피 L. V. Bertalanffy의 일반체계(시스템)이론 General System Theory에 근거한 연구 방법론으로, 상이한 체계(들)의 상호 의존성 또는 인과성(율)을 중시한다. '系統'을 '체계' 또는 '시스템'으로 옮기는 이유다. 한편, 저자가 일반 학술용어로 사용하는 '體系' 역시 부득이 '체계'로 옮기되 필요에 따라 한자를 병기한다. ─옮긴이

문화 체계 3자 특유의 상호작동 방식을 드러내 보였고, 그것은 유가儒家의 도덕 이데올로기와 가家-국國 동형 구조同構02의 조직 원칙에 의해 규정된 것입니다. 우리는 그것을 "도덕 이데올로기와 정치·사회의 일체화"라 불렀습니다. 그것의 지배 아래, 중국 전통사회는 치세와 난세가 번갈아 나타난 초안정 시스템이었습니다.

  1989년 이후 우리는 한 걸음 나아가, 이와 같은 일반체계이론의 방법을 중국 근현대 사회 변천의 탐구로 확장함으로써 고대사와 근현대사의 통일을 실현했습니다. 중국 공산혁명의 반反전통적 성질에서 나온 것이지만 중국 근현대 사회를 전통사회와 단절된 것으로 보는 역사 연구자들이 적지 않습니다. 그러나 우리가 발견한 놀라운 점은, 중국 현대사회 조직방식과 중국 전통사회의 일체화 구조가 뜻밖에도 동형 구조라는 것이었습니다. 중국 근현대 사회의 변천 역시 '서양의 충격에 의한 전통 일체화 구조 해체 — 이데올로기 교체 — 새로운 일체화 구조 건립'으로 개괄할 수 있으며, 이는 초안정 시스템의 대외개방 시기의 진화 양식模式입니다. 1993년에 출판한 『개방 중의 변천: 중국 사회의 초안정 구조를 재론함開放中的變遷: 再論中國社會超穩定結構』은 우리의 두 번째 단계 연구를 총괄한 것이라고 할 수 있습니다.

  『개방 중의 변천』은 서양의 충격이 중국의 전통적 일체화 구조 해체를 초래한 시기의 이데올로기 교체를 토론했으나, 이데올로기 교체의 메커니즘을 아직은 심도 있게 연구하지 못했습니다. 그 책을 출판한 뒤 우리는 곧바로 중국 사상사 연구에 뛰어들었습니다. 우리는 사상 문화가 변화·발전하는 내재적 논리를 사회 변천이 사상에 대해 일으킨 반

---

02 구조(적) 동일성 또는 이소모피즘isomorphism 을 의미한다. 일반체계이론의 주요 용어이기도 하다. 상대어 '變構'는 '변형 구조' 혹은 '구조 변형'으로 옮긴다.—옮긴이

작용과 연계지어 고찰해야만 한다고 느꼈습니다. 이는 관념사 연구가 여태껏 한 번도 다루지 않았던 영역이었습니다. 공산당 문화를 포함해 중국 현대사상이 어떻게 전통 사상으로부터 진화해왔는가? 그것은 또 어떻게 중국의 20세기 사회 진화에 참여했고, 또 거기(사회 진화)에 제약되었는가? 이것을 이해하기 위해 우리는 청나라 말기 및 5·4 신문화운동의 사상을 토론해야 했을 뿐만 아니라 송명이학, 한대漢代, 선진先秦으로까지 거슬러 올라가야 했습니다. 우리가 가장 흥미를 느낀 것은 사상과 사회 제도의 관계로, 특히 중대한 사회 변화와 사상 자체에 내재하는 진화 동력의 이중 작용에 의한 사상의 장기적 변화가 그것입니다. 『중국 현대사상의 기원』은 바로 중국 사회와 역사에 관한 우리의 거시 연구의 세 번째 저서로, 『흥성과 위기』 『개방 중의 변천』과는 달리 우리가 과거에 소홀히 했던 사상사의 내재적 논리에 중점을 두었습니다. 그 내재적 논리에 관한 우리의 생각은 다음과 같은 것이었습니다.

> 한대로부터 청대까지 2000년간 유학 이데올로기라는 사상의 장기적 변화를 지배한 논리를 드러내 보여야만 100여 년의 중국 사회 근현대 변천에 대해 더욱 깊은 인식을 가질 수 있다. 중국 역사상 외래 문명의 융합 과정은 2차례 발생한 바 있다. 제1차는 후한後漢 말기로, 우주론 중심의 유학의 바람직하지 않음不可欲으로 인해 그것에 대한 (가치의) 역전, 즉 도가道家의 가치로 도덕을 삼아서 추구한 것이 위진현학魏晉玄學을 생성했다. 위진현학이 불교를 영접하여 위진남북조, 수·당을 거쳐 수백 년이 경과하자 유학은 도가와 외래 불교 문명을 소화한 끝에 정주이학程朱理學이라는 새로운 형태로 발전했다. 제2차 문명 융합은 청나라 말기에 발생했다. 정주이학이 규정하는 중국 전통사회

조직의 청사진이 더 이상 전 지구화의 충격에 대응할 수 없게 되자 그것의 역전된 가치로서 혁명 유토피아가 새로운 도덕으로 추구되어 마르크스주의를 포함한 외래 서양문명과 친화했다. 중국의 제2차 문화 융합은 지금도 진행 중이다. 『흥성과 위기』가, 중국 전통사회의 주기적 붕괴-재건이라는 메커니즘이 전통사회 기본 구조의 안정성과 연속성을 유지하게 했음을 드러내보였다면, 『기원』은 두 차례의 문명 융합을 지배하는 또 하나의 중요 메커니즘을 드러냈다. 즉 도덕 이데올로기가 바람직하지 않게 되자 도덕 가치의 역전을 이끌었고, 역전된 가치는 외래문화와 친화하여 사회 조직 유기체를 다시 빚어냈다는 점이다. 그리고 『기원』은 중요한 관점을 하나 더 제기했는데, 중국의 도덕 이데올로기 구축은 상식이성常識理性에 근거한다는 점이 그것이다. 중국의 상식이성은 제1차 문화 융합 후기에 성숙한 것으로서 이데올로기의 메타後設 층위〔(도덕) 이데올로기 자체를 대상으로 하는 층위〕를 이루었으며 그것〔상식이성〕은 송명이학이 구축되고 그 계열이 분화되는 최후의 근거다. 제2차 융합 과정에서 중국의 상식이성은 또한 전통적 상식으로부터 새로운 상식으로의 전환을 발생시켜 국민당과 공산당 양당이 각자 이데올로기를 구축하는 근거가 된다.

『기원』은 우리를 향해 더 심각한 문제를 던졌습니다. '중국 전통사회의 현대적 전환이 제2차 문명 융합의 과정으로 간주되는 이상, 중국 전통 사상이 현대에 이르는 진화는 어떠한 단계들을 거치는가? 각 단계의 특징은 무엇인가?' 하는 것입니다. 이 책이 출간된 이후 우리는 『기원』의 기본 관점을 검증하기 위해 10년에 걸쳐 데이터베이스 통계 키워드를 사용하여 관념의 기원과 변화·발전을 분석하는 방법을 개발했습니다. 관련 연구는 『관념사 연구: 중국 현대 중요 정치용어의 형성觀念史硏究: 中國現代重要政治術語的形成』으로 집성되었습니다. 이 책은 한림대학교 학자들에 의해 한국어로 번역되어 2010년에 출판되었고, 2011년 '대한민국학술원 우수학술도서'로 선정되었습니다. 키워드 통계 분석은 중국 근현대 사상의 변화 발전에 세 단계가 있음을 증명합니다. 첫째는 갑오년 청일전쟁(1894~1895) 이전으로, 유학 관념을 사용하여 서양 현대 관념을 선택적으로 수용한 시기입니다. 둘째는 1895~1915년 20년간으로, 중국과 서양을 둘로 나누는 이원론 양식을 가지고 공공 영역에서 서양 현대 관념을 전면 학습한 시기입니다. 셋째는 신문화운동 기간(1915~1925)으로, 전반적으로 전통에 반대하고 서양 현대 관념을 전면 재구성한 시기입니다. 이 세 단계를 통해 서양 현대 관념은 중국 문화 심층구조의 재구성을 거쳐 중국식 현대 관념으로 바뀝니다. 그리고 새로운 이데올로기가 중국식 현대 관념 위에 세워진 것입니다. 키워드 연구로 얻은 3단계론은 중국 당대當代 사상이 제2차 융합에서 기원했음을 증명합니다.

　　『관념사 연구』의 의의는 키워드 통계 분석을 개념사槪念史에 도입한 것뿐만이 아닙니다. 더욱 중요한 것은 문명 융합에서 얻어낸 대역사관大歷史觀입니다. 왜냐하면 문명 융합이 전통사회의 현대적 전환에 영향을 끼친 것은 중국에서의 일일 뿐만 아니라 동아시아 사회의 근현대적 변천이라는 장기적 구조를 지배하고 있기 때문입니다. 오랜 기간 동아시아는 유학 문명으로 불렸으나 이는 정확한 말이 아닙니다. 중국 이외의 동아시아 사회는 유학의 영향을 깊이 받기는 했지만 그들의 기층사회는 오랜 기간 토착 신앙과 불교에 의해 주도되었습니다. 제1차 문명 융합을 거치면서 유학이 불교를 소화해 정주이학이라는 새로운 형태로 발전하기에 이르러서야 비로소 근본적인 변화가 출현했습니다. 17세기 이후 동아시아 전통사회에서는 정주이학이 공동共同의 정치문화입니다.

그러나 중국은 원래 일본·한국과는 사회 구조가 같지 않았고, 정주이학과 정치·사회의 결합 방식도 크게 달랐습니다. 중국에서 정주이학은 가-국 동형 구조의 도덕 이데올로기를 이루었으나 청일전쟁에서의 패배는 정주이학이 바람직하지 않음을 증명했고, 그것의 역전된 가치는 중국 근대 혁명 관념과 도덕 유토피아를 배양하는 모체였습니다. 일본에서는 덴노天皇와 바쿠후幕府의 이원 정치 구조가 존재했으므로 정주이학(주자학)이 불교, 신토神道교와 병존해 도덕과 해탈이라는 이중의 초월적 시야를 갖고 있었습니다. 19세기 중엽 이후로 일본 정치문화의 이중 초월 시야는 그들로 하여금 신속하게 동아시아 최초의 현대 민족 국가가 되게 했습니다. 조선에서 정주이학은 이조李朝의 중앙집권 강화를 도왔고 또 양반제를 보존시켜 중국과 다르고 일본과도 구별되는 정치문화를 형성했습니다. 특히 이황李滉(1502~1571)은 퇴계학파를 창립한 뒤 "사사로움을 깨부수고 올바름을 드러냄破邪顯正"을 강조해, 조선 민족의 대의大義를 굳게 지키고 자기를 엄격히 다스리며 적과 맞서 굴복하지 않는 전통을 빚어냈습니다. 정주이학이 조선에서 전개된 독특한 형태는 중국, 일본과 구별되는 현대화 진로를 이끌었습니다. 문명 융합의 안목이 부족하다면 동아시아 유학 문명이 이와 같이 각기 독특한 역사를 갖게 된 배경을 알기 어렵다고 생각합니다.

『기원』은 우리가 오랜 연구 과정에서 마주쳤던 문제에 대응하면서 쓴 책으로, 2000년 홍콩에서 출판할 당시는 마침 세기가 교체되는 때였지만 새로운 세기의 면모는 아직 뚜렷하지 않았습니다. 그리고 이 책의 내용과 글쓰기 스타일은 동시대 학계의 흥미에도 부합하지 않았습니다. 2011년 베이징에서 간체자판이 출간된 뒤에 비로소 청년 학자들의 관심을 받기 시작했습니다. 우리가 강조하려 한 점은 일찌감치 반세기 전에 사상사 연구의 중점은 경제사 혹은 정치사로 대체되었다는 것이었습니다. 그 초판의 서언에서 우리는 사상의 장기적 변천에 관한 연구는 역사의 무성한 숲속으로 물러나는 것과 같은 작업이라고 말했습니다. 21세기로 들어선 뒤 대역사의 연구가 부쩍 일어나기 시작했으나 대개는 경제, 사회, 환경을 중시하는 지구사Global History에 해당합니다. 바로 장기적 사상사의 부재로 인해 사람들은 문화와 사상의 측면에서 '문명의 충돌'을 더 많이 목격하고 토론하게 된 것입니다.

그보다 더 서글픈 것은, 전 지구화가 문명의 충돌을 일으킬 것이라고 주장하면 일부 사람은 타 문명을 적대시하면서 타 문명 속의 인류가 어떻게 생각하는지 이해하는 데는 관심이 없어 보인다는 사실입니다. 오늘날은 주축 문명들[03]과 그것들이 진화하는 대역사관 속에서 문명 융합이 중심적 위치를 차지한 것으로 보입니다. 오늘날 중국 문명은 제2차 융합의 산물일 뿐만 아니라 서양에서 발원한 모더니티도 고대 그리스·로마 문명과 히브리 종교가 융합한 결과입니다. 오늘날 전 지구화가 갖가지 문제와 위기에 직면해 있는 가운데 이 책이 문명 간의 상호 이해를 증대시키는 데 영감을 주었으면 합니다.

2023년 10월 13일 선전深圳에서

---

03 야스퍼스가 『역사의 기원과 목표Vom Ursprung und Ziel der Geschichte』(1949)에서 처음 언급한 '축의 시대Axial Age' 즉 기원전 8세기~기원전 3세기에 페르시아, 인도, 중국, 레반트, 그리스·로마에서 '한꺼번에' 출현한 종교와 철학이 인류의 영적 토대가 되어 발전한 문명들로, 현재 중동, 서양, 중국, 인도 문명에 해당한다. ─옮긴이

차례

한국어판 서문 005
서문 015

1장
이끄는 말 문화 융합의 양식

1.1 역사에 의해 망각된 과제 029
1.2 사상 변천의 장기적 양식은 있는가? 037
1.3 일체화 구조 속의 이데올로기 047
1.4 도덕가치 일원론과 천인합일의 구조 059
1.5 '당위'의 확장 중국 문화의 연속성이라는 수수께끼 071
1.6 외부의 충격이 중국 문화에 영향을 미치는 방식 도덕의 바람직성 파괴 082
1.7 가치의 역전은 외래문화를 선택적으로 흡수하고
    창조적으로 재건했다 089
1.8 상식이성, 문화 융합, 그리고 이 책의 내용과 구조 096

2장
제1차 융합

2.1 '당위' 세계가 직면한 세 가지 큰 충격 고문경, 자연재해, 소수민족의 침입 107
2.2 가치 역전 및 '천도 무위天道無爲' 118
2.3 도덕의 형이상학화, 그리고 제멋대로 하는 기풍放誕風氣 127
2.4 수신修身과 불교 133
2.5 중국 문화의 불교에 대한 선택적 흡수와 창조적 재구성 139
2.6 위진 현학의 세 단계 150
2.7 현상식 도덕의 기원과 초월의식의 형성 161
2.8 상식이성常識理性은 어떻게 성숙되었는가? 168
2.9 중국 문화의 상이한 세 층위 180

3장
이성화 그리고 이데올로기 재설계

3.1 수·당 시기의 문화 191
3.2 유학의 사회적 기능에 대한 상식이성의 지지와 모순 201
3.3 관념 정합과 이성화 212
3.4 유학은 불교의 사변과 수신 방법을 어떻게 이용했나? 218
3.5 이성화의 첫째 경로 정주이학 224
3.6 이성화의 두 번째 경로 육왕심학陸王心學 235
3.7 송명이학 제3계열과 단절형 246
3.8 중국 문화의 이성 구조 252

4장
외래 충격과 중국 근대 전통

4.1 서양의 두 차례 확장 261
4.2 사공을 강화하는 변이 269
4.3 경세치용과 청초 사상의 계보 277
4.4 왕선산 철학의 구조 288
4.5 황종희의 기론과 『명이대방록』 296
4.6 대진은 어떻게 기론으로 '이리살인'을 비판했나? 304
4.7 중국 현대사상과 '유학이 사공을 강화하는 변이'의 관계 313

5장
청대 사상 변천의 내재적 동력

5.1 고증과 박학의 성행 321
5.2 중국 '과학주의'의 원천 332
5.3 청대 사상 변천의 큰 추세 340
5.4 왜 중국 근대 전통은 서양 현대화의 도전에 대처할 수 없었나? 351
5.5 유가 이데올로기의 현대적 전환이 마주친 문제 358

6장
경세치용의 흥기와 실패

6.1 경세치용의 세 단계 371
6.2 태평천국 농민 전쟁과 이학 경세파 378

6.3 양무운동의 한계 385
6.4 서양의 영향이 가진 주변부적 성질 396
6.5 판결적 검증의 추세로 나아가다 404
6.6 전환기의 시작 415

7장
혁명 유토피아의 기원

7.1 중국 현대사상의 발단 425
7.2 첫 번째 가치 역전 혁명 인생관과 혁명 도의 434
7.3 두 번째 가치 역전 중국식 진보관 445
7.4 유기론, 상력설尙力說, 변증법적 유물론 455
7.5 세 번째 가치 역전 대동 이상과 공산주의 464
7.6 무정부주의의 유형 478
7.7 혁명 유토피아, 포퓰리즘, 의사불학 488
7.8 두 차례 가치 역전의 구조적 비교 503

8장
제2차 융합의 논리

8.1 서양 근현대 사상 변천의 큰 추세 513
8.2 왜 과학일원론이 이원론을 대체했는가? 522
8.3 도덕과 다른 종류의 정당성 권리의 기원 535
8.4 경험주의, 이성주의, 사회주의 545
8.5 국가의 독립과 개인의 자주 554
8.6 권리의 도덕화 과정 573
8.7 중국 문화는 어떻게 서양 근현대 사상을 선택했나? 591
8.8 제2차 융합의 세 단계 603

역자 후기 611
부록: 오늘날 사회사상 위기의 근원을 논함 644
찾아보기 667

서문

1993년 『개방 중의 변천: 중국 사회의 초안정 구조를 재론함開放中的變遷: 再論中國社會超穩定結構』을 완성한 뒤 곧바로 이 책을 쓰기 시작한 우리는 이 작업이 끝이 보이지 않는 탐색이 될 줄은 꿈에도 몰랐다. 글을 쓰는 동안 우리는 세기가 바뀌는 것을 지켜보았다. 1980년대의 사상 계몽은 중단되었고, 시장경제가 급속히 발전하면서 중국 지식계는 묵중한 이론 문제에 더 이상 흥미를 느끼지 못하는 것 같았다. '역사에는 법칙이 없다'는 인식이 새로운 신조가 되었고, 사회 변천의 거시적 양식과 사상·문화의 심층 구조를 탐색하는 연구들은 '과학주의'의 혐의를 받거나 공허한 것으로 취급되거나 학술적 수준이 결여된 것으로 배척되었다. 그러나 우리는 사상 탐구가 시대의 흥미를 이끌지 못하게 되었음을 애써 모른 체하고 아직 해결하지 못한 중요 이론과 사상에 집중했다. 6년여 동안 우리는 먼지 쌓여가는 산더미 같은 초고를 내버려둔 채 깊은 사유에 빠져 있었고 그 생각을 한 자락씩 풀어냈다.

상품 광고와 연예인과 정치가 장악한 시장사회에서 사상을 연구한다는 건 쓸모없는 일로, 중국뿐만 아니라 서양 학계에서도 관념사와 사상의 사회적 거시구조 탐구는 관심을 얻지 못했다. 출중한 역사학자와 사회학자들이 대부분 경제와 지역사 그리고 각종 문화 및 생활구조 영역으로 시선을 돌림으로써 사상사는 극소수 지식인의 몫이 되었다. 역사에서 사상의 작용은 오늘날 시장사회에서 그것이 차지하는 지위만큼이나 대수롭지 않은 것이 되어버린 듯하다. 많은 사람이 보기에 역사상 존재해온 지나치게 정교한 사변은 소수의 흥미를 끄는 순수 학술일 뿐, 사회에 영향을 끼치기 어렵다. 따라서 사상사 연구는 오늘의 사회와 거리가 먼 아카데미즘, 즉 은사隱士의 일로 치부되기 십상이다. R. G. 콜링우드가 세상을 떠나고 반세기가 넘도록 그 누구도 감히 "모든 역사는 이념의 역사"라고 자신 있게 단언하지 못했다. 이러한 흐름 속에서도 우리가 꿋꿋이 사회사에서 사상사 영역으로 방향을 틀게 된 것은 어느 날 갑자기 영감이 떠올랐기 때문이 아니며 더욱이 '사상에서 학술로 퇴각한' 것도 아니다. 반대로 우리는 지식인이 자기의 사상과 비판의식을 회복하려면 우선 사상사 연구에 뛰어들어 스스로 갈고닦을 만한 무기와 자원을 찾아내야 함을 절실히 깨달았다.

오늘날 사회에서 가장 보편적인 병증은 비판의식의 상실이다. 20세기 말부터 지식인들은 왜소해졌다. 19세기의 '사상의 거인'은 더 이상 존재하지 않으며 20세기 전반의 '행동하는 거인'도 자취를 감췄다. 심지어 여러 학술 영역을 포괄하고자 하는 포부를 가졌던 이들도 모두 사라졌다. 지식인은 이미 시장과 분업과 전공의 노예가 되었다. 오늘날 지식인이 비판의식을 잃게 된 원인 가운데 하나는 지식과 사상을 거시적으로 파악하고자 하는 자신감 또는 능력의 상실이다. 과거의 사람들은 그러한 능력을 지니고 있었으나, 19세기 또는 20세기 초기 사상가의 창조에 의지했다. 바로 마르크스주의와 막스 베버의 학설이다. 마르크스주의는 현대 시장사회가 한창 발흥하던 시대에 생성되었다. 당시 자본주의는 오늘날과 같은 전 지구적 성격이나 복잡성을 드러내지는 않았으나 현대 시장사회의 일부 문제점이나 문화에 대한 도전이 나타난 상태였다. 이에 마르크스는 경제 결정론으로 현대 자본주의의 기원, 진화 그리고 미래에 관한 거대 이론을 수립했다. 몇몇 오류를 포함하고 있기는 했지만 사람들은 마르크스주의를 기반으로 산꼭대기로 올라가 인류 사회가 나아갈 방향을 전망했으며 '우리는 어디에서 왔는가라는 질문'의 투철한 반성 정신으로써 옳고 그름을 논했다. 막스 베버는 마르크스주의 경제 결정론의 오류를 바로잡기 위해 관념이 어떻게 사회 변화를 추동하는지를 드러내고자 했다. 예컨대 그는 자본주의 정신의 기원 및 종교사회학에 관한 세밀 분석을 통해 서양 현대사회가 형성된 배경을 스케치한바 그의 이론은 거시적이면서 총체적인 구조를 이루고 있다. 다시 말해 인류 사회의 변천에는 하나의 기본 방향이 있었으니, 현대화가 바로 그것이다. 현대화의 본질은 도구적 이성의 확장, 즉 이성화다. 그러나 19세기 인류 사회 변화의 경험에 기초한 두 이론은 20세기의 역사적 경험을 포괄할 수 없으며, 지금 21세기의 현실이 그 당시에는 없었다는 점에서 깊은 탄식을 불러일으킨다. 역사의 총체적 그림이 산산조각 난 셈이다.

　　마르크스주의가 자기 실천에 의해 부정되었다면, 막스 베버의 학설은 20세기 인류 역사의 경험이 자본주의와는 다른 사회 형태를 전개했다는 점에서 큰 충격을 선사한다. 잘 알려져 있듯이 20세기에 수많은 국가에서 사회주의 및 공산주의 혁명이 발생하여 정권을 장악했다. 반면 두 차례의 세계대전을 초래한 자본주의의 엄중한 위기는 '이성화'가 인류 사회 변천의 기본 노선이 아님을 분명히 드러낸다. 권위주의든 유토피아적 사회공학이든, 베버의 학설은 그것을 작동하고 조직하는 메커니즘을 포괄할 수 없다. 물론 권위주의와 유토피아적 사회공학이 쇠퇴하면서 20세기 말 인류 사회는 다시 자본주의로 기울었고, 자본주의의 발전은 여전히 도구적 이성의 확장인 것만 같다. 그러나 20세기 사회주의의 발흥과 쇠퇴라는 이 중대한 역사적 현상을 빼놓는다면 사람들은 일찍이 베버의 학설이 스케치한 '인류 사회의 진보'라는 보편적 그림을 신뢰하기 어려울 것이다.

　　그런 거대한 역사 이론이 해체된 가운데 1990년대 초 자유주의는 전에 없이 자신만만한 태도로 역사의 종결을 선언했다. 물론 자유주의는 개인의 존엄을 지키고 현대 사회 조직의 원리적 측면을 드러내는 데 뛰어나지만 근본적으로 극복 불가능한 맹점이 있다. 바로 현대 시장사회의 기원에 대한 통찰력을 갖추지 못한 점이다. 아이제이아 벌린의 소극적 자유에 대한 정의 또는 프리드리히 하이에크의 『자유의 헌정Constitution of Liberty』의 경우 시장 체제가 의심할 바 없는 합리성을 가지고 있다고 미리 설정했다. 20세기 사회과학의 주체라고 할 수 있는 경제학은 시장 체제에 관한 연구에서 유례없는 성취를 거두었고, 이를 바탕으로 오늘날 방대한 글로벌 경제 체계를 이룰 수 있었다. 그러나 당대 경제학은 여전히 시장사회의 기원에 관한 문제를 해결하지 못했다. 이와 같은 맥락에서 볼 때 지식론 영역에서 시장사회의 한계를 검토하는 것은 당대 지식 체계, 특히 자유주의의 선천적 결함이 된다. 예컨대 일부 경제학자들은 뜻밖에도 정치 조직과 이데올로기가 교역 자본금을 줄이기 위한 목적에 기원하는 것으로 간주한다. 이러한 가정은 본디 사회 발전이 특정 단계에 이르러 생성된 산물인 시장과 시장 체제가 상상에 의해 항구적 존재로 변모한다. 즉 인류 사회 조직을 싹틔운 온상이자 사회 다른 조직들의 발전을 지배하는 전제인 것이다. 이러한 이론은 분명히 역사적 사실에 부합하지 않기에 그만큼 빈곤하고 허점이 많은 것으로 드러나게 마련이지만 시장 체제 숭배로부터 출발한 많은 철학자와 경제사 연구자는 여전히 이를 좋아하고 여기에 몰두한다. 그들은 이미 생명력이 없는 개념으로 증명된 이것의 이름을 바꾸거나 다른 표현을 사용함으로써 끊임없이 새로운 이론을 세우고 논문을 발표한다. 이는 유행을 쫓아 열심히 화장하고 매일 다른 옷으로 갈아입어 남의 눈을 현란하게 하지만 사실 새로운 의미는 부재하는 것과 같다.

자유주의는 거대 담론이 해체되어 내어준 공간을 구체적이지만 허위적인 역사의 그림들로 가득 채웠다. 이 사실 자체는 인류가 스스로의 역사와 생존 방식과 의미에 관한 총체적 이론을 가지지 않을 수 없음을 설명하는 것으로, 이 총체적 그림에 의거해 현대 시장사회를 이해하고 돌이켜 사색할 필요가 있다. 뿐만 아니라 지식인이 가치와 도덕, 관념을 창조하고 통찰력을 회복하는 일 또한 역사에 대한 일종의 총체적 해석과 철학적 사고를 필요로 한다. 어쩌면 이 총체적 역사의 그림을 재등장시키는 일이 21세기 이론가의 가장 중요한 임무일지도 모른다. 총체적 그림을 다시 드러내는 관건은 두말할 것 없이 인류의 과거 역사를 20세기의 경험과 통합하는 것이다. 21세기의 이론가들이 마르크스와 베버를 뛰어넘을 수 있다면, 그 배경은 그들이 20세기의 경험에 의거할 수 있기 때문일 것이다. 다시 말해 사상가들은 인류 사회의 진화를 총체적으로 모색할 때 반드시 세 부분의 통합을 고려해야 한다. 우선 마르크스주의와 베버 학설과 같이 자체적으로 완결 구조를 갖춘 이론을 사용해 자본주의의 기원과 19세기 이전의 역사적 경험을 설명해야 한다. 다음으로, 마르크스와 베버 두 인물이 경험하지 못한 19세기 말 현대 시장의 위기와 20세기 사회주의의 실천을 포괄해야 한다. 그 밖에 우리는 근본적으로 중국 문명을 벗어나거나 도외시한 채 인류 사회의 진화를 총체적으로 모색하기란 불가능하다고 생각한다. 중국 문명을 척도로 삼는 것은, 과거 이론가들이 서양 사회와 서양 역사의 경험에 근거해 인류 사회의 보편적 그림을 그리면서 드러낸 불완전한 면들을 보완할 수 있기 때문이다. 그보다 더 중요한 것은 혁명 유토피아의 흥기든, 마르크스와 베버가 상상한 것과 다른 현대 사회 형태의 실천이든, 서양 사회가 아닌 장소에서, 특히 인류 문명의 진화에 매우 중요한 위치를 차지하면서 막대한 영향력을 끼쳐온 중국에서 그것이 진행되었다는 점이다. 이렇듯 중국의 역사적 경험을 떠나 20세기 인류 사회의 진화와 그 속에 깃든 참신한 요인들을 온전히 이해하기란 불가능하다.

　　청년 시절부터 우리는 이 거대한 그림을 스케치하는 작업에 빠져들었으며, 20여 년에 걸친 우리의 주요 연구는 이 목표를 중심으로 이루어진 것이다. 1984년 중국 전통사회의 변천을 연구한 『흥성과 위기: 중국 사회의 초안정 구조를 논함興盛與危機: 論中國社會超穩定結構』을 펴내면서 우리는 시스템 진화론系統演化論의 방법을 채용해 중국 2000년 역사에서 전통사회 왕조 교체의 메커니즘을 탐구했다. 우리는 마르크스든 베버든, 그들이 묘사한 사회 진화의 동력은 중국 역사를 효과적으로 해석할 수 없음을 발견했다. 사회 진화는 경제가 결정하는 것이 아니고 단순한 이념의 추동도 아니다. 그것은 정치·경제·문화라는 3개 하위 체계子系統의 교호交互 작용 방식에 의존한다. 서로 다른 문명사회에서는 3개 하위 체계의 상호작용 방식과 진화의 메커니즘 및 형태도 상이하게 나타난다. 『흥성과 위기』는 중국 전통사회 특유의 정치·경제·문화가 형성하는 작동 방식을 위주로 연구한 것이다. 우리는 이와 같은 조직 형태를 '일체화 구조'라고 부른다. 이러한 규정을 받는 사회 진화는 마르크스의 이른바 상부 구조라는 것이 경제 기초의 발전에 순응해 변천하는 것도 아니고, [베버의 이른바] '이성화理性化'의 추동에 의해 전통사회에서 현대사회로 형태 전환하는 것도 아니다. 중국 전통사회의 초안정 시스템은 서양 및 일본 사회와 다르다. 그것은 '붕괴崩壞 - 원상 복구修復'의 새로운 유형이다. 즉 중국 사회는 붕괴한 뒤에 불변의 이데올로기 설계도에 의해 원상 복구되고 있으며, 이와 같은 붕괴와 원상 복구의 반복과 동요 속에서 사회의 기본적 조직방식과 구조가 역성혁명의 방식으로 유지돼 새로운 형태로 진화하지 못했다. 우리는 바로 이와 같은 사회 유형 연구를 거친 다음에 비로소 중국 전통사회가 자본주의를 발전시키지 않은 이유를 이해할 수 있었다.

1989년 이후 우리는 더 나아가, 이와 같은 방법을 중국 근현대 사회 변화의 탐색으로 확대함으로써 고대사와 근현대사의 통일을 실현하고자 했다. 적잖은 역사가들은 중국 공산주의 혁명을 중국 전통과 무관한 것으로 보고 있으며, 그런 까닭에 중국 근현대 사회의 확립은 전통사회에 대한 단절斷裂로 여겨진다. 그러나 우리는 놀랍게도, 중국 현대사회와 전통사회의 일체화 구조는 동형 구조라는 사실을 발견했다. 이렇게 되면 중국 근현대 사회 변화도 '서양의 충격에 의한 전통 일체화 구조 해체 — 이데올로기 교체 — 새로운 일체화 구조 건립'의 양식으로 개괄할 수 있고, 그것은 전통적 왕조 순환의 현대적 변형 구조다.『개방 중의 변천』은 우리의 2단계 연구를 총정리한 것이라 할 수 있다.

『개방 중의 변천』을 완성한 뒤, 우리는 그러한 입장을 견지하며 연구 계획을 세부화하는 한편 직접 체험한 역사를 돌이켜 사유하고자 노력했다. 즉 중국 공산당 문화는 왜 대약진과 문화대혁명으로 나아갔으며 무엇 때문에 이데올로기의 미혹에서 벗어나게 되었는가를 파헤치고자 했다. 다른 한편으로는 중국 문화와 역사에 대한 분명한 이해를 거쳐 서양 사회의 변천, 더 나아가 인류 사회의 역사와 현대 사회의 기원에 관한 일반적 이해를 얻고 싶었다. 그러나 연구 과정에서 커다란 어려움에 직면했는데, 이는 사료나 서양사에 관한 체험 부족에 따른 것이라기보다는 이론적인 것이라 할 수 있다. 우리는 앞의 두 저서에서 중국의 문화·사회·역사를 이해하는 데 사용한 기본 개념 가운데 명확히 하지 못한 전제들이 있음을 깨달았다. 예컨대 중국 사회에 관한 초안정 가설의 핵심 고리는 전통 왕조가 해체될 때 사회를 원상 복구하는 유가儒家 이데올로기의 기능이다. 그렇지만 왜 유가 이데올로기는 사회 구조의 해체와 더불어 와해되지 않고 오히려 혼란 속에서 사회를 재건하는 사상적 기초가 될 수 있었을까? 중국 역사에서 이 점은 명백히 나타난 상식일 수 있으나, 대개 세계 문명사에서 이데올로기는 사회가 해체됨과 동시에 사라지므로 '원상 복구'의 힘을 가지지 못한다. 우리는 『흥성과 위기』에서 이처럼 뚜렷이 볼 수 있는 상식에 대해 '왜?'라고 캐묻지 못했다. 그리고 『개방 중의 변천』에서는 서양의 충격이 전통 일체화 구조를 해체한 시대에 중국에서 출현한 이데올로기 교체에 관해 논하기는 했지만, 그 메커니즘을 심도 있게 연구하지 못했다. 사상과 문화가 사회와 어떻게 상호작용하는가를 탐구하지 않는다면 중국 사회의 역사적 경험에 대한 깊은 이해를 얻을 수 없고, 이를 바탕으로 서양 사회의 변천까지 이해할 만한 보편적인 이론 프레임을 발견할 수 없음을 우리는 느끼게 되었다. 앞서 말한 것처럼 『흥성과 위기』를 저술할 당시 우리는 마르크스식의 경제 결정론이나 베버식의 관념 결정론 모두 문제가 있으며, 사회 진화는 정치·경제·문화 3자의 체계적 교호작용 아래 결정된다는 것, 그리고 서로 다른 문명에서 이들 3자의 체계적 작용 방식은 서로 다르다는 결론을 내린 바 있다. 그렇지만 그것들이 서로 다른 이유는 무엇일까? 우리는 지금까지 이 문제를 깊이 있게 연구하지 못했다. 이 문제를 해결하려면 사상문화 변천의 내적 논리를 사회 변화가 사상에 미치는 영향과 연관 지어 고찰했어야 한다. 관념사 탐색에서 가장 곤란한 지점이 바로 이것이다.

  잘 알려져 있듯이 사회사와 사상사는 오랜 기간 서로 무관한 두 영역으로 구분되어 왔고, 사상·관념과 사회·경제·정치 생활의 관계를 다룰 때에는 일반적으로 단순화한 두 가지 모델을 취해 왔다. 하나는 마르크스식으로 관념을 생활의 반영으로 간주하는 것이고, 다른 하나는 베버식으로 관념적 동기를 사회 행위의 원인으로 삼는 것이다. 그러나 알려져 있듯이 이 두 가지 단순화는 양자가 상호작용한다는 사실에서 벗어난 것이다. 그러므로 사회 진화의 양식을 정확히 파악하려면 마르크스와 베버를 결합해야 한다. 그러나 이를 어떻게 해낼 것인가? 이 상호작용을 가지런히 정리할 수 있는 명확한 개념의 결핍에 맞닥뜨릴 수밖에 없을 뿐만 아니라 관념의 가치를 쉽게 망각하는 인류 역사 특유의 건망증 또한 문제다. 하인리히 하이네는 관념사觀念史에 대해 "관념은 행위에 앞선다. 번개의 섬광이 천둥소리보다 먼저 도달하는 것처럼"이라는 명언을 남겼다. 본디 번개와 천둥은 동시에 발생하듯 어떤 사회적 행위도 동기와 관념의 지배를 받게 마련이며 가치 추구는 반드시 행위를 통해서만 표출될 수 있다. 이처럼 관념과 행위는 서로 밀접하게 연관되어 떼려야 뗄 수 없는 것이다. 이 점은 모든 사람이 현실 생활 속에서 알아챌 수 있다. 그러나 역사상의 관념과 동기의 관계를 분석할 때에는 그리 간단명료하지 않다. 역사상의 관념과 동기는 오직 당사자 또는 사회적 행위가 발생한 당대 사람들만 이해할 수 있다. 그러나 역사적 사건으로서의 행위는 긴 시간을 두고 영향력을 만들어낸다. 그래서 장구한 시공간을 통과한 일련의 사건들의 천둥소리가 오늘날 역사학자의 귓전에 전해질 때 그 지배적 관념은 진작에 사라진 번개의 섬광과도 같아서 아무 흔적이 없다. 이것이 역사상의 관념을 포착하기도, 그것들과 사건 간의 관계를 이해하기도 어렵게 하는 점이다. 이런 상호작용을 파악하고 또 그로부터 각기 다른 문명에서 사상과 사회의 서로 다른 상호작용 방식을 추출하기 위해서는 무엇보다 한 민족의 사상 변천을 연속적으로 고찰한 다음 그 밖의 다른 문명과 비교하는 긴 여정에 도전하는 수밖에 없다.

이런 이유에서 우리는 중국사상사 연구에 빠져들기 시작했다. 이런 연구는 거시적이고도 긴 여정을 거쳐야 하고 인위적으로 단계를 설정해서도 안 된다. 곧 현대 중국 사회를 이해하기 위해 우리는 5·4운동과 청나라 말기의 사상을 논구해야 했을 뿐만 아니라 송명이학宋明理學, 한대漢代, 심지어 선진 시대까지 거슬러 올라가 탐색하지 않을 수 없었다. 또한 우리의 목적은 사상과 사회 간 상호작용의 양식을 연구하는 것이기에 연구 방법도 일반적인 사상사, 사회사 연구와 다를 수밖에 없다. 우리가 가장 흥미를 느낀 것은 사상과 사회제도의 관계를 추출하는 것이었다. 특히 중대한 사회적 이변變故과 사상 자체에 내재한 진화의 동력, 그 이중 작용으로 드러나는 사상 변화를 추출하는 일이었다. 또 중국 사상과 사회 변동에 관한 우리의 연구는 항상 서양 사회의 사상적 진화를 가져와 비교하는 작업을 통해 논증되었고, 그 과정을 통해 인류 사회 진화의 일반적인 그림을 이해할 수 있었다.

이 책은 중국 사회와 역사에 관한 우리의 세 번째 거시 연구를 담고 있지만 『흥성과 위기』 『개방 중의 변천』과는 달리, 이전에 소홀했던 사상사의 내적 맥락에 중점을 두었다. 본서의 중심 문제는 다음과 같은 것이다. 중국 현대 사상(20세기 사상)은 어떻게 전통 사상으로부터 진화해왔는가? 그것은 또 어떻게 중국 20세기 사회 진화에 참여했으며 어떠한 제약을 받았는가? 이러한 문제는 이미 수많은 학자들이 탐구했으나 우리의 의문에 대한 진정한 해답이 되지는 못했다.

우리의 이 새 저서는 사상사라기보다는 관념사에 가깝다고 할 수 있다. 사상사의 거시적 연구(관념사)는 사회사 연구에 비해 훨씬 어렵고 오래 걸리는 작업이라는 사실을 우리는 안다. 우리가 처한 현실, 다시 말해 사상에 냉담한 오늘날의 사회 그리고 나날이 심화되는 허무감은 연구자의 지적 추구를 시험에 들게 했다. 운 좋게도 홍콩중문대학의 중국문화연구소라는 훌륭한 작업 환경은 우리로 하여금 깊이 사색하고 저술에 전념할 수 있게 해주었다. 어느새 6년 넘는 세월이 흘렀으나 우리는 스스로의 연구에 만족하지 않는다. 다만 뜻밖의 동력이 없었다면 이 책은 다시 5년이나 10년이 지난 뒤에야 겨우 세상에 나올 수 있었을 것이다. 1997년 홍콩연구지원국RGC의 지원 아래 우리는 '중국 현대 정치관념 형성의 계량적 연구中國現代政治觀念形成的計量研究'라는 새 과제에 착수했다. 계량적 연구는 거시 사상을 더욱 선명한 것으로 바꿔놓는다. 1998년 2월 우리의 사상사 연구는 또 홍콩중문대학 중국문화연구소의 '탁월한 학문 영역AoE'에 포함되었다. 이를 위해 우리는 중국 문화가 어떻게 불교를 흡수했으며 서양의 충격을 받은 뒤 어떻게 변천했는가를 주제로 선정해 연구 보고서를 완성하지 않을 수 없었다. 이런 사정으로 관련 연구는 3권으로 분권되었다. 이 책은 상술한 두 과제와 관계가 밀접한 첫 번째 권이다. '탁월한 학문 영역'이 널리 시행됨에 따라 첸원중錢文忠 선생이 홍콩중문대학에 와서 중국 근현대 사상사 박사학위 과정을 밟은 바 있다. 그의 참여는 이 책의 원고를 빨리 완성하는 데 도움이 되었다. 그 외에도 감사드려야 할 분들이 있다. 우자이吳嘉儀 양은 문장의 초고를 거듭해서 세심하고 진지하게 입력해주었다. 그 뒤 린리웨이林立偉 선생이 이 책의 편집을 도왔으며, 치리황戚立煌 선생은 원고 교열에 참여했다. 그들의 참여가 없었다면 이 책은 20세기에서 21세기로 넘어가는 이 시점에 빛을 보기 힘들었을 것이다.

  이 책의 내용은 오랜 기간 우리의 연구가 직면해온 문제를 수용하여 저술된 것으로, 사상과 글쓰기 방식을 비롯한 모든 것이 학계의 흥미에 부합하지 않아서 혼자 중얼거리는 뉘앙스를 갖게 되었다. 그럼에도 우리는 이 책의 출판이 학계의 토론과 비평을 일으킬 수 있기를 바란다. 청년 시절 마르크스의 저작을 읽었을 때 인상적이었던 한 구절이 떠오른다. "우리의 주된 목적, 즉 스스로 분명하게 문제를 파악하는 데 도달했으니 우리는 기꺼이 원고를 쥐의 이빨에 맡겨 비판을 받고자 한다."

1999년 10월 홍콩중문대학에서
진관타오·류칭펑

1장

이끄는 말
문화 융합의 양식

"우리가 역사를 해석하려는 목적은
인류를 꿰뚫어보고 인간의 사상을 파악하기 위한 것이다."

_ 존 액턴 경

1.1
역사에 의해 망각된 과제

20세기 초 지식인의 위진남북조 시대에 대한 흥미
사상사 거시 연구의 조건: 지식 활동과 감정 체험의 결합
마오쩌둥 사상은 중국 문화의 대전통과 외래문화가 융합한 결과다
1980년대 일련의 엄숙한 역사의 문제 제기
현대 문화를 이해하려면 공산당 정치문화의 형성을 연구해야 한다
1990년대 문화의 전향
어떻게 우리의 역사적 기억과 창조 능력을 회복할 것인가?

70~80년 전 중국의 지식인은 당시 중국 문화가 서양의 충격을 받는 국면을 역사적으로 위진남북조가 불교의 충격을 받은 데 비유하는 다소 모호한 시도를 했다. 그들 중 일부는 5·4 시기 지식인의 대대적인 개성 해방이 위진 시대와 유사함을 느꼈고, 어떤 학자들은 중국의 권위가 붕괴하고 사회가 동요하는 상황을 개탄하면서 위진남북조 시기에 외래문화를 소화한 역사적 경험을 받아들여 문화 건설의 새 활로를 찾고자 했다. 이에 위진남북조 역사와 문화는 한때 사람들의 주목을 끄는 연구 분야였다. 예컨대 장타이옌章太炎(1869~1936)·루쉰魯迅(1881~1936)·류스페이劉師培(1884~1919)·천인커陳寅恪(1890~1969)·탕용퉁湯用彤(1893~1964)·펑유

란馮友蘭(1895~1990)·첸무錢穆(1895~1990)·쭝바이화宗白華(1897~1986)·허창췬賀昌群(1903~1973)·류다제劉大杰(1904~1977) 등이 앞서거니 뒤서거니 위진남북조 역사·문화에 심취했다. 그리고 시간이 흘러 많은 연구자가 저명한 역사학자 또는 중국철학 전문가로 나아갔다. 그들의 추동 아래 위진남북조 역사 또는 불학 및 중국 사상사 연구는 밤하늘에 반짝이는 뭇별과 같은 형세였다. 다만 사람들을 위진 문화 연구로 이끈 최초의 동인은 역사의 흐름 속에 망각되었으며, 지금까지 그 어떤 학자도 중국 고대 사상사와 근현대 사상의 변천을 비교·연구하는 작업을 완성하지 못했다. 현대화의 과정에서 역사 연구자마저 역사가 되어버린 것이다.

    토인비는 "역사를 향한 호기심은 지적 활동일 뿐만 아니라 감정적 체험이기도 하다"[01]라고 했다. 지적 활동과 감정적 체험이라는 두 전제가 결합하는 계기가 도래하기 전에 이러한 거시 문화 비교 연구에 뛰어드는 것은 헛일인 것이다. 5·4 시대의 지식인은 모종의 절실한 체험을 바탕으로 비교 연구의 열정을 싹틔웠으나 당시 중국 문화는 서양의 충격을 흡수하여 신문화를 일구려는 노력이 진행 중이었다. 즉 당시에는 신문화의 면모가 제대로 갖춰지지 않아서 진정한 비교 연구를 전개할 만한 실마리가 없었다. 그리고 1950년대에 이르러 마르크스레닌주의, 마오쩌둥 사상이라는 새로운 이데올로기가 헤게모니를 장악했다. 이것이 바로 100년 가까운 세월 동안 중국 문화가 서양 사조의 충격에 반응한 결과였다. 1950년대는 비교 연구를 수행할 지적 조건은 갖췄으나 이미 사람들은 5·4 지식인의 심태에서 벗어난 뒤였다. 그 어떤 연구든 마르크스레닌주의의 틀에 집어넣으려 하는 그들에게 위진 시대와 근대에 발생한 두

---

01 湯因比(Arnold J. Toynbee) 著, 陳曉林 譯, 『歷史研究』, 下冊(台北: 遠流出版事業股份有限公司, 1987) p.1650.

차례의 문화 융합에 관한 비교 연구는 역사유물론의 범주에서 완전히 벗어난 것이며 연구 가치가 없는 것이었다.

확실히 중국이 서양의 영향 아래 마오쩌둥 사상을 산출하기까지 과정은 위진남북조 시대와 비교될 만한 점이 전혀 없다. 외래 사상이 전파되는 메커니즘으로 볼 때 위진남북조 시기에 불교가 중국 사회에 큰 충격이 되었던 이유는 불교 자체의 어떤 역량 때문이라기보다는 가치 지향이 황로 사상, 신선술, 노장 철학과 부합했기 때문이다. 당시 만연한 위진 현학에 힘입어 불교가 중국 사대부의 마음을 사로잡은 것이다.[02] 반면 근현대 약 100년간 전개된 서양의 충격은 공업 문명으로 이룬 무력과 저렴한 상품들을 끼고 들어왔으며, 중국의 지식인이 받아들인 마르크스주의는 민족주의에서 발원한 것과 흡사했기 때문에 중국의 전통이 끼친 영향에 대해서는 주목하지 않았다. 그러므로 대다수 학자들은 마르크스 레닌주의의 도래를 중국 전통문화의 중단으로 간주했다. 더욱 중요한 사실은 중국 문화가 외래 사상을 소화한 과정을 비교한 결과 이 두 차례 융합은 서로 완전히 무관한 것으로 인식되었다는 것이다. 위진남북조 이후 불교의 동화 및 소화를 거친 중국 문화는 유학이라는 대전통의 자기개조로 인식되었고, 문화 융합으로 인해 유학이 송명이학이라는 새로운 절정을 맞이한 것으로 이해되었다.[03] 마오쩌둥 사상은 비록 중국화한 마르크스주의라 불리지만 대다수 학자들은 이를 중국 문화의 대전통과 무관한 것으로 보았다. 전반적으로 마오쩌둥 사상은 반전통주의로 간주되었으

---

02   鎌田茂雄 著, 鄭彭年 譯, 『簡明中國佛敎史』(上海: 上海譯文出版社, 1986), 第1部分, 第2章 ; 葛兆光, 『七世紀前中國的知識, 思想與信仰世界: 中國思想史 第1卷』(上海: 復旦大學出版社, 1998), 第4編, 4~6節.
03   徐洪興, 『思想的轉型: 理學發生過程硏究』(上海: 上海人民出版社, 1996), 中篇, 第1章, 1~3節.

며, 기껏해야 병가兵家 사상이나 농민 사상이 중국 문화의 유전자로 여겨졌을 뿐이다. 많은 사람들은 공산당 문화와 마오쩌둥 사상을 완전히 새로운 문화이자 가치체계로 여기고 받아들였다.

이와 같은 신념은 상당히 오랫동안 강력하고 확고부동했으므로 중국 고대 사상사와 근현대 사조의 변천에 관한 비교 연구에 관심을 보인 학자는 드물었다. 문화대혁명이 전개된 뒤 갑자기 마오쩌둥 사상이 예상치 못한 면모를 드러냈을 때 비로소 상황이 다소 달라졌다. 오늘날까지도 중국이 왜 문화대혁명으로 나아가게 되었는지 명확히 설명할 수 있는 사람은 없지만, 이 동란을 몸소 경험한 사람들의 공통적 느낌은 있다. 그것은 중국 공산당 문화와 전통적인 정치 문화의 유사성이다. 문화대혁명은 『해서파관海瑞罷官』을 비판하면서 시작된 것으로, 약간의 역사 상식을 갖춘 사람이라면 그것이 경악할 만한 문자옥文字獄이었음을 알 것이다. 소름끼치는 일은, 본디 봉건적 제왕이 타도되면서 역사적 고사故事를 등장케 한 문화현상이 그처럼 거대한 규모로 권토중래했다는 것, 게다가 감히 그 누구도 반대할 수 없는 마르크스주의를 명분으로 삼았다는 점이다. 사실 마오쩌둥이 주장한 "이기심과 투쟁하고 수정주의를 비판하자" "군중이 진정한 영웅이다"라는 생각은 마르크스레닌주의보다 유가의 도덕이상주의라는 대전통을 더 닮았다. 전통적 '수신修身', 그리고 왕수인王守仁(1472~1528, 자는 백안伯安, 세칭 양명선생陽明先生)이 남긴 "거리에 가득한 사람들 모두가 성인이다滿街都是聖人"라는 말은 마오쩌둥의 "6억 중국인이 모두 요순六億神州盡舜堯"이라는 유명한 시구로 표현되었다. 문화대혁명 후기에 마오쩌둥은 제왕을 자처했으며 그의 어록은 전통적 정치문화와 당대 현실이 교착된 세계를 드러냈다. 마침 사람들이 마오쩌둥 사상의 전통적 특질을 보편적으로 감지했기에 문화대혁명이 끝난 1970년대 말부터 1980년대 초까지 봉건주의 비판은 즉각 학술 연구의 주류가 되었다. 당시 학계의 많은 사람들이 마오쩌둥 사상을 유학과 동형 구조인 '도덕이상주의'로 판단했다. 문화대혁명 기간에 성행한 반주지주의反智主義와 반엘리트주의, 특히 류사오치劉少奇의 「공산당원의 수양을 논함論共産黨員的修養」에 대한 마오쩌둥의 비판에서 사람들은 명말 왕양명王陽明의 심학心學이 이학理學과 벌인 논쟁의 유사성을 깨달았다. 그 결과 일부 중국사상사 연구자들은 비공식 토론 자리에서 류사오치 사상을 '이학식理學式'이라고 하고 마오쩌둥 사상을 '육왕심학식陸王心學式'이라 표현하기도 했다.04 TV 다큐멘터리 「황하의 요절河殤」은 당대 중국 사회의 각종 병폐를 중국 문화 대전통에 비추어 검토하는 동시에 반전통을 전면화함으로써 서구화 및 현대화를 호소하는 심태를 가장 강렬하고 명확하게 드러낸 것이라 할 수 있다.

      논리적으로 마오쩌둥 사상이 마르크스레닌주의와 중국 유가문화 대전통이 결합한 산물임을 발견했다는 것은 필연적으로 다음과 같은 엄숙한 역사적 질문들과 마주한 것이다. 유가의 도덕이상주의 전통과 외래문화의 결합은 새로운 문화 창조와 어떤 관계인가? 마르크스레닌주의

---

04   이 분야의 전형적 예는 진관타오의 「유가 문화의 심층구조가 마르크스주의의 중국화에 끼친 영향儒家文化的深層結構對馬克斯主義中國化的影響」에 의해 시작된 토론이다. 이 글에서 그는 마오쩌둥과 류사오치의 사상을 유가와 동형 구조의 도덕이상주의라고 지적했으며, 마르크스레닌주의의 중국화를 가리켜 마르크스레닌주의의 유가화儒化라고 했다. 이 글은 1988년 왕위안화王元化 선생이 편집을 주관한 『신계몽新啟蒙』 제2기(長沙: 湖南教育出版社, 1988)에 발표되었고 신문과 간행물에도 그 초록이 실렸다. 당시 중국 대륙의 사상사 학계의 반응은 뜨거웠다. 이 글을 읽은 바오준신包遵信 선생은 많은 학자들이 이를 연구할 가치 있는 새로운 방향이라고 생각하고 있으며, 마오쩌둥 사상은 전통적 육왕심학과 유사하고 류사오치의 사상은 이학에 가깝다는 인식에 관해 논의를 벌이고 있다고 말했다. 왕위안화가 필자에게 보낸 편지에서는 직접 마오쩌둥 사상을 안습재顔習齋와 비교하며 청년 시절의 마오쩌둥이 안습재의 영향을 받았다고 생각했다. 1988년의 TV 다큐멘터리 「황하의 요절」이 불러일으킨 열띤 토론에서는 마오쩌둥 사상과 중국 전통문화의 관계에 관한 연구가 이미 당시에 뜨거운 논점이 되었다고 할 수 있다.

와 유학의 결합은 유학이 불교를 소화한 과정과 공통점이 있는가? 나아가 마르크스레닌주의가 중국에 전래된 것은 중국 전통문화의 중단을 의미하는가? 등의 질문이 제기될 수 있다. 달리 말하자면 몇 세기 동안 동아시아에 전파된 수많은 서양 사상 가운데 유독 마르크스레닌주의의 영향이 가장 강력한 까닭은 무엇인가 하는 것이다. 또한 마르크스레닌주의가 중국의 지식인을 사로잡은 사실은 중국 내부의 전통과 관계가 있는가라는 질문을 던질 수 있다. 이는 중국 역사상 외래문화의 융합과 근현대 사조의 변천을 거시적 관점에서 대비해보는 것은 결코 터무니없는 일이 아니라는 뜻이다. 그러나 5·4 시기로 회귀하는 이러한 역사적 감각은 1980년대 사상의 공간에 한 줄기 획을 긋고 사라진 섬광처럼 세찬 사회 격변의 흐름 속에 빠르게 사라져버렸다.

  1989년 6·4 항쟁의 총성과 1990년대 상품화의 거대한 밀물은 1980년대 장렬한 사상 해방의 흐름을 끊어버렸다. 본래 수많은 지식인이 봉건을 비판하고 마오쩌둥 사상 안에서 전통의 유전자를 탐색한 까닭은 칼 마르크스로 회귀하려는 열정에서 비롯된 것이다. 즉 그들은 중국 전통문화가 진정한 마르크스레닌주의를 변형 왜곡시켰으며, 그로 인해 문화대혁명이라는 대재난이 발생한 것임을 증명하려 했다. 6·4 항쟁의 총성은 공산당 통치 이데올로기의 허망함을 선고한 것으로, 이미 마르크스레닌주의 자체가 무의미해진 마당에 근원으로 소급해 마르크스레닌주의가 중국 전통과 어떻게 결합했는지 탐구해본들 무슨 의미가 있겠는가? 공산당 정치문화의 형성이라는 수수께끼는 시의성을 상실한 주제가 되었으며, 1990년대 중국 지식인은 더 이상 공산당 문화와 중국 전통의 관계에 관심을 보이지 않았다. 문화대혁명에 의해 촉발된 비판의식은 교조적 이데올로기와 함께 포기되었다!

인류 사상의 성장 과정에서 사상운동이 이론 연구라는 확실한 결실을 맺지 못하는 한, 감정의 힘에 의지해 형성된 반성의식이나 역사 감각은 믿을 만한 게 못 된다. 열정이 퇴조하고 시대의 관심사가 바뀌기만 하면 사람들의 정서도 그에 따라 역전되기 때문이다. 1980년대 계몽운동에 열중했던 지식인들은 1990년대 들어 전통문화와 신보수주의가 계몽사조의 자리를 대신하게 될 줄은 꿈에도 생각지 못했다. 사람들은 마르크스레닌주의를 포기한 바로 그때 서양의 충격과 다시 직면하지 않을 수 없음을 발견했고, 많은 사람들은 문화 정체성을 찾기 위해 유학이라는 대전통으로 회귀하는 수밖에 없었다. 조용히 신유학이 흥기했고, 전통문화 부흥은 거대한 지하수가 사상의 공백을 메우듯 사람들을 빨아들였다. 사회는 마치 역사 기억상실증에 걸린 것 같았다. 거의 100년 동안 중국 전통문화가 서양의 충격에 대처하지 못한 탓에 신사조에게 자리를 내줘야 했던 고통 역시 망각되었다. 대개 사람들은 중국이 오늘날 이처럼 문화적 모범을 잃게 된 것은 너무 과격한 방식으로 전통을 내쳤기 때문이라 생각했다. 그리하여 5·4 정신은 천박한 과학주의와 급진주의로 배척되었다. 마치 근대 이후 일련의 혁명과 작별하고 청淸 왕조의 양무운동과 입헌제로 돌아갔다면 진작 현대화를 이루었을 것이라는 듯이 말이다. 전통주의의 독소가 사상 영역의 부패, 마비, 그리고 무책임하게 세상을 희롱하는 포스트모더니즘과 동맹을 맺고서 이미 만신창이가 된 중국 문화의 몸뚱이를 파괴하고 있다.

중국은 어디로 가는가? 중국 문화는 어디로 가는가? 100년 동안의 건설과 파괴가 남겨놓은 이 폐허 위에 중국의 새 문화를 어떻게 재건할 것인가? 앞날의 출로를 모색하기 전에 해야 할 가장 중요한 과제는 우리 민족의 역사적 기억을 회복하는 것이다. 즉 우리는 왜 중국 문화가 오늘날 이 지경에 이르렀는지 알아야 한다. 그리하여 중국이 역사상 외래문화를 소화·융합한 경험을 100년간의 사상 변천과 더불어 이성적으로 면밀히 관찰하는 것은 역사학자와 사상사 연구자의 임무가 되었다.

1.2
사상 변천의 장기적 양식은 있는가?

고대 사상과 근현대 사상의 비교 가능성과 비교 방법

과연 역사에는 장기적 양식이 존재하는가?

2000년간 변하지 않은 사회 정합 방식에 대한 분석

중국이 대일통大一統 관료정치의 안정을 유지할 수 있었던 까닭

현縣 이하 중국 기층사회의 정합

'사족화士族化'와 '지주화地主化'

사대부·신사士紳는 상층 관료기구와 기층 종법 가족을 연결했다

왕권·관료·지주·가장으로 이루어진 큰 그물망

2000년간 기본적으로 변하지 않은 사회 조직 방식과 사상사의 관계

세월의 격차를 뛰어넘는 비교, 즉 중국 근현대 사상의 변화와 과거 수천 년 세월의 문화 역사를 비교하려 할 때 맞닥뜨리게 되는 문제는 이러하다. 고대 사상의 발전 변화를 근현대 사상의 변천과 비교할 수 있는가? 비교할 수 있다면 어떤 방식으로 연구에 착수할 것인가? 천인커 선생은 비교 방법을 논하면서 "비교 연구의 방법은 반드시 역사의 변천이라는 인식, 계통의 다름과 같음異同이라는 인식을 갖추어야만 한다"[05]고 밝혔다. 이와 같은 비교의 실질은 위진남북조시대에 중국 문화가 불교를 융합한

---

05 陳寅恪,「與劉叔雅論國文試題書」,『金明館叢稿二編』(上海: 上海古籍出版社, 1982), pp.223-224.

사실과 근현대에 서양문명을 흡수한 사실 간의 차별성과 동일성을 연구 토론하는 것이며, 양자를 관통하는 심층 법칙을 파악하는 것이다. 그렇다면 여기에는 반드시 하나의 전제가 있을 수밖에 없다. 바로 2000년간 변화를 거듭해온 중국 문화에는 우리가 인식하지 못하는 어떤 심층구조가 존재한다는 것이다. 포스트모더니즘이 성행하는 오늘날 이것은 시효가 지나버린 사상 도구인 듯하다. 설령 인류의 문화 관념 안에 어떠한 보편적 양식이 존재한다 한들 고대와 근대를 거쳐 장구한 2000년 역사의 흐름 속에서 변함없이 굳건할 수 있을까? 과연 역사에 이러한 장기적 법칙이 존재할까? 프랑스의 역사학자 페르낭 브로델은 역사 현상의 지배적 양식에 대해 논하면서 사회 변화를 세 가지로 구분했다. 첫째는 장기간의 추세로, 그는 이를 '장기 지속la longue durée'이라 불렀다. 둘째와 셋째는 '중기 지속'과 '단기 지속'이다. 이것들은 장구한 역사 속에서 각각 '형세局勢'와 '사건'에 해당한다. 브로델은 이 세 가지 변화를 지배하는 양식이 서로 다르다고 보았다. '형세'를 구성하는 단기 지속의 성쇠 또는 '사건'을 구성하는 돌발적 사변은 눈 깜짝할 사이의 현상이므로 전체적으로 역사 발전에 끼치는 작용은 미미하다. 반면 사물 발전의 '장기 지속'을 결정하는 것은 구조結構다. 이것은 틀림없이 역사에서 상시적으로 작용을 일으키는, 심각하고도 장기간 불변하는 요인이다.[06] 우리가 위진남북조 시대 중국 문화의 변천과 근현대 사상 발전 사이의 공통성을 찾아내는 일은 문화사 변천에서 장기 지속에 속하는 연구다. 장기 지속의 변천 과정에서 법칙은 반드시 장구한 시간 동안 기본적으로 불변하는 구조에 의존한다. 그렇다면 중국의 역사에 수천 년 동안 변치 않는 기본 구조가 있을

---

06 Fernand Braudel, "Histoire et Sciences Sociale", *Annales, Économies, Sociétés, Civilisations*(October-December 1958).

까? 우리는 그러한 구조가 확실히 존재하며, 그것이 진한秦漢 시대에 시작해서 청나라 말기까지 끊임없이 이어진 사회 정합 방식이라는 사실을 알게 되었다. 역사 연구의 방법론으로 볼 때 진정 중국 문화가 외래 문명을 융합한 일반적 양식이 존재한다면 그것은 틀림없이 2000년간 변하지 않는 기본 구조와 연관되어 있으며, 비교연구 방법 역시 반드시 그로부터 도출될 수밖에 없을 것이다. 그러므로 중국의 2000년간 불변하는 사회 통합 방식을 분석하는 것이 이 책의 논리적 출발점이다.

    널리 알려진바 중국은 일찌감치 진한 시기부터 거대 통일제국을 세웠으며, 많은 인구와 광대한 국토를 기반으로 통합된 농업사회를 실현했다. 사회 구조에 관한 세세한 검토는 접어두고 사회 조직 방식만 고찰한다면, 전한前漢에서 청대 말기까지 중국 사회는 항상 상·중·하 세 층위의 정합으로 이루어지고 있음을 발견할 수 있다. 사회 상층은 왕권을 중심으로 전국을 관할하는 관료기구였고, 중층은 향촌과 농촌 사무를 관장하는 사족士族과 진신縉紳, 즉 사대부 가문과 향촌 신사紳士들이고, 하층은 종법宗法 가족 조직이었다. 중국 전통사회의 가장 불가사의한 점이 여기에 있다. 변화하는 역사의 흐름 속에서도 서로 완전히 다른 세 형태의 사회 조직이 부동적 안정을 유지했을 뿐만 아니라 대체로 양호한 정합을 실현했다는 것이다. 이들이 상호 정합을 이루었기에 중국은 인류 역사상 유일하게 2000년 동안 대일통大一統 제국을 존속할 수 있었다. 중국 전통사회를 구성하는 세 층위에 관한 연구에서 가장 중시된, 혹은 비교적 깊이 있는 이론 연구 및 토론 대상은 상층 조직이다. 전통사회의 대일통 관료정치의 특징과 성질은 1930년대부터 중국 문화와 학술에 관한 비중 있는 여러 주제 가운데 가장 큰 주목을 받은 분야였다. 학계가 일반적으로 공인하는바, 농업경제 사회는 소농 경제의 분산적 성격으로 인해 오랜 세월 고정적 안정을 지속하며 지역을 초월한 정치 조직을 형성할 수 없다. 그러나 중국은 2000년 전에 이미 안정적이고 유효한 전국 통합의 관료기구를 세웠으며, 중앙의 명령에 따라 광활한 지역에 대한 행정 관리가 시행되었다. 그로 인해 방대한 농업사회의 통일이 효과적으로 유지되었으며 분열 및 독립은 거의 분출되지 않았다. 마르크스는 일찍이 자급자족이라는 소농 경제의 특징에 근거해, 농업사회에서는 토지를 벗어나 광범위한 사회적 관계를 구축할 수 있는 계층이 거의 존재하지 않았기 때문에 "그 어떤 정치 조직의 형성"07도 불가능하다고 밝혔다. 마르크 블로크는 봉건 국가의 소외alienation 현상을 논하면서 대개 근대 이전의 소외는 통일 정부의 해체를 초래했다고 말했다.08 그렇다면 중국은 어떻게 세계의 다른 농업 문명과 달리 장기간 안정적인 대일통 관료정치를 유지할 수 있었는가?

   중국의 역대 관료 체제는 동일하지 않았고 관료의 수치적 규모도 수만에서 수백만까지 균일하지 않았다. 그러나 반드시 유생 가운데 관원을 선발했다는 하나의 공통점을 지니고 있다. 우리는 『흥성과 위기』에서 유생 계층이라는 존재가 어떻게 중앙의 왕권으로 하여금 봉건시대 유력자들의 지역 할거를 격파할 수 있는 효과적인 힘을 안겨주었는지, 그리하여 봉건 국가가 면하기 어려운 귀족화의 추세를 극복했는지에 관해 체계적으로 논증한 바 있다.09 다시 말해 유생을 관원으로 선발하는 방식이 바로 관료기구의 황제에 대한 충성과 대일통 정부의 안정을

---

07 馬克思,「路易·波拿巴的霧月十八日」,『馬克思恩格斯選集』, 第1卷(北京: 人民出版社, 1966), p.693.
08 金觀濤, 劉青峰,『興盛與危機: 論中國社會超穩定結構』(增訂本)(香港: 中文大學出版社, 1992), 第2章.
09 金觀濤, 劉青峰,『興盛與危機: 論中國社會超穩定結構』, pp.34-41.

보증했다는 것이다. 역사학자들은 대일통 관료정치 구조와 유생을 관리로 선발하는 제도가 동시적으로 발생되었다는 사실을 진작부터 알고 있었다.[10] 최근 일부 학자들은 한 걸음 더 나아가, 한대에 유가 학설의 창도자가 문관 후보를 양성하는 권력을 장악한 뒤에 비로소 통일성 있는 문관 제도가 효율적으로 정착되었다고 밝혔다.[11] 이는 유가 학설이 통일적 관료기구를 성립한 문화적 기초였으며 유생은 분산된 소농 사회를 대일통 국가의 조직 역량으로 결합해낸 존재였음을 드러낸다. 역대 왕조에서 정부 기구의 기본 단위는 현縣으로, 전한 때는 1577개였고 청대에는 1305개였다. 현의 수치 변화가 크지 않았다는 것은 2000년간 중국 사회 상층의 조직 방식이 기본적으로 변하지 않았다는 점을 말해준다.

　　　　고대 농업사회에서는 상층 조직, 곧 관료기구를 세우는 데만 의존해서는 유효한 사회 정합을 보증할 수 없었다. 왜냐하면 관료기구가 사회를 정합하는 힘이 아무리 강력해도 그 힘은 말단 조직인 현까지만 미치기 때문이다. 청대에는 각 현마다 평균 5명이 안 되는 정부 관원이 25만 명이 거주하는 지역을 관리해야 했다. 관원 몇 명이 고작인 현 정부로서는 이처럼 방대한 인구를 관리하는 업무를 처리할 수 없었다.[12] 어떤 의미에서는 농업사회의 현급 정부가 국가의 관리력이 파고들 수 있는 한계치라 할 수 있다. 그러나 사회 정합은 상층 조직과 현 이하의 중·하층 조직이 연결되어 일체를 이루는 정도까지 필요로 했다. 중국 전통사회에서 현 이하 사회 조직은 지주와 가족에 의존하는 것이었다. 우리는 지주

10　周予同,「博士制度和秦漢政治」, 朱維錚 編,『周予同經學史論著選集』(增訂本)(上海: 上海人民出版社, 1996), pp.728-753.
11　朱維錚,「孔子與教育傳統」,『音調未定的傳統』(瀋陽: 遼寧教育出版社, 1995), pp.69-86.
12　金觀濤, 劉青峰,『開放中的變遷: 再論中國社會超穩定結構』(香港: 中文大學出版社, 1993), p.29.

가 관리하는 향촌 사회를 '중층 조직'이라 명명했으며, 가족은 사회의 기층 조직에 해당한다. 이들 지주와 가족의 권력이 지나치게 강대한 경우에는 통일정부의 활동에 방해가 될 수 있었다. 그런 이유로 대체로 고대 세계의 농촌사회는 진정한 의미의 정합을 실현할 수 없었다. 설령 전국적인 통일 제국을 수립한 경우라도 상층 조직과 중·하층 조직이 정합을 이루지 못해 제국이 해체될 수 있기 때문이다. 그러나 중국 사회는 한대를 기점으로 기묘한 조직 방식을 낳음으로써 상층과 중·하층 조직의 충돌을 효과적으로 극복했다. 바로 유가 문화의 사회적 기능을 이용해 지주 권력, 가족 조직, 국가의 대립을 제거했을 뿐만 아니라 대일통 관료기구의 연장으로서 지주가 향촌을 통치하고 종법 가족이 촌락을 관리하도록 한 것이다. 이렇게 사회 상층 구조와 농촌 중·하층 조직이 견고하게 결합되면서 온전한 전체가 되었다.

  잘 알려져 있다시피 진·한 제국이 처음 수립되었을 무렵 국가 관료기구는 농촌의 지주 통치 또는 종법 가족과 협조적인 관계를 형성하지 못했다. 한나라 초기에는 거족巨族을 관내關內[산시陝西 지방에 도읍한 고대 왕조에서 왕궁 주변의 사방 1000리王畿 영토를 가리킨다. 지금의 한구관函谷關 또는 통관潼關 서쪽 지역에 해당한다]로 이주시키는 정책을 실행했는데, 이는 강대한 지방 및 종족 세력이 왕권을 위협할 것을 우려한 조치였다. 한 무제 이후 국가는 유가 문화의 사회적 기능을 체계적으로 이용해 왕권과 지주 권력 간 또는 국가와 종족 간 대립을 제거했는데, 이는 두 가지 방식으로 작동되었다. 하나는 가家-국國, 효孝-충忠의 동형 구조를 강조하는 유가적 도덕 교화를 널리 시행함으로써 유가 윤리 위에 가족 권력의 합법성을 세웠다. 그와 더불어 여러 조치를 통해 유가 문화를 신봉하는 사인士人과 농촌 지주 그리고 족장이라는 신분을 하나로 통합했다. 이것이 바로 사인과 종족의 결합인 '사족화士族化'이며 사인과 전답田産의 결합인 '지주화地主化'다.[13] 이 두 가지 과정이 빠르게 이루어짐에 따라 중국 고대의 지식인에게 근본적 변화가 발생했다. 바로 전국 시기 뿌리 없이 '떠도는 사인遊士'에서 든든한 사회 경제적 기초를 갖춘 '사대부士大夫'로 전화한 것이 그것이다. 실상 사족화와 지주화라 함은 유생이 지방 엘리트와 종족의 영수로 전화하는 과정을 말하는 것으로, 상류층 관료 조직이 사회 중·하층 조직과 정합을 이루기 시작했음을 가리킨다. 위잉스余英時는 일찍이 사족의 역할, 즉 한대 사회는 물론 전한이 멸망하고 후한 왕조가 건립되는 시기에 발휘한 그 누구도 대신하지 못할 영향력에 관해 체계적으로 논술한 바 있다.[14] 이는 전한 시대 후기에 이미 '사족'('지주화'하고 '종법 가족화'한 유생)이 대일통 관료기구와 종법 가족을 정합하여 사회 중층 조직을 이루었음을 명확히 드러내는 것이다.

      수당 이후 과거제가 시행되면서 하층 지식인이 벼슬을 얻어 정사에 참여할 수 있는 문이 열렸다. 이에 따라 명문세족에서 배출되는 관료가 줄어들면서 사족은 쇠락했으나, 지주와 유생 신분이 결합하여 사회 중층 조직을 이루는 특성은 소멸하지 않았으며 오히려 더 강화되었다. 당시 현 이하 지방의 엘리트, 즉 '진신縉紳'이라 불리는 이들이 사족보다 더 많았으며 정부와 매우 밀접하게 연결되어 있었다. 그들은 지주이자 지방의 영수였으며 한 집안의 족장이기도 했다. 진신의 사회 정합 작용도 사족과 마찬가지로 두 가지 방식으로 작동되었다. 우선 그들은 유가 학설을 신봉하여 유가 윤리에 의거해 자신의 행동을 자각적으로 지도

---

13   余英時,「古代知識階層的興起與發展」,『中國知識階層史論·古代編』(台北: 聯經出版事業公司, 1980), p.86.
14   余英時,「東漢政權之建立與士族大姓之關係」,『中國知識階層史論·古代編』, pp.109-130.

했으며, 정부에 자발적으로 협력하고 지방의 공공사업에 종사함으로써 관료기구의 직능을 농촌으로 확장했다. 그런 한편 이들 신사紳士 유생은 대부분 가족 조직의 핵심으로, 이들 존재로 인해 상층의 관료기구가 기층의 종법 가족과 연계될 수 있었다. 농촌사회에서 각 개인을 사회 구성원으로 끌어들이고 그 행위를 제어하기에 '가족'만큼 적합한 기층 조직은 없다. 한나라 이후 종법 가족은 국가와 동형 구조로서 유가 윤리에 따라 조직되었을 뿐만 아니라 진신을 매개로 관료기구와 연합함으로써 정부의 관리 직능이 확장된 형태로 존재하게 되었다. 그 결과 한나라 왕조로부터 청나라 말기까지 2000년간 종법 가족이라는 조직은 기층에서 상당한 정도의 정부 기능을 수행할 수 있었다. 예컨대 징세에 협조하고 치안과 교화를 유지하는 등의 기능을 집행해왔는데, 이는 다른 농업사회에서는 찾아볼 수 없는 기이한 형태였다.

여기서 우리는 2000년 동안 중국이 농업사회의 정합을 실현할 수 있었던 가장 큰 요인을 확인할 수 있다. 그것은 바로 유가 문화가 왕권, 관료정치, 지주 권력을 가부장제와 엮어준 덕분에 상층에서 하층까지 통일된 거대 그물망이 구성된 것이다. 이런 조직 구조 아래 어느 정도 구체적인 제도 변화는 있었어도 유가 문화는 장구한 역사 속에서 줄곧 상중하 세 계층의 합법적 근원이자 조직의 기초였으며, 한대부터 청대까지 변하지 않는 기본 구조였다. 이런 조직 방식을 도식화하면 그림 1-1과 같다. 오른쪽은 세 계층의 사회 조직이고 왼쪽은 유가 문화다. 이를 통해 알 수 있듯이 유가 문화의 독특한 기능으로 인해 중국 사회의 상중하 세 계층은 정합할 수 있었고, 인류 문명사에서 유일하게 방대하고도 장기간 뛰어난 농업 제국이 유지될 수 있었다.[15]

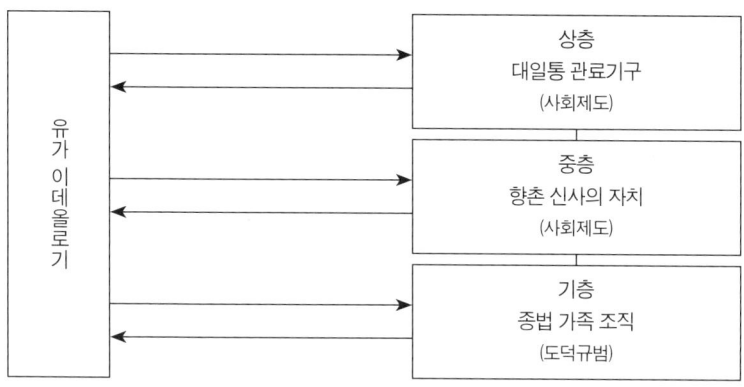

그림 1-1 중국 전통사회의 정합 방식

『흥성과 위기』와 『개방 중의 변천』에서 우리는 그림 1-1이 보여 주는 중국 전통사회의 정합 방식에 '전통 일체화 구조'라는 이름을 붙였다. 우리는 많은 지면을 할애하여 2000년간 지속된 이와 같은 조직 방식이 왕조의 주기적 교체와 전통사회의 장기적 연속을 규정했을 뿐만 아니라 중국 사회가 근현대로 전환하는 과정에도 지배적 영향을 끼쳤음을 논증했다. 겉으로 보기에 이러한 사회 정합 방식은 사회 변화를 야기하는 장기적 요인일 뿐 사상사와는 별 관련이 없는 것처럼 보인다. 이에 장구한 세월 동안 변치 않은, 즉 장기 지속의 사상방식을 드러내고자 2000년 동안의 조직 구조에서 근거를 탐구한 우리의 작업은 완전히 잘못된 길로 접어든 것처럼 보일 수도 있다. 그러나 중국 전통사회의 특수성은 사회 조직 각 층위의 정합이 문화 체계의 기능에 의해 실현된다는 점에 있다. 문화 체계의 기능이 발휘되기 위해서는 모종의 사상으로써 각기 다른 관념과 가치가 결합된 통일체를 이뤄야 한다. 즉 사회 정합이 다양

---

15   金觀濤, 劉靑峰, 『興盛與危機-論中國社會超穩定結構』, 第2章 ; 『開放中的變遷-再論中國社會超穩定結構』, 第1章.

한 가치 관념의 상호 정합에 달려 있다면 문화 체계의 사회적 기능은 각기 다른 가치와 관념을 정합해내는 모종의 사상방식에 달려 있다. 여기서 우리는 2000년간 변하지 않은 사회 조직 방식이 장기 지속의 작용을 일으키는 사상과 연관되었음을 알 수 있었다. 바꿔 말해 어떤 관념 혹은 사상이 세월 속에 망각되지 않는 것은 사람들이 꾸준히 이용하기 때문이다. 그리고 그 어떤 문화 관념이든 우리가 의존하고 있는 조직 체제 속에 각인시키는 것보다 더 깊고 지속적인 것은 없다. 사실 가치체계와 관념체계의 상호 정합을 바탕으로 사회 각 부분을 서로 받쳐주는 이러한 조직 메커니즘은 한대에서 청대까지 2000년 기간으로 국한되지 않으며, 중국 근현대 사회의 변천과 오늘날의 사회생활까지 지배하고 있다. 여기에 우리가 '보편적 일체화 구조'라 부르는 양식이 존재한다. 그리고 중국 사상의 장기 지속적 변화를 지배하는 양식, 특히 오랫동안 변하지 않는 사상방식이야말로 진정한 보편적 일체화 구조의 한 부분인 것이다.

1.3
일체화 구조 속의 이데올로기

책 전체의 이론적 전제
무엇이 '이데올로기'인가?
왜 유가 학설을 가장 오래된 이데올로기라고 하는가?
이데올로기와 정치·사회 조직 일체화의 삼중적 함의
성왕합일聖王合一과 중국 황제 권력의 카리스마
유생 계층이 겸한 삼중의 역할이 정합의 전제다
일체화 구조와 전체주의 조직 방식은 본질적으로 다르다
사회제도와 도덕 이상의 합일
도덕은 입법의 의의가 있고 도덕규범과 법률은 구분할 수 없다
일체화 구조의 이데올로기에 대한 두 가지 기본 정의
'천인합일'과 '도덕가치 일원론'
보편에서 특수로 향하는 것과 특수에서 보편으로 향하는 것

2000년간 변하지 않은 중국 사회의 정합 방식이 어떻게 사상 변화의 장기적 양식을 빚어냈는가를 드러내기 위해서는 먼저 그림 1-1의 구조에 대한 약간의 이론적 개괄이 필요하다. 사회학 이론으로 유가 문화의 사회 정합 기능을 분석해보면 우리는 2000년의 역사 속에서 유가 문화 이데올로기가 사회적 행위에 대해 어떤 역할을 맡고 있음을 발견할 수 있다. 그것은 바로 인류 역사상 가장 오래되고 완벽하게 정비된 이데올로기였다. '이데올로기Ideology'(프랑스어로는 Idéologie)란 데스튀트 드 트라시가 맨 처음 제기한 용어로, 본뜻은 어떤 추상적 관념의 이론이 어떻게 형성되었는가를 표현하는 것이다. 19세기 후반 사회과학과 인문학 연구에

서 이 개념이 갈수록 중요시되면서 사람마다 다르게 정의되었다. 마르크스주의자들은 이데올로기를 경제 기초 위에 있는 상부 구조로 인식한다. 그런데 카를 만하임은 집단생활과 사회 정세 속의 사상적 기원이라는 관점에서 이데올로기를 정의한 경우가 많았으며, 관념을 결정하는 사회적 요인으로서 강조했다. 빌프레도 파레토는 이데올로기란 불분명하게 주어진 본능 혹은 비이성적 동기에 의해 결정된 사상이나 신념으로 간주했다.[16] 이데올로기를 어떻게 정의하든, 학계에서 이 개념을 다루는 공통된 인식이 있다. 즉 신념 혹은 관념체계가 이데올로기가 되려면 반드시 어떤 특정한 전제를 충족시켜야 하는데, 그것은 바로 어떠한 정치제도를 변호하거나 사회질서를 실현하기 위한 근거와 방법이 제공되어야 한다는 것이다.[17] 달리 말해 이데올로기라는 것은 정치·사회 조직의 합법적인 근거와 운용의 기초가 될 수 있는 관념체계를 가리킨다. 혹은 정치 체계에 대해 로버트 머턴이 말한 바와 같이, 이데올로기는 반드시 두드러진 기능顯功能을 갖춘 것이어야 한다고 말할 수 있다. 이러한 맥락으로 보면 서양의 전통문화인 기독교는 이데올로기가 아니다. 기독교는 어떠한 세속의 정치제도를 인정할 수도 있고 심지어 정치 체계를 안정되게 조절하는 기능도 갖고 있으나 그러한 기능은 잠재적인 것으로, 언어로 분명히 드러나지 않기 때문이다. 베버가 기독교의 궁극적 관심이 세속 세계에 있지 않은 것에 대해 '세속에 대한 냉담한 태도'라 표현했듯이,[18] 기독교는 서양 전통사회 정치 구조의 정당성 또는 정치 활동의 기초라 할 수

16　華特金士(Frederick M. Watkins), 克拉姆尼克(Isaac Kramnick) 著, 張明貴 譯, 『意識形態的時代: 從1750年到現在的政治思想』(台北: 聯經出版事業公司, 1983), pp.1-2.
17　Martin Seliger, *Ideology and Politics*(London: Allen and Unwin Ltd., 1976), pp.119-120.
18　韋伯(Weber) 著, 劉援, 王予文 譯, 張家銘 校閱, 『宗教社會學』(台北: 桂冠圖書股份有限公司, 1993), pp.337-341.

없다. 서양 전통사회의 사람들이 권력에 복종한 것은 관습에서 비롯된 것이기도 하고 뛰어난 우두머리를 향한 신하의 도리이기도 하다. 그러나 이데올로기는 근대 이후의 산물이다. 일찍이 사람들에게 익숙한 전통적 통치의 정당성이 파괴되어야만 사회는 비로소 새로운 정치적 권위의 정당성을 논증할 필요를 얻는다. 서양의 전통적 사회질서의 정당성은 계몽사상에 의해 훼손되었기 때문에 사상사 연구자들 대부분이 서양 이데올로기는 프랑스대혁명 이후에 출현한 것으로 공인했다. 한 예로 프레더릭 왓킨스와 아이작 크람니크는 1750년 이후를 이데올로기의 시대라고 했다. 그들은 자유주의, 보수주의, 민주주의, 사회주의, 사회민주주의, 공산주의 그리고 파시즘 등의 다양한 관념체계는 현대의 이데올로기이며 저마다 민중이 새로운 사회질서를 세우는 데 일련의 원칙을 제공한다고 보았다.[19] 서양 사회학자들은 중국 역사에 깊이 관심을 두지 않았으므로 일찌감치 중국이 한대에 유가 학설을 체계화하여 사회질서에 합법성을 제공했으며 의식적으로 이데올로기로 받아들여 방대한 사회를 정합했다는 사실을 발견할 수 없었다. 따라서 우리는 새로운 개념을 기반으로, 앞서 제기한 2000년간 변하지 않은 중국 사회의 정합 방식을 파악할 수 있다. 그것은 바로 이데올로기와 정치(사회) 조직의 일체화로, 우리가 간단히 '일체화 구조'라 부르기로 한 것이다.

    이데올로기와 정치(사회) 조직 일체화의 본질은 이데올로기적 공동체 의식이 생성한 조직 역량을 사용하여 사회 정합을 실현하는 데 있다. 여기에는 세 겹의 의미가 포함되어 있으며 관념체계의 장기적 변화 양식과 고르게 연관되어 있다. 그 첫 번째는 사회 각 계층 정치 조직

---

[19] 華特金士, 克拉姆尼克 著, 張明貴 譯, 『意識形態的時代-從1750年到現在的政治思想』

의 합법성은 모두 통일적 이데올로기에서 유래한다는 것으로, 그것은 역사학자나 사회학자들이 아직 이론적으로 개괄하지 않은 새로운 통치 유형을 제공한다. 베버는 권력(정치 조직)의 합법성의 근거(사람들이 왜 권력에 복종하게 되는가)를 논하면서 순수한 '지배 유형'으로 세 가지를 열거했다. 첫째는 카리스마형 지배, 둘째는 전통형 지배, 셋째는 법제형法制型 지배다. 표면상 상·중·하 세 층위로 구성된 중국 전통사회 조직은 이러한 유형과 유사하다. 가령 황제의 통치는 카리스마형 지배, 대일통 관료기구의 권력 기초는 법제형 지배, 사회 중층의 사대부 관료(신사)가 향촌을 통치하고 가족 구성원이 가장에게 복종하는 것은 전통형 지배에 속하는 것 같다. 사실 이런 인식은 잘못된 것이다.

중국의 황제 권력이 카리스마적 힘을 발휘할 수 있었던 것은 유가 이데올로기가 규정한 황제와 천도天道의 관계에 기인한다. 즉 황제가 유학이 요구하는 이상적 군주(이른바 '성왕합일聖王合一')에 접근할수록 사회에 대한 카리스마적 매력은 더욱 빛을 발하게 된다. 그밖에 중국 전통사회에서 지주의 농촌 통치와 부권제父權制 가족 권력 구조는 그 바탕이 전통뿐만 아니라 유가 윤리에 있다는 점에서 서양과 가장 큰 차이를 드러낸다. 마찬가지로 중국 전통사회의 관료기구는 그 '법제형 지배'의 배후에 이데올로기의 합법성이 기본적으로 존재하기 때문에 중국 고대 관료제가 합리화되었다고는 해도 서양의 관료기구나 관료제와는 다르다.[20] 다시 말해 중국의 황제 권력, 관료기구, 진신, 가족 권력의 합법성이 모두 동일한 이데올로기에 근거하기에 서로 정합을 이룰 수 있었다. 그런데 베버가 이들 세 가지 지배 유형을 논할 때는 각각 상이한 정치 실체

---

20   金觀濤, 劉靑峰, 『開放中的變遷-再論中國社會超穩定結構』, pp.341-347.

에 대응했으며 3자가 상호 정합을 이루는 정황에 대해서는 고려하지 않았다. 실제로 대다수 사회학자들은 베버의 이 세 가지 유형의 교체에 주목하여 정치제도의 역사적 변천을 해석한다.[21] 우리는 이데올로기와 정치(사회)의 일체화에 대해, 중국과 서양의 차이에 근거해 베버의 세 가지 순수한 지배 유형과 다른 새로운 유형으로 정의할 수 있다. 이런 지배 유형 가운데 정치제도의 정합 역량은 관념체계 내부의 정합에서 나온다. 이러한 상이한 세 차원의 제도 정합이 기나긴 역사 속의 변함없는 현실이라면 반드시 이데올로기 내부에 상응하는 관념체계의 정합 방식이 존재하고 있을 것이다. 그것들이 바로 장기 지속이 분명하게 드러내는 법칙이다.

  이데올로기와 정치(사회) 조직의 일체화가 갖는 두 번째 함의는 통일적 이데올로기를 정체성으로 삼는 계층이 사회 지도자가 된다는 것이다. 확실히 중국 전통사회가 상·중·하 세 층위의 정합을 실현하는 과정에는 유생 계층에게 주어진 세 가지 역할이 전제된다. 벼슬에 나아가서는 국가 정부의 관원 생활을 하고, 관직에서 물러난 뒤에는 집에서 농사짓고 독서하며, 지방 엘리트로서 향촌 자치를 실행하는 동시에 일족의 족장과 가장 노릇을 하는 것이다. 그들은 상·중·하 세 층위를 사회에 콘크리트처럼 고착화했다. 이러한 특징을 일반적인 사회 조직의 원리로 개괄하자면, 통일 이데올로기를 신념화한 계층이 사회 지도자가 된 것이라 할 수 있다. 또는 중국의 사회 정합은 사회 지도자의 이데올로기적 정체성을 통해 실현된 것이라 할 수 있다. 이것이 관념체계 안에 장기 지속의 불변하는 양식을 존재하게 했는가는 지극히 중요하다. 왜냐하면 일단 사

---

21 韋伯(Max Weber) 著, 康樂 編譯, 『支配的類型「韋伯選集 Ⅲ」』(臺北: 允晨文化實業股份有限公司, 1985).

회에 통일 이데올로기가 갖춰지고 사회 정합을 소임으로 삼는 계층이 존재하는 경우, 그들은 정치 문화의 운반체가 되며 그들이 정체성으로 삼은 문화 관념은 곧 중국 문화의 큰 전통을 이루기 때문에 모든 중국 정치 문화의 변화가 이 특정 운반체(고대에는 사士, 현대에는 당원黨員)의 조직 방식과 연관될 수밖에 없는 것이다.

서양에서는 20세기에 이르러 이데올로기에 기초한 사회 정합이 나타나기 시작했으며, 이 조직 방식은 오로지 전체주의totalitarianism 체제에서만 보편적으로 운용될 수 있었다. 전체주의 국가는 하나의 이데올로기를 정권 합법성의 기반으로 삼아 이데올로기적 정체성으로 사회 정합을 실현했고, 레닌주의 정당 또는 그것과 유사하게 당 전체가 일치된 이데올로기를 유지하는 조직을 만들었으며, 또 당黨이 국가를 통치하고 당이 군대를 통솔하는 일을 실행했다. 전체주의 사회의 형태는 천차만별일 수 있으나 기본적으로는 신념을 이용해 이데올로기를 통일한 계층이 사회 지도자가 되는 방식이다. 그러나 중국은 일찌감치 한대부터 이러한 사회 조직 방식을 갖추었으며 2000년간 쇠퇴하지 않았다. 이는 확실히 경이로운 일이다. 그러나 일체화 구조라는 조직 방식은 현대 전체주의와 유사하지만 본질적으로는 다르다는 사실을 간과해서는 안 된다. 서양의 전체주의는 도덕과 이성의 위기에 의해 만들어진 제도로, 그러한 이데올로기는 도덕이상주의일 수 없을 뿐만 아니라 대개 반反도덕적이다. 그런데 중국의 일체화 구조는 유생이 이데올로기를 통일함으로써 발생되는 응집력으로 사회를 정합했으나, 이데올로기적 가치에 대한 유생의 정체성은 도덕이상주의의 추구에서 비롯된다. 오직 이데올로기 안에서만 도덕과 사회제도를 합일할 수 있으며, 도덕규범에 따르는 경우에만 대일통의 조직력과 국가사회·가족 세 층위를 정합하는 힘으로 전화할 수 있었다.

중국 전통사회와 전체주의 정치 체제의 차별성에 근거해 우리는 이데올로기와 정치(사회) 일체화의 세 번째 함의를 확인할 수 있다. 그것은 바로 사회제도와 도덕적 이상의 합일이다. 일반적인 사회 체계 속에서 사람들이 어떠한 제도를 유지하는 것은 도덕적 이상을 추구하는 것과 별개의 것으로, 반드시 연관된 것이 아님을 우리는 알고 있다. 이와 같이 모든 이데올로기가 일체화된 조직을 이룰 수 있는 것은 아니며, 오직 도덕적 이상과 사회제도를 동일시할 것을 주장하는 관념체계만이 일체화 구조 속에서 이데올로기가 될 수 있다. 요컨대 이 세 가지 함의를 갖춘 일체화 구조를 그림으로 정리하면 1-2와 같다.

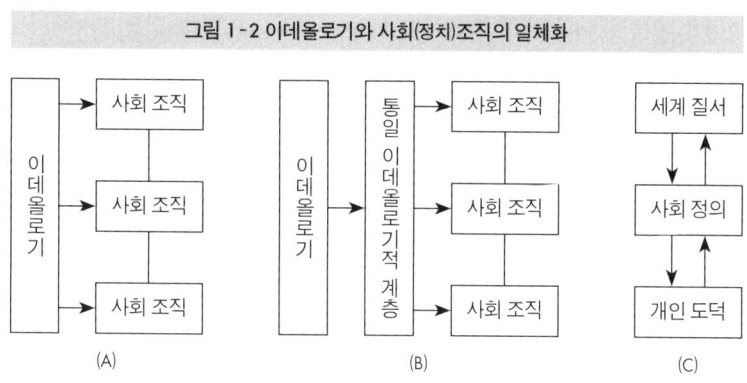

그림 1-2 이데올로기와 사회(정치)조직의 일체화

그림 1-2에서 (A)의 왼쪽은 통일적 이데올로기의 조직 기능을 나타내고 오른쪽은 사회 상·중·하 세 층위의 정합을 나타낸다. (B)는 통일 이데올로기적 계층이 사회 조직을 구성하는 구도, (C)는 도덕가치가 어떻게 사회 정의와 세계 질서로 전화하는가를 나타낸 것으로, 고대 중국에서 어떻게 도덕규범이 확대되어 가정 윤리와 사회제도가 될 수 있

었는가를 나타낸다. 이 세 개의 표가 결합한 것은 일체화의 세 겹의 함의를 포괄한다. 그림 1-2는 그림 1-1의 구조를 추상화하여 도출된 것이지만 원래의 양식보다 더 보편적이다. 우선 그림 1-1의 구조에 상응하는 것은 한대에서 청대에 이르기까지 2000여 년간 유지된 중국 사회의 정합으로, 근현대에는 더 이상 존재하지 않는다. 그러나 그림 1-2는 중국 전통사회 정합을 포함할 뿐만 아니라 난징 국민당 정부와 중국 공산당에 의해 세워진 사회 정합까지, 즉 전통사회와 근현대 사회를 포괄하는 조직 방식이다. 그러므로 우리는 그림 1-2가 표시하는 조직 방식을 보편적 일체화 구조라고 한다. 이 절에서 논한 이데올로기와 사회 조직 일체화의 세 가지 함의에 근거할 때 한대부터 오늘날에 이르기까지 이러한 조직 방식이 줄곧 작동하고 있다면 당연히 장기 지속의 모든 역사 현상과도 연관되어 있다고 볼 수 있다. 지금 우리는 이를 통해 2000년간 변함없는 사상방식을 도출할 뿐이지만, 뒤이어 나올 두 권의 책에서는 역사가 오늘날의 문화 발전을 어떻게 제약하는가를 드러내 보일 때마다 이 보편적 일체화 구조의 기본 특징으로 되돌아감으로써 사상사 분석의 무기를 단련할 것이다.

이와 같은 보편적 일체화 구조와 연관된 사상방식을 드러내기 위해 우리는 한 걸음 더 나아가 일체화 구조의 도덕적 이상과 사회제도의 합일된 기본 규정을 분석하고자 한다. 사회제도는 보통 입법과 법률 조문으로 표현되는바, 도덕규범과 사회제도의 합일은 도덕이 입법의 의미를 지님으로써 도덕규범과 법률이 구분될 수 없음을 의미한다. 잘 알려져 있듯이 이것이 바로 서양과 다른 중국 사회의 두드러진 특징이다.[22]

---

22 瞿同祖, 『中國法律與中國社會』(北京: 中華書局, 1981).

량즈핑梁治平은 이 특징을 '도덕의 법률화'와 '법률의 도덕화'로 개괄했다.[23] 표면적으로 볼 때 도덕의 법률화와 법률의 도덕화란 일체화 속에서 도덕규범과 사회제도가 어떻게 합일을 이루는가 하는 것으로, 사상방식과 무관해 보인다. 그러나 일체화 구조의 첫 번째 의미와 연관해 사고하면서 사회제도 배후의 관념체계로 소급한다면 도덕규범과 법률을 주관하는 것이 바로 관념체계를 정합하는 하나의 방법임을 알게 된다. 이것이 이른바 사회제도 합법성의 근거와 도덕가치의 합일이다.

이 점은 그림 1-1에 뚜렷이 나타나 있다. 우리가 말하는 사회제도와 도덕규범의 합일이란 그림 오른쪽의 세 층위 사회 조직의 제도 정합이며, 제도 정합의 전제는 그림 왼쪽의 관념체계의 정합이다. 전통 일체화 구조의 상·중·하 세 층위 배후의 이론적 근거는 각기 다르다. 하층 조직의 규범은 가정 윤리이며, 그 배후의 이념적 기초는 도덕적 가치다. 진신의 자치로 표현되는 중층 조직은 사대부의 도덕 엘리트주의에 의거한다. 정부의 행위로써 구현되는 상층 조직의 경우 정당성의 기초는 유가의 국가 학설이며, 관료기구보다 우월한 왕권의 합법성은 천도天道 혹은 우주 질서에서 유래한다. 이런 모든 관념이 유가 이데올로기에 속하기는 하지만, 각기 다른 조직 층위는 저마다의 이데올로기 안에서 우주

---

[23] '도덕의 법률화'는 도덕(규범과 경전 문헌을 포함하여)에 법률의 성질을 부여하는 것을 가리킨다. 예컨대 동중서董仲舒가 『춘추』로 송사를 판결한 것이 곧 유가 경전을 법률로 변화시킨 것이다. 본래 도덕규범은 자각적 준수에 중점이 있는 반면 법률은 강제성을 갖는다. 도덕의 법률화는 통일 제국이 예禮와 유가 도덕규범을 법률처럼 삼아 강제성을 갖추고 위배를 용납하지 않는 것이다. 그러나 '법률의 도덕화'는 도덕 교화를 널리 시행하는 방식으로 법률을 대하고 아울러 법률을 실제 시행하는 과정에서 도덕 평가로써 법률 조문의 판결을 대신하는 것을 가리킨다. 법률 실행 과정에서는 법률의 보편성, 정확성, 형식 구조를 강조할 필요가 있다. 그러나 일단 법률이 도덕화하면 법관은 법률 형식의 절차를 준수하는 데 있어 손해를 보고, 사법司法 과정은 선교宣敎 활동으로 바뀌며 법정法廷은 도덕 교화 장소가 된다.(梁治平, 『尋求自然秩序中的和諧－中國傳統法律文化硏究』(上海: 上海人民出版社, 1991), 第10章·11章.

론(철학적 관점), 사회관(이상적 제도), 가정 윤리와 개인 도덕(가치관) 등의 상이한 부분과 대응한다. 보통 동일한 이데올로기에 속해 있다 해도 몇몇의 가치는 서로 다르며 전개 방향도 반드시 일치하지는 않는다. 일체화 구조 안에서 이러한 이데올로기의 몇몇 부분이 사회 상중하 층위의 제도에 제각각 합법성의 근거를 제공하는 한, 사회 조직 규범의 정합은 변화하는 역사 속에서 줄곧 이런 관념체계들에게 상호 정합을 이룰 것을 요구한다. 이렇게 우리는 중국 전통사회 일체화 구조의 주도적 이데올로기에 대한 기본 규정 두 가지를 얻었다. 즉 이데올로기는 '천인합일'과 '도덕가치 일원론' 구조를 갖추어야 한다는 것이다. '천'은 우주 질서로, 왕권과 일체화 상층 조직의 합법성의 근원이다. '인'은 가족·가정과 사회 관계를 대표하는 것으로, 일체화 구조에서 중하층 조직 배후의 관념체계에 상응한다. 천인합일 구조는 이데올로기가 가정 윤리 또는 개인 도덕을 우주 질서의 일부로 간주하고, 도덕 윤리가 우주 질서로부터 도출되는 것을 가리킨다. 장다이녠張岱年이 "우주의 근본은 인류 도덕의 근원이며, 인류 도덕은 우주의 근본이 유행하여 나타난 것이다. 근본은 도덕적 의의를 갖고 도덕 역시 우주적 의의를 갖는다"[24]라고 말한 것처럼, 도덕가치 일원론은 개인 도덕을 가정과 사회로 확장 추론한 사유 양식으로서 개인의 도덕, 가정 윤리, 사회 정의가 동형 구조를 이루는 데 목표를 둔다.

  사상방식의 사회적 기능으로 말하자면, 천인합일과 도덕가치 일원론은 동일한 목적을 지향한다. 즉 일체화 구조에서 세 층위 배후의 정당성 기초의 합일을 위해 반드시 우주, 사회제도, 가정 윤리 그리고 개인의 도덕적 이상 등 각기 다른 이데올로기 영역을 소통하여 도덕가치가

---

24 張岱年, 『中國哲學大綱』(北京: 中國社會科學出版社, 1985), p.173.

주재하는 통일적 사상 체계를 이루어야 한다는 것이다. 그렇다면 왜 우리는 상이한 두 개념을 가지고 관념체계의 정합 방법을 정의해야 하는가? 그 핵심은 도덕가치로써 우주와 사회제도, 가정 윤리, 개인 도덕의 이상을 통일하는 데 있으며, 여기에서는 두 가지 방법이 있을 수 있다. 한 가지는 우주는 도덕적이라고(혹은 우주 질서가 바로 도덕이라고) 가정하고 보편적 우주론(법칙)으로 사회 정의, 가정 윤리, 개인 도덕을 내세우는 것이다. 이는 보편에서 특수로 이행하는 노선이다. 다른 한 가지는 개인 도덕에서 출발하는 것이다. 개인 도덕에서 가정 윤리의 의의로 나아가고 다시 사회와 국가로 확대하여 일반적 사회 정의와 규범의 정당성을 추론한 다음, 마지막으로 도덕가치가 우주 전체에 충만하게 하여 '만물이 내 안에 갖춰진萬物皆備於我' 또는 '우주 전체가 나의 마음인宇宙皆吾心' 상태에 이르는 것이다. 이것은 도덕가치를 특수(개인)에서 보편(사회와 우주)으로 확장하는 노선이다. 우주에도 도의道義가 있음을 인간의 도덕 감정으로부터 추론하는 방식이므로 우주는 개인의 감각을 떠나서는 존재할 수 없음을 가정해야 한다. 우주를 마음心靈 위에 두는 이런 추론은 설득력이 부족한 듯하다. 그러므로 도덕가치 일원론에는 사회로부터 우주에 이르는 그 사이에 어떠한 단절이 존재한다. 도덕가치 일원론은 일반적으로 개인 도덕과 가정 윤리 및 사회 정의의 정합을 실현할 수 있을 뿐, 우주 질서 또한 도덕적인 것이라고까지 내세우기는 어렵다. 이는 천인합일의 추론 양식에 비해 인문적 색채는 더 강하지만 정합력은 약한 사상방식이다. 이 책에서 우리가 '천인합일'이라는 말을 사용할 때에는 우주론과 사회 정의와 개인 도덕의 정합을 가리키기도 하고, 우주 질서로부터 도덕을 이끌어내는 과정을 가리키기도 한다. 그것은 외부에서 내부를 향하여 우주론과 사회관 그리고 도덕을 통일하는 사유 양식이다. 그리고 '도덕

가치 일원론'이라는 용어를 사용할 때는 개인 도덕과 사회 정의의 정합만을 의미하는 것일 뿐 우주론까지 나아가지 않는다. 도덕가치 일원론은 개인 내면의 도덕 감정에서 출발해 가정 윤리와 사회제도를 끌어내는 사유를 대표하며, 이는 내부에서 외부를 향하여 도덕과 가정과 사회 정의를 통일하는 방향이다.

1.4
도덕가치 일원론과 천인합일의 구조

이데올로기의 구체적 내용과 독립적으로 존재하는 사상 방법

진·한 교체기의 일체화 구조는 농업사회의 정합을 실현했다

도덕가치 일원론의 장기지속적 성질

선진 유학과 일체화 구조 요구 간의 두 가지 격차

일체화 구조의 요구는 제자백가의 진화의 동력이 되었다

어떻게 유학은 중국 문화를 주도하게 되었는가?

금문경학今文經學과 대일통의 관계

도가와 황로 학설은 어떻게 독존유술獨尊儒術의 전주곡이 되었는가?

동중서의 이론 체계

인간人의 도덕과 하늘天의 도덕

우주론을 중심으로 하는 유학

이제까지의 분석이 정확하다면, 천인합일과 도덕가치 일원론은 이데올로기의 구체적 내용으로부터 독립적으로 존재하는 사상방식이라 할 수 있다. 다만 보편적 일체화 구조에 의해 규정되었고 일체화 구조라는 조직 방식의 출현에 의해 보편적으로 채용되었을 뿐이다. 전통 일체화 구조가 근현대적 형태로 전화할 때 그것들도 근현대적 형태로 나타난다. 과연 이것이 사실일까? 도덕가치 일원론이라는 사상 방법은 상당히 이른 시기에 출현했으나 진·한 교체기에 이르러 중국인에게 널리 인정되는 사상방식으로 자리 잡았다. 바로 일체화 구조가 세워진 시기다. 알려져 있다시피 도덕가치 일원론은 문화적 측면에서 사람들이 가장 경탄하는

공자의 창조물이다. "자신의 사사로움을 극복하고 예로 복귀하는 것이 인이다克己復禮爲仁"라는 공자의 가르침에서 '예'란 본디 사회제도이자 행위규범으로, 공자는 이것의 실현을 도덕가치인 '인'과 동일시했다. 이는 전통적 사회제도와 규범을 도덕가치로 전화한 것이다. 이로부터 유학은 독특한 도덕이상주의 문화가 되었다. 이와 같은 문화에서 사회제도와 도덕 목표는 언제나 합치되는 것이다. 그리고 공자는 개인의 도덕 감정에서 비롯된 효도와 가정 윤리를 내세우는 동시에 도덕가치를 외부로 이끌어내어 사회제도에 흡수되는 것을 중시하여 "덕의 유행이 파발마로 임금의 명을 전하는 것보다 빠르다德之流行, 速於置郵傳命"라고 했다. 나아가 맹자는 왕도王道와 인정仁政을 제기함으로써 도덕을 정치제도의 기초로 삼았다. 이로부터 선진先秦 유가는 애초에 도덕가치 일원론 구조의 관념체계를 갖추고 있었음을 알 수 있다. 그렇다고 해서 선진 시기에 도덕가치 일원론이라는 사상방식이 보편화되었다는 뜻은 아니다. 실제로 도덕가치 일원론은 유학의 보편화에 힘입어 널리 전파된 것이다. 흥미로운 점은, 유학이 중국 문화의 대전통으로 자리할 수 있었던 것은 대체로 일체화 구조가 도덕가치 일원론을 필요로 했기 때문이라는 사실이다.

  진·한 교체기에 중국은 일체화 구조를 기반으로 농업사회 정합을 실현하기 시작했고, 이 일체화된 정합 역시 이데올로기에 의존할 수밖에 없었다. 따라서 우리는 춘추전국 시대에 형성된 수많은 분파 가운데 적합한 이데올로기를 찾는 수밖에 없다. 선진 시기 제자諸子 가운데에서는 "유가의 학술儒術이 가장 강렬한 이데올로기의 색채를 띠는 것으로 보인다."[25] 실제로 유학이 도덕가치 일원론의 추론 방식을 갖추고 있었

---

25 閻步克,「秦漢之際法, 道, 儒之嬗替片論」,『學人』, 第4輯(南京: 江蘇文藝出版社, 1993), p.214.

기에 도덕은 사회제도 합법성의 근원이 될 수 있었고, 그리하여 사람들은 모종의 관념체계를 정치제도 합법성의 근거로 삼을 수 있었다. 마침내 이데올로기가 창조되었다. 그리고 당시 각종 역사적 조건들을 분석해보면 이미 유학은 일체화 구조가 필요로 하는 이데올로기의 조건에 상당히 부합했음을 알 수 있다. 특히 유학은 효도, 강상(삼강三綱·오상五常)과 예교禮敎, 교육을 중시했기에 당시 종법사회에 적합했다. 수백 년 지속된 춘추전국 시대에 백가 가운데 유가만큼 중요한 계승자를 배출한 곳은 없다.[26] 공자 생존 당시에도 유가는 교육을 중시했기 때문에 묵가와 도가보다 학생이 많았고, 진·한 교체기에 이르러서는 유가가 사인士人 계층 전체를 장악하다시피 했다.[27] 전통 일체화 구조는 신념을 통합하는 이데올로기 계층이 사회 정합의 기본 역량이 될 것을 요구했고, 유생이 사인 계층의 주체가 되었을 때는 일체화 구조를 실현하는 이데올로기로 유학을 채택했다. 이는 불가피한 결과였으리라. 그리고 유학이 중국 문화의 대전통으로 자리 잡으면서 도덕가치 일원론의 사유 양식도 보편화하여 2000년 동안, 그리고 오늘날까지 여전히 중국인의 도덕 추론의 사유 양식을 주도하게 되었다.

    천인합일이라는 사상 방법의 기원은 도덕가치 일원론보다 훨씬 복잡하다. 선진 시대 유학에는 천인합일의 구조가 없었기 때문에 우주로부터 개인 도덕을 추론하는 이와 같은 사상 방법은 어느 사상 체계를 관변 이데올로기로 삼는 것에 의존할 수 없다. 그러나 한대 초기에 천인합일 구조가 어떻게 확립되었는가를 분석해보면 일체화 구조와의 상호 의존 관계를 살펴볼 수 있다. 전술한 바와 같이 한대에 세워진 일체화

---

26 韋政通, 『中國思想史』, 上冊(台北: 大林出版社, 1980), pp.457-458.
27 兪啟定, 『先秦兩漢儒家敎育』(濟南: 齊魯書社, 1987).

구조는 오직 유학을 관변 이데올로기로 선택할 수밖에 없었다. 그러나 선진 유학과 이데올로기에 대한 일체화 구조 요구 간에는 아직 두 가지 격차가 있었다. 첫째, 비록 선진 유학은 도덕 이상과 사회제도를 동일시하기는 했지만 공자가 말한 '예禮'는 주로 주周 왕조의 사회제도 및 규범을 가리킨 것이다. 즉 한대에 세워진 대일통 제국의 사회제도와 동일시할 수 없다. 둘째, 고대에 건립한 대일통 제국은 유생에 의해 갖춰진 문관文官 시스템에 의존해야 했을 뿐 아니라 문관 제도 위에 군림하는 황제 권력을 확립할 필요가 있었다. 황제는 하늘로부터 명을 받으며 황권의 기초적 합법성은 오직 우주 질서일 수밖에 없다.[28] 이 우주 질서로부터 유생의 도덕규범이 도출되어야만 유생이 추구하는 도덕적 역량을 황제 권력에의 수호로 전화할 수 있었다. 선진 유학은 이 점을 성취하기 어려웠다. 왜냐하면 선진유학은 비록 도덕가치 일원론 구조를 갖추고 있었고 개인의 도덕규범을 가정과 사회로 최대한 확장시키기는 했으나 우주 질서에 대해서는 언급하지 않았기 때문이다. 특히 공자와 맹자에게 유학은

---

[28] 베버의 분류에 따르면, 더할 수 없이 높은 황제 권력은 카리스마 지배 유형에 속한다. 또한 카리스마 지배 유형에서 통치자는 입법자가 될 수 있다. 황제 혹은 영수가 더할 수 없이 높은 권력을 갖는 것은 일반인에겐 없는 특수한 힘이나 품성을 지니기 때문이다. 이보다 더 원시적인 사회에서 이러한 특수한 힘은 무술巫術의 일부다. 고대 카리스마 군주 통치는 반드시 전부 '군권신수君權神授' 혹은 '하늘'과 같은 초자연적 힘의 관계에 의존했다. 베버는 영수 카리스마의 관례화는 통치권력에 의해 그 신비한 성질을 잃게 되며, 카리스마 지배는 최초 단계에만 존재할 뿐 장구한 안정을 유지할 수 없으며, 결국 전통화 또는 이성화로 나아간다고 보았다.(韋伯 著, 康樂 編譯, 『支配的類型『韋伯選集 Ⅲ』』, pp.69-81) 따라서 카리스마의 성질을 잃지 않은 채 황제 권력이 계승되려면 황권 정당성을 우주 질서와 결부해 안정적으로 확립해야 한다. 우리는 중국 황제의 카리스마 권력이 대대로 계승될 수 있었고 카리스마의 관례화로 인해 그 신비성을 잃지 않았음을 알고 있다(심지어 어떤 왕조가 전복되었을 때도 새 황제는 여전히 카리스마의 통치 권력을 가졌다). 이는 일체화 구조 속에서 황제 권력의 정당성이 이데올로기에서 기원한 것이기 때문이다. 이데올로기 속에서 우주론과 도덕가치 일원론이 합일할 때 황제의 권위와 정당성의 근원은 곧 이데올로기 속의 '천도天道'와 '우주 질서'였다. 사회 전체의 이데올로기적 정체성이 황제 권력에 카리스마의 성질을 부여했으며 이는 왕위 계승이나 역성혁명으로써 바뀌지 않았다.

주로 생활철학이었으며, 인륜 도덕과 '하늘天'은 상당한 거리가 있었다. 더욱이 순자는 천인天人 분리를 주장했으며 도덕과 우주 질서를 서로 무관한 영역으로 간주했다.[29] 유학이 대일통 제국에서 주도적인 이데올로기가 되기 위해서는 반드시 이 두 부분의 중대한 개조가 필요했다.

전국 말기에서 진·한 교체기까지 사회사상 변천의 추세를 거시적으로 살펴보면 이데올로기에 대한 일체화 구조의 수요를 충족시킨 방법이 바로 제자백가를 발전·진화하게 한 동력이었음을 알 수 있다. 일반적으로 사람들은 대일통 제국의 정치적 수요에 유학이 순응 변화한 것을 유가의 법가화法家化라고 표현한다. 유가의 법가화는 법가가 중시한 '법法·술術·세勢'가 유가에 의해 활용된 것만을 의미하지 않는다. 한나라 유학자들이 맹자의 '군주를 가볍게 여김君輕'과 순자의 '도를 따르고 군주를 따르지 않음從道不從君'을 포기하고 대신 법가의 '군주를 높이고 신하를 낮춤尊君卑臣'을 취한 것, 그리고 대다수 법가가 겨우 겉모습만 바꾸어 유생이 된 것까지 포함한다. 그림 1-1이 보여주는 일체화 구조의 세 층위의 정합으로써 전국시대 말기 유가 학설의 변화를 분석한다면, 유가의 법가화는 대부분 제도적 차원에서 유가의 도덕 윤리와 대일통 제국의 요구가 결합한 결과일 것이다. 예컨대 법가의 '형刑'을 유가의 '예치禮治' 구조 안에 포함하고 가정의 부권제의 권위를 군신 관계로 확장한 것이 그것이다. 일체화 구조에 대해 말하자면, 사회제도 정합의 전제는 제도적 합법성 근거의 정합이다. 이 때문에 제도적 합법성의 근거로서 이데올로기의 재구성이 유가의 법가화와 동시적으로 전개되었다. 우리는 '금문경학今文經學'의 흥기와 유학이 획득한 '천인합일'의 구조로써 이 이데올로기 재구

---

29 島一 著, 魏常海 譯, 「孔孟和荀子在天人論方面的異同」, 『中國哲學史研究』(北京), 1983年 第1期, pp.97-108.

축의 과정을 개괄한다.

금문경학이란 한대 초기에 통용된 예서체를 사용해 유학 경전을 기록한 학문을 가리킨다. 진시황 당시 분서갱유로 인해 대부분의 고대 경전은 불타버렸으나 진 멸망 후 한유들이 기억에 의존해 경문經文을 되살려내면서 당대의 문자로 적었기 때문에 금문경今文經이라 불렸다. 금문경학은 미언대의微言大義[『춘추』경문의 행간에 숨어 있는 공자의 중요한 뜻을 가리키는 말]로써 유학 경전을 해석할 것을 주장하고, 공자를 '한나라를 위해 법을 제정한爲漢制法 소왕素王'[금문경학자들은 공자를 추존하는 뜻으로 '왕王'이라는 호칭을 사용하면서 공자가 실제로 왕위에 오른 적이 없으므로 '아무것도 없다' 또는 '깨끗하다(희다)'를 의미하는 '소素'자로 수식했다]이라 받들어 숭상하고, 공자가 동경한 고대 사회제도에 한대의 대일통 사회를 연결 지었다. 한대 초기의 유사들이 가장 중시한 것은 『춘추공양전春秋公羊傳』으로, 그 첫머리부터 대일통을 말한다. "왜 천자의 정월이라 하는가? 하나로 크게 통일했기 때문이다何言乎王正月? 大一統也." 이 문장에서 '천자의 정월'이란 본디 주나라 역법에 따라 책력을 통일한다는 뜻으로, 한 무제는 이를 대일통의 근거로 삼았다.[30] 『춘추』는 공자가 지은 노나라의 편년사로, 노나라 은공隱公 원년에서 애공哀公 14년까지 242년간 발생한 인물과 사건을 기록한 것이다. 이 기록은 유가의 도덕 표준으로 정치제도를 평가하는 전통을 열었다. 즉 『춘추』는 역사에 대한 도덕 재판을 통해 도덕 이상이 대표하는 사회제도를 확립했다. 한대 초기 미언대의의 금문경학은 『춘추』에 새겨지고 그려진 사회 이상이 한대의 대일통이라는 점을 언급했다.[31] 확실히 금문경학은 실질적으로 경전을 재선택하여 창조적으

---

30   皮錫瑞, 『經學通論』(北京: 中華書局, 1982), pp.87-88.

로 해석하는 식으로 유학을 개조함으로써 선진 유가가 주장한 사회제도와 한대의 대일통 사이의 결함을 효과적으로 극복했다. 그러나 선진 유학에는 천인합일 구조가 없었으므로 창조적으로 경전을 해석한다 한들 우주가 도덕을 갖추고 대일통 황권이 도덕의 지지를 얻게 할 수는 없었다. 이 점을 성취하려면 반드시 외적 자원의 도움을 얻어 선진 유학의 구조를 총체적으로 개조하지 않으면 안 되었다.

선진 제자백가 가운데 도가는 비교적 뚜렷이 완비된 천인합일 구조를 갖추었다. 노자 철학이 지향하는 가치는 유학과 상반되었으며, 구조적으로 우주론과 사회관 그리고 개인의 가치가 고도로 합일하는 체계를 강조했다. 노자는 "인간은 땅을 본받고, 땅은 하늘을 본받고, 하늘은 도를 본받고, 도는 자연을 본받는다人法地, 地法天, 天法道, 道法自然"[32]라고 함으로써 '도'를 우주 질서와 개인 가치를 통일하는 근원으로 삼았다. 『장자』 내편·외편·잡편에서 이상적 군주로 숭상한 '황제黃帝'는 도덕을 견지하되 인의仁義를 경시하고 예치禮治를 하찮게 여긴다. 여기서 우리는 제왕 통치의 정당성이 이미 천도天道에 닿아 있었음을 알 수 있다. 전국시대 후기에서 진·한 교체기까지 천인합일 구조는 도가를 중심으로 법가와 음양가陰陽家의 사상이 결합된 황로학黃老學을 통해 발전한 것으로 유학과는 거리가 있었다. 따라서 유학이 천인합일 구조를 획득하기 위해서는 반드시 도가를 학습해야 했고 황로학으로부터 자원을 빌려야 했다.

---

31 皮錫瑞 著, 周予同 注釋, 『經學歷史』(三)(北京: 中華書局, 1961), '經學昌明時代'; 周予同, 『中國經學史講義』, 中編, '經學史諸專題', 第三章 第一節 '董仲舒與今文經學時代', 朱維錚 編, 『周予同經學史論著選集』, pp.881-883 ; 「春秋」與「春秋學」, 「群經槪論」, 『周予同經學史論著選集』, pp.492-507.
32 老子, 『老子·象元第二十五』, 劉殿爵, 陳方正 主編, 『老子逐字索引』(香港: 商務印書館(香港)有限公司, 1996), p.71.

진·한 교체기 당시 관변 이데올로기의 발전을 고찰할 때 한 무제가 독존유술獨尊儒術을 선포하기 전까지 반세기 넘게 황로학이 크게 숭상되었음을 확인할 수 있다. 그리고 적잖은 학자들은 한대 초기에 황로학이 성행한 배경을 해석하면서 당시 백성과 더불어 휴식하고 무위無爲로 다스리는 제왕술이 요구되었다는 점을 강조한다.33 그러나 우리가 보기에 한대 초기에 황로학이 두드러진 이유는 이데올로기가 갖추어야 하는 천인합일에 대한 일체화 구조의 역사적 요구를 정확히 대표했기 때문이다. 최근에는 황로학이 한대 관변 이데올로기 형성의 후반에 끼친 중대한 작용에 대해 논하는 학자들이 적지 않다. 위밍광余明光은 『황로사경黃老四經』이 동중서董仲舒(기원전 197~기원전 104)에게 끼친 영향을 논했고,34 우광吳光은 선진 유학이 천인감응天人感應 구조를 갖춘 한대 유학으로 넘어가는 연결고리가 황로학임을 지적한 바 있다. 그에 따르면 동중서의 '왕도 삼강王道三綱'은 공자 맹자로부터 계승한 것이 아니라 황로학의 주장을 받아들인 것이며, 천인감응 학설의 이론적 핵심도 『황로백서黃老帛書』「십육경十六經」 및 『회남자淮南子』「시칙훈時則訓」에서 근거를 찾을 수 있다.35 황푸민黃朴民은 동중서가 정립한 천인합일 구조를 갖춘 이론을 '신유학新儒學'으로, 황로학을 '신도가新道家'라 명명했다. 그리고 한대 초기 신유학은 신도가의 도전에 대한 응답으로 이루어진 것이며, 동중서는 신도가의 강력한 압력 아래 유학의 새로운 체계를 세우면서 꽤 많은 내용을 신도가로부터 흡수하지 않을 수 없었다고 보았다.36

---

33 呂錫琛, 『道家, 方士與王朝政治』(長沙: 湖南出版社, 1991), pp.79-82.
34 余明光, 「董仲舒與'黃老'之學」, 『道家文化研究』, 第2輯(上海: 上海古籍出版社, 1992), pp.209-222.
35 吳光, 『黃老之學通論』(杭州: 浙江人民出版社, 1985), pp.237-238.
36 黃朴民, 『董仲舒與新儒學』(台北: 文津出版社, 1992), pp.28-52.

동중서가 도가의 기본 구조를 빌려 천인합일을 실현한 이상, 그의 이론 체계에서 우주 질서의 도덕 내용은 유가의 도덕을 도가의 천인합일 구조에 주입한 결과일 뿐이다. 우리는 도가가 말하는 천인합일이 '인간은 땅을 본받고 땅은 하늘을 본받는' 것이든 '하늘은 도를 본받고 도는 자연을 본받는' 것이든, 그 핵심 방법은 인간은 하늘 또는 자연을 본받는 데 있음을 알고 있다. 사실 이 또한 동중서 이론의 기본 틀이다. 라오쓰광勞思光은 일찍이 동중서에게는 하나의 근본적 가정이 있었다고 했다. 그것은 바로 '하늘'은 '인간'의 본보기라는 것으로,[37] 이는 곧 인간과 하늘이 유사한 동형 구조이자 상통하는 동류라고 규정한 것이다. 실제로 동중서는 "같은 부류로 합하자면 하늘과 인간은 한 부류다以類合之, 天人一也"라고 명확히 적시한 바 있다.[38] 예컨대 1년은 4계절, 12개월, 365일로 이루어진다. 인간은 하늘을 모방해 생성된 존재이므로 (사계절과 상응하는) 사지四肢와 12개의 큰 관절과 365개의 작은 관절(월, 일과 상응한다)을 지닌다. 또한 인간의 오장五臟은 하늘의 오행五行과 상응한다.[39] 이에 대해 동중서는 "좋은 일은 좋은 부류를 부르고 나쁜 일은 나쁜 부류를 부른다美事召美類, 惡事召惡類"는 말로써 하늘과 인간이라는 동류 사물의 상호작용을 설명했다.[40]

	하늘과 인간을 동형 구조이자 상호 감응하는 관계로 간주할 때 인간의 도덕을 하늘에 투사하는 것은 곧 하늘의 도덕을 획득하는 것이다. 이론적으로 설명하자면 인간의 도덕은 하늘의 도덕을 모방한 것으

37　勞思光, 『中國哲學史』(二)(台北: 三民書局, 1981), p.27.
38　董仲舒, 「陰陽之義第四十九」, 劉殿爵, 陳方正 主編, 『春秋繁露逐字索引』(香港: 商務印書館(香港)有限公司, 1994), p.55.
39　董仲舒, 「人副天數五十六」, 劉殿爵, 陳方正 主編, 『春秋繁露逐字索引』, p.59.
40　董仲舒, 「同類相動五十七」, 劉殿爵, 陳方正 主編, 『春秋繁露逐字索引』, p.59.

로, 최종적으로는 우주 질서로부터 비롯되었다고 할 수 있다. 이는 두 가지의 중요한 결과를 낳는다. 우선 '하늘'에 대한 묘사와 정의가 매우 복잡해진다. 웨이정퉁偉政通에 따르면, 천인감응 이론에서 말하는 '하늘'은 적어도 6가지 의미를 지닌다. 첫째, 하늘은 때로는 인격을 가진 최고의 신至上神으로 여겨진다. 둘째, 하늘은 만물의 근본으로 여겨진다. 셋째, 하늘은 흔히 도덕적으로 선악善惡의 대명사다. 넷째, 하늘이 자연계를 가리키는 경우는 더욱 흔하다. 다섯째, 하늘은 10개의 단초十端(십수十數)[동중서의 『춘추번로春秋繁露』 제7권 제24편 '관제상천官制象天'에 따르면, 10개의 단초는 천天·지地·음陰·양陽·목木·화火·토土·금金·수水·인人이다]가 있고, 그것이 '왕은 관직을 제정한다王者制官'는 말로 쓰여 사회제도와 질서를 표현한다. 여섯째, 하늘은 때로 군주의 이상적 인격의 화신化身이다.[41] 이와 같은 여섯 가지 의미는 서로 무관한 것처럼 보이나 사실은 각기 다른 상황에서 동형구조의 원칙을 바탕으로 인간과 사회의 어떤 성질을 천상에 투사해 얻은 신념들일 따름이다. 예컨대 하늘이 자연으로서의 하늘을 대표할 때에는 인간사회와 관련한 성질을 포함하지 않는다. 하늘을 인격신으로 간주하는 경우는 인간의 의지를 천상에 투사한 것이다. 하늘의 10개의 단초는 사회제도가 천상에 나타난 것이다. 군왕의 인격을 논할 때에는 이상적 인격을 대표하는 하늘에 대해 논증해야 한다. 하늘과 인간사회를 대응함으로 인한 또 다른 결과는 자연계 현상에 대한 독특한 견해다. 정상적인 상태의 자연계는 인간사회의 정상적 상태와 상응하며, 그것이 대표하는 도덕가치가 바로 덕치德治다. 반면 비정상적인 상태의 자연계는 사회와 군왕이 덕치로부터 벗어났음을 의미하므로, 천재지변은 제왕이 덕

---

41 韋政通, 『董仲舒』(台北: 東大圖書公司, 1986), pp.66-71.

을 상실함에 대한 상천의 경고가 된다.

우리는 한대에 이르러 유가의 발전이 선진 유가의 문화 지향으로부터 크게 벗어났음을 알 수 있다. 본디 선진 유학은 '생활의 철학'으로, 공·맹의 뚜렷한 해석을 거치면서 점차 '덕성의 철학'으로 나아갔다.[42] 그러나 한대에 이르러 공자는 '한나라를 위해 법을 제정한 소왕'이 되었고, 유학은 '천인감응'을 주장한 사상이자 음양오행, 남존여비, 역성혁명, 시간의 선후와 음성·안색時序聲色과 같은 관념들을 정합한 거대한 철학 체계로 바뀌었다. 한대의 관변 이데올로기는 우주론을 중심에 둔 유학이었다.[43] 본디 "공자께서는 괴이한 것, 폭력적인 것, 질서를 어지럽히는 것, 신에 관해서는 언급하지 않으셨다子不語怪力亂神"고 했으나, 한대의 유생 대다수는 하늘이 인간의 도덕 역량을 갖추고 있다고 믿었다. 문화가 점차 천인감응의 미신 속으로 빠져들면서 선진 유학의 인문 정신은 크게 퇴보하는 양상을 보였다. 이는 천인합일 구조가 결국 유가 이데올로기의 사유 양식이 되었기 때문이다. 우주론이 중심이 되는 유학에서 하늘은 그 자체로 감정과 의지와 도덕을 갖춘 '모든 신의 임금百神之君'이었다.[44] 하늘의 아들인 황제는 하늘의 '대사자大使者'였으며[45] 하늘의 도덕은 흔히 황제의 정치 행위를 빌려 표현되었다.[46] 이러한 방식에 따라 사회제도 또한 하늘로부터 도덕적 의의를 획득했다. 유생이 도덕 목표를 추구하는 목적은 하느님을 모방하고 대일통 군주를 위해 복무하기 위한 것이어야

---

42 勞思光, 『中國哲學史』(二), pp.10-13.
43 라오쓰광은 한대 유학을 "우주론 중심의 철학宇宙論中心之哲學"이라고 일컬어 선진 시기 공·맹의 "심성론 중심의 철학心性論中心之哲學"과 구별한다.(勞思光, 『中國哲學史』(三·上), p.3) 이 책에서 우리는 한대 관변 이데올로기를 '우주론이 중심이 되는 유학' 또는 '우주론 유학'이라 부른다.
44 董仲舒, 「郊義第六十六」, 劉殿爵, 陳方正 主編, 『春秋繁露逐字索引』, p.67.
45 班固, 『漢書·卷五十六·董仲舒傳』, 第八冊(北京: 中華書局, 1962), p.2500.

했다. 즉 하늘의 도덕은 사회제도를 통해 그리고 제왕을 위한 복무를 통해 인간의 도덕으로 전환되었다. 이는 외부에서 내부로 향하는, 하늘로부터 인간으로 향하는 전형적 도덕 추론 양식이다.

천인합일 구조가 한대에 확립된 사실은 우리가 말한 관념체계를 정합하는 기본 구조가 어느 한 시대의 이데올로기를 초월해 존재할 수 있으며 관념체계보다 더 기본적이고 안정적인 양식일 수 있음을 나타낸다. 사실 우주론 유학은 후한 왕조의 멸망과 더불어 쇠퇴했으나 천인합일 구조는 이데올로기의 변화로 인해 해체되지 않았다. 그것은 위진 시대의 반야학般若學 속에 존재하고 있었으며 송대에는 유학자들이 추구하는 천리天理의 세계로 표현되었다. 20세기 들어서도 5·4 시기에 중국 지식인들이 마르크스레닌주의를 보편적으로 인정한 것 또는 마르크스레닌주의에 대한 마오쩌둥의 재해석에서 우주 질서로부터 도덕을 이끌어낸 구조를 엿볼 수 있다. 이렇듯 오랜 세월에 걸쳐 심층적으로 중국인을 지배한 사상은 때로는 좋은 사회 정합을 실현하고자 하는 의욕을 대표하고, 때로는 관념체계에 대한 실제 정치적 요구의 선택으로 표현되었으며, 때로는 "천지를 위해 마음을 세우고, 백성을 위해 명을 세우고, 옛날 성인을 위해 중단된 학문을 잇고, 만세를 위해 태평을 연다爲天地立心, 爲生民立命, 爲往聖繼絶學, 爲萬世開大平"라는 유생의 심태 속에 존재했다. 그것들은 보편적 일체화 구조가 필요로 하는 사유 양식으로, 2000년 동안 역사의 변천 속에서 중국 문화 대전통의 거시적 양상을 규정했다.

---

46 蘇輿, 『春秋繁露義證』, 鍾哲點 校本(北京: 中華書局, 1996), '郊義第六十六'.

1.5
'당위'의 확장
중국 문화의 연속성이라는 수수께끼

이데올로기는 어떤 조건에서 반증되는가?
사회 위기는 어떻게 합법성의 위기를 야기하는가?
하버마스 이론의 한계
'존재實然'와 '당위應然'의 혼동 또는 '당위'의 확장
사회 병폐는 도덕 원칙이 파괴당하는 것과 동일시된다
몇 차례나 재연된 역사의 그림
새로운 가치와 새로운 이데올로기 추구의 중단
세계와 차단된 조건 아래 초안정 시스템의 행위양식

천인합일 구조와 도덕가치 일원론의 사상방식은 중국 문화사상 최초로 거시적 특징을 창출했다. 이는 바로 2000년간 정치 문화가 발전하는 가운데 고도의 안정성과 연속성을 유지한 것으로, 이데올로기가 사회 변화에 대항해 자기 존재를 유지할 수 있는 미증유의 역량을 갖추었다고 할 수 있다. 유학은 전한 중기에 관변 이데올로기로 세워진 뒤 청대에 이르기까지 줄곧 관변 이데올로기를 유지했다. 이에 청대 유학자들은 중국 정치제도의 개혁을 고려할 때에도 변함없이 금문경학의 언어를 사용했다. 인류 역사상 어떤 이데올로기 이론이 2000년 넘도록 효력을 유지하고 나아가 정치제도 변화의 근거로 인식되는 일은 극히 드문 일이다. 고

대와 근대를 막론하고 서양과 그 밖의 다른 문명에서 출현한 이데올로기들은 대부분 사회 변화에 의해 시대에 뒤처지곤 했다.

이데올로기는 사회 변천 속에서 반증反證[칼 포퍼Karl Popper에 의해 정립된 과학철학의 방법론인 '반증falsification'에서 유래한 용어]될 수 있다. 어떤 관념체계가 사회제도 설계에 관한 비전과 이론적 근거를 제공함으로써 기존 제도의 문제점을 밝히고 그 배후의 관념 기초 또는 비전에 직접적 타격을 주어 사람들로 하여금 낡은 이데올로기를 포기하게 만드는 것이다. 관념체계와 사회규범의 연결이 강해지면 강해질수록, 또한 현실화할수록 관념체계에 대한 제도 위기의 충격도 더욱 강해진다. 이미 베버는 종교와 세속 규범의 관계를 논하면서 이 점을 지적했다. 그는 현실 생활에서는 종교적 금령禁令의 파괴가 불가피하다는 인식 아래 종교 규범 가운데 의도적으로 예외를 허용하는 관례에 대해 설명한 바 있다. 이슬람교에서 고정적 형태의 종교 규범이 변덕스럽고 심지어 예측 불가능한 예외와 공존하는 경우도 그러한 예다. 나아가 베버는 종교가 제정한 규범이 위기에 직면했을 때 오히려 종교 자체의 변화를 불러일으킬 수 있다고 밝혔다. 예컨대 어떠한 신도 인정하지 않는 법률로 변화하여 각기 다른 상황에서 각기 다른 준칙 행위를 하도록 장려함으로써 "신성이 내재하는 종교 상태"[47]만을 받아들이는 것이다. 일반적으로 현실도피 성격의 종교만이 현실 제도와 무관한(혹은 관계가 모호한) 교의로 인해 제도적 위기의 타격을 피해갈 수 있다. 현실도피적 종교와는 반대로, 이데올로기는 현실 권력 또는 사회제도 정당성의 근거로서 권력을 행사하는 과정에서 발생하는 문제나 사회적 위기 모두 합법성의 근거와 충돌할 수밖에 없

---

47 韋伯(Weber) 著, 劉援, 王予文 譯, 張家銘 校閱, 『宗敎社會學』, p.275.

다. 이렇게 이데올로기가 의구의 대상이 되면 합법성의 위기가 대두된다.

하버마스는 마르크스의 사회 위기론을 베버의 사회학에 관한 연구와 결합하여 사회 위기가 어떻게 합법성 위기를 초래하는가를 연구했다. 그는 베버의 이성의 권위에 대한 논증 구조를 토대로, 어떤 권위가 합법적으로 간주되는 일은 항상 두 가지 전제에 기초한다고 보았다. 하나는 규범 질서가 전면적으로 확립되는 것이고, 다른 하나는 법에 의해 결합한 사람들이 규범의 정당성을 믿는 것이다. 사회규범이 사회 문제를 충분히 해결하지 못하거나 사람들이 규범의 정당성에 의문을 표할 때 합법성의 위기는 이성 권위의 동요를 야기할 수 있다. 이때 권위가 이데올로기로부터 제공되었다면 이성 권위의 동요는 사람들로 하여금 이데올로기에 대한 회의와 비판을 초래할 수 있다. 물론 하버마스의 관심은 주로 당대 서양 사회의 합법성 문제에 있었으므로, 그는 현대 사회에서 이성의 권위는 정당성의 근거를 충분히 제공하지 못할 뿐더러 현대 서양 문화는 사회 성원에게 충분한 참여 의식을 부여하지 못해서 합법화의 위기를 가져왔다고 보았다.[48] 그는 한 걸음 더 나아간 논의, 즉 사회 위기가 어떻게 일반 사회 체계 속에서 이데올로기의 정당성을 부정하는지에 관해서는 다루지 않았다. 그러나 명백한 것은, 어떤 제도든 결함이 있으며 언젠가는 변화된 사회 양태에 더 이상 적용될 수 없으므로 사회 위기가 이데올로기에 대해 반증하는 일은 항상 발생하고 그리하여 합법성의 위기를 초래한다는 사실이다. 그러므로 장구한 인류 역사에서 이데올로기가 오랜 기간 안정적으로 유지되는 경우는 보기 드물다.

그러나 이데올로기가 천인합일과 도덕가치 일원론 구조를 갖

---

[48] 哈柏瑪斯(Jürgen Habermas) 著, 劉北成 譯, 嚴敏蕙 校閱, 『合法化危機』(台北: 桂冠圖書股份有限公司, 1994), pp.130-135.

춘다면 상황은 완전히 달라진다. 관념체계를 정합해내는 이 두 가지 장기 지속의 사상방식은 사회제도와 우주 질서를 도덕과 분리할 수 없는 일부로 만들었다. 이것이 초래한, 사상사에서 보기 드물지만 지극히 중요한 현상이 바로 '존재實然'와 '당위應然'를 혼동하는 것, 심지어 그 둘을 한 덩어리로 간주하는 것이다. '존재is'란 '실제로 무슨 일이 발생했는가'를 가리키고 '당위ought to be'란 '인간은 어떻게 행동해야 하는가'를 가리키는 것으로, 본디 완전히 상이한 영역이다. 도덕 실천은 '인간은 어떻게 행동해야 하는가'를 중시하기 때문에 '당위'의 영역에 속하고, 우주론은 '존재'의 영역에 속한다. 사회생활과 제도 속에서 어떤 것들이 '존재'에 속하고 어떤 것들이 '당위'에 속하는가는 매우 명백하다. 그러나 천인합일과 도덕가치 일원론으로 인해 우주론 영역이었던 자연법칙과 질서와 이상적 사회제도가 모두 도덕의 일부, 다시 말해 '당위'의 영역으로 변했다. 우리는 이런 상황을 '존재와 당위의 혼동' 또는 '당위 영역의 고도의 확장'이라 부른다. 이러한 특징은 유가 이데올로기가 문화의 변화 속에서 반증에 저항하는 메커니즘을 갖추게 했다.

  이렇게 말할 수 있는 이유는 무엇인가? 도덕 활동이 그 밖의 사회적 행위와 근본적으로 다른 점은, 인간은 '실제로 무슨 일이 발생했는가'(존재)를 자신이 도덕 원칙을 실행하지 않는 이유로 삼을 수 없다는 것이다. 즉 '존재'는 '당위'를 부정하거나 그것에 의문을 표시할 수 없다. 중국과 서양의 윤리학 사상은 각양각색이다. 내재주의, 초월주의, 쾌락주의, 공리주의, 진화론, 염세론, 자율론, 직관론, 그리고 완벽주의[도덕 이론으로서의 완벽주의Moral Perfectionism를 다룬 20세기 철학자로는 토머스 후르카Thomas Hurka, 스탠리 카벨Stanley Cavell 등이 있다] 등 온갖 분파가 존재한다. 그러나 도덕규범과 외부 세계의 관계라는 관점에서는 두 가지 기본 입장으로 구분할 수 있다. 하나는 도덕규범을 행복 또는 그 밖의 더 높은 목적에 도달하기 위한 도구로 보는 입장이고, 다른 하나는 도덕 그 자체를 목적으로 보는 입장이다. 도덕 자체를 궁극의 목적으로 삼는 철학자들은 대체로 도덕 활동이 외부 조건의 영향을 받지 않으며, 도덕 준칙은 실제로 어떤 결과를 가져다줄 수 없고 심지어 인과법칙으로 의문을 제기할 수 없음을 강조한다. 예컨대 칸트는 도덕을 '선 의지'라고 하면서 반드시 감성 요인으로 인한 혼란과 인과법칙의 영향을 떨쳐내야 한다고 했다. 왜냐하면 도덕은 그 자체를 목적으로 하며, 도덕의 준수를 목적으로 하지 않는 모든 행위는 부도덕한 것이기 때문이다. 이에 대해 그는 다음과 같이 논증했다. "선 의지가 선한 까닭은 결코 그에 따른 결과나 성과 때문이 아니다. 또 그것이 정한 어떤 목적을 달성하기에 적합하기 때문이 아니라, 오직 의욕에서 유래한 것이기 때문이다. 말하자면 그 자체가 바로 선이기 때문이다. 더욱이 그 자체로서 그에 대한 평가는 반드시 어떤 취미에 의해 (…) 실현될 수 있는 모든 것과 비교할 수 없을 만큼 고원高遠한 것이어야 한다."[49] 칸트는 도덕을 인과법칙으로부터 철저하고 명확하게 구별하기 위해 도덕법칙은 보편성과 규범성을 충족시킬 수만 있으면 성립할 수 있다고 보았다. 그는 그것을 '자연법칙의 격식'[50]이라 불렀다. 도덕규범이 자연법칙과 같은 보편성을 갖는 이유는 사회 성원 모두가 이 규범을 실행할 때 결과적으로 자기모순 또는 상호 모순도 불러오지 않기 때문이다. 다시 말해 규범을 실행에 옮기는 것이 이상적이며 효과적인 질서를 형성하는 것이다. 이러한 도덕규범에 대한 칸트의 정의는 사람들로 하여금 사회질서 파괴의 원인을 도덕규범으로 돌리기 어렵게 만들었

49　康德(Kant) 著, 李明輝 譯, 『道德底形上學之基礎』(台北: 聯經出版事業公司, 1990), p.10.
50　康德(Kant) 著, 李明輝 譯, 『道德底形上學之基礎』, pp.43-46.

다.[51] 널리 알려진바 유가 문화는 서양 및 여러 문화와 달리 '신神의 존재' '상제上帝' 및 '공리功利'를 도덕의 기초로 삼지 않는다. 인간은 도덕 자체를 목적으로 도덕 이상을 추구해야 하며, 유생의 궁극적 관심은 '인을 이루어 성인이 되는 것成仁成聖'이다. 그러므로 유가 문화는 처음부터 '존재'로써 '당위'에 의문을 표하거나 부정할 수 없다는 점을 강조했다. 더욱이 중국 고대에 유생은 칸트와 같이 도덕원칙을 보편화하는 사변思辨을 진행했고, 보편적으로 유가 윤리에 복종한다면 이상적이고 조화로운 사회를 만들 수 있다고 여겼다. 이러한 칸트식의 보편화한 상상은 유가 윤리에 대해 사회 위기를 묻지 못하게 했다.

사람들이 도덕 실천의 과정에서 다종다양한 현실적 원인을 내세워 의무를 이행하지 않음을 허용한다면, 혹은 도덕 활동이 사적 이익에 손해를 끼친다는 이유로 실행하지 않음을 용인한다면 도덕규범은 전적으로 무의미해지고 만다. 그러나 도덕 활동에 대한 이와 같은 요구를 사회제도와 우주 질서로 확장하면 사회제도 자체의 결함은 발견되기 어렵다. 어떤 사회제도(법률 또는 정책)가 실행될 때 사회 위기를 유발하는

---

51 한동안 일부 학자들은 유가가 제창한 도덕은 칸트가 말한 자연법칙과 같은 보편성을 갖추지 못했다고 생각했다. 예컨대 사람들이 앞다퉈 물건을 사려 할 때 '반드시 줄을 서야 한다'는 것은 보편화가 가능한 도덕규범으로, 사람들이 모두 이 규범을 준수하면 즉시 하나의 질서가 형성된다. 그러나 '예양禮讓'을 도덕원칙으로 삼는 경우, 모든 사람이 예양을 실천하는 것은 유효한 질서를 형성하지 못한다. 그런 까닭에 어떤 이는 '예양'을 중시하는 유가 도덕은 칸트가 말한 보편화의 가능 요건을 갖추지 못했다고 여겼다.(何懷宏:「現代社會與道德原則的普遍化」, 『二十一世紀』(香港: 香港中文大學中國文化研究所), 1993年 6月號) 사실 이런 비판은 유가의 도덕에 대한 오해에서 생겨난 것이다. 유가의 '예양'은 결코 한없는 사양이 아니라 윤상 등급에 근거해 '이치에 따른 분수理分'를 실현하는 것이다. 사랑에 차등이 있음을 토대로 한 이와 같은 차서次序의 격식은 비록 칸트가 말한, 도덕규범 앞에 모든 사람의 지위는 평등하다는 것보다는 못하다. 하지만 유가 문화에서 추앙하는 대부분의 도덕규범은 칸트가 규정해놓은 조건을 충족한다. 즉 보편화할 수 있는 것이다. 장유유서, 부자자효와 같은 가정 윤리든, 국가와 가정의 동형 구조든 관계없이 그것들은 총체적으로는 질서 있는 사회를 구성할 수 있다.

폐단은 두 가지로 구분할 수 있다. 그 하나는 사회제도 자체에는 문제가 없으나 제도를 성실하게 널리 시행하지 못한 (또는 널리 시행하는 과정에서 변형이 발생한) 결과로 인해 발생되는 폐단이다. 다른 하나는 사회제도 자체에서 조성된 폐단일 것이다. 어떤 사회제도를 널리 시행하는 것을 도덕규범의 실천과 동일시하면서 도덕규범 자체에 대해서는 의문을 제기할 수 없는 불변의 진리로 간주한다면, 이는 첫 번째 폐단에 속할 수밖에 없다. 즉 도덕규범을 시행하는 데 최선을 다하지 않았거나 혹은 도덕규범을 위배한 것이다.

여기서 우리는 일체화 구조에서 이데올로기는 현실 사회제도를 설계하는 골격이며 현실 사회질서는 이데올로기가 규정하는 우주 질서와 사회제도의 실현으로 간주되었음을 알 수 있다. 본디 모든 이데올로기는 사회적 실천 과정에서 문제에 봉착했을 때 사람들은 그 이데올로기의 내용을 반성하게 마련이다. 즉 사회 위기는 사람들로 하여금 사회적 행위의 지침이 되는 사상을 부정하거나 이데올로기가 제시하는 구상을 반증하는 상황을 초래할 수 있다. 그러나 중국 전통사회의 일체화 구조에서 우주 질서는 이상 사회와 도덕규범과 더불어 '당위'의 영역으로 간주되므로 사람들은 '존재'에 있어 발생한 일을 도덕원칙을 실행하지 않는 이유로 삼을 수 없다. 그런 이유로 유가 이데올로기 각 부분이 실천 과정에서 마주치는 문제, 심지어 그것이 초래하는 모든 폐단은 이데올로기에 대해 의문을 표하는 이유나 근거가 될 수 없으며, 이에 사회적 폐단이란 도덕원칙이 붕괴에 이르렀다는 말과 동의어가 된다. 결국 모든 복잡한 사회 위기는 간단명료한 해석을 얻는다. 사회 위기는 성인이 규정한 도덕원칙을 군왕·정부·민중이 이행하지 않은 결과라는 것으로, 유가의 경제 윤리가 그 전형이 되기에 충분하다. 도덕가치 일원론에 따르면, 유생은 가정의 윤상 등급을 사회로 확장해 정치 질서를 확립하고, 여기에 도덕가치를 부여한다. 모든 정치 질서는 그에 상응하는 경제 제도를 통해 유지되어야 하므로 유가는 윤상 등급 그리고 대일통 관료정치에 호응하는 경제 질서를 정당하고 도덕에 부합하는 것으로 규정한다. 유가 이데올로기에서 경제 제도는 윤상 등급에서 벗어나 있기 때문에 경제적 지위가 명분을 참월하는 경우 부도덕한 것으로 인정된다. 경쟁과 상업은 경제 제도가 사회의 윤리 질서에 위배하는 엄중한 상황을 초래할 수 있는 것으로, 이는 유가의 경제 윤리에 의해 제창된 것이 아니다.[52] 그리하여 왕조 후반에 상업이 크게 발전하여 농업 인구가 도시로 몰리고 사회 문제가 발생했을 때 유생 대다수는 경제 발전에 따른 새로운 제도 수립의 필요성을 인식하지 못했으며, 심지어 경제 자체로써 문제의 해법을 논하지도 못했다. 그들은 이러한 문제를 이상적인 경제 질서(이상적 윤리·정치 질서와 호응하고 도덕에 부합하는 경제 질서)로부터의 일탈로 간주했으며, 왕조 건립 당시의 이상적 상태로 회귀하는 것이 확실하고 올바른 방법이라 여겼다. 그리하여 경제가 아무리 발전해도 경제 제도에 대한 유생의 사고방식을 변화시킬 수 없었고, 그들 역시 새로운 경제 제도를 추적 탐구하는 활동을 펼칠 수 없었다. 이렇게 경제 문제를 이상으로부터 일탈한 것으로 간주하는 태도는 도덕 목표로써 사회제도의 합리성을 판별하는 태도의 전형이다. 이와 동일한 분석을 사회제도의 모든 영역으로 확충할 수 있다. '당위'의 폭넓은 확장은 마치 색안경을 씌운 것처럼 유생으로 하여금 기껏해야 도덕 이상에 도달했는가의 범례로써 이데올로기와 사회 변화의 관계를 살펴보게 했을 따름이다.

---

52 金觀濤,「中國近現代經濟倫理的變遷」,『亞洲研究』, 第8期(香港, 1994).

그리하여 우리는 중국 역사에 다음과 같은 그림이 몇 차례 연출되었다는 사실을 알 수 있다. 왕조가 처음 세워졌을 때는 사회 상·중·하세 층위가 양호한 정합 상태를 이루고 있으므로 인정仁政으로 대표되는 도덕 목표가 실현된 것으로 간주되었다. 사회적 변화는 양호한 정합 상태에서 벗어난 것으로, 사회적 폐단은 도덕 이상을 충실히 관철하지 못한 것으로 여겨졌다. 역대 왕조 말기에는 대부분 관료기구의 팽창, 관리의 부패, 제왕의 전횡으로 인해 정치 문제가 발생했다. 경제 문제는 주로 토지 겸병으로 인해 자작농이 점차 토지를 빼앗기는 형태로 나타났고, 상품 경제의 발전과 국가의 세원稅源 감소가 농민의 부담을 격화하고 재생산 능력을 잃게 했다. 유생은 이 모든 문제의 원인을 도덕 이상이 아직 실현되지 못한 탓으로 돌렸다. 즉 황제가 외척과 환관의 정치 간섭을 받는 까닭은 마땅히 황제가 성인의 가르침을 무시하고 솔선수범하지 않아 도덕의 모범이 되지 못했기 때문인 것이다. 마찬가지로 관료기구의 부패와 무능은 대소 관리들의 도덕적 문란으로 인식되었다. 경제 문제 또한 '인정'과 '덕치'를 실천하지 않았기 때문이며, 심지어 민중 봉기는 도덕 교화에 최선을 다하지 않은 결과로 해석되었다. 요컨대 거의 모든 사회 문제, 특히 불가항력적 사회 변화는 도덕 실천이라는 렌즈의 굴절을 통해 사상문화 차원으로 반영되었다. 즉 모든 것이 도덕 이상에 도달했는가 하는 문제로 귀속되었다. 그리하여 사회 위기에 직면할 때마다 유생은 도덕 의지의 정화淨化와 수신修身이라는 틀 속에서 초기 이데올로기에 대한 확고한 신념을 다지곤 했다.

우리는 유생이 '존재'와 '당위'를 혼동한 탓에 변화하는 사회에서 새로운 가치와 이데올로기에 대한 추구가 효율적으로 중단되었음을 확인할 수 있었다. 기존 이데올로기의 제도 설계 기능은 사회 위기에 의해 효력을 잃기는커녕 도덕 실천의 역량에 의해 오히려 강해질 수 있었다. 그래서 엄중한 사회 위기가 낡은 왕조를 무너뜨릴 때도 유가 이데올로기는 반석처럼 굳건할 수 있었을 뿐만 아니라 새 왕조를 설계하고 복원하는 거푸집이 되었다. 일체화 구조의 세 층위 조직을 와해한 부패와 토지 겸병 등의 요인은 대혼란의 발생으로 인해 잔혹하지만 효율적인 방식으로 제거되어 새 왕조를 건설할 수 있었으며 점차 태평성세를 향해 나아갈 수 있었다. 이러한 특성은 중국 전통사회가 세계와 단절된 상황에서 기묘한 양면성을 드러내게 했다. 바로 이데올로기의 장기 연장과 사회 구조의 단절이 동시에 존재한 것이다. 달리 말해서 한편으로는 주기적으로 왕조가 교체되었으며, 다른 한편으로는 유가 이데올로기가 왕조 교체를 통해 2000년 동안 지속될 수 있었다.

  우리는 일찍이 중국 전통사회의 일체화 구조의 특징은 세계와 단절된 상황에서 진행되는 초안정 시스템의 행위양식이라 했으며, 이를 토대로 중국 봉건(전통)사회가 어떻게 기나긴 세월에 걸쳐 존속될 수 있었는지를 해석한 바 있다.[53] 이때 세계와 단절된 조건에서 초안정 시스템의 행위양식을 문화에 투사한 것은 중국 문화의 연속성의 수수께끼라 할 수 있다. 확실히 인류 문명사에서 중국을 제외한 그 어떤 사회의 관변 이데올로기도 2000년간 중단 없이 지속된 사례는 찾아볼 수 없다.[54] 심지어 서양의 후기 구조주의 철학자인 푸코는 서로 다른 시대의 사회·문화 관념은 필연적으로 분열되어 있으며, 고대 사상·문화를 자세히 알려면 고고학의 방식처럼 단열된 지층 속을 발굴할 필요가 있다고 했다.[55] 유가 이데올로기가 지식사회학에서 보기 드문 특별한 예가 된 계기는 바로

---

53 金觀濤, 劉靑峰, 『興盛與危機-論中國社會超穩定結構』.

'천인합일'과 '도덕가치 일원론'이 초래한 '당위' 영역의 무한한 확장이 이데올로기로 하여금 반증에 저항하는 메커니즘을 갖게 했다는 것이다.

54   문화 또는 종교가 이데올로기 기능을 가질 때, 즉 사회 조직 합법성의 기원일 때 사회 조직의 위기는 사람들이 해당 문화와 종교가 가진 가치에 대해 반증하거나 의문을 표시하게 하는 상황을 초래할 수 있다. 그러므로 고대 문명에서 종교와 사회 조직이 상호작용한 결과는 대부분 문화(종교)가 문명의 해체를 따라 소멸하는 것이었다. 고대 문명(종교와 문화)의 대다수가 중단된, 심지어 완전히 망각된 원인이 바로 이것이다. 그러나 기원전 1000년 전후로 그리스·이스라엘·인도·중국 4대 문명은 제가끔 위대한 문화를 창조했다. 그리스의 자연질서 및 규범에 대한 주지주의主智主義, 히브리의 종교, 인도의 해탈주의, 중국 선진 시대 유가와 도가의 인문 정신은 아직도 근대 서양과 인도 그리고 중국 문명의 기반이다. 이들 고대 가치체계와 종교는 어떻게 수천 년의 사회 변천을 넘어 지금까지 보존될 수 있었을까? 이에 대해 사회학자들은 그 시기에 인류가 고급문화 단계로 진입했다고 해석한다. 예컨대 야스퍼스는 그 원인을 '축의 시대軸心時代axial age'의 '초월적 돌파transcendental breakthrough'로 귀결했다.(Karl Jaspers, *The Great Philosophers*, vol. 1 [New York: Harcourt, Brace & World, 1962]) ; 탈코트 파슨스Talcott Parsons 는 그것을 '철학적 돌파philosophic breakthrough'라고 불렀다.(Talcott Parsons, "'The Intellectual': A Social Role Category", *On Intellevtuals*, ed. Phillip Rieff[New York: Doubleday, 1970]) ; 슈무엘 아이젠슈타트S. N. Eisenstadt 는 지식인의 출현, 세속과 초월 간의 긴장, 그리고 엘리트 계층의 세계 질서 재건으로부터 축의 혁명의 성질을 논했다.(S. N. Eisenstadt, ed., *The Origins and Diversity of Axial Age Civilizations*[Albany: State University of New York Press, 1986]). 중국 전통사회와 문화에 대한 우리의 연구로 보건대, 고급 종교와 초월적 문화가 생성되었다는 것은 문화와 이데올로기에서 반증에 저항하는 모종의 메커니즘이 출현해 이와 같은 문화들이 낡은 사회의 해체를 따라 함께 멸망에 이르지 않게 했음을 의미한다. 원칙적으로 이와 같이 반증에 저항하는 메커니즘은 두 가지가 있을 수 있다. 첫째, 출세간적 종교와 같이 도덕의 기초일 수는 있으나 더 이상 정치제도 합법성의 근거, 즉 이데올로기일 수 없는 것이다. 일부 역사학자들도 단언했듯, 축의 시대 이전의 종교는 주로 우주와 사회질서 유지에 사용되었고, 그 이후의 종교는 주로 구원 또는 해탈을 추구했다.(希克[John Hick] 著, 王志成 譯, 『宗教之解體: 人類對超越者的回應』[成都: 四川人民出版社, 1998], p.25) 그 전형적인 예가 기독교와 불교다. 둘째, 중국의 경우처럼 도덕가치 일원론과 천인합일 구조를 사용해 이데올로기를 도덕과 동등하게 취급하는 것이다. 분명히 중국 문화는 인도·그리스·히브리 문화들에 비해 사회 해체에 저항하거나 자기 보존하는 능력이 더 잘 갖춰져 있었다. 이와 같은 역량은 도덕과 사회제도의 강력한 합일에서 유래한다. 중국과 다른 점으로, 서양과 기타 민족들 중 2000년의 사회 변천을 초월하여 보존된 종교와 문화는 피세형避世型으로서 이데올로기 기능을 갖지 않거나 사회 조직 기능으로부터 부단히 후퇴하여 반증을 모면하는 과정을 거쳤다.

55   傅柯(Michel Foucault)著, 王德威 譯, 『知識的考掘』(台北: 麥田出版有限公司, 1993).

1.6
외부의 충격이 중국 문화에 영향을 미치는 방식
도덕의 바람직성 파괴

외래 충격이 야기한 문제는 왜 사회 내부의 위기와 다른가?

무엇이 도덕인가?

도덕 활동의 3개 하위 체계

도덕의 바람직성의 이중 의미

바람직성이라는 정의의 확대

유가 도덕이 사회 조직에서 물러나지 못한 후과

중국 문화가 외래문화를 대하는 상반된 두 양식

문화 융합 능력은 중국 문화 특유의 성질이다

일체화 구조에서 이데올로기가 반증에 저항하는 메커니즘을 갖추려면 하나의 전제가 더 필요하다. 그것은 사회제도의 위기를 유발한 근원이 사회 내부에서 비롯되었다는 전제다. 즉 위기는 사회 지도자가 이데올로기에 의해 규정된 사회 비전을 실현하는 과정에서 발생하는 것이다. 따라서 위기의 원인은 유생·관료·군왕이 도덕 이상을 충실하게 실행하지 않은 데 있는 것으로 귀결될 수 있었다. 그러나 사회 위기가 외부의 충격으로 인해 발생했을 때 식견 있는 사람은 그것이 정책 집행자가 도덕원칙을 위배했기 때문이 아니라 사회제도 자체에 문제가 있음을 깨달을 수 있다. 사회제도와 도덕규범은 실현 불가능한 것으로 변하며, 혹 실현되더라도 결코 선善을 대표하지 않는다. 사회제도와 도덕규범을 동일시한 다는 전제 아래 사회제도가 실현 불가능하다거나 더 이상 선을 대표하지 않는다는 것은 도덕규범이 바람직하지 않음不可欲을 의미한다. 이렇게 외부의 충격으로 인한 사회제도의 위기는 인류 문화사에서 매우 보기 드문 현상을 초래했는데, 이것을 우리는 도덕의 바람직성可欲性 파괴라고 부른다. 이 현상은 외래문화가 중국 문화와 융합하는 기묘한 메커니즘, 즉 외부의 충격은 도덕의 바람직성 파괴를 통해 중국 문화에 영향을 끼치는 작용을 한다. 이 점을 이해하기 위해 우리는 무엇이 도덕의 바람직성이며 그것의 파괴란 무엇인지 상세히 논해야 한다.

일반적으로 철학자는 도덕을 미덕, 규칙, 원칙으로 구성되는 것으로 간주한다. 이는 사람들이 미덕을 기르고 또 그것을 실천에 옮길 의무가 있음을 내포한다.[56] 중국 문화에서 도덕 활동의 논리 구조를 분석하면 그림 1-3과 같이 3개 하위 체계로 이루어지는 것을 볼 수 있다. 첫 번째 하위 체계는 행위의 규칙이며 각 항의 규칙을 조직하는 원칙이다. 우리는 그것을 '행위규범'이라고 부른다. 두 번째 하위 체계는 행위규범 배후의 가치로, '행위규범의 가치 판단'이라 부르기도 하고, 가치체계의 선에 상응하므로 '미덕'이라고도 한다. 세 번째 하위 체계는 인간의 '의지' 로서, 선의 가치를 지향하는 것이다. 모든 선이 도덕인 것이 아니라 인간의 의지에 기초해 지향하는 선만이 도덕이다. 또는 이렇게 말할 수도 있다. 선을 향한 의지가 '당위'를 구성한다. 그것은 인간이 미덕을 추구하는 의무를 갖도록 규정하며 선의 행위규범을 집행하는 것은 이익이 아닌 내적 의지의 결과라 말할 수 있다.

---

[56] 米爾恩(A.J.M. Mile)著, 夏勇, 張志銘 譯, 『人的權利與人的多樣性: 人權哲學』(北京: 中國大百科全書出版社, 1995), p.31.

그림 1-3 도덕 활동의 구조

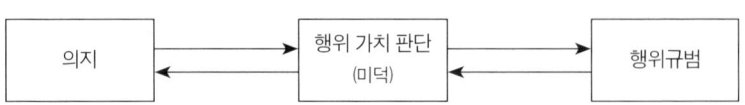

그림 1-3에 따르면 도덕 활동은 내부에서 외부로 향해 두 단계로 이루어진다는 사실을 알 수 있다. 우선은 인간이 갖추고 있는 선 의지, 곧 선을 향한 의지(내면의 활동)이고, 다음은 선 의지가 지향하는 도덕 규범의 실천(윤리)이다. 이렇게 해서 도덕 활동은 자율로 표현된다. 이른바 도덕의 바람직성은 보통 두 겹의 의미를 내포한다. 하나는 인간의 내면 활동에 있는 선의 지향 가능성이다. 즉 선을 성취할 수 있다거나 추구할 수 있다는 의미다. 다른 하나는 외재적 도덕규범의 실행 가능성 혹은 실행함으로써 선을 초래하는 결과다. 일반 도덕철학 교과서에서는 두 번째 의미를 윤리학이 반드시 실행할 수 있는 원리라고 말한다. 그러니까 어떤 윤리 규범이 성립하는가 여부를 판별하려면 그 자체에 모순이 없는지를 살펴보는 것 외에, 실천에 옮길 수 있는가의 여부까지 표준으로 삼아야 한다. 이러한 표준을 '지도 원리 leading principle'라고 부른다.[57] 지도 원리가 말하는 것은, 도덕규범은 반드시 실행 가능성을 갖추어야 한다는 것이다. 명백한 것은 내면 활동 차원에서 인간은 언제나 '선을 지향'할 수 있고 선 의지의 바람직성은 문제가 되지 않는다는 것이다. 그렇지 않으면 도덕은 무의미해지고 만다. 일반 도덕철학 또는 도덕 원리의 형이상학적 논의에서 바람직성은 완전히 선 의지를 가리킨다. 사람들은 도덕 활동의 바람직성은 의심의 여지가 없이 자명한 것이라 확신하기에 도

---

57 張東蓀, 『道德哲學』(上海: 中華書局, 1934), p.125.

덕철학은 도덕이 바람직하지 못한 상황을 거의 고려하지 않는다. 여기서 우리는 바람직성의 정의를 확대해, 도덕의 바람직성이란 내면으로 선을 지향하는 것일 뿐만 아니라 도덕규범이 실행가능하기를 요구하는 것이라고 본다. 우리는 도덕 활동의 사회와 역사를 연구할 때 도덕이 바람직하지 못한 상황을 고려해야 한다고 생각한다. 왜냐하면 시대가 다르면 도덕규범도 서로 다를 수 있고, 사회 조건이 변화하면 어떤 도덕규범이 실행가능한가 또는 실행 이후에도 여전히 '선'을 대표하는가의 문제는 가변적이기 때문이다.

분명한 것은 도덕규범이 구체적일수록 사회 조직 안에서 담당하는 기능은 더욱 강해지며, 그렇게 되면 사회 변화 또는 외부 충격에 직면했을 때 본래 실행 가능한 도덕규범이 실행 불가능한 것으로 변할 가능성도 높아진다. 예컨대 '사람은 거짓말을 하면 안 된다'를 단일한 도덕원칙으로 삼았을 때에는 실행 불가능한 것으로 변할 가능성이 극히 낮다. 왜냐하면 모든 사람이 거짓말을 할 경우 안정적 사회질서를 이루기 어려우므로 어떤 시대와 어떤 사회 조직에서도 '거짓말을 해선 안 된다'는 도덕원칙은 거의 적용 가능하다. 또 다른 예로, 현대 사회는 사적 도덕과 공적 도덕을 구분하는데, 사적 도덕은 사회 조직에서 담당하는 기능은 비교적 약하기 때문에 실행 불가능성이 나타나는 경우가 드물다. 일반적으로 도덕규범이 사회의 조직 기능을 담당할 때 외부의 충격은 이런 규범을 실행 불가능하게 만든다. 가장 흔히 볼 수 있는 결과는 즉시적으로 도덕 체계가 바람직하지 못한 상황을 야기하는 것이 아닌, 원래의 도덕 체계가 사회 조직에서 물러나는 것이다. 비록 사회 조직이 더 이상 이와 같은 도덕규범을 조직의 원칙으로 삼지 않게 되더라도 그 도덕은 여전히 성립 가능하다. 단지 유효 범위가 사회 조직과 무관한 생활의 영역으로 줄어들 뿐이다. 역사적으로 기독교, 힌두교가 규정하는 도덕규범이 모두 이러한 과정을 거쳤다. 그러므로 세계 역사상 도덕규범의 바람직성이 파괴되는 일은 그리 흔치 않다. 도덕 체계가 사회 조직에서 물러나는 것이 불가능한 경우에만 외래 도전으로 인한 사회 위기가 기존의 도덕 체계에 대한 반증을 구성한다. 이것이 바로 중국 문화가 강대한 외래 문명의 충격에 직면했을 때 형성된 골격이다.

일체화 구조 속에서 유가 이데올로기는 개인·가정·사회 그리고 국가의 정치에 이르기까지 모든 활동 공간을 뒤덮고 있었다. 도덕이 사회 조직에서 물러나기란 불가능한 일로, '천인합일'과 '도덕가치 일원론'은 개인 도덕, 가정 윤리, 사회제도를 고도로 정합했다. 대일통의 사회제도는 도덕규범과 구분될 수 없었을 뿐만 아니라 우주 질서까지도 도덕 규범의 확장이었다. 이때 도덕 목표의 바람직성은 사회제도의 실현 가능성과 동일시되어, 본래 실현 가능했던 모종의 사회제도가 실현 불가능한 것으로 변할 때 그것과 동일시되는 도덕 목표 또한 바람직한 것에서 바람직하지 않은 것으로 바뀌었다. 그렇다면 실현 가능하던 사회제도는 어떤 조건에서 실현 불가능한 것으로 변화할까? 일체화 구조가 외부의 충격을 받았을 때 발생할 가능성이 매우 높다. 세계와 단절된 조건에서만 일체화 구조의 상중하 세 층위의 양호한 정합이 실현될 수 있었던 것이다. 중국 역사에서 모든 대일통 왕조가 처음 건립되었을 때의 사회 구조가 이와 같은 정황을 보여준다. 그러나 일체화 구조가 외래 문명의 충격을 받게 되면 전반적으로 외부의 환경이 변함에 따라 원래 실현 가능했던 양호한 정합 상태가 실현 불가능한 것으로 바뀌기도 하고, 혹은 실현한 뒤 더 이상 '좋은' 혹은 '선한' 상태를 대표할 수 없게 되기도 한다. 이때 사회제도와 일치하던 도덕 이상도 바람직하지 않은 것으로 간주된다.

이는 원래의 이데올로기가 내부와 외부의 위기에 몰리면서 협공 당하는 상황을 야기한다. '존재'가 '당위'를 부정할 수 없음은 본래 관변 이데올로기가 사회 내부 위기에 의해 부정되는 것을 방지하는 유효한 무기이지만, 외부의 충격으로 인해 이데올로기가 포함하는 우주관, 사회제도가 더 이상 도덕 이상이 아님을 사람들이 깨닫게 되는 순간 그것들은 '당위' 영역에 속하지 않게 된다. 그리고 사회 안팎의 위기에 대해서도 최선을 다해 이상을 관철하지 않은 탓으로 돌릴 수 없게 된다. 이로써 이데올로기의 반증에 저항하는 메커니즘은 곧 소멸하게 된다. 이때 사회 문제는 사람들로 하여금 본유 이데올로기의 거대한 동력에 대해 반성·비판하게 하는 풍조를 조성해 엄중한 합법성의 위기를 불러일으키는데, 중국 문화 역시 안팎의 협공을 받아 고통스러운 대변동에 직면하지 않을 수 없었다.[58]

여기서 우리는 역사적으로 중국 문화가 외래문화의 충격에 대

---

[58] 여기서 우리는, 중국 전통사회에서 이성 권위와 사회 위기의 관계가 하버마스의 논술과는 전적으로 다름을 볼 수 있다. 하버마스는 전통사회에서의 공동체 의식의 위기는 사회 내부의 원인이 야기한다고 생각했다. 그는 전형적 사례 하나를 들어, 전통사회에서는 사회규범의 논증 체계가 착취를 공개적으로 허용할 수 없었지만 사회 발전 과정에서 계급 분화와 착취가 격화되면서 계급투쟁을 초래했고, 그 후과는 상술한 규범의 논증 체계를 전복하고 새로운 규범 논증 체계를 세운 것이라고 말한 바 있다.(哈伯瑪斯 著, 劉北成 譯, 嚴敏蕙 校閱, 『合法化危機』, pp.27-28) 여기서 말한 것이 바로 사회 위기가 이성 권위에 대해 반증하는 효과다. 그러나 하버마스의 이 논증은 중국 전통사회에는 적용되지 않는다. 왜냐하면 하버마스의 분석에 따르면 전통사회의 권위의 위기는 사회 내부의 변화로 인해 조성되는 것이기 때문이다. 그는 사회 조직의 유형과 공동체 의식의 위기 간의 관계를 아래의 표로 제시했다.(표 1.1) 이 표에 따르면, 중국 전통사회의 위기 유형은 "내적 원인이 결정한 공동체 의식의 위기", 곧 이데올로기 합법성이 사회 내부의 위기에 의해 전복되는 것이어야 한다. 그러나 일체화 구조 속에서 도덕과 사회제도의 합일은 이데올로기가 반증에 저항하는 메커니즘을 갖게 해, 유가의 도덕 이상이 바람직한 것이기만 하면 어떤 왕조 말기의 사회 위기도 유가 도덕을 실현하고자 최대로 노력하지 않은 것으로 간주되었다. 사실상 일체화 구조가 강력한 외래 충격을 받았을 때에만 이데올로기는 사회 위기에 의해 반증되었다. 이로부터 중국 사회의 역사적 경험과 서양의 경험을 결합해야만 보편적이고 유효한 사회이론을 획득할 수 있음을 알 수 있다.

표 1.1 사회 조직 원칙에 관한 표해

사회 형태	조직 원칙	사회 정합과 체계 정합	위기 유형
원시 사회	친연 관계: 주도적 역할 (연령, 성별)	사회 정합과 체계 정합이 이분화하지 않음	외부 요인이 유발한 공동체 의식의 위기
전통사회	정치 계급 통치: 국가 권력과 사회-경제 관계	사회 정합과 체계 정합에 기능상의 분화가 발생함	내부 요인이 결정한 공동체 의식의 위기
자유 자본주의 사회	비정치 계급 통치: 임금노동과 자본	체계 정합 기능을 갖춘 경제 체계도 사회 정합 임무를 담당함	체계 위기

哈柏瑪斯 著, 劉北成 譯, 嚴敏蕙 校閱, 『合法化危機』, p.31에서 인용.

응한 두 가지 상반된 양식을 확인할 수 있다. 외부의 충격이 충분히 강력하지 못했을 때, 곧 일체화 구조의 사회 정합을 파괴하기에는 역부족일 때 중국 문화는 외래문화를 무시했다. 외부의 영향이 지극히 주변적인 정도일 때 주류 문화는 줄곧 관변 이데올로기의 도덕가치에 둘러싸여 있었으며, 외부 충격으로 인한 모든 문제는 도덕 이상을 벗어난 것으로 간주되었다. 그러나 외부의 충격이 일체화된 정합을 해체할 만큼 강대했을 때에는 도덕의 바람직성의 파괴로 인해 외래문화가 물밀듯 쏟아져 들어왔고, 게다가 천인합일의 지배를 받는 도덕의 바람직성이 파괴된 충격은 중국 대전통의 모든 영역에 영향을 미쳐 우주론, 사회제도를 비롯한 개인의 궁극적 관심에 이르기까지, 일찍이 없었던 공동체 의식의 위기에 직면했다. 그리하여 중국은 전면적으로 외래문화를 수용하고 새로운 문화를 창조하는 특별한 시기를 맞았다.

1.7
가치의 역전은 외래문화를
선택적으로 흡수하고 창조적으로 재건했다

일체화 구조에 대한 두 차례의 큰 충격

두 차례의 충격은 모두 원래의 도덕의 바람직성이 파괴된 데서 기원했다

가치 역전

전면적 가치 역전과 부분적 가치 역전

왜 도덕 체계가 바람직하지 않을 때 가치 역전이 출현하는가?

서양 사회의 도덕 활동 구조

도덕가치 역전과 도덕 자체를 궁극적 관심으로 삼는 것의 관계

중국 현대 문화의 형성을 두 차례 융합의 결과라고 하는 이유

일찍이 중국 역사상 일체화 구조는 외래 문명으로부터 두 번의 큰 충격을 받았다. 한 번은 위진남북조 시기로, 수많은 소수민족이 중원으로 유입되고 불교가 전래하는 등의 요인이 교란을 일으키자 더 이상 한대의 사회 조직 방식을 유지하는 식으로는 농업사회의 정합을 실현할 수 없었다. 그리하여 200~300년에 걸친 혼란과 분열이 출현했다. 이것이 중국 문화가 최초로 외래문화를 대규모 융합한 시기로, 이것을 우리는 '제1차 융합'이라 부른다. 두 번째 충격은 청나라 말기로, 서양의 공업문명이 낳은 견고한 함선, 강력한 무기, 값싼 상품의 충격으로 인해 중국은 권리를 상실하고 굴욕적인 조약에 서명하도록 압박을 받았다. 이때 기존 중국

사회의 정합 방식은 '좋은' 가치를 대표할 수 없게 되었고, 중국은 거역할 수 없는 서학동점西學東漸과 구미歐美의 폭풍우를 피할 수 없는 시대로 들어섰다. 우리는 그것을 '제2차 융합'이라 부른다. 이 책은 위진남북조 시기 중국 문화의 불교 융합과 근현대 사상 변화 간의 공통 양식을 논하고, 도덕의 바람직성이 파괴되는 당시 중국 문화의 변화 과정을 집중 연구하는 데 중점을 두고 있다. 그렇다면 이 두 차례의 융합을 공통적으로 지배하는 사상 변화의 장기 지속의 법칙이 존재할까?

두 차례의 융합에서 중국 문화가 받은 외부 충격은 완전히 상이하다. 외래문화의 성질에 중점을 두어 시대를 뛰어넘는 역사적 비교를 하기란 매우 어려운 일이지만, 중국이 외래문화를 받아들이는 메커니즘으로 말하자면 양자는 모두 도덕의 바람직성의 파괴에 의해 결정되었다. 우리는 도덕의 바람직성의 파괴가 중국 대전통에 대한 외래문화의 충격을 놀라우리만큼 유사하게 만들었으며, 또한 중국 문화가 외래문화를 흡수하는 공통 양식을 결정했음을 발견했다. 왜냐하면 도덕 그 자체를 궁극적 관심으로 하는 문화 체계에서 사람들이 보편적으로 어떤 도덕가치를 바람직하지 못한 것으로 여길 때, 특히 그것이 '악'과 상응할 때에는 상반된 행위가 가치 있는 것으로 여겨지기 때문이다. 예컨대 '아들이 아버지의 죄를 숨겨주는子爲父隱' 것은 일종의 도덕원칙이지만 사람들이 그것을 바람직하지 않은 것, 즉 잘못된 것으로 받아들이게 되면 그에 상반된 행위(아들이 아버지의 죄를 고발하는 것)가 '대의멸친大義滅親'으로 여겨져 도덕적인 행위가 된다. 이는 한편으로는 의지가 직접 선과 정합을 이루기 때문이고, 다른 한편으로는 도덕의 표준은 나쁜 것 아니면 좋은 것이라는 양극성으로 인해 어떤 도덕규범이 바람직하지 못한 것이 될 때 기존의 규범과 상반된 체계가 바람직한 것으로 여겨짐으로써 그것이 새로운 도덕가치가 되는 것이다. 우리는 이와 같은 메커니즘을 '도덕가치의 역전逆反' 또는 간단히 '가치 역전價値逆反'이라 부른다. 본래 우주론과 사회관의 변화는 가치 역전의 영향을 거의 받지 않지만 '천인합일'과 '도덕가치 일원론'은 우주론과 사회관을 도덕과 동등하게 취급했기 때문에 도덕 내용뿐만 아니라 우주관과 사회관을 비롯한 문화 체계 전체가 가치 역전에 포함된다.

그림 1-3을 좀더 구체적으로 분석해보면, 도덕의 바람직성이 파괴될 때 두 가지 상이한 정황이 존재함을 알 수 있다. 하나는 도덕규범의 실현이 불가능해지는 것이고, 다른 하나는 도덕규범은 실현 가능하지만 좋은 가치 또는 선한 가치를 대표할 수 없는 것이다. 이 두 정황이 나타내는 가치의 역전은 동일하지 않다. 전자는 외부 목표가 실현될 수 없음으로 인해 사람들이 원래의 도덕 이상을 포기하는 사태를 초래한다. 사람들은 구체적 외부 규범을 포기하는 동시에 그 어떤 외재적 사회 목표를 추구하는 것에도 실망하여 도덕 추구를 순전히 개인적 행위 또는 현실도피적인 것으로 수용할 가능성이 높다. 이때 선이라는 가치와 행위 규범 사이에는 구조적 단절이 출현하는데, 우리는 그것을 '전면적 가치 역전'이라 부른다. 전면적 가치 역전은 모든 규범을 제거하는 것을 새 도덕가치로 삼는 것 외에, 사람들이 적극적·입세적入世的으로 외부 목표를 실현하는 것을 부정하고 무위無爲를 최고의 도덕으로 삼는다. 이렇듯 기존 도덕의 강제성에 대한 전면적 역전은 강제에 반대하는 것 자체를 도덕원칙으로 바꿔버린다. 이것이 바로 '자연自然'에 대한 심취다. 후자의 경우 기존의 도덕 목표를 실현하는 것은 가능하지만 더 이상 선을 대표하지 않는다. 이때 현실도피의 도덕을 추구하는 태도는 나타나기 어려우며 사람들은 통상 도덕 목표 혹은 도덕규범을 입세적으로 변경할 뿐이다. 우리는 그것을 '부분적 가치 역전'이라 부른다. 부분적 역전의 경우

사람들은 모든 규범을 적극적·인위적으로 타파하고 자유의 추구 그리고 질곡을 벗어난 해방을 새로운 도덕으로 삼는다. 이것은 통상적으로 혁명 유토피아의 추구로 표현된다. 확실히 위진남북조 시기에 유가라는 도덕 이상의 바람직하지 못함을 야기한 것은 전면적 가치 역전이었다. 반면 제2차 융합 시기에 드러난 현상은 부분적 가치 역전일 따름이다. 문화 융합 시기에 중국인의 보편적 정체성을 드러내는 의의 구조로서의 가치 역전은 사람들이 어떤 외래문화와 친화할 것인지 내부로부터 규정했다. 달리 말해 가치 역전이 공교롭게도 외래문화와 어떠한 유사성을 가질 때 중국 사회는 외래문화를 선택적으로 흡수한 것이다. 이는 기존 이데올로기의 가치와 상반된 새로운 가치가 새로운 이데올로기(또는 새로운 문화 체계)의 형성을 지배한 것이다.

    위진남북조 시기에 '무위'를 핵심으로 하는 위진 현학이 중국 사대부의 불교 친화를 어떻게 주도했는가에 대해서는 이미 적잖은 연구가 이루어졌다. 그렇다면 근대 중국이 서양의 충격을 받았을 때 부분적 가치 역전의 메커니즘은 중국 문화가 서양의 현대적 가치를 흡수하는 데 어떤 영향을 끼쳤을까? 이 과정을 이해하기 위해 우리는 부분적 가치 역전의 구체적 과정을 명확히 인식해야 한다. 도덕가치 역전의 실현은 두 단계로 이루어진다. 첫 단계로, 전통적 사회제도 또는 행위규범의 폐단이 역사의 흐름 속에서 동시다발적으로 나타나면서 전통적 사회제도를 파괴하고 기존의 규범을 제거하자는 주장이 정당하게 여겨진다. 예컨대 개인의 자유 그리고 전통적 사회규범의 구속을 받지 않는 자주성이 전반적으로 긍정적 가치를 획득하는 것이다. 두 번째 단계로, 선 의지가 다시 반규범적 '평등'이라는 새로운 가치와 정합을 이루어가는 것이다. 우리는 앞 절에서 도덕 활동의 본질이 선 의지임을 밝혔다. 그렇다면 자유로운 행위와 기존의 사회규범을 부정하는 행위가 정당성을 얻은 다음 선 의지와 직접 정합을 이룰 때 비로소 새 도덕이 될 수 있다. 그렇지 않다면 새로운 가치는 '당위'가 아니라 도덕과 다른 종류의 정당성일 뿐이다. 선 의지가 새로운 가치와 다시 정합을 이루는가의 여부는 궁극적 관심의 기본 구조에서 결정된다.

고대 그리스의 애지愛智[지혜에 대한 사랑, 즉 철학] 전통은 지식 탐구求知를 궁극적 관심으로 삼았고, 도덕은 지식을 탐구한 결과로 여겨졌다. 플라톤과 아리스토텔레스 모두, 인간이 부도덕한 행위를 할 수 있는 것은 무엇이 진정한 선인지를 알지 못하기 때문이라고 생각했다.[59]

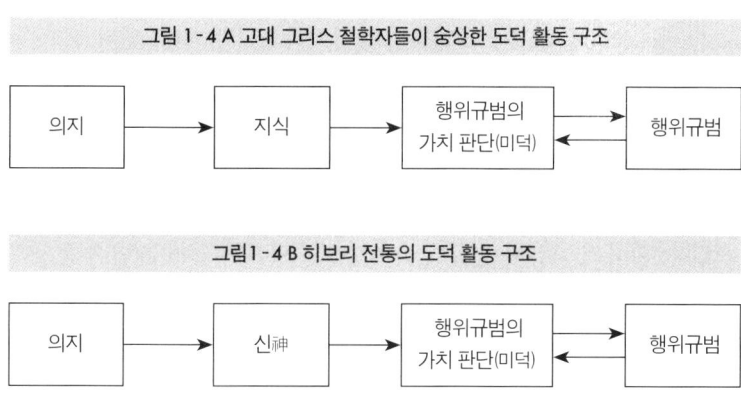

이와 같은 도덕 활동 구조는, 그림 1-4 A가 나타내듯 의지가 먼저 지식을 지향한 뒤 도덕가치와 관계를 발생시킨다. 이와 같은 구조에서 선 의지와 행위규범의 정합은 사회 형태의 전환을 따라 단절되고, 도덕가치의 역전은 발생하지 않는다. 왜냐하면 의지는 인지를 통해 선

---

59 Alasdair MacIntyre, *A Short History of Ethics*(New York: Macmillan Publishing Company, 1966).

과 정합을 이루는 것인데, 사람들이 지식은 '존재'이고 도덕은 '당위'이며 '존재'로부터 '당위'를 추론해내는 것이 불가능하다는 것을 발견하는 때에는 더 이상 지식을 탐구하려는 활동 의지가 선을 지향하지 않기 때문이다. 이때 새로운 가치는 도덕과 다른 종류의 정당성일 수밖에 없다. 또 다른 예로 히브리 전통에서 도덕 활동의 구조를 들 수 있다. 여기서 인간의 궁극적 관심은 신에 대한 신앙이며 도덕은 신의 계율이다. 인간의 의지는 먼저 신을 지향한 뒤 가치체계와 정합을 이룬다.(그림 1-4 B) 그런데 도덕이 신으로부터 기원하지 않는다고 사람들이 여기는 순간 의지는 자동적으로 행위규범의 가치체계를 지향하지 않게 되며, 이때 새로운 가치도 새 도덕으로 변모할 수 없다. 우리는 서양 전통사회 도덕 활동의 구조가 헤브라이즘과 그리스 전통의 종합이라는 것을 알고 있다. 17세기 서양 사회가 전통에서 현대로 전환하기 시작했을 때 사람들은 더 이상 지식이 도덕을 이끌어낼 수 없고 신 또한 사회윤리의 근원이 될 수 없음을 깨달았다. 의지와 가치체계의 관계에 구조적 단절이 나타난 것이다. 이런 전제 아래 자유와 인류의 자주성을 고양하는 권리 개념이 긍정적 가치를 얻게 되었다. 그런 까닭에 영미 경험주의 전통이 주도적 지위를 차지하는 국가에서 권리 개념은 도덕과 다른 종류의 정당성일 수밖에 없었으며 결코 새 도덕이 되지 못했다.[60] 그러나 전통적 도덕 구조에서 인간 의지와 가치체계가 직접 정합을 이룬 경우,(그림1.3) 때로 지식이나 신이라는 매개를 통해 행위규범과 정합을 이루기는 했으나(그림1.4) 사회가 변화하는 과정에서 매개 소실로 인한 단절은 발생하지 않았다. 그래서 자유와 평등이 설령 긍정적 가치를 획득했다 하더라도 그것들은 역시 새 도덕일 수밖에 없었고, 도덕과 다른 종류의 정당성일 수는 없었다. 서양 근대사상 가운데 공공 의지와 무정부주의 유토피아 사조로서의 적극적 자유와 평등은 모두 자유·평등을 새 도덕으로 간주하는 것과 연관이 있다.

잘 알려져 있듯 공자와 맹자 이래 중국 지식인의 궁극적 관심은 줄곧 도덕이었고, 선 의지는 행위규범과 가치체계와 직접 정합하여 양자 사이에 단절이 생긴 적이 없다. 중국 문화는 그림 1.3이 보여주듯이 가장 전형적인 구조를 갖추고 있었다. 따라서 도덕 체계가 바람직하지 않을 때 보편적으로 가치 역전이 발생한다. 그 역전한 가치들과 유사하거나 부합하는 외래 가치는 가치 역전 과정에서 부단히 강대해졌으며, 아울러 이와 같은 역전한 가치의 동화同化를 통해서만 중국의 새 문화가 될 수 있었다. 여기서 우리는 전통적 도덕의 이행 과정에서 부분적 가치 역전의 메커니즘은 인권과 자유와 같은 도덕과 다른 종류의 정당성이 중국 문화에 출현하지 못하게 했을 뿐 아니라 중국 문화가 그것들을 받아들일 때 새로운 도덕의 하나로 이해할 수밖에 없었음을 알 수 있다. 이처럼 부분적 가치 역전이 서양 문화를 선택적으로 흡수한 결과 자유주의를 배척하고 혁명 유토피아 및 마르크스주의와 친화하는 방향으로 나타났다.

60 매킨타이어는 17세기 계몽시대 이후 서양의 도덕에 관한 논증은 모두 실패했다고 지적했다. 예컨대 사람들이 욕망은 도덕의 기초가 될 수 없고 '존재'는 '당위'를 이끌어낼 수 없음을 발견한 것은 지식 탐구가 도덕의 기초가 될 수 없음을 분명히 보여준다는 것이다. 이 외에, 이성 또한 어떤 도덕규범이 선한 것인지 추론할 수 없다고 지적했다.(Alasdair MacIntyre, *After Virtue*[Notre Dame, Ind.: University of Notre Dame Press, 1984]) 매킨타이어가 계몽운동 이후 서양의 도덕 기초 논증이 실패했다고 한 것은 서양 사회가 전통에서 현대로 전환되는 과정에서 의지와 행위규범의 가치 판단 사이에 구조적 단절이 출현했음을 마침 증명한다. 바로 이 단절이 현재 서양의 도덕 위기를 불러온 것으로 그는 보았다. 우리는 근대 서양의 도덕 기초 논증의 실패 그리고 자유와 권리 같은 도덕과 다른 종류의 정당성 관념의 형성이 동일한 사물의 양면이라고 생각한다. 달리 말해 의지가 한결같이 행위규범의 가치체계와 양호한 정합을 이루었다면 자유와 인권은 새 도덕으로 변했을 것이다. 잘 알려져 있듯이 이것이 바로 영미 경험주의와 다른 또 하나의 서양 현대적 가치형태, 즉 프랑스식 계몽사상과 그로부터 진화해 나온 유토피아의 추구다. 그것은 중국 문화에서 부분적 가치 역전이 창조한 새로운 가치와 동형 구조를 지닌다.

1.8
상식이성, 문화 융합, 그리고 이 책의 내용과 구조

구조적으로 유사한 두 융합의 세 고리

이데올로기적 정체성의 파괴

역전한 가치는 외래문화를 선택적으로 흡수한다

사회 재정합이 형성한 새로운 이데올로기

이데올로기의 메타 층위는 어떻게 형성되는가

문화 융합과 도덕 변화의 양식

중국 문화의 상식이성의 형성

한대에서 문화대혁명까지의 사상 변화는 연속적 과정이다

이제까지 우리는 두 차례의 융합 사이에 1000여 년이라는 시간적 단절이 있으며 각각 직면한 외래문화의 성질도 전혀 달랐으나 공통적으로 다음과 같은 세 개의 구성 고리가 있음을 확인할 수 있다.

첫째 고리는 외부적 충격이 도덕규범의 바람직하지 않음을 초래하는 것으로, 이는 기존 이데올로기의 정체성을 신속히 와해시킨다. 외래의 충격으로 인해 관변 이데올로기에 대한 사람들의 태도는 보호에서 포기로 180도 대전환을 나타냈다. 낡은 이데올로기가 포기됨에 따라 권위와 합법성의 심각한 위기가 출현했고, 점차 사회 정합도 해체되었다.

둘째 고리는 역전한 가치가 새로운 문화를 창조하는 것으로, 도덕가치의 역전이 보편적으로 나타난 것이 그 지표다. 역전한 가치는 난세에 사람들 사이에 형성되는 정체성의 의미구조를 이룬다. 이때 기존의 사회 조직은 해체되었으나 오래전부터 관습으로 자리한 '천인합일'과 '도덕가치 일원론' 사상은 여전히 잠재적으로 새 문화의 성장을 주도하고 있다. 달리 말해 낡은 이데올로기를 대체할 새로운 관념이 규정되었음에도 여전히 우주론·사회관·개인 도덕은 매우 정밀하게 정합한 문화 체계인 것이다. 역전한 가치가 새로운 관념을 창조하는 현상은 외래문화의 전래와 동시적으로 발생했으며, 역전한 가치와 유사하거나 부합하는 외래 관념만이 중국에 빠르게 전파되고 뿌리내릴 수 있었다. 이 때문에 둘째 고리는 가치 역전이 외래문화를 선택적으로 흡수하여 창조적으로 재건한 것이라 말할 수 있다.

  셋째 고리는 사회 정합이 이데올로기를 형성하는 것이다. 새로운 문화가 형성되었으니 그 다음의 역사적 임무는 사회를 재정합하는 것이다. 그리하여 사회 재정합이 요구하는 새로운 문화의 형성이 나타났다. 주의해야 할 것은 전면적 가치 역전과 부분적 가치 역전이 초래한 후과가 서로 다르다는 점이다. 전면적 가치 역전은 사대부가 세상사에 적극 관여하는 정신을 상실하게 만들었으며, 역전한 가치가 전개한 새로운 문화 체계는 효율적인 정치제도 합법성의 근거 또는 설계의 청사진을 제시하지 못했다. 그것들은 단지 이데올로기의 메타 층위로만 존재할 수 있었다. 사회 재정합은 외부의 교란이 사라진 뒤에야 유학을 다시 바람직한 것으로 삼는다. 사회 정합이 새로운 문화를 형성하는 것은 이 메타적 층위와 유학의 복잡하고 오랜 상호작용에 의해 이루어진다. 부분적 가치의 역전 과정에서 인간은 세계를 개조하는 입세 정신을 상실하지 않았기 때문에 부분적 가치 역전이 흡수하고 창조한 새로운 문화 체계는 새로운 이데올로기가 될 수 있었다. 사회 재정합이란 새로운 이데올로기가 사회 상·중·하 각 층위의 합법성의 근거가 되고, 또 사회 조직 상·중·하 각 층위를 재결합하여 온전한 일체整體을 이루는 것을 가리킨다. 새로운 이데올로기는 이미 사람들이 공통적으로 인정하는 새로운 도덕일 뿐만 아니라 외부의 충격에 대항하는 무기이기도 했다. 우리는 이 과정을 가리켜 새로운 일체화구조의 건립이라 부른다. 분명 새로운 일체화 구조의 건립 과정에서 가치 역전이 형성하는(혹은 받아들이는) 도덕 이상은 혁명 유토피아일 따름으로, 사회 정합을 실현하려면 현실에서 실행할 수 있는 정치제도를 끌어내야만 했다. 그러므로 새로운 이데올로기는 사회 정합의 실제적 요구에 따라 자기 개혁을 더욱 수행해야 했다.

  위의 세 고리가 야기한 최종 결과는 외래문화가 중국 문화와 분할할 수 없는 일부가 된 것, 혹은 중국 문화가 외래문화를 받아들이는 동시에 자기 패러다임範式에 속하는 새로운 문화를 창조해낸 것이다. 우리는 그것을 문화 융합이라고 부를 수 있다. 요컨대 문화 융합의 메커니즘을 심도 있게 개괄하자면, 도덕은 중국 문화의 궁극적 관심이므로 '천인합일'과 '도덕가치 일원론'이라는 기본 구조 안에서 도덕 변화의 법칙이 중국 문화의 장기적 변화·발전 양식을 지배했다고 말할 수 있다. 도덕 활동은 표 1.2가 나타내는 두 가지 상이한 상황—도덕 목표가 매우 확고한 것과 도덕의 바람직성이 파괴된 것—에 대응하여 전통적 일체화 구조의 문화 체계 역시 표 1.3에서 보이는 두 가지 변화 양식을 갖는다. 달리 말해 일체화 구조의 문화 체계가 외래 문명의 충격(또는 교란)을 받을 때에는 세계와 단절된 조건이었을 때와는 완전히 상이한 행위양식을 나타낸다. 세계와 단절된 조건에서 도덕 활동의 '존재'는 '당위'에 대해 의문을 표할 수 없었기 때문에 정치적 이상과 도덕 체계 간의 불변적 안정성을 효과적으로 수호했다. 그 행위의 특징은 주기적 역성혁명과 관변 이데올로기의 장기 연속으로, 중국 문화에 놀라운 연속성을 제공할 수 있었다. 그러나 외부의 충격으로 도덕의 바람직성은 파괴되었고, 문화의 변화는 '이데올로기적 정체성이 해체되는 것, 역전한 가치가 외래문화를 선택적으로 흡수하는 것, 사회 정합이 새로운 이데올로기를 형성하는 것'이라는 세 가지 고리로 구성되었다. 더 나아가 제2차 융합에서 이 세 고리는 '전통 일체화 구조의 해체 — 이데올로기의 교체 — 새로운 일체화 구조의 건립'이라는 세 단계로 표현되었다. 우리는 『개방 중의 변천』에서 이것을 '초안정 구조의 대외개방 조건에서의 행위양식'이라 불렀으며, 이에 기초해 중국 근현대사를 해석했다. 그리고 이 책의 목적은 서양의 충격 아래 중국 근현대 사상의 변화 양식을 탐구하는 것으로, 초안정 구조의 대외개방이라는 조건에서 나타난 행위양식의 문화 이데올로기 연구에 중점을 두고 있다. 그러므로 이 책에서 초안정 구조가 외부의 충격을 받을 때의 행위양식은 두 차례의 융합에 관한 시대를 뛰어넘는 비교의 방법론적 기초가 될 수 있다.

표 1.2 도덕 체계의 바람직함과 바람직하지 않음의 전제 아래 인간의 상이한 반응

도덕 목표의 바람직성 \ 사회 위기에 대한 견해	사회제도 위기에 대한 견해	이상적 사회제도에 대한 견해
바람직함	사회 위기는 이상적 제도를 충실히 실행하지 않아서 발생한다.	사회 위기가 심각할수록 원래의 이상적 제도에 대한 믿음도 더 견고해진다.
바람직하지 않음	이데올로기는 사회 위기에 대해 책임이 있고, 사회 위기는 이데올로기에 대해 반증을 실행한다.	이데올로기 청사진에 대한 반증으로 인한 가치 역전은 기존 규범이 새 도덕이 되는 것을 부정 또는 타파한다.

표 1.3 초안정 시스템의 두 가지 행위양식

일체화 구조가 직면한 외부 환경 \ 행위양식	제1단계 (사회 위기 출현)	제2단계	제3단계
세상과 단절	사회 위기는 이상적 제도의 집행에 힘쓰지 않아서 야기된 것이다.	기존 이데올로기에 대한 믿음을 강화한다.	기존 이데올로기가 새 왕조 건립의 기틀이 된다.
외래 문명의 충격을 받음	사회 위기가 이데올로기에 대해 반증을 실행한다.	역전한 가치가 이데올로기의 교체를 지배한다.	새로운 이데올로기가 사회 정합을 실행한다. 새 이데올로기가 사회 정합에 사용되기에 적합하지 않을 때는 외부의 충격이 약화된 뒤 유가 이데올로기를 통해 사회 정합을 실현하는 수밖에 없다. 앞의 정황은 새로운 일체화 구조의 건립으로 표현되고, 뒤의 정황은 이데올로기의 메타적 확립을 의미한다.

우리가 중국 사회제도사 변천을 연구하는 과정에서 초안정 시스템 가설을 총괄했다고 한다면, 사회 변천에 관한 연구 방법을 사상사 연구에 적용할 때 사상 체계의 변화·발전은 사회제도의 그것과 큰 차이가 있다는 점을 주의해야 한다. 주기적인 역성혁명 속에서 몇 번이나 재건되어 이어질 수 있는 것이 사회제도라면, 사상은 이와는 달리 이전과 흡사한 내용을 나타내더라도 항상 앞선 경험과 교훈을 흡수할 것이다. 따라서 일체화 구조가 외부의 충격을 받아 전개된 두 차례 문화 융합의 공통 양식을 파악할 때 우리는 반드시 제2차 융합이 제1차 융합의 전제

아래 발생한 것임을 의식해야만 한다. 즉 제1차 융합의 결과가 제2차 융합의 과정에 작용을 일으킨 것이다. 제1차 융합이 중국 문화에서 일궈낸 가장 중대한 후과는 바로 상식이성常識理性의 형성이다. 일찍이 춘추전국 시기 공자 맹자의 사상에는 인지상정人之常情과 상식常識을 이치에 맞는合理 것으로 간주하는 정신, 곧 상식합리의 정신이 내포되어 있다. 달리 말해 상식합리의 정신은 본래 선진 유학에 존재하고 있었으며 이데올로기와 분리될 수 없는 것이라 할 수 있다. 상식합리 정신은 제1차 융합 과정에서 비로소 도가 현학의 자연에 대한 추구와 결합하여 만물을 논증하는 기본 방법이 되었다. 역전한 가치가 주도하는 관념체계가 이데올로기의 메타 층위를 형성함으로써 상식합리의 심층구조가 성숙할 수 있는 배경이 되었다. 첫 번째 문화 융합의 결정체로서의 상식이성은 수당 시기에 무르익었다.[61] 이 시기 이후로는 전통적 '천인합일' 구조와 '도덕가치 일원론'의 추론 방식이든 가치 역전 과정의 운행이든 상식합리의 정신 가운데 진행될 수밖에 없었다. 이는 제2차 융합 과정에서 나타난 온갖 특징들, 그리고 제1차 융합과는 상이한 복잡성을 초래했다.

　　　　이 책의 목적은 두 차례 문화 융합을 비교 연구하는 것이지만 근본적으로는 근현대 중국 사상의 변화·발전에 중점을 두고 있기 때문에 책의 부제를 "초안정 구조와 중국 정치문화의 변천"으로 정했다. 그리고 중국 근현대 사상사의 연구와 더불어 문화 융합의 메커니즘과 이론을 논의하기 위해 세 권의 책으로 분리했다. 1권은 제1차 융합과 제2차 융합의 관계를 논한다. 우리는 먼저 위진남북조 시기 중국 문화가 외래문화를 어떻게 소화했는지 간명하게 분석한 뒤, 상식이성이 어떻게 형성되

---

[61]　金觀濤,「中國文化的常識合理精神」,『中國文化研究所學報』, 新第6期(香港: 香港中文大學中國文化研究所, 1997).

어 중국 문화의 심층구조를 이루게 되는지를 탐구할 것이다. 상식이성은 '천인합일'과 '도덕가치 일원론'이라는 장기지속 법칙과 함께 중국 문화의 구조를 규정했으며, 제2차 융합의 발생 무대이기도 하다. 이어서 서양 근현대 사상 변천의 기본적 추세를 소개하고 중국 문화와 어떻게 상호작용했는지를 논할 것이다. 예컨대 '사공事功을 강화하는 변이變異'를 통해 외래의 충격으로 인한 중국 대전통의 변이를 논하고, 상식이성의 추동에 따른 가치 역전을 통해 혁명 유토피아의 기원을 증명할 것이다. 바로 여기에 중국이 근현대에 마르크스레닌주의와 공산주의를 받아들인 내재적 원인이 있기 때문이다. 1권에서 다루는 내용은 5·4 시기 이전에 중국에 널리 전파된 새로운 사상으로, 이런 가치들은 20세기 사람들에 의해 친숙한 명칭을 얻지는 못했지만 우리는 20세기 가치와 유사한 점을 발견할 수 있었고, 그에 따라 1권의 주제를 '중국 현대사상의 기원'으로 결정했다. 1권에서 두 차례 융합을 구조적으로 비교하고 근현대 사상 변화로부터 중국 문화의 기원을 찾는 데 주력한다면, 2권에서는 신문화운동을 중심으로 이데올로기 교체의 구체적 과정을 토론할 것이다. 우리는 키워드의 계량적 토론과 이념 형태 분석을 결합함으로써 신문화운동 과정에서 두 가지 내재적 역량에 의해 이데올로기 교체가 주도되었음을 논증할 것이다. 그 하나는 도덕가치 역전이 외래 관념을 선택적으로 흡수하는 것이고, 다른 하나는 현대 상식이성이 형성되고 관념체계를 재건하는 것이다. 이는 5·4 시기 이후 출현한 중국 현대사상을 본질적으로 중국 문화 대전통의 변형 구조로 표현하게 했다. 3권에서는 사회 정합이 새로운 이데올로기를 형성하는 내용을 다루는데, 이는 곧 당黨 문화의 구성 요소를 포함하는 동시에 문화대혁명과 중국 문화 대전통의 관계를 드러내는 것이다. 우리는 사료 분석을 통해 마오쩌둥 사상이든 삼민주의三民主義

든 모든 마르크스레닌주의는 전통적 도덕이상주의 이데올로기의 현대적 변형 구조이므로 이와 같은 도덕주의 이데올로기로 사회 정합을 추구하는 것이 서양의 전체주의와 동일한 것이 아님을 논증할 것이다. 예컨대 도덕이상주의 구조를 사용해야만 비로소 반대편의 비판적인 군중 운동이 어떻게 기원했는지, 중국은 왜 문화대혁명으로 나아갔는지, 그리고 1970년대 말에 또 다시 문화 위기에 직면할 수밖에 없었던 이유를 이해할 수 있다. 이 책의 큰 포부는, 한대 사상에서 문화대혁명까지 관통하는 간단명료한 논리로써 그동안 역사학자들이 전공의 제약 아래 각기 한 단락씩 나눠 가졌을 뿐 잇지 못한 사상들의 커다란 총체를 입증하는 것이다. 문화란 한 민족의 불후한 생명이며, 전통의 단절·상실로 인한 미혹과 방황은 인위적으로 이성적 반성이 중단되고 빼앗기는 데서 비롯된다. 역사 연구에서 2000년의 세월을 거슬러 올라가 선인들이 어떤 사고를 했으며 그들의 사상이 어떻게 변화·발전하여 오늘의 관습이 되었는가를 근원적으로 탐색하는 것보다 더 매혹적인 것은 없다. 바로 이 점 때문에 독자도 이 길고 긴 세 권의 책을 읽으며 우리와 함께 탐구하는 데 흥미를 느낄 것이다.

2장

제1차 융합

> 바로 지금 우리는 새 시대의 문턱에 서 있을 가능성이 대단히 높다.
> 이 새로운 시대에 역사가 세계에 끼치는 중요성은
> 1600~1900년대 자연과학이 세계에 끼친 중요성과 같다.
>
> _ R. G. 콜링우드

문화의 심층구조는 어떻게 형성되는가? 통상 두 가지의 가상 모델이 존재할 수 있다. 하나는 이를 하나의 자연 과정으로 간주하는 것이다. 오랜 세월 물에 쓸려와 서서히 퇴적된 흙이 바위가 되는 것처럼 인간이 숱한 세대를 거치는 가운데 어떤 습관들이 고착되어 심층구조로 변화한다는 것이다. 다른 하나는, 인간의 문화 창조를 거대한 그림 그리기에 비유하자면, 사회 구조가 변하고 세대를 거듭하는 과정에서 원래의 설계도는 지워지고 다시 그려지는 것이다. 지워지고 다시 그려지는 과정이 반복되면서 어떤 흔적들이 쌓이고 어느 특정 시대에 의존하지 않는 심층구조가 형성됨에 따라 후대인이 새 문화를 창조하는 기초를 이룬다. 중국 문화 변천의 장구한 역사는 두 번째 가설이 역사의 진실에 더 가까울 수 있음을 알려준다.

2.1
'당위' 세계가 직면한 세 가지 큰 충격
고문경, 자연재해, 소수민족의 침입

보수保守 유형의 고문경이 응변應變 유형의 금문경을 대체하다

금문경학이 적용된 시기

자연재해는 정상적 도덕질서의 일탈로 간주되었다

태양 흑점이 쇠퇴기의 천인감응 학설과 충돌했다

소수민족의 남침은 원래의 사회 정합을 어떻게 흔들었나?

중국 문화는 왜 후한 후기에 외부로부터 충격을 받았으며, 왜 고통스러운 제1차 융합의 여정이 강제되었을까? 우선 불교가 전래되고 북방 민족이 남쪽으로 대거 이동한 것 등의 외부 요인은 잠시 제쳐두고, 한대 관변 이데올로기 내부의 원인만 분석한다면 다음과 같은 사실을 알 수 있다. 비록 우주론 유학은 '천인합일'과 '도덕가치 일원론'의 요구를 만족시켰고 대일통의 사회제도와 도덕 이상의 합일을 실현했으나, 이는 상대적으로 세계와 단절된 조건에서 바람직한 것이었다. 더욱이 우주론 유학은 반증에 저항하는 능력이 있었고 전한과 후한이라는 두 성대한 왕조의 태평성세 또한 우주론 유학의 실현이라 할 수 있으나, 금문경학이 가진 반증에

저항하는 능력과 천인감응 학설의 바람직성은 몇몇 교란에 의해 쉽게 파괴되는 아킬레스건이 있었다.

첫 번째 교란은 고문경의 발견이다. 고문경이란 선진 시기의 문자로 기록한 유가 경전을 가리킨다. 비록 진시황의 분서갱유로 인해 한동안 이런 경서들이 전해지지 못했으나 사람들 사이에서 줄곧 기억되고 있었다. 한 왕조의 건립 이후, 민간에 전해지거나 지하에 매장되어 있던 고문경전들이 잇따라 발견되자 금문경의 권위와 갈등을 빚었다. 금문경학은 대일통 질서를 유학에 들여놓기 위해 경전 속의 미언대의로 경전을 해석할 것을 강조했으며 공자가 지은 『춘추』를 한나라의 법 제정을 위한 토대로 여겼다. 그러나 고문 원전을 읽을 줄 안다면 금문경 해석이 공자의 본의와 부합하지 않는다는 사실을 알 수 있다. 고문경에서 공자는 "전술하되 창작하지 않고, 믿어 옛 것을 좋아한다述而不作, 信而好古"고 했다.『주례周禮』는 주周 왕조의 사회제도를 논한 것이고,『춘추』는 노나라의 편년사였을 뿐 한 왕조의 법 제정을 위한 것이 아니다. 따라서 이상사회를 기록한 것은 바로 『춘추』가 아닌 『주례』다.

이데올로기가 일체화 구조 속에서 담당하는 기능적 관점에서 금문경과 고문경을 바라보면 각각 '응변應變'과 '보수保守' 유형에 속한다는 사실을 알 수 있을 것이다. 응변 유형은 일체화 구조가 갓 세워졌을 때 적용되거나 외래 충격에 대해 자기를 조정해 변화에 대응해야 하는 시기에 적용된 이데올로기다. 보수 유형은 일체화 구조의 전통이 확립된 뒤 안정성과 불변성을 유지하는 시기에 적용되었다. 금문경학은 『춘추』를 여러 경서의 중심으로 삼아 대일통을 강조했으며 공자가 한 왕조를 위해 법을 제정했다고 역설했다. 그 정신은 미언대의로 경전을 해석하고 일체화 구조에 속하는 각종 제도를 창조적으로 설계해 새로운 국면에 대처할 것을 주장하는 것이다. 금문경학의 이와 같은 정신은 유가 경전에 새로운 해석과 응변 능력을 상당히 부여했기 때문에 응변 유형에 속한다. 반면 고문경학은 『주례』를 여러 경서의 핵심으로 삼았는데, 『주례』에는 주대의 정치·경제·군사·종교 그리고 예술 및 제도·문물이 기록되어 있다. 이는 본디 종법 가정(관계)으로 당시 촌락 공동체의 예속禮俗 전통을 지양한 결과로,[01] 종법 가족으로 농업사회를 정합하는 기본 양식을 대표한다. 전국시대 후기와 진·한 교체기에 유생은 『주례』를 재편하고 이를 유가 경전에 포함하는 것에서 한 걸음 나아가 도덕가치를 『주례』에 집중시켰다. 이로써 유가 경전이 『주례』를 핵심으로 삼은 것은 사실상 가정 윤리와 종법 조직을 확대해 농업사회를 정합하는 이상적 청사진을 그려낸 것이라 할 수 있다. 확실히 대일통이 이루어지고 왕권의 합법성이 안정되어 견고해진 시기에 『주례』를 부각하는 것은 농업사회의 윤리질서 유지 그리고 상품 경제와 계급 분화에 대응하는 데 중요했다. 그 외에도 고문경학이 주장한 '전술하되 창작하지 않고, 믿어 옛 것을 좋아하는' 정신은 전통적 구조를 유지하는 데 금문경학의 미언대의보다 유리했다. 그러므로 고문경학은 보수적 유형임에 틀림없다.

   이러한 기능 분석에 따르면, 유가의 정통 경전(이상사회 설계)으로서의 금문경학은 특수한 두 시기에만 적합한 것이다. 전통 일체화 구조가 갓 확립된 한나라 시기, 그리고 전통 일체화 구조가 서양의 충격에 응변하지 않을 수 없었던 청나라 말기였다. 일체화 구조가 외부의 충격에 직면했을 때 경전의 미언대의로써 새롭게 해석하는 일은 대단히 중요했다. 그리고 한대의 일체화가 처음 이루어진 시기에 마주친 문제는 구조상

---

[01] 吳予敏, 「論周禮的建構及其對村社禮俗傳統的揚棄」, 『學人』, 第一輯(南京: 江蘇文藝出版社, 1991), pp.254-283.

응변의 시기와 흡사했다. 진나라가 멸망한 뒤 세워진 한 왕조는 포악한 진을 부정하고 주 왕조의 계승을 선언해야 했다. 그러나 전한 시대 전기의 사람들에게는 전국 시기의 심태가 상당히 남아 있었으며 전한의 대일통 제도는 주 왕조와 달라야 함을 뚜렷이 인식하고 있었다. 즉 당시 이상 사회 설계는 주나라 제도를 계승해야 하는 동시에 주 왕조의 그늘에서 벗어나야 했다.[02] 공자의 『춘추』 저술이 한나라의 법 제정을 위한 토대라고 주장한 금문경학은 주나라 통치를 계승하면서도 주 왕조를 뛰어넘었으니 당시의 역사적 요구에 더없이 잘 부합했다. 그러나 대일통을 이루어낸 왕조가 이미 안정되고 견고해진 뒤, 종법 가정을 기반으로 농업사회를 정합하고 또한 상업 발전이 초래한 사회 분화에 대응을 강조해야 할 때에는 고문경학이 확실히 금문경학보다 우월했다. 따라서 일체화 구조가 안정적이고 견고하게 세워졌을 때 금문경학은 유가의 도덕 이상을 대표하기 어렵다. 분명히 미언대의는 원전에 충실한 태도에 비해 도덕 의지가 그다지 순수하지 못하기 때문이다. 그러므로 한대의 관변 이데올로기는 창립 당시에 이미 해체될 숙명을 내포하고 있었다.

달리 말해 금문경이 더 이상 성인의 도덕 이상을 대표하지 않게 된다면, 이데올로기가 사회적 실천에서 초래한 위기는 도덕 이상을 충실히 관철하지 않은 탓으로 돌려질 수 없을 것이다. 이는 금문경에 대한 사인士人들의 불신을 더욱 가중시키게 된다. 전한 말기에 토지 겸병이 엄중한 지경에 달했고 정부 세원이 고갈되면서 왕조 초기에 세워진 많은 제도들(예컨대 묘제廟制)이 실행되지 못하는 상황이 두드러졌다. 이런 제도들은 금문경에 의해 규정된 것으로, 묘제와 같은 제도에 대한 의문 제기는 곧

---

02 陳燕谷, 「漢代今古文經學的春秋觀」, 『學人』, 第二輯(南京: 江蘇文藝出版社, 1992), pp.257-283.

금문경의 확실성에 대한 의구심을 의미한다. 이로 인해 많은 유생이 고문경을 신뢰하는 쪽으로 방향을 바꾸었다. 한대 금문경에 대한 회의와 비판은 사회 위기에 따른 현상으로, 사회 위기가 심각하고 엄중할수록 금문경학을 부정하는 사조가 더욱 확대되었다.[03] 저우위퉁周予同은 금문경학과 고문경학 간에 벌어진 네 번의 큰 쟁론을 분석한 바 있다. 그중 한 번은 전한 말기(기원전 6~기원전 1)에 발생했고 나머지 세 번은 후한 시기(25~55, 76~99, 147~182)에 발생했는데, 후반의 두 번에 이르러 고문경의 우세가 두드러졌다.『후한서後漢書』에 기록된 저명한 금문경학자는 극소수에 불과한 반면 고문경학자들은 모두 명성이 현저하기 때문이다.[04] 후한 후기에 이르러 금문경학은 뚜렷이 쇠락했으며, 후한 이후 고문경은 유가 경전의 정통이 되었다. 당시 외부의 충격이 없었다 해도 한대의 관변 이데올로기는 더 이상 지속될 수 없었으며 거대한 변화를 피할 수 없었다.

  우주론 유학에 대한 더욱 큰 두 번째 교란은 자연재해나 재이災異에 대한 해석이다. 천인감응 학설에서 하늘은 도덕을 갖춘 존재로, 하늘의 도덕은 실제로는 인간의 도덕을 하늘에 투사한 결과다. 인간과 하늘을 동형 구조로 간주하기 때문에 인간사회의 정상적 상태(덕치의 존재)는 하늘의 정상적 상태와 호응했다. 그리하여 천재지이天災地異는 곧 사회가 덕치에서 벗어났음을 의미한다. 다시 말해 천인감응 이론에 따르면 하늘의 아들인 황제는 효로써 하늘을 섬겨야 하며 하늘의 도덕은 천자의 덕치를 통해 표현되는데, 천자가 덕치를 충실히 이행하지 않거나 도덕적 결함을 드러내는 경우에는 반드시 천상上天이 드러내 보이는 바가 있다. 바로

---

03 陳燕谷,「漢代今古文經學的春秋觀」,『學人』, 第二輯.
04 周予同,「經今古文學」,『周予同經學史論著選集』(增訂本)(上海: 上海人民出版社, 1996), p.13.

자연재해로써 경고하는 것이다. 천인감응 학설의 기능은 단순하고 직접적인 것으로, 강력한 대일통을 이룬 왕권과 유생이 추구하는 도덕 이상을 통일하는 데 있다. 이런 직접적 상응은 그러나 선천적 결함을 지닌다. 자연재해가 그리 자주 발생하지 않는다는 것이다. 자연재해는 황제의 실덕失德을 상징하는 것으로 여겨지므로 그 발생 횟수가 너무 많거나 지나치게 맹렬하다면 황제가 아무리 덕치를 행한들 하늘을 배반하고 도덕을 체현하지 못한 것이 되어버린다.

본래 자연재해는 인간의 의지로 제어되는 것이 아니고 덕치는 통치자의 의지와 관련된 것인데, 천인감응 학설은 무관한 두 영역을 한데 연계함으로써 도덕의 바람직성이 자연재해의 많고 적음에 직접적으로 의존하는 후과를 낳았다. 자연재해가 많지 않을 경우 제왕은 조서를 내려 자신을 죄책하는下詔罪己 식으로 문제를 해결했다. 예컨대 문제文帝, 선제宣帝, 광무제光武帝, 명제明帝, 장제章帝 등은 일식 현상이 나타나자 조서를 공포하여 죄를 자신에게 돌렸다. 하늘의 예사롭지 않은 이변에 대해 도덕적 책임을 진 것이다. 그러나 훗날 자연재해가 빈번히 발생하자 황제는 자연재해의 책임을 삼공三公에게 돌리지 않을 수 없었고, 적잖은 승상들이 스스로 목숨을 끊거나 죽임을 당하는 사건이 벌어졌다.[05] 구제강顧頡剛은 자연재해와 재이의 빈번한 발생으로 인해 황제가 대신을 죽이는 것을 응변의 제도로 삼게 된 배경을 매우 형상적으로 기술했다. 기원전 43년, 봄에 서리가 내리고 여름에 재해가 발생하자 한 원제元帝는 승상 우정국于定國에게 관직을 내려놓고 떠날 것을 명했다. 기원전 15년, 한 성제成帝는 유성流星과 일식 현상이 발생하자 승상 설선薛宣을 파면했다. 기원전 7년에

---

05   韋政通, 『董仲舒』(台北: 東大圖書公司, 1986), p.98.

는 형혹熒惑[화성火星을 가리킨다. 고대 중국에서 지구 주변을 떠도는 5개 행성을 각각 세성歲星(목성, 동쪽), 형혹熒惑(화성, 남쪽), 태백太白(금성, 서쪽), 진성辰星(수성, 북쪽), 진성鎭星(토성, 중앙)이라 불렀다.]이 심성心星[고대 중국에서는 적도와 황도 부근의 천구天球를 동서남북으로 제가끔 7개 구역으로 나누어 모두 28개 별자리二十八宿를 정했다. ①동방 창룡蒼龍 7수 ②북방 현무玄武 7수 ③서방 백호白虎 7수 ④남방 주작朱雀 7수가 그것이다. 심성은 ①의 5번째 자리다.]의 자리를 굳게 지키자 흉凶이 황제에게 응應한다 하여 승상 적방진翟方陳이 사약을 받고 죽었다. 그후 『한의주漢儀注』에는 참혹한 법전 조항 하나가 규정되었다. 천지에 큰 변고가 발생하면 황제는 시중侍中을 파견해야 한다. 시중은 황제의 부신符信을 들고 백마 4필이 끄는 수레를 타고 제사에 사용할 술 10곡斛[1곡은 10말斗에 해당한다]과 소 한 마리를 거느리고 승상의 집으로 가서 재액殃咎을 승상에게 고지해야 한다. 법전 규정에 따르면, 시중이 승상 집으로 가는 동안 승상은 자신이 병중에 있음을 아뢰는 서신을 천자에게 올린다. 시중이 조정으로 돌아와 아직 복명覆命[황제의 명을 집행한 뒤에 보고하는 것. '復命'이라고도 쓴다]하지 않았을 때 상서尙書는 승상의 부고를 황제에게 직접 아뢴다.[06] 자연재해가 너무 많이 발생하는 경우에는 설령 재해와 이변을 이유로 대신을 죽이는 제도조차 충분한 대처가 될 수 없었다. 자연재해는 황제가 실제로 덕치를 실행했는가와 관계없이 사회질서가 정상이 아님을, 즉 황제가 덕을 상실했음을 나타내는 것이기 때문이다. 이럴 때 황제는 천상으로부터 버림받은 것으로 느끼고 유생 역시 우주론 유학으로부터 규정된 천상의 도덕이 허망한 것이 아닌지 의구심을 품게 된다. 다시 말해 자연재해의 빈번한 발생이 일정한 정도에 달하면 이데올로기

06　顧頡剛, 『漢代學術史略』(上海: 東方書社, 1941), pp.37-38.

가 규정한 덕치도 바람직하지 않은 것이 되고 만다.

라오쓰광은 한대의 유학자들이 '존재'와 '당위'라는 상이한 두 가지를 심각하게 혼동했다고 지적한 바 있다. 도덕가치와 도덕규범의 추구는 '당위'에 속하는 반면 자연계에 무엇인가 발생했다는 것은 '존재'다. '당위'의 의미는 단지 보편성과 규범성만 포함하는 것으로, '있음과 없음' '참과 거짓' '필연과 필연 아님'과 같은 문제와 전적으로 다르다. 이것들은 또 다른 범주에 속한다.[07] '당위'와 '존재'의 혼동은 '존재'인 자연현상을 인간이 선택하고 제어할 수 있는 '당위'의 영역으로 간주함으로 인해 '당위' 영역이 요구하는 인간 선택의 자유를 더 이상 성립되지 못하게 했다. 곧 도덕의 바람직성을 파괴했으며 도덕 목표 역시 바람직하지 않은 것으로 변하고 말았다.

희한한 현상은 반드시 짝수로 일어난다는 말이 있듯, 후한 왕조의 마지막 반세기 남짓 기간에 공교롭게도 태양 흑점의 쇠퇴기를 맞았다. 그 강도는 당시 기준 1000년 전후로 최소치였으며 자연재해와 재이 현상이 빈번하게 발생했다. 특히 서기 107~219년 사이 112년 동안 발생한 큰 자연재해는 150차례에 달했다.[08] 후한 말기, 황제는 관례대로 천인감응학설에 의거해 빈곤한 백성을 구제하고 현량한 인재를 추천받아 선발하고 전국적 대사면을 실시하고 대신들을 견책하거나 격려하는 조칙을 공포하여 하느님의 너그러운 용서를 구했다. 그러나 황제와 조정의 신하들이 무엇을 하든 간에 자연재해와 재이 현상이 빈번히 발생함으로써 하느님의 거듭된 경고를 보였다. 그리하여 마침내 천자는 천상의 도덕을 체현한다는 신념이 흔들리기에 이르렀으며 유생의 내적 세계가 크게 동요되

---

07 勞思光, 『中國哲學史』(二)(台北: 三民書局, 1981), p.102.
08 馬良懷, 『崩潰與重建中的困境-魏晉風度研究』(北京: 中國社會科學出版社, 1993), pp.36-44.

었다. 한대 자연재해와 재이가 유신儒臣과 제왕에 대한 신념에 타격을 안긴 문제에 관한 학자들의 상세한 논술이 적지 않다. 예컨대 구제강은 재이가 어떻게 전한의 국운을 동요시켰는지를 논했고,[09] 더 나아가 샤오궁취안蕭公權은 재이론災異論의 지나친 성행이 동중서의 학설에 끼친 영향을 논했다. 그는 한대 원제와 성제 두 왕조를 천인혁명天人革命(즉 천인합일과 왕조순환) 사상의 성행이 극에 달했다가 쇠퇴한 시기로 보았으며, 또 애제와 평제 시대에 이르러 추연과 동중서의 천인감응 학설은 이미 유명무실해졌다고 보았다.[10] 최근에 마량화이馬良懷는 후한 말기에 빈번하게 발생한 재이가 얼마나 제왕들을 쩔쩔매게 했는지, 그리하여 하늘로부터 버림받았다는 인식에 이르게 했는지를 생생히 서술했다. 심지어 어떤 제왕은 '황로와 붓다의 사당을 세워立黃老浮屠之祠' 새로운 비호자를 찾으려 했음을 밝히고 있다. 제어할 수 없는 재이는 또한 많은 유신들의 '군권신수' 신념을 뒤흔들었다. 바로 천인감응 학설 자체가 재이에 의해 파멸된 것이다.[11]

    우리는 사상사 연구가 단지 대량의 천재지변이 천인감응 학설에 타격을 주었다는 역사적 사실을 드러내는 것뿐만 아니라 그 속의 메커니즘을 분석하는 데 중점을 두어야 한다고 생각한다. 이론적으로 볼 때 천재지변이 그렇게 자주 발생하지만 않았어도, 혹은 사회 위기가 극심한 왕조 말기에 발생하지만 않았어도 천인감응 학설은 흔들리지 않았을 것이다. 뿐만 아니라 오히려 제왕의 도덕과 하늘이 동형 구조를 공유한다는 증거를 제시할 수 있었을 것이다. 그러나 반대의 경우, 천인감응 학설

---

09   顧頡剛, 『漢代學術史略』, pp.39-45.
10   蕭公權, 『中國政治思想史·上冊』(台北: 聯經出版事業公司, 1982), pp.325-328.
11   馬良懷, 『崩潰與重建中的困境: 魏晉風度硏究』, pp.36-77.

은 한대 유학자들에게 광범위하게 신봉될 수 없다. 천재지변의 발생이 일정 정도에 달하여 제왕이 이를 근거로 덕치를 강화하는 정책을 널리 시행했음에도 하늘이 거듭 재앙을 통해 경고를 내리는 것은 결국 덕치가 아무 효력이 없음을 선고하는 것이나 마찬가지기 때문이다. 천재지변의 빈도가 임계치를 넘으면 반드시 우주론 유학에서 규정한 유가 도덕의 바람직성이 붕괴되는데, 이는 확실히 동중서 등이 천인감응 학설을 제기한 초기에는 예상치 못한 것이었다. 여기서 우리는 후한 이후 중국 문화에 제1차 융합의 필연성이 내재되어 있었음을 대략 알 수 있다. 천인감응 이론은 우주 질서와 도덕을 연계하여 대일통을 이루고 왕권을 수호하는 데 유리한 것이었으나, 예상치 못하게도 '당위' 영역의 과도한 확장은 자연재해가 도덕의 바람직성을 파괴하는 원인이 되게 했다. 금문경학은 미언대의의 정신을 기반으로 유가 경전을 효과적으로 확대 적용했으나, 이와 같이 공자를 신성화하고 임의적 해석을 지나치게 확장함으로써 도리어 참위讖緯가 성행하는 결과를 초래했다.[12] 그러므로 후한 말기 황제와 유신이 자연재해뿐만 아니라 갖가지 참위와 예언들로 몹시 두려워했던 까닭은 바로 '당위' 영역의 극한 확장이 도덕의 바람직성을 파괴한 데 있다.

한나라는 중국 역사상 첫 번째로 대일통을 이루어낸 왕조다. 그러나 후한 후기에 이르러 우주론 유학과 금문경학의 쇠락은 유가 이데올로기의 사회 정합 기능을 크게 약화시켰다. 후한이 멸망한 뒤에는 횡포한 세력이 패왕을 칭하고 삼국三國이 정립鼎立하는 분열과 와해의 국면이 이어졌다. 어떤 의미에서는 일체화 구조에서 이데올로기의 왕조 복구 기능이 훼손된 탓에 후한 말기의 대혼란, 즉 중국 역사상 가장 잔혹한 살상의

---

[12]　鍾肇鵬, 『讖緯論略』(瀋陽: 遼寧教育出版社, 1992), pp.77-82. ; 周予同, 「讖緯與今古文經學」, 朱維錚 編, 『周予同經學史論著選集』, pp.45-55.(第二·第三·第四部分)

시기가 도래했다고 할 수 있다. 후한 중·후기에 해당하는 서기 156년까지만 해도 5007만 명이던 인구가 서기 263년에 이르면 위魏·촉蜀 인구를 합쳐 537만 명에 지나지 않았다. 대전란이 80~90퍼센트의 인구 손실을 가져온 것이다.[13] 한족 인구가 빠르게 감소한 틈을 타 소수민족이 남쪽으로 대거 이동하면서 중원 지역의 한족과 소수민족의 비율이 급속히 바뀌었다. 짧은 서진西晉 시기에 870만 명에 달하는 소수민족이 내지로 이주했는데, 이는 당시 전체 인구의 54퍼센트가 넘는 수치다.[14] 이것이 바로 후한 말기에서 서진에 이르는 기간에 관변 이데올로기가 세 번째로 겪은 중요한 교란이다. 소수민족의 정치제도와 기층 가족 조직은 한족과 크게 달랐기에 대일통의 일체화 구조 및 그에 상응하는 이데올로기로는 더 이상 사회를 정합할 수 없었다. 다시 말해서 후한 멸망 이후 중국 역사는 매우 특수한 시기로 접어든 것이다. 한족이 주체가 되어 세운 대일통 농업제국은 이 무렵 소수민족의 대규모 내지 이동과 인도 불교의 전래라는 이중 충격에 직면했다. 소수민족의 유입만으로도 기존의 사회 정합을 실현하기란 불가능한 일이었다. 사회제도와 도덕규범이 동일시되는 조건에서 대일통이 실현 불가능하다는 것은 곧 유가의 도덕 이상이 바람직하지 않음을 증명하는 것이다. 500년 가까운 세월 내내 관변 이데올로기의 자리를 차지했던 우주론 유학의 바람직성은 마침내 완전히 붕괴되었다.

---

13 司馬彪, 『後漢書·志第十九』, 「郡國·一」, 第12冊(北京: 中華書局, 1965), p.3388.
14 金觀濤, 劉青峰, 『興盛與危機: 論中國社會超穩定結構』(增訂本)(香港: 中文大學出版社, 1992), pp.205-206.

2.2
가치 역전 및 '천도 무위天道無爲'

가치 역전은 도덕 이상 유형의 전환을 지배한다
'무위'가 지닌 세 겹의 의미
불간섭과 자연으로서의 '무위'
입세 정신을 부정하는 '무위'
인간의 자연감정을 선善으로 간주하는 '무위'

우주론 유학의 해체로 인해 떠들썩하게 일어난 도가 학설은 사상 공간을 거의 점령하다시피 했다. 한대에 발생한 우주론 유학에 대한 부정은 어떻게 해서 사대부 계층으로 하여금 빠르게 '무위'와 '불간섭' 그리고 '모든 인륜 규범의 제거'를 승인하게 했을까? 이에 대해서는 여러 학설이 분분했으나, 많은 이들은 당시의 사회 대혼란과 정치적 암흑, 특히 천인감응과 금문경학이 잡다해지고 타락한 탓에 도가 학설이 흥기했다고 보았다.[15] 그러나 이런 견해는 왜 천인감응의 금문경학과 대립적인 고문경학

---

15 劉大杰, 『魏晉思想論』(上海: 中華書局, 1939), pp.1–18.

으로 대체되지 않았는지를 해명할 수 없다. 문화 변천의 내적 맥락을 중시하는 학자는 당시 사람들이 『주역』과 『태현太玄』 그리고 '명칭과 이치名理'의 동이同異와 시비 분별에 중점을 둔 것이 도가 사상이 유학을 압도하는 데 공헌한 바를 항상 강조한다.[16] 그렇다면 왜 당대 사람들은 유독 『주역』과 『태현』을 중시했을까? 어떤 학자는 위진 시대 사이에 흥기한 담론의 풍습에서 현학이 흥성한 원인을 탐구했다.[17] 이른바 현담玄談의 기풍이 가치 전향의 외재적 표현일 뿐이라는 점은 명백하다. 우리는 어떤 도덕 이상이 바람직하지 않은 것일 때 가치 역전이 도덕 이상 유형의 전환을 주도한다고 생각한다. 따라서 우주론 유학의 구체적 내용과 특수한 구조를 분석한다면, 더욱이 후한 말년의 바람직하지 않은 각종 조건을 고찰한다면 도가 학설을 흥기하게 한 것은 다름 아닌 가치 역전임을 발견할 수 있다.

이른바 가치 역전이란, 어떤 도덕 이상이 바람직하지 않은 것이 되었을 때 이 도덕규범을 타파하는 것 또는 그것[도덕 이상]에 반하는 가치가 인간 행위를 주재하는 새로운 도덕이 됨을 가리킨다. 우주론 유학의 도덕가치는 우주 질서, 국가 사회의 제도, 가정 윤리, 개인 도덕을 포괄하는 것이다. 따라서 우리는 이런 상이한 층위의 내용을 통해 그것과 상반하는 형태가 무엇인지 분석할 수 있다. 먼저 우주 질서를 분석하자. 천인감응 학설에서 우주의 정상적 상태는 덕치와 대응하며 자연재해와 변고變故는 도덕에서 벗어나는 것으로 이해된다. 이미 인격과 도덕 의지를 갖춘 하늘이 어째서 우주 질서의 실덕失德을 허용한 것일까? 유일

16　湯用彤, 「魏晉思想의 發展」, 『魏晉玄學論稿』(北京: 人民出版社, 1957) ; 牟宗三, 『才性與玄理』(台北: 台灣學生書局, 1983), pp.231-285.
17　何啟民, 『魏晉思想與談風』(台北: 台灣學生書局, 1976)

한 합리적 해석은, 인간의 실덕을 경고하기 위해 하늘이 천재지변을 내린다는 견해다. 『한서』 「동중서전董仲舒傳」에 담겨 있는 다음과 같은 구절이 바로 그것이다. "국가가 장차 도를 잃고 무너지려고 하면 하늘이 이내 먼저 재해를 내서 임금을 꾸짖고 훈계한다. 스스로 살필 줄 모르면 다시 괴이한 일을 내서 임금을 경계하고 두려워하게 한다. 아직 고칠 줄 모르면 이내 손상과 파괴가 이른다. 이로써 하늘의 뜻은 인군을 어진 마음으로 아끼어 그 무도함을 멈추게 하고자 함을 보이는 것이다國家將有失道之敗, 而天乃先出災害以譴告之, 不知自省, 又出怪異以警懼之, 尙不知變, 而傷敗乃至. 以此見天心之仁愛人君而欲止其亂也."[18] 다시 말해 황제의 도덕적 결함은 온갖 자연재해와 관계가 있다는 것을 논증하기 위해 자연재해를 인간 실덕에 대한 하늘의 간섭으로 해석한 것이다. 우리는 앞 절에서 후한 말년으로 갈수록 빈번하게 발생한 자연재해가 공교롭게도 황제의 전제정치, 당고黨錮[166~169년 후한 환제桓帝·영제靈帝 때 환관들이 조정을 장악하고 국정을 농단하면서 이에 항거한 진번陳蕃·이응李膺 등 반대 당파 학자들을 종신토록 금고禁錮시켜 벼슬길을 막은 사건], 외척과 환관의 정치 개입, 관료기구의 부패 그리고 온갖 사회 위기와 더불어 발생했다는 점을 언급했다. 또한 이와 같은 왕조 후기의 모든 사회 병폐가 유생들에게 '나쁜' 것으로 인식되었으며, 자연재해는 이러한 부정적 견해를 강화하는 데 지나지 않았다는 점도 밝혔다. 유생이 보기에 황제의 무도無道함은 하늘의 무상無常함과 일치하는 것이었다. 따라서 인간에 대한 간섭으로서 하늘의 자연재해는 무도한 것이다. 간섭의 반대급부는 곧 불간섭이다. 그리하여 이러한 역전의 원칙으로 인해 하늘은 '불간섭'과 '무위'를 자신의 도덕으로 삼는다는 논리가 제기

18　班固, 『漢書·卷五十六·董仲舒傳』, 第八冊(北京: 中華書局, 1962), p.2498.

될 수 있다. 불간섭을 새로운 도덕 이상으로 삼은 것은 다름 아닌 우주론 영역에서 원래의 도덕에 대한 가치 역전이 획득한 결과다. 일찍이 전한 말년에 어떤 유생들은 천인감응의 여러 문제점을 인식했으며 가치 역전의 맥락에서 새로운 가치를 찾기 시작했다. 대유학자 양웅揚雄(자는 자운子雲, 기원전 53~기원후 18)은 신선에 관한 이야기들이나 점을 치지 않고도 앞날을 예지하는 것, 용왕에게 비를 내려달라고 비는 것 등의 그릇된 믿음을 비난하는 동시에 『역』을 모방한 『태현』을 지어 태현을 천도보다 높은 존재로 생각했다. 더 나아가 후한 초기의 왕충王充(자는 중임仲任, 27~약 97)은 '천도무위天道無爲'를 제기했다.[19] 그러나 후한 말기 대규모 자연재해가 해마다 끊이지 않고 발생하는 동안 양웅·왕충의 견해는 큰 영향을 발휘하지 못했다.[20] 그 후 후한 말기에 이르러 우주론 유학이 바람직하지 않은 것으로 두드러지자 비로소 가치 역전이 보편화되면서 '천도무위'가 사인士人들의 공통적 인식이 되었다.

      한대의 '천도무위' 관념에 대해 말할 때 어떤 사상의 함정에 빠져선 안 된다는 점에 주의해야 한다. 말하자면 이 관념을 유물론적 철학으로 간주한다든지, 선진 유학의 순자가 하늘에 도덕이란 없으며 오직 사람만이 도덕을 말할 수 있다고 주장한 천인분리天人相離와 유사하게 보

19 　韋政通, 『中國思想史』, 上冊(台北: 大林出版社, 1980), pp.530-531.
20 　范曄, 『後漢書·卷四十九·王充傳』, 第六冊(北京: 中華書局, 1965), p.1629. 주註에 『원산송서袁山松書』가 인용되었다. "왕충이 저술한 『논형論衡』은 중원 땅에 아직 전한 사람이 없었는데 채옹蔡邕이 오吳에 들어가 처음 그것을 얻어서는 항상 남몰래 완미하며 담론하는 재료로 삼았다. 그 뒤에 왕랑王朗이 회계會稽군[지금의 저장성 사오싱현紹興縣 동남부] 태수가 되어 또 그 책을 얻었고, 허허許下[지금의 허난성 쉬창시許昌市]로 복귀하게 되자 당시 사람들은 그의 재능이 발전했다고 칭찬했다. 누군가는 그가 비범한 사람을 만났거나, 그렇지 않다면 진귀한 서적을 얻었을 거라 말했다. 이를 물으니 과연 『논형』의 도움 때문이었으며, 이로부터 마침내 전해지게 된 것이다充所作論衡, 中土未有傳者, 蔡邕入吳始得之, 恒秘玩以爲談助. 其後王朗爲會稽太守, 又得其書, 及還許下, 時人稱其才進. 或曰, 不見異人, 當得異書. 問之, 果以論衡之益, 由是遂見傳焉." 왕충의 『논형』이 후한 말 이전에는 아직 영향이 크지 않았음을 알 수 있다.

는 시각이다. 일견 '천도무위'가 강조하는 하늘의 불간섭이 천인분리를 포함하는 것처럼 보이지만, 원래 한대의 '천도무위'에 담긴 의미를 자세히 고찰해보면 이 사상을 제창한 사람들은 여전히 하늘과 인간을 둘로 나눌 수 없는 밀접한 관계로 여겼음을 알 수 있다. 예컨대 왕부王符(자는 절신節信, 약 85~162)는 『잠부론潛夫論』 「서록敍錄」에서 천인 간에 "하늘은 그 상징을 보여주고 인군人君은 이를 받들어 이루는天題厥象, 人實奉成" 관계가 존재함을 긍정했다. 중장통仲長統(자는 공리公理, 180~220)은 논증하는 가운데서 역시 천인감응의 재이설災異說을 자주 운용했다. 왕충조차 "하늘은 온갖 신의 임금이다天, 百神主也"(『논형』「변숭辨祟」) 또는 "태세는 하늘에 종속된 신이다太歲, 天別神也."(『논형』「난세難歲」)라고 하여, 하늘이 의지와 인격을 지니고 있다고 믿은 듯하다. 이를 근거로 어떤 연구자들은 왕충, 중장통 등의 이론적 비정밀함과 자기모순을 제기했다.[21] 실제로 한대의 이단 사상은 대체로 무위를 일종의 도덕으로 삼았을 뿐 천인분리에는 이르지 않았다.[22] 확실히 강력한 천인합일 구조 속에서 하늘을 인간의 도덕과 무관한 것으로 간주하기란 거의 불가능하다. 한나라 말기에 유생이 '무위'와 '하늘의 불간섭'을 도덕으로 간주한 것은 원래의 도덕이 바람직하지 않은 경우에 가치 역전의 메커니즘이 인간의 사상을 통제한다는 사실을 더없이 잘 입증해준다.

    우주 도덕질서의 역전이 '무위'라면 사회제도와 도덕가치의 역

---

21   黃朴民, 『董仲舒與新儒學』(台北: 文津出版社, 1992), pp.217-219.
22   이 부분에서 왕충은 비교적 특이하다. 그는 '천인합일'과 '천인분리'의 중간쯤을 견지한다. 바로 이런 이유로 혹자는 하늘을 자연의 하늘로 이해한 왕충의 언설에 근거해 『논형』을 유물론 주장으로 해석했다.(金鍾美, 『天, 人和王充文學思想: 以王充文學思想同天人關係思想的連繫爲中心』[北京: 社會科學文獻出版社, 1994], p.89) 한편 많은 학자들은 왕충이 진정한 천인분리에 이르지 못했음을 발견하고, 그의 철학적 관점을 완전히 유물론으로 귀결 짓는 것은 온당치 않다고 보았다.(蔣祖怡, 「三十年對王充的研究」, 『王充卷』[鄭州: 中州書畵社, 1983], pp.52-65)

전은 무엇인가? 잘 알려져 있듯 후한이 멸망한 뒤 발생한 여러 차례의 교란과 소수민족의 대규모 남천南遷은 안정적 대일통 왕조를 건립하기 어렵게 만들었고, 중국은 정치적으로 가장 어둡고 혼란한 시기를 맞이했다. 수십 년 전란을 겪는 동안 황제는 군벌의 손에 농락당했고 대신과 궁녀와 환관들은 혼란 속에서 굶어죽는 운명을 피할 수 없었다. 유생은 나라에 충성할 길이 없었을 뿐만 아니라 정치 참여는 목숨을 잃는 화를 불러올 수 있기에 현실적으로 정치에 나서지 않는 편이 낫다고 여기게 되었다. 이에 입세하여 정치에 참여하는 것을 도덕 이상의 실현으로 여겼던 유생들이 정치를 멀리하는 데 도덕적 의의를 부여하게 되었다. 오랜 기간 대일통 질서가 확립되지 못하자 마침내 전면적 가치 역전이 발생했다. 즉 독서인은 잇달아 정치 불참과 유가 윤리규범의 제거를 새 도덕으로 삼았다. 앞서 1.6절에서 밝힌 바와 같이, 도덕 이상의 바람직하지 못함은 두 가지 정황으로 구분된다. 하나는 도덕 목표와 규범이 실현될 수 없는 것이고, 다른 하나는 도덕규범이 실현될 수는 있으나 '좋은' 또는 '선한' 가치를 대표하지 않는 것이다. 전자는 입세하여 정치에 참여하는 정신을 부정하는 전면적 가치 역전을 초래하고, 후자는 흔히 부분적 가치 역전으로 나타난다. 후한 말기 이후 우주론 유학의 바람직하지 않음은 두말할 나위 없이 첫 번째에 속한다. 장기적 사회 혼란이든 대일통 제국 건립의 불가능이든, 또는 자연재해의 잦은 발생이든, 천인감응 학설에서 정상적으로 도덕이 있음을 대표하던 우주 질서를 회복할 수 없게 한 것, 그 이데올로기의 함의는 모두 우주론 유학의 도덕 이상이 제시하는 사회 제도가 실현될 수 없다는 것이다. 외재적 도덕규범에 도달할 수 없는 상황에 직면했을 때 지식 엘리트는 도덕 추구를 비사회적 개인 정신 차원으로 전향하면서 비행동적 언설을 선택할 가능성이 높다. 그리고 유가 도덕규범과 사회제도가 실현될 수 없다는 인식이 강렬할수록 반사회적 개인 정신으로 전향하는 동력 역시 강해질 수밖에 없다. 후한 말년 지식 엘리트들은 청의淸議(정치 논평)에서 청담淸談(공리공담)으로 변화했고, 최후에는 담현談玄(현학 담론)으로 변모했다. 도덕 활동에서 언설로 행동을 대신한 것이야말로 전면적 가치 역전이 어떻게 발생하는가를 뚜렷이 드러낸다.

본래 도덕 활동은 두 단계, 즉 선 의지와 이를 토대로 행위규범을 실현하는 것으로 이루어지며, 이른바 입세 정신이란 내재적 선을 선의 행위규범으로 바꾸는 것을 가리킨다. 후한 말년에 유생의 입세 정신이 좌절되자 내재적 선과 행위규범도 연관성을 상실했다. 다시 말해 전면적 가치 역전이 선과 행위규범 사이의 구조적 단절을 일으켰고(그림 2.1) 도덕 활동은 순전히 개인적이고 내재적인 것으로 바뀌었으며, 지식 엘리트는 내재적 선이 외재적 규범으로 전화할 수 없다는 인식을 보편화했다. 이와 같은 말과 행동의 단절, 의미와 부호 간의 단절, 선과 규범 간의 단절은 천인합일 구조 및 도덕가치 일원론을 따라 문화 영역 전체를 관통했다. 사람들은 명名과 실實이 반드시 부합하는 것은 아니며, 심지어 언어도 반드시 의미를 표현할 수 있는 것은 아니라고 주장하기 시작했다. 이것이 바로 당시 '명리名理'의 변설이 흥기한 배경이다. 확실히 전면적 가치 역전의 논리에서 선을 사회규범으로 바꾸려는 것은 도리어 죄악을 불러올 수 있다. 자연재해와 엄중한 사회 위기는 바로 여기서 야기된다. 정반대로, 도덕규범의 실현을 추구하지 않고 무위를 따르며 '모종의 규범', 곧 선을 행하는 원칙을 '실행하지 않는 것'이 우주의 정상적 질서를 회복하는 것이다. 여기서 우리는 우주 및 사회질서의 도덕 이상에 대해 역전한 가치들이 서로 강화하고 서로 증명하는 것을 볼 수 있다. 그러한 현상이 가리키는 방향은 바로 노장과 현학이지, 고문경학이 아니다.

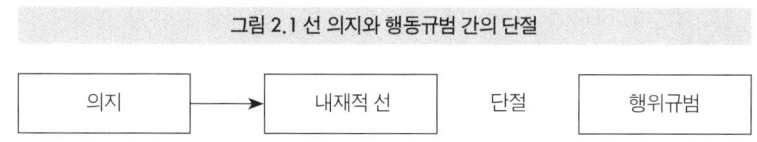

그림 2.1 선 의지와 행동규범 간의 단절

　　가정 윤리의 측면에서, 유가의 도덕은 여전히 실현 가능하고 도덕 이상의 바람직성은 의심의 여지가 없는 듯하다. 그러나 명심해야 할 사실이 있다. 천인합일 구조와 도덕가치 일원론은 가정 윤리와 사회제도와 우주 질서를 단단히 하나로 연계시킨다는 것, 우주도덕 체계와 사회도덕 체계의 실현 불가능은 사람들에게 유가의 가정 윤리까지 바람직하지 않은 것으로 여기게 한다는 것, 인륜 관계와 효도는 역사상 전례 없는 회의와 공격을 받았다는 것이다. 예컨대 공융孔融은 인륜을 정욕情欲과 자연의 순리로 귀결지었다. 그는 이렇게 논증한다. "아버지가 자식에게 무슨 친함이 있겠는가! 본래 의미를 논한다면 실은 부부 사이의 정욕일 뿐 아닌가! 또 자식이 어머니에게 무슨 친함이 있겠는가! 비유컨대 병 속에 있는 물건을 꺼내면 분리되는 것이거늘父之於子, 當有何親? 論其本意, 實爲情欲發爾. 子之於母, 亦復奚爲? 譬如寄物缾中, 出則離矣."[23] 서진 시기에 속석束晳은 일민逸民 생활을 묘사한 글에서 "아내는 모두 남편을 '경'이라 하고 아들은 '아버지'라 부른다婦皆卿夫 子呼父字"고 했는데, 이는 가정 관계를 역전한 가치로써 재구성한 전형적 반영이다.[24] 인륜 관계의 도덕가치가 질문을 받

23　范曄,『後漢書·卷七十·孔融傳』,第七冊(北京:中華書局, 1965), p.2278.
24　束晳,「近遊賦」,『全晉文』, 卷八十七, 寧稼雨,『魏晉風度:中古文人生活行爲의 文化意義』(北京:東方出版社, 1992) 참조.

을 때 인간의 자연 감정도 도덕적인 것이 된다. 그러나 결국 가정 윤리가 여전히 실현될 수 있는 것은 그것이 천도와 합일할 때에만 바람직하지 않은 것으로 변하기 때문이며, 이는 대다수 사대부에게 가정 윤리를 준수하는 것과 그에 대한 평가를 분리하도록 했다. 이론적으로는 인륜 관계를 철저히 부정한 공융도 실제로는 고을의 이름난 효자였다.[25] 이는 사람들의 관념 속에서 어떤 도덕규범이 바람직한가 여부는 결코 도덕규범 자체로 결정되는 것이 아니며, 도덕가치에 지배되고 있는 '당위' 영역과 관계된 것임을 말해준다. 이로 인해 후한이 멸망한 뒤에 역전한 가치가 빚어낸 새 도덕은 우주론, 사회관뿐만 아니라 가정 인륜 관계의 모든 층위에서 발생했다.

---

25 范曄, 『後漢書·卷七十·孔融傳』, 第七冊, p.2262.

2.3
도덕의 형이상학화,
그리고 제멋대로 하는 기풍放誕風氣

형이상학이 도덕의 최후의 기초로 간주되다
위진 시대의 가치 역전은 본체론이 우주론을 대체하는 결과를 가져왔다
재성才性 숭배는 도덕일원론의 변형 구조다

가치 역전은 도가의 '무위'와 '간섭 없는 자연 상태'를 도덕 체계의 핵심 가치로 삼았고, 이는 천인합일 구조와 도덕가치 일원론에 완전히 새로운 형태를 부여했다. 여기서 천인합일의 사유 양식이란 우주 질서로부터 인간의 도덕가치를 도출하는 것을 가리킨다. 앞서 1.4절에서 논증했듯이, 한대의 천인합일 구조는 황로지학에서 유래한 것으로, 인간의 도덕가치가 우주 질서와 관련되었다는 말은 도가의 '사람은 땅을 본받고 땅은 하늘을 본받는다'라는 논리에서 빌려온 것이다. 선진 시대의 도가 사상에서 하늘은 결코 궁극적 가치의 원천이 아니다. '사람은 땅을 본받고 땅은 하늘을 본받는다'에 이어서 '하늘은 도를 본받고 도는 자연을 본받는다'

는 내용이 있지만 '도'와 '자연'은 경험을 초월하는 형이상의 존재다. 일단 도덕가치를 '사람은 땅을 본받고 땅은 하늘을 본받고 하늘은 도를 본받고 도는 자연을 본받는다'라는 논리 양식에 주입한다면, 곧 이전에 없었던 사변적 추론을 얻을 수 있다. 바로 인간 도덕의 궁극적 근원은 경험을 초월하는 형이상학의 영역이어야 한다는 것이다. 한대 우주론 유학의 천인합일 구조는 '사람은 땅을 본받고 땅은 하늘을 본받는다'라는 절반의 내용만 취하여, 우주 질서가 도덕의 연원으로 간주되기는 했으나 한 걸음 더 나아가 형이상학을 도덕의 기초로 삼지는 못했다. 선진 시대의 도가 학설에서 이런 논리는 더욱 불가능한 것이었다. 왜냐하면 노장老莊은 선 의지를 부정했으며 도덕이 아닌 정의적 자아情意我[라오쓰광은 『중국철학사』(2)에서 '인간 자아의 경지人生自我境界' 4종을 구분했다. ①신체적 자아形軀我: 생리적·심리적 욕구가 그 본질이다. ②인식적 자아認識我: 지각을 통한 이해와 추리 활동이 그 본질이다. ③정의적 자아情意我: 생명력과 생명 느낌生命感이 그 본질이다. ④덕성적 자아德性我: 가치의 자각價値自覺이 그 본질이다. '정의적 자아'를 '정감-의지적 자아'로 풀이하면, (자연의) 생명력을 이어받아 (인생의) 의지로 삼고 감응하는 자아의 경지로 이해할 수 있다]를 가치로 추구했기 때문이다. 이와 같은 구조 속에서 형이상의 추리는 도덕 추론의 발생 관계와 전혀 다르다. 후한이 멸망하자 곧 다른 정황이 전개되어, 가치 역전은 무위와 자연을 도덕의 기초로 삼았고 이러한 천인합일의 도덕 추론 방식 속에서 '하늘은 도를 본받음'과 '도는 자연을 본받음'까지 포괄하게 되었다. 이때의 도덕 기초는 이미 우주 질서가 아니라 경험을 초월하는 형이상의 '도'다. 달리 말해 최초로 형이상의 '도'가 도덕철학의 궁극적 기초로 수용된 것이다. 잘 알려져 있듯이 서양은 근대에 이르러서야 이 점을 인식했다. 17세기 이후 철학자들은 '존재'로부터 구성된 경험 세계는 '당위'의 도덕 경지를 이끌어낼 수 없으므로 도덕의 기초에 대한 형이상학적 논증이 필수적임을 밝혀냈고, 이것은 형이상학이 지금까지도 여전히 의의를 지니는 이유 중 하나다. 뜻밖에도 중국의 철학자들은 이미 2000년 전에 도덕의 형이상학적 탐색에 집착했다. 확실히 경탄스러운 일이다.

        사상사 연구자들은 한대에서 위진 시대까지 사대부의 사상방식에 나타난 거대한 변화를 논할 때마다 거의 모두가 우주론cosmology에서 본체론ontology으로 전화한 것으로 인식한다.[26] 확실히 위진 이후 사대부들은 한유들의 우주 구성에 대한 흥미를 잃었고, '유有와 무無' '일一과 다多' '체體와 용用' 같은 형이상학의 관념에 중점을 두었던 것 같다. 이른바 위진 현학의 흥기가 바로 그러한 변화라 할 수 있다. 그렇다면 위진 시대에 본체론이 우주론을 대체한 이유는 무엇일까? 그 뒤로 중국의 지식계층이 줄곧 형이상학적 사변을 철학의 틀로 삼은 이유는 무엇일까? 오랜 동안 학계는 이 문제를 논외로 두었다. 우리가 분석한바 그 원인은 상당히 명확하다. 그것은 바로 도덕 이상이 변화하는 가운데 전면적인 가치 역전이 가져온 예상치 못한 결과였다. 왜냐하면 천인합일 구조 속에서의 도덕기초 논증이 우주 질서를 벗어나 경험을 초월하는 형이상학의 성립과 연계될 경우, 이 관계는 영원히 존재할 수 있기 때문이다. 이제까지 중국의 언어와 문자가 『도덕경』 속의 도道와 덕德을 연결해 'moral'과 'virtue'로 표현해온 것은 이러한 연계가 얼마나 깨질 수 없이 굳건한 것인지 증명하기에 충분하다. 잘 알려져 있듯이 노자의 '도'는 형이상의 실체로서 실재實有의 뜻이다. 그런데 '덕'의 함의는 "마음으로 도를 관조하니 마음은 드디어 물에서 벗어나고, 마음이 도에 의탁하니 이에 그 덕을

---

26   湯一介,『郭象與魏晉玄學』(武漢: 湖北人民出版社, 1983), p.71.

완성한다以心觀道, 心遂離物, 心依于道, 乃成其德"는 것이다. 그러므로 '덕'은 자각의 경지로서 실천의 의미를 갖는다.[27] 바꿔 말해 도덕의 본뜻은 인간이 형이상학적으로 정의적 자아의 경지를 추구하는 것이다. 위진 시대 이후 '도덕'은 오늘날 중국어에서 통용되는 함의를 획득했다. 이는 형이상학이 어떻게 중국인의 도덕 기초가 되었는지를 형상적으로 그려낸다.

그러나 우리가 반드시 알아야 할 것은, 도덕 기초의 형이상학화는 초경험적 '도'를 천인합일 구조 안에 포함시키는 데서 생겨난 의도치 않은 결과라는 점이다. 노자 사상의 체계에서 '도'는 '경험을 초월하는 형이상학의 법칙'이라는 의의 외에 '영원永恒'이라는 의의를 지니고 있다. 노자의 견해에 따르면, 경험 세계는 끊임없이 변동하고 만물은 스스로의 대립면을 향해 전화해 나가지만 오직 '도'만은 영원불변하다. 천인합일 구조가 강조하는 인간의 도에 대한 모방은 의심할 것 없이 전방위적이다. 이와 같이 역전한 가치와 천인합일 구조의 결합은 도덕이 반드시 형이상학을 기초로 해야 한다는 것 외에, 인간은 마땅히 영원불변한 '도'를 모방해야 한다는 내용을 포함한다. 그리고 이는 장생불로의 번성을 촉진했다. 라오쓰광이 밝혔듯, 한대 이후 사람들은 노장 철학의 '양생養生'이나 '전생全生'의 의미를 오해하기 시작하여 더 이상 초월의식을 대표하는 정의적 자아로 생각하지 않는 대신 육신의 불사不死로 받아들였다. 초경험적 자아 역시 이로 인해 일종의 신비적 역량으로 바뀌었다. 도교가 이로써 흥기하게 되었다. 라오쓰광은 이런 현상을 '초월적 자아超越我'의 육신화形軀化라고 불렀다.[28] 형태로 보자면 '도덕 추구의 육신화'와 '도덕 추론의 형이상학화'는 완전히 상반된 추세로, 이들 두 추세가 동시적으로

---

27 勞思光, 『新編中國哲學史』(台北: 三民書局, 1997), pp.213-252.
28 勞思光, 『中國哲學史』(二), p.18.

존재하게 된 것은 바로 천인합일 구조로부터 인간이 '도'를 모방한 데서 기인한다. 분명히 도덕 추구의 육신화와 인간의 도덕 주체성은 완전히 서로 무관한 것으로, 따라서 도교는 발전하는 과정에서 서서히 중국 정치문화의 대전통에서 이탈해 민간신앙의 일종이 되었다.

가치 역전은 천인합일의 새로운 형태를 빚어낼 뿐 아니라 도덕 가치 일원론에도 완전히 새로운 내용과 평판의 준칙을 부여한다. 사인士人이 재성才性을 찬양한 것이 바로 그것이다. 이른바 도덕가치 일원론은 개인의 도덕가치를 외부로 확장하여 가정과 사회를 포괄하는 것이다. 가치 역전의 과정에서 '무위'와 '자연'이 도덕 추론 양식 가운데 효도孝道의 위치를 대신하게 되자 사람의 타고난 재능까지도 도덕적 의의를 획득했다. 재성이 가정·사회로부터 빠르게 승인됨에 따라 왕성한 유행으로 이어졌다. 재성에 대한 긍정은 당시 사회가 재능과 '자연지성自然之性', 즉 타고난 품성을 인재 판별의 표준으로 삼은 데 그치지 않고, 사인士人들이 재성을 한대의 도덕 품행과 동일시한 것으로 나타나기도 했다. 류소劉邵(자는 공재孔才)의 『인물지人物志』는 놀랍게도 성인을 최고의 재성을 지닌 자로 분류했다.[29] 타고난 재성 가운데 가장 눈에 띄는 것은 사람의 용모다. 위진 시대 사대부의 미모에 대한 찬양과 추구는 동서고금에 보기 드문 것으로, 심지어 미모가 미덕美德을 대체할 수 있었다. 이러한 연계는 오늘날 우리를 놀라게 하지만 당시에는 대단히 보편적인 사상방식이었다. 순찬荀粲(자는 봉천奉倩)은 공공연히 "부인의 덕은 칭찬하기 부족하니 아름다운 용모를 위주로 해야 마땅하다婦人德不足稱, 當以色爲主"고 말했다. 배위裵頠(자는 일민逸民, 267~300) 역시 깊이 동의하여 "이것은 유행에 관한 일로,

---

[29] 劳思光, 『中国哲学史』(二), p.152.

성덕을 말하는 게 아니다此乃是興到之事, 非盛德言"[30]라 했고, '주옥珠玉'으로 여겨졌던 위개衛玠(자는 숙보叔寶, 286~312)는 놀랍게도 광기에 가까울 만큼 그를 애모하는 여자에게 오랫동안 감상되다가 '간살看殺'되었다.[31]

   도덕가치 일원론 구조에서 개인의 도덕가치는 외부로 확장되어 가정에 이르고, 한 걸음 더 나아가 보편적 사회 정의로 전화한다. 그러나 역전한 가치는 '무위'를 추앙하며 선한 가치는 어떤 규범으로도 변하지 않음을 주장한다. 이와 같이 일체화 구조에서는 개인 도덕으로부터 가정 윤리로 전화하고 다시 사회제도로 변화하는 확대 과정은 존재하지 않았지만, 이에 상응하여 개인적 가치가 사회적 가치로 전화하는 추론 노선은 여전히 통용되었다. 규범에 반대하는 위진 시대는 도덕가치 일원론의 논리화에 순응해 마침내 제멋대로 행동하는率性放誕 사회 기풍을 형성했고, 사인士人들은 "명교를 넘어서 자연에 순응한다越名敎而順自然"는 신조 아래 갈수록 세상 예법에 얽매이지 않고 하고 싶은 대로 하는 행태放浪形骸를 보였다. 위진 현학은 '명리'와 '재성' 두 유파로 나뉜다. '명리'가 형이상의 탐구와 토론으로 천인합일의 새로운 형태를 대표한다면, '재성'은 제멋대로 행동하는放誕 기풍과 함께 넓은 의미에서 도덕가치 일원론의 변형 구조로 간주될 수 있다.

---

30 劉義慶 著, 徐震堮 校箋, 『世說新語校箋·惑溺』, 下冊(北京: 中華書局, 1984), p.490.
31 劉義慶 著, 徐震堮 校箋, 『世說新語校箋·容止』, pp.337-338.

2.4
수신修身과 불교

위진의 사인士人이 불교로 나아간 것은 수신을 갈구한 것이다
무엇이 수신인가?
중국과 서양이 선 의지를 순화하는 방법상의 차이
한유漢儒의 수신 방법: 경전에 몰두, 부도덕한 욕망의 극복, 자기 행위를 검속
우주론 유학의 해체가 초래한 수신의 공백
불교는 어떻게 수신을 추구하는 가운데 흥기했나?

우리가 '무위'와 '자연'을 천인합일과 도덕가치 일원론으로 들여놓은 결과가 위진 현학이라는 사실을 논증해야 하는 이유는 불교가 중국에 전래되어 저항 없이 범람하게 된 내적 메커니즘을 드러내는 데 도움이 되기 때문이다. 불교는 일찍이 한대에 전래했으나 적극적인 입세를 추구하는 유생의 도덕과는 어울리지 않았다. 그 결과 불교는 음양의 술수와 황로의 방술, 심지어 신선술神仙之術[32]의 하나로 간주되어 별 영향력을 발휘하지 못했다. 위진 시대에 불교는 현학을 매개로 급속히 전파되었으며 사

---

32 湯用彤, 『漢魏兩晉南北朝佛敎史』(長沙: 商務印書館, 1938), p.51.

대부들은 '격의格義'를 통해 현학으로부터 불교로 넘어갔다. '격의'란 불교의 개념을 그와 유사한 중국의 개념으로 규정한 것으로,[33] 흔히 위진 시대의 불교를 '격의 불교'라 일컫기도 한다.[34] 사인士人의 현학 탐구는 왜 불교를 지향하게 되었을까? 이제까지 학계는 불교 사상과 위진 현학은 우연히 맞아떨어진暗合 것이며, 당시에 불교에 대한 정신적 수요가 있었다고 해석했다. 오늘날 우리는 가치 역전을 통해 당시 불교에 대한 내적 수요가 어떻게 출현했는지 분석해볼 수 있다.

간단히 말하자면, 위진 시대 사대부가 불교로 나아간 정신적 동력은 '수신修身'에 대한 갈망으로 압축된다. 선진 시대의 도가에서 '무위'와 '자연'은 도덕의 의미를 지니지 않는다. 장자의 '소요逍遙'는 정신의 해방일 뿐 도덕적 경지가 아니므로 노장老莊에게 도덕 목표를 추구하는 수신 활동은 결코 중요하지 않다. 그러나 위진의 사인은 가치 역전의 논리에 순응해 노장을 재해석했으며, 그중에서 '무위' '자연'을 새로운 도덕 이상으로 삼은 것이 가장 큰 변용이다. 여기서 수신이란 무엇인가라는 문제가 발생했다.

수신이란 인간이 도덕을 추구하는 과정에서 도덕 목표를 인식하는 것과 스스로 선 의지를 순화純化하는 것을 궁극적 의의로 삼는 활동이다. 이것은 도덕을 궁극적 관심으로 삼는 문화 체계 특유의 현상이다. 서양 기독교 문화도 사람들에게 도덕 의지를 순화할 것을 요구하지만 수신에 기대지는 않는다. 도덕규범은 하느님으로부터 연원하고 도덕을 준수하는 역량은 하느님에 대한 신앙에서 비롯되므로 선 의지를 순화함이란 곧 하느님을 신앙하고 하느님을 향해 자기 죄악을 참회하는 것이다.

---

33 呂澄,『中國佛學源流略講』(北京: 中華書局, 1979), pp.43-65.
34 鎌田茂雄 著, 鄭彭年 譯,『簡明中國佛教史』(上海: 上海譯文出版社, 1986), pp.27-37.

바로 슐라이어마허가 말한 것처럼, 종교란 일종의 '절대적 의지의 감각'으로 10계 가운데 으뜸은 신에 복종하는 것이며, 도덕의 의의는 인간이 신법Divine Law을 인식하고 복종하는 데 있다.[35] 한 걸음 더 나아가 데이비드 홀과 로저 에임스는 서양의 도덕 의지란 신의 질서를 찬미하는 일종의 형식 숭배라고 했다. 또한 도덕은 성찬聖餐·기도·참회 등의 의식이 보여주듯 따르고 복종한다는 의미를 포함하기 때문에 성명聖明한 질서를 신봉하는 인간 개인의 품성을 드러내기도 한다.[36] 달리 말해서 서양의 선 의지의 순화는 본질적으로 종교 활동의 일부이며, 종교 활동을 벗어나 도덕 의지의 순화를 말하는 것은 무의미하다.

    마찬가지로, 의지가 지식을 통해 선과 정합할 때 도덕 활동은 수신을 필요로 하지 않는다. 고대 그리스의 일부 철학자들은 인간이 도덕규범을 준수하지 못하는 까닭은 선이 무엇인지 알지 못하기 때문이라 했다. 이로써 도덕 목표를 실현하기 위한 인지활동이 도덕 추구의 전제 조건이 되었다. 이러한 도덕철학에서 도덕 의지의 순화는 지식 탐구와 동일시된다. 도덕 의지가 직접 선과 정합하는 중국의 문화 체계에서는 도덕 활동의 기초인 선 의지의 순화는 하늘에 대한 신앙으로써 이루기도 어렵고 지식 탐구로도 실현될 수 없는 것이다. 도덕 활동이 존재할 때 선 의지를 순화하는 단련은 필수불가결한 것이므로 도덕가치를 인식하는 것과 선 의지를 순화하는 것 자체를 목표로 삼는 활동이 출현했다. 이것이 바로 수신이다.

    수신 활동은 크게 세 부분으로 나뉜다. 첫째는 무엇이 도덕에 부

---

[35] 郝大維(David L. Hall), 安樂哲(Roger T. Ames)著, 蔣戈爲, 李志林 譯,『孔子哲學思微』(南京: 江蘇人民出版社, 1996), p.179.
[36] 郝大維, 安樂哲 著, 蔣戈爲, 李志林 譯,『孔子哲學思微』, p.179.

합하는 행위인지 인식하는 것이다. 성인의 경전은 도덕 준칙을 상세히 논술한 가장 앞선 것이므로 경전을 학습하는 독서 활동이 수신의 첫 걸음이다. 둘째는 도덕 목표를 명확히 한 다음, 날마다 스스로 선 의지를 순화하는 것이다. 여기에는 도덕에 부합하지 않는 욕망을 극복하고 선 의지를 순화하여 인생에서 마주치는 온갖 난제를 해결하는 것이 포함된다. 셋째는 스스로 도덕규범을 실행하는 능력을 확충하는 것이다. 이는 바로 '사공'을 중시하고, 나아가 가정을 다스리고 나라에 보답하는治家報國 것으로써 수신의 도덕 활동을 현실화하는 것이다. 도덕규범이 사회제도의 일부로 인정되는 경우에는 다른 사람을 위해 시범을 보이는 '행위'와 '행위 훈련'도 수신을 구성하는 중요한 부분이다. 확실히 도덕 그 자체를 궁극으로 삼는 문화 체계에서 수신 활동은 소금이나 식량과 같이 필수불가결한 것이다. 역사적으로 각기 다른 시기에 각기 다른 분파들이 이 세 가지 수신 활동에 치중했는데, 혹 그 비중이 고르지 않은 때도 있었으나 총체적으로 안심입명安心立命 활동을 선 의지의 순화를 지키는 수신으로 삼았다. 다만 기존의 전통적인 도덕 목표가 바람직하지 않으며 역전한 가치가 새로운 도덕이 되는 경우, 새 도덕의 내용과 구조가 수신 활동에 필수불가결한 자원을 제공할 수 있는지 여부가 중요한 정신적 문제가 된다.

우리가 알기로 한대 유자들의 수신 활동은 상당히 풍부하고 전면적이었다. 그 내용은 유가 경전의 학습과 주석, 부도덕한 욕망의 극복, 자기 행위의 검속, 그리고 제왕을 위해 이 세 가지를 충실히 실천하는 것을 포괄한다. 도가의 '무위'가 우주론 유학 대신 사대부가 추구하는 도덕 목표가 되었을 때 그들의 수신은 입세에서 피세로 바뀐다. 후자 형태의 수신에서는 사회적 실천에 나서는 것은 중요한 행위가 아니며, 정신 의지의 순화와 경전에 대한 연구강독이 거의 전부가 된다. 앞서 말했듯이 전면적 가치 역전이 형성한 도덕 구조에서 내재적 선善은 사회규범으로 전화할 수 없는 것이다. 한유들이 숙달한 여러 수신 활동 가운데 경전을 숙독하고 주석하는 것을 제외한 나머지 수신 활동은 옅어지기 시작했다. 역전한 가치의 지배적인 수신 활동은 행위에 기대지 않는 사변思辨이다. 다시 말해 수신은 대체로 개인적인 경전 학습, 현담玄談[순수의식에 관한 도가(현학)적 담론, 곧 청담淸談]과 현상玄想[현학적 탈세속의 사상]에 관한 사변으로 나타났다. 때때로 깊이 있는 사변 체계體系로부터 도덕 사변의 유효성을 드러내긴 했으나 이에 대해 도가 학설이 제공하는 자원은 꽤 빈곤했다. 경전 학습에 대해 말하자면, 도가 경전의 핵심은 노장의 저작이지만 그 분량이 얼마 안 되는데다 온전한 사변 체계를 세우지 못한 것이었다. 매일 수신 활동을 해야 하는 입장에서 수신의 자원이 빈곤하다는 것은 반드시 해결해야 할 문제였다. 이것이 바로 심오한 사변 체계와 풍부하고 방대한 전적을 갖춘 불교가 위진의 사인들을 사로잡은 주요 원인 중 하나다.

   위진 시대 사상사를 펼쳐놓았을 때 우리가 예외 없이 보게 되는 사실은, 초기에는 사람들이 노장을 주석했으나 급속히 불경 번역에 압도되었다는 것이다. 지식층은 마침내 불교가 상당히 심오하고 풍부한 학설을 제공하는데다 사람들로 하여금 경전을 학습하고 명상하는 가운데 '무위'와 '무욕'의 의지를 순화하게 할 수 있음을 발견했다. 바꿔 말해서 수신 활동에는 노장을 주석하고 학습하는 것보다 불교를 탐구하는 편이 더 적합하다고 본 것이다. 불교의 기본 교의는 인간의 욕망이 모든 고통의 근원이므로 욕망으로부터 벗어나야 하며, 나아가 이 세상을 버리고 떠날 것捨離此世을 주장한다. 이른바 사법인四法印 가운데 앞의 세 가지 법인, 즉 제행무상諸行無常·제행개고諸行皆苦·제법무아諸法無我가 말하는 바는 인생은 반복되는 무상함과 욕망을 만족시킬 수 없는 고통 속에 처해 스스로 주인이 될 수 없다는 것이다. 그리고 사법인 가운데 '열반적정涅槃寂靜'과 사제四諦(고苦, Dukkha, 집集, Samudaya, 멸滅, Nirodha, 도道, Magga)는 인생의 고통을 겨냥해 제시된 명상을 통한 자아해탈의 법이다. 분명한 것은, 불교에서 욕망을 제거하는 정신 수련은 노장이 주장하는 자아의 정신 해방에 비해 '무위'를 일종의 도덕으로 삼을 때의 순수 사변의 정신 활동에 더 가깝다. 이처럼 위진 시대의 사인士人은 수신을 위해 불교 속으로 걸어 들어갔기 때문에 현담을 통해 노장 철학과 불교가 일맥상통한 지점을 발견했을 때 불교에 강렬한 흥미를 갖게 된 것이다.[37] 동진 시기에는 이미 수많은 승려가 현담에 참여했으며 명사들은 심오한 현리玄理에 통달한 승려들을 대단히 좋아했다.[38] 자신들이 승려에 대적할 수 없음을 느낀 일부 사인士人들은 출가해서 승려가 되기도 했다. 『고승전高僧傳』이 저술된 서기 4세기 무렵 18명의 승려 가운데 11명은 사대부 출신으로, 그들은 사대부 계층에 불교를 전파하는 중요한 역할을 맡았다.[39]

37　湯用彤, 『漢魏兩晉南北朝佛教史』(長沙: 商務印書館, 1938), p.145.
38　孔繁, 『魏晉玄談』(沈陽: 遼寧教育出版社, 1991), pp.223-246.
39　許里和(Erik Zürcher)著, 李四龍, 裵勇 譯, 『佛教征服中國』(南京: 江蘇人民出版社, 1998), pp.10-11.

2.5
중국 문화의 불교에 대한
선택적 흡수와 창조적 재구성

중국 사대부는 왜 대승불교와 친화했는가?
중국 도덕형이상학의 기초와 반야학의 차별성
도덕주체의 긍정과 묘유지리妙有之理
불성론과 유식론
역전한 가치에 의한 불교 사상의 재구성
천태·화엄 및 심성론식 불교

불교의 종파는 참으로 많으며 그것들이 중국에 전래되기까지의 과정은 길고 복잡해서 중국 문화가 어떻게 불교를 흡수했는가를 뚜렷한 맥락으로 정리하기는 어렵다. 앞서 분석했듯이 사대부가 불교로 향해 나아간 까닭은 수신의 요구에서 비롯되었고, 역전한 가치로부터 규정된 도덕 구조는 암암리에 불교를 승인하는 구조를 만들었다. 잘 알려져 있듯이 불교는 석가모니가 일으킨 뒤 대승과 소승의 갈래로 나뉘었다.[40] 소승은 자아 해탈에 주력했지만 대승은 자아 수행 외에 널리 중생을 구제하고 세상을 구제하는 것까지 교의에 포함했다. 본래 불교의 자아 해탈은 도덕 구조의 선 의지와는 거리가 멀다. 그러나 대승불교의 경우 해탈이 개인의 자아를 뛰어넘어 중생으로 확장됨으로써 해탈은 곧 선善의 의미를 갖추었다. 분명히 대승불교는 소승 불교보다 선 의지를 순화하는 데 근접했고, 공교롭게도 초기부터 위진 시대 사대부의 수신 구조와 일치했다. 이 때문에 인도에서는 줄곧 소승불교가 주류였지만 중국의 사대부가 받아들인 것은 기본적으로 대승불교였다.

   대승불교가 인도에서 변천해온 과정은 대략 두 단계로 나뉜다. 첫 단계는 서기 2세기 용수龍樹, Nagarjuna 가 제기한 '중관中觀, Madyamika' 및 '공론空論, Sunyavada'이다. 그 내용은 심오한 사변 철학으로, 일체의 외부 세계는 자성自性이 없다는 것, 곧 일체법(자연과 사회의 현상 및 경관景觀)은 모두 인간 주체로부터 독립해 존재할 수 없으며 욕망이 투사한 환상에 불과함을 논증한 것이다. 이는 반야경전般若經典에 의거하므로 '반야학'이라고도 일컫는다. 두 번째 단계는 서기 4세기에 무착無着, Asanga 과 세친世親, Vasubandhu 형제가 세운 '유식론唯識論Yogacara'(또는 Vijnanavada)으로, 반야학의 개념을 한층 확실하고 정밀하게 한 것이다. 왜냐하면 반야공종般若空宗에서 말하는 공이란 일체를 허망한 환상虛幻으로 귀결하는 것으로, 반드시 '세계는 헛된 환상空幻이다'라는 하나의 전제, 곧 이치理를 필요로 한다. 이런 실체 없는 이치는 도리어 '있는有' 것으로서, 불교에서는 이를 '묘유妙有'라 부른다. 그래서 반야공종을 계승한 대승불교의 중대한 발전이 바

---

40 '대승大乘'의 산스크리트어는 Mahā(大)와 yāna(乘) 두 자로 구성된다. '大'의 의미는 '우월함위대함'이다. '소승小乘'의 산스크리트어는 Hīnayāna 인데, Hīna(小)와 yāna(乘) 두 자로 구성된다. Hīna 는 산스크리트 문자에서 결핍과 억제를 뜻하는 어휘로, 스스로 '소승'이라 이름 붙인 교파는 없다. 사실상 석가모니 사후에 불교는 부파部派 시대로 진입했고, 대승불교는 전통 부파불교에서 발전해 나온 지파支派로, 스스로를 전통 불교보다 우월하다고 여겼으며 전통 부파를 '소승'이라고 불렀다. 현대의 많은 학자는 대승이 출현하기 이전의 18개 주요 불교 부파, 특히 남방에 전해진 상좌부上座部, Theravādins 와 일체유부一切有部, Sarvāstivādins 에 대해 여전히 '소승'이라는 용어를 사용한다.(周伯戡,「早期中國佛教的大乘小乘觀」,『文史哲學報』, 第38期[台北: 國立台灣大學, 1990], pp.244-245)

로 '묘유'를 강조한 '유식론'이다.⁴¹ 역전한 가치가 주도하는 도덕가치 구조가 불교를 선택적으로 흡수한 현상은 대승불교에 대한 중국 사대부의 친화로써 드러났을 뿐 아니라 천인합일과 도덕가치 일원론 도덕의 확대(수신修身) 양식과 반야학 또는 유식론 간의 상호작용 및 혁신으로도 드러났다.

초기의 천인합일 구조는 반야학을 인용하여 자신을 표현하는 언어로 삼았다. 2.3절에서 말한 바와 같이, 사대부가 역전한 가치를 천인합일 구조 안에 들여놓은 가장 중요한 후과는 그들이 도덕 형이상학의 기초를 탐색하는 데 심취하게 되었다는 점이다. 경험을 초월하는 형이상학으로부터 '무위'를 도출하는 것은 본질적으로 '유'와 '무'의 본체론적 사변에 속한다. 그리고 반야공종의 '공'에 대한 논증은 공교롭게도 이론체계體系에서 유사한 양식을 제공했다. 반야공종은 세상 모든 사물·언어·관념의 존재는 '실유實有'가 아니며 인간이라는 주체를 벗어나 존재할 수 없다는 인식이다. 그리고 세계는 인간의 욕망을 투사한 것으로, 본질적으로 환상幻일 뿐이기 때문에 사람들은 마땅히 세계 모든 존재를 '공空'으로 인식해야 한다. 인간의 마음心智이 이 점을 깨달을 때 가장 완전한 경지에 도달하는 것으로, 이것이 바로 '반야般若'다. 반야공종의 유명한 "모든 유위법[인연으로 이루어지는 모든 것]은 꿈과 같고 환상과 같고 물거품과 같고 그림자와 같고 이슬과 같고 또한 번개와 같으니, 응당 이와 같이 보아야 한다.一切有爲法, 如夢幻泡影, 如露亦如電, 應作如是觀"라는 게송은 곧 세계는 인간 주체를 벗어나 홀로 존재할 수 없으며 그것은 본질적으로 헛된 환상에 속한다는 사유를 중심으로 하는 형이상학 논증이다.⁴² 우리가 외부 세계

41　勞思光, 『中國哲學史』(二), p.180-194.
42　呂澂, 「初期大乘佛學」, 『印度佛學源流略講』(上海: 上海人民出版社, 1979), pp.85-88.

를 인간의 정의情意와 관련된 사물로 엄격히 한정하고 객관 대상과 도덕 경지에 대한 인지를 언급하지 않는다면, 반야학의 논증과 그 사변 체계體系는 대단히 심각하고 엄밀한 것이다. 그것은 세계의 존재를 주체의 투사投射로 귀결하고 나아가 다시 이론적으로 그것을 부정하므로 매우 기지 넘치는 것이기도 하다. 어느 학자는 그것을 '부정의 변증법'이라고 일컬었다.[43] 분명히 일련의 학설은 현학가의 '무'의 사변 및 형이상에 대한 탐색의 수요를 적절히 충족시켰다. 그리하여 남북조 시대에 이르러 불교가 크게 성행했고 사상적으로도 위진 현학을 압도했다.

그러나 반드시 짚고 넘어갈 점은, 구조적으로 중국 사대부의 도덕 형이상학의 사고는 기본적으로 반야학과 같지 않다는 사실이다. 반야학은 세계는 자성自性이 없음(인간 주체를 벗어날 수 없음)을 가지고 공空을 논증했으며 그 논증 방법에서 주체를 세계 존재의 전제로 간주했다. 그러나 천인합일 구조의 논증 양식은 경험을 초월하는 형이상학으로부터 도덕을 추론한 것이며, 도덕의 내용은 '무無'이지만 그것은 개인의 내적 세계 밖에서 유래한다. 이러한 구조는 정확히 반야학과 상반된다. 이 때문에 중국의 지식 엘리트는 '무'에 대한 형이상학적 사색에서 출발해 반야학으로 향했지만 천인합일 구조의 한계로 인해 불교 반야학의 의의를 완전히 이해할 수 없었다. 당시 성행한 '본무本無' '즉색卽色' '식함識含' '환화幻化' '심무心無' '연회緣會' 등 이른바 육가칠종六家七宗은 모두 중국식 도덕 형이상학의 사변 양식으로서 반야학을 오해한 것이다. 라오쓰광이 말한 것처럼 도덕 형이상학의 '본체의本體義'로부터 반야의 공의空義를 보면 주체성이 드러나지 않는다. 그런즉 반야를 어떻게 알 수 있겠는가.[44]

43   周伯戡,「早期中國佛教的大乘小乘觀」,『文史哲學報』, p.248.
44   勞思光,『中國哲學史』(二), pp.233-245.

이런 보편적 오해는 구마라습鳩摩羅什이 중국에 들어와 불경을 전면적이고 명확하게 번역한 뒤에야 해소될 수 있었다. 대단히 흥미로운 점은, 중국 사대부가 반야학의 '무'와 '공'의 의의를 명확히 인식한 이후 반야학에 대한 관심이 크게 줄어들었다는 사실이다. 결국 위진남북조 후기에 반야학은 쇠락하고 불교의 다른 종파에 의해 대체되었다. 반야학의 쇠락은 불교가 중국 사대부를 매료시켰으나 역전한 가치가 주도하는 수신의 양식에서 벗어날 수 없었음을 말해준다.

주의해야 할 것은, 대승불교는 외부 세계를 인간 주체로부터 벗어나 독립할 수 없는 대상으로 간주했는데, 이렇게 인간 주체로부터 외부 세계 전체를 이끌어내는 방식은 도덕가치 일원론에 더 가깝다는 점이다. 그리고 위진 시대 재성의 종합적 기초는 바로 도덕가치 일원론이며, 반야공종이 쇠락한 뒤 중국 사대부가 불교를 이해하는 데 사용한 주된 방법은 천인합일 구조가 아니라 도덕가치 일원론이 규정한 가치 부연推衍의 양식이었다. 서기 4세기 반야학의 개념이 한층 더 정밀하고 확실해지면서 불교 철학은 공환空幻의 이理가 모종의 비실체적 유有이며, 이러한 묘유는 마땅히 '무'의 전제가 되어야 함을 의식하기 시작했다. 이에 불교 중에서 묘유를 토론한 경전이 신속히 확충되었다. 이것이 중국 사대부의 도덕가치 일원론과 단번에 부합함으로써 중국 특유의 불성을 추구하는 분파를 생성했다. 불성佛性의 산스크리트 문자는 'Buddhata'이며, 경우에 따라 불계佛界·불장佛藏·여래계如來界·여래장如來藏 등으로 불린다. 문자 그대로 불성은 부처의 본성이며 성불할 수 있느냐 없느냐의 근거다. 석가모니는 세상을 떠난 뒤 불교도에게 지고무상한 신이 되었다. 부파部派 불교 시기에 성불한 사람은 오직 석가모니뿐으로, 그 밖의 사람들은 불성을 얻지 못했다. 인도 불교는 인간이 어떻게 맹목적 욕망의 지배에서 해탈할 것인가에 관심을 두었을 뿐 불성을 토론의 중점으로 삼지 않았다. 소승불학은 대부분 '무상'과 '무아'를 주장했으며 중생은 불성을 갖지 않는다고 여겼다. 인도 대승불교 역시 불성을 중시하지 않았다. 용수 반야학의 주된 사상은 '공'과 '환'이며 불성까지 논하지는 않았다. 묘유의 설은 반야학의 개념을 정밀하고 정확하게 바꾸기는 했지만 인도에서 불성을 논하는 기초를 이루지 못했다. 인도에서는 극소수의 경전, 예컨대『열반경涅槃經』『승만경勝鬘經』『여래장경如來藏經』등이 중생에게 불성이 있음을 주장했지만 널리 전파하지 못했다. 반면 중국 사대부에게 묘유는 인간의 내면에 존재하는 도덕 주체와 극히 유사한 것으로, 도덕 주체에 대한 긍정은 사람들이 묘유의 이치를 받아들일 수 있을 뿐만 아니라 모두가 온전히 덕을 이룰成德 수 있음을 지향한다. 이는 도덕가치 일원론에 숙달한 중국인들이 묘유에서 한 걸음 더 나아가 모든 사람이 불성을 지니고 있음을 쉽게 받아들이게 했다. 진·송 교체기에 고승 축도생竺道生(속성俗姓은 위魏, 약355~434)은 6권의『이원경泥洹經』을 강론할 때 모든 중생에게 불성이 있으며 누구나 부처가 될 수 있음을 독창적으로 제시했다. 이에 불교계가 떠들썩했다.[45] 오래지 않아 북방본北方本『대반열반경大般涅槃經』의 번역이 나와 도생이 설법한 근거를 경전에서 찾아내자 불교계는 이를 믿고 따랐다. 북방본『열반경』이 전파된 이후 불성佛性 사상이 널리 퍼지면서 종전의 주류였던 반야학을 대체했다.[46]

    학계에서는 반야학을 대체한 중국의 많은 불학 분파에 대해 '무'와 '공'을 중시한 반야학의 형이상학적 사변과 달리 심성론적 경향을 보편적으로 지니고 있다고 간주했다. 소위 심성론이란 인간 내면의 도

---

45 『大正新修大藏經』,卷七十(東京:大正一切經刊行會,1930), p.137.
46 賴永海,『中國佛性論』(上海:上海人民出版社,1988), pp.51-57.

덕 감정을 기반으로 도덕과 보편적 선을 이해하는 것으로, 도덕가치 일원론 사상방식의 전형적 표현이다. 불성을 심성론 방식으로 추구하는 불학의 분파가 반야학을 대체한 것은 곧 도덕가치 일원론이 천인합일 구조를 대체하여 불교 수용을 지배하는 기본 양식이 되었음을 뚜렷이 나타낸다. 천인합일 구조가 자신의 논리에 따라 반야학을 선택적으로 흡수하고 나아가 오해한 것처럼, 도덕가치 일원론이 묘유 분석을 기반으로 하는 불교 경전을 흡수한 것도 매우 유사한 정황을 드러냈다. 중국 불교가 불성론을 중시하는 동시에 유식론을 배척한 점이 전형적인 사례라 할 수 있다. 앞서 서술했다시피 유식론은 인도 대승불교가 두 번째 단계로 발전한 결과물로, 반야학의 기초 위에 '묘유'의 설로부터 발전해 나온 것이다. 묘유가 마음心과 대응할 때 그것은 두 가지 형태로 구분될 수 있다. 하나는 부처佛와 같은 사상으로 마음을 고찰하는 것이다. 이것이 바로 불성을 주장하는 설법으로, 여래장설을 예로 들 수 있고 『여래장경』 『승만경』 『열반경』 등이 대표한다. 다른 하나의 형태는 현실의 기능으로부터 마음을 분석하는 것으로,[47] 먼저 외부 세계를 마음의 움직임 위에 세운 다음, 한 걸음 나아가 그것들이 자성이 없는 헛된 환상空幻임을 증명하는 것이다. 이것을 라오쓰광은 현상학의 방법을 사용한 세계에 대한 구성이라 일컬었다.[48] 이것이 바로 유식론이다. 앞서 말했듯이 첫 번째 형태인 여래장설은 인도에서 크게 유행하지 않았으나 중국에 전래되어서는 모든 사람이 부처가 될 수 있다는 성불론을 배태했다. 인도에서 줄곧 주도적 지위를 차지한 것은 유식론이었다. 유식론은 '백법百法'과 '팔식八識'을 통해 세계에 대한 현상학적 구축에 역점을 둔 것으로, 불성에 대한 견해

47　顏尙文, 『隋唐佛教宗派硏究』 (台北: 國立台灣師範大學歷史硏究所, 1980), pp.46-47.
48　勞思光, 『中國哲學史』 (二), pp.202-209.

는 중국 불교와 달리 다섯 가지 종성種性이 있으며 그중 가장 낮은 종성자인 일천제一闡提, icchantika는 부처가 될 수 없다고 주장했다. 외부 세계에 대해 현상학적 구성을 중시하는 유식론은 분명 도덕 주체를 중시하는 도덕가치 일원론과는 거리가 멀다. 이런 까닭에 중국의 사대부들은 불성론은 수용했으나 유식론에 대해서는 줄곧 흥미를 느끼지 못했다.

정확히 말해서, 진정한 유식론은 현장玄奘이 불경을 가지고 돌아온 뒤에야 도입되었다. 당대唐代 초기의 고승 현장(속성俗姓은 진陳, 이름은 위褘, 602~664)은 중국 불교 안에 불성과 연관한 의혹(예컨대 불성은 본유本有인가, 시유始有인가)을 풀기 위해 불교의 발상지인 인도에 가서 정확히 고찰하기로 했고, 15년간 인도에서 유학하면서 인도 불교의 진법眞法을 깊이 터득했다. 귀국한 뒤 그는 중국에서 인도 대승불교의 두 번째 단계의 주요 성과인 『성유식론』을 번역해서 전파했다. 현장은 원전原典의 정신에 충실하여 모든 사람이 불성을 갖고 있다는 중국 불교의 주장에 반하는, 즉 일천제는 부처가 될 수 없다는 생각을 견지했다. 현장이 개창한 법상유식종法相唯識宗은 당대 왕조의 지지를 얻어 한때 크게 유행했고, 나아가 현장의 제자인 규기窺基(속성은 위지尉遲, 자는 홍도洪道, 632~682)에 의해 발전의 정점에 달한다. 그러나 다섯 종성에 관한 설은 도덕 주체성을 중시하여 모든 사람이 부처가 될 수 있다는 중국 불교의 주장과 충돌했다. 게다가 중국 문화는 허환한 세계를 설명하는 현상론 구조에 흥미를 보이지 않았으므로 현장이 도입한 법상유식종은 빠르게 쇠락했다.[49] 이는 도덕가치 일원론이 인도 대승불교의 두 번째 단계의 성과를 흡수한 것 역시 고도의 선택이 작용했음을 알려준다.[50]

---

49 賴永海, 『中國佛性論』, pp.67-70.

천인합일 구조와 도덕가치 일원론 및 그것들과 불교 여러 분파의 상호작용을 전면적으로 고찰하면, 역전한 가치는 줄곧 중국 사대부가 외래사상을 흡수하는 기본 양식이었음을 뚜렷이 알 수 있다. 처음에는 종종 외래사상에 대한 오해도 있었으나 사람들이 외래사상에 대해 비교적 분명한 인식을 얻은 뒤로는 역전한 가치에 부합하는 외래사상만 선택적으로 흡수되었다. 역전한 가치는 줄곧 자신의 의미구조를 외래사상에 투사했고, 그러한 의의에 기초해 재구성된 외래사상만이 중국 문화의 일부가 될 수 있었다. 불교의 중국화는 바로 도덕적 가치 역전의 사상방식에 기초해 인도 불교를 창조적으로 재구성한 것이다. 이러한 점은 도덕 형이상학적 사유가 반야학을 본체화한 것이든, 도덕가치 일원론의 사상방식이 유식론을 배척한 것이든 입증 가능하다. 더군다나 중국식 불교의 성장 과정은 역전한 가치 속에서 도덕 주체의 중요성이 부단히 확대하는 추세였다. 축도생이 도덕이 '당위'에 속한다는 특징에 의거해 '선은 보답받지 않는다善不受報'고 제기하여 최초로 불교의 선善을 재구성한 것, 아울러 혜원의 '인과응보를 밝힌 설법明報應說'과 '일천제도 성불할 수 있다'는 설법에 이르기까지 모두 성덕成德의 바람직성을 성불에 운용한 대표적인 예다.

이런 창조적 재구성의 흔적은 중국식 불교의 전형적 분파인 '천태종'과 '화엄종'에서 더욱 두드러진다. 첸무에 따르면 이 두 분파의 가장

---

50 사실상 유식론은 쇠락한 뒤 중국 불교계에서 거의 잊혔다가 근현대에 비로소 중국 지식인의 주의를 끌었다. 더욱 극적인 것은, 놀랍게도 신문화운동 이후에 유식론이 진정으로 중국 사상계에 영향을 끼쳤다는 사실이다. 슝스리熊十力는 유식론의 현상론現象論을 빌려 중국인의 도덕 구성에서 유물주의唯物主義를 타파하고, 동시에 '묘유' 정신을 빌려 도덕 주체를 새롭게 긍정함으로써 당대當代 신유가新儒家의 선구자가 되었다. 여기서 우리는 외래문화의 영향은 줄곧 중국 문화가 자체적인 변화발전을 하는 가운데 이론적 필요에 따른 것임을 확인할 수 있다.

큰 성과는 불교를 불교사와 불교 사상사로 편성한 것으로, 이는 역사 관념을 중시하지 않는 인도 불교에서는 생각하지 못한 것이다.[51] 사실 중국 불교와 인도 불교의 가장 큰 차이는 '의리義理'에 있다. 천태와 화엄, 두 종파의 교의는 거의 도덕 주체성 구조에 의거해 재설계된 것이다. 무엇보다도 두 종파는 확실히 불성을 강조하는데, 천태종은 반야학에서 발전한 것이고 화엄종은 넓은 의미에서 유식학의 계통이지만 둘 다 심성론식 불교다. 불성과 도덕 주체성의 동일시는 모든 사람이 성불할 수 있다는 것뿐만 아니라 도덕 주체만 가질 수 있는 자유와 생생불식生生不息, 즉 끊임없는 생성과 변성의 정신이 처음으로 성불에 부여된 것으로도 드러난다. 도덕 주체는 선을 지향할 수 있으나 선은 일종의 선택임을 우리는 안다. 어느 때건 인간은 다른 것을 선택할 자유가 있다. 즉 인간은 '범부凡夫'에서 '성인聖人'으로 나아갈 수 있으며, '성인'도 언제든 '범부'로 타락할 수 있다. 인도 불교는 인간의 해탈 과정을 토론할 때 '물러나 (범부로) 전락하지 않음不退轉'을 강조해, 수련이 일정 정도에 이르기만 하면 영원히 타락하지 않을 수 있다고 보았다. 그러나 천태종과 화엄종이 덕성의 자유로 성불을 다루는 한, 수련에서 물러나도 범부로 전락하지 않음은 인정될 수 없다. 오히려 인간은 언제든 자주적으로 선택을 해야 하는 기로에 처해 있음을 강조한다. 즉 중국식 불교는 성불 과정을 덕성의 자유와 멈추지 않는 생성으로 새롭게 정의한다. 천태종의 '일념삼천一念三千'과 화엄종의 '법계관法界觀' '육상원융六相圓融' 등은 바로 수신 과정에서 덕성의 자유와 비슷한 구조에 중점을 두고 있으며, 또 선 의지가 덕성의 멈추지 않는 생성과 같기를 요구했다.

---

51 錢穆,『從中國歷史來看中國民族性及中國文化』(香港: 中文大學出版社, 1979), pp.79-80.

요컨대 중국 문화의 불교에 대한 흡수 및 중국식 불교의 형성 과정은 역전한 가치가 스스로의 구조에 의거해 인도 불교를 논리적으로 흡수하고 창조적으로 재구성하는 과정이었다. 또한 이는 중국 문화가 외래문화를 흡수하는 중요하고도 기본적인 양식으로, 근현대에 서양과 마주쳤을 때에도 바로 이 양식이 혁명 유토피아와 마르크스주의에 대한 중국 지식인의 승인을 통제하고 있었다.

2.6
위진 현학의 세 단계

전면적 가치 역전이 만들어낸 이데올로기의 메타 층위

문벌제도의 이데올로기적 기초

위진 현학의 세 단계

'무'를 지향하는 의지와 노장老莊

왕필은 역전한 가치로부터 인륜 관계에 대한 탐구의 시원을 열었다

역전한 가치는 두 측면에서 유가 윤리를 제거했다

배위裴頠의 '숭유崇有'론은 '무'가 윤리를 전복하는 것을 극복했다

원강元康 시기의 현학

곽상의 '물각자조物各自造'의 의미

역전한 가치가 새로운 관념체계를 빚어낸 것은 외래문화가 어떻게 중국 문화의 일부로 동화되었는가를 형상화한 것일 뿐, 새로운 문화의 가치가 관념체계 속에서 어떠한 지위를 차지했는가는 사회 조직 내 관계로써 결정된다. 현학은 무위를 숭상했고, 불교는 해탈을 추구하여 현세에 대한 집착을 버리고 떠남을 궁극적 관심으로 삼았다. 이들 현학과 불교의 제1차 융합 과정에서 역전 가치는 한때 성행했으나 사회 조직의 합법적 기초가 될 수는 없었다. 달리 말해서 이데올로기가 되지 못한 채 이데올로기의 메타 층위가 될 수 있었을 뿐이다. 우리가 생각하기에, 역전한 가치의 이런 특수한 성질로 인해 중국 문화의 구조는 공교롭게도 제1차 융합

과정으로부터 이데올로기를 초월하는 메타 범주, 곧 또 다른 심층구조를 형성하는 결과를 초래했다. 역전한 가치와 사회 조직의 관계 그리고 그것과 관변 이데올로기의 복잡한 상호작용 분석을 통해 이 과정을 연구하자.

본래 우주론 유학은 한대 대일통 사회의 정치와 사회 조직의 합법성의 근거이며, 유생의 적극적 입세의 참여 정신은 이러한 사회 구조를 유지하는 중요한 역량이다. 따라서 우주론 유학이 해체된다면 지식계층은 '참여하지 않음'을 보편적 도덕으로 간주할 것이고, 광활한 농업사회를 정합한 대일통 제국의 메커니즘을 잃게 된다. 후한 멸망 뒤 300년에 달하는 세월에 걸친 분열과 할거의 시기, 즉 내부와 외부의 교란으로 인해 일체화 구조가 효력을 잃는 위진남북조 시대가 이어졌다. 당시 대일통 제국은 이미 와해되었고 위대한 제왕도 존재하지 않았지만 가족, 특히 대호족豪門大族은 소멸하지 않았고 소멸할 수도 없었다. 이들이 사회 조직의 기본 기틀이었기 때문이다. 북방의 대가족은 혼란한 세상에서 자신들을 보호하기 위해 장정들을 모집하고 보루를 세워 한 지역을 점유했다. 대호족은 진晉 왕실이 남방으로 옮기는 과정에서 왕권과 결합하여 문벌門閥 정치를 형성했고 남방의 사회질서를 재건하는 데 이바지했다.[52] 위진 시대의 보편적 사회정치 제도를 이룬 가족문벌 정치는 그 합리성을 논증해줄 이데올로기가 필요했다. 그러나 우주론 중심의 유학은 더 이상 관변 이데올로기가 아니었기에 사대부는 별도의 대체물을 찾아내 현존 정치제도의 합법적 기초로 삼아야 했다.

그렇다면 어떤 관념체계가 우주론 유학을 대신하는 관변 이데올로기가 될 수 있을까? 사실상 문벌 정치와 가족 통치의 합법적 근거는

---

52 陳寅恪 著, 萬繩楠 整理, 『陳寅恪魏晉南北朝史演講錄』(合肥: 黃山書社, 1987), pp.113-158.

명교名敎로, 여전히 유가 이데올로기의 일부였다. 유가의 이데올로기 가운데 가족 제도의 합법성은 도덕 윤리에서 찾아야 한다. 앞서 2.2절에서 서술했듯이, 후한 말기 이후 우주론 유학의 바람직하지 않음은 사람들에게 유가의 가정 윤리와 연관된 도덕가치마저 허망한 것으로 인식하게 했다. 대체로 사람들은 가치 역전의 논리에 순응하여 '무위'와 '불간섭'을 최고의 도덕 이상으로 여겼다. 이와 같은 추세에서 인간 내면의 도덕 추구는 가정 및 사회규범으로 전화할 수 없다고 생각되었을 뿐만 아니라 강제로 사회규범을 실현하려 하면 전면적 재난을 초래한다고 여겨졌다. 외재적 규범을 제거하는 논리 아래에서 도덕가치는 자연히 문벌 정치와 가족 제도의 유효한 근거가 될 수 없는 반면, 가족 제도는 합법적 근거를 찾아내야 했다. 이로 인해 위진 시대의 문화와 정치 사이에 거대한 긴장이 출현했다. 현실정치는 가족 제도의 합리성을 강조할 필요가 있고 또 반드시 강조해야 했지만, 다른 한편으로 당시 사대부 계층은 대부분 '무위'를 궁극적 관심으로 삼았고 '무위'와 '자연' 속에서는 가족 제도의 의의를 끌어낼 수 없었다. 어떻게 하면 도덕가치와 가정규범 사이의 괴리를 극복할 방법을 찾아내어 사대부가 '무위'와 '자연'을 도덕 신앙으로 삼도록 할 것이며, 가정 윤리와 문벌제도의 합리성을 수용하여 사상 진화의 내적 동력을 삼을 수 있을까? 이 역사적 임무는 정치문화적 의미를 지닌 위진 현학의 형성으로 완성되었다. 위진 시대의 사인士人들은 『노자』 『장자』의 새로운 주석을 통해 일련의 독특한 정치문화 개념을 발전시켰으며, 그 핵심은 '무위'와 '자연'이라는 역전한 가치들이 주도하는 도덕 이상이 현실 사회의 정치제도와 가정 윤리 사이에서 어떤 관계를 유지해야 하는가에 있었다.

  동진 시대 원굉袁宏(자는 언백彦伯, 328~376)은 『명사전名士傳』에서 위진 현학을 정시正始·죽림竹林·원강元康의 세 시기로 구분했다. 이 세 시기는 위진 현학이 정치문화로서 형성되고 나아가 정점에 이르는 과정을 담고 있다.[53] 1단계는 조위曹魏[조조曹操를 시조로 하는 삼국 시대의 위魏나라] 정시 연간(240~249)에 왕필王弼(자는 보사輔嗣, 226~249)과 하안何晏(자는 평숙平叔, ?~249)의 '귀무貴無' 학설이다. 2단계는 죽림 시기(254~262)에 혜강嵇康(자는 叔夜, 224~263)의 '명교를 넘어 자연에 맡김越名敎而任自然' 그리고 향수向秀(자는 자기子期, 약227~272)의 '유가와 도가의 합일儒道爲一'설이다. 3단계는 원강(290) 시기에 배위의 '숭유崇有'(스스로 생성하여 반드시 '유'를 체로 삼는다自生而必體有)론, 그리고 곽상郭象(자는 자현子玄, 약252~312)이 향수向秀를 계승하여 강조한 '물은 각기 스스로 이룬다物各自造'라는 '독화론獨化論'으로 대표된다. 우리가 생각하기에, 이는 역전한 가치가 유가의 명교와 결합할 수 있는 문화 체계로 전화한 것이며, 이론상 반드시 거쳐야 하는 진화演化의 과정이다. 그 첫 걸음은 사대부가 선 의지를 사용해 노장을 해석한 것으로, 노장의 무위를 '정의적 자아'로부터 새 도덕이 되게 했다. 그리하여 '무위'를 핵심으로 하는 형이상학적 도덕 사변을 사회 인륜의 논의로 전향하게 했다. 두 번째 걸음은 '무위'와 '자연'이라는 역전한 가치들과 사회규범 사이의 엄중한 갈등의식의 표현이다. 세 번째 걸음은 '명교'를 도가의 가치와 서로 무관한 범주로 구획지음으로써 갈등을 해소한 것이다. 문화 체계가 두 범주로 나뉜 뒤 비로소

---

53 탕이제는 원굉이 살았던 동진 시대를 상술한 세 시기에 추가했다. 이렇게 되어 위진 현학의 발전은 네 시기로 구분된다. 그러나 탕이제는 위진 현학이 곽상 때 이미 정점에 도달했다고 보았다. 동진의 네 번째 시기에 이르면 불교의 영향력이 급작스럽게 증가하고 현학 자체는 큰 발전을 보이지 않았다.(湯一介,『郭象與魏晉玄學』, pp.38-78) 탕융퉁 역시 위진 사상을 '정시' '원강' '영가永嘉' '동진' 네 시기로 구분했다. 그중 '동진'은 불학의 시기다.(湯用彤,「魏晉思想의 發展」,『魏晉玄學論稿』, p.131) 이 때문에 우리는 위진 현학의 형성을 상술한 세 시기로 구분한다.

현학은 '무위'를 인정하는 가치이자 또한 문벌 정치의 이데올로기적 근거를 이끌 수 있는 총체적 사상 체계體系로 성숙한다.

명리파名理派를 대표하는 왕필·하안은 선 의지에 기초한 노장 해석으로 위진 현학에 가장 크게 이바지한 인물들로, 노장의 '무위'를 일종의 새 도덕으로 전화시킨 셈이다. 본래 노장 철학은 인륜 관계를 논하지 않지만, 일단 '무위'와 '자연'이 새로운 도덕가치가 되면 이를 토대로 인륜 관계를 논할 수 있다. '무위'로부터 명교를 끌어내기 위해 왕필은 '무'를 '유'의 본체로 삼았다. 왕필은 개념이 구체적일수록(규범성이 많을수록) 포함시킬 수 있는 사물이 적어진다는 것을 발견했고, 또한 사물의 모든 속성을 제거한 '무'는 마땅히 만물을 포용할 수 있는 것이라고 했다.[54] 이렇게 해서 만물은 비록 '무'를 체體로 삼지만 '무'와 명교로서의 '유'는 모순이 없게 되었다. 이 밖에, 문벌 가족정치의 합리성을 인정하는 것은 인륜 관계를 중시한 공자를 성인으로 받드는 것이 되었다. 당시 도덕가치의 핵심은 '무위'와 '불간섭'이었으므로 이치상 이를 제기한 노자와 장자는 성인聖人이라 할 수 있다. 왕필은 이 해결할 수 없을 것처럼 보이는 모순을 해결함으로써 어려운 첫걸음을 뗐다. 그는 '무'는 틀림없이 '만유萬有'의 근원이지만 언어로써 '무'를 설명하기는 어렵다고 여겼다. 철저한 '무위'는 언설마저 없어야 하기 때문이다. 왕필은 슬기롭게 이를 논증했다. 공자는 진정으로 '무'의 정신을 이해하고 있었기 때문에 '무'가 아닌 '유'를 말한 것이라고 논증했다. 노자의 '무'에 대한 인식이 공자에 미치지 못하므로 노자는 성인에 이르지 못한다는 것이다.[55] 왕필은 공자를 성인으로 추존했으며, 역전한 가치인 '무'에서 출발해 인륜 관계를 논하는

---

54 湯一介, 『郭象與魏晉玄學』, p.47.
55 湯一介, 『郭象與魏晉玄學』, p.40.

기원을 열었다.

한대 우주론 유학에서는 음양陰陽과 선악善惡으로 성정性情을 분별했다. '성'은 양과 선에 속하고 '정'은 음과 악을 대표하는 것으로, 당시 성인은 '무정無情'의 존재로 여겨졌다.[56] 그 예로 하안은 '귀무貴無'를 주장했지만 성인의 무정은 여전히 수용했다. 그러나 역전한 가치가 주장하는 도덕의 핵심은 '자연'이며, '자연'은 인간의 자연 감정에 대한 긍정을 함축한다. 따라서 성인 무정설과 가치 역전 간에는 모순이 따른다. 이 때문에 왕필은 하안의 '성인은 순수한 천도이기에 언제나 감정이 없다聖人純乎天道, 未常有情'는 설을 완전히 뒤집어, 인간의 '감정'은 자연지성自然之性이며, 따라서 성인은 유정하다고 여겼다. 이로써 성인이 추숭하는 '명교'를 '자연'과 통일하는 게 가능해졌다.[57] 하안·왕필의 귀무설은 도덕 형이상학 탐색의 분위기가 가장 성행한 현리玄理 사변의 시기에 발생했다. 이는 도덕 형이상학의 사고가 애초에 명교에 관심을 두지 않을 수 없었으며 위진 현학에 정치 문화의 성격을 부여했음을 말해준다.

그렇지만 왕필·하안의 이러한 논증은 문자 그대로 '조화調和'였을 뿐 이론적으로는 여전히 취약한 것이었다. 왜냐하면 전면적 가치 역전은 '무위'와 '자연'을 새 도덕으로 삼는 동시에 모든 규범의 파괴를 주장했으며, 어떠한 규범 실행에 대해서는 악의 근원으로까지 간주했기 때문이다. 그 모든 것의 한결같은 지향은 강상綱常의 부정이었다. 그러므로 전면적 가치 역전이 도덕의 재해석을 완성하게 된다면 '무위'와 '자연'이라는 새로운 도덕가치는 명교와 격돌하는 순간을 피할 수 없다. 명교의 위기는 두 가지 범주로 설명된다. 첫째는 군신 관계의 위기로, 그 전형적

---

56   湯用彤, 「王弼聖人有情義釋」, 『魏晉玄學論稿』, pp.72-83.
57   湯一介, 『郭象與魏晉玄學』, pp.41-42.

해석은 완적阮籍(자는 사종嗣宗, 210~263)과 포경언鮑敬言의 무군론無君論이다. 둘째는 가족 윤리의 위기로, 부자 관계와 존비尊卑 관념이 자연 감정인 '지친至親'과 충돌하는 것이다. 위잉스의 표현에 따르면, 서진 시기에 '군신 관계의 위기'가 군주의 '무위'와 문인들門弟의 '자위自爲'를 통해 해결에 도달한 것이라면, 유가의 합법성에 대한 도전으로 인한 '가족 윤리의 파괴'는 표면화 단계에 이른 것이다. 이는 명교와 자연이 깊은 단계에서 충돌한 것이 표면화된 것일 터다.[58]

  확실히 가치 역전은 두 측면에서 유가 윤리를 불식시킬 수 있다. 그 하나는 규범의 제거와 현실도피를 지향함으로써 격렬한 반규범주의를 드러내는 '무' 사상이고, 다른 하나는 명교를 무너뜨릴 수 있는 자연 욕망을 대변하는 '자연' 사상이다. 인간은 칠정육욕七情六欲을 지닌 이기적 존재로, 이러한 자연 욕망을 윤상·명교의 기초로 보는 것은 윤상 관계를 전복시킬 수 있다. 죽림 시기 혜강·완적의 사상은 바로 정치문화가 진화 발전한 이 단계를 대표한다. 그들의 논증에 따르면, 본래 인류 사회는 '자연'과 마찬가지로 질서와 조화의 총체여야 하지만 이후의 정치는 있어 마땅한 질서를 파괴하고 조화를 어지럽혔으며 '자연'의 상규를 위배해 '명교'와 '자연'이 대립하게 했다고 보았다.[59] 이런 논증은 분명 유가의 도덕규범을 유위有爲하게 실현함에 대해 조화로운 자연질서를 파괴하는 것으로 간주하는 악관惡觀이다. 그리하여 그들은 '명교를 넘어 자연에 순응함越名敎而順自然'을 제창했고, 그로 인해 '탕왕·무왕을 비난하고 주공·공자를 업신여기는非湯武而薄周孔' 결과를 낳았다. 죽림칠현의 한 명으로

---

58 余英時, 「名教危機與魏晉士風的演變」, 『中國知識階層史論·古代篇』(台北: 聯經出版事業公司, 1980), pp.346-347.
59 湯一介, 『郭象與魏晉玄學』, p.57.

꼽히는 향수는 명교와 자연의 대립을 완화하기 위해 사람의 자연성에 순응할 것을 주장했으며 '예로써 절제함節之以禮'을 통한 '유가와 도가의 합일'을 도모하여 사회가 혼란에 빠지지 않게 하려 했다.[60] 그러나 현실의 지식계층은 사회규범을 준수할 도덕 역량을 발휘하지 못했다. 지식계층은 예법에 얽매이지 않고 자유분방한放浪形骸 타락을 영예로 삼았다. 어떤 이는 옷치레와 장식에 탐닉하거나 몇날며칠 실내에서 실컷 술을 마셨으며 "갑전분甲煎粉[약재와 향기로운 과실수의 꽃잎을 함께 태운 재를 밀랍과 섞어 만든 가루로, 화장품의 일종], 침향즙沈香汁[서향과瑞香科의 식물인 침향 또는 백목향의 수지樹脂를 함유한 나무를 갈아 약재와 섞어 달인 향수] 등속을 빠짐없이 갖췄고置甲煎粉, 沈香汁之屬, 無不畢備" 어떤 이는 "사람의 젖을 새끼 돼지에게 먹이게以人乳飮豚" 했다.[61] 어떤 이는 약을 복용하고 약성이 잘 퍼지게 하는 요법[복약행산服藥行散, 하안을 비롯한 위진 명사들이 한식산寒食散이나 오석산五石散과 같은 강장약을 먹은 뒤 약효를 얻기 위해 실천한 방법이다. 약성이 뜨겁고 극렬해서 오장이 타는 듯한 느낌을 받으므로 의식주를 차갑게 유지하고, 물은 차게 마시되 술은 덥게 마시고, 산책과 냉수욕을 행했다]을 행하고 동성애 행위조차 감추지 않았다. 중국 역사상 이때만큼 사대부들이 자기 본능과 욕망을 방임한 적은 없었다. 이런 숭고에 반하는 타락으로부터 우리는 오히려 그 시대의 진실을 발견할 수 있다. 그들이 생각하는 생활의 원칙은 바로 꾸미지 않는 진실함으로, 그 시대 사람들은 자기 본성의 '자연'에 순종하는 정신을 표현한 것이다.[62]

      명교와 역전한 가치의 갈등을 해소할 수 있는 이론은 무엇일

---

60   湯一介, 『郭象與魏晉玄學』, pp.58-59.
61   劉義慶 著, 徐震堮 校箋, 『世說新語校箋·汰侈』, pp.468-469.
62   榮肇祖, 『魏晉的自然主義』(上海: 東方出版社, 1996).

까? 원강 시기에 이르러 그 유효한 방법을 찾게 되었는데, 바로 '자연'과 '무위'의 가치를 '명교'와 무관한 것으로 분리하는 것이다. 그러나 주의해야 점은 '자연'과 '명교'를 서로 무관한 영역으로 간주하는 것이 명리론名理論에서 말하는 외부 규범과 내적 도덕가치의 단절이 아니라는 것이다. 명리론에서는 외재하는 규범이 반드시 내면의 도덕 추구를 파괴한다고 간주했으면서도 '자연'과 '명교'가 서로 무관하다는 사유로써 각자의 합리성을 인정했다. 이것이 이론에 반영되어 두 방향으로 전화했다. 하나는 더 이상 '유'를 '무'에서 발생되는 것으로 간주하지 않는 인식으로, 이렇게 되면 규범의 실현은 더 이상 '무'라는 새 도덕으로부터 전화하는 게 아니다. 다른 하나는 방법론적인 인식으로, 명교로서의 '유'와 역전한 가치인 '자연'을 독립적인 것으로 간주하는 것이다. 배위가 그 첫 걸음을 내딛었다. 배위는 사회규범을 인정하려면 '유'를 가치의 기초로 삼는 수밖에 없다고 보았고, 이에 왕필의 귀무론 대신 숭유론을 택했다. 그의 주장에 따르면, 인생은 반드시 '유'에 의지하므로 '유'가 없으면 생성도 없으나 "허무는 이른바 유의 '남은 것'虛無是有之所謂遺者"으로 현세와 동떨어진 것이라고 생각했다. 이와 같이 사대부가 세상사를 처리함에는 반드시 '유'에 의지해야 하지만 마음은 허무를 남겨야 한다.[63] '무'를 현세에서 벗어난 별개의 범주로 간주하는 배위의 이론적 기교를 통해 '무'와 '유'의 모순을 조화시킬 가능성이 생겼다.[64]

전화의 두 번째 걸음은 곽상이 완성했다. 그는 '사물은 각각 스스로 이룬다'는 뜻의 물각자조物各自造설을 주장함으로써 향수가 주해한 『장자』의 성과를 계승하는 동시에 '뜻을 얻고 말을 잊음得意忘言' '말에 맡

---

63 湯用彤, 「崇有之學與向郭學說」, 『理學·佛學·玄學』(北京: 北京大學出版社, 1991), p.335.

겨 뜻을 드러냄寄言出意'을 통해 공자와 노장의 대립을 조화시켰다. 그는 "장자는 능히 알았으나 행하지는 못했다. 그리하여 『장자』는 백가의 으뜸이 될 수 있었을 뿐 '경經'의 지위에 이르지 못했다. 오로지 공자만이 행할 수 있었다"[65]면서 공자를 성인으로 높여야 한다고 주장했다. 한편 그는 '불간섭' 개념에 대해 이전으로 소급해 '원인을 추구하지 않는 것'이며, 그것은 반드시 방법론적인 '자연'이어야 한다고 생각했다. 다시 말해 곽상은 역전한 가치인 '자연'의 합리성은 인간의 감정과 본성에 적용될 뿐 아니라 우주만물에도 존재하며 사회제도까지 포괄한다고 인식했다. 곽상이 생각하는 '무'란 인간의 사유가 더 이상 존재의 연원과 근거로 소급하기를 요구하지 않는 것으로, 만물 각 개체의 현상은 그 자체로 고유한 것이라고 보았다.[66] 이것이 곧 '물각자조설'이다. 이런 해석에 따르면 모든 사물은 각기 '홀로 변화하는獨化' 것이며 저 스스로에 근거해 존재할 뿐 다른 사물의 도움을 받지 않는다.[67] 역전한 가치 속의 '무위' 개념

---

[64] 최근 배위를 현학가로 분류하는 데 의문을 제기한 사람이 있다. 그의 주장에 따르면 배위는 현학가가 아닌 유가 학자에 속한다. 나아가 배위의 '숭유론'의 출현은 위진남북조 유학이 새로운 단계로 진입했음을 명시하는 것으로, 정통 유학자도 현학 언어를 배우고 '변명석리辨名析理' 방법을 운용해 현학 사조에 대항하는 특징을 지닌다고 했다. 이는 유가 이론의 심화일 뿐 아니라 유가 형이상학과 본체론을 세우기 위한 조건을 창조한 것이라 했다.(李中華, 「裴頠及其『崇有論』新探」, 『學人』, 第2輯, pp.284-301) 배위가 유가 학자에 속하는지, 그가 유가 형이상학과 본체론의 건립에 공헌했는지 여부는 논외로 하더라도, 방법론적으로 도가적 가치와 유가 '명교'를 조화시킬 방법을 모색했다는 점은 긍정할 만하다. 리중화가 윗글에서 논하다시피, 배위는 기본적으로 '유有'가 발생하고 존재하는 이유가 다른 하나에 의해 내몰린 것이 아니라 '스스로 생함自生' '스스로 있음自有'을 제기한 것이다. '명교'의 '유'는 이미 '무'와 관계 맺지 않는 단계가 되었고, 배위의 논증에는 '물은 각각 스스로 이룬다'는 곽상의 주장이 드러워져 있다. 배위가 유가인지 현학가인지 판정하기 어렵다는 사실 자체는 원강 시기에 이미 유가와 도가를 겸수한 인물이 출현하기 시작했음을 보여준다. 그들은 '예'와 '무위'를 분리하여 처리할 수 있는 두 개의 범주로 생각했다. 배위의 이론은 당시의 시대성을 갖춘 사례일 것이다.
[65] 湯用彤, 「崇有之學與向郭學說」, 『理學·佛學·玄學』, p.336.
[66] 林朝成, 「魏晉玄學的自然觀與自然美學研究」(台北: 國立台灣大學哲學研究所博士論文, 1992), p.26.

이 한 걸음씩 변화하는 양상을 확인할 수 있다. 그것은 맨 처음 '자연'으로 해석되었고, 여기서 다시 '홀로 변화함'으로 나아감으로써 각 사물 존재는 모두 이치에 맞고 상호 배척하지 않는 것이 되었다. 이러한 철학의 정수는 각 사물이 자체적으로 존재함이 곧 합리적이라는 것이다.[68] 사회제도 역시 마찬가지로, 일단 존재하는 그 자체로 합리적이기 때문에 다른 무엇을 근거로 삼을 필요가 없다. 곽상의 물각자조설이 광범위하게 수용된 사실은 사대부들이 역전한 가치 도덕의 핵심(무, 무위, 자연)에 대해 명교와 같지는 않으나 공존할 수 있는 별개의 문화 범주로 간주하게 되었음을 명확히 드러낸다. 탕장루唐長孺는 이 공존 현상을 "예현쌍수禮玄雙修", 즉 예학과 현학을 함께 닦는 것이라 표현했다. 곧 현학가들은 예제禮制에 깊이 통달했고 예학가들은 늘 삼현三玄[위진 시대 현학자들이 『주역』 『노자』 『장자』를 합칭하던 용어]을 아울러 주석兼注했다.[69] 이로부터 위진 현학은 지식계층이 인생의 가치로 신봉한 '무위' '불간섭'과 난세에 잔존하던 왕권·문벌 정치·가족 윤리 사이의 긴장을 제거하는 새로운 정치문화 체계가 되었고, '명교'는 마침내 이론적 측면에서 역전한 가치와 상호 정합을 실현했다.

---

67 湯一介, 『郭象與魏晉玄學』, p.73.
68 湯一介, 『郭象與魏晉玄學』, p.70.
69 唐長孺, 「魏晉玄學之形成及其發展」, 『魏晉南北朝史論叢』(北京: 三聯書店, 1955), p.338.

2.7
현상식 도덕의 기원과 초월의식의 형성

무엇이 현상식玄想式 도덕인가?

도덕 명상은 어떻게 내성과 외왕을 두 개의 층위가 되게 했나?

곽상의 '내성외왕의 도'로부터 송명이학으로

전면적 가치 역전과 초월의식

위진 시대에 어떻게 개체의 자각이 출현할 수 있었나?

위진 현학은 내용상 '무위' '자연'과 같은 역전한 가치를 유가의 인륜과 반죽해낸 '도본유말道本儒末', 곧 도가를 근본으로 하고 유가를 말단으로 하는 관념체계다. 그러나 구조적으로 볼 때 위진 현학은 중국 사상사에서 지극히 중요한 시기에 출현하여 1000여 년 동안 두 영역의 사상 발전에 영향을 끼쳤다. 그것은 중국 문화의 현상식玄想式 도덕의 발원 그리고 초월의식의 성장이다.

     현상식 도덕이란, 도덕을 순수 사변의 층위에 머물게 할 뿐 현실 행동으로 옮길 필요가 없는 것을 가리킨다. 즉 유토피아식 상상의 존재에 가깝다. 우리는 흔히 모든 도덕가치는 현실성이 강하며, 그렇지 않은 경우 논의할 의미가 없다고 여긴다. 또한 사람들은 어떠한 도덕가치가 상상으로만 존재할 뿐 행동에 옮길 필요가 없다는 데 의아하게 여긴다. 그러나 위진 시대의 예현쌍수는 구조적으로 현상식 도덕의 존재 가능성을 처음 제시했다. 명교는 유가의 도덕 윤리이고 '무위'와 '자연'은 명교와 다른 유형의 도덕인데, 어떻게 서로 대립하는 두 유형의 도덕이 공존할 수 있었을까? 예현쌍수를 실행할 수 있는 조건은 '무위'와 '자연'을 사대부의 명상과 형이상의 사변에만 머물게 하고 행동으로 옮기지 않는 반면 명교는 현실생활에서 여전히 작용을 일으키는 것이다. 본래 이는 역전한 가치와 명교의 충돌을 막기 위한 임시변통의 계책이었으나, 자연스레 관습을 이루면 행동으로 옮길 필요가 없는 도덕의 경지를 형성하게 된다. 이와 같이 어떠한 역사적 조건에서 '무위'와 '자연'이 몇몇 가치에 의해 도덕의 경지로 대체되는 경우, 현상식 도덕은 무한한 성장의 조건을 갖추는 셈이다. 예컨대 중국 근대의 혁명 유토피아가 바로 이런 구조에 의탁한 것이다. 물론 위진 시대의 도덕 내용은 '무위'와 '자연'이었기 때문에 도덕 유토피아를 논할 수는 없었으나, 현상식 도덕이 의거하는 가장 기본적인 사상방식을 갖추고 있었다. 이것이 바로 '내성외왕內聖外王'이다.

　　'내성외왕'이라 하면 사람들은 격물格物·치지致知·성의誠意·정심正心·수신修身·제가齊家·치국治國·평천하平天下의 팔조목八條目으로 귀속되는 유가 도덕 실천의 기본 구조로 생각하게 마련이다. 그러나 이 팔조목은 개인적 도덕 수련을 통해 자기로부터 나아가 타인에게 미치고 가까운 곳으로부터 먼 곳에 이르는 것, 즉 개인으로부터 가정으로 향하고 치국으로부터 평천하로 향하는 도덕 이상의 실천이라는 점을 명심해야 한다. 이 과정에서 개인의 수양과 도덕규범의 실현은 분리될 수 없다. 혹은 도덕규범을 벗어나서 마음을 바르게 하고正心 뜻을 성실하게 하는誠意 수양을 논하는 것 역시 무의미하다고 볼 수 있다. 그러나 '내성외왕'은 도덕 활동이라는 온전한 덩어리를 둘로 쪼갠 것이다. 즉 '내성'의 실제 영역은 개인의 정신으로, 도덕의 경지를 대표한다. 즉 아직 현실로 바뀌지 않은 상상과 사변의 의미로 존재할 뿐이다. '외왕'은 도덕의 실현을 대표하는 외재적 규범이다. 결국 '내성외왕'이라는 표현은 곧 도덕을 정신의 경지와 실천 규범이라는 상이한 두 영역으로 나누는 것을 전제로 한다. 어떤 학자는 공자가 주장한 위기지학爲己之學과 맹자가 중시한 심성心性에 근거해 '내성외왕'이 공맹으로부터 시작된 유자의 이상이라고 주장했다.[70] 그러나 한대의 유자들은 결코 내성외왕을 논하지 않았으며 도덕에 대해 윤리규범과 목표를 분리할 수 있는 정신의 경지로 간주하지도 않았다. 만약 유가를 사회 주도적 지위를 획득한 사상 체계로 본다면, '내성외왕' 논의는 송명이학으로부터 시작되었음을 부인할 수 없을 것이다. 이는 규범으로부터 독립된 도덕의 경지가 위진남북조 시기에 형성되었다는 것, 곧 '내성외왕'의 등장은 역전한 가치가 명교와 결합한 결과임을 설명한다.

잘 알려져 있듯이 '내성외왕'이라는 최초의 표현은 『장자』「천하」편에 보인다. 위진 시대의 가치 역전이 장자에게 부여한 경지가 도덕적 성질을 가질 때 비로소 도덕의 경지가 출현할 수 있지만, 이러한 도덕 경지는 결코 유가의 도덕이 아니다. 탕이제가 지적했듯이, 곽상이 주해한 『장자』는 '홀로 변화함獨化' 개념이 무위와 명교를 각각 독립적으로 존재하는 두 범주로 보는 것을 이용해 '내성외왕의 도'를 실행했다.[71] 이는 곽

---

[70] 劉述先,「論儒家'內聖外王'的理想」, 劉述先 編,『儒家倫理研討會論文集』(新加坡: 東亞哲學研究所, 1987), pp.218-231.
[71] 湯一介,『郭象與魏晉玄學』, pp.164-171.

상이 처음 설명한 것처럼, 현상玄想[탈세속의 사상, 저자에 따르면 유토피아적 상상] 속에 존재하고 행동으로 바꿀 필요가 없는 도덕의 경지가 그 존재 의의와 필요성을 획득한 것이다. 마량화이는 아예 곽상의 이론적 근거에 대해 "위로는 물을 이루는 것이 아무것도 없음을 알고, 아래로는 물이 스스로 이룸을 안다上知造物無物, 下知有物自造"고 표현했다. 그는 심지어 '내성외왕의 도'를 이용해 곽상 학설의 강령을 개괄하면서 위진 현학이 세 번째 발전 단계에 이른 결과물이라 평가했다.[72] 다시 말해 송명이학이 형성되기 전 유가 도덕의 구조는 꽤 단일해서 윤리 규범과 다른 순수한 정신적 경지가 존재하지 않았다는 것이다. 이로 보건대 '내성외왕'의 진정한 기원은 위진 시대에 사대부가 가치 역전을 바탕으로 도덕을 재구성한 것으로, 마땅히 무위와 명교라는 두 범주로 구분한 가장 중요한 결과라 할 수 있다. 수백 년 뒤, 송명이학은 이를 계승하여 유가 도덕 속에서 외재적 규범과 다른 도덕 경지의 영역을 긍정했으며, 비로소 '내성외왕'이 유가의 기본 구조가 되었다.

위진 현학의 '도본유말'이 끼친 두 번째 중대한 영향은 중국 문화의 초월의식을 성장케 한 것이다. 초월의식이란 인간이 사회규범과 그 기초 이데올로기의 한계 너머에서 문제를 사고하고 사물의 합리적 근거를 찾는 것을 가리킨다. 서양 문화에서 신에 대한 신앙은 언제나 외재적 초월이라 일컬어지는데, 이는 신에 대한 믿음이 현실 사회제도와 도덕규범을 초월해 더 높은 합리성을 제시하기 때문이다. 그러나 중국과 같이 도덕 이성을 궁극적 관심으로 삼는 문화 체계에서는 초월의식이 출현하기 어렵다. 이러한 문화 체계에서 도덕가치는 현실 생활의 규범과 동

---

72 馬良懷, 『崩潰與重建中的困惑: 魏晉風度硏究』, p.125.

일시되기 때문에 사람들은 도덕가치 판단이나 현실 생활의 규범에서 벗어나는 여타 합리성의 근거를 찾아낼 수 없다. 어떻게 보면 한대의 일체화 이데올로기 구조에서 우주론을 중심으로 하는 유학은 개인 행위와 사회규범을 판별하는 합리성의 근거와 다른 범주인 것처럼 보인다. 그러나 천인합일과 도덕가치 일원론은 이데올로기 속의 가치 합리성을 사회규범의 합리성과 동일시했으며, 그것은 개인 행위, 사회규범, 나아가 우주 질서를 응집한 온전한 화합체로서 도덕 실체를 주조했다.

위진남북조 시대에 이와 같은 상황에 큰 변화가 나타났다. 배위의 '숭유'와 곽상의 '독화'가 보편적 사상방식이 되었고, 탕융퉁의 이른바 '현상 다원론現象多元論, phenomena pluralism'이 출현했다.[73] '독화獨化'라는 표현에 잘 드러나듯, 명교와 '무위'는 서로 다른 두 범주로 나뉘어 서로 방해하지 않고 자체로써 합리적 근거를 삼는다. 이런 관념이 보편적 기조가 되면 '무'(불간섭)는 곧 만물의 원칙을 의미하게 되고,[74] 사대부는 두 가지 도덕가치를 인정하는 이원론자가 된다. '독화'가 사회 구조에 반영된 것은 곧 사회 조직 규범 너머에 두 개의 관념체계가 있음을 의미한다. 하나는 사회규범 합법성의 이데올로기적 근거인 명교이고, 다른 하나는 명교 외의 가치 사상 체계로, 역전한 가치인 무위와 자연의 숭상을 핵심으로 삼는다. 본래 한대의 일체화 구조에서는 이데올로기와 사회 정치가 강하게 결합되었으므로 문화 사상은 정치로부터 독립할 수 없었다. 위진 현학이 형성된 뒤에야 사회 조직과 긴밀하게 결합되었던 문화 체계가 분리되기에 이른다. 명교의 영역은 변함없이 사회 조직과 결합된 동시에 '무위' '자연'을 핵심가치로 삼는 관념체계다. 그러나 현실에서 벗어난 관

---

73 湯用彤,「崇有之學與向郭學說」,『理學·佛學·玄學』, p.342.
74 湯用彤,「崇有之學與向郭學說」,『理學·佛學·玄學』, p.349.

념은 명교 배후의 영역으로 수용된다. 이러한 분리는 대단히 중요한 것으로, 사상과 문화가 떠맡고 있던 사회 정합 기능의 커다란 부담으로부터 벗어남을 의미한다. 즉 이 시기에 문화가 사회 정합이 요구하는 억압을 받지 않아도 되었다는 것은 사상의 해방과 외래 종교의 적극적인 수용, 그와 더불어 자체 종교를 배양발전케 하는 상당히 활발하고 특수한 시기였다는 뜻이다.

바로 이 시기에 중국 역사상 전례가 없는 유일무이한 문화 현상과 작품들이 탄생했다. 위진 현학이 문학·음악·회화에 끼친 영향은 다면적이며 구체적인 것으로, 예컨대 이 시기에 극劇에 나타난 '변검變臉'은 미신에 굳어지고 백발이 되도록 경적經籍에 심취하던 노인이 젊음을 되찾아 정신의 활기를 띠며 참신하고 기발한 생각을 하는 청년이 된다. 일찍이 중국 역사에서 이때보다 더 젊고 재기발랄한 인재들이 배출되고 더 다양한 학파와 출중한 인물들로 찬란한 시대는 없었으며, 옷치장과 언어의 화려함에서도 이보다 더 중시되었던 때는 없었다. 유명한 문학비평서 『문심조룡文心雕龍』은 대구對句의 변려문騈文으로 쓰인 것이다. 수많은 사인士人들이 사회와 가정에서 벗어나 산림과 화초, 벌레, 새를 통한 자연의 아름다움과 가치를 발견했다. 또한 종교에서 비롯되지도 않았고 사회에서 유래하지도 않은 중국의 산수화, 문인화 그리고 서법의 독특한 전통을 개척했다.[75] 어떤 이는 위진남북조의 문화·사상적 해방을 인간적 각

---

[75] 왕야오는 사대부가 산수를 좋아한 것과 현학에 열중한 것 사이의 연관을 분석했다.(王瑤, 「玄言, 山水, 田園: 論東晉詩」, 『中古文學風貌』[香港: 中流出版社, 1973], pp.59-83) 위잉스는 마음속의 자각內心之自覺으로 위진의 걸출한 사인士人이 산수에서 느낀 아름다움美, 슬픔哀·즐거움樂이 번갈아 나타난 정서를 분석했다.(余英時, 「漢晉之際士之新自覺與新思潮」, 『中國知識階層史論·古代篇』, p.262) 샤오펑·장수줘 또한 현학과 불교가 어떻게 '산수시'의 발전을 촉진했는가를 토론했다.(曉風, 「山水詩研究縱覽」, 『語文導報』, 第3期 [杭州: 1987] ; 蔣述卓, 『佛經傳譯與中古文學思潮』[南昌: 江西人民出版社, 1990], pp.58-88)

성으로 보면서,[76] 춘추전국 시대와 유사한 백가쟁명과 다원화의 시대가 도래한 것이라 보았다. 첸무는 이것을 '개인 자아의 각성'[77]이라 개괄했다. 위잉스는 '사士의 개체적 자각'이라 표현하면서 한대에 나타난 '문사의 집단적 자각'과는 구별된다고 했다.[78] 실제로 문화사상의 해방은 초월의식의 출현에 의한 부수적 결과물일 뿐이다. 당시 사회는 '무위'를 도덕의 핵심으로 하는 가치가 지배적이었고, 사대부는 임금에 대한 충성의식이나 공명심을 버렸으며, 더 이상 심오한 논쟁을 벌이거나 사직을 위해 목숨을 바치지 않았다. 그들은 현학적 사변 사상과 문화 자체에 사회로부터 독립된 의의가 있음을 발견했기 때문이다. 다시 말해 지식계층은 여전히 현실생활에 상응하는 도덕 윤리를 갖춘 한편 사회와 가정으로부터 벗어나 도덕의 합리성을 사색할 수 있었으며, 모든 현실이 이치에 맞는다습理는 이런 정신을 윤리·제도와 구별함으로써 만물이 어떻게 자기를 존재 이유로 삼는가를 인정하고 또 사색한 것이다. 바로 이와 같은 이유로 우리는 중국은 위진남북조 시대에 이르러서야 비로소 사회·인륜으로부터 독립된 사변의 정신을 발전시켰다고 말할 수 있다.

---

76 金鍾美, 『天, 人和王充文學思想: 以王充文學思想和天人關系思想的聯系爲中心』(北京: 社會科學文獻出版社, 1994), p.4.
77 錢穆, 『國學槪論』, 上冊 (上海: 商務印書館, 1933), p.150.
78 余英時, 「漢晉之際士之新自覺與新思潮」, 『中國知識階層史論·古代篇』, pp.205-327.

2.8
상식이성常識理性은 어떻게 성숙되었는가?

상식합리 정신의 출현과 이중 의미
자연 존재의 합리성과 인간의 자연 감정의 합리성
'자연 존재가 곧 합리'라는 생각과 상식이성
상식이 모든 합리성을 판단하는 궁극적 표준이 되었다
선진 시대의 도가와 유가에 이미 상식합리의 경향이 있었다
수·당 시기 상식합리 정신의 성숙
불교의 기본 입장과 상식이성의 충돌
불교는 중국 사상의 초월성을 더욱 강화했다
위진 시대 복약행산服藥行散과 상식이성의 관계
유신론有神論·종교적 초월성과 상식이성의 충돌

위진 현학은 중국 문화의 구조가 형성하는 역사적 과정에서 중요한 단계라 할 수 있다. 현상식 도덕의 출현은 이후 중국 문화 발전에 매우 중대한 의의를 차지하는데, 초월의식이 사회 조직과 직접적으로 접촉하는 관념체계와는 또 다른 문화 범주를 빚어냄으로써 마침내 중국 문화 특유의 사상방식을 배양했다. 이것이 곧 상식합리 정신이다. 상식합리 정신은 이중의 함의를 지닌다. 첫째는 자연현상의 상식 배후의 원인을 캐묻지 않는 것이고, 둘째는 감정 영역의 상식을 천연天然의 합리로 간주하는 것, 곧 모든 사람이 갖추고 있는 자연 감정(혹은 인지상정)을 합리성의 궁극적 근원으로 보는 것이다. 이는 '독화'와 '물각자조'의 논리를 지속적으

로 전개해 얻어낸 결론이다. 위진의 사인士人들은 만물이 스스로 독립해 존재하는 것이 이치에 맞다고 여겼고, 이를 문벌 정치와 가정 윤리를 지지하는 이데올로기적 기초(명교)로 삼았다. 이 '존재가 곧 합리'라는 생각과 현실 생활에 대한 긍정주의는 겉보기에 연약한 삶의 태도 같지만, '물각자조'의 원칙을 사상과 사변에 운용하고 사회 조직과 직접 결합한 관념체계로부터 벗어나 메타 구조를 이룰 때에는 그 의의가 완전히 달라진다. 그것은 중국 문화에서 이데올로기를 초월한 하나의 이성 정신이 출현했다는 말과 같다.

    자연 존재가 곧 합리라는 원칙을 인간의 감정에 적용하면 인간의 자연 감정의 합리성을 긍정하는 것이 된다. 무엇이 인간의 자연 감정인가? '자연'이란 인위적 왜곡과 조작에 반대하는 것이고, 자연 감정은 인간의 다양한 본능과 욕망, 가령 음식남녀飮食男女와 같은 것이 포함될 수 있다. 그밖에 자연 감정은 다양한 외부(대체로 사회)의 강제와 속박에서 벗어난 인간의 감정을 대표한다. 본래 유가 이데올로기, 특히 선진 유가에는 인간의 자연 감정을 합리로 간주하는 요소가 있었다. 그러나 유가 이데올로기는 도덕규범과 사회제도를 한데 결합한 것이고, 사회규범을 준수한다는 것은 강제성을 띤다. 그러므로 일체화 구조에서는 강상명교, 윤리 도덕에 대한 강제 복종을 요구하며 매사에 인간의 여러 본능과 욕망을 억압한다. 도덕을 궁극적 관심으로 삼는 이러한 중국의 문화 체계 안에서 인간의 자연 감정이 합리임을 수용하려면 먼저 자연적 정감이 윤리와 상대적으로 독립할 수 있도록 허용하는 (하나의) 구조가 출현해야 한다. 이 때문에 위진남북조 시기에 이르러 '독화'와 '물각자조'의 현상다원론現象多元論이 등장하고 인간의 자연 감정이 합리임을 긍정하는 기본 구조가 형성되었고 보편적으로 인정될 수 있었다. 한편으로는 도가적 핵심가치인 '자연'이 도덕의 기초를 이루고, 다른 한편으로는 현존하는 사회규범을 초월한 사회 도덕규범의 합리를 긍정하는 동시에 갖가지 강제적 속박이 해제된 뒤의 자연적 정감의 가치를 인정하게 된 것이다.

'자연 존재가 곧 합리'라는 원칙을 지식론 분야에 적용한 것이 바로 상식합리의 주장이다. 상식이란 사람들이 일상생활에서 날마다 경험하며 느끼지만 관심 없이 지나치는 현상 또는 경험을 가리킨다. 상식은 또한 자연현상 상식과 사회 상식으로 나눌 수 있다. 상식합리의 지배를 받는 자연현상 상식이란 그것이 '독화'하는 것임을 인정하여 존재 혹은 현상의 원인으로 소급할 필요가 없는 것, 그러니까 본래 그러한 것으로서 해석할 필요가 없는 것이다. 사회 상식이란 인간의 행위와 관련된, 따라서 널리 알려져 모두가 알고 있는 그대로 실행하는 행위양식으로, 중국에서 이러한 합리성은 도덕 윤리와 부합한다. 그리하여 상식합리 정신이 사회 상식을 처리하는 원칙은 결코 사회 상식의 원인을 궁구하지 않는 게 아니라, 도덕가치와 부합하는 사회 상식을 삶의 궁극적 의의를 갖춘 것으로 간주하는 것이다. 바꿔 말해 사람들이 도덕을 삶의 궁극적 합리로 간주하는 한, 하느님上帝과 같이 세속의 도덕 윤리를 초월하는 근거는 필요하지 않다. 이러한 사상방법이 상식 영역 전체로 확장된 것이 바로 상식을 천연의 합리 정신으로 간주하는 것이다.

상식과 인지상정이 근거의 소급을 필요로 하지 않는 궁극의 합리성을 갖춘 이상, 이론적 사유는 왜 상식이 그러한가를 논증하려 하지 않는다. 오히려 과학 체계의 공리公理처럼 상식과 인지상정을 자명한 출발점으로 간주하고, 그것으로써 인간의 각종 행위와 관념, 가치체계의 합리성을 논증하는 쪽으로 향한다. 달리 말해 상식은 관념의 구조물 전체를 구축하는 주춧돌일 뿐 아니라 이데올로기와 사회규범의 합리성을 비판하고 반성하는 최후의 표준이기도 하다. 이렇게 사람들이 매일 접촉하지만 무관심하게 지나치는 자연현상과 사회적 행위에서 출발하는 상식 합리 정신은 중국인으로 하여금 서양인과 같이 사과는 땅에 떨어지는데 왜 달은 떨어지지 않는가 하는 사색을 불가능하게 하는 등 상식 현상 뒤에 감춰진 자연의 무한한 수수께끼를 추궁하지 못하게 했다.[79] 그런 반면 인류 역사에서 서양을 비롯한 세계의 여느 문화와 닮지 않은 중국 문화의 이성주의라는 완전히 새로운 방향을 열었다. 현세의 생활과 욕망을 합리적인 것으로 여기는 인문정신이 그것이다.

      일찌감치 선진 도가와 유가는 상식과 인지상정을 합리적인 요인으로 보는 경향을 지니고 있다. 노자의 "사람은 땅을 본받고 땅은 하늘을 본받고 하늘은 도를 본받고 도는 자연을 본받는다"는 말은 '자연'을 합

---

[79] 우리는 1980년대에 중국 과학사를 연구할 때 이 문제와 마주쳤다. 중국 고대의 유기적 자연관이 바로 상식합리를 기초로 한다고 생각했다. 중국 문화는 상식합리를 견지했기 때문에 상식과 과학적 해석이 중첩된 자연현상(가령 화석과 무지개의 형성 원인)에 대해 중국인은 서양인보다 더 일찍 미신과 신비주의를 배제했고, 과학과 유사한 해석에 도달했다. 그러나 상식 배후의 원인을 소급 탐구하지 않았고, 중국 문화 속에서 근대 과학이 탄생하는 것을 억제했다. 예컨대 무거운 물체가 낙하하는 것은 자연상식이다. 고대 그리스 철학자는 일찌감치 무거운 물체가 낙하하는 까닭에 대해 의문을 품었고, 아리스토텔레스 철학은 이에 대한 전문적 해석을 보였다. 서양에서 이 문제를 끊임없이 탐구한 것이 역학力學 발전의 내적 효력이다. 중국인은 역사상 이런 유의 문제를 제기하지 않았다. 그 원인은 자연상식을 천연의 합리로 여겨 더 깊이 탐구할 필요가 없다고 보는 심태에 있다. 서양 기독교 문화 역시 상식을 해석할 필요가 없는 자명한 것으로 보지 않았다. 어느 연구자가 지적하다시피 칼뱅주의는 '자연의 신기한 설계the wondrous contrivance of nature'가 하느님의 영광을 증명하며, 놀라운 현상일수록 신명神明에 대한 공헌도 더 크다고 여겼다. 바로 이와 같은 심태로 인해 칼뱅교는 비교적 쉽게 코페르니쿠스 학설을 받아들였다.(Edward Rosen, "Calvin's Attitude toward Copernicus", *Journal of the History of Ideas*, vol. 21, 1960, pp.431-441) 중국 문화는 비록 근대 과학의 탄생에 도움이 되지는 않았지만, 일단 과학과 근대 상식이 동일시되면 과학은 서양보다 중국 문화에서 더 동요할 수 없는 합리성을 갖추게 된다. 기독교 문화와 중국 문화는 각기 상이한 두 방향을 대표한다. 인간의 사회적 행위의 합리적 원칙으로서 기독교 도덕은 하느님에서 유래한 것이다. 즉 도덕규범 자체가 궁극적 가치를 갖지 않는다. 반면 유가 문화는 처음부터 도덕 그 자체를 가치의 최후의 근원으로 삼았다. 이 때문에 우리는, 상식이성은 중국 문화 특유의 사상방식을 개괄할 뿐만 아니라 도덕을 궁극적 관심으로 삼는 중국 문화의 특징을 포함하며 중국 문화 특유의 정신 방향을 대표한다고 생각한다.

리성의 궁극적 연원으로 본 것이다. 즉 자연현상의 상식에 대해서는 원인을 캐물을 필요가 없으며 그 존재 자체가 답이라는 것이다. 다른 예로 공자가 부모에 대한 인간의 자연 감정을 효도의 근거로 삼은 것, 또는 귀신에 대해 공경하되 멀리한 것, 일상의 인륜과 함께 중용을 지혜로 중시한 것 등은 모두 상식과 인지상정을 천연의 합리로 간주한 것이다. 그러나 우리가 생각하는바 위진 시대에 상식이성이 확립되었다는 것은, 작은 실개천들이 모여 큰 강줄기를 이루듯 선진 시대 철학에 깃들어 있던 상식합리가 이 시기에 십분 확대 발전한 양상을 가리킨다. 뿐만 아니라 상식합리와 인지상정 합리는 이데올로기를 초월해 독립된 새 문화 범주를 구성할 수 있음을 가리키는 것이기도 하다. 그것은 세계와 사회의 궁극적 합리성을 반증하는 근거이며, 나아가 관념의 가치체계와 이데올로기를 수립하는 전제이기까지 하다. 확실히 이 표준으로 보자면, 선진 사상에서 상식을 합리로 간주하는 경향만으로는 상식이성을 구성하기에 부족했다. 도가 사상에서 '자연합리'는 무위와 분리될 수 없으며 공자와 맹자는 우주론에 흥미를 느끼지 않았기 때문이다. 선진 유가는 천인합일 구조가 없었고, 상식합리와 인지상정합리는 만물의 이성 정신을 논증할 만큼 성숙하지 않았다.

  더욱 중요한 것은, 위진 현학 이전까지 중국 문화는 이중 체계를 이루지 못했다는 점이다. 즉 상식합리와 인지상정합리는 유가 이데올로기로부터 독립하지 못했으며 상식합리의 원칙은 유가의 기본 가치와 분리될 수 없었다. 이때 인지상정을 합리로 간주하는 근거는 유가 윤리에서 나온 것으로, 유가가 도덕을 궁극적 가치의 근원으로 삼는다는 기본 신조를 도덕 영역 바깥까지 운용한 의도치 않은 결과일 뿐이다. 재아宰我가 삼년상을 치르는 것에 관해 질문했을 때 공자의 답변이 그 전형적인 예다. 재아의 질문은 3년이라는 긴 세월 동안 상을 치를 필요가 있느냐는 것이었다. 이에 공자는 상을 치르는 기간에 군자는 "맛있는 것을 먹어도 맛있지 않고 음악을 들어도 즐겁지 않고 거함에 편안하지 않음食旨不甘, 聞樂不樂, 居處不安"을 내세워 삼년상을 치러야 하는 이유를 설명했다. 이러한데 삼년상을 치르지 않고도 마음이 편안할 수 있겠는지 재아에게 되물었다. 재아가 도리에 맞으니 마음이 편안할 수 있다고 대답하자, 공자는 그가 어질지 않다不仁고 했다. 공자의 논리는 먼저 도덕규범(삼년상)의 합리성을 긍정한 다음, 이러한 도덕규범과 연계된 (맛있는 것을 먹어도 맛있지 않은 것과 같은) 인간의 자연스러운 정의 합리성을 강조한 것이다. 따라서 부모가 사망한 지 3년이 안 되었더라도 마음이 편안할 수 있다고 생각한 재아의 심태는 도덕규범에서 벗어난 것이므로 공자는 이를 어질지 못하다고 판단한 것이다. 이 사례로부터 공자에게 자연 감정의 합리성은 도덕규범의 그것과 분리할 수 없는 것임을 알 수 있다. 또 다른 예는, 귀신을 공경하되 멀리한다는 선진 유학의 견해다. 선진 유학이 귀신에 관한 미신을 중시하지 않은 주된 원인은, 귀신은 인간의 생활상식과 어긋난다고 여겼기 때문이 아니라 유자가 인간의 도덕 윤리를 으뜸의 자리에 두었기 때문이다. 한대에 이르러 천인합일의 요구에 의해 유가 학설은 도덕 내용을 천인감응 이론에 주입했고, 이로써 상식합리는 천인감응설에 압도되었다. 당시 한유들은 여전히 도덕을 모든 가치의 궁극적 연원으로 섬겼지만 상식합리는 도덕과 분리될 수 없었다. 그러나 천인감응의 지배 아래 점점 천재지변과 귀신에 대한 미신이 기승을 부렸으며 상식합리 정신도 천인합일이라는 이데올로기에 가려지게 되었다. 이와 같이 우리는 선진 유학의 미신을 숭배하지 않는 특징이 왜 한대에 이르러 지속될 수 없었는지 이해할 수 있다.

오직 위진남북조 시대에 이르러 인지상정 및 상식을 합리로 여기는 정신이 위진 현학의 '독화'를 거친 뒤 마침내 유학 이데올로기에서 분리되어 '명교' 배후의 독립된 이념이 될 수 있었다. 그렇다면 이때의 중국 문화는 상식이성 구조를 갖추었다고 말할 수 있는가? 아직은 아니다. 사실상 중국 사대부는 수당 이후에 비로소 진정으로 미신에 대항하는 사상적 무기를 찾아냈다. 수많은 역사적 사실이 말해주는바, 수당 시기 이후 관변 이데올로기는 과도하게 미신을 출현시켰는데, 상식이성을 상실할 때마다 몇몇 유생이 이데올로기에 대한 상식합리의 비판과 재구축을 통해 미신의 범람을 억제했다.[80] 다시 말해 비록 상식합리 원칙은 위진 시대에 이데올로기와 분리되었지만, 그것이 미신과 귀신에 대항하는 이성 정신으로 성숙한 것은 수당 교체기에 들어서였다. 그 까닭은 무엇일까? 핵심은 다음과 같다. 중국 문화의 기본 구조로서 상식이성은 상식과 인지상정의 천연의 합리를 승인하는 것 외에 다른 전제를 필요로 했다. 그것은 바로 도덕적으로 현세가 궁극적 의의와 합리성을 갖추고 있음을 긍정하는 것, 곧 지식계층이 입세를 긍정해야 한다는 것이다. 그러나 위진남북조 시대 상식합리의 원칙은 위진 현학과 공생하고 있었으며 역전한 가치가 그 방향을 좌우하고 있었다. 개인 도덕으로서 '무위'는 비록 상식이성과 어긋나지는 않았으나 불교와 결합하는 경우 현세를 긍정하는 상식이성과 정반대로 향했다.

      불교의 심원한 사변은 상식이성과 일정한 거리가 있으며, 그 외에 두 가지 점에서 기본적으로 상식이성과 충돌했다. 첫째는 근본적으로 현세를 버리고 떠나야 한다는 인생관이다. 상식이성은 상식합리를 인

---

80   金觀濤,「中國文化的理性精神及其缺陷」, 劉青峰 編,『歷史的反響』(香港: 香港中文大學中國文化研究所, 1990), pp.166-170.

정하는 것으로부터 일상생활의 의의를 긍정하는 방향이지만, 불교의 궁극적 목적은 이 세상이 헛된 환상임을 증명하고 사람들을 현세로부터 벗어나게 하는 것이다. 지식계층이 무위의 수신으로부터 세계 부정으로 발전하는 순간 상식이성은 더 이상 존재할 수 없다. 불교가 상식이성과 어긋나는 두 번째 입장은 해탈과 성불에 대한 갈망으로, 불성론佛性論이 쉽사리 영혼과 유신론有神論으로 발전할 수 있다. 불교의 논리를 엄격히 따름으로써 해탈의 길을 추구하는 것으로 주관 세계의 욕망을 제거한다면, 달리 말해 '일체 존재는 실체가 없다一切法空'라는 사변을 엄격히 수련한다면, 불교는 이성적인 것이 될 것이며 영혼과 신통神通을 내세울 수 없다. 그러나 주체의 객관화를 조금이라도 허용한다면, 즉 사변자가 개인의 욕망과 주관의 세계를 벗어나 일반의 해탈을 논하고 모든 인간이 욕망에서 벗어나 객관적 반야에 이르러 열반에 드는 것을 논하게 될 때 그 주체는 곧 영혼과 같은 것으로 바뀔 수 있다. 특히 불교의 기본 교의인 12연기설十二緣起說과 같이 인간이 맹목적 욕망에 지배되어 무명無明·행行·식識·명색名色·육입六入·촉觸·수受·애愛·취取·유有·생生·노사老死의 인과적 순서를 따라 윤회한다면, 주체는 곧 육체를 이탈한 영혼으로 이해되기 십상이다. 불교에 대해 조금이라도 이러한 오해가 생겨나 주체를 객체화한다면 곧 유신론에 빠질 것이며, 이는 상식이성과 어울리지 않는 것이다. 그로 인해 중국에 전파된 불교가 크게 성행할 때 위진 현학의 상식이성은 가려지게 되는 것이다.

우리는 2.4절에서 중국 문화가 불교를 흡수하는 과정을 간략히 거시적으로 소개하면서 사상 변화의 내적 맥락에서 불교의 중국 전파를 살펴보겠다고 밝혔다. 실제로 중국의 지식계층은 내재적 요구에 따라 불교를 창조적으로 재구성하는 과정을 거쳤고, 이러한 외래사상의 충격은 중국 사상이 자체적인 변화·발전 논리를 만들지 못하게 하는 결과를 낳았다. 반면 외래사상은 자체적 특징을 기반으로 발전 변화의 몇몇 고리를 강화할 수 있었고, 그럼으로써 발전 변화 과정에 영향을 주었다. 그렇다면 불교의 전래는 위진남북조 시대 중국 사상의 자체적 변화에 어떠한 교란을 일으켰을까? 우리가 살펴본바 불교는 중국 문화에 상대적으로 희소한 사변적 자원을 제공했으며, 무엇보다도 외래 사상으로서 초안정 시스템에 제1차 충격을 가함으로써 중국 사상의 초월성을 강화했다. 이러한 종교적 초월성이 가져온 직접적 후과는 상식이성의 형성을 가로막은 것이다. 이 세상을 벗어나야 한다는 사변이 지식계층의 입세 의지를 꺾은 것이다. 더 엄중한 것은 성불의 추구가 유신론을 성행하게 만들어 불교를 유린하는 영혼불멸과 장생불로가 거침없이 범람했다는 점이다.

'모든 인간은 반드시 죽음을 맞는다'는 것은 상식이다. 상식이성은 사람들이 날마다 마주하는 것들을 합리로 간주하기 때문에 장생불로는 허망한 것이 되며, 나아가 신령하고 괴이한 것과 미신과 술법들에 대해 회의적 태도를 취하게 한다. 그러나 장생불로와 미신 추구의 찬바람 속에서 상식이성은 우뚝 솟은 나무로 성장할 수 없었다. 설령 위진남북조 시대에 불교가 유신론을 조장하지 않았더라도, 즉 지식계층이 장생불로에 심취한 것만으로도 상식이성을 파괴하기에 충분했다. 한대의 천인감응에 대한 신뢰는 미신 성행을 초래했다. 후한 이후 가치 역전은 '무위'를 새 도덕으로 삼았지만 미신 풍조는 잦아들지 않았을 뿐 아니라 오히려 짙어졌다. 이는 가치 역전의 과정이 하늘과 사람 사이의 신비한 연계를 끊어내지 못했기 때문이다. 본래 한대의 천인감응 학설에서는 오직 제왕만이 하늘의 도덕을 체현할 수 있었다. 그러나 위진 시대에는 '무위'를 수신 목표로 삼는 모든 개인이 하느님을 모방할 수 있고, 천지와 합일에 이를 수 있으며, 신선이 되고 도를 깨달아 불로장생할 수 있었다. 위진 현학 가운데 도덕이 형이상학화하는 시기에 상충하지 않고 함께 나타난 것은 민간 도교의 급속한 흥기였다. 도교든 위진 현학이든 모두 천인상련天人相聯의 신비한 미신 분위기에 빠져들었다. 예컨대 동진 초기에 손은孫恩은 '오두미도五斗米道'를 제창하여 "동남쪽 여덟 군이 같은 때에 함께 봉기하게東南八郡, 一時俱起" 했다. "무리는 수십만 명衆數十萬"이었으며 "스스로를 '동진 정벌 장군'이라 부르고 그 무리를 '장생인'이라 불렀다自號征東將軍, 號其黨曰長生人." "서로 이끌어 회계군으로 모여들었으며 그들 중 갓난아기 때문에 떠날 수 없는 어느 아낙은 자루와 대나무 상자에 아기를 담아 물에 던지며 말하기를 '너 먼저 선당에 오르기를 기리며, 나도 뒤따라 네게 가리라'고 했다相率聚於會稽, 其婦女有嬰累不能去者, 囊籠盛嬰兒投入水而告之曰, 賀汝先登仙堂, 我尋後就汝." 봉기가 실패에 이르러 손은이 "바다에 뛰어들어 스스로 빠져 죽자 그를 '수선水仙'이라 부르며 뒤따라 죽은 요사한 무리와 첩실들[손은의 추종자들을 폄훼한 표현]이 100명이 넘었다乃赴海自沉, 妖黨及妓妾謂之水仙, 從死者百數."[81] 당시 사대부들이 복약행산에 빠져든 이유도 장생불로를 추구했기 때문이다. 혜강嵇康은 이렇게 말한 바 있다. "대저 신선을 직접 목도하지는 못했으나 전적典籍의 기록과 옛 역사 기록에 전하는 바를 비교해 논하자면, 반드시 신선은 존재한다. 신이한 기운을 특별히 받은 듯하니 품수稟受한 자연[성정性情]이 학문을 쌓아 도달할 수 있는 경지가 아니다. (신이한 기운을) 이끌어 양생하기를 이치에 잘 맞게 하여 성명性命을 극진히 한다면, 많게는 천수를 얻을 것이요 적어도 수백 세를 살 수 있으니, 그러한 일이 가능하다夫神仙雖不目見, 然記籍所載, 前史所傳, 較

---

[81] 房玄齡,『晉書·卷一百·孫恩傳』,第八冊(北京:中華書局, 1965), pp.2632-2634.

而論之, 其有必矣; 似特受異氣, 稟之自然, 非積學所能致也. 至於導養得理, 以盡性命, 上獲千餘歲, 下可數百年, 可有之耳."[82] 한식산寒食散은 본디 독약의 일종으로, 전하는 말에 따르면 이것을 복용한 사람은 "정신이 명랑해진다神明開朗." 그러나 500년 동안 한식산을 복용하고 죽은 사인士人만 해도 만 단위를 헤아린다고 하니, 당시 명랑한 정신과 장생불로의 추구가 범람했음을 알 수 있다.[83]

이런 배경에서 불교의 전파는 본래 미신적이었던 분위기를 한층 더 강화했다. 혜원慧遠(334~416)의 '법성론法性論'으로부터 축도생의 열반불성 사상까지, 다시 양 무제梁武帝 소연蕭衍의 '진신설眞神說'에 이르기까지, 우리는 중국식 불교의 성장이 불성과 신아神我·영혼을 혼동한 것과 이어져 있었음을 알 수 있다. 남북조 시기에 사대부가 이토록 미신에 집착하자 범진范縝(자는 자진子眞, 약 450~510)은 용감히 『신멸론神滅論』을 써서 중국 문화의 무신론無神論 전통을 수호했다. 근대의 학자는 범진이 저술한 『신멸론』으로 인해 양 무제가 (범진을) 집중 공격하는 글을 짓게 한 사실을 논하면서, 이 사건은 영향력의 범위와 사상의 깊이가 맞아떨어지지 않는다고 지적했다. 사상의 깊이로 볼 때 『신멸론』의 논의는 상식에 불과한 것으로, 위진 시대의 숭유론과 귀무론의 논쟁보다 훨씬 부박하다. 그러나 사회적 영향과 파장으로 볼 때 신멸神滅과 신불멸神不滅의 논전論戰은 매우 광범위하다.[84] 중국 사상사에서 범진이 저술한 『신멸론』과 그것이 불러낸 쟁론은 남북조 시기 유신론의 범람과 종교의 초월성에 대한 상식이성과의 충돌을 반영했다는 데 의의가 있다.

82 嵇康, 『養生論』, 『諸子集成補編三』 (成都: 四川人民出版社, 1997), p.149.
83 王曉毅, 『放蕩不羈的士族』 (西安: 陝西人民出版社, 1989), pp.122-141.
84 張東蓀, 「中國哲學史上佛教思想之地位」, 『中國哲學思想論集──兩漢魏晉隋唐篇』 (台北: 牧童出版社, 1976), pp.354-358.

과학이 발달하지 않은 고대에 상식이성에만 의존해 유신론과 미신을 제거하기란 불가능했다. 상식이성의 진일보한 성장은 아직 사회의 보편적 가치 자체의 전화에 의존해야 했다. 이는 사람들의 궁극적 관심이 이 세상으로부터 벗어나는捨離此世 종교에서 입세로 다시 한 번 바뀌고 인륜과 실제를 중시함으로써 미신과 망상을 쓸어버리는 것이었다. 유학의 부흥은 중국 사회가 또 다시 광활한 농업사회를 정합하고 대일통 제국을 건립하는 역량을 획득하게 했다. 이에 따라 수·당이 성세盛世한 시기에 상식이성은 중국 문화의 심층구조로 성장했다.

2.9
중국 문화의 상이한 세 층위

유학의 부흥과 중국 사회의 재정합

상식이성과 전면적 가치 역전의 관계

상식이성의 성숙은 중국 문화의 제1차 외래문화 융합의 결과다

이데올로기의 메타 층위 및 그것이 문화 이성화에 끼친 영향

'세계를 긍정하는 것'과 '상식합리'의 다른 점

베버의 중국 문화에 대한 오해

왜 중국 문화의 이성화는 서양보다 앞섰을까?

300년 안팎의 민족 융합을 거친 남북조 후기에 대거 중원으로 이동한 소수민족은 한족의 문화를 받아들였다. 그들은 오랜 세월 공동생활로 인해 문자와 언어, 기층 가족 조직의 차원에서 거의 한인과 차이가 없게 되었다. 우리는 이 장을 시작하면서 다음과 같은 내용을 확인했다. 소수민족의 교란은 후한이 멸망한 뒤 일체화 구조가 파괴된 중요한 원인이었고, 당시 북방 지역에서 한족은 인구의 우세를 잃음으로써 일체화 구조의 양호한 정합 상태가 무너졌으며, 유가 이데올로기의 도덕 이상도 바람직하지 않은 것이 되었다. 남북조 후기, 초보적 단계의 민족 융합이 이루어짐에 따라 유가 이데올로기의 사회 목표와 도덕 이상은 다시 바람직한 것

이 되었다. 유학이 부흥하여 강대해진 것과 중국의 재통일은 동시적으로 서로를 증강하는 과정이었다.

위진남북조 시기, 남방 사인士人들이 한동안 현학과 불교에 빠져 헤어나지 못하고 있을 때 북방의 소수민족 정권은 다소 다른 정황을 드러냈다. 전란이 수습되면서 정치가 날로 안정되었고, 북방의 대가족 사이에 보존되었던 유학이 부흥하여 사회·문화 교육의 주류가 된 것이다. 통치자는 중국을 통일하고 패업을 이루기 위한 유학과 유생의 역할을 재빠르게 인식했다. 5량五涼[남북조 시대 북방의 5호16국 가운데 다섯 나라인 전량·후량·서량·남량·북량을 가리킨다]의 정권들은 유학에 열의를 가지고 학교를 창립함으로써 유학을 창도하고, 유생을 중용하고 유가 경전을 관학으로 편입시켰다. 척발도拓跋燾[남북조 시대 북위北魏의 제3대 황제(재위 423~452)로, 하夏·북연北燕·북량을 차례로 멸망시켜 439년 화북을 통일했다. '척발'은 삼국시대에서 진晉 시대 기간 선비족鮮卑族의 지파인 '척발선비'의 성씨다]는 북경北京을 멸망시킨 뒤 존유尊儒의 전통을 계승하여, 적잖은 유생을 경성京城으로 보내 북위北魏를 위한 율령을 제정했고, 유가 경전은 서서히 사회제도의 설계 기능을 회복했다. 북위에 이어서 흥기한 북주北周는 더욱 대대적으로 공자를 추앙하고 옛날로 돌아가기尊孔復古를 추구하여 국호를 주周로 정했다. 즉 옛 서주西周 시대로 돌아가 유가 경전인 『주례』를 기반으로 이상적인 사회제도와 전국적인 통일을 이루고자 함이다. 북주에 이어 등장한 수隋는 마침내 장기간의 분열과 할거의 형세를 끝내고 대일통을 실현했다. 수나라 왕조는 과거제 실행을 선포하고 유가 경전의 숙독熟讀을 관리 선발의 표준으로 삼았다. 이렇게 해서 유학은 두 번째로 관변 이데올로기가 되었다.[85]

수·당 제국의 흥기를 분석하면 사회 구조의 변천이 진·한 제국

시기와 흡사하다는 사실을 발견할 수 있다. 유학이 관변 이데올로기로 자리하는 동시에 정치 사회 구조와 결합함으로써 그림 1.1과 같은 일체화 구조를 나타내기 때문이다. 반면 두 시대의 문화와 이데올로기는 중대한 차이를 드러낸다. 위진 현학의 '무위 출세無爲出世'와 장생을 갈망하는 미신이 입세 정신에 의해 배척됨에 따라 결국 인지상정합리와 상식합리의 정신이 현학의 가치체계로부터 분리되어 상식이성의 하나로 전화된 것이다. 상식이성의 출현은 일체화 구조 속에서 정치 사회와 결합하는 이데올로기를 의미하는 것 외에 또 하나의 문화 기조가 늘어났음을 의미하는데, 그것은 이데올로기를 구성 정리하는 방법과 기초를 세울 수 있다.(그림 2.2)

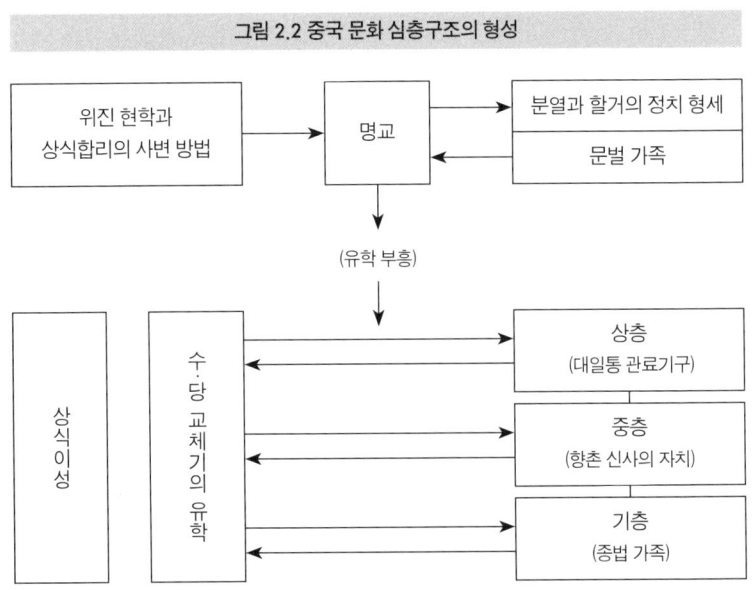

85 金觀濤, 劉靑峰, 『興盛與危機——論中國社會超穩定結構』, p.227.

상식이성의 성숙은 중국 문화의 제1차 외래문화 융합이 가져온 주요 결과다. 상식이성은 위진 시대에 출현한 전면적 가치 역전과 밀접하고도 미묘한 관계에서 형성되었다. 중국 문화는 오로지 전면적 가치 역전을 통해서만 이데올로기를 벗어나 존재하면서도 궁극적 합리성이 뒷받침하는 새로운 층위의 문화를 출현시킬 수 있었다. 그러나 전면적 가치 역전은 사회 정합에 필수적인 이데올로기를 제공할 수 없었기 때문에 제1차 융합의 최종 결과는 결국 바람직성을 회복한 유학이 다시 관변 이데올로기가 된 것이다. 유학이 부정의 부정을 거친 뒤에야 비로소 상식이성은 이데올로기의 메타 층위를 이룰 수 있었다. 비록 상식과 인지 상정을 합리로 간주하는 것이 선진 유가 문화의 기본 요소였지만 도덕가치로부터 독립적으로 존재할 수 없었으므로 상식이성 형성의 첫 걸음은 유가 이데올로기의 바람직하지 않음이 유가 이데올로기로부터 상식합리를 분리하도록 하고 역전한 가치에 기대어 부단히 성숙시키는 것이었다. 그러나 역전한 가치에는 아직 현세를 긍정하는 정신이 없기 때문에 방법론적으로 상식합리가 새로운 이성이 되기에는 부족했다. 그러므로 그다음 단계에서 필요로 하는 것은 역전한 가치를 재차 부정함으로써 유학이 바람직성을 회복하고 현세 긍정의 정신과 상식합리의 결합을 통해 상식이성을 성숙시키는 것이다.

　　상식이성이 이데올로기의 메타 층위가 된 후로 이데올로기와 정치문화의 발전은 상식합리의 궤도에서 벗어날 수 없게 되었다. 이는 문화의 이성화와 근현대 사회의 전환에 지속적이고도 중대한 영향을 낳았다. 우리는 근현대 관념이 고대와 구별되는 중대한 차이는 인간이 마땅히 세계를 개조해야 한다는 주장에 있다는 것을 안다. 학계에서는 근대 서양에서 세계에 대한 개혁의식의 탄생을 논할 때 근대 과학과 연관되어 있다는 점과 더불어 종교개혁이 야기한 기독교의 입세적 전향에서 비롯된다고 간주한다. 기독교는 줄곧 세계에 대해 부정적 태도를 가졌고, 그러한 부정은 종교개혁 이전까지 주로 현세에 대한 냉담으로 나타났다. 그리고 개신교 사상에서 인간은 오직 세상의 고단한 삶 속에서 구원을 얻을 수 있다. 기독교의 세계 부정은 천국에 대한 열망으로부터 세계에 대한 객관화로 전화하여 세계를 통치하는 데 이르렀다. 중국에서 상식이성이 이데올로기의 메타 층위를 이룬 경우 세계 개혁의 신념은 기독교 문화와 상반된 것으로 나타난다. 이 점을 가장 일찍 발견한 사람이 바로 베버다. 그는 유가의 입세적innerworldly 도덕 윤리를 알아차린 동시에 중국인의 관념 속에 자연 존재를 천연 합리로 간주하는 정신이 있음을 발견했다. 그리하여 유가 사상은 현실 세계를 "모든 가능한 세계 가운데 가장 좋은" 세계이자 "기본 죄악"[원죄]에서 빠져나온 세계로 여긴다고 보았다. 이를 기반으로 그가 얻은 결론은, 유가 문화가 세계를 대하는 태도는 순종과 적응이지 개조가 아니라는 것이다.[86] 하버마스는 베버의 논술을 발전시켜 세계 각 문화에 대한 평가를 '세계 부정'과 '세계 긍정'이라는 두 부류로 구분하고, 세계의 구원 또는 확신의 경로를 모색하는 것 역시 '적극적인 것'과 '소극적인 것'으로 인식했다. 이에 그는 표 2.1과 같이 네 종류의 이상理想 유형을 얻었다. 네 가지 유형 가운데 프로테스탄트는 유일하게 세계를 부정하면서도 적극적으로 행동하는 태도를 드러낸다. 베버와 하버마스는 이것이 서양이 근대에 세계를 통치하게 된 이념적 토대라고 생각했다.[87]

---

86 韋伯 著, 簡惠美 譯, 『中國的宗教: 儒教與道教』(台北: 遠流出版事業股份有限公司, 1989), pp.306-317.

표 2.1 세계에 대한 태도의 네 가지 유형

전체 세계에 대한 평가 \ 구원을 찾는 혹은 세계를 확신하는 경로	적극적: 금욕주의 혹은 입세 Vita Activa	소극적: 신비주의 혹은 사상 Vita Contemplativa
세계 부정	세계를 통치한다: 유태교 기독교	세계를 도피한다: 힌두교
세계 긍정	세계에 적응한다: 유교	세계를 직관한다: 그리스 형이상학

자료: Jürgen Habermas, *The theory of Communicative Action, vol. 1, Reason and Rationalization of Society*, trans. Thomas McCarthy[Boston: Beacon Press, 1984], 211.

베버는 종교 비교를 통해 서양의 기독교 문명에서만 근대 과학과 자본주의 정신이 등장한 까닭을 이해하고, 입세적 중국 문화는 왜 세계 개조의 심태를 생성할 수 없었는지 논증하고자 했다. 우리가 세계의 개조를 단지 자연계의 개조로 제한한다면, 앞서 설명한 베버와 하버마스의 분석은 완전히 정확한 것이라 할 수 있다. 그러나 사회 개조를 세계 개조의 일부(게다가 더 중요한 부분)로 간주할 때 중국인은 현실생활에 순응할 뿐이라는 베버의 단정은 완전히 틀린 말이 될 것이다. 잘 알려져 있듯이 진·한 이래 중국인들은 줄곧 유가 이데올로기가 제공한 이상 사회

---

87 하버마스는 "세계에 대한 완전한 포기는 오로지 그것이 모종의 입세적·적극적·주동적 생활과 관련해 소극적·피동적으로 세계로부터 도망치는 방향으로 발전하지 않을 때만 윤리학적 태도로써 세계를 객관화·구체화할 수 있다"고 밝혔다. 그는 이를 통해 "세계를 신비주의적으로 포기하는 것"으로부터 "세계를 금욕주의적으로 통치하는 것"으로 전향轉向, versus 하는 것이 어떻게 발생했는가를 설명한다.(Jürgen Habermas, *The theory of Communicative Action, vol. 1, Reason and Rationalization of Society*, trans. Thomas McCarthy[Boston: Beacon Press, 1984], 207.)

의 청사진에 의거해 사회를 개조해왔다. 그렇지 않다면 중국만이 대일통 농업제국을 건립할 수 있었던 배경을 이해하기 어렵다. 특히 송명이학의 성립 이후 유생은 '세계의 교화敎化'를 힘주어 강조했으며, 이는 세계를 개조하는 거대한 역량이었다. 베버가 중국 문화를 오해한 까닭은 그가 상식이성과 유가의 입세 정신을 동일시했기 때문이며, 동시에 상식이성이 이데올로기의 메타 층위일 뿐임을 이해하지 못했기 때문이다. 자연 현상에 대한 태도에서 상식이성은 상식이 궁극적 합리이며 자연계 질서는 깊은 탐구를 필요로 하지 않거니와 개조할 필요도 없다고 간주했다. 그러나 사회에 대해 상식이성은 이데올로기와 사회를 통해 관계를 발생시키는 것이다. 이른바 이데올로기의 메타 층위란, 사회규범과 이데올로기 가치체계를 초월해 합리성을 사고할 때 의거할 수 있는 가치 표준을 가리킨다. 그것은 인간이 도덕 윤리 측면의 세계 개조를 중시하는가 아닌가와는 관계가 없다. 상식과 인지상정 합리는 오직 이데올로기를 다시 세움(혹은 이데올로기를 반성함)을 통해서만 사회 조직과 상호작용을 발생시킬 수 있다. 일체화 구조 속에서 사람들이 세계에 대한 개조를 택하느냐 순응을 택하느냐를 결정하는 것은 이데올로기 청사진이다. 따라서 중국 문화가 보는 상식과 인지상정의 천연의 합리는 베버의 주장, 즉 유가는 현실 세계를 가장 좋은 것으로 여기고 세계를 개조하지 않았다는 결론을 도출하지 않는다. 중국 문화의 현실 세계에 대한 태도는 베버와 하버마스가 논한 것보다 훨씬 복잡하다. 상식이성이 이데올로기의 메타 층위를 이룬 것은 한편으로는 중국 문화가 과학 정신과 자연 개조의 심태를 최우선으로 배양하지 못하게 했다. 그런 반면 이데올로기적으로는 혁명 유토피아를 배양할 수 있었다. 근대 중국에서 과학주의가 발흥하고 유토피아 사회공학을 추앙하게 된 데는 상식이성의 추동에 따른 송명이학의 구조 변형과 관련이 있다.

세계를 제어하는 것 외에 현대사상의 중대한 또 다른 특징은 이성화다. 그러나 중국 문화에서 상식이성이 정치문화의 메타 층위가 된 것은 상식합리와 인지상정합리가 이데올로기 합리성의 최후 근거가 되었음을 의미한다. 이데올로기는 반드시 이 두 개의 표준을 모든 분야에 관철해 이성화를 실현해야 한다. 이 두 합리성의 궁극적 표준은 중국 문화 고유의 것으로, 제1차 융합의 결과다. 이와 같이 중국 문화의 이성화는 근대 서양의 과정과 다를뿐더러 이성화가 출현한 시간도 서양보다 빠르다. 그것은 수·당 시기로부터 연속되어 송·명까지 이르렀다. 제1차 이성화는 이데올로기의 메타 층위, 이데올로기, 그리고 사회규범, 세 층위의 복잡한 상호작용을 통해 전개된 것이며, 그에 따른 결과는 중국 문화가 서양 문화의 충격을 받기 전까지의 독자적으로 빚어낸 이성 구조였다. 이 독특한 이성 구조 및 그것이 형성된 과정을 연구하는 것은 두말할 것 없이 중국 문화가 서양의 충격 아래 진행한 제2차 융합을 토론하는 전제다.

3장

이성화 그리고 이데올로기 재설계

인류의 사상사보다 더 흥미로운 것은 하나밖에 없다.
민족의 사상사가 바로 그것이다.

_ 모지스 타일러

3.1
수 · 당 시기의 문화

불교는 상식이성에 순응해 스스로 적응했다
선종의 4대 교의 그리고 인지상정의 천연합리
중국 불교 각 종파의 흥성과 쇠퇴
수·당 유학의 입세 정신이 '무위' 및 유신론을 억제했다
상식이성과 유학 사이의 긴장

중국 문화의 이성 구조를 분석하기 위해서는 반드시 상식이성이 유학을 개조한 것, 특히 수·당 시기부터 시작된 상식이성과 문화 사상의 관계를 연구해야 한다. 수·당 시기의 사상 문화를 이야기하기에 앞서, 사람들은 이런 의문을 품을 것이다. 당시 관변 이데올로기는 유학이었는데 어째서 수·당 유학의 내용은 무미건조하고 사상사에서 덜 중요한 반면 불교와 문학예술은 사회적으로 기세 높고 생동적이고 다채로웠을까? 확실히 수·당 왕조의 불교 사상은 더없는 발전을 이루었다. 인도와 구별되는 중국 불교 종파들이 크게 성행하여 남북조 시기에 주도적 지위를 차지했던 불교 사상을 완전히 대체했다. 우리는 수·당 불교의 천상만태와 유가의 평

담함은 바로 상식이성의 문화 개조 때문이라고 본다. 상식이성이 강조하는 입세 정신은 유가와 일치하지만 현세로부터 벗어날 것을 강조하는 불교의 가치와는 모순된다. 이 때문에 상식이성이 중국 문화의 심층구조가 되었을 때 그 문화 개조는 가장 먼저 불교로 향했으며, 상식이성과의 모순을 해소되도록 강제했다.

당대唐代 종교의 가장 중요한 변화는 불교가 입세로 전향했다는 점이다.[01] 그 실질적 의미는 불교가 상식이성에 순응함으로써 현세의 가치에 스스로 적응하지 않을 수 없었다는 뜻이다. 그리하여 수당 교체기에 사원寺院은 대량의 토지 자산을 보유했고 세속의 지주와 마찬가지로 세속적 경제 활동에 종사했다.[02] 심지어 상업에 뛰어들거나 여관을 운영하기도 했으며 돈·비단을 융통하는 은행 비슷한 기관을 세우기도 했다.[03] 인도 불교에서는 생각도 할 수 없는 이러한 중국 불교의 입세 정신은 사원의 세속적 종사에만 드러나지 않는다. 그보다 중요한 것은 교의의 거대한 변화로, 그 전형적인 사례는 혜능이 선종을 개조한 일명 '육조六祖의 혁명'이다. 선종의 교의는 네 가지가 있다. 그 첫째는 '자신의 불성을 깨달아 부처가 되는見性成佛' 것이다. "깨치지 못하면 부처가 바로 중생이지만 한순간에 깨치면 중생이 바로 부처"[04]라고 여겼다. 둘째는 '선정과 지혜는 둘이 아니다定慧不二'라는 것으로, '이성'과 '의지'의 통일을 주장한 것이다. 셋째는 '생각을 일으키지 않음無念·형상에 얽매이지 않음無相·고정관념에 머물지 않음無住'으로, 주체성을 강조하는 정도가 매우 높다. 넷

01 　余英時,『中國近世宗教倫理與商人精神』(台北: 聯經出版事業公司, 1987), p.17
02 　張弓,「中國中古時期寺院地主的非自主發展」,『世界宗教研究』, 1990年 第3期(北京: 中國社會科學出版社).
03 　謝重光,「晉唐寺院的商業和借貸業」,『中國經濟史研究』(北京), 1989年 第1期.
04 　『六祖壇經·般若品』(台北: 佛光出版社, 1979), p.70.

째는 '경론에 기대지 않는다不依經論'는 것으로, 경론에 담긴 글을 군더더기로 간주하는 것이다.[05] 이 네 가지 교의를 분석하면 선종의 불교 개조는 바로 가능한 한 상식이성에 일치시킨 것임을 알 수 있다. 앞서 2.5절에서 밝혔듯이 반야공종이 쇠락한 뒤 중국의 불교 유파는 대부분 심성론식 불교였으며, 수신의 구조나 구성 방식은 도덕가치 일원론과 동일하다. 그러나 선종의 4대 교의는 '견성성불'이든 '무념·무상·무주'든 모든 사람이 갖고 있는 일상적 감정과 지혜로부터 해탈의 길을 찾아야 함을 강조하는데, 이는 바로 상식이성 속에 있는 인지상정의 천연의 합리를 도덕가치 일원론과 유사한 사상방식에 더한 결과다. 다른 한편, 모든 사람의 일상적 지혜와 정감 속에 이미 해탈할 수 있는 비결이 포함되어 있기 때문에 부처가 되기 위해 경전을 읽을 필요가 없으며 문자도 쓸데없다고 주장한다. 선정禪定과 지혜가 다르지 않음을 좇아 내면에 있는 해탈의 방법을 발견하고 선 의지가 이를 지향하게 한다면 그는 '단박에 깨침頓悟'을 얻을 수 있는 것이다. 여기서 '불성'을 사람마다 갖고 있는 선을 향한 마음, 심지어 중국인들이 항상 말하는 '평상심'이라 하고, 또 내면의 해탈이나 평상심이 돌연 샘솟는 것을 '돈오頓悟'라 일컫는 것은 말할 나위 없이 상식이성 가운데 인지상정의 천연의 합리를 불교에 강하게 투사한 것이다. 더욱 중요한 것은 속세를 떠나지 않는 자성自性·자도自度의 해탈론의 발명으로, "수행을 하고자 하면 가정에서도 깨침을 얻을 수 있으니 절에서 수행하지 않아도 된다"는 이 주장은 일찍이 불교계에서 볼 수 없었던 경천동지할 혁명이다. 본래 불교에서 이 세상을 버리고 떠난다는 가치를 가장 집중적으로 표현한 것이 출가出家인데, 선종에서는 오히려 출가하여

---

05 勞思光, 『中國哲學史』(二)(台北: 三民書局, 1981), pp.330-334.

수행할 필요가 없으며 그저 세속의 삶 속에서 자아의 정신 해탈을 찾으면 된다고 보았다. 불교의 관점에서 말하자면 이는 상식이성의 입세 정신에 대한 최대한의 긍정인 것이다.

당조唐朝의 불교 종파들의 변화를 상세히 분석해보면, 보편적으로 입세로 전향했다기보다는 강대하고 불가항력적인 입세 정신이 형형색색의 불교 유파를 걸러낸 것이라 할 수 있다. "따르는 자는 성하고 거스르는 자는 망한다順之者昌 逆之者亡"는 말처럼, 오직 상식이성에 순응하는 종파만이 보존될 수 있었다. 어느 학자는 수·당 시기 불교의 변화 발전을 네 시기로 구분했다. 첫 번째 시기는 581~667년으로, 대일통 제국이 건립되고 여러 종파가 어지러이 창립되던 시기다. 두 번째 시기는 668~755년으로, 당 왕조의 절정기에 해당한다. 서기 756~845년이 세 번째 시기, 이어서 846~906년이 네 번째 시기다. 이 통계에 따르면, 10대 불교 유파가 이 네 시기에 기풍 면에서 드러낸 영향력과 광의·협의의 영향력은 그림 3.1(1) 3.1(2) 3.1(3)과 같다. 이 세 가지 유형은 각각 A와 B 두 항목으로 나눌 수 있다. A는 각 불교 유파의 영향력에 대한 거시적 비교이고, B는 첫 번째 시기에 영향력이 10퍼센트 이하였던 종파들의 변화 양상이다. 세 유형의 A에서 뚜렷이 볼 수 있듯, 기풍이든 광의·협의든 사회적 영향력 차원에서 10대 유파 가운데 선종만이 계속 상승해 절대적 우세를 점한다. 그리고 각 유형에서 B의 추세가 밝혀주듯, 첫 번째 시기에 영향력이 10퍼센트 이하였던 종파 대부분은 시간이 흐를수록 영향력이 약해지면서 완전히 소멸하기에 이른다.[06] 이로써 우리가 말할 수 있는 것은, 수당 이후 선종은 중국 지식계층의 주된(거의 유일한) 불교 신앙 형

---

06 顏尙文, 『隋唐佛敎宗派硏究』(台北: 國立台灣師範大學歷史硏究所, 1980), pp.249-294.

태가 되었으며, 그 요인은 상식이성이 불교를 개조한 데 있다는 것이다.

그림 3.1(1) 수·당 종파의 (기풍 면에서의) 영향력의 변화 곡선도

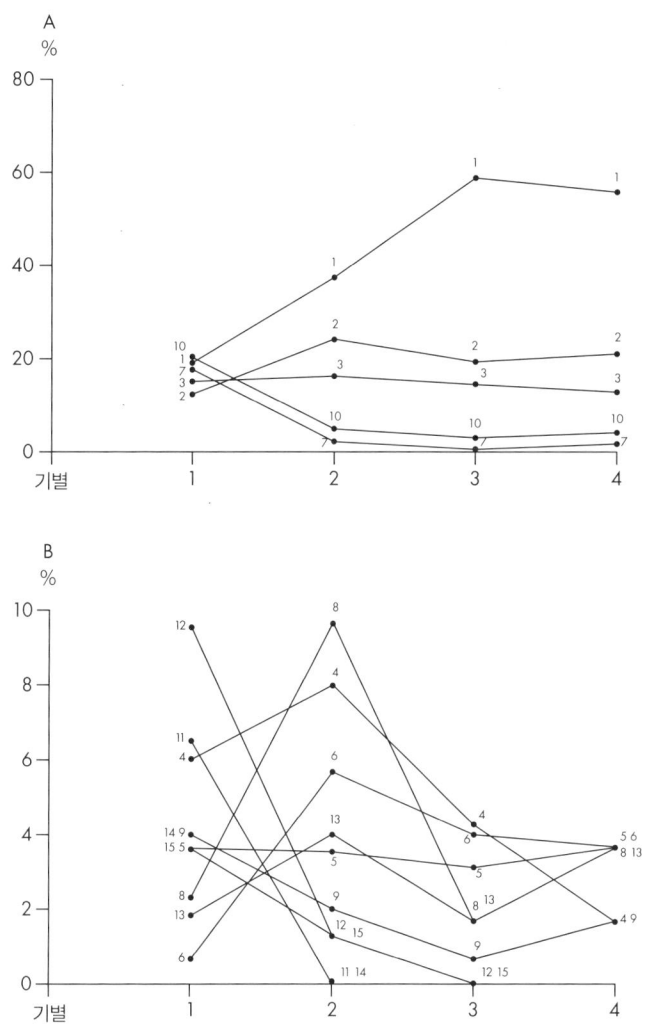

예시: 1. 선종禪宗 2. 율종律宗 3. 천태天台 4. 화엄華嚴 5. 정토淨土 6. 밀종密宗 7. 삼론三論 8. 유식唯識 9. 삼계三階 10. 열반涅槃 11. 지론地論 12. 섭론攝論 13. 구사俱舍 14. 비담毘曇 15. 성실成實

자료: 안상문顔常文, 『수당불교종파연구』(타이페이, 국립대만사범대학역사연구소, 1980), pp.268~270에서 인용.

그림 3.1(2) 수·당 종파의 (광의의) 영향력의 변화 곡선도

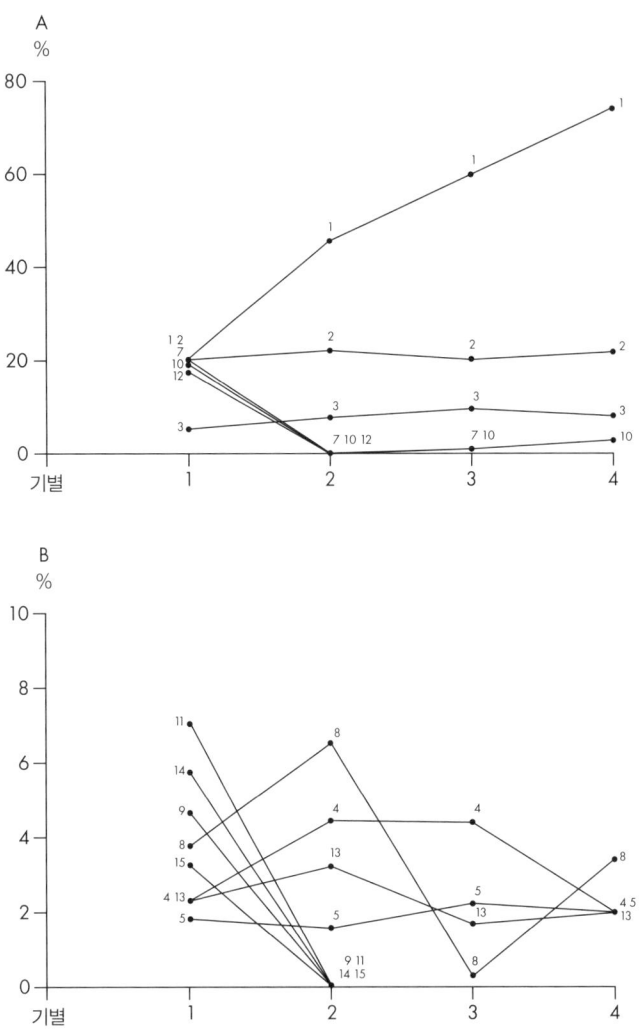

예시: 1. 선종 2. 율종 3. 천태 4. 화엄 5. 정토 6. 밀종 7. 삼론 8. 유식 9. 삼계 10. 열반 11. 지론 12. 섭론 13. 구사 14. 비담 15. 성실

그림 3.1(3) 수·당 종파의 (협의의) 영향력의 변화 곡선도

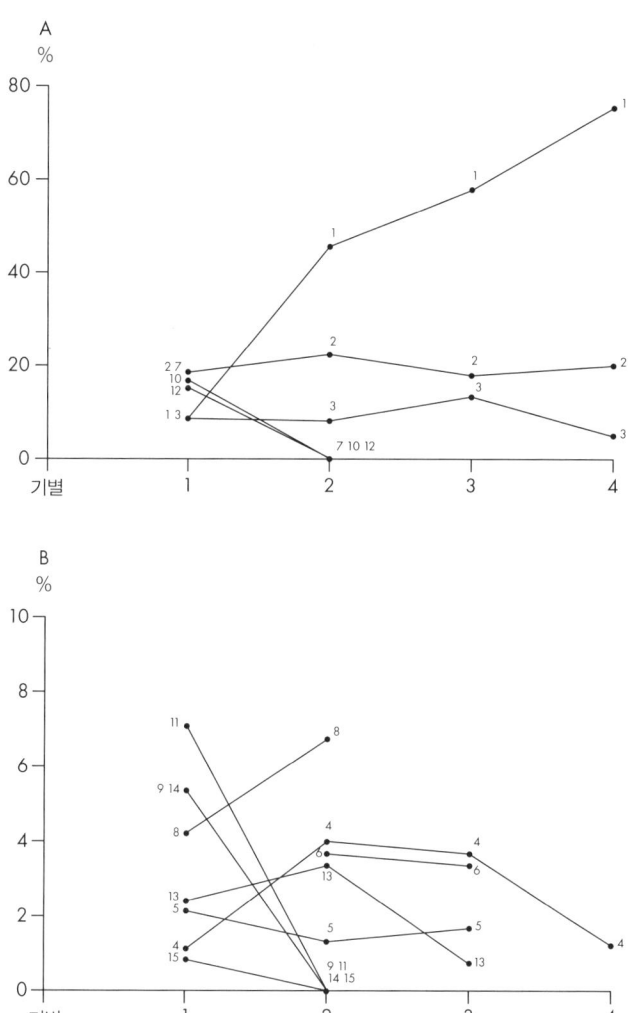

예시: 1. 선종 2. 율종 3. 천태 4. 화엄 5. 정토 6. 밀종 7. 삼론 8. 유식 9. 삼계 10. 열반 11. 지론 12. 섭론 13. 구사 14. 비담 15. 성실

수·당 시기에 대일통 제국의 일체화 정합 기능을 집행한 것은 유가 이데올로기다. 기본적인 가치 지향에서 유학은 상식이성과 일치했기 때문에 당시에 상식이성은 아직 자기 논리에 근거한 관변 이데올로기를 재구축하지 못했다. 바로 위잉스가 밝힌 바와 같이, 당나라 시대의 유학은 남북조 이래 장구지학章句之學[한나라 유학자들이 유가 경전의 편장篇章과 자구字句의 해석에 치중한 데서 붙여진 명칭]의 연속일 뿐이었다. 그것은 곧 관변의 정치 문화일 뿐 당시 중국인의 일상생활과 맞지 않았다.[07] 이 시기의 유학은 주로 대일통의 수요에 순응해 신속히 굴기했다. 남북조 중후반기에 접어들어 유학은 한대의 고문경학을 되살려냈고, 다음으로 소수민족 정권 통치자들의 강력한 제창을 경험했으며, 마지막으로는 정권의 역량을 빌려 다시금 사회 전체를 뒤덮었다. 유학이 적극적으로 입세 정신을 주도함에 따라 위진남북조 이래 사회를 이끌어 온 '무위'의 가치와 유신론은 급속히 쇠퇴했다. 상식이성의 형성은 유학의 부흥 그리고 입세 정신이 위진남북조의 주도적 문화 체계를 무너뜨린 것과 동시적으로 발생한 것이다.

상식이성과 유가는 공동 성장했으므로 당대의 유생은 대체로 유학을 상식이성의 지지를 받는 입세 정신을 대표하는 학문으로 간주했다. 많은 사람들에게 유학은 입세 정신이 지향하는 모든 영역을 포괄하는 커다란 자루와 같은 것으로, 경학의 시詩·서書·예禮·역易·춘추春秋뿐만 아니라 사射·어御·수數까지도 포괄해야 했다.『안씨가훈顏氏家訓』「잡역雜役」은 산술·역법 같은 자연과학도 광의의 유학으로 간주했으니[08] 유학이 감싼 범위는 한대보다 훨씬 넓었다. 당대에 시가詩歌가 크게 꽃피운 것

---

07 余英時,『中國近世宗敎倫理與商人精神』, p.43.
08 程方平,『隋唐五代的儒學』(昆明: 雲南敎育出版社, 1991), p.33.

은 상식이성이 유학을 감성적으로 지향하는 총체적 특징이 표면화한 것이다. 상식이성은 일찌감치 선진 유가에 경향으로서 존재했고, 공자는 일상생활의 감정표현(시詩)을 천연의 합리로 여기고 이를 생활철학과 도덕철학의 구성 성분으로 간주했다. 당대에 이르러 상식이성이 중국 문화의 심층구조가 된 것은 일상적 감정의 표현인 시가 또한 매우 높은 문화적 지위를 획득했음을 나타낸다. 대유학자 왕통王通(584~617)의 말에 따르면, 시가는 인간의 자연 감정을 표현하는 데 의의가 있으며 인간의 자연 감정은 천연의 합리이기 때문에 시가가 도덕적 가치를 갖는 것이다.[09] 한유韓愈(자는 퇴지退之, 768~824)가 고문古文 운동을 적극 제창한 것 역시 변려문을 개조하여 문학이 "배움은 도를 구하는 것이며 문장은 이치를 구하는 것學所以爲道, 文所以爲理"이라는 목적을 이루기 위함이다.[10]

   상식이성과 유학의 지향 일치는 당연히 수당 유학과 상식이성이 병존하는 결과를 낳았다. 그렇다고 해서 상식이성과 유학 사이에 긴장이 존재하지 않았다는 말은 아니다. 우리는 유가 이데올로기가 정치사회 구조의 합법적 기초이며 일체화 구조의 세 층위를 정합하는 중요한 역할을 담당했음을 알고 있다. 수당 시기 이후 상식이성은 중국 문화에 일찍이 없었던 메타 층위가 되었고, 이러한 출현은 필연적으로 유가 이데올로기의 사회 정합 기능에 갖가지 예기치 않은 영향을 끼쳤다. 예컨대 전통적 천인합일 구조에 충격을 주었고, 유생이 실천해왔던 수신修身 방식과도 불편한 갈등을 낳기도 했다. 유학은 관변 이데올로기의 내재적 긴장이자 모순이었으므로 그다지 직접적으로 표면화되진 않았으나 상식이성과 불교 간의 직접적 갈등보다 더 심각하고 지속적이었다. 그것이

---

09 鄧小軍, 『唐代文學的文化精神』(台北: 文津出版社, 1993), p.68.
10 程方平, 『隋唐五代的儒學』, p.94.

오랜 기간 유학이 발전하는 동력을 형성했다. 상식이성이 장기 지속의 형태로 유학을 개조했음을 이해하기 위해 우리는 상식이성과 수당 시기 유학의 복잡한 관계를 논하는 데 지면을 할애할 필요가 있다.

3.2
유학의 사회적 기능에 대한
상식이성의 지지와 모순

당대唐代 지식계층과 천인감응 학설

당대 군왕 권위의 유한한 합법성

상식이성이 군왕과 천도의 관계를 정리한 것을 하분지학河汾之學에서 바라보자면

이성 권위의 이분화, 그리고 당대의 경학

수신修身의 과정이 공명功名·이록利祿을 추구하는 것에 의해 대체되었다

사공事功의 성취와 도덕의 타락

당유들의 수신은 아직 불교에 의지해야만 했다

3교 조화와 당대의 사상

우리는 1.4절에서 유학은 대일통 왕권과 사회 조직의 여러 계층을 정합하기 위해 천인합일 구조를 갖추어야 한다고 밝혔다. 천인합일 구조는 우주 질서로부터 도덕을 이끌어내고 황제 권력의 합법적 기초인 '하늘天' 또한 유생의 도덕 이상으로 끌어들여 유생의 도덕 추구 역량으로써 대일통을 지속하게 한다. 한대에 천인합일 구조는 천인감응에 의지해 세워질 수 있었는데, 이 천인감응 학설은 군주의 권한을 제약하기 위해 자연재해를 황제의 무도함에 대한 경고로 삼지 않을 수 없었다.[11] 하늘의 인격

---

11   蕭公權, 『中國政治思想史』(台北: 聯經出版事業公司, 1982), p.314.

화든 재난의 참위讖緯든, 날이 갈수록 미신으로 기울었다. 말하자면 한대에 적당한 미신의 존재는 천인합일을 세울 수 있는 전제로, 수당 제국도 천인합일 구조를 바탕으로 대일통 왕권을 유지할 필요가 있었다. 그러나 이미 상식이성이 확립되었기에 당대唐代의 사인士人은 한대의 유생과 같이 하늘을 인격과 의지와 도덕을 갖춘 대상으로 볼 수 없었고, 제왕은 더 이상 하늘과 도덕을 이어주는 다리가 아니었다. 중국 역사상 왕조를 건국한 모든 군주가 그러하듯 당대의 황제도 '천명'에 따른 '진짜 용의 혈통을 받은 천자眞龍天子'를 내세우기 위해 기존 왕조를 전복하고 새 왕조를 여는易姓改朝 합법성을 천명으로부터 획득하고자 힘썼다. 그러나 당대의 상식이성은 유생이 '하늘'과 '황제 도덕' 사이에서 상식에 반하는 갖가지 연관을 만드는 것을 저지했으니, 한대의 천인감응 사상이 급속하게 몰락한 것과 유사하다.

당대에는 얼마나 많은 사대부가 여전히 천인감응을 믿었을까? 이것은 꽤 복잡한 문제다. 물론 천인의 관계를 믿었다는 역사 기록이 적지 않지만, 확실히 말할 수 있는 것은 당대의 유생은 천인감응에 상당히 회의적이었다는 사실이다. 이는 천인감응 학설에 결연히 반대한 이들도 있었음을 의미한다. 당 현종 때 두 차례 예보되었던 일식이 발생하지 않자 천문학자인 승려 일행一行(속성은 장張, 이름은 수遂, 673 혹은 683~727)은 황제의 덕행이 하늘을 감동케 했기 때문이라고 간주했다. 또한 언제나 일식에 대한 예보가 가능한 것은 아니며, 만약 예보가 가능하다면 "곧 정사와 교화의 길흉을 알 수 없게 될 것則無以知政敎之休咎"이라 했다. 일행의 이 말은 마치 천인감응을 믿은 것처럼 보이지만 이는 수대隋代의 유작劉焯(자는 사원士元, 544~610)을 겨냥한 것이다. 유작은 모든 일식을 예보할 수 있으며 정확하지 못한 것은 역법에 문제가 있기 때문이지 천인감응 때문이 아니라고 보았다. 당시 사대부 가운데 천인감응을 의심하거나 반대하는 기류는 이미 시대적 추세였음을 알 수 있다. 예컨대 당대의 대유학자 유종원柳宗元은 곧 "하늘과 사람은 서로 간여하지 않는다天人不相預"고 주장했다.[12] 천인감응 사상의 쇠퇴는 유학의 천인합일 구조에 커다란 충격을 안겨주었다.

일단 천인합일 구조가 약화되면 황제의 도덕적 권위는 오직 그가 덕치를 실행하는가를 토대로 판단하는 수밖에 없다. 유생에 대해 말하자면, 그들이 황제에게 충절을 바치는 이유는 황제가 유가의 도덕을 실행하기 때문이다. 이처럼 군왕에 충성하고 제왕을 위해 복무하는 것은 유생의 도덕 실천 범위 안에 있었지만, 그 근거는 한대와 같지 않았다. 당대 이후 도덕규범은 제왕을 능가했다. 따라서 당나라 군왕의 권위는 유한한 합법성일 뿐이었으며 무덕지군無德之君은 민중에 의해 전복될 수 있었다고 할 수 있다. 그러므로 황제는 하늘을 대표하는 무한한 합법성을 갖추고 있다고 생각한 한유들과는 달리 당유들의 왕권에 대한 견해는 선진 유가 중에서도 맹자 학설의 주장에 더 가까웠다. 덕이 없는 군주는 폐할 수 있다고 가장 먼저 주장한 인물이 바로 맹자로, 그는 "군주가 큰 과실이 있으면 간하고, 거듭 듣지 않으면 군주의 자리를 바꾼다君有大過則諫, 反復之而不聽, 則逆位"[13]라고 논증한 바 있다. 그렇지만 한대의 황제와 같이 도덕의 권위가 하느님 혹은 우주 질서에서 유래할 때 황제의 권위는 대대적으로 강화되어 무덕지군에 대한 폐위 주장은 힘을 얻지 못했다. 따라서 관변 이데올로기의 천인합일 구조가 강화될 때 맹자의 위와 같은

---

12 張躍, 『唐代後期儒學的新趨向』(台北: 文津出版社, 1993), p.79.
13 孟子, 『孟子·萬章下』, 劉殿爵, 陳方正 主編, 『孟子逐字索引』(香港: 商務印書館(香港)有限公司, 1995), p.56.

주장은 지식계층에게 공개적으로 인정받기 어려웠다. 이에 따라 진·한으로부터 명말에 이르기까지 무덕지군의 폐위를 주장하는 언사는 극히 드물었다. 물론 예외적으로 위진 시대 포경언의 무군론無君論이 있긴 했지만, 당시 유가 이데올로기는 주도적 지위를 점하지 못했다. 이 밖에도 또 수·당 교체기에 나타난 하분지학河汾之學[수나라 말기 유학자 왕통王通이 황허黃河강과 편수이汾水강 사이, 곧 지금의 산시성 서남부 지역에서 강학을 전개해 이룬 학문]이 있다. 대유학자 왕통이 공개적으로 무도無道한 군왕을 끌어내리자고 주장한 것이다. 그의 『중설中說』「입명편立命篇」에는 이렇게 쓰여 있다. "공자께서는 '치세와 난세는 운명이다. 그것을 올라타는 자가 있고, 그것을 바꾸는 자가 있다'고 말씀하셨다子曰, '治亂, 運也. 有乘之者, 革之者.'" 사실상 수·당 교체기에 하분지학이 출현한 것은 상식이성이 군왕과 천도 간의 관계에서 소외되었기 때문이며, 군왕 통치의 합법성과 도덕 관계에 대해 유자들이 선진 유학과 유사한 입장으로 돌아갔기 때문이기도 하다.

하분지학의 정신은 당나라 초기 '정관의 치세貞觀之治'에 직접 영향을 미쳤다.[14] 다시 말해 당대의 유생은 처음으로 진정한 의미에서 인정과 덕치 그 자체를 왕권 합법성의 근원으로 삼은 것으로, 이것이 바로 후세의 유생이 정관의 치세를 추앙한 이유다. 그러나 천인합일 구조의 약화는 왕권이 천도로부터 멀어지는 결과를 초래했고, 그 여파로 사회 상층의 정합을 약화하게 된다. 한대에 천인감응이 왕권과 도덕을 결합하는 강력한 유대였던 것에 비하면, 덕치를 황제 권위의 근원으로 삼는 것은 느슨한 유대였다. 천인감응의 지지가 없으면 왕권의 기초는 상대적으로 약화된다. 당나라 말기에 이르러 왕권 기초의 약화가 완전히 표면화되면

---

14 鄧小軍, 『唐代文學的文化精神』, pp.83-87.

서 황제는 환관 수중의 노리개가 되었다. 다시 5대16국 시기에 중국은 반세기 동안 할거 국면을 맞았다.

　　상식이성이 유가 이데올로기의 사회적 기능에 끼친, 또 하나의 거대한 영향은 이성理性 권위의 이원화다. 위진 시대 이전까지 유가 이데올로기는 이성의 권위를 뒷받침하는 유일한 근원으로, 한대가 그러한 전형을 보였다. 당시 유학은 경전, 도덕 그리고 진리의 원천이었으며, 모든 엄숙한 사상은 전적으로 경전에 근거한 것이었다. 따라서 장구章句를 인용하는 능력이 사상 문화의 높고 낮은 수준을 측정하는 표준이었다. 한대의 태학생太學生들은 흔히 수만 자를 사용하여 경전의 몇 글자를 주석하곤 했다. 광무제는 어려서부터 경문經文을 공부하면서 고통스러운 번거로움에 시달린 탓에 제위에 오른 뒤 유신儒臣에게 태자를 위한 교본을 만들 때 『오경五經』 장구를 삭제하도록 했다. 환영桓榮(자는 춘경春卿, ?~59)은 『상서尙書』 장구를 40만 자에서 23만 자로 줄였고, 환욱桓郁은 다시 12만 자로 줄였다. 『한서漢書』 「예문지藝文志」에 "어린아이가 한 가지 경서에 몰두하면 백발이 되어서야 그에 대해 말할 수 있다幼童而守一藝, 白首而後能言"고 했다.¹⁵ 장황한 주석이 달린 경서를 수준 높은 학문으로 간주한 한대 사회 풍조의 한 면을 엿볼 수 있다. 이른바 이성 권위의 이원화란, 당대와 한 대에 여전히 유가 경전이 도덕 이성과 진리의 근원인 동시에 상식이성의 확립으로 인해 경전 외에 또 다른 표준, 즉 상식과 상식에 근거한 사변이 사물의 합리적 근거와 진리의 원천이 되었음을 가리킨다. 상식은 간단명료한 것이고, 또 간명함을 아름다운 것으로 삼는다. 따라서 당대에 장황하기 이를 데 없는 고문 경전이 크게 간소화되었다.

15　班固, 『漢書·卷三十·藝文志第十』, (北京: 中華書局, 1962), p.1723.

당 태종은 공영달孔穎達(자는 충원沖遠·중달仲達, 574~648)과 여러 유학자에게 『오경정의五經正義』 총 180권을 선정하게 하고 서기 653년 전국에 반포함으로써 유생이 경서를 배우는 교재로 삼았으며 장차 과거시험의 근거로 삼았다. 상식이성이 중시한 것은 상리常理를 이해하고 상리에 부합하는 사변의 부연推衍, 그리고 이와 같은 이해와 감정을 표현하는 개인적 능력이었다. 이로써 당나라 때 유생들은 더 이상 경전을 암송하고 주석하는 능력을 사상 문화의 수준을 판별하는 유일한 표준으로 삼지 않게 되었다. 그들이 보기에 경전 암송은 오늘날 초중고 학생들의 기초수업처럼 기본 실력을 상징하는 것이었을 뿐으로, 비교적 지위가 높은 유생들에게는 감정을 표현하고 경전을 운용하는 능력이 더 중시되었다. 당대의 과거제도에 대해 "당대에 과거시험을 보는 사인士人들은 처음에는 책문을 중시했고 아울러 경전을 중시했다. 나중에는 유달리 시와 부에 치중했다唐試士初重策, 兼重經. 後乃觭重詩賦"[16]는 문장이 그러한 추세를 반영한다. 특히 현종 이후 진사進士 시험의 주된 내용은 문장 표현文詞으로, 외워서 암송하는 능력과 더불어 정치 도덕적 관념을 시험하던 첩경貼經[경서에 종잇조각을 붙인다는 뜻으로, 경서의 표지를 가리고 책의 내용에서 서너 글자를 임의로 골라 그 위에 종이를 오려붙인 뒤 응시자에게 글자를 맞추게 하고 문장의 대의를 설명하게 하는 시험]은 있어도 그만 없어도 그만이었다.[17] 상식이성은 경을 주석하고 암송하는 번거로운 학풍을 제거했으나 불가피하게 일체화 구조에서 엄격히 실행해야 하는 경전 교육에 타격을 안겼다. 암송이 초등 능력으로 간주되자 당나라 말기에는 민간에서만 경학 교육이 중시되었을 뿐 관리 및 상층 문화에서는 쇠락하는 양상을 드러냈다.

16 胡震亨, 『唐音癸籤·談叢三』(上海: 古典文學出版社, 1959), p.237.
17 程方平, 『隋唐五代的儒學』, pp.86-87.

이성 권위의 이원화가 불러온 가장 직접적인 영향은 유생의 수신 방식이다. 한대에 경전을 학습하고 주석하는 것은 유생의 매우 중요한 수신 내용으로, 이른바 '백발이 되도록 경전을 궁구하는 것晧首窮經' 역시 도덕 수련의 하나였다. 그러나 당조 때 상식이성이 경전 주석의 중요성을 약화시킨 결과 도덕 이상의 추구는 주로 사회규범의 실현과 일의 성취, 즉 사공事功으로 표현되었다. 도덕 목표의 도달 여부가 외재적 사공의 크고 작음으로 판별된다면 유생의 수신 과정은 불가피하게 공명功名과 이록利祿을 추구하는 쪽으로 나아갈 수밖에 없다. 한대의 도덕 기초는 하늘에 근원하며, 하늘은 분명 현세의 규범을 초월하는 도덕 목표를 유생에게 제시하는 또 다른 층위였다. 이에 한유들은 참위를 좋아했고 우주론 사변이나 나아가 신선 방술에도 종사했다. 이러한 활동은 어느 정도 규범의 실현을 벗어난 추구로, 형식만 다를 뿐 내용은 변칙적 수신의 동력이기도 했다. 그러나 수·당 교체기 무렵 상식이성이 확립되면서 의지와 도덕을 가진 하늘을 부정했고 유가의 도덕은 세속화되었다. 유생은 사공을 추구하는 것 말고는 도덕 이상을 실현할 방도가 없었다. 이와 같은 정황에서 사회가 어둡고 정치가 부패한다면 조정을 위한 복무가 유생을 견인하는 힘은 약해질 것이며, 유생이 수신하는 도덕 추구는 필연적으로 심각한 좌절을 맞게 마련이다. 그렇다면 수신을 내던지고 공명과 이록의 경기장에서 부귀영화를 따르는 쪽이 이치에 맞는 것처럼 보인다. 이로써 우리는 당나라 시대의 유생이 사공 차원에서는 성취가 두드러진 반면 수신 차원에서는 칭찬할 만한 장점이 없는 이유, 그리고 당말과 5대 시기에 보편적으로 도덕이 타락한 배경을 이해할 수 있다.

당유들이 수신 차원에서 한유들보다 큰 곤경에 처한 원인은, 이성 권위의 이원화로 인해 수신에서 경전 주석이 차지하는 지위를 격하시킨 것 외에 인간의 본능적 욕망과 유가의 도덕규범 사이에 지속적이고도 나날이 모순 격화를 초래했기 때문이다. 유가 경전이 유일한 이성적 권위였을 때 도덕규범은 유생으로 하여금 예와 일치하지 않는 여러 욕망을 극복하는 데 큰 구속력을 발휘했다. 상식이성이 유가 경전과 구별되는 또 다른 합리성의 원천이 되었을 때는 인간의 자연 욕망과 감정도 합리성을 갖추게 되었으며 인간의 칠정육욕은 유가 윤리를 전복시킬 수 있는 것이 되었다. 이는 이미 위진 시대에 드러난바, 인간의 자연 감정이 천연의 합리임을 지식계층이 인식한 것으로, 그 직접적 결과는 '탕왕·무왕을 비난하고 주공·공자를 업신여기는非湯武而薄周孔' 것으로 나타났다. 상식합리가 문화의 심층구조로서 자리매김한 경우 관변 이데올로기와의 상호작용은 불가피할 수밖에 없다.

   상식합리 정신과 사회규범의 합법적 기초인 명교 간의 상호작용은 일찌감치 위진남북조 시대에 시작되었다. 위진남북조 후기에는 자연적 정감自然之情의 영향 아래 널리 예제禮制의 혁신이 이루어졌는데, 역사학자는 이를 '정감에 연유해 예를 제정하는 것緣情制禮'이라 했다. 이는 한편으로는 예법에 대해 '마음대로 하며 구속받지 않는任情不羈' 행위를 허용함으로써 때때로 예치禮治가 정감을 고려해야 함을 명확히 한 것이다. 그와 동시에 예 또한 정감에 대한 구속 작용이 가능했는데, 사람이 전적으로 자신의 자연 감정에 의지해 방종해선 안 된다는 것이다.[18] 당시 상식합리 정신은 아직 위진 현학에 포함되어 있었기 때문에 전반적으로 사회규범과 거리를 둔 것이었으며, 세상을 버리고 떠날 것을 지향하는 불교의 영향도 있었다. 이로써 상식합리 가운데 자연적 감정에 대한 긍

---

18 余英時,「名教危機與魏晉士風的演變」,『中國知識階層史論·古代篇』(台北: 聯經出版事業公司, 1980), pp.358-367.

정은 개인적 행위에 속할 뿐 직접적으로 명교에 충격을 가할 수 없었다. 그러므로 개인 행위와 도덕 기풍을 표현하는 '마음대로 하며 구속받지 않음'과 사회규범으로서의 '명교' 간의 충돌은 격렬한 수준에 이르지 않았다. 그러나 수당 교체기에 이르러 흐름이 바뀌었다. 상식합리가 유생의 입세 정신과 결합함에 따라 인간의 정상적 감정, 욕망, 그리고 개인적 이익의 합리성에 대한 적극적 긍정은 사회활동의 능력을 극대화했다. 이로써 인간의 자연 욕망이 유가 윤리에 충격을 가하는 문제가 발생했다. 이와 같은 충격을 제어하기 위한 유일한 방법은 인간으로 하여금 욕망을 절제하게 하는 것이다.

당유의 수신 방법은 주로 불교에 의지하는 것이었다. 당대 유자들의 저작을 살펴보면, 그들이 수신에 대해 언급한 부분은 거의 불교의 논술을 되풀이한 것임을 발견할 수 있다. 당대의 저명한 사상가인 이고李翱(자는 습지習之, 772~841)는 『복성서復性書』를 저술할 때 공맹의 도통道統을 복원시키는 것을 책무로 삼아 『주역』 『대학』 『중용』을 주요 경전으로 다루었으나, 어떻게 수신해야 하는가에 대해서는 공공연히 '생각하지도 말고 헤아리지도 말 것弗思弗慮' '움직임과 고요함을 모두 떠날 것動靜皆離'을 제시했다. 이는 당시의 천태종, 화엄종, 선종의 성불에 관한 설법과 완전히 닮은꼴이다.[19] 사실 수당에서 오대까지, 또 송조에 이르기까지 유생의 수신은 불교를 벗어나기가 어려웠다. 유생은 겉으로는 불교에 반대하면서도 개인에 대해 말하는 경우, 특히 인간의 정상적 욕망의 합리성도 긍정하되 그것이 윤상 도덕에 타격을 입히는 것을 막아야 할 때에는 거의 자기도 모르게 불교로 전향했다. 대체로 수신 방법에 관한 한 유

---

19 賴永海, 『中國佛性論』(上海: 上海人民出版社, 1988), pp.328-329.

불을 함께 중시해야 하며 둘 중 하나가 빠져선 안 된다고 본 것이다. 이것이 사상적으로 반영된 것이 바로 삼교합일을 주장한 조화론이다. 당조에서 5대에 이르는 동안 한때 조화론이 크게 성행하여, 두뇌는 현실적이나 사상이 심오하지 않은 유생들은 거의 호응했다. 조화론 안에서만 수신에 관한 불교의 자원과 방법이 보편적으로 운용될 수 있기 때문이다. 이런 양상은 송대까지도 계속되었다. 북송 중기 왕안석王安石(자는 개보介甫, 1021~1086)의 '신학新學' 그리고 소식蘇軾(자는 자첨子瞻, 1037~1101) 형제의 '촉학蜀學'은 유불 관계에 대해 명확히 조화론의 입장을 취하고 있다. 모두 유자는 불교에 대해 '동정적 이해同情的 了解'를 가져야 하며, 유학과 불교 중 한쪽 학설만 묵수하지 않고 동등하게 운용하는 가운데 상호 정합해야 한다고 강조했다. 북송 신종神宗 시기에 유생이 반드시 읽어야 할 표준 교과서였던 왕안석의 저작은 '신학'과 '촉학'의 영향이 강해서 한동안 이정二程의 '이락지학伊洛之學'[북송의 정호程顥·정이程頤 형제의 학문을 일컫는 표현. 정호는 '대정大程', 정이는 '소정小程'이므로 '이정二程'으로 불리었다. 훗날 정이가 이천伊川 땅으로 부임했으며 황허강의 지류인 이허伊河강과 뤄수이洛水강 사이에서 형제의 학문이 성립했다는 뜻으로 '이락지학' 또는 '낙학洛學'이라 한다]을 압도하기까지 했다.[20]

그러나 사상이 심오한 유자들은 삼교의 조화로는 수신 문제를 해결할 수 없을뿐더러 그 자체로 만성적 독약과 같음을 뚜렷이 인지했다. 불교가 입세로 전향한 것과 상관없이 그 기본적 지향은 이 세상으로부터 벗어나는 데 있으므로 유생이 불교의 방식으로 수신한다면 세상에 참여하려는 열정을 식게 한다는 것이다. 선종은 수행을 위해 출가할 필요는

---

20 蔣義斌,『宋代儒釋調和論及排佛論之演進』(台北: 商務印書館, 1988), p.22, pp.27-31.

없다고 주장하지만 그 궁극적 목표는 여전히 해탈일 뿐 인류 도덕을 긍정하는 게 아니다. 이 때문에 본질적으로 불교의 수신 그리고 의지를 순화하는 방향과 목표는 유학과 정반대를 향한다. 결국 양자가 병존하며 조화를 이룰 때 일반적으로 사대부들은 겉으로는 유가이면서 안으로는 불가外儒內佛인 양면성을 지니게 되며, 채식·염불하는 수신과 유가 윤리는 그들의 내면에서 지속적으로 충돌을 유발한다. 도덕이상주의 이데올로기로서 유학은 반드시 도덕 목표와 의지를 순화하는 수신, 두 요소를 필요로 하지만 둘 간의 상호 모순은 유가의 지위가 견고하지 못하며 불교에 의해 쉽게 전복될 수 있음을 의미하는 것이다. 한유韓愈와 유종원柳宗元(자는 자후子厚, 773~819)이 전력을 다해 불교를 배척하고 도통道統을 부르짖은 것은 불교의 위협에 직면한 유가의 고통스런 저항을 반영한다.

  요컨대 상식이성이 나날이 성숙함에 따라 일체화 구조에서 왕권과 도덕 수련을 정합하는 메커니즘에 문제가 나타나기 시작했으며 불교와 유학의 내적 갈등도 갈수록 격렬해졌다. 그리하여 부패 풍조가 만연하고 왕권이 쇠락하는 시기마다 역사적 수요에 따라 유학을 재구성함으로써 유학과 상식이성 간의 모순을 해소해야 한다는 주장이 철학자들에 의해 제기되었고, 관변 이데올로기의 재건은 피할 수 없는 추세가 되었다.

3.3
관념 정합과 이성화

상식이성의 제한 아래 천인합일 구조의 회복
상식이성 권위와 유가 도덕 권위의 정합을 어떻게 실현할 것인가?
이성화와 합리성 표준의 통일
하버마스의 정의로 본 중국 문화의 이성화

어떻게 해야 사회 정합에 관한 상식이성과 유가 이데올로기 간의 갈등을 풀어낼 수 있을까? 확실한 점은 문제에 따라 해결 방법도 각기 다르다는 것이다. 상식이성이 천인감응의 미신을 효과적으로 제거함에 따라 유학의 천인합일 구조에 균열이 발생했다는 문제에 관해서라면, 천인합일 구조를 다시 세우는 수밖에 없다. 천인합일 구조는 우주 질서로부터 도덕을 이끌어내는 반면 상식이성은 우주에 대한 인격적, 즉 천인감응의 상상을 소거한다. 그렇다면 우주 질서의 도덕적 함의는 경험적 의미의 그것이 아닌, 단지 도덕과 동형 구조를 이루는 유비類比일 수 있다. 다시 말해 우주 질서로부터 도덕을 끌어내야 하는 반면, 이와 같은 논리가 또 경험적인 것이 될 수 없는 이러한 이중적 제한 아래 천인합일 구조는 추상적·형식적·비유적 사변에 의존하는 수밖에 없다. 이와 같은 사변은 비경험적 도덕 기초의 형이상학적 연구 토론이다. 요컨대 상식이성의 제한 아래 천인합일 구조를 회복함은 어떤 형이상학적 도덕 체계의 건립을 통해 실현하는 수밖에 없다.

     상식이성이 야기한 이성 권위 이원화의 해결책 또한 상식이성 권위와 유가 도덕의 권위를 정합하는 방식 외에는 없다. 상식이성은 유가의 도덕 체계에 비해 만물의 합리성을 훨씬 보편적으로 논증할 수 있는 근거다. 그렇다면 상식이성의 권위와 유가 도덕의 권위를 정합한다는 것은 곧 상식합리와 인지상정합리 위에 도덕 합리성을 건립하는 것을 뜻한다. 혹은 반드시 상식이성으로부터 유가 도덕을 끌어내야 하는 것이라 하겠다. 우리는 상식이성이 상식합리와 인지상정합리 두 근간을 포괄한다는 것을 알고 있다. 그렇다면 상식이성으로부터 유가 도덕을 끌어내는 경로는 원칙상 두 가지밖에 없다. 첫째는 도덕이 윤상 관계에서 유래한다고 간주하는 것이다. 즉 도덕가치는 윤상 관계의 내재화일 뿐이며 또 윤상 관계는 보편적 자연 관계로 간주할 수 있으니, 이는 우주 질서의 일부다. 그리고 우주 질서를 판별하는 합리성은 반드시 지식적인 상식에 의존해야 한다. 이렇게 지식적 성격의 상식합리로부터 윤상 관계의 합리를 이끌어냄으로써 도덕의 권위를 긍정하는 것이다. 둘째는 인지상정, 예컨대 효孝와 사단四端 등을 도덕 기초로 삼아 윤리규범을 이 도덕가치의 외재적 실현으로 간주하는 것이다. 인지상정합리도 이러한 방식으로 도덕 윤리의 합리성을 논증했다. 인지상정합리의 도덕 추리 속에서 인간의 모든 자연 감정과 욕망이 도덕의 기초가 될 수 있는 것은 아니기 때문에 어떠한 종류의 자연 감정이며 어떤 조건에서 도덕적인가 하는 것도 유학 재건의 중요한 내용이 된다. 상술한 두 가지 방법은 모두 상식이성의 권위와 도덕의 권위의 정합을 실현하기 위해 상식이성의 합리성의 표준을 전체 문화 체계와 사회규범 제도에 투영한 것이다. 보통 우리는 문화 체계에 어떠한 합리성의 표준이 출현하는 것 그리고 그것이 문화와 사회 전체 시스템을 관통하는 과정을 이성화라고 일컫는다. 그리고 중국 문화에 나타난 이성 권위의 이원화 문제는 바로 이성화를 통해 해결된 것이다.

우리는 베버가 이성화rationalization라는 개념을 가장 먼저 제시했으며 이를 토대로 전통사회(주로 서양)의 현대화를 해석했다는 사실을 알고 있다. 베버의 이성화는 다음과 같은 세 가지 함의를 지닌다. 첫째, 이성은 계산을 거쳐 사물을 지배하는 능력이다. 그것은 경험적 지식 및 기능技能의 성과로, 여기서 이성은 과학기술적 의미의 합리성과 동등하며 이성화는 이러한 도구적 의미의 이성을 보급·확장하는 것이다. 둘째, 이성화는 (사상적 측면에서) 의의와 관련된 체계화로서 '의의의 목적'에 대한 지적 탐구이며 고심스러운 승화昇華다. 이런 유의 이성화는 관념체계의 정합을 강조하는 데 의의가 있는데, 그것을 형이상학-윤리적 이성주의라고 부르기도 한다. 셋째, 이성화는 체계와 규범을 갖춘 생활 태도로, 그것은 곧 의의나 이해利害와 관계된 제도화 및 형식화다. 이성화의 이와 같은 함의는 주로 사회규범과 행위의 층위로 나타나므로 '실제적 이성주의'라 불리기도 한다.[21] 베버의 정의에 근거하면 분명히 이성화는 사회제도와 문화 체계 각 부분의 정합과 합리성 표준의 통일이면서 전통사회의 현대화 과정이기도 하다. 그러나 어떤 합리성의 표준이 문화 사회 체계 전체를 관통하는 것은 현대화와 동일하다고 할 수 없다. 양자는 근현대 서양

---

21 施路赫特(Wolfgang Schluchter)著, 顧忠華 譯, 『理性化與官僚化: 對韋伯之研究與詮釋』(台北: 聯經出版事業公司, 1986), p.3.

사회가 변화하는 과정에서 동시적으로 발생한 개별 사건일 뿐이며, 그 밖의 문화에서 합리성 표준의 통일이 반드시 사회 현대화와 상관관계를 맺는 것은 아니다. 좀더 구체적으로 설명하자면, 서양의 현대화가 이성화와 보조를 맞춰 발생한 이유는 현대화가 도구적 이성의 확장이며 과학기술 혹은 도구적 의의의 합리성 표준이 모든 영역으로 확장되었기 때문이다. 일단 합리성의 표준이 도구적 이성 혹은 과학기술의 합리성이 아니라면, 합리성 표준의 통일로서의 이성화는 현대화와 동일한 것이 아닐 것이다.

      나아가 우리가 눈여겨보아야 할 점은, 문화 체계와 사회 시스템 합리성의 표준 통일이라는 점에 대해 말할 때 문명에 따라서 이성화의 방식과 정도가 다르다는 사실이다. 예컨대 서양 사회 이성화의 경우, 그 합리성 표준의 통일은 중국 사회만큼 높은 수준에 이르지 못했다. 서양 중세 기독교는 사회 조직과 정치·경제 구조에 대해 영향력을 갖고 있었으나, 천국에 대한 추구와 하느님에 대한 절대적 의존 때문에 세속 세계에 대해서는 냉담했다. 중세 기독교가 가장 관심을 둔 주제는 죄 있는 영혼의 구원이었다. 이와 같이 중세 기독교의 사회적 작용은 음성적이었기 때문에 엄밀한 의미에서 이데올로기가 아니었으며, 현세 정치와 사회제도 합법성의 직접적 근원도 아니었다. 따라서 서양 전통사회 문화 체계의 합리적 표준은 사회제도의 그것과 동일하지 않은 것이다. 또는 제도적 합법성의 근거와 문화적 합리성 사이에 시종일관 어떠한 단절이 존재했다고 볼 수 있다. 설령 베버가 상세히 기술했듯이, 도구적 이성이 부단히 확장하는 현대화 과정에서 문화와 사회제도의 합리성의 근거가 도구적 이성의 영향을 받는다 해도 사회제도의 합리성이 언제나 문화적 합리성으로부터 추론되어 나오는 것은 결코 아니다. 이성화는 문화 이성과 사회제도 이성화의 상호작용을 통해 실현되는 것이다. 이 점을 가장 먼저 발견한 사람이 하버마스다. 그는 이성의 표준을 각각 다른 층위로 구분하여, 어떤 것은 문화 윤리에 속하고 어떤 것은 사회제도에 속하는 것으로 간주했다. 이성화는 모든 층위 내부의 합리성 표준의 확장을 가리킬 뿐 아니라, 나아가 각각 다른 층위의 이성주의의 상호작용과 정합을 가리킨다. 하버마스는, 베버의 오류는 이런 다층위 이성주의의 확장을 단일한 과정으로 환원還元한 것이라고 인식했다. 그림 3.2가 표시하는 것처럼, 본래 서양 사회의 현대화는 A·B 두 층위와 두 단계의 이성화를 포함하지만 베버는 그것을 A1과 B1으로 환원했다.(곧 개신교 윤리와 탈주술화로부터 직접 20세기 권리 구조의 이성화로 건너뛰었다.)

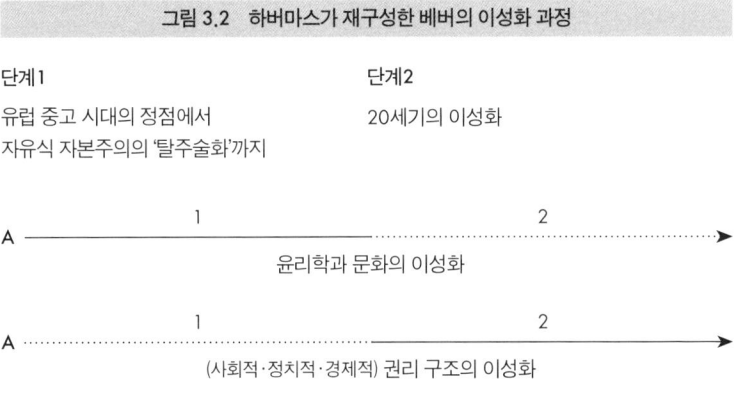

그림 3.2　하버마스가 재구성한 베버의 이성화 과정

단계1
유럽 중고 시대의 정점에서
자유식 자본주의의 '탈주술화'까지

단계2
20세기의 이성화

A ———————1————————————2——————▶
　　　　　　　윤리학과 문화의 이성화

A ·················1····················2··············▶
　　　　　(사회적·정치적·경제적) 권리 구조의 이성화

자료: 퓨지普塞, Michael Pusey 저, 廖仁義 역, 『하버마스哈柏瑪斯』(타이베이: 桂冠圖書股份有限公司, 1989), p.65.

　　　　하버마스의 정의에 근거하면 중국 문화 이성화의 진행 과정은 세 분야로 고찰되어야 한다. 첫째는 사회규범 합리성의 통일, 둘째는 문화 체계 혹은 이데올로기 내부 합리성의 통일, 셋째는 문화 체계 혹은 이데올로기 메타 층위 합리성 표준의 형성과 통일이다. 이른바 이성화란 모든 층위의 합리성 표준이 확장되고, 세 층위 합리성이 상호작용 속에서 정합하는 것을 가리킨다. 일체화 구조에서 사회규범의 합법성은 유가 이데올로기이므로 앞서 소개한 첫째 요구와 부합한다. 오로지 상식이성과 유가 도덕규범 합리성의 통일, 즉 유가 도덕 합리성이 상식과 인지상정 합리로부터 추론될 때 비로소 세 층위는 각기 내부의 합리성 표준을 통일되게 할 수 있고, 아울러 정합을 실현하게 할 수 있다. 다시 말해 상식이성 권위와 도덕 권위의 합일을 이루면 문화 전체의 이성화가 실현된다. 그러나 우리가 이성화의 정의를 사용할 때는 하버마스와는 조금 다른 점이 있다는 생각, 즉 바로 서로 다른 사회, 문화 체계에서는 이성화의 과정과 완전히 동일하지 않을 수도 있음을 강조해야 한다. 하버마스는 베버와 마찬가지로 이성화를 현대화와 동일시하여, 인류 사회 전체가 전통으로부터 현대에 도달하는 것을 이성화 과정으로 인식했다.[22] 사실상 중국 전통사회에서 수·당에서 송·명까지 출현한 문화 체계 이성화의 과정을 밝혀야만 우리는 비로소 서양 중심론의 한계를 피할 수 있고, 중국 문화의 역사적 경험을 기반으로 사회학의 기본 이론을 검토할 수 있다.

22　普塞(Michael Pusey)著, 廖仁義 譯, 『哈柏瑪斯』(台北: 桂冠圖書股份有限公司, 1989), pp.39-82.

3.4
유학은 불교의 사변과 수신 방법을
어떻게 이용했나?

불교의 수신 방법은 어떻게 유학에 포함될 수 있었는가?

도덕의 두 층위: 경지境界와 규범

경학에서 이학으로 재구성되는 유학

불교의 유가화는 왜 재구성의 역사적 임무를 실현할 수 없었나?

수당 교체기에 중국 문화가 맞이한 세 번째 절박한 문제는 불교와 유학의 갈등을 해소하는 것이었다. 불교의 수신 가운데 욕망을 제거하는 '거욕去欲'은 현상玄想과 정좌靜坐를 통해 도달하는 것으로, 궁극적으로 해탈과 허무虛無를 지향한다. 반면 도덕의 실천을 지향하는 유학의 수신은 불교와 완전히 대립되어 통합될 수 없었다. 그러나 위진 현학의 세례를 받은 중국 사대부는 이미 명상을 통한 수신에 익숙해 있었다. 특히 유학의 도덕 사변이 형이상학으로 변화할 때 의지의 순수화純化도 사변 명상식이 되는데, 이때 그것과 불교의 충돌은 현상玄想에 의해 도달하는 최종 목표의 모순으로 변화한다. 유생에 대해 말하자면, 불교적 명상의 목표를 바꾸기만 하면 더 이상 허무를 지향하지 않아도 되며, 나아가 상상 속의 어떤 도덕원칙을 지향하는 경우 불교와의 긴장도 순식간에 해소된다. 여기서 유가의 도덕을 현상의 영역과 행동의 영역으로 구분한다면 거욕 수신의 궁극적 목표는 저 명상 속 도덕의 존재有를 인정하게 된다는 사실을 발견할 수 있다. 이로써 불교의 주정主靜과 거욕의 방식은 유생이 의지를 단련하는 데 더없이 유리한 조건을 제공하게 된다. 다시 말해서 불교와 유학의 갈등을 해소하는 방법은 유가의 도덕 안에 사공이나 사회규범과 다른 경지의 명상적 경지를 세운 뒤 거욕주정去欲主靜의 의지를 수련함으로써 이를 지향하는 것이다. 우리가 3.2절에서 밝혔듯, 위진 현학은 무위를 도덕 이상으로 삼아 상상 속에 존재하며 행동으로 옮길 필요 없는 현상식玄想式 도덕을 창조했다. 그러므로 이 구조를 유학의 내용으로 끌어들인다는 것은 현상식 도덕 구조가 유가 이데올로기에 이식되는 것을 의미한다.

    도덕이 경지와 규범으로 구분되는 경우, 경지가 대표하는 것은 이와 같을 것이다. 그러나 이는 이념으로만 존재하는 '당위'의 세계로, 도덕규범과 사회제도야말로 '당위' 세계의 최후의 실현이다. 경지로부터 규범의 실현으로 발전하는 것은 현실 세계에 대한 보편적 원칙의 설계를 의미하는데, 도덕원칙이 어떻게 실행에 옮겨지는가 하는 과정 또한 세계가 어떻게 모종의 원칙의 지배하에 생성되는가와 혼동을 빚는다. 본래 중국 철학자들은 우주가 어떻게 생성되었는가에 대해서는 관심을 보이지 않았으나, 이제 도덕의 경지와 도덕규범 실현의 관계 고찰에 있어 우주가 어떻게 생성되었는가는 도덕철학이 반드시 처리해야 하는 문제가 되었다. 이후 우주가 어떻게 어떤 원칙에서 생성(설계)되었는지를 상식으로부터 미루어 헤아리는 것이 유학의 주요 내용이 되었다.

우리는 상식이성이 성숙한 뒤 수당 유학 속에 내재한 모순과 그 해결 방법은 모두 도덕철학의 총체적 재구성과 관련된다는 사실을 깨달았다. 즉 유학은 반드시 재구성을 거쳐 다음과 같은 세 가지 목표를 충족해야 한다. 첫째는 형이상학적 도덕 체계를 세우고 천인합일을 강화함으로써 도덕이 우주 질서로부터 비롯되도록 해야 한다. 둘째는 관념체계의 이성화로, 도덕 권위의 합리는 반드시 상식과 인지상정합리에 근거해야 한다. 셋째는 행위규범과 다른 도덕의 경지를 세우고, 또한 이 경지 속 '당위' 세계가 어떻게 현실 세계로 바뀌어 불교의 수신이 유학에 의해 체계적으로 사용되도록 만드는지를 철학적으로 서술하는 것이다.

중국에서는 5대10국 시대에서 송·명대에 이르는 동안 파란만장한 유학 재구성 운동이 전개되었다. 바로 경학經學에서 이학理學으로 향한 전환이었다. 이학은 앞서 말한 세 가지 목표를 충족하는 도덕철학 체계다. 즉 이학의 출현은 유학이 불교를 궁극적으로 소화했음을 의미하는 동시에 형이상학과 천인합일 체계體系의 건립, 나아가 중국 문화가 이성화를 실현했음을 뚜렷이 드러낸다. 중국의 문화 역사에서 이학의 성숙은 선진 철학 이후 제2의 창조적 절정이라 할 수 있다. 따라서 중국 문화의 이성理性 구조를 논하려면 이학의 형성 과정부터 분석해야 한다.

우리는 수당 불교와 유학이라는 서로 다른 관점으로부터 관변 이데올로기의 재구성을 고찰할 수 있다. 표면적으로는 불교를 출발점으로 삼아 이데올로기를 재구성하는 게 더 편리해 보이는데, 이는 수당 불교가 상식이성을 거치는 과정에서 세련되어졌으며 정합에 도달한 사상 체계體系이기 때문이다. 불학으로부터 유가의 이데올로기를 재구성하는 데 필요한 작업은 두 가지뿐이다. 하나는 불교 수신의 궁극적 관심을 변화시키고 유가 성인의 경지로써 탈속의 해탈을 대체하는 것이고, 다른 하나는 천인합일을 불교 형이상학의 프레임 안에 주입하는 것이다. 이와 같은 재구성 과정은 곧 불교 사상 체계의 프레임을 보존하되 그 내용을 유가로 바꾼 것이라 개괄할 수 있다. 잘 알려져 있듯이 송명이학의 형이상학적 사변 구조는 대부분 불교에서 기원했고, 이학은 일찍감치 사람들에게 '겉은 유학이지만 속은 불교', 즉 양유음불陽儒陰佛이라 일컬어졌다. 여기서 '음불'이란 개념, 가치 내부의 구조, 사변 방법 등이 불교를 답습함을 가리킨다. 예컨대 주자학에서 논하는 '본연지성本然之性'과 '기질지성氣質之性'의 대립은 불교의 『수능엄경首楞嚴經』이 논하는 '본연성本然性'과 '화합성和合性'의 관계와 일치한다. 또한 이학가가 말하는 '도통'은 선종의 '이심전심以心傳心'과 유사하다. 시마다 겐지島田虔次는 '체용體用 논리' '조물주 없음' '범신론汎神論' '조화의 비밀을 훔침' '대우주-소우주의 구조적 동질성'과 같은 내용에 기초하여 송명이학과 수·당 불교의 관계를 논했으며, 이학은 이러한 범주와 관념 유형의 불교로부터 비롯되었다고 보았다.[23]

   구조적으로 이학의 사상 추상화 프레임이 불교와 같다면, 송명이학의 형성은 유학의 구체적 가치와 개념이 불학의 프레임 속에서 불교적 가치를 대체하는, 즉 유가 시스템이 불교를 전면적으로 이용·개조한 것이라 할 수 있다. 수당에서 송·명까지 사상사를 전체적으로 관찰하면 우리는 이러한 변화·발전의 추세를 선명하게 확인할 수 있다. 예컨대 송대에 출현한 이른바 '오승五乘 불교'는 몇몇 사람의 주장에 따르면, 불교의 '오계십선五戒十善'이 유가의 오상五常과 소통하거나 동일시된 것으로,[24] 불교가 유가화되는 과정의 중간 단계 사상이라 할 수 있다. 그밖에

---

23 島田虔次 著, 蔣國保 譯, 『朱子學與陽明學』(西安: 陝書師大學出版社, 1986), pp.1-9.
24 契嵩 撰, 『輔教編』, 卷四(台北: 新文豐出版公司, 1979), p.1.

불교의 전파 방식이 송대 서원의 건립을 촉진한 것,[25] 선종의 '직접 사람들의 마음을 가리키는 것直指人心', 장구의 자질구레함을 제거한 것이 일상생활 속의 윤리 도덕人倫日用을 중시한 송명이학에 끼친 영향[26]은 엄밀히 말해 이런 변화 발전의 과정에 속한다.

    그렇다면 이학은 불교의 유가화를 통해 성립되었다고 할 수 있을까? 이는 불가능한 것으로, 그 이유는 이러하다. 비록 수·당의 불교는 상식이성과 정합한 형이상학 체계體系이지만, 2.4절과 2.6절에서 말했듯이 위진남북조 후기부터 중국식 불교는 모두 심성론을 따랐으며 이는 도덕가치 일원론의 사상방식으로 인도 불교를 재구성한 결과다. 3.1절에서 분석한 것처럼 선종이 가장 전형적이라 할 수 있는데, 본질적으로 인지상정합리를 사용해 해탈의 문門을 유도한다. 심성론 불교는 도덕가치 일원론의 추론 양식일 뿐이고 수·당 불교 체계는 천인합일 구조를 갖추고 있지 않았다. 일찍감치 위진 시대에 사대부는 천인합일의 사상방식에 근거해 반야학을 받아들이기는 했지만 반야학의 쇠퇴와 함께 중국 불교의 형이상학 구조는 더 이상 천인합일의 방식이 아니었다. 이학이 재구성한 유가 이데올로기의 첫 번째 임무가 바로 형이상학적 천인합일 체계를 세우는 것이었다. 이는 수·당 불교의 기본 구조를 보존한 유가화한 불교가 감당할 수 없는 것이었다.

    이로써 이데올로기 재구성은 반드시 유학 자체의 재건에 의존해야 했다. 불교의 형이상학 사변을 흡수해야 하기도 했지만 무엇보다 천인합일 구조를 재건하기 위한 독창적인 것이 필요했다. 이학의 형성 과정에서 유학이 맞닥뜨린 세 가지 문제는 '천인합일의 형이상학 체계

---

25   嚴耕望,「唐人習業山林寺院之風尙」,『唐史硏究叢稿』(香港: 新亞硏究所, 1969).
26   余英時,『中國近世宗敎倫理與商人精神』, p.17, 19, 20, 44.

건립'과 '이성화' 그리고 '수신의 도덕 경지를 확립하는 것'이었다. 그 발전 변화의 실제 과정은 먼저 하나의 문제를 해결하고 나서 두 가지 문제를 처리하는 식이 아니라 나란히 세 방향을 개진하면서 진행하는 식이었다. 이는 주렴계周濂溪로부터 개창되어 정이천·정명도가 계승하고 마지막으로 주희가 집대성한 과정이다. 모든 사상가는 이 세 분야에서 부분적 공헌을 해냈을 뿐이고, 마지막에 비로소 그 성취들이 정합되었다. 이학의 구축 과정을 이해하기 위해서는 이 사상가들이 각각 이루어낸 공헌을 서술한 다음에 어떻게 정합되었는지 토론하지 않을 수 없다.

3.5
이성화의 첫째 경로
정주이학

주렴계는 '무극無極'을 태극太極보다 높게 보았다
배우면 성인이 될 수 있다聖人可學
정명도의 만물일체로서의 '인仁'
정이천은 상리常理에 도덕적 의의를 부여했다
주희의 '천리天理 세계'
형식적 '유有', 물질적 '무無'
주희의 이기이원론理氣二元論
주희의 도덕형이상학을 이루는 네 부분
'천리 세계'의 확립은 일체화한 대일통의 정합을 강화했다
'외왕 추구'로부터 '천하 교화'에 이르기까지

주돈이(자는 무숙茂叔, 세칭 염계선생濂溪先生, 1017~1073)는 유학 재구성의 첫걸음을 내디딘 인물이다. 그는 『역경易經』의 "역에는 태극이 있으니, 이것이 양의를 생성한다易有太極, 是生兩儀"는 내용에 근거해 '태극도설太極圖說'을 제시했다. 이는 상식유비常識類比 방법을 사용한, 그리고 도덕 윤상의 내용을 포함시킨 우주론의 이론 체계로, 형이상학적 천인합일 구조의 초보적인 프레임을 드러냈다. 언급해둘 점은, 주돈이는 무극無極을 태극보다 높게 여겼으며 훗날 주희가 천리天理를 '물질의 무物質之無'와 '형식의 유形式之有'로 간주한 것은 '태극도설'을 한 걸음 더 발전시킨 것이라는 사실이다.[27] 주돈이의 중대한 공헌은 배움으로 성인이 될 수 있음을 제창

한 것이다.²⁸ 이 주장은 오늘날 신선하지 않은 상투적인 것이지만, 당시에는 의심할 것 없이 사자의 포효와도 같은 것이었다. 물론 맹자가 일찌감치 "사람은 모두 요순이 될 수 있다人皆可成堯舜"고 말한 바 있지만, 유학이 관변 이데올로기가 된 이후로 그러한 관점은 배제되었다. 한대에 공자는 '생이지지生而知之', 즉 날 때부터 도를 아는 성인이었으며 한나라를 위해 법을 제정한 소왕素王[1.4절의 옮긴이 주 참조]이었다. 고문경전은 역사학자라는 공자의 지위를 회복시켰지만 유생이 보기에 공자라는 성인은 현실 대중과 동떨어진 존재, 즉 바라볼 수는 있으나 닿을 수 없는 대상이었다. 그러나 주돈이는 모든 사람이 학습을 통해 성인이 될 수 있다고 믿었다. 이는 대단한 사상 해방이었을 뿐 아니라 무엇보다도 제왕을 위한 복무와 구별되는 도덕 추구의 영역에 새로운 목표를 세웠다는 점에서 중요하다. 이 새로운 목표는 유생의 정신적 성장을 촉진할 수 있었다. 주돈이가 성인에 이르는 수신 방법으로 '무욕無欲'과 '주정主靜'을 제기한 사실로부터 우리는 그가 불교의 수신 공부를 유학 안에 들여놓고자 했음을 알 수 있다.

주돈이 이후 그의 제자 정호(자는 백순伯淳, 세칭 명도선생明道先生, 1032~1085)와 정이(자는 정숙正叔, 세칭 이천선생伊川先生, 1033~1107)는 새로운 유학을 구축하는 데 깊이 파고들었다. 주렴계가 세운 형이상학적 우주론에 도덕의식을 주입하기 위해 정명도는 유학의 핵심 개념 '인仁'을 천인합일의 정신 경지로 삼았다. 그는 의서醫書에서 손발이 마비되는 증

---

27 펑유란은 주희의 '무형의 이치無形之理'는 바로 주렴계 『태극도설』의 "무극이면서 태극이다無極而太極"라는 말에서 유래한 것이라고 지적했다. 그러나 육상산은 태극 위에 또 무극이 있다는 데 동의하지 않았다.(馮友蘭, 「宋明理學中理學心學二派之不同」, 『三松堂學術文集』[北京: 北京大學出版社, 1984], p.271)
28 周敦頤, 『周子全書』, 卷八, 上冊(台北: 商務印書館, 1978), pp.135-136.

상을 '불인不仁'이라 부르는 표현을 빌려 천지를 인간의 신체에 비유하고 만물을 사지와 기타 부위에 비유했다.²⁹ 먼저 도덕적 감정인 '인仁'은 지각知覺이 있는 것이다. 그리고 도덕적 감정이 없는 것은 마비되어 감각이 없는麻木不仁 것으로, 지각이 없는 것과 같다. 생명은 지각이 있는 것이며 우주가 생명을 생육하는 것이 바로 천도다. 그러므로 끊임없는 생성과 번성生生不息을 천도로 하는 우주는 인간의 도덕적 감정과 상통할 수 있다. 이런 상식유비 방법에 근거하면 유가의 도덕을 손쉽게 『역경』의 형이상학적 우주론에 결합할 수 있다. 정명도는 이에 근거해 '인'을 만물일체萬物一體, 즉 만물을 한 몸으로 삼는 것이라 했다.³⁰ 그러니까 천지를 하나로 꿰는 도덕 생명이 곧 '인'이라는 것이다. 본래 유가 도덕의 핵심은 '예'로서, '인'은 '예'에 내포된 도덕가치를 대표할 뿐이다. '동시에 예'는 도덕 목표와 동일해서 쉽게 구별되지 않는 외재적 규범이기도 하다. 이제 '인'은 도덕을 대표할 뿐만 아니라 우주 질서로부터 나오는 것이며, 나아가 세계 만물을 포괄하는 생명의 의의를 지닌다. 이렇게 해서 '인'은 '예'보다 중요한 가치로 간주되어 선진 유학의 '인·의·예·지·신' 오상五常으로부터 독립적인 유가 도덕의 근본이 된다. 이후 도덕 이상은 외재적 규범으로부터 명확히 구별되어 나올 수 있었다. '만물을 한 몸으로 삼는 것'인 '인'은 유학에서 개인의 도덕이 천지와 합일하는 최고의 경지다.

  정이는 좀더 나아가, 성인이 되는 것을 사대부 수신 치학治學의 목표로 삼아 개인의 학습과 수련이 정신의 경지에 이르는 필수 요소라 보았다. 이는 사공으로부터 독립된, 심지어 그보다 더 중요한 과제로 간주했다. 그는 후세 사람들의 잘못된 생각, 즉 성인은 나면서부터 도를 아

---

29 程顥, 程頤,「河南程氏遺書卷第二上」,『二程集』, 第一冊(北京: 中華書局, 1981), p.15.
30 朱熹 編,『近思錄』, 卷一(上海: 商務印書館, 1934), p.12.

는 존재라는 인식은 학문의 타락이라고 했다. 이에 사공과는 다른 도덕 경지를 추구할 것을 강조했고, 이러한 경지에서 벗어나 여러 사물을 두루 많이 아는 것은 '완물상지玩物喪志', 즉 사물에 정신이 팔려 본뜻을 잃는 것이라 했다. 심지어 성인이 기록한 『오경』의 자구를 베껴 쓰기만 하는 것도 완물상지라고 했다. 그가 죽음에 임박해 말할 기력조차 없을 때 제자 한 명이 그를 위로하면서 "스승님 평생의 학문이 바로 지금에야 쓰이려고 합니다"라고 말하자, 정이는 눈을 가늘게 뜨고 '도道'를 위한 학문에 대해 '쓰임用'이라 말하는 것은 옳지 않다고 훈계했다.[31] 송유들에게 이미 정신 경지로서 강력한 수신의 목표가 세워졌음을 알 수 있다. 정이는 또한 천지간의 상리常理에 도덕적 의의를 부여했고, 나아가 인간의 성리人之性理를 천지의 이天地之理와 결합시켜 보편적 이理가 윤리·물리·사리·성리 등을 통섭하게 함으로써 천인지제天人之際를 하나로 꿰는 유자의 학문을 세웠다.[32] 이렇게 유학은 보편의 '이'를 연구하는 학문으로 간주되었다. 달리 말해 이정二程에게서 초보적인 이정이 형성되었다. 오늘날 중국어에서 '이理'는 우주와 도덕의 경지를 관통하는 다중적 의미를 지니는 문자로, 이론理論이나 도리道理를 의미하기도 하고 이상理想을 의미하기도 한다. 이것이 1000여 년 동안 이학이 중국 문자에 남긴 흔적이다.

      유학을 재구성하는 데 가장 곤란한 것은, 어떻게 하면 형이상학적 우주론으로부터 도덕을 이끌어내는 동시에 거욕주정의 수신 공부가 지향하는 목표가 되게 할 것인가, 즉 도덕의 함의를 포함하고 있는 우주 질서를 수신 경지와 자연스럽고 완벽하게 결합해낼 것인가 하는 문제다. 유학의 핵심은 인륜 도덕이고, 인간의 도덕적 감정은 윤리 관계를 내

---

31   島田虔次 著, 蔣國保 譯, 『朱子學與陽明學』(西安: 陝西師範大學出版社, 1986), p.36.
32   鄧克銘, 『宋代理概念之開展』(台北: 文津出版社, 1993), p.49.

재화한 것이자 투사한 것이라고 할 수 있다. 군신 관계든 부자 관계든, 또 모든 윤리 등급이나 사회 조직에 이르기까지 본래 인간관계이므로 윤상의 인간관계를 이상화하여 사회 실체로부터 추출해낸다면 그것을 우주 만물 간의 관계망과 세계 존재 형식의 구성 부분으로 간주할 수 있다. 이와 같이 이상으로서의 인륜 관계는 이상적 우주 질서(만물의 관계)로부터 추리해낸 것이며, 이에 근거해 천인합일의 형이상학적 도덕철학을 구축할 수 있다. 게다가 이렇게 이상화한 관계는 순수 형식으로서 물질적 내용이 없는 무형의 관계이고, 이런 무형의 이理에 대한 사변은 불교의 거욕 명상과 극히 유사하다. 이렇게 해서 유학의 근본인 윤리倫理는 불교의 수신 공부와 결합을 이루었다. 이 결정적 공헌은 주희(자는 원회元晦, 1130~1200)가 이루어낸 것으로, 그는 '천리天理'라는 기본 개념을 통해 우주론과 수신 경지를 하나로 결합했다. 위잉스는 그것을 유학의 내적 '천리 세계'의 출현이라 불렀다.[33]

주의해야 할 것은 '천리'는 외재적 도덕규범과 구별되는 내면의 경지이며, 가장 오묘한 지점은 형식적 '유'와 물질적 '무'라는 것이다. 또는 야스다 지로安田二郎의 표현에 따르면, 주희의 '이'는 존재로서는 '무'이며 의의로서는 '유'다.[34] 형식과 의의의 '유'는 군신·부자 등 인륜 관계의 의의와 궁극적 합리를 긍정하고 물질적 '무'는 불교의 '거욕·주정·귀무貴無'의 수신 공부를 통해 이상적인 상태를 지향할 수 있는바, 그로 인해 불교 선종의 유산인 수신이 체계적으로 이용될 수 있었다.

주희가 인륜 관계를 내포하는 만물의 존재 형식을 이상화하고

---

33 余英時, 『中國近世宗教倫理與商人精神』, pp.52-64.
34 安田二郎, 『中國近代思想研究』, 島田虔次, 『朱子學與陽明學』(西安: 陝書師範大學出版社, 1986), p.59에서 재인용.

그것을 현실 세계로부터 추출하여 만물 존재의 근거로서 천리를 내세웠으므로, 그다음에는 '천리'와 현실 세계 간의 문제를 해결해야 한다. 천리가 형이상의 존재로서 곧 '도道'라면, 현실 세계는 '도'의 실현으로서 형이하의 '기器'다. 그렇다면 '도'는 어떻게 '기'로 전화하는가? 주희는 장재張載(자는 자후子厚, 세칭 횡거선생橫渠先生, 1020~1077)의 사상, 즉 우주는 '기氣'에 의해 생성한 것이라는 설을 십분 받아들여 만물의 끊임없는 생성과 번성生生의 과정을 '이'가 '기'를 지배하는 것으로 보았다. 정확한 비유일지 모르겠으나, '이'가 사물의 '당위'를 대표한다는 것은 거푸집과 같은 것으로, 사물은 '기'로서의 물질이 이 거푸집을 채워 이루어진 것이다. 이때 채워지는 '기'의 '지나침'과 '모자람'은 이상적 상태에 이르지 못하게 한다. 인간이 어떻게 도덕 목표에 도달하는가에도 이와 같은 비유를 적용할 수 있다. '천리'가 인간의 몸에 체현된 것이 '성性'이므로 '기'와 서로 호응하는 것은 '정情'이어야 마땅하다. 즉 '정'이 발동하여 '성'이 실현되게끔 한다. 이상에 도달함은 선善이고 지나침과 모자람은 악惡이다. '정'이 지나치면 '욕欲'이 된다. 여기서 우주 생성을 도덕 실현의 과정과 동일시한 주희의 중대한 창안을 지적하지 않을 수 없다. 그에 따르면 천리는 도덕원칙으로서 현실의 윤리로 전화하는 도덕 실천의 과정이다. 동시에 천리는 사물이 어떠해야 하는가를 가르치는 양식으로서 세계의 생성을 규정한다. 이와 같이 세계의 형성 과정은 도덕 실천과 심층구조 곳곳에 통할 수 있다. 바꿔 말해서 이학이 도덕 실천 양식을 통해 우주 생성의 과정을 유비한 이후, 우주론 그리고 세계가 어떻게 이루어졌는가를 이야기하는 유생들의 잠재의식에는 도덕과 도덕 실천의 관계가 내재하게 되었다. 많은 경우, 사람들이 도덕 문제에 관해 도덕원칙과 실천을 어떻게 다룰 것인가는 어떠한 우주론을 받아들이는가로 결정된다. 우리는 다음 장에서 이것이 중국 문화의 근현대 유형으로 전환하는 과정의 중요한 잠재적 제약 구조였음을 밝힐 것이다. 예컨대 중국 근대사조 가운데 유물론이 유심론을 압도하는 이유는 처음부터 유기론唯氣論이 유행했기 때문이며, 그 배후에는 도덕 활동 가운데 사공과 실천을 강화해야 한다는 역사적 수요가 추동력으로 작용했다. 이는 일체화 구조가 서양의 충격에 직면했을 때 필연적인 반응이다.

주희의 '이기理氣이원론'은 중국 철학에서 기념할 만한 사건으로, 그 뒤를 이어 나타난 형이상학적 우주론은 중국 문화의 대전통이 된다. 류수셴劉述先이 지적하듯, 이와 기의 관계는 주희가 세운 형이상 철학 체계의 핵심이다. 즉 이와 기의 관계는 이상과 현실의 관계를 포함하는 동시에 형이상의 세계와 현실 세계를 호응하는 것이다. 정주이학의 다른 기본 범주들, 가령 '태극太極과 음양陰陽' '도기道器' '체용體用' '천인天人' 관계는 모두 이기 관계의 한 측면이다.[35] 표면적으로 주희의 이기 관계에 대한 논리는 이해하기 쉽지 않고 심지어 모순으로 가득해 보인다. 주희는 한편으로는 "먼저 이가 있고 나서 기가 있다先有理後有氣"라는 이원론에 가까운 입장을 취했지만, 다른 한편으로는 "이가 있으면 반드시 기가 있다有理必有氣"라고 하여 이기는 분리할 수 없다理氣不相離는 설을 견지했다. 평유란은 자신의 신실재론新實在論에서 '이'를 형이하의 시공 속 '존재存在, exist'와 다른 '잠존潛存, subsistence'으로 이해했다.[36] 류수셴은 평유란이 주희를 오해했다고 비평하면서 서양철학 관념을 동원해 외부로부터 주희의 사상을 이해하는 것은 어떤 것이든 오류를 낳을 수 있다고 지적했다.[37]

---

35 劉述先, 『朱子哲學思想的發展與完成』(台北: 台灣學生書局, 1982), pp.346-347.
36 馮友蘭, 『中國哲學史』, 下冊 (香港: 三聯書店, 1992), p.316.
37 劉述先, 『朱子哲學思想的發展與完成』, pp.270-271.

서양철학의 개념과 범주로써 이기 관계를 파악하기 어려운 이유는, 본질적으로 도덕 이상이 어떻게 전화하여 도덕 실천이 되는가로써 범주를 정해야 하기 때문이며, 또한 이기 관계는 일체화 구조 속의 이데올로기와 사회 조직의 관계에 대한 철학적 묘사이기 때문이다. 예컨대 이의 원형은 도덕규범이고 기의 원형은 도덕규범의 실현임을 인식하는 데 이르러야만 왜 먼저 이가 있고 난 뒤에 기가 있다고 했는지, 왜 이가 기와 떨어질 수 없다고 했는지를 이해할 수 있다. 무엇이 도덕인지 명확하게 이해해야만 실행할 수 있지만, 도덕 활동의 영역에서 실천에 옮길 수 없는 원칙과 규범은 무의미한 것이다. 이 때문에 "먼저 이가 있고 나서 기가 있다"라는 이원론과 이와 기를 분리할 수 없다는 관념은 서로 어긋나지 않는다. 이 모든 것은 존재론적으로는 이해하기가 쉽지 않으나 도덕철학의 영역에서는 자명한 것이다.

그런 한편, 도덕원칙 자체는 도덕에 부합하는 규범의 지도를 넘어 규범의 실행 가능성 그리고 실행에 옮기는 것까지 포함한다. 즉 "이가 있으면 반드시 기가 있음" 자체가 '이'의 일부인 것이다. 마찬가지로 도덕규범의 실행은 보편성을 요구하는데, 이것이 형이상의 영역에 반영되어 '기'가 있으면 반드시 '기의 유행氣之流行'과 '대전大全'이 있다 한 것이다. 오늘날의 관점에서 중국식 도덕 철학을 위한 형이상의 기초를 모색하고자 할 때 주희가 제시한 '이기' 관계는 상당히 치밀하고 흠잡을 데가 없다. 이에 1930~40년대 펑유란은 '이' '기' '유행' '대전' 간의 관계에 서양의 신실재론의 용어를 모방 적용함으로써 새로운 이학新理學을 구성할 수 있었다.

주희가 구성한 방대한 도덕 형이상학의 체계는 크게 네 분야로 이루어진다. 첫째는 '이'와 '기'의 관계를 토론한 존재론으로, 상식을 바탕으로 세운 우주론이다. 둘째는 윤리학으로, 우주론 속의 '천리'가 인간의 몸으로 구체화한 것이 '성'임을 논증한 것이다. 그는 "성이 곧 이性卽理"라는 설을 통해 우주론과 도덕 학설을 통일했다. 셋째는 수신 방법론으로, '거경居敬·궁리窮理'의 설이다. '천리'의 수신 목표는 형이상학적 우주론과 매우 높은 수준의 통일을 대표하므로 수신의 방법도 전에 없이 풍부하다. 즉 격물치지格物致知로써 우주 만물을 인식하는 한편 거욕·거경의 의지 순화로써 자기의 본성을 밝게 드러내는 것이다. 넷째는 경전 주석학으로, 『사서집주四書集注』와 같은 것이다. 주희의 견해에 따르면 성인은 천리의 대부분을 깨달았으며 유가 경전으로 기록을 남긴바 독서는 가장 중요한 수신 방법이다. 주희가 세운 이 철학의 체계體系로부터 우리는 유학의 재구성이 도달해야 할 네 가지의 목표를 원만히 완성했음을 알 수 있다. 경학이 의리義理를 중시하는 정주이학으로 전화한 이후 유학과 상식이성의 충돌은 사라졌고 수신은 더 이상 불교 방식을 빌려 쓸 필요가 없게 되었으며, 유가 이데올로기는 다시 한 번 천인합일의 사상 체계가 되었다.

  이제 상식과 인지상정(과 욕망)의 천연합리 정신(즉 상식이성)의 수용으로 인해 유가 윤상은 충돌을 겪지 않게 되었으며 오히려 군신·부자 관계를 유지하는 역량으로 전화했다. 정주이학의 관점에서 윤상 관계는 우주 질서의 일부다. 그러나 천리로서의 예禮가 현실의 예로 전화하는 경우 기로써 이를 실현해야 하며, 지나치거나 모자라지 않도록 해야 한다. 이런 중용中庸의 도는 인간의 자연적 욕망을 해명할 수 있다. 바꿔 말해 인간의 자연 욕망과 본능 가운데 유가의 윤상을 유지하는 데 필수적인 부분만 천리의 실현으로 일컬어지고, 쓰기에 부적합한 부분은 기의 지나침 또는 부족, 즉 인욕人欲으로 지목되었다. 이에 '천리의 보존과 인욕의 소멸存天理·滅人欲'은 인지상정과 욕망을 효과적으로 걸러내 인지상정과 유가 윤리 간의 충돌 가능성을 제거했다. 뿐만 아니라 형이상학적 우주론과 도덕철학의 통일을 완성한 정주이학은 왕권의 기초이자 유생의 도덕의 원천이 됨으로써 왕권은 다시 한 번 천도의 지지를 획득했다. 송나라 이후 일체화 대일통의 정합 기능이 크게 강화되어 더 이상 중국에서 장기간의 심각한 분열과 할거가 출현하지 않았다. 정주이학은 도덕 경지를 대표하는 천리 세계를 확고히 구축했고, 천리 세계는 수신의 목표였다. 게다가 방법적으로 선종을 대거 포용함으로써 불교로부터의 위협을 제거했다. 설령 유생이 불교를 선호하더라도 그 수신의 지향을 심성론의 프레임으로 끌어들일 수 있었다. 많은 경우 불교의 수신은 심성학을 좀더 풍부하게 뒷받침하는 역할을 했다. 송대 이후 사대부는 당대 때와 같은 강력한 배불排佛 정서를 일으키지 않았다.

    유생에게 천리 세계의 확립이란 인생 전반에 걸쳐 우주 만물의 본질인 천리를 깨달아 어떠한 경지에 도달한 다음에 실현되는 것, 즉 도덕 이상에 도달하는 것은 외부에서 내부로 이른 뒤 다시 안에서 밖으로 이르는 연속의 과정이다. 그러므로 『대학』의 "격물·치지·성의·정심·수신·제가·치국·평천하" 여덟 조목은 유생이 '내성외왕內聖外王'을 실현하기 위해 반드시 거쳐야 하는 경로였다. 한편 '내성'을 추구하는 정신 경지는 사공 이외의 상대적으로 독립된 목표로 삼을 수 있기에 유생은 마침내 주정·궁리·독서담성讀書談性의 행위양식을 발전시켰다. 그것은 종종 한나절은 독서하고半天讀書 한나절은 정좌하는半天靜坐 것으로 개괄되곤 했다. 이학은 사대부로 하여금 도덕 추구에 몰두하게 만들어, 정치가 부패하고 천하가 크게 혼란할 때 시대 조류에 휩쓸리지 않고 자신의 지조를 지킬 수 있게 했다. 그로부터 유생은 도학선생道學先生으로 변화했으나 도덕 경지와 사공의 분리는 이전에 없던 새로운 문제를 가져다주었다. 바로 유생의 사공 능력을 크게 퇴화시켰다는 점이다. 리지샹이 지적한 것처럼, 이학 출현 이후 유학의 '내성외왕'의 외부 대상인 '외왕'은 본래 왕권·정치·사회제도를 대상으로 하는 '외왕의 추구原外王'가 아닌 '천하 교화敎化天下'로 변했다. 이제 이학자는 군君이나 왕王이 아닌 스승師이자 유학자儒였다.[38] 이것이 사공 능력 퇴화에 따른 한 국면이다. 유학의 이러한 변화는 나날이 '경세經世'를 부각시켰고 점차 중요한 문제가 되었다. "평소에는 빈손으로 심성을 담론하고, 위난이 닥치면 한 번의 죽음으로 군왕께 보답한다平時空手談心性, 臨危一死報君王"라는 말은 세상사를 처리하는 도학선생에 대한 전형적인 묘사다. 특히 중국이 외부의 충격에 대응해 유생이 지혜를 발휘해야 했을 때 도덕 경지는 흔히 불교와 유사한 피난처가 될 수 있었다. 송대 이후 한·당 시대와 같은 위대한 왕조가 출현하지 않은 것은 아마도 유생의 사공 능력의 감퇴와 무관하지 않을 것이다.

---

38 李紀祥, 『明末淸初儒學之發展』(台北: 文津出版社, 1992), p.3.

3.6
이성화의 두 번째 경로
육왕심학陸王心學

정주이학은 합리화의 경로일 뿐이다
육상산은 인지상정과 자연감정을 도덕의 기초로 삼았다
왕양명은 도덕가치 일원론을 토대로 안에서 밖으로 양지를 열었다
예교의 확산과 거리를 가득 메운 성인滿街都是聖人
반反엘리트주의와 반反주지주의의 맹아
심학의 유상성喩象性과 불확정성
'치양지致良知'와 '부민론富民論' '새로운 공사관公私觀'
유학과 불교의 명확한 경계선이 사라졌다

우리는 경학이 정주이학으로 바뀌어간 것을 유학의 이성화라 일컬었는데, 이것이 중국 문화에 나타난 제1차 이성화의 표지다. 3.3절에서 말한 바, 이성화란 문화 체계 속에서 행위와 가치의 궁극적 합리성을 판별하는 표준이 생성되는 것, 그리고 이와 같은 표준에 근거해 이데올로기 또는 문화 체계를 구축하고 또 사회·정치제도와 정합하는 과정을 가리킨다. 정주이학의 형성 과정은 비록 복잡하지만, 일단 관념체계의 정합이 완성되면 상식이성은 합리성의 궁극적 표준이 되어 이데올로기와 사회 규범 전체를 관통하게 된다. 그것은 먼저 지식적 상식에 근거해 이상적

인 우주 질서를 구성하며, 인륜 관계는 의심할 바 없이 이 이상적 질서에 속한다. 이것이 바로 '천리'다. 상식적 합리는 천리가 매우 분명하다는 것天理之昭然을 증명한다. 다음으로, 밖에서 안으로 향하는 '천인합일'의 추세를 따라 우주 질서의 합리성으로부터 그 일부인 사회제도와 윤상 관계의 합리성을 이끌어내고, 다시 윤상 관계로부터 도덕가치의 합리를 이끌어낸다. 이것이 바로 합리성이 이데올로기의 메타 층위에서 이데올로기의 각 부분으로 관철되어 가는 과정이다. 합리성의 추론의 전 과정을 전면적으로 관찰하건대, 정주이학의 이성화 과정은 실제로는 지적 합리성이라는 궁극적 표준이 천인합일이라는 도덕 추리 방식과 결합한 결과인 게 분명하다.

우리가 합리화의 경로로부터 이학의 형성을 다룬다면, 정주이학은 합리화 경로의 한 가지일 따름이라는 사실을 발견할 것이다. 우리는 상식이성에 두 가지의 출발점이 있음을 알고 있다. 하나는 지적인 경험 상식을 천연의 합리라고 주장하는 것이고, 다른 하나는 인지상정을 천연의 합리로 인식하는 것이다. 정주이학은 주로 지적 상식을 합리성의 주춧돌로 삼는 데 중점을 두었으므로 인간의 자연 감정은 그리 중요치 않았다. 게다가 합리성이 외부로 향할 때 정주이학은 주로 밖에서 안으로 향하는 천인합일의 구조가 우주론을 사회 정의·윤상 가치와 통일하는 방식을 이용했다. 그렇다면 상식이성의 또 하나의 출발점으로부터 도덕철학을 세우는 것, 즉 또 한 갈래의 합리화 경로를 개척하는 것이 당연히 가능하다. 이는 곧 합리성의 최후의 근거는 주로 지적 상식이 아니라 인간의 자연 감정이라는 것이다. 합리성의 추론 방식에서 우주로부터 사회 인륜에 이르고 다시 개인 도덕에 이르는 '천인합일' 구조를 운용하는 것이 아니라 안에서 밖으로 향하는 '도덕가치 일원론'의 운용, 즉 개인의 양지良知(도덕심)로부터 가정 윤리·사회규범에 이르는 것, 이것이 바로 송명이학의 다른 갈래인 육왕심학의 구성 방향이다.

일찍이 주희가 이학을 세우던 초기에 육상산陸象山(자는 자정子靜, 1139~1193)은 주희의 도덕철학적 출발점에 동의하지 않았다. 그와 주희는 아호鵝湖에서 '심즉리' '성즉리'에 관한 유명한 논쟁을 벌인바, 핵심적인 견해 차이는 우주론으로서의 '천리'가 인간 신상身上에 어떻게 구체화하는가였다. 주희의 주장에 따르면 '천리'가 인간 신상에 체현된 것이 '성性'이다. '천리'는 일종의 이상화한 인간관계로서, 내면에서 전화하여 도덕 기초인 '성'이 되므로 '성'은 도덕규범의 내재화다. 주희는 '성즉리'로써 도덕의 합리성을 논증했으며 이는 천인합일 구조에 따라 전개한 것이다. 그러나 상식이성이 충분히 강대하고 이미 인간의 선 의지(도덕심)가 모두에게 자명한 일상적 정감일 때는 직접 인지상정의 합리로써 내재된 도덕심을 이끌어내는 것이 곧 도덕 논증의 지름길이다. 그래서 육상산은 '천리'를 대표하는 것은 인륜 관계의 내재화로서의 '성'이 아니라 인간의 도덕심, 즉 인간이 나면서부터 지니는 감정 가운데 도덕적 감정이라고 보았다. 육상산은 인지상정과 인간의 자연 감정을 도덕의 기초로 삼았으며, 이것이 곧 '심즉리'다. 심즉리는 두 겹의 함의를 갖는다. 첫째는 지적 상식이 합리성의 최후의 근거라는 점을 인정하지 않는 것이고, 둘째는 인간의 도덕 감정을 윤리 관계의 기초로 여기는 것이다. 분명히 '심즉리'는 내부에서 외부를 향해 도덕을 끌어내는 것과 인지상정을 최후의 합리로 간주하는 것, 이 두 가지 원칙을 결합한 것이다. '심즉리'로써 도덕을 설명하는 방식은 간단명료하고 힘이 있지만, 그 안에 하늘을 포함하는 형이상학적 우주론의 도덕철학 체계를 세우기는 어렵다. 이것이 당시 육상산이 주자 철학과 경쟁하기 어렵게 만든 점이었다. 상식이성으로부터 보자면 '육학陸學'이 더 자연스럽고 합리적이어서 일반 백성의 마음을 움직이기에는 직접적으로 본심을 가리키는 육상산의 도덕 논설이 유리했다. 이에 육상산의 청중 가운데 농부와 부녀자나 어린아이도 있었는데 때로는 감동해서 눈물을 흘리기도 했다. 명나라 중엽에 이르러 사회도덕이 타락하고 유생의 무능함이 드러나자 유생은 이학의 수신 방법을 재고하기에 이르렀고, 그때서야 육상산이 개척한 방향이 새롭게 발견되었다. 이에 왕양명은 그 유명한 '치양지致良知'설을 제기했다.

왕양명이 정주이학을 타파한 것은 바로 상식과 도덕의 관계로부터 착수된 것이다. 우리가 앞에서 말한 것처럼, 정주이학에서 '천리'를 명확히 이해하기 위해서는 수신 절차가 격물치지로부터 시작되어야 한다. 즉 우선 (성현의 글을 읽는 것을 포함해) 만물의 지식을 확실히 이해해야 하며, 그러고 난 뒤에 내적인 절실한 깨달음體悟을 통해 상식 속에 포함된 관계와 형식을 이상화해야 한다. 예컨대 가정 윤리를 깨닫는 것은 인류 사회관계의 상식으로부터 도덕규범을 추론해 아는 것으로, 기본적으로 이러한 절차는 유효한 것이다. 그러나 자연계의 상식을 인식하는 것으로써 도덕의 근원을 이해하는 경우, 자연현상과 도덕이 무관할 때 이 절차는 무효하다. 바꿔 말해서 정주이학은 도덕을 우주 만물과 합일한 형이상학이다. 만물은 도덕의 근원과 관련되므로 성인이 되려면 반드시 우주 만물을 제대로 이해해야 한다. 이는 물론 유생으로 하여금 수신 과정에서 자연을 정확히 이해하려는 욕구를 최대한 강화했다. 그러나 이런 수신 과정이 널리 실천됨에 따라 머잖아 자연 상식으로부터 도덕 원리를 깨닫는 것의 한계가 발견되기에 이르렀다. 사상사에는 왕양명이 격죽格竹, 곧 대나무의 이치를 연구하는 체험으로부터 정주이학에 대한 의혹을 품게 되었다는 유명한 이야기가 있다. 그는 대나무를 마주하고 앉아 7일밤낮으로 대나무에 관한 여러 지식을 동원해 사색해봤으나 대나무에 대한 분석으로는 도덕의 근원을 이해할 수 없었다.[39] 왕양명은 이 격죽 체험을 통해 많은 경우 도덕은 자연계에 관한 우리의 지식과 무관하다는 정교한 설을 제기했다. 결국 그는 정주이학에 문제가 있다고 생각한 것이다. 37세 되던 해에 그는 귀주貴州 용장龍場의 석실 안에서 가슴에 손을 얹고 자신에게 물었다. '만약 성인聖人이 이런 경우에 직면한다면 어떻게 할까?' 마침내 큰 깨달음을 얻은 그는 "성인의 도는 나의 본성만으로 충분하며 이제까지 사물에 나아가 진리를 궁구한 것은 잘못이었다聖人之道, 吾性自足, 向之求理於事物者誤也"고 뇌까렸다. 왕양명이 발견한 성인의 도는 명백히 도덕철학을 구성하는 또 하나의 주춧돌, 즉 인지상정과 인간의 도덕적 감정으로 되돌아가는 것이다. 이 점에 상당히 투철했던 그는 '양지'를 도덕철학 전체의 주춧돌로 삼으면서 "내 마음에 비추어 성찰해서 터득할 수 없다면 설령 공자 말씀이라도 따르지 않겠다"고 말했다.

    인간이 지닌 선을 향한 도덕심을 일컬어 양지라고 할 때 이를 합리성의 주춧돌로 삼아 도덕규범 및 사회제도의 합리성을 증명하려면 반드시 개인 도덕, 가정 윤리, 그리고 사회 정의를 정합하는 도덕가치 일원론에 의존해야 한다. 왕양명은 바로 도덕가치 일원론을 체계적으로 사

---

39 첸무는 왕양명의 격죽과 주희의 격죽을 흥미롭게 대조한 바 있다. 그는 "주자도 격죽을 한 적이 있다. 주자가 어떤 도사道士로부터 대나무는 야간에 생장하고 주간에는 생장하지 않는다는 말을 들었다. 그가 어느 승려의 절간에 묵게 되었을 때 저녁 시간에 대나무 자란 것을 재보았고 낮에도 나가서 쟀다. 그는 '이 도사의 말은 믿을 것이 못 된다'고 했다."(錢穆, 『從中國歷史來看中國民族性及中國文化』[香港: 中文大學出版社, 1979], pp.93-96) 여기서 주희의 격죽은 대나무에 관한 지식을 취득하는 것이다. 주희는 이 예로써 사실에서 진리를 구하는實事求是 상식이성의 정신을 분명히 밝혔다. 이 관점으로부터 본뜻을 확대하면 우리는 주자가 "글을 읽는 것 또한 사물의 이치를 연구하는 것이다讀書亦是格物"라고 말한 이유를 이해할 수 있다. 도덕이 지식에 의존할 때 도덕 체험은 반드시 지식의 획득과 연관된다. 첸무는 바로 이 점을 들어 왕양명을 반박했다.

용해 양지를 내부로부터 외부로 끌어냈으며 유가 이데올로기를 재구성했다. 그러나 도덕가치 일원론을 따르면 우주 질서와 사회도덕의 정합에 도달하기가 매우 어렵다. 그래서 왕양명은 우주를 '기氣'로 간주해 '심心의 우주'를 꿰뚫은바, 도덕가치는 사회제도를 벗어나 곧바로 천지天地에 이른다. 이런 종류의 심학적 우주관은 정주이학의 천도에 비해 유아론唯我論의 색채가 짙기는 하지만 마찬가지로 내부에서 외부로 향해 인심과 천리의 합일을 실현할 수 있다. 도덕 체계 합리성 논증으로 말하자면, 그것은 외부에서 내부로 향하는 정주이학보다 단도직입적이고 쉽고 분명하다. 인간의 자연 감정 가운데 도덕적 감정(양지)의 합리에서 출발해 외부로 향하면 도덕 윤리의 사회적 가치에 이르고, 이어서 사회규범의 합리성 증명에 도달할 뿐만 아니라 심지어 천지만물을 도덕심의 일부로 간주하는 데 이르므로 직통直通의 노선이다. '수신하여 성인이 되는 것修身成聖'은 본래 안에 지니고 있는 도덕 자원을 개발하는 것을 요구하므로 양지를 샘물처럼 솟아나게 하면 그만이다. 이로 인해 왕양명은 주희의 『대학』 장구 배열을 부정하고 고문古文의 회복을 주장했으며 격물·치지·성의·정심·수신·제가·치국·평천하 팔조목 가운데 앞의 두 조목을 삭제했다. 수신의 절차는 우선 성의·명덕明德·신민新民·지지선止至善·본말本末이 필요하며, 그런 다음에 정심수신正心修身, 수신제가修身齊家, 제가치국齊家治國, 치국평천하治國平天下로 이어진다.[40] '치양지'의 심학에서 서책의 지식은 수신성성修身成聖을 추구하는 데 있어도 그만 없어도 그만인 지위로 격하되었다. 이후 도덕 수련은 반드시 성현의 서책을 읽는 것으로 시작할 필요가 없으며, 우매한 백성이나 일자무식이라도 그 자체로 정정당당한 한

---

40 方爾加, 『王陽明心學研究』(長沙: 湖南敎育出版社, 1989), p.82.

사람이 될 수 있다. 치양지설은 일반 백성의 수신 열정을 크게 진작시켜 거리에 성인이 가득하게 했다. 이는 유학이 지식 엘리트의 울타리를 벗어날 가능성을 제시한 것으로, 평민 백성과 출가하지 않은 속세인을 교화하는 데 효과적이었다. 본래 도덕 문화 엘리트라는 사대부의 지위는 서책이나 예의에 관한 지식과 떼려야 뗄 수 없는 관계였으나 왕양명의 심학에 잠재해 있는 서책과 지식을 부정하는 경향은 진·한 이래 지식계층의 견고한 문화 엘리트주의를 처음으로 동요시켰으며, 이로써 도덕이 상주의의 토양에 반엘리트와 반주지주의의 씨앗을 뿌렸다.

치양지설의 궁극적 합리성은 모든 사람의 마음속 양지에 호소하는 것으로, 왕양명은 『전습록傳習錄』 하권에서 양지에 대해 "양지는 시비지심이다良知是個是非之心"라고 정의했다. 곧 인간의 자연 감정 가운데 자명한, 선을 향한 도덕적 감정이라는 것이다. 이 정의는 두 겹의 함의를 갖는다. 하나는 양지란 모든 사람에게 있는 자명한 감정, 즉 천연의 합리로 간주되는 감정이라는 것이다. 다른 하나는 인지상정으로부터 시비지심을 부각하여 도덕의 기초로 삼은 것이다. 이 경우 뒤따르는 하나의 문제는, 모든 사람에게 천연의 합리로 간주되는 수많은 정감들 가운데 과연 어떤 요소가 도덕의 기초가 되는가다. 인간은 각양각색의 감정과 욕망을 지닌 존재로, 이기적 사욕도 있고 이타적 도의의 충동도 있다. 따라서 인지상정의 천연합리를 표준으로 삼는다면 모두 합리적인 것이지만, 그것들 모두가 정의와 도덕의 기초가 될 수 있는 것은 아니다. 그리고 이는 치양지설의 가장 큰 도전이었다. 도덕은 윤리 규정과 사회제도로 외화될 수 있으며, 이 때문에 양지의 정의 속에 은근히 내포되어 있는 원칙, 곧 시비지심과 같이 보편적 도의(그것은 규범과 사회제도의 기초다)로 전화될 수 있는 것들만 양지가 될 수 있다.

왕양명의 시대에 유가 윤리는 정당화할 수 있는 도덕규범이었고, 이 때문에 유가 윤리라는 체에 인지상정을 거르는 작업을 하면 양지를 정의할 수 있다. 그러나 어떤 종류의 인지상정이 도덕의 기초인가 하는 문제의 최종 답안은 이제껏 존재하지 않았다. 왕양명의 심학이 정의한 '양지'의 가장 큰 특징은 유상성喩象性과 불확정성不定性이다. 유상성이란 반드시 상식 범주의 구체적 예로써 비유하는 것이다. 불확정성이란 마음으로 깨달을 수 있을 뿐 명확하게 정의할 수 없는 것으로, 누군가는 이를 '현선玄善'이라 한다.[41] 이는 인간의 마음속에 자리한 정욕과 양지를 구별하기 어려운 점을 설명해준다. 양지는 일반적 자연 감정과 명확히 구분하기 어렵기 때문에 양지 위에 구성한 도덕철학은 손쉽게 사람의 모든 자연 감정을 합리의 원천으로 간주하고, 그것을 전반적인 도덕과 사회 실천으로 확산시킨다. 그리하여 "양명에서 '치양지'의 형식은 없는 곳이 없다. '비록 재정과 군비에 종사하고 땔나무를 옮기고 물을 나른다 한들 어디엔들 실학이 아니겠는가?雖錢穀兵甲, 搬柴運水, 何往而非實學?'(『문록文錄』「여육원정與陸原靜 1, 병자丙子」) 독서함에 기억하려 애쓰지 않고 서두르지 않는 것도 치양지(『전습록』하권)이고, 일어나 앉아서 노래를 부르는 것坐起歌詠도 치양지이고, 배고프면 밥을 먹고 피곤하면 잠을 자는 것도 치양지이며, 심지어 학생 왕공필王公弼이 아버지와 형이 시킨 것을 거스른 것도 치양지(『문록』「여왕공필與王公弼 1, 병술丙戌」)였다."[42]

육왕심학의 성숙과 발전은 어떠한 결과를 가져왔을까? 잘 알려져 있듯 유학의 의로움과 이로움의 논변義利之辨 가운데 기본적이고도 중요한 내용은 "의로움은 이로움이 아니다義不是利"이다. 원래 유가에서는

---

41 方爾加, 『王陽明心學研究』, pp.133-134.
42 方爾加, 『王陽明心學研究』, pp.162-163.

개인의 이익을 일정 정도 합리로 간주한 반면 군자는 반드시 의로움으로써 이로움을 통제해야 한다. 이것은 인지상정에 내포된 사사로운 자기의 이익과 욕망이 비록 이치에 어긋나지 않는다 해도 이데올로기와 사회규범으로 전화될 수 없음을 말하는 것이다. 그러나 왕양명 심학의 기초인 '치양지'의 모호성으로 인해 유학 가운데 최초로 양지를 빙자한 사익私益이 도의道義로 전화할 가능성이 발생했다. 명나라 말기에 이르러 갖가지 유파로 발전한 왕학 가운데 사익의 합리를 주장하고 개성 해방을 주장하는 사상이 등장한바, 이탁오李卓吾의 '동심童心'설, 태주학파泰州學派의 "백성이 날마다 항상 쓰는 바가 바로 도百姓日常所用卽是道"라는 주장이 그러하다. 이는 개인의 이익을 합리화하는 자본주의와 유사한 정신이라 할 수 있다.[43] 위잉스는 왕양명의 치양지설과 명말에 출현한 '부민론富民論의 발전' 및 '새로운 공사관公私觀'의 내적 연계를 매우 강조하면서, '양지'는 모든 사람에게 갖추어진 것이므로 어떤 의미에서 그것은 '천리'를 개인화個人化한 것 또는 사사롭게 변화시킨私化 것에 불과하다고 지적했다. 이는 이후 유학 전통에서 '사私'의 합리성을 논증하는 기초가 되었다. 공자진龔自珍 같은 학자는 일찍이 「사사로움을 논함論私」이라는 글을 써서 "크게 공변되어 사사로움이 없다大公無私"라는 표현을 비판하면서 오직 금수만이 사사로움의 의미를 알지 못한다고 했다.[44] 이렇듯 '양지'를 토대로 '사사로움'을 논술하는 것은 곧 상식이성의 기본 구조 속의 인지상정 합리의 모호성과 복잡성을 통해 '사사로움'의 합리를 논증한 것이다.

---

43 양지가 개인 이익의 합리화를 어떻게 추동했고, 또 자본주의 정신에 가까운 요소를 어떻게 생성했는가에 관한 분석은 진관타오金觀濤, 「유가문화 중의 경제윤리 구조와 그 전환儒家文化中的經濟倫理結構和轉型」, 『文化中國』, 第2期(加拿大: 文化更新硏究中心出版委員會, 1994)을 참조.
44 余英時, 「現代儒學의 回顧與展望: 從明淸思想基礎的轉換看儒學的現代發展」, 『中國文化』, 第11期(北京, 1995), p.10.

육왕심학의 구조에서 개인의 이익과 이익 추구 동기의 합리가 보편적 도의가 될 수 있다는 것은 다른 문제를 유발한다. 인간의 자연 본능 및 갖가지 욕망과 유가의 윤상 간의 충돌을 어떻게 방지할 것인가이다. 그런 까닭에 심학은 유가의 윤리 강상과 대립할 가능성이 있는 욕망들을 극복하기 위한 수신을 더욱 강조하게 되었다. 욕망을 극복하는 보편적 방법은 고요함 중심主靜의 사변일 수밖에 없다. 즉 양지와 인욕 간의 경계선을 가능한 한 엄격하게 그음으로써 양지가 갖가지 욕망에서 벗어나 순화되게 함이다. 육왕심학은 정주이학과는 다른 방안, 즉 불교의 수신 공부를 유학과 결합한 방안을 찾아냈는데 정주이학보다 간편하고 직접적이며 자연스러웠다. 이후 유학과 불학의 수신 방법은 경계가 모호해졌다. 특히 왕학의 수많은 말류末流 가운데 '현성現成'파는 불학과 매우 흡사했다. 우리가 3.1절에서 논했듯이, 선종은 본래 인지상정 가운데 평상심의 천연 합리와 심성론식 불교 사유 그리고 수신 양식의 결합이다. 일단 육왕심학의 양지에 대한 정의가 모호해져서 효를 지향하기보다 해탈지심解脫之心을 지향하는 경우 이는 선종과 똑같은 것이라 할 수 있다. 그런 이유로 량치차오는 일찌감치 "왕학은 만력萬曆·천계天啟 연간에 거의 이미 선종과 한 덩어리가 되었다"[45]고 지적했다.

      오늘날 학계에서는 명말 왕학이 불러일으킨 사상 해방을 중국의 '문예부흥'으로 간주함으로써 중국 문화가 전통 유학의 궤도를 벗어난 시초로 간주하는 시각이 있다. 라오쓰광은 왕양명의 심학이 현대 도덕철학에 가장 접근했다고 분석하면서 중국철학사에서 심성론 최후의 완성이라고 표현했다.[46] 당말에서 명말에 이르는 500년간 정주이학과

---

45 梁啟超,『中國近三百年學術史』(上海: 中華書局, 1937), p.40.
46 勞思光,『中國哲學史』(三上), p.5, pp.41-62.

양명 심학은 그 출현과 발전이 어떠했든 간에 중국 문화의 이성 구조가 성숙했음을 상징하며, 상식이성이 일체화 구조 속의 유학을 재형상화再塑造한 것이라 할 수 있다. 또한 명말에 양명 심학이 번영한 것은 상식이성 위에 세워진, 그리고 도덕 형이상학을 기반으로 하는 두 가지 기본 형태가 출현했음을 의미한다. 이는 중국 문화의 제1차 이성화의 실현을 상징한다.

3.7
송명이학 제3계열과 단절형

우주·사회를 도덕과 정합하는 네 종류의 조합 가능성

정명도는 인지상정의 도덕심을 합리성의 궁극적 표준으로 간주했다

송명이학 제3계열의 중요성

이학식, 심학식, 심학화된 이학식, 단절형斷裂型

대진戴震과 이학의 제4계열

정주이학과 육왕심학 외에 또 다른 유학의 이성화 양식이 존재하는가? 상식이성은 지적 상식과 인지상정, 두 개의 출발점이 있으므로 우주, 사회, 그리고 도덕을 정합하는 방식에도 외부에서 내부로 향하는 천인합일 구조와 내부에서 외부로 향하는 도덕가치 일원론, 두 양식이 있으며, 각각의 관념 정합 양식은 두 합리성의 출발점 중 하나를 논거로 삼을 수 있다. 이로써 이론상 표 3.1과 같이 네 가지 조합 가능성이 존재한다. A는 첫 번째 이성화 방안으로, 지적 상식합리를 출발점으로 삼아 천인합일의 구조에 의거해 상식으로써 천도의 합리를 증명하고 난 뒤 도덕규범을 내재화해 '성즉리'를 제기한다. 이는 앞서 논한 바와 같이 정주이학이 도덕의

합리성을 논증하는 기본 구조다. 두 번째 이성화 방안은 D로서, 인지상정의 천연 합리를 출발점으로 삼아 내부에서 외부로 향하는 도덕가치 일원론 구조에 의거해 도덕규범을 도덕 감정의 외재화로 간주하고, 내부에서 외부로 도덕규범, 사회제도, 그리고 도덕화한 우주의 합리성을 증명한다. 이는 송명이학 가운데 육왕심학의 기본 구조다.

표 3.1 송명이학의 이상이상 유형

합리성의 궁극적 근거 (논증의 출발점) \ 관념체계 정합의 방식	외부에서 내부로 향하는 천인합일 구조	내부에서 외부로 향하는 도덕가치 일원론
상식이성 가운데 지적 상식 천연 합리	A 정이천·주희를 대표로 하는 이학	B 대진의 철학
상식이성 가운데 인지상정과 도덕심의 천연 합리	C 송명이학 제3계열	D 육왕심학

논리적으로는 세 번째 이성화 방안도 실현 가능한 것이다. 그 합리성 추론 방식은 외부에서 내부로 향하는 천인합일 구조에 의거하지만 합리성의 궁극적 근거는 지적 상식이 아니라 인지상정 그리고 선을 향한 도덕심이다. 즉 천지만물을 도덕심을 가진 대상으로 간주하는 것이며, 우주의 끊임없는 생성과 변성生生不息이 곧 '인仁'이다. 이와 같은 논증 방안은 인간의 도덕심을 우주 만물에 투사하는 것으로, 상식을 깨뜨리지 않는 전제 아래 우주의 모든 생명과 운동을 인간의 도덕 활동과 유사한 것으로 간주한다. 이로써 인간의 도덕심은 천연 합리이며 우주의 끊임없는 생성과 변성이 도덕철학의 기반임을 증명한다. 어떤 이성화 방안이

송명이학의 어떤 이상理想 유형과 상응한다면 이 세 번째 종류의 이성화 유형이 존재 가능할까? 만약 그렇다면 그것은 마땅히 송명이학 제3계열이어야 한다.

오랫동안 학계는 오직 정주이학과 육왕심학 두 계열만 송명이학이라고 공인했으나, 1960년대 이르러 머우쭝싼牟宗三이 이정 형제의 사상방법이 서로 다르다는 점을 발견함으로써 처음으로 제3계열의 형태를 발견했다. 그는 다음과 같이 지적했다. "이정 형제의 사상방법은 실질적으로는 일치하지 않는 것이다. 주희는 정이천만으로 이정二程이라 개괄했을 뿐 정명도를 정이천 속으로 수렴했기에 일정一程이라 할 수 있다. 그러나 정이천은 결코 그의 형 정명도를 포괄할 수 없다. 주희는 정명도의 사상에 충분히 호응하지 못했으며 잘 이해하지도 못했다. 그런 결과 명도明道는 주희의 심안心眼에 잡히지 않는 존재가 된 것이다."47 바꿔 말해 진정으로 천리를 '존재하지만 활동하지 않는存在而不活動' 것으로 간주한 사람은 오직 정이천으로, 주희는 천리에 대한 그의 견해를 계승해 정주이학을 세웠다. 정명도는 인간의 도덕심을 우주로 확대하여 이것을 '인'의 기초로 여겼다.48 여기서 합리성의 궁극적 표준으로 삼은 것은 지적 상식이 아니라 인지상정을 대표하는 도덕심이다. 정호程顥(정명도) 외

47　牟宗三,『中國哲學十九講』(台北: 台灣學生書局, 1983), p.390.
48　머우쭝싼은 정명도와 정이천의 사상방식의 차이를 통해 어떤 것들이 이천이 말한 것이고 어떤 것들이 명도가 말한 것인지 판단할 수 있다고 보았다.『이정전서』의 어떤 말들은 누구의 말인지 일찍이 한 번도 주注로 밝혀진 적이 없다. 예컨대 "인은 혼연히 만물과 한 몸이 되는 것이다仁者渾然與物同體", "의술가들은 아픔과 가려움을 알지 못하는 것을 불인이라고 말한다. 사람이 지각하지 못하고 올바른 도리를 알지 못하는 것을 불인이라고 한다. 비유함이 가장 가깝다醫家以不認痛癢謂之不仁, 人以不知覺, 不認義理爲不仁, 譬最近."(程顥, 程頤:「二先生語二上」,『二程全書』冊一[中華書局, 1966], p.3, p.16) 여기서 먼저 '인'을 지각으로 표현한 다음 다시 우주 만물로 미루어 나갔다. 명도는 도덕심을 천리의 출발점으로 삼았기 때문에 머우쭝싼은 이 말이 정명도의 것이라고 판단했다.(牟宗三,『中國哲學十九講』, pp.389-420) 머우쭝싼은 실질적으로는 관념의 이념 형태를 사료史料를 감별·고증하는 도구로 삼았다.

에, 도덕심을 출발점으로 삼았으나 외부에서 내부로 향하는 천인합일의 논증 방법을 계속 사용한 사람으로는 주돈이, 장재, 호오봉胡五峰 그리고 명대의 유종주劉宗周(자는 기동起東, 세칭 즙산선생蕺山先生, 1578~1645)가 있다. 머우쭝싼은 그들을 송명이학 제3계열이라고 불렀다.[49] 앞의 표에서 우리는 이 세 번째 이성화의 유형을 C에 배치했다. 이는 인간의 도덕심을 우주까지 투사해 인간의 도덕을 내포한 우주론을 추론하는 것으로, 이때의 우주는 호오봉이 말한 것처럼 도덕심이 멸하지 않는 무한심無限心이다. 이것은 한대 유학자가 도덕을 하늘과 동형 구조로 삼은 것과 닮은 데가 있다. 그러므로 주희는 일찌감치 심무사생心無死生, 즉 '마음은 죽고 사는 것이 없다'는 관점에 의문을 제기하여 우주를 도덕심을 가진 것으로 간주하는 것은 불가능하다고 보았다. 정말 그와 같은 무한한 마음이 있다면 그것은 불교의 윤회 또는 인간 사후의 영혼과 다름없는 것이다.[50] 라오쓰광 역시 도덕성을 우주에 대응시키는 주돈이와 장재의 양식은 한유들의 '우주론 중심의 철학'에서 완전히 벗어나지 못한 것이라 보았다.[51] 본서의 논증에 따르면, 한대에는 아직 심층구조로서의 상식이성이 없었다. 그러므로 도덕과 우주가 동형 구조의 대응으로 관련되는 한, 이른바 "같은 무리끼리 서로 통하는同類相通" 천인감응을 이용할 것이다. 송명이학의 기초는 상식이성인데, 여기에 다시 도덕과 우주를 대응시키면 생명의 운동과 도덕의 유비일 수 있을 뿐 천인감응의 미신을 초래하지 못한다. 말하자면 '심무사생'과 '무한심'은 초월의 의의만 지니는 일종의 형이상학적 도덕철학일 따름이다.[52] 머우쭝싼은 엄밀하게는 송명이

49 牟宗三, 『心體與性體』(一)(台北: 正中書局, 1968), pp.1-60.
50 朱熹, 「知言疑義」, 『胡宏集』(北京: 中華書局, 1987), 附錄一.
51 勞思光, 『中國哲學史』(三上), p.5, pp.95-191.
52 楊祖漢, 『儒家的心學傳統』(台北: 文津出版社, 1992), pp.287-303.

학 제3계열이야말로 공맹 도덕철학의 진정한 계승자라고 보았다. 그러니까 북송 제유諸儒의 직계는 정주도 육왕도 아닌, 송명이학 제3계열이라는 것이다.[53] 또하나 그는 송명이학 제3계열이 주돈이, 장재, 정명도와 같은 대유학자들을 다수 포함한다는 사실 외에, 주자가 지식과 도덕의 혼동을 피했다는 데 핵심이 있다고 보았다. 물론 송명이학 제3계열과 주자 육왕 중 어느 쪽이 더 도통에 가까운지 판별하는 것은 별 의미가 없다. 다만 그것이 송명이학 제3계열의 사상방식을 설명할 수 있다. 예를 들어 우주론과 천도로부터 도덕심을 이끌어내면 순수한 정주이학과 심학보다 더 수월하게 사대부의 승인을 받을 수 있다. 이 점은 중국 현대사상의 기원을 연구하는 데 아주 중요하다.

표 3.1에서 네 번째로 조합 가능한 B를 볼 수 있다. 이는 내부에서 외부로 향하는 도덕가치 일원론을 기반으로 추론하는 방식이라는 점에서 의의가 있지만 합리성의 궁극적 근거는 지적 상식이다. 합리화 논증 방안으로 말하자면, 내부에서 외부로 향하는 도덕가치 일원론은 도덕심에서 비롯되며 인간의 내면에서 도덕 합리의 근거를 찾는다. 그러나 B의 방안에서 합리성의 근거가 되는 것은 반대로 지적 상식이다. 지식은 인간이 외부 세계를 파악하는 데 사용하는 것으로, 여기서 우리는 합리성의 근거와 추론 방식 간의 괴리를 발견할 수 있다. 이 괴리는 합리성의 근거가 어떠한 추론 구조를 통해 전체 관념체계를 관철하는 것은 불가능함을 의미하는 것이다. 이성화와 관념 정합에서 이런 추리 양식은 실패한 것이라고 하겠다. 이렇게 해서 통일적 이성화 방안 그리고 고도로 정합된 관념체계의 자격을 논하자면, 송명이학은 세 종류의 이상 유형이 있을 뿐이다.

---

53 牟宗三, 『中國哲學十九講』, pp.389-420.

즉 세 가지 계통만 존재한다. 그러나 유형 B도 관념체계로서의 유형을 상실한 것은 아니며, 그 사상 양식의 특징은 궁극적 합리성을 판단하는 근거와 도덕 추리 – 연역의 구조 사이의 괴리다. 그러므로 우리는 이것을 합리성 논증의 단절형斷裂型이라고 부른다. 이러한 사상방식을 수용하는 철학자는 관념체계를 구축하는 능력이 강하지 않다. 송명이학에서는 이 유형에 속하는 철학자가 거의 존재하지 않으나, 청대에 실학이 부각됨에 따라 지적 상식합리를 중시하는 경향이 주류 사상이 되었다. 이때 사대부가 내부에서 외부로 향하는 도덕가치 일원론을 견지해 도덕을 이끌어내기만 하면 쉽사리 이러한 형태로 기울 수 있다. 대진戴震의 사상이 바로 전형적 경우다. 여기서 합리성 논증의 단절형이 이성화 방안을 구성하지는 않지만 그것이 덜 중요하다는 뜻은 아니라는 점에 주의해야 한다. 왜냐하면 일단 사대부가 이와 같은 단절형에 빠져든다면 이성화의 관념 정합에 장애가 발생되기 때문이다. 지식의 이성적 권위와 도덕 추리 – 연역 활동은 긴장과 대립을 발생시킨다. 우리는 이와 같은 유형의 구조가 지식인의 도덕 비판의식의 기원을 이해하는 데 불가결한 것임을 밝힐 것이다.

  이렇게 해서 우리는 다음과 같은 결론을 얻을 수 있다. 상식합리를 사용해 구성한 관념체계는 세 종류의 합리화 방안과 한 종류의 단절형이 있다. 그중 가장 전형적인 것은 A와 D로, 일반적으로 '이학식'과 '심학식' 관념체계 구조를 대표한다. 세 번째 종류의 합리화 방안 C는 외부에서 내부로 향하는 이상화한 시스템을 채용하는 구조이지만, 합리성의 근거는 심학의 그것이다. 따라서 우리는 송명이학 제3계열을 '심학화한 이학'이라 표현할 수 있다. 반면 단절형은 합리화의 과정에서 관념체계가 정합할 수 없는 이상 유형을 내놓는다. 송명이학의 기본 형태와는 큰 차이를 드러내는 이 유형을 우리는 이학의 제4계열로 분류할 수 있다.

3.8
중국 문화의 이성 구조

초월적 이데올로기의 메타 층위로서의 상식이성구조
이데올로기를 구성하는 세 종류의 기본 양식
도덕 합리성 논증의 단절형과 중국 자유주의의 원천
송명이학이 출현한 이후 도덕 경지와 도덕규범의 분리
경세치용의 수요와 근대사상의 현현

이제 우리는 근대 서양으로부터 충격을 받기 전 중국 문화의 기본 구조를 거시적으로 총결할 수 있다. 간략히 말해서 진·한 교체기에 형성된 유가 이데올로기와 정치·사회의 일체화는 명·청 교체기에도 변함없이 중국 사회의 정합 방식이었으나, 제1차 융합 그리고 그에 따라 도래한 제1차 이성화로 인해 중국 문화의 기본 구조는 대단히 복잡하게 변했다. 이때 이데올로기와 사회 조직의 일체화 및 '천인합일'과 '도덕가치 일원론'을 제외하고, 사회 문화의 진일보한 발전의 심층구조를 규정하는 것으로 다음과 같은 세 종류의 규정성이 있다.

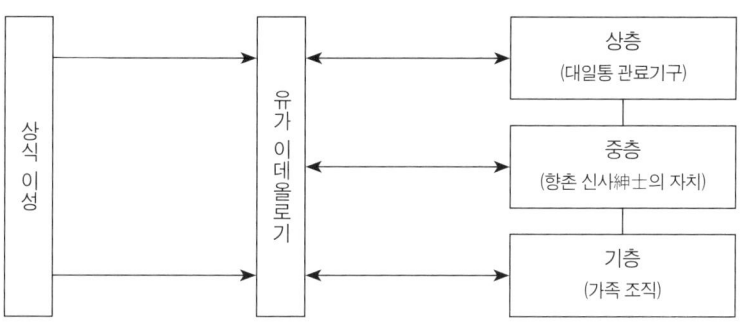

그림 3.3 중국 문화의 이성 구조

첫째, 일체화 구조에서 초월적 이데올로기의 메타 층위가 출현했다. 곧 상식이성 구조가 그것이다. 본래 제1차 문화 융합 이전까지 일체화 구조의 사회 조직은 상·중·하 층위로 나뉘었고, 사회 조직과 결합하는 문화 체계는 이데올로기 한 층위뿐이었다. 그것은 이제 그림 3.3과 같이 상식이성과 이데올로기 두 층위를 이루게 되는데, 이는 초안정 시스템이 제1차 외래 충격에 반응하고 그에 따라 문화 융합이 진행된 결과다. 본래 시간 격차가 큰 이데올로기 변천의 법칙에 대한 고찰은 오로지 '천인합일'과 '도덕가치 일원론' 아래서만 이데올로기와 사회 조직의 상호작용을 분석해야 한다. 그것은 세계와 단절된 조건에서 관변 이데올로기의 장기지속, 그리고 외래 충격을 받아 원래의 이데올로기가 바람직하지 않게 되었을 때 역전한 가치에 의해 주도되는 새로운 관념체계에 대한 형성까지 포함한다. 이제는 그러나 상식이성과 이데올로기의 상호작용까지 고려해야 한다. 이와 같은 상호작용은 이데올로기가 상식이성의 프레임을 벗어나는 이성 상실, 그리고 상식이성이 상식합리의 원칙에 근거해 이데올로기에 대해 재구성을 진행하는 것까지 포함한다. 즉 이성 상실과 이성화가 문화의 장기적 변천의 아주 새롭고 중요한 내용이 된다.

둘째, 상식이성의 천인합일 그리고 도덕가치 일원론, 이 두 종류의 기본 범주가 결합하여 세 가지의 이성화 방안 그리고 도덕 합리성 논증의 단절적 사상 형태 한 가지를 생성했다. 원래의 이데올로기가 사회 정합에 부적합하거나 반증된 경우 새로운 이데올로기는 반드시 상식이성에 기초해 세워져야 한다. 따라서 이데올로기 교체 과정에서 역전한 가치가 새로운 이데올로기를 선택하는 것 외에 상식이성의 새 관념체계에 대한 정합을 실현해야만 한다. 이때 세 종류의 이성화 방안 또한 이데올로기를 재건하는 세 갈래의 경로를 구성한다. 그 첫 번째 구성 방안은 지적 상식의 천연 합리를 기점으로 삼아 외부에서 내부로 향하는 '천인합일' 구조에 의존해 상식합리의 원칙을 우주론, 사회관, 그리고 가치체계에 들여놓는 것이다. 그 추론 과정은 외부 우주로부터 한 걸음 한 걸음씩 인간 내면으로 낙하해 들어오는 것이다. 먼저 상식합리의 원칙에서 출발해 가장 보편적인 상식을 대표하는 우주론 또는 보편적 법칙을 건립하는 것이고, 이어서 합리적 사회제도와 인류 관계를 추론한 뒤에 도덕을 이와 같은 사회관계의 내재화로 간주한다.(그림 3.4A) 상식이성이 정주이학을 구성하는 데 운용되는 것이 바로 이 양식이며, 이 때문에 우리는 그것을 유사이학類理學 이데올로기 구성 양식이라고 부른다.

두 번째 이성화 방안은 인지상정의 천연 합리에 입각해 인지상정 가운데 '양지'와 같은 것을 보편적 도덕가치로 삼고, 아울러 도덕가치 일원론의 구조에 순응해 한 걸음 한 걸음 추진함으로써 가정, 사회 그리고 우주 전체로 나아가는 것이다. 외부로 확장하는 영역이 넓어짐에 따라 합리적 가정 관계, 사회제도 및 도덕심의 표현으로서의 우주로 전화해 나간다.(그림 3.4 B) 명대 왕양명 심학이 형성될 때 바로 이와 같은 양식에 의거했다. 우리는 그것을 유사심학類心學 이데올로기 구성 양식이라 부른다.

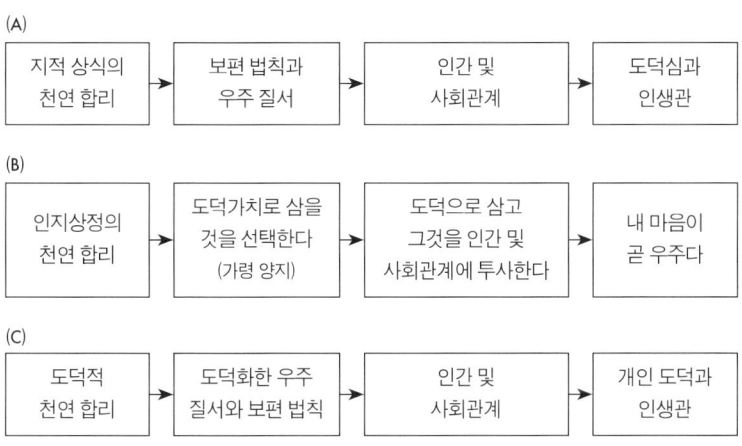

그림 3.4 중국 문화 이성 구조에서 세 가지 구성(또는 논증)의 이데올로기 양식

세 번째 이성화 방안은 인간 내면의 도덕심을 합리성의 궁극적 근거로 삼고 '천인합일 구조'가 합리성을 유도하는 방식이다. 이와 같은 양식은 우주 법칙을 도덕가치가 충만한 것으로 간주한 다음 그로부터 합리적 인간관계와 개인 도덕을 도출하는 것으로, 우리는 이러한 논증 구조를 송명이학 제3계열과 유사한 이데올로기 양식이라고 부른다.(그림 3.4 C) 그것은 보통 유사이학 구성 양식을 비판하기 위해 합리성의 궁극적 판단 근거만 교체한 데서 얻어지는 결과다. 이 세 종류의 이성화 양식은 이데올로기를 구성하는 세 가지 방법을 대표할 뿐 아니라 중국 문화에서 흔히 볼 수 있는 모종의 관념체계의 합리를(혹은 모종의 사업이 정의正義임을) 논증하는 기본 논리다. 우리는 이 책의 후반에서 이데올로기를 구성하는 이 세 가지 양식이 중국 근현대 이데올로기 변천을 이해하는 데 매우 중요하다는 사실을 증명할 것이다. 중국 문화가 서양의 충격에 직면해 어쩔 수 없이 제2차 융합을 시작했을 때 새로운 관념체계의 형성을 주도한 것은 제1차 융합과 유사한, 역전한 가치의 외래문화에 대한 선택적 수용과 창조적 재건만이 아니었다. 더구나 위진 시대에는 있을 수 없었던, 이데올로기를 구성하는 세 종류의 양식도 출현했다. 5·4 시기 이후 중국 지식인이 받아들인 마르크스레닌주의는 그림 3.4의 A와 C 유형이다. A 유형은 5·4 시기 지식인에 의해 인정받은 마르크스레닌주의로, 유사이학 논증 구조를 갖추었으며 나중에는 소비에트 유학생들에 의해 점차 교조주의本本主義로 변화했다. 다른 유형은 마오쩌둥 사상으로, 송명이학 제3계열의 구조를 이루는 C 유형이다. 심학식 체계 구성을 갖춘 삼민주의는 B 이상 유형에 속한다. 도덕 합리성 논증의 단절형은 중국의 지식인이 이데올로기 구축에 실패하고 난관에 부딪친 것으로 나타나는데, 놀랍게도 그것이 중국식 자유주의의 기초임을 이 책 후반에서 다룰 것이다.

  셋째, 송명이학이 출현한 뒤 도덕 이상은 전에 없이 상이한 두 유형으로 나뉘었다. 하나는 사변으로만 존재하며 현실로부터 멀리 벗어난 경지이고, 다른 하나는 현실의 도덕규범이다. 인류 문화사에서는 이제까지 도덕가치는 사상과 행동으로 분리될 수 없으며 도덕과 도덕규범은 일치한다고 주장했다. 사실 송명이학이 창조적으로 도덕 이상을 '경지'와 '규범'의 층위로 나눈 것은 유학이 불교의 수신 공부를 소화하는 과정의 독특한 결과다. 본래 불교와 노장 철학이 지향하는 가치는 '무無'로서, 유학의 가치 지향과 대립적이다. 이러한 대립을 해소하는 과정에서 유학의 도덕 이상 내부에서 무욕·주정의 경지가 생겨나고, 이는 유생의 사공 능력을 감퇴시키는 결과를 초래한다. 이는 또한 사공의 강화를 근대 유학의 주제로 삼게 했다. 이때 유가 이데올로기는 도덕을 사회제도, 우주 질서와 동일시하므로 이와 같이 경지와 규범으로 구분하는 구조는 유학의 철학에 대한 관점, 사회에 대한 관점, 가치에 대한 관점에 적용된다는 점에 주의할 필요가 있다. 실제로 이러한 사상방식은 중국 지식인의 심층적 사상방식에 매우 깊은 영향을 주었다. 예를 들어 그것은 윤리 도덕상 받아들일 수 있는, 현실에서 즉시 실현될 필요 없는 일종의 도덕 이상으로 나타나며, 이런 사상방식이 사회관으로 이어지면 사람들의 상상 속에서나 성립하는 것으로 받아들여지는 이상사회가 된다. 철학적 관점에서 그것은 도덕 원칙이 실현에 옮겨지는 패러다임을 사용해 우주 생성의 과정을 바라보는 후과를 초래한다. 이렇게 되어, 도덕 실천의 강조는 주기론主氣論을 야기하고, 나아가 유물론을 번영케 한다. 본서의 7, 8장에서 이와 같은 기본 구조가 중국 근대사상 가운데 유토피아와 유물주의를 특히 발전시킨 내용을 확인할 것이다. 이러한 심층구조는 서양의 충격 아래 중국 문화의 변천을 이해하는 데 매우 중요하다.

  요컨대 우리는 앞서 언급한 심층구조의 여러 제약을 진일보한 중국 문화 발전의 내적 규정으로 간주하고, 아울러 그것을 중국 문화의 이성 구조라 지칭했다. 이것이 바로 서양의 충격 아래 중국 사회에서 일어난 사상 문화의 격변에 대한 토론의 출발점이다.

4장

외래 충격과 중국 근대 전통

'도전'과 '응전'으로 문명의 흥기를 해석한 토인비는 도전의 강도가 미흡하거나 지나치게 맹렬한 것은 새 문명이 성장하는 데 불리하며 강도가 적당해야 문명 창조에 유리하다고 보았다. 이와 같은 방식으로 문명의 기원을 분석하는 것은 지나친 단순화일 수 있다. 그러나 어떤 문화 전통이 충분히 성숙했을 때 외부로부터의 충격은 진일보한 발전 형태를 이해하는 데 도움이 될 수 있다. 왜냐하면 관념체계에 내재된 창조력의 극치는 자체적 성숙과 외부로부터의 적절한 충격에 의해 좌우되기 때문이다. 더구나 관념체계가 충분히 방대하고 자기모순이 없을 때에는 외래 충격의 성격에 어떠한 차이가 있든 간에 그에 응답하는 방식은 구조적 유사성을 지닌다. 이는 우리가 중국 근현대 사상사에서 가장 불가사의한 두 가지 현상을 이해하는 데 도움이 된다. 하나는 송명이학에 뒤이어 유가 사상이 이론적으로 가장 창조적이었던 시기는 명말 청초로, 그 이후가 아니라는 사실이다. 다른 하나는 중국이 서양의 충격을 받아 형성한 현대사상과 명말 청초 소수민족이 중원의 주인으로 들어앉은 충격에 따른 사조 사이에 매우 놀라운 유사성이 있다는 사실이다.

4.1
서양의 두 차례 확장

서양의 충격에 초안정 구조가 나타낸 지둔遲鈍한 반응

400년 동안 발생한 두 번의 충격파

서양의 제2차 확장

중국은 19세기 하반기에 비로소 서양 문화를 소화했고

제2차 융합을 시작할 수 있었다

명말청초의 중요성

청나라 군대의 관내關內 진입과 중국 근대 전통

명나라 말기, 강남과 강북에서 왕양명의 치양지설이 널리 유행할 때 서양은 과학혁명을 거쳐 산업혁명을 배양하고 있었다. 아메리카 대륙은 서양문명의 확장이 일으킨 첫 번째 물결에 정복되었고, 중국도 서양문명의 힘을 느끼기 시작했다. 마테오리치(1552~1610)는 중국 사대부의 눈앞에 세계지도를 펼쳐 보임으로써 큰 놀라움을 불러일으켰다. 서광계徐光啟(자는 자선子先, 1562~1633)는 선교사의 도움을 받아 유클리드의 『기하학원리幾何原本』를 번역했고, 방이지方以智(자는 밀지密之, 1611~1671)는 『물리소지物理小識』를 저술했다. 그렇지만 서양문명의 충격파가 머나먼 극동에 이르러 정녕 거스를 수 없는 폭풍우의 기세를 드러낸 것은 그로부터

200년이 지나서였다. 어째서 중국은 명말에야 서양문명의 존재를 느꼈으며, 번역의 절정기를 거쳤음에도 청말에야 서양의 충격을 받았는가? 이 문제는 중국과 서양 양쪽의 입장에서 고찰할 수 있다.

중국의 입장에서 볼 때 어떤 외래문화가 사대부 사상에 충격을 안기려면, 즉 이데올로기의 영역에 침입하기 위해서는 외래문명이 사회제도에 어떠한 영향을 끼쳤다는 사실이 전제되어야 한다. 일반적으로 왕조가 전성기를 누리고 있을 때 관료기구는 효율적이며 청렴하다. 이에 따라 국가의 외래 충격에 대한 저항력은 상당히 강하며 사대부들은 외래문화에 별 흥미를 느끼지 못한다. 그러나 왕조가 말기에 다다르면 사회 위기가 심각하고 관료기구가 부패하여 정치 개혁이 시급한 상황이 되므로 외래문화 및 그로 인한 다양한 영향이 사대부에게 스며들기 쉽다. 명나라 말기에 일부 사대부가 서양 학문을 중시한 것은 당시 심학의 범람이 초래한 사상해방, 경세치용으로써 사회 위기를 극복하고자 강구했던 흐름과 밀접한 관련이 있다. 그러나 명 왕조가 무너진 뒤에 청 왕조의 태평성세가 도래하자 서양 학문에 대한 중국 사대부의 관심은 명말 때보다 낮았고, 왕조 쇠퇴기에 들어서자 비로소 정서가 바뀌었다. 예컨대 1637년 영국이 광저우에서 무역을 벌인 것은 영국이 아메리카 대륙에 '뉴잉글랜드' 식민지를 세운 시기와 불과 몇 년 차이다. 그러나 200년이 흐른 뒤 영국의 식민지 미국이 장대한 신흥 제국이 되어 동양을 향한 서양의 제2차 식민지 확장에 동참했다. 당시 아편을 금지하기 위해 광저우에 온 임칙서林則徐(자는 원무元撫, 1785~1850)는 과거 명말의 유생이 알았던 서양을 그제야 처음으로 느끼게 되었다. 위원魏源(자는 묵심默深, 1794~1857)은 임칙서의 자료를 토대로 『해국도지海國圖誌』를 엮어 중국인들에게 서양을 소개했지만, 이미 왕조가 교체된 뒤였다. 우리는 『개방 중의 변천』에서 이러한 현상에 대해 초안정 시스템이 서양의 충격에 나타낸 반응은 지둔遲鈍했다고 지적했다.01

관점을 바꾸어 서양문명을 기준으로 삼으면, 19세기 상반기에 중국은 불가항력적인 서양의 충격에 직면한다. 유럽·미국의 관습 제도와 서양의 학술·문화가 동아시아로 밀려든 현상은 격변하는 세계 구도와 연계된 것이었다. 통상적으로 서양의 충격은 유럽이 외부 세계를 식민화한 16세기부터 시작되었다. 역사학자 데이비드 필드하우스는 16~20세기까지 400년간 서양의 확장 과정에서 두 번의 충격파가 존재했다고 밝힌 바, 제1차 확장은 16~17세기였다. 그러나 18세기에 이르러, 특히 19세기 중반 이전까지 유럽인의 관심은 유럽 본토에 집중되어 있었으며 식민지 개척의 열기는 발생하지 않았다. 1830년대 이전 유럽인이 세계 각지에 세운 제국과 식민지 규모는 17~18세기보다 작았다. 그후 19세기 하반기에 제2의 충격파가 출현했다. 1800년 유럽인이 통제한 토지는 전 지구의 35퍼센트였으나 1878년에 이르러 67퍼센트로 상승했고 1914년에는 더욱 높아져 84.4퍼센트에 달했다. 1800~1878년 사이, 식민지 확장의 평균 속도는 매년 56만 제곱킬로미터였다. 겨우 80~90년 사이에 거의 전 세계가 서양의 충격 아래에 놓였음을 알 수 있다. 학계는 그것을 유럽의 제2차 대외 확장second expansion이라고 부른다.

필드하우스는 서양의 제1차 확장과 제2차 확장의 성격이 다르다고 밝혔다. 제1차 확장의 목표는 주로 아메리카 대륙이었으며 확장 방식은 유럽 이민이 정착할 식민지를 신세계에 세우는 것이었다. 그들은 유럽의 문화와 제도를 새로운 거주지에 이식했다. 제2차 확장은 제1차보

---

01 金觀濤, 劉青峰, 『開放中的變遷――再論中國社會超穩定結構』(香港: 中文大學出版社, 1993), pp.71-74.

다 속도가 빨랐을 뿐만 아니라 그 범위가 대단히 넓어서 아프리카, 아시아, 그리고 태평양 지역을 포괄한다. 확장 방식은 주로 이주민들의 거주지 건설에 의존하기보다는 국가의 힘을 이용해 식민지를 점령하는 식이었다. 식민지 사회는 대체로 원래의 문화와 풍속을 유지했다.[02]

서양의 제2차 대외 확장이 19세기 하반기에 나타난 이유는 무엇일까? 필드하우스는 18~19세기에 서양 사회가 신속하게 공업화하고 19세기 하반기에 연속적인 경제 위기가 출현한 탓이라고 분석했다. 예컨대 1870년대와 1880년대 그리고 1890년대에 주기적으로 발생한 경제 불황은 자유방임 시장경제에 타격을 안겼다. 유럽과 미국은 몇 번이나 관세를 올렸고, 그로 인해 유럽 내부의 시장 개척에 제약이 따랐다. 각국은 경제를 한 단계 발전시키는 중요한 수단으로 해외 식민지 시장 확대에 나섰다. 당시에 "무역은 국기國旗를 뒤따라 걷는다"는 말이 유행했다.[03]

이 거시적 배경으로써 서양의 중국에 대한 영향을 보면, 명나라 말기 중국이 느낀 서학동점西學東漸은 실상 제1차 충격의 여파였음을 알 수 있다. 그러나 1840년 이후 중국이 받은 서양의 충격은 서양의 제2차

---

02   David K. Fieldhouse, *Economics and Empire, 1830-1914*(London: Macmillan, 1984), pp.3-9.
03   학계에서는 19세기에 서양이 해외로 진출해 시장을 찾은 것, 그리고 경제적 수요에 의한 확장을 제국주의라고 부른다. 필드하우스 저서의 주요 논지는 제국주의에 대한 다양한 이론적 고찰로, 일반적으로 네 가지 해석이 있다. 첫째는 상업 제국주의로, 서양의 무역 수요에 의해 제2차 확장이 제기된 것이다. 둘째는 잉여 자본의 수출을 강조한 자본 제국주의다. 그 밖의 두 가지는 각각 정치와 문화 및 서양과 주변 세계의 관계로부터 제국주의 출현을 해석하는 것이다. 예컨대 군중 제국주의는 사회다윈주의가 야기한 일반 사회심리가 서양의 대외 확장을 추동한 작용을 강조한다. 그리고 제국주의 정치와 국제관계에 관한 해석은 민족주의의 흥기와 국제정치적 요인을 중시한다. 뒤의 두 가지 해석의 본질은 모두 19세기 말과 20세기 초 서양사회의 내부 위기에 근거한다. 필드하우스의 견해에 따르면, 1880~1914년 제국주의 확장의 격화는 유럽이 정부의 힘으로 경제 문제를 해결한 결과로, 그것은 본질적으로 서양의 제2차 확장의 기조를 변화시키지 않았다. 이 때문에 넓은 의미에서 말하자면, 제국주의의 충격은 실질적으로는 현대화의 충격의 일부였다.(David K. Fieldhouse, *Economics and Empire, 1830-1914*, pp.459-477)

확장의 결과였다. 서양의 제1차 확장은 가장 먼저 과학혁명을 실현한 서양이 우세한 무기에 힘입어 아메리카 대륙 등지에 식민 거주지를 건설하고 그들의 문화와 제도를 널리 보급할 수 있었으나, 중국이라는 방대하고 인구가 많은 제국에 대해 이와 같은 확장 방식은 효력이 없는 것이었다. 제1차 식민의 정점이 지난 뒤 18, 19세기 동안 유럽인의 관심이 유럽 본토에 집중된 이유는 유럽의 사회 구조에 거대한 변동이 있었기 때문으로, 19세기 들어 서구가 현대 사회에 진입하기 시작하자 혁명의 바람이 불었다. 그러나 자본주의 제도는 본질적으로 전 지구적 성질을 띠므로 현대 공업사회에 진입한 이후의 서양은 경제적 이익의 추동 아래 새로운 사회 양식을 세계 전체로 밀어붙였다. 이 때문에 제2차 확장은 현대화의 충격이라고도 말할 수 있다.

  이러한 배경으로 보면, 중국이 19세기 하반기 이전에 서양 문화를 소화하고 제2차 문화 융합을 시작하기란 불가능한 것이다. 왜냐하면 제2차 융합은 중국이 서양의 문화에 맞닥뜨리는 것일 뿐만 아니라 또 한 번 전통적 도덕 이상의 바람직하지 못함이라는 이데올로기적 위기를 전제로 하기 때문이다. 확실히 19세기 후반에 출현하기 시작한 세계 구도, 즉 현대 민족국가들 간의 패권 다툼으로 인해 중국의 전통적 사회제도가 더 이상 '좋은' 제도가 아니라는 점이 드러났다. 비록 중국의 전통적 사회제도는 사회 내부의 양호한 정합을 유지시킬 수 있었으나, 낙후되어 두들겨 맞고 주권을 상실함에 이르자 더 이상 도덕 이상의 실현으로 간주될 수 없었다. 도덕 이상의 바람직성의 파괴는 중국 문화가 제2차 융합에 나서지 않을 수 없게 했다. 게다가 전통사회는 현대화가 진행되어야만 서양의 충격에 대항할 수 있었다. 현대적 경제의 성장, 민족국가의 형성, 도시를 조직의 중심으로 하는 사회, 국가 동원력의 강화, 현대 이데올로기의 형성과 같은 부분을 포함하는 현대화는 길고 더딘 과정이다. 그러므로 사실 서양의 충격 아래 중국 문화의 구조적 변화와 현대적 전환은 동일한 문제임을 이해할 수 있다.

제2차 융합은 청말에 이르러 그 서막을 열었다. 우리는 명말에서 청말까지 200년의 역사를 뛰어넘어 청말의 관변 이데올로기로부터 서양의 충격과 중국 근현대 사상의 형성 관계를 고찰할 수 있을까? 표면적으로 이러한 사상방식은 흠잡을 데 없어 보이지만, 사상사 연구는 그러한 도약을 허락하지 않는다. 민족의 연속적 사상인 보편 관념은 임의로 단절 또는 생략한 채 관념의 기원으로 소급할 수 없다. 관념의 변천을 추동하는 내적 동력으로 보자면, 명말의 중국 문화는 제1차 이성화를 완성하기는 했지만 상식이성의 문화에 대한 합리화는 아직 진행 중이었다. 이와 같은 상식합리가 문화 체계 속에서 전면적으로 관철된 것은 중국 문화 구조의 현대적 전환을 이해하는 데 매우 중요한 것이다. 그렇지 않다면 청말 사대부들이 과학적 엄밀성을 갖춘 고증으로부터 한학을 좇아 춘추전국의 제자학諸子學으로 나아간 까닭이 유가 이데올로기의 질곡을 극복하기 위한 전제적 준비였음을 이해할 수 없다. 더 중요한 것은, 제2차 융합 과정에서 불가항력적인 서양의 충격으로 인해 중국은 뒤쳐져 두들겨 맞는 국면에 처했고, 이는 많은 사대부로 하여금 원래의 도덕 이상이 바람직하지 않은 것임을 깨닫도록 강제되었다는 사실이다. 우리는 앞서 1.6절과 2.4절에서 이와 같은 도덕 이상의 바람직성의 파괴가 야기한 관념의 거대한 변동에 드러난 두 가지 구조적 특징을 밝혔다. 첫째는 역전한 가치가 외래사상에 대한 선택적 흡수와 창조적 재건을 지배하고 있었다는 것이고, 둘째는 역전한 가치에 의해 주도되는 갖가지 새로운 관념이 새로운 정합을 지향하면 사람들은 역전한 가치로 새로운 이데올로기를 구성하여 도덕 이상의 바람직성을 회복하고자 노력한다는 것이다. 여기서 서학동점과 현대화 학습은 역사상 전례 없이 새로운 사물이기는 하다. 그러나 그것들은 역전한 가치와 새로운 이데올로기를 거쳐야만 중국 문화 안에 녹아들 수 있고, 그 진행 과정을 지배한 메커니즘은 본질적으로 외래 충격과 상관성이 크지 않은 문명 융합의 기본 양식이었다. 좀더 긍정적으로 말하자면, 외래 충격이 무엇이든 간에 그것이 도덕 이상의 바람직하지 않음을 초래하기만 하면 언제든 유사한 새 관념체계의 기본 구조와 새 이데올로기의 재건이 나타날 수 있다. 그러나 서양의 충격이 불가항력적으로 도래하기 전, 공교롭게도 중국 사회는 전면적이면서도 고통스러운 충격을 받은 바 있다. 그것은 잘 알려져 있듯이 청 군대가 관내에 진입해 소수민족이 중원의 주인이 되어 새 왕조를 세운 것이다.[서기 1644년 명나라 숭정崇禎 17년, 청나라 순치順治 원년, 명나라 장수 오삼계吳三桂가 만주족 정권의 군대를 이끌어 산해관으로 진입하게 했다. 그 군대가 수도 베이징을 점령함으로써 중원 땅에 청 왕조가 세워졌다]

중국 역사에서 소수민족이 중원의 주인이 되어 새 왕조를 세운 것이 이번이 처음은 아니지만, 송명이학이 관변 이데올로기가 되어 깊숙이 보급된 뒤에 발생했다는 사실에 주의해야 한다. 본래 송명이학으로 중국인의 도통 관념이 크게 강화되었기에 이민족 정권의 수립은 도통의 단절뿐만 아니라 하늘이 무너지고 땅이 갈라지는 망국을 의미하는 것이다. 그 충격은 본질적으로 200년 뒤 서양문명의 충격과 차이가 있기는 하지만, 민감하고 창조적인 소수의 중국 유생들에게는 제1차 이성화를 거친 중국 문화의 결점이 총체적으로 폭로된 것이었다. 그들은 분연히 일어나 응전했고, 그들의 사상 탐색은 중국 근대 전통의 특수한 문화 혹은 관념체계를 형성했다. 이와 같은 관념체계의 심층구조는 서양의 충격으로 인한 중국 문화의 변형 구조와 상당히 유사하므로 200년 뒤 중국 문화가 서양의 충격을 받았을 때 그것들은 다시금 사대부에 의해 재조명되었으며, 더욱 강대한 방식으로 근대사조와 결합했다. 중국 근대 전통은 제2차 문명 융합에서 극히 중요한 작용을 하며, 그런 면에서 우리는 서양의 충격으로 인한 중국 문화의 현대적 전환을 논하기에 앞서 중국사상의 근대 전통을 연구해야 한다.

4.2
사공을 강화하는 변이

명말 청초 몇몇 사상가의 관념체계를 객관적으로 평가하는 일
일체화 구조가 받은 강렬한 충격과 사상의 대규모 해방
송명이학이 관변 이데올로기가 된 것, 그리고 유생의 사공 능력이 퇴화한 것
동림당東林黨 인물들의 '도덕 경세道德經世'
명말 청초 대유학자들이 혁신적 학술 사상을 구축할 수 있었던 이유

오랫동안 중국사상사 연구는 한 가지 고충을 안고 있었다. 바로 명말 청초 몇몇 사상가의 관념체계를 객관적으로 평가하는 문제로, 몇몇 사상가란 왕선산, 황종희, 고염무, 안원 등이다. 그들 중 일부는 멸망한 명 왕조의 유민으로서 시대에 의해 홀시되었고, 어떤 이들은 당대에는 문화와 학술에서만 영향력을 발휘하다가 청조 말기에 이르러 중요한 사상가로 인정받았다. 관념 형태상 그들의 사상은 간단히 전통 유가 이데올로기로 분류하기 어렵다. 예컨대 황종희黃宗羲(자는 태충太沖, 1610~1695)는 군주 독재에 반대하고 충과 효를 동일시해서는 안 된다고 주장했으며, 당나라 시대의 방진方鎭 제도를 회복할 것을 부르짖었다.[04] 고염무顧炎武(자는 영

인寧人, 1613~1682)는 유가의 대일통 전통에 반하여 봉건제를 군현에 깃들게 해야 한다고 주장했다.05 왕부지王夫之(자는 이풍而豐, 세칭 선산선생船山先生, 1619~1692)는 혁명과 민족주의를 고취했다.06 안원顔元(자는 이직易直, 1635~1704)은 실천지상주의를 선도했다. 이와 같은 사상 관념들, 특히 그들이 제기한 사회제도는 전통 유가 이데올로기가 주장한 이상적 질서로부터 상당히 동떨어져 있었다. 그러나 기이하게도 이들 이단 사상가의 기본 경향은 어떤 면에서 중국 현대사상과 일치한다. 예컨대 그들의 철학에서 제기된 유기론은, '기'를 '물질'로 바꾸기만 하면 유물론과 거의 다름이 없다. 또 예컨대 그들의 민본주의 가치관과 기화氣化 인성론은 대중에게 최대 이익을 충족시키는 것을 천리로 간주한다. 바로 청초에 이단에 가까운 이러한 사상들은 현대의 가치와 일치했기에 비록 당대에는 사회적 영향력이 미미했으나 200년 뒤 중국이 서양의 불가항력적 충격에 직면했을 때 원시림과 같은 깊은 산속의 낡은 서적 더미 속에서 급속히 발굴되어 현대적 발전과 서양의 충격에 항거할 수 있는 사상 자원이 되었다. 이를 근거로 어떤 이는 명말 청초를 서양의 문예부흥과 유사한, 현대사상의 기원을 이룬 시대로 간주한다. 그러나 명말 청초가 서양의 문예부흥 시기처럼 현대적 가치관을 배양하는 사회적 조건을 갖추지 못했음은 자명하다.

청대 초기에 소수 지식인의 사상이 크게 해방된 데는 그에 앞서 일체화 구조에 대한 강한 충격이 있었기 때문이다. 이러한 관변 이데올로기를 동요시킨 충격은 서양으로부터 야기된 것이 아니라 명 왕조가

04 黃宗羲, 『明夷待訪錄·原臣』(上海: 商務印書館, 1937), pp.3-4.
05 顧炎武, 「裴村記」, 『顧亭林詩文集』(香港: 中華書局, 1976), pp.106-107.
06 王夫之, 『尙書引義』, 卷四.

농민 전쟁으로 붕괴되고 청나라 군대가 관내에 진입한 데서 비롯된 것이다. 앞서 1.5절에서 밝혔듯, 유가 사상의 도덕 이상은 양호한 정합 상태와 합치된 것으로, '당위'의 무한 확장은 유생으로 하여금 사회의 모든 내부 위기를 도덕 이상에서 벗어난 탓으로 돌리게 했다. 그로 인해 대대적인 농민 봉기는 유가 이데올로기에 충격을 가할 수 없었을 뿐만 아니라 도리어 유학에 대한 그들의 신념을 강화시켜, 유학은 대혼란으로부터 사회를 재건하고 새 왕조를 세우는 거푸집이 되었다. 이와 같은 흐름은 역대 왕조 교체에서, 심지어 소수민족이 중원의 주인이 되어 새 왕조를 세우는 과정에서도 예외 없이 나타났다. 명말 청초의 왕조 교체는 그저 전통 일체화 구조의 왕조 순환이었을 뿐 진정으로 유가 이데올로기에 충격을 입히지 않았다. 만주족인 청나라 귀족은 여전히 유가를 기반으로 통치했고, 강희 연간에 다시 한번 발흥한 정주이학은 청 조정의 관변 이데올로기로 제창되었다. 간과해선 안 될 점은, 이는 필경 사회의 주류 사상과 절대다수의 사람들에 관한 언급이며 극소수의 민감한 사상가들까지 포괄하지는 않는다는 것이다. 그렇다면 명말 청초의 소수 사인士人과 학인은 무엇 때문에 이학에 회의를 품고 비판했으며, 이학과 다른 이단적이고 새로운 관념을 격하게 주장했을까? 어떤 이는 명나라 망국의 비통함 그리고 청나라의 관내 진입과 잔혹한 대학살이 유생들의 정신에 큰 상처를 안겼기 때문이라고 보았다. 그러나 남송 말기에 몽고인이 쳐들어와 중원에 새 왕조를 건립하던 시기의 잔혹한 대동란 역시 명말 청초보다 덜하지 않았다. 따라서 그 원인은 유학 내부의 변화에서 찾아야 한다.

  우리는 이학이 남송 말기에 형성되기는 했지만 사람들의 마음속에 깊이 스며들지 못했기에 한족 정권 멸망에 대한 책임이 없다는 사실을 알고 있다. 그러나 명말에 이르러 이학은 관변 이데올로기가 되었으며, 왕양명 심학의 출현은 이학이 상당히 성숙했음을 입증하는 것이다. 송명이학과 전기前期 유학의 가장 큰 차이는 도덕 이상의 경지를 사회규범과 구별한 것이다. 앞서 3장에서 논했듯이, 이로 인해 도통이 한층 강화되고 유생의 사공 능력이 약화되었다. 도통이라는 것은 도덕 정치 질서의 합법성을 가리킨다. 형이상학적 천인합일 구조가 성립되어 우주 질서로부터 도덕 질서가 도출됨으로써 도통은 의심할 바 없이 공고해졌다. 사공에 관해 말하자면, 일반적으로 도덕 목표와 바로 동일시되지는 않으나 연관된 사업과 실천 활동, 즉 온갖 경제 및 정치 활동에 종사하는 것을 일컫는다. 이러한 사공의 능력은 유생의 수신 정도에 의해 좌우된다.

      수신은 일반적으로 경전 학습, 자연과 사회에 대한 인식, 그리고 각종 활동 능력의 단련을 포함한다. 송명이학이 사회규범과 구별되는 도덕 경지를 제기한 뒤, 도덕의지를 기르는 수신은 천리에 대한 명상에 의존하는 불교의 수신 방법을 체계적으로 이용할 수 있었다. 그러나 정좌靜坐가 수신의 주요 내용이 되었을 때 유생의 사공 능력은 말할 나위 없이 크게 약화되었으며, 주희가 한나절 정좌하고 한나절 독서하기를 제창한 이후로 유생은 '도학선생'이 되었다. 이학가들에게 외왕이란 치국평천하로부터 천하 교화로 나날이 변질되었다. 송조에서 명조에 이르는 동안 지식인의 사공 능력은 지속적으로 감퇴했다. 명말에는 왕학이 유행했고 치양지의 과정은 원칙적으로 실천을 포함하지만 욕망에 의해 윤상이 전복되는 것을 방지하기 위해 선종과 유사한 거욕주정去欲主靜이 강조되었다. 예컨대 왕양명 자신은 사공에 소홀하지 않았지만 그의 많은 제자들은 주로 정좌에 의존하는 수신을 했다. 나여방羅汝芳(자는 유덕惟德, 1515~1588)은 항상 책상 위에 올려놓은 밝은 거울을 마주한 채 묵묵히 정좌해 마음이 거울처럼 맑고 고요하기를 추구했는데, 정좌로 인해 병이

날 정도였다.07 "백성이 날마다 쓰는 것이 바로 도百姓日用卽道"라고 주장한 왕간王艮(자는 여지汝止, 1483~1541)은 세상을 구제하는 데 열중했지만, 그 방법은 "도로써 천하를 구제하는以道濟天下" 데 머물렀다.08 그는 부단히 알리고 설명하면 제왕과 천하가 저절로 귀의한다고 생각했을 뿐 사회 정치 활동에 적극 참가할 필요를 느끼지 못했다. 왕학의 말류末流에 대해 논의할 때 사람들은 그들을 맨손으로 용과 뱀을 잡으려 뛰어드는 인물로 여긴다. 그들이 이학자들보다 탁상공론 기풍은 덜했다 해도 지식과 도덕을 극단적으로 홀시했기에 유생으로서 치국평천하의 조직 능력은 결핍되어 있었던 것이다. 이처럼 송명이학이 주도적 지위를 차지한 후 유생의 도통 관념은 더 강화되었으나 그런 반면 사공 능력은 크게 약화되었음을 알 수 있다. 이 두 가지 특징은 명말의 사회 혼란 속에서 충분히 드러난다.

　　　　　명말 유생들이 죽음 앞에서도 이민족 정권을 위해 일하지 않은 도덕적 용기는 역사학자들에게 항상 흥미진진한 이야기다. 대유학자 고염무의 모친은 곤산성崑山城이 함락된 날부터 27일 동안 절식絶食을 하다가 숨을 거두었는데, 죽기 전에 그에게 '만주족을 섬기지 말라'고 명했다. 강희 17년, 청 조정이 고염무를 초빙하려 하자 그는 "칼과 밧줄을 다 갖추고 있으니 나의 죽음을 재촉하지 말라刀繩俱在, 無速我死"고 선언함으로써 청나라 조정에 협력하기를 거절했다. 왕선산은 변발辮髮을 원치 않았기에 수십 년간 묘족苗族과 요족遙族이 사는 궁벽한 지역에 숨어 살면서 죽을 때까지 청조를 섬기지 않았다. 이와 유사한 사례는 일일이 나열할 수 없을 만큼 많다. 연구에 따르면 그 어느 역성혁명 시기보다 명말 청초에

07　黃宗羲, 「泰州學案」, 『明儒學案』, 卷三十四(台北: 台灣商務印書館, 1968), p.226.
08　黃宗羲, 「泰州學案」, 『明儒學案』, 卷三十二, pp.215-218.

만주족의 청조에 투항하기를 끝까지 거부하고 죽음으로 충절을 지킨 인물이 많다. 명조 이전, 나라의 멸망과 함께 순절한 사람은 100여 명에 불과했으나 명말에 순국한 사람은 약 3800명(전기傳記의 주인공과 함께 목숨을 바친 가족, 친척과 친구, 노복은 포함하지 않은 수)에 이른다.[09] 당시 수많은 유생은 '불가능함을 알면서도 행하는明知不可爲而爲之' 정서로써 청에 저항했다.[10] 이 모든 것은 물론 도학의 경지에서 이학의 성취를 몸소 드러낸 것이지만, 다른 면에서는 유생의 사공 능력이 약화되었음을 분명히 드러낸다.

명나라 말기, 농민군이 베이징을 공격해 점령하자 이자성李自成 정권은 빠르게 부패했다. 이는 이자성 집단 안에 유생이 상대적으로 희소하고 무능했던 사실과 관련이 있다. 역사상 낡은 왕조를 전복하는 진정한 천자가 출현할 때마다 유생은 적극 벼슬에 나아가 새 왕조 조직의 골격을 이루었다. 명말의 유생은 부패한 조정에 대항한 점에서는 더할 바 없는 도덕적 용기를 드러냈으나 도통 관념에 얽매여 농민군은 동반자로 삼을 만한 가치가 없다고 보았다. 대다수 유생은 공허하게 심성心性만을 논하는 백면서생으로, 일부 지방의 고위관리가 되어 청에 대항한 남명南明 정권의 전쟁에 참가한 유생들도 있었으나 형세를 되돌릴 만한 힘은 없었다. 바꿔 말해 송명이학은 도덕 경지를 사공으로서의 사회적 행동과 분리함으로써 새 왕조 재건에 관한 유생의 기능을 대대적으로 퇴화시키는 결과를 초래했다. 당시 명석한 유생들은 정주이학과 육왕심학 모두 문제가 있음을 발견했고, 사공 강화는 그들이 이학을 비판하고 반성하는 내적 동력이 되었다. 그런 면에서 동림당東林黨은 지극히 전형적이

09　何冠彪, 「關於明季殉國人數的問題」, 『故宮學術季刊』, 第10卷 第1期(台北, 1992), p.97.
10　陳永明, 「慷慨赴死易, 從容就義難」, 『九州學刊』, 第6卷 第3期(香港, 1994), p.61.

다. 잘 알려져 있듯 동림학파는 왕학에 뿌리를 두고 있다. 왕학의 문하를 우파와 좌파로 나눈다면, 동림은 대부분 우파 스승으로부터 배웠다.[11] 동림당은 사실 왕학 말류의 문제점을 비판하면서 형성되었으며 주자학을 이어 왕학으로 들어가는 노선을 드러냈다. 동림당 학인들은 사공을 강화하기 위해 '도덕으로 세상을 다스려 이끈다道德經世'는 주장을 펼쳤는데, 이것이 곧 명·청 시대 경세치용經世致用 사상의 발단이다.[12] 우리는 명말 청초 수많은 유자의 경력을 살펴본 결과 그들의 삶이 대략 세 단계를 거친다는 사실을 발견했다. 그들은 청년 시절에 단체社를 결성하거나 무리黨를 조직해 조정의 정치를 지적하고 비판했는데, 명이 멸망한 후 그들은 청에 저항하는 봉기에 참가했다. 중년과 말년에는 청에 귀의하지 않고 명의 유민으로서 책을 저술하고 학설을 세우며 유학의 이론 체계를 처음부터 다시 궁리했다. 사실상 이는 자기 일생의 경력에서 이학과 심학의 약점을 반성한 것이다.

      우리는 남송의 문천상文天祥(자는 이선履善, 1236~1282)과 명말의 왕선산, 고염무, 이옹李顒(자는 중부中孚, 호는 이곡二曲, 1627~1705) 등의 인물을 비교해볼 수 있다. 이들은 모두 후대에 공경과 추앙을 받은 대유학자로, 도통으로부터 비롯된 "예로부터 누군들 죽지 않는 인생이 있을까. 머무는 동안 단심을 취하여 청사에 비추리라人生自古誰無死, 留取丹心照汗靑"는 기개를 갖고 있었다. 다만 원나라 초기에는 사상가라 할 만한 유생이 극히 적었고 명말 청초에는 매우 많았다는 뚜렷한 차이가 있다. 청초 이민족 정권에 굴복하지 않은 유생들은 유독 고달픈 환경에서 저술하고 입론하여 새로운 이론 체계를 구축해 송명이학을 뛰어넘고자 했다. 이

---

11 嵇文甫,「王學的分化」,『晚明思想史論』(台北: 國文天地雜志社, 1980).
12 李紀祥,『明末清初儒學之發展』(台北: 文津出版社, 1992), p.36, 50.

점이야말로 원대와 명대의 이학을 비교할 때 중요한 차이를 반영한다. 명말 청초에 중국 문화는 제1차 이성화를 실현했고, 유생들은 보편적으로 상식이성으로부터 출발해 관념체계를 구성하기 위한 지식 훈련을 받았다. 그리하여 이학이 사공에 약하다는 결함이 폭로된 뒤, 핵심을 파악할 줄 아는 유자들은 곧 중국 문화의 합리성을 판별하는 표준을 운용해 이데올로기를 회의하고 비판하는 능력을 갖췄다. 게다가 그들은 다시 한 번 상식이성에서 출발해 강한 사공 능력을 갖추었다고 생각하는 관념체계를 재건했다. 이것이 바로 명말 청초 극소수의 지사와 학자들이 이학의 한계를 극복하고 새로운 학설을 세울 수 있었던 배경이다. 이로 인해 우리는 청초의 갖가지 새로운 사상을 유학이 외부의 충격 속에서 사공을 강화한 변이變異로 간주할 수 있다.

4.3
경세치용과 청초 사상의 계보

경세치용의 의의는 이학의 도덕 경지와 도덕 실천의 분리를 극복한 데 있다
이학에 대한 해체와 재건
고염무는 '덕성'을 '덕행'과 동일시했다
안원은 '예禮'로 '이理'를 대체했다
이이곡李二曲은 주희朱·육구연陸 및 영원설靈原說을 정합하려 노력했다
세 가지 경세치용 학설의 차별성은 수신에 있다
이데올로기 재구축의 선구자

유학의 기본적 가치 지향을 바꾸지 않는다는 전제 아래 어떻게 해야 유생의 사공 능력을 끌어올릴 수 있을까? 유학은 일반적으로 사공 강화를 경세치용과 동일시한다. 그렇다면 경세치용은 어떻게 사공을 강화할 수 있는가? 이는 단지 실천만을 중시한 것이 아니다. '경세'라는 말은 『장자』「제물론齊物論」에서 "『춘추』의 경세는 선왕들의 기록春秋經世, 先王之志"이라는 구절에 처음 보인다. 장하오張灝는 송·명 이후 경세치용에는 대략 네 가지 의미가 있다고 했다. 첫째는 무조건적 입세入世의 강조다. 둘째는 수신을 경세와 결합하는 것으로, 경세는 수신의 본보기法와 같다. 셋째는 '경經'이 '치治'와 '이理'의 의미가 담겨 있다는 것이다. 곧 경세는 세상

을 '다스려 바르게' 하는 것이며, 유생은 정치 행위를 통해 그 입세 정신을 드러내는 것이다. 넷째는 '경세의 학문經世之學'은 '의리의 학문義理之學' '고증의 학문考據之學' '사장의 학문辭章之學'과 구별되는 것으로, 도덕 이상을 대표하는 객관 제도의 실현을 매우 강조한다.[13] 우리는 경세치용의 이 네 가지 의미가 모두 동일한 목표, 곧 이학의 도덕 경지와 도덕 실천의 분리를 극복하는 데 있다고 생각한다. 하루 종일 정좌하고 명상에 잠기는 것은 결코 진정한 입세라 할 수 없을 것이다. 진정한 입세는 도덕의 실천 행위를 강조하며 치국평천하를 수신으로 삼는다. 경세치용은 입세에 비중 있는 관심을 두었다. 그것은 정치적 행동 그리고 도덕 이상을 대표하는 객관적 제도를 세우는 입세로, 이는 도덕 경지와 실천의 분리를 극복하는 가장 좋은 방법임에 틀림없다. 경세치용의 제기는 유생이 얼마간 내성보다 외왕을 더 중시했음을 의미할 뿐 아니라 유생의 수신 방식이 바뀌어 사대부의 사공 능력을 향상하는 데 효과적이었음을 말해준다. 이는 경세가 사공을 강화하는 유학의 발전 방향을 대표했기 때문으로, 어떤 이는 명말 청초의 거의 모든 학파를 경세치용으로 개괄하기도 했다. 예컨대 동림당의 청의淸議를 '도덕 경세'라 하고, 천계天啓·숭정崇禎 왕조의 여러 실학들을 '실학 경세'라 했다. 명이 멸망한 뒤 고염무·황종희의 탐구, 비밀費密의 '홍도弘道', 안원의 '복고'는 상이한 방식의 '외왕 경세'라 했다.[14] 우리는 이것이 바로 경세치용의 본질이 도덕 경지 층위와 행동 층위의 분리를 극복하는 것임을 뚜렷이 드러내는 것이라고 생각한다. 그렇다면 우리는 이 각도에서 명말 청초의 외래 충격 아래 유학의 발전을 더

13　張灝,「宋明以來儒家經世思想試釋」,『近世中國經世思想研討會論文集』(台北: 中央研究院近代史研究所, 1984), pp.3-19.
14　李紀祥,『明末淸初儒學之發展』, pp.1-2.

욱 분명하게 정리할 수 있다.

　　　　이론적으로, 이학 속의 사공과 정신 경지의 분리를 진정 변화시키려면 해체와 재건 두 방법이 있을 따름이다. 해체라 함은 관념적으로 도덕 경지 층위를 취소하는 것, 즉 유가의 도덕을 실천 및 규범과 동일시하는 것이다. 다시 말해 도덕이 오직 실행만을 필요로 하고 사변에 의존하지 않는 것으로 여겨지는 것이다. 이렇게 되면 경지 층위는 더 이상 존재하지 않게 된다. 두 번째 방법은 이학을 재건하는 것이다. 일단 경지 층위를 취소하면 이학 체계는 즉시 해체를 고하게 된다. 이때 여전히 이성화와 관념체계의 정합을 고수한다면 전면적으로 유학을 재건해야 한다. 우리는 3.6절에서 상식이성에 기초할 때 세 종류의 이데올로기 재건 양식, 그리고 관념이 정합할 수 없는 한 종류의 단절형만 존재할 뿐이라고 밝혔다. 이 때문에 명말 청초의 유학에 대한 재건 또한 이러한 이데올로기 재건의 기본 양식들이 처음으로 생겨날 것이다. 이로 인해 명말 청초에 형성되는 새로운 이론 체계가 중국 근현대 사상사에서 극히 중요한 이데올로기 재건의 서곡이 된다.

　　　　먼저 해체에 대해 논해보자. 분명히 해체란 어떤 한 종류의 양호한 정합의 관념체계에 초점을 맞춘 것이며, 해체의 결과와 방법은 대개 해체 대상에 달려 있다. 고도의 정합적 관념체계로서 송명이학은 오직 세 계열만이 존재하며, 해체는 도덕 경지 층위의 취소로 나타나지만 송명이학 세 계열의 차이에 따라 각 관념체계의 해체 결과가 일치하지 않을 수 있다. 이는 명말 청초에 여러 복잡한 사상 분파가 출현한 배경을 이해하는 데 도움이 된다. 우선 정주이학의 입장에서 도덕 경지의 층위를 취소하는 해체는 유생이 정좌와 명상을 포기하는 경우 결코 독서와 지식 추구를 부정하지 않을 것이다. 이때 그들의 수신 방법은 독서와 지식 추구 그리고 경세로 바뀐다. 경지의 층위를 취소하면서도 독서와 같은, 원래 이학에 속한 수신 방법을 유지하기 위해서는 도덕 경지의 명상에 대한 비판의 화살이 육왕심학을 가리켜야 한다. 명 왕조는 왕양명 심학이 범람한 가운데 멸망했으므로 왕학의 공허함空疎과 오류를 비판하고 도덕을 '실천行'과 동일시하는 한편 지적인 상식이 유학에서 차지하는 지위를 강조할 때 사람들의 마음을 움직일 수 있다. 정주이학의 해체와 함께 형성된 경세 사상은 청나라 초기에 가장 영향력 있는 학파를 낳았으며 그 대표적 인물이 고염무다.

고염무는 왕양명의 심성론 유행을 위진 시대의 현담玄談에 비교했다. 그는 "유요劉曜·석륵石勒이 중화中華를 어지럽힌 것은 본시 청담으로부터 전해져 내려온 재앙임은 모두가 알지만, 오늘날의 청담이 예전보다 심하다는 것을 누가 알겠는가? 옛날의 청담은 노자와 장자를 논했으나 오늘날의 청담은 공자와 맹자를 논한다劉, 石亂華, 本於淸談之流禍, 人人知之, 孰知今日之淸談有甚於前代者? 昔之淸談談老莊, 今之淸談談孔孟"라고 핵심을 짚었다. 그는 사대부들이 심성 담론에 열중함으로써 "육경六經의 글을 익히지 않고, 여러 왕들의 전적을 살피지 않고, 시대의 정무를 총괄하지 않고, 공자께서 학문과 정치를 논하신 것의 대강만을 들춰내면 모든 것을 따지지 않고 (…) 명심견성이라는 공허한 말을 가지고 수기치인의 실학을 대신하니 팔다리가 게을러져 만사가 황폐해지고, 발톱과 어금니 같은 긴요한 사인士人들이 죽자 사방의 나라가 분란을 일으켜 중국 땅 전체가 흔들리고 뒤집히는不習六藝之文, 不考百王之典, 不綜當代之務, 擧夫子論學論政之大端, 一切不問 (…) 以明心見性之空言, 代修己治人之實學, 股肱惰而萬事荒, 爪牙亡而四國亂, 神州蕩覆"15 사태를 초래했다고 보았다. 고염무에게 강렬한 인상을 남긴 것은 사공을 소홀히 한 결과였다. 곧 유생은 심성 담론만 할 뿐 나랏일에 대해서는 기초 지식조차 없으니 국가를 구제할 방도를 알 수 없다는 것이다. 고염무가 "주자학을 높이고宗朱" "양명학에 반대한反王" 출발점은 묻고 배우는 길, 즉 '도문학道問學'이었다. 게다가 그는 '덕성德性'을 '덕행德行'과 동일시하고, 행하되 논하지 말 것行而不論을 주장했다. 그는 북방에 머무는 동안 학술 강론講學을 한 적이 없다. 이는 도덕은 몸소 힘써 실행할 뿐 많이 강설할 필요가 없으며, 유자가 자세히 알아야 할 것은 어떻게 도덕 목표에 도달할까에 관한 지식일 뿐이라는 인식을 드러낸다. 이런 까닭에 그의 필생의 노력은 도문학, 특히 경전 고증 그리고 국가와 세상의 구제를 위한 지식 추구에 바쳐졌다. 이러한 근거로 고염무는 "경학이 곧 이학經學卽理學"이라 인식했다.[16]

    도덕을 '실천'과 동일시하고, 학문 추구를 성인의 말씀과 주장을 학습하는 것과 도덕 목표에 도달하기 위한 필수 지식을 탐구하는 것과 동일시한다면, 이 두 기본 요소의 결합은 필연적으로 경전 고증을 중시함에 이를 것이다. 그와 동시에 조사하는 과정으로부터 얻은 실제에 부합하는 지식을 앞자리에 두고 몸소 그것을 실천하는 것이기도 하다. 고염무는 거의 평생을 전국을 주유하며 조사하고 연구하며 보냈다. 어디든 가는 곳마다 그 지역의 현지縣誌를 찾아 읽었을 뿐만 아니라 그곳 독서인으로부터 자세한 정황을 알아보았고, 농부와 노병老兵들에게 직접 질문하여 지리·도로·군사軍事 형세를 조사했다. 오늘날 우리가 당대唐代의 도로 및 중국 각 왕조의 지방행정을 상세히 알 수 있는 것은 고염무의 이와 같은 수십 년간의 조사에 힘입은 바가 크다. 전조망全祖望(자는 소의紹衣, 1704~1755)은 조사로 대표되는 고염무의 생애를 매우 생동감 있게 묘

---

15   顧炎武, 『日知錄』, 卷七, "夫子之言性與天道"條(台北: 台灣商務印書館, 1978), p.32.
16   李紀祥, 『明末淸初儒學之發展』, pp.122-123 참조.

사한 바 있다. "대개 선생은 여행을 떠날 때 말 2필과 노새 2필에 책을 싣고, 자신은 그 뒤를 따랐다. 도착한 곳이 험준한 요새이면 즉시 노련한 병사나 퇴역한 하인을 불러 그곳 정황을 상세히 물었고, 간혹 들은 내용과 부합하지 않으면 여인숙에 들어가 책을 꺼내 대조하여 내용을 바로잡았다. 간혹 직선 길을 거쳐 평탄한 들판을 지날 때 묵어갈 뜻이 없으면 안장 위에서 여러 경전 주소들을 묵묵히 암송했다. 어쩌다 잊어버린 것이 있으면 여인숙에 들어가 책을 꺼내서 익숙해질 때까지 그것을 복습했다凡先生之遊, 以二馬二騾載書自隨. 所至阨塞, 卽呼老兵退卒詢其曲折, 或與平日所聞不合, 則卽坊肆中發書而對勘之. 或徑行平原大野, 無足留意, 則於鞍上黙誦諸注疏. 偶有遺忘, 則於坊肆中發書而熟復之."[17] 본래 중국의 유생에게는 "책 만 권을 읽으며 만 리의 길을 여행한다讀萬卷書, 行萬里路"는 전통이 있다. 그러나 고염무에게 이것은 유생이 만 리의 길을 가는 가운데 유가 경전을 체득하고, 천지와 중국 땅神州의 광대함을 자세히 알면서 만물과 하나가 되기를 추구하는 것으로, 수신의 핵심을 개인의 정신에 두고 있다. 그러나 "만 권의 책을 읽으며 만 리의 길을 간다"는 것은 고염무에게 새로운 의미를 내포하는 것으로, 사회를 위한 지식을 조사해서 얻고 국가를 구제한다는 것이 바로 그것이다. 근대에 사회 위기가 출현할 때마다 우리는 일부 지식인이 조사 연구, 특히 스스로 직접 조사하는 것을 안신입명安身立命과 보국報國의 필수 과정으로 간주했음을 확인했다. 이것이 바로 고염무에 의해 이학이 해체되면서 개척된, 사회 지식에 무게를 두고 조사로써 수신하는 사공 능력을 강화하는 새로운 방향이다.

      육왕심학의 입장에서 도덕 경지 층위를 해체한다면 어떤 결과

---

17   全望祖,「顧亭林先生神道表」,『鮚埼亭集』, 卷十二, 第四十一冊(台北: 文海出版社, 1968), p.540.

를 얻게 될까? 육왕심학이 수신 방법에서 정주이학과 다른 큰 특징은 지식이 도덕의 기초임을 부정하는 것이다. 그리고 도덕 실천 과정에서 개인의 직접적 깨달음과 "마음에서 얻으면 손에서 호응한다得之於心, 應之於手"는, 언어로 전달할 수 없는 체험을 중시하는 것이다. 이와 같은 육왕심학의 기본 구조에서 도덕의 경지를 해체한다는 것은 이학 가운데 "물질은 없고 관계는 있다物質無, 關係有"라고 하는 천리天理 사변을 도교와 불교로 간주하여 배척하는 것이다. 또한 그러한 기본 주장은 도덕 실천 가운데 독서의 가치를 폄하하고 '실습實習'을 고양함으로써 실습하는 직접적 체험에 의지해 수신한다는 것이다. 이러한 입장을 대표하는 인물이 안원이다.

안원의 호가 습재習齋인 까닭도 스스로 아는 것과 몸소 경험하는 것을 중시했기 때문이다. 특히 그는 왕양명 철학 가운데 몸소 깨달을 수 있을 뿐 말로 전달할 수 없는 종류의 체험을 중시했다. 그는 도덕의 추구를 연습習·실행行과 완전히 동일시했기에 자신의 거처를 '습재'라 이름 지었고 학자들도 그를 습재 선생이라 일컬었다. 전해지는 말에 따르면, 이 대유학자는 어릴 때부터 무술을 익혀 무예가 출중했는데 어느 날 남의 집에서 글을 가르치다가 대협大俠과 무예를 겨루게 되었고, 몇 수만에 상대방의 팔뚝을 정확히 겨냥하여 상대를 탄복시켰다고 한다.[18] 안원은 정주이학이 천리 세계를 정좌 명상하는 방식에 극도의 반감을 느꼈고, '이理'의 존재를 부정하고자 '예禮'로써 '이理'를 대체했다. '예'는 온전히 행동으로 해야 하는 것, 곧 실천의 영역이다. 그는 단지 "거문고 악보를 읽음으로써 거문고를 배우고『예경禮經』을 읽음으로써 예를 배우는

---

18 韋政通,『中國思想史』, 下冊(台北: 大林出版社, 1980), p.1408.

讀琴譜以學琴, 讀禮經以學禮"데 반대했다.[19] 그의 학생 이공李塨(자는 강주剛主, 1659~1733)은 더욱 공공연하게 독서의 무용함을 말했으며 유가의 도덕 이상과 행동을 완전히 동일시했다. 이공의 삶은 "몸소 행하는 것을 우선으로 하고, 공허한 문장 저술을 높이지 않았다. 만년에 도리를 질문하는 사람들이 무리를 이루었고, 또한 자신이 기용되지 않았을 때 비로소 책에 의탁했다.以躬行爲先, 不尙空文著述. 晚年因問道者衆, 又身不見用, 始寄於書." 그의 저술로 『소학계업小學稽業』 5권, 『대학변총大學辨叢』 4권, 『성경학규찬聖經學規纂』 2권, 『논학論學』 2권, 『주역전주周易傳注』 7권, 『시경전주詩經傳注』 8권, 『춘추전주春秋傳注』 4권 등이 있다.[20] 당시 학계에서는 안원을 알아주는 이가 드물었으며 문하생 이공으로 인해 그의 사상이 전파될 수 있었기 때문에 사상사에는 '안이학파顔李學派'[21]로 불린다.

안원의 생애에서 가장 유명한 실천 활동은 1696년에 허베이河北 페이샹肥鄕 현의 장남서원漳南書院을 인수해 관장한 것으로, '연습習'을 수신의 중심 사상으로 삼아 서원의 설계와 교육을 체계적으로 관철한 것이다. 기록에 따르면, 이 서원은 중국의 역대 서원들과 달리 습강당習講堂·문사과文事課·경사과經史課·무비과武備課·예능과藝能課 등을 설치했다. 문사과는 '예·악·서·수·천문·지리'를 가르쳤다. 무비과는 오자五子 병법[『손자병법孫子兵法』에 뿌리를 두고 파생된 다섯 편의 독립된 병서로 『형세편形勢篇』 『병세편兵勢篇』 『허실편虛實篇』 『군쟁편軍爭篇』 『행오편行伍篇』을 가리킨다], 공수攻守 진영과 포진, 수륙水陸 전법을 강의했다. 예능과는 수학水學·화학火學·공업工業·상수象數 등을 강의했다. 또한 실천 속에서 터득하는 정신을 관철하

19　顔元, 「存學編卷一·學辨二」, 『顔元集』, 上冊(北京: 中華書局, 1987), p.54.
20　梁啓超, 『中國近三百年學術史』(上海: 中華書局, 1937), p.108.
21　韋政通, 「顔李學研究」, 『人生』, 266期(香港, 1961年 12月 1日).

기 위한 신체 단련실健身房과 활쏘기 연습장箭靶場을 설치했고, 여러 무기를 비치해 학생들이 사용하도록 했다. 이 서원에서는 심지어 별자리 모양을 관찰하는 방을 한 칸 두었는데, 아마도 유럽에서 전래한 망원경이 설치되어 있었던 듯하다. 조지프 니덤은 이 서원이야말로 17세기 세계에서 가장 진보된 학교라고 했으며, 어떤 학자는 중국 과학교육의 선구로 간주했다.[22] 오늘날 우리는 이처럼 현대 교육에 근접한 학교가 뜻밖에도 심학의 해체로부터 생겨났다는 데 놀라지 않을 수 없다. 확실히 우리는 도덕 실천 속에서 실습과 직접적 체험을 강조할 때 비로소 복잡한 구조적 변화, 즉 안원이 서원을 설립한 것이나 1950~1960년대 중국 대륙에 출현한 홍전학교紅專學校[혁명정신과 직업지식을 병행해 교육하기 위해 설립한 학교] 그리고 공산주의 노동대학과 같은 실천으로 전화할 수 있다는 사실을 이해할 수 있다. 량치차오는 2000여 년 동안 책을 중시하고 철리를 근본으로 삼아 온 역사를 거부한 안원의 경향에 대해 '실천주의'라고 불렀다.[23]

  이학이나 심학과 다른 것은 송명이학 제3계열이다. 청초의 여러 유학자들 가운데 송명이학 제3계열이 해체되고 세워진 대표적인 학파를 찾아보면 이이곡李二曲도 그중 하나일 것이다. 이이곡의 심태는 기본적으로 심학에 속한다. 그는 사람들에게 "훈고를 끌어오지 말고, 자신을 돌이켜 착실하게 체득하라不要引訓詁, 需反己實實體認"고 가르쳤다.[24] 그러나 그는 심학의 영역을 고수하지 않고 주희와 육구연의 학문을 정합하려 힘써 강구했다. 우리가 3.7절에서 밝혔듯이 송명이학 제3계열은 이

---

22 蔡仁堅,「中國科學敎育的先驅──顏習齋」, 項維新, 劉福 增編,『中國哲學思想論集』(第五冊), 淸代篇(台北: 牧童出版社, 1978).
23 梁啓超,『中國近三百年學術史』, p.106, 109.
24 李顒,「靖江語要」,『二曲集』, 卷四(北京: 中華書局, 1996), p.35.

학화한 심학이다. 합리성의 궁극적 판단 근거에 대해서는 심학의 입장을 견지함으로써 도덕의 궁극적 근거는 지식이 아니라 선을 지향하는 도덕심이라 주장한다. 그러나 우주론 영역에서는 이학의 입장을 견지해 우주론으로부터 도덕을 이끌어낸다. 그러므로 이 일파는 우주의 끊임없는 생성과 번성生生不息은 하나의 보편적 도덕심이라고 주장한다. 우리가 이이곡을 송명이학 제3계열의 해체로 인해 세워진 학파에 포함시키는 이유는 그가 경세를 중시하는 동시에 '영원설靈原說'을 제기했기 때문이다. 그는 우주의 본질은 '영원'이며 그것이 곧 인간의 본질이라고 했다. 사람의 몸뚱이形骸는 소년기·장년기·노년기·죽음과 같은 상태가 있으나 '영원'은 그러한 것이 없으며 공간적으로 천지를 가득 채우고 시간적으로 고금을 관통한다.[25] 웨이정퉁은 그것을 초월적 도덕 정신이 존재하는 실체라고 했다.[26] 표면상 이이곡의 '영원'은 왕양명으로부터 비롯된 것 같다. 일찍이 왕양명은 "천지·귀신·만물이 나의 영명에서 떨어져 나가면 바로 천지·귀신·만물은 없는 것이다. 나의 영명이 천지·귀신·만물에서 떨어져 나가면 역시 나의 영명도 없는 것이다天地鬼神萬物, 離卻我的靈明, 便沒有天地鬼神萬物了; 我的靈明離卻天地鬼神萬物, 亦沒有我的靈明"[27]라고 했으며, 이때의 '영명'은 '영원'과 유사하기 때문이다. 그러나 왕양명이 말하는 영명은 주체의 외화外化에서 나온 것으로, 즉 영명은 주체의 외부적 투사이며 그 논증 방식은 주관 유심론 방식이다. 그러나 이이곡의 '영원'은 우주의 객관적 존재로, 그로부터 인간의 도덕심이 빚어진다. 그러므로 이이곡의 도덕 추론 양식은 외부에서 내부로 향하는 천인합일 구조다. 바로 이런 까닭에 이

---

25   李顒, 「學髓」, 『二曲集』, 卷二, p.18.
26   韋政通, 『中國思想史』, 下冊, pp.1393-1394.
27   王陽明, 『傳習錄』(下)(台北: 台灣商務印書館, 1967), p.273.

이곡은 평생 궁벽한 시골에서 생활했지만 지식 추구에서는 강한 열정을 보였다. 그는 주희와 육구연의 종합을 주장함으로써 유학의 포용성을 넓혔다.

요컨대 송명이학의 세 가지 체계體系의 해체로써 상이한 세 가지 경세치용의 학을 얻을 수 있다. 그들 간의 주된 차이는 수신 방법으로 드러난다. 그렇다면 도덕 경지를 해체한 뒤 관념체계를 재구축한다면 어떤 이론 체계를 얻을 수 있는가? 이른바 도덕 경지를 해체한 뒤에 재구축하는 관념체계는 반드시 두 가지 과제를 해결해야 한다. 첫째는 이론적으로 사공을 두드러지게 강화하는 것이고, 둘째는 도덕적 의의를 갖춘 세계관과 우주론을 재건하는 것이다. 정주이학의 언어 맥락語境 안에서 사공 그리고 도덕의 실현은 반드시 기氣에 의존해야 하는데, 이때 사공을 강화한다는 것은 관념체계에서 핵심적 지위를 기에 부여한다는 것이다. 이학의 심층구조에서 천리 세계의 실현과 우주의 구성은 동형 구조를 갖는 것이며, 이성 체계體系 속에서 기의 지위에 중점을 둔다는 것은 곧 세계가 기에 의해 구성되는 것이 된다. 그러므로 이학이라는 배경에서 사공을 강화하는 관념체계의 구축은 분명 유기론이다. 심학의 맥락에서 도덕 경지는 본디 거욕주정去欲主靜에 의존해 건립되는 것이고, 도덕의 경지를 타파하고 사공을 강화함은 일반적으로 인간의 도덕 실천에서 욕망의 중요성을 중시하는 것이다. 그런데 사람들은 일반적으로 욕망을 기로 간주하므로 사공을 강화하는 이론 구성 역시 일종의 유기론이다. 이로써 우리는 도덕 경지 층위를 해체한 뒤 사공을 강화하는 이론의 형태는 각양각색의 유기론이라 말할 수 있다.

4.4
왕선산 철학의 구조

명말에 이학과 심학의 종합을 모색하는 새로운 추세가 출현했다
우주가 기에 의해 구성되었다는 것은 명말 청초 지식인의 공통된 인식이다
왕선산은 정주이학과는 다른 새로운 체계를 세웠다
상식을 근거로 하는, 도덕철학과 형이상학으로서의 유기론
기에 내포된 세 겹의 의미
유사이학 이데올로기 구성 양식이 유학을 재구성했다

일찍감치 한대에 원기설元氣說을 제창한 사람이 있었지만, 유가의 도덕철학을 재구성해서 사공을 강화해야 한다는 역사적 요구가 출현하기 전까지 기론氣論은 현실적 중요성을 갖추지 못했다. 가장 먼저 기의 세계관, 즉 기를 토대로 유가의 학설을 세운 인물은 송대의 장재張載다. 장재는 송명이학 제3계열에 속하기 때문에 정주이학이 관변 이데올로기가 되자 그의 학설은 한동안 홀시되었다. 그러므로 엄밀히 말해 유기론은 명말에 이르러서야 유행하기 시작한 중국 근대사상이라 해야 마땅하다. 우리는 명말 유학 사상의 중요한 특징이 정주이학과 육왕심학의 대립이라는 것을 알고 있다. 당시의 유생 여곤呂坤(자는 숙간叔簡, 1536~1618)이 "이즈음

의 학문은 육구연에게 돌아가지 않으면 주희에게 돌아가고, 육구연을 공격하지 않으면 주희를 공격한다近日學問, 不歸陸則歸朱, 不攻陸則攻朱"고 개괄한 것과 같다.[28] 사대부는 서로 맞서는 정주이학과 육왕심학 양쪽에게 문제가 있음을 발견했고, 명말에 이르러 이학과 심학을 종합하고자 모색하는 추세가 형성되었다. 말하자면 이학의 합류다.[29] 정주이학과 육왕심학의 합류는 이학화한 심학을 형성해, 많은 유자로 하여금 점차 송명이학 제3계열과 비슷한 입장을 갖도록 매료시켰다. 송명이학 제3계열은 우주론을 강조하고, 우주론으로부터 개인의 도덕을 이끌어내고 감정 활동이 있는 인심을 도덕 기초로 삼는다는 점에서 육왕심학과 다르다. 송명이학에서는 정좌를 중심으로 하는 도덕 경지의 명상에서 벗어나 마음의 작용을 논하면 반드시 실제의 감정 활동에 중심을 기울이게 되는데, 이 감정 활동이 바로 기다. 그러므로 사공 능력을 강화한다는 전제로 마음을 도덕의 기초로 떠받들었을 때 그 결과는 반드시 유기적唯氣的이 되는 것이다. 곧 기는 의심할 바 없이 우주의 기초가 된다. 유기론은 명말부터 유행하기 시작해 점차 수많은 유생을 매료시켰다.[30]

명말 청초의 사상 유파는 번잡하지만 우주가 기에 의해 구성되었다는 것은 그 시대 견문 있는 유생들의 공통된 인식이었다. 예컨대 여곤은 "천지만물은 다만 일기의 집합과 분산일 뿐, 다시 다른 무엇이 없다天地萬物只是一氣聚散, 更無別個"[31]고 인식했다. 나흠순羅欽順(자는 윤승允昇, 1465~1547)은 "대개 천지에 통하고 고금에 잇닿은 것은 모두 일기일 뿐

28　呂坤 著, 侯外廬 編,『呂坤哲學選集』(北京: 中華書局, 1962), p.26.
29　于化民,『明中晚期理學的對峙與合流』(台北: 文津版社, 1993), pp.151-152.
30　溝口雄三 著, 林右崇 譯,『中國前近代思想的演變』(台北: 國立編譯館, 1991).
31　呂坤,『呻吟語卷四之一·天地』『呻吟語·菜根譚』(長沙: 岳麓書社, 1991), p.195에 수록.

蓋通天地, 亘古今, 無非一氣而已"32이라고 밝혔다. 왕정상王廷相(자는 자형子衡, 1474~1544)은 장재의 기론을 지지해 "기를 떠난 도는 없다離氣無道"고 생각했다. 방이지方以智는 "온갖 물은 모두 기가 하는 것이며, 빈 것은 모두 기가 채워지는 것이다一切物皆氣所爲, 空皆氣所實也"33라고 했다. 고염무는 우주론에 관심이 없었지만 "천지 사이에 가득한 것은 기다盈天地之間者, 氣也"라는 데 동의했다.34 안원은 언어로 전할 수 없는 심학 체험을 견지했으나 유기론에 반대하지는 않았으며 "대개 기는 이의 기라는 말과 같고, 이는 기의 이라는 말과 같다蓋氣卽理之氣, 理卽氣之理"35고 했다. 이렇듯 보편적으로 유기론을 인정하는 조류 가운데 우리는 몇 가지 상이한 이론 형태를 볼 수 있는데, 그중 가장 중요하고 후세에 큰 영향을 끼친 유기론은 왕선산에 의해 제기되었다.

    왕선산은 젊어서 청에 항거하는 활동에 나섰고, 항거에 실패한 뒤에는 줄곧 청조에 협력하지 않고 궁벽한 묘족과 요족 지역에 은둔한 채 궁핍한 환경에서 책을 저술하고 학설을 세우면서 명 왕조 멸망의 교훈을 되새겼다. 그의 절친한 벗인 방이지는 그가 고단하게 생활하는 것을 보자 불교를 받아들이고 사찰에 들어가 기초생활을 해결하라고 권했으나 왕선산은 단호히 거절하고 죽을 때까지 유자의 신념과 절개를 견고히 지켰다. 그는 종이를 구할 돈조차 없어 저작의 대부분을 장부帳本 뒷면에 썼다. 오늘날 수백만 자에 이르는 왕선산의 저작을 읽을 때 고독 속에서 전체적으로 유가 사상 체계를 반성한 그의 거대한 도덕적 용기에 존경과 숙연함을 금할 수 없다. 놀라운 것은 세계와 단절된 환경에서 주희

32   羅欽順,『困知記』『四庫全書』, 第七百一十四冊(上海: 上海古籍出版社, 1987), p.280.
33   方以智,『物理小識·天類』(台北: 台灣商務印書館, 1978), p.3.
34   顧炎武,『日知錄』, 卷一, "遊魂爲變"條(台北: 台灣商務印書館, 1978), p.20.
35   顏習齋,「駁氣質性惡」,『四存編·存性編』, 卷一(北京: 古籍出版社, 1957), p.3.

의 그것만큼이나 중요한 이론을 혼자서 완성해냈다는 사실이다.

왕선산의 저작을 보면 그 섭렵 범위가 매우 넓다. 우주론으로부터 사회제도, 역대 왕조의 정치 득실에 이르기까지 포괄하지 않는 분야가 없지만, 가장 중요한 점은 정주이학과 다른 새로운 체계를 세웠다는 사실이다. 그는 이학이 유학의 사공 능력을 약화시킨 결정적 요인은 천리 세계를 세운 데 있다는 인식에 도달한바, 사공을 강화하기 위해서는 사공과 동떨어져 있는 도덕 경지를 해소해 천리와 천리의 실현을 합치해야 한다. 도덕 경지 층위를 제거하면 사공을 강화할 수 있다는 것은 왕선산 시대 사람들 모두가 인지하는 것으로, 곤란한 점은 경지의 해체를 완성한 뒤에 유가의 도덕철학을 어떻게 재구성하여 이론적으로 사공의 강화를 강조하는가였다. 우리가 3.5절에서 밝혔듯, 정주이학 가운데 '천리'는 사물의 형상화에서 어떠해야 한다는 거푸집과 같은 것이고, '천리'의 실현 과정은 '기'로써 거푸집을 채워 넣듯이 사물을 주조해내는 것이다. 여기서 경지와 사공이 두 범주로 나뉜 것은 '기'를 단지 '이'를 실현하기 위한 용도로 한정했기 때문이다. 이는 기를 주재하며, 이와 기는 체용體用의 관계다. 그러나 왕선산은 '이'와 '기'의 관계를 거꾸로 뒤집어, '기'가 '이'를 주재하는 것이라 보았다. 즉 '이'는 오늘날 우리가 이야기하는 법칙規律과 같은 것으로 물질의 운동에 의지해 존재한다는 것이다. 이가 기를 주재할 때의 도덕 활동은 우선 이가 무엇인지 명상한 뒤에 그것을 실현할 것을 요구한다. 반면 기가 이를 주재할 때 이는 오직 실천 활동 속에서만 나타날 수 있으므로 인간은 행동하는 가운데 이를 인식해야 한다. 따라서 도덕 실천의 경지를 벗어난 독립적인 천리는 무의미하다. 이렇게 거꾸로 뒤집어보는 생각은 간단해 보이지만 마르크스가 헤겔의 체계를 거꾸로 뒤집은 것처럼 매우 심원한 의의를 낳았다.

우선 왕선산의 유기론은 여전히 상식을 근거로 하는 일종의 도덕철학이며 형이상학이다. 왜냐하면 기는 상식을 사용해 상상을 덧붙일 수 있는 것이고, 지적인 상식합리 원칙은 기에 궁극적 합리성을 부여하기 때문이다. 이론 체계 전체의 도덕 합리성에 대한 논증은 곧 기의 합리를 사용해 '기에 의해 구성된 모든 것은 합리'임을 논증하는 과정으로 바뀐다. 송명이학에서 기는 본디 물질, 실천, 욕망이라는 세 겹의 함의가 있음을 우리는 알고 있다. 왕선산은 기가 이를 주재하며 이보다 앞서는 것으로 간주했으므로 사람들은 기의 첫 번째 함의에 기초해 세계가 기에 의해 구성되었다고 받아들인다. 이것은 신비주의의 저주를 푼 일종의 유물론적 우주론에 가깝다.

기의 두 번째 함의는 실천이고, 기의 궁극적 합리성은 곧 실천의 궁극적 합리성이다. 그것은 중국 근현대의 독특한 실천론적 인식론을 낳았다. 본디 정주이학 속에서 이는 '당위'의 세계로, 먼저 이를 인식해야만 그 실현을 논할 수 있으므로 정주이학은 선지후행先知後行의 인식론을 주장한다. 이에 도덕 경지 층위의 존재는 선지후행의 논리적 기초를 이루었다. 그러나 이를 기에 종속하는 것으로 간주한다면 지와 행의 관계 역시 전도될 것이다. 실천이 지식의 근원과 모든 이론의 기초가 되는 것이다. 본디 중국 전통 도덕철학에서 도덕 실천과 도덕 양지는 분리될 수 없는 것으로, 지행합일은 모든 유자의 공통적 주장이다. 그러나 유기론이 나타나기 전까지는 행동이 양지에 우선함을 도덕철학 속의 지행합일로부터 추론해낼 수 없다. 유기론이 성행하고서야 비로소 실천 활동은 의심할 수 없는 인식론의 기초가 되었다.

기의 세 번째 함의는 욕망이다. 왕선산은 이가 기에 깃든다고 주장하면서, 이는 기가 운행하는 가운데 나타나는 공통성 혹은 조리條理

와 같은 것으로 인식했다. 이러한 보편적 본보기를 욕망에 적용할 때 천리는 사람들의 바람欲(이익)을 벗어나서는 존재할 수 없음을 추론해낼 수 있다. 왕선산은 현대 중국인과 유사한 어투를 사용해 "인욕이 크게 공변된 것은 천리가 지극히 바른 것과 같다人欲之大公, 即天理之至正矣"[36]고 논했다. 말하자면 사람들 간의 공통된 욕망을 천리로 간주한 것이다. 그가 천리란 인간 욕망의 큰 공변됨大公이라 내세운 것은, '이'가 '기'의 공통성이며 기가 운행하는 가운데 구체적으로 드러나는 관계이자 법칙의 운용으로 간주한 것이다. 이에 근거하면 '기질氣質'은 곧 선의 기초가 되며, 이로써 백성과 민생을 중시하는 이론 체계도 추론할 수 있다. 그 속에서 우리는 "절대다수 인민의 항구적 이익을 위해 분투하는 것이 바로 하늘의 도爲絕大多數人的長遠利益奮鬪就是天道"라는 어느 근대의 신조信條를 느낄 수 있다. 왕선산이 정주이학의 이기 관계를 거꾸로 뒤집은 데는 이와 같은 함의가 내포하는바 오늘날 사상사 연구자들은 그를 가리켜 근대 유물론의 압도적 선구자일 뿐만 아니라 물질 숭상의 계기와 '상력설尙力說'[『상서』에 나오는 '민본民本'의 맥락을 계승해 민중의 가치와 역량을 부각시킨 『묵자墨子』의 중민重民·애민愛民의 주장을 흔히 '상력설'의 원류로 본다. 저자는 근대 이전까지 통치 대상이었던 민중의 잠재 역량을 인식하고 구체제 변혁의 원동력으로 간주한 근현대 사조에 초점을 맞추었다]의 기원을 열었다고 말한다. 뿐만 아니라 왕선산 철학은 최초로 "형이상과 형이하의 통일道器合一" "본체와 공용의 통일體用合一" "주관과 객관의 통일心物合一"을 실현했으며, 심지어 헤겔의 "모든 존재는 합리적"이라는 사상까지 포함한 것이라 여긴다.[37]

　　표면상 왕선산이 상당히 현대적인 철학 체계를 제시할 수 있었

36　王夫之, 『四書訓義』, 卷2.

던 것은 전적으로 기라는 개념의 모호성에 힘입은 것으로 보인다. 그러나 이는 한쪽의 시각일 뿐이다. 왕선산 유기론의 가장 큰 공헌은 정주이학과 구별되는 체계를 세운 것이다. 정주이학이 사람들의 마음을 사로잡을 수 있었던 것은 지식적 상식으로부터 천리를 추론한 뒤 그 천리로부터 사회제도와 도덕의 합리성을 논증했기 때문이다. 왕선산은 내용상으로는 정주이학과 다르지만 합리성의 논증 양식은 이학과 동형 구조인 논증적 사유를 제시했다. 왜냐하면 기는 상식으로 증명할 수 있는 것이므로 상식이성 속의 지식적 상식합리 원칙은 바로 기화氣化 우주론의 합리를 증명할 수 있기 때문이다. 그리고 사회제도 및 도덕 윤리의 기초로서 이는 기의 성질 또는 기의 운동 가운데 나타나는 조리에 불과한 것이다. 이와 같은 기화 우주론은 기 운동의 표현과 법칙으로서의 이의 합리성을 제공함으로써 이에서 한 걸음 더 나아가 사회제도와 인류 도덕을 추론하는 데 장애가 없게 되었다. 왕선산 기론의 설득력은 합리성 논증에서 비롯되었으며, 이와 같은 논증 구조는 지식적 상식이라는 궁극적 표준에서 출발한 것으로, 천인합일 구조를 따라 우주론으로부터 사회 정의와 도덕 윤리를 추론해내는 것이다. 바로 유사이학 이데올로기 구성 양식을 이용하여 유학을 재구성한 것이다.(그림 4.1)

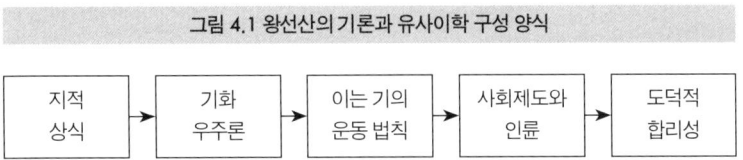

그림 4.1 왕선산의 기론과 유사이학 구성 양식

---

37 賀昭, 「王船山的歷史哲學」, 項維新, 劉福增 編, 『中國哲學思想論集』(第五冊), 淸代篇, pp.135-151.

앞서 우리가 논술했다시피, 여기에는 이데올로기를 구성하는 세 종류의 양식과 관념이 정합할 수 없는 한 종류의 단절 형태가 존재한다. 이 네 종류의 추세는 암암리에 유자가 기론의 새로운 형태를 구성하는 것을 지배하는데, 왕선산의 기론은 그중 한 가지 추세, 즉 유사이학 양식을 교묘히 운용해서 유학을 재구성한 것이다. 확실히 문장의 표면을 뚫고 들어가 명말 청초 및 이후 유자들이 제기한 각종 기론을 들추어 조사했을 때 우리는 왕선산의 기론 외에 두 종류의 상이한 기론이 있음을 발견할 수 있을 것이다. 그것들은 공교롭게도 기타 유형의 관념체계 구성 양식과 대응하고 있다. 이러한 양식들이 어떻게 기론을 주재하는가를 분석하는 것은 이들 각양각색의 기론이 중국 근대사상사에서 어떤 의미를 지니는지를 이해할 수 있게 한다.

4.5
황종희의 기론과 『명이대방록』

유사심학 이데올로기의 구성 양식

송명이학 제3계열: 장재·유종주·황종희

황종희는 철저한 심일원론을 주장했다

왜 황종희의 기론은 반反군주독재의 예리한 무기가 되었나

『명이대방록』의 정치사상

황종희와 왕선산의 차이

중국 문화의 이성 구조에서 유사이학 이데올로기 구성 양식과 병행해도 충돌하지 않는 것은 유사심학 이데올로기 구성 양식이다. 기이한 것은, 심학의 입장에서 경세치용을 고취한 많은 유자들이 유기론을 승인하기는 했지만 유사심학 이데올로기 양식으로 세운 기론은 줄곧 그다지 발전하지 못했으며, 그마저도 왕양명이 우주를 '일기의 유행一氣流行'으로 간주하는 등 한두 마디의 간단한 말들이 대부분이었다는 것이다. 본래 도덕 논증에서 유사심학의 추론 양식은 유사이학 구성 양식과 마찬가지로 강력한 것인데, 어째서 유사심학 양식은 기론 구성에서 유사이학 양식과 같은 영향력을 얻지 못했을까? 주요 원인은 유기론 철학이 실천 제일의

인식론을 주장하는 것 외에 기화 우주론에 무게중심을 두었다는 데 있다. 그리고 유사심학 이데올로기 구성 양식은 상식이성 가운데 인지상정(도덕심) 합리와 도덕가치 일원론의 결합에 의존해야 한다. 도덕가치 일원론은 인간의 도덕심으로부터 도덕 윤리와 사회제도를 추론하는바, 이와 같이 내부에서 외부로 향하는 도덕 논증 구조의 가장 큰 결함은 도덕을 우주까지 확장할 수 없다는 것이다. 우주론과 사회제도 간의 단절은 유사심학 양식이 우주론을 논할 때마다 여러 문제에 부딪치는 결과를 초래했다. 주로 우주론에 속하는 유기론으로 말하자면 유사심학 이데올로기 구성 양식은 그리 적합하지 않은 것이다. 심학은 비록 심학식 유기론을 재건하기를 소망했더라도 심학 구조의 반反우주론 경향은 이와 같은 이데올로기 양식이 극복할 수 없는 어려움을 형성해왔다.

실질적으로 명말 청초에 심학의 입장에서 유기론을 구성한 것은 송명이학 제3계열의 입장을 가진 유자들이다. 앞서 말한 것처럼 송명이학 제3계열은 우주론을 중시한바, 우주가 끊임없이 생성하고 번성한다는 인식 자체가 바로 기론의 식이다. 장재의 기화 우주관은 송명이학 제3계열이 자발적으로 기론으로 발전한 대표적인 예다. 그리하여 우리는 왜 명말 청초에 송명이학 제3계열인 기론이 모두 장재의 학설에서 나왔으며[38] 장재 철학의 확대 발전에 속하는지를 이해할 수 있다. 그 전형을 대표하는 인물은 황종희다. 황종희는 명말 심학의 대가 유종주의 제자로, 유종주보다 학문 범위가 넓었지만 줄곧 유종주가 세운 사상 강령을 따랐다.[39] 머우쫑싼은 유종주의 철학을 송명이학 제3계열로 분류했다.[40] 그리하여 우리는 장재에서 유종주 그리고 황종희에 이르기까지, 송명이학 제3계열의 기론이 확대 발전하는 과정을 뚜렷이 볼 수 있다.

송명이학 제3계열은 한편으로는 외부에서 내부로 향하는 천인합일 구조에 근거해 이론 체계를 세우고, 다른 한편으로는 인지상정과 인간의 도덕심을 합리성의 최종적 판단 근거로 삼은 것이다. 이와 같은 이론 틀에서 도덕은 이상화한 인간관계도 아니고 인간이 마음으로 선을 지향하는 관념만도 아닌, 일종의 천지를 관통하는 존재存有이기 때문에 행동을 벗어난 도덕 경지는 무의미한 것이 된다. 즉 하늘, 땅, 산천, 만물 모두가 도덕심을 갖고 있으니 우주 전체는 도덕심이 있는 세계다. 만약 우주를 기에 의해 구성된 것으로 간주한다면, 이와 같은 이론 구조에서 기 자체는 도덕심을 대표하며, 기가 사람의 몸을 구성하는 것은 인간됨의 도덕 본원의 성道德本源之性을 빚어내는 것이다. 그러므로 기는 천지가 서로 감응하여 세계 전체를 구성하는 운동을 관통하며 마땅히 모든 도덕 실천과 사공을 포함한다. 왕양명의 심학에서 양지는 반드시 개인의 내면으로부터 출발하고 외부로 투사되어야만 사공으로 전화할 수 있다. 그러

---

38 장재의 기론은 명말 사대부에 의해 광범위하게 승인되었기 때문에 당시 거의 모든 사람은 자신의 기론 주장을 장재 학설의 확대 발전으로 간주했고, 심지어 왕선산도 그렇게 생각했다. 비록 왕선산 본인은 자신의 철학을 장재 기론의 발휘로 간주했지만 우리는 왕선산 기론과 장재 기론의 이론 형태가 같지 않음을 지적해야 한다. 왕선산은 지식적 상식을 도덕철학 속 합리성의 궁극적 근원으로 간주했고, 그래서 그의 기 중심主氣적 유물론은 정주이학식의 것이며 다만 우주 생성 양식을 논하는 면에서 정주와 다를 뿐이다. 장재의 기론은 그러나 도덕심(혹은 인심 속의 고유한 도덕감정)을 도덕철학의 합리성의 궁극적 근원으로 간주했다. 그러므로 장재의 기론은 송명이학의 제3계열, 즉 심학화한 이학에 속한다. 사실상 왕선산의 기론은 장재의 기론과 서로 다른 이론 유형에 속하기 때문에 당대當代 철학자들의 장재 철학에 대한 인식의 불일치를 발생시켰다. 장재의 사상을 분석해보면 그 자체를 유물론에 속하는 것이라 보기는 어렵다. 그러나 일부 철학자들은 왕선산이 주석한 장재 저작을 통해 장재 이론 체계를 분석했다. 장재의 주요 철학 저작인 『정몽正蒙』은 어록체 저술로, 원래 책의 차례와 장절이 없었으나 나중에 장재의 학생 소병蘇昞이 '동류끼리 모인다以類相從'는 원칙을 사용해 17편으로 구분지었다.(王植, 『正蒙初義·蘇昞序』, 『四庫全書』[上海:上海古籍出版社, 1987], 第697冊, p.417) 그리고 왕선산의 『장자정몽주張子正蒙註』는 『정몽』 각 편의 주요 내용과 전후 연관에 대해 설명한 것이다. 이처럼 왕선산의 장재에 대한 이해로부터 장재의 사상을 해독하면 장재는 소박한 유물론의 새로운 단계로 간주되기 쉽다.(張岱年, 『中國哲學發微』[太原:山西人民出版社, 1981], p.405)
39 劉述先, 『黃宗羲心學的定位』(台北: 允晨文化實業股份有限公司, 1986), pp.1-29.
40 牟宗三, 『心體與性體』(一)(台北: 正中書局, 1968), pp.1-60.

나 송명이학 제3계열의 추리 구조에는 이미 도덕 경지와 사공의 합일 가능성이 내포되어 있다. 사실상 장재의 기론이든 호오봉의 무한심無限心이든, 사공과 도덕의 관계는 정주이학과 육왕심학보다 더 긴밀하다. 물론 유종주도 예외가 아니다. 그는 심으로써 천인天人을 관통한다는 내외합일론內外合一論을 주장하면서 "천지간에 충만한 것은 일기일 뿐盈天地間一氣而已"이라고 밝혔다. 그는 기의 유행을 도덕심이 우주를 관통하는 과정으로 간주했다.[41]

황종희는 유종주의 이론 구조를 십분 계승하고 이와 기, 성과 심, 성과 정을 높은 수준으로 합일함으로써 철저한 심일원론心一元論을 주장했다.[42] 그는 한 걸음 더 나아가 이론 체계를 사공을 강화하는 방향으로 발전시켰다. 도덕의 경지를 제거하기 위해 황종희는 처음부터 '치양지'의 함의를 새롭게 정의했다. 그는 "모든 사물에 대해 양지를 이룬다致良知於事事物物"는 왕양명의 주장에 근거해 '이룬다致'는 것은 행함行이지 공허하게 심성을 논하는 것이 아니라고 보았다. 황종희가 이론 체계의 사공 방법을 어떻게 강화했는지를 분석해보면 부단한 심화 과정을 거쳤음을 확인할 수 있다. 청년 시절 그의 주장은 주로 유종주의 '신독愼獨'을 국가의 대사를 경략하고 현실의 사업을 위해 복무하는經世應務 실천으로 전화하는 것이었다. 나중에 그는 구축하는 것보다 해체하는 것이 더 중요하며, 심학의 입장에서 도덕 경지의 제거만으로는 불충분하다는 것을 깨닫기에 이르렀다. 그리하여 황종희는 내외합일을 주장하면서 유학은 도덕·예문藝文·사공 일체를 포괄해 "천하를 조리에 맞게 잘 다스리는經天緯地" 학문이라고 여겼다. 만년에 이르러 그는 유기론 철학을 더욱 중시해

41　劉宗周,「語類二」,『劉子全書』, 卷七, "原性"(台北: 華文書局, 1968).
42　樓宇烈,「黃宗羲心性說述評」,『黃宗羲論』(杭州: 浙江古籍出版社, 1987), p.176.

"천지 사이를 가득 채운 것이 모두 기다盈天地之間, 皆氣也"[43]라고 인식했다. 황종희는 도덕심을 대표하는 기를 유학의 중심으로 삼아, 왕양명 심학 가운데 도덕의 중심인 자아를 대체했다. 그러므로 기화 우주관에 대해 말하자면 황종희의 유학에 대한 발전은 왕선산의 기 중심적 유물론과 기본적 유사성이 있다. 그러나 황종희가 숭앙한 기는 왕선산이 언급한 기와 전혀 다르다는 점에 주의해야 한다. 황종희 체계 속에서는 기 자체가 도덕심이지만 왕선산이 논한 기는 많은 면에서 물질과 유사하며, 법칙과 도덕 질서는 기가 운행하는 가운데 나타나는 성질일 뿐이다.

  이러한 차이를 인식해야 우리는 황종희의 독특한 기론이 어떻게 그 시대에 군주 독재에 대항하는 날카로운 무기가 될 수 있었는지 이해할 수 있다. 정주이학에서 천리는 우주 질서를 대표하는 영원불변의 윤상이자 인간관계로, 왕권의 견고한 기초를 구성한다. 그러나 심학에서 인륜 관계는 양지로부터 부연되어 나오는 것이고, 양지의 합리성은 인지상정의 합리에서 나온다. 왜냐하면 효孝는 인간의 일상적 감정과 더 근접하며, 인지상정합리는 충과 효가 동등하지 않을 가능성을 내포하고 있기 때문이다. 그러나 심학은 인간의 도덕심을 외부로 이끌어내 사회제도 범주에 이른 것이 바로 충忠이라는 점을 강조하기 때문에 심학 자체는 인지상정의 천연 합리에 근거해 충과 효가 동등하지 않다는 결론을 이끌어낼 수 없다. 곧 정주이학이든 육왕심학이든 기본적으로 군주 독재에 반하는 이론적 기초를 갖추고 있지 않다. 그러나 인간의 도덕 감정을 하나의 기로 간주한다면 정황은 달라진다. 기는 물질(도덕의 운반체)의 함의를 갖고 있으며, 송명이학 제3계열의 기론에 따르면 효에서 비롯된 충은 반드시

---

43 李紀祥, 『明末淸初儒學之發展』, pp.160-161, 167.

물질적 연계에 의존해야 하는데, 부자지간은 물질(혈연)적 관계가 있지만 군신지간에는 존재하지 않는다. 이에 황종희는 송대 이후로 맨 처음으로 군주 독재를 비판하는 큰 목소리를 냈다. 그는 충과 효의 혼동을 견결히 반대하면서 오직 부자 관계만 변치 않는 것이며 군신은 한때의 것이라 했다. 즉 신하는 결코 "임금의 사내종이나 계집종君之僕妾"이 아니라 "임금의 스승과 벗君之師友"이라고 인식했다. 그가 군신 관계에 대해 부자 관계와 같지 않다고 본 근거는, 한편으로는 인지상정의 합리에 호소한 것이고 다른 한편으로는 기론에 근거한 것이다. 그는 "아비와 자식은 기를 함께하여 자식이 아비의 몸을 나누어 몸을 이룬父子一氣, 子分父之身而爲身" 것이지만, 임금과 신하 사이에는 부자 관계와 같은 기의 공통적 근원이 없다고 보았다.[44] 그렇기에 불인不仁하고 불의不義한 군왕을 혁명하는 것은 당연한 도리가 된다.

  황종희의 기론은 『명이대방록明夷待訪錄』의 정치사상의 기초다. 황종희는 천지에 충만한 기를 도덕심과 동일시하고 "아버지와 아들은 기를 함께 한다父子同氣" "임금과 신하는 기를 함께하지 않는다君臣不同氣"고 하여, 충이 효와 동등하지 않음을 추론했다. 이는 유가 윤상의 등급에도 구조적 단절을 나타냈다. 이른바 '애유차등愛有差等'과 '장유유서長幼有序'는 윤상의 유효 범주는 주로 가정 또는 '기를 함께하는' 혈연 공동체라는 것으로, 오직 부자 관계와 상응하는 도덕 감정인 '효'만이 유가 도덕 전체의 기초라는 말이다. 군신 관계는 사회 분업일 따름으로, 더 이상 유가 윤리에서 중심적 지위를 점할 수 없다. 이와 같은 윤리 질서의 새로운 견해는 정주이학과 커다란 차이를 보인다. 윤상 등급을 우주 질서의 일

---

44 黃宗羲,『明夷待訪錄·原臣』, p.4.

부로 간주하는 정주이학에서 '군주'는 인간 윤상 등급의 꼭대기에 자리하며 '하늘'과 직접적으로 연결되므로 마땅히 윤상 관계의 중심을 이룬다. 다시 말해 정주이학은 황제를 인간 사회질서의 최고 근원으로 간주하기 때문에 신하와 만민은 마땅히히 임금에게 복무해야 한다. 반면 황종희의 기론에 근거해 합리적 사회제도를 구상할 때 오직 가족제도와 가정윤리 등급만이 흔들리지 않으며 의심할 수 없는 도덕가치를 대표할 수 있다. 가家와 국國 간의 관계에 대해서면 윤상 등급으로 고려되는 바가 아닌 것이다. 이렇게 되면 가정이 어떻게 사회를 조직하고 어떤 종류의 제도와 법률을 사용해야 하는가는 다시 연구 토론되어야 할 새로운 문제가 된다. 이에 근거해 황종희는 법이란 '자기 한 몸一己'을 위해 세워지는 게 아님을 제기하면서,[45] 독서인은 치국에 참여해야 하며 학교 안에서 시비에 관해 의견을 나누거나 비평 판정하는 과정의 중요성을 강조했다. 그는 다음과 같이 말했다. "천자가 옳다고 하는 바가 반드시 옳은 것이 아니고, 천자가 그르다고 하는 바가 반드시 그른 것이 아니다. 천자 역시 끝내 스스로 그름과 옳음을 감히 판단하지 않으니, 그 그름과 옳음의 공정한 판단은 학교에서 해야 한다天子之所是未必是, 天子之所非未必非, 天子亦遂不敢自爲非是, 而公其非是於學校."[46] 이와 같은 사상은 훗날 장 자크 루소(1712~1778)가 저술한 『사회계약론民約論, Le Contrat Social』 및 그의 의회제도 주장과 유사한 것으로 여겨졌으며, 19세기 말 서양 사회제도의 도입에 중대한 작용을 했다.

비록 황종희의 기론은 군주 제도에 대해 왕선산보다 더 비판적이지만 이론적 자치성과 설득력으로 치면 왕선산에 크게 못 미친다. 송

---

45 黃宗羲,『明夷待訪錄·原法』, pp.4-5.
46 黃宗羲,『明夷待訪錄·學校』, p.7.

명이학 제3계열의 의미구조 가운데 기는 욕망을 대표하는 동시에 도덕심을 대표하기에 즉각적으로 하나의 난제를 야기한다. 그것은 과연 인간의 어떤 욕망이 인륜 관계의 기초가 되어야 하는가이다. 상식이성은 인지상정의 합리를 긍정하는 동시에 인간의 모든 욕망을 긍정하는데, 그렇다면 인간의 칠정육욕에 따른 인륜 질서의 전복을 어떻게 피할 것인가? 송명이학 제3계열과 기론은 이 난제를 극복할 수 없었기 때문에 줄곧 왕선산의 학설과 같은 웅대한 이론 체계體系를 이룰 수 없었다. 그럼에도 불구하고 유학 재건의 중요성에 대한 황종희의 자각은 왕선산 못지않았고, 이는 그로 하여금 육경이 모두 역사六經皆史임을 뚜렷이 의식하게 했다. 그는 정성을 다해 유생의 유학 재구축을 기록한바, 그의 명저『명유학안明儒學案』은 지금까지도 중국 학술사 연구의 본보기다.

4.6
대진은 어떻게 기론으로
'이리살인'을 비판했나?

'이리살인以理殺人' 전제의 발견

대진 철학이 이학에서 갖는 특수한 위치

기와 이 사이의 긴장

대진은 왜 자유주의적 주지론의 원천으로 간주되는가?

대진 사상의 전승 속에서의 변형

왕선산의 기론과 송명이학 제3계열의 기론 외에, 다른 종류의 중요한 기론이 대진戴震(자는 동원東原, 1723~1777)에 의해 제기되었다. 청대 고증학의 대가로서 대진이 사상사 분야에서 이룬 가장 중요한 공헌은 그의 『맹자자의소증孟子字義疏證』이다. 그는 최초로 유가의 도덕 체계에 사람들을 두려움을 느끼게 할 가능성이 있음을 발견했다. 그것은 바로 이치로써 사람을 죽이는 것, 즉 이리살인以理殺人이다.[47] 이를 토대로 대진은 중국 근대사상에서 개성 해방의 선구자가 되었다. 5·4 시대에 후스胡適

---

47 戴震, 『孟子字義疏證』(北京: 中華書局, 1982).

(1891~1962)는 심지어 중국의 자유주의적 주지론主智論을 논하며 곧장 대진까지 소급했다. 대진은 어떠한 바탕에서 이와 같이 근현대 자유주의자만이 가질 수 있는 도덕 비판의식을 낳을 수 있었을까? 우리는 '이리살인'을 인식하기까지는 이와 개인 욕망 사이의 격렬한 충돌이 전제됨을 알고 있다. 즉 오직 관념체계에서만 이와 욕망은 동등한 합리성을 지니며, 양자가 대립할 때 비로소 사상가는 '이리살인'이라는 난관을 느끼게 되는 것이다. 청대 이전의 유학은 이와 같은 충돌 가능성이 존재하지 않았다. 즉 정주이학의 도덕 논증 구조든 육왕심학의 도덕 추리-연역 양식이든 '이리살인'의 결론에 도달할 수 없었다. 유기론의 유행은 욕망의 중요성과 합리성을 부여했으나 왕선산의 유기론과 송명이학 제3계열의 유기론에서는 여전히 '이리살인'을 추론해낼 수 없다. 왜냐하면 송명이학 제3계열의 기론은 개인 욕망을 도덕과 동등하게 취급하며, 이는 천지가 갖추고 있는 (감정과 욕망을 포함하는) 도덕심의 다른 이름일 뿐이므로 이와 욕망의 대립은 있을 수가 없다. 왕선산이 제기한 이학 양식 구성과 유사한 기론에서 개인의 욕망은 이와 동등하지 않으나, 이는 대중의 공적 욕망으로 간주할 수 있다. 무엇이 천하의 공적 욕망인가 하는 문제는 반드시 지적 상식의 총결을 통해 획득할 수 있다. 개인 욕망은 반드시 외재적인 공공의 욕망에 복종해야 하므로, 개인의 욕망이 천리에 속하는지를 어떻게 판별할 것인가 하는 과정에는 일관적인 절차가 존재하며, 이로써 합리로 여겨지는 욕망은 이와 대립하지 않을 것이다. 예컨대 진건초陳乾初는 "천리는 바로 사람의 욕망 가운데 나타나며 사람의 욕망이 잘 융화하는 곳이 곧 천리다天理正從人欲中見, 人欲恰好處, 卽天理也"[48]라고 보았다. 왕선

---

48 陳乾初(確), 『瞽言·無欲作聖辯』『陳確集』, 下冊(北京: 中華書局, 1979), p.461.

산은 음식남녀를 성性으로 간주해 "이는 모두 그 속에서 행해진다理皆行乎其中也"49라고 했다. 모두가 뚜렷한 예다.

그렇다면 대진은 무엇을 근거로 형이상의 이로써 인간의 욕망을 압살하는 것을 '이리살인'이라 했을까? 관건은 대진의 사유 양식이 정주이학이나 육왕심학에 속하지 않으며 송명이학 제3계열에도 속하지 않는다는 데 있다. 그는 또한 지적 상식을 견지하고 합리성의 근거로 삼아, 합리성의 최종적 판단 근거는 반드시 지식에서 비롯된다고 여겼다. 그리고 도는 기화유행氣化流行이며 '이'는 기화유행의 생생불식 가운데 드러나는 조리라고 하여 왕선산과 유사한 인식을 드러냈다. 다른 한편으로는 욕망을 도덕의 기초로 간주해, 인지상정으로부터 출발하여 내부에서 외부로 이끌어내는 도덕규범을 견지했다. 대진은 『맹자자의소증』 첫머리부터 "모두 똑같이 그러하다 여기는 마음이란 무엇인가? 이와 의를 말한다心之所同然者, 何也? 謂理也義也"라는 맹자의 구절을 사용해 '똑같이 그러하다 여김'에 대해 뚜렷한 정의를 내렸다. "어떤 이가 그러하다 하고 세상 사람들이 영원토록 바꿀 수 없다고 말하는 것, 이것을 일러 똑같이 그러하다 여김이라 한다一人以爲然, 天下萬世皆曰是不可易也, 此之謂同然"가 바로 그것이다. 이에 근거해 그는 도덕규범으로서의 이는 똑같이 그러하다 여기는 것이며 물物이 아니라 했다.50 이렇게 해서 대진은 '정情'으로부터 도덕 윤리를 이끌어내는 사유의 기본 맥락을 제기했다. 이것이 바로 "나의 정으로써 남의 정을 헤아림以我之情絜人之情"이다. 그는 말한다.

리란 정이 어그러지고 틀어지지 않은 것이다. 정이 올바르지 않은데

49　王夫之, 『張子正蒙注·乾稱篇下』, 卷九 (北京: 中華書局, 1975), p.324.
50　戴震, 『孟子字義疏證』, 卷上, p.3.

이가 올바른 경우는 없다. 무릇 남에게 베풀 것이 있으면 자신에게 돌이켜 고요히 생각한다. '남이 이것으로써 내게 베푼다면 받아들일 수 있겠는가?' 무릇 남에게 책망할 것이 있으면 자신에게 돌이켜 고요히 생각한다. '남이 이것으로써 내게 책망한다면 끝까지 할 수 있겠는가?' 나로써 남을 헤아리면 이가 밝혀진다. 천리라고 하는 것은 자연히 분수分殊한 이치를 말한다. 자연히 분수한 이치란 나의 정으로써 남의 정을 헤아려 그 공평함을 이루지 못함이 없는 것이다理也者, 情之不爽失也; 未有情不得而理得者也.凡有所施於人, 反躬而靜思之:「人以此施於我, 能受之乎?」凡有所責於人, 反躬而靜思之:「人以此責於我, 能盡之乎?」以我絜之人, 則理明. 天理云者, 言乎自然之分理也; 自然之分理, 以我之情絜人之情, 而無不得其平, 是也.[51]

우리는 대진에게 있어 합리성의 궁극적 판단 근거가 도덕가치 추리-연역 양식과 정합 불가능한 상태에 놓이는 것임을 발견했다. 그 뚜렷한 증거는 인지상정이 도덕 기초임을 주장하면서도 '심즉리'를 거부한 것이다. 육왕심학과 송명이학 제3계열에서는 인간의 자연 감정이 합리성의 판단 근거와 일치하는 까닭에 '심즉리'라 일컬을 수 있다. 그러나 대진은 인간의 자연 감정을 도덕의 기초로 간주하면서도 합리성의 최종 판단 근거라 생각하지 않았다. 왜냐하면 합리성의 판단 근거는 지적 상식이고 심은 감정과 욕망의 총화로서, 그 자체로 이理가 될 수 없기 때문이다. 대진이 생각하기에 심은 틀림없이 이理를 인식하는 기능을 갖추고 있다. 그는 이렇게 썼다. "나아가 사람의 마음을 말하자면, 별도의 이理가 있

---

51 戴震,『孟子字義疏證』,卷上,p.2.

고 그것을 부여하여 마음에 갖춰지는 것이 아니다. 마음의 신명은 사물에 대해 그 불변의 법칙을 모두 알기에 족하다. 비유컨대 빛은 모든 것을 능히 비추고, 이치에 맞음은 그 빛이 왕성하여 비춤에 어긋남이 없는 것이다就人心言, 非別有理以予之而具於心也; 心之神明, 於事物咸足以知其不易之則, 譬有光皆能照, 而中理者, 乃其光盛, 其照不謬也."52

대진의 기론에서는 도덕 기초와 합리성의 궁극적 표준이 정합 불가능한 상태에 놓인다. 그러므로 인지상정으로부터 추리해내는 도덕은 합리성의 최종 판단 근거를 가지고 우주 질서를 얻어 내는 것과 일치하지 않을 수 있다. 이때 기와 이 사이에 긴장이 나타나고, 심지어 첨예한 대립까지 발생한다. 이理를 사용해서 도덕 기초인 욕을 억압하는 것은 곧 '이리살인'의 곤경을 발생시켰다. 확실히 이理가 지식으로부터 추론되어 나올 때 그리고 외부에서 내부로 향하고 상부에서 하부를 향해 윤상 규범을 규정할 때, 그것은 내부로부터 외부로 향하고 모든 사람들이 정으로써 정을 헤아리는 감정의 동의로부터 도덕을 추리해내는 과정과 충돌하기 쉽다. 대진은 바로 이와 같은 언어 맥락 속에서 '이리살인'을 제기했다. 그는 이렇게 논증한다.

> 지위가 높은 자는 이理로써 지위가 낮은 자를 책망하고, 나이가 많은 자는 이理로써 나이 어린 자를 책망하고, 신분이 귀한 자는 이理로써 신분이 천한 자를 책망하니, 비록 자신이 틀렸음에도 순리라고 한다. 낮은 자, 어린 자, 천한 자가 이理로써 따져 물으면 비록 그들이 옳더라도 이理를 거역했다고 한다. 이리하여 아랫자리에 있는 사람

---

52 戴震, 『孟子字義疏證』, 卷上, p.7.

은 세상이 똑같이 그러하다고 여기는 감정과 욕망을 윗사람에게 전달할 수가 없다. 윗사람은 이理로써 아랫사람을 책망하고, 아래에 처한 죄는 사람들마다 이루 다 헤아리지 못한다. 사람이 법에 걸려 죽으면 오히려 그를 불쌍히 여기는 자가 있지만, 이理에 걸려 죽으면 누가 그를 불쌍하다 하겠는가! 아아, 노자와 석가의 말을 뒤섞은 것을 말씀이라 여기는 것은 그 허물이 신불해와 한비보다도 더 심한 것이다. 육경과 공자·맹자의 책이 어찌 일찍이 이理를 어떤 물건과 같이 여기어, 사람의 성이 발하여 감정과 욕망이 되는 것에서 벗어났으며 사람을 강제한 적이 있겠는가! 尊者以理責卑, 長者以理責幼, 貴者以理責賤, 雖失, 謂之順; 卑者, 幼者, 賤者以理爭之, 雖得, 謂之逆. 於是下之人不能以天下之同情, 天下所同欲達之於上. 上以理責其下, 而在下之罪, 人人不勝指數. 人死於法, 猶有憐之者; 死於理, 其誰憐之! 嗚呼, 雜乎老, 釋之言以爲言, 其禍甚於申, 韓如是也! 六經, 孔孟之書, 豈嘗以理爲如有物焉, 外乎人之性之發爲情欲者, 而強制之也哉![53]

후스는 사람에게는 인식의 작용만 있다고 제기한 대진의 주지론에 대해 송명이학의 근본을 혁명한 것이며 나아가 새로운 이학을 세운 것이라 여기어 드높였다.[54] 그러나 후스는 대진의 '정으로써 정을 헤아림 以情絜情'에는 반대했는데, 그것은 대진의 주지 철학과 양립할 수 없다고 보았다. 장서우안張壽安은 대진의 철학 가운데 '정으로써 정을 헤아림'을 토대로 도덕 윤리를 논증한 것의 중요성을 밝혔다. 그녀는 이와 같이 정욕으로써 도덕의 존재를 논증한 것이야말로 대진의 이理 해석으로 하여

53　戴震, 『孟子字義疏證』, 卷上, p.10.
54　胡適, 『戴東原的哲學』(上海: 商務印書館, 1932), p.83.

금 명말 이학의 '성즉리'와 '심즉리'라는 이분법적 패러다임을 효과적으로 극복하고 제3의 새로운 견해가 되게 했다고 간주했다.[55]

우리가 3.7절에서 송명이학의 이상 구조에 대해 분석한 내용에 근거할 때 대진의 학설은 표3.1의 B, 즉 합리성 논증의 단절형에 속한다. 이와 같은 논증 구조에서 합리성의 최종 판단 근거는 도덕 추리-연역 양식과 정합할 수 없으므로 이러한 논증 구조는 새로운 이데올로기를 수립할 수 없다. 대진 학설은 유생이 도덕을 논증하는 과정에서 통일적 이데올로기의 효력을 상실한 것을 보여주는 최초의 사례라 할 수 있다. 중국 근대사상 가운데 중국식 자유주의도 새로운 이데올로기 구축이 효력을 잃은 결과물이다. 대다수의 중국식 자유주의자는 과학 지식으로써 과학적 인생관의 합리를 논증을 주장하면서 과학 상식을 합리성의 최종 판단 근거로 삼았다. 그러나 그와 동시에 개인주의 입장을 견지하여 내부에서 외부로 향하는 식으로 도덕을 이끌어내기를 주장했고, 중국 자유주의자들은 이에 근거해 인권, 개인 독립 그리고 민주 절차를 인정했다. 내부로부터 외부로 향하고 개인으로부터 집단으로 향하는 도덕 정의正義는 시종일관 과학적 인생관과 정합 불가능한 상태에 놓이며, 이는 대진의 사유 양식과 동형 구조다. 그러므로 대진은 중국식 자유주의 주지론의 선구로 간주될 수 있다. 우리는 2권에서 이 현상을 구체적으로 토론할 예정이다.

이처럼 정합 불가능의 분열 상태는 우리가 대진의 기론을 연구하면서 겪는 갖가지 어려움을 해석하는 데 도움이 될 수 있다. 우선 대진은 지적 상식을 천연 합리로 여겨 고증을 진행했으며, 이 점은 정주이학과 유사하다. 그러나 다른 한편으로 우주론을 중시하지 않고 내부에서

---

55   張壽安,「戴震義理思想的基礎及其推展」,『漢學研究』, 제10권 제1期(台北, 1992), pp.57-83.

외부로 도덕 윤리를 추론해냈다. 즉 도덕가치를 기타 영역으로 넓혀나갈 때 외부에서 내부로 향하는 천인합일 구조를 선택하지 않고 내부에서 외부로 향하는 도덕가치 일원론으로 기울었다. 이 특징은 육왕심학과 유사한 것으로, 그의 사상적 근원을 확정 짓기 어렵게 한다. 량치차오는 대진의 의리義理 사상이 안원顔元과 이공李恭으로부터 유래했다고 보았으니,[56] 곧 심학에 속한다는 말과 같다. 첸무는 그의 사상이 혜동惠棟으로부터 유래했다고 지적함으로써[57] 대진 학설을 이학의 한 계통으로 분류했다. 그러나 후스는 독창적 혜안으로 대진 학설에 두 개의 근원이 존재함을 발견한바, 대진의 철학을 안이顔李 학파와 고염무 학설의 결합에 따른 결과물로 인식했다.[58]

이와 같은 사유 양식은 이론을 구성하는 힘이 강력하지 않다. 그런 까닭에 독립적이고 자족적인 하나의 이론 체계를 이룰 수 없다. 이와 같은 학설을 계승할 때는 어떤 측면을 강조하느냐 그에 대립된 다른 측면은 소홀하기 쉽다. 특히 대진이 '정으로 정을 헤아림', 즉 한 명 한 명의 감정적 동의를 토대로 보편적 도덕과 정의를 이루는 것을 강조한 것은 쉽사리 간과되었다. 이렇게 되면 후계자가 대진의 학문을 발양할 때 대진의 기론을 왕선산의 유기론 또는 송명이학 제3계열의 유기론과 혼동하기 쉽다. 실제로, 후스는 홍방洪榜·정진방程晉芳(1718~1784)·단옥재段玉裁(1735~1815)·장학성章學誠(1738~1801)·옹방강翁方綱(1733~1818)·요내姚鼐(1732~1815)·능정감淩廷堪(1755~1809)·초순焦循(1763~1820)·완원阮元(1764~1849)·방동수方東樹(1772~1851) 등 10인의 인물을 열거하

---

56 梁啟超,「戴東原哲學」,『飲冰室文集』之四十(台北: 台灣中華書局, 1960), pp.58-61.
57 錢穆,『中國近三百年學術史』, 上冊(台北: 台灣商務印書館, 1957), pp.325-328, 338-339.
58 胡適,『戴東原的哲學』, p.4.

면서 대진 사상의 사회적 영향을 설명했다.[59] 장서우안은 이理를 기가 운행하는 중의 조리로 간주했으며, 정과 사람의 공통적 욕망을 이理로 간주하는 것이 줄곧 대진 철학 후계자들의 기본 입장이라고 밝혔다. 능정감·초순·완원 외에도 손성연孫星衍(1753~1818)·황식삼黃式三(1788~1862)·황이주黃以周(1828~1899) 역시 이와 유사한 관점을 드러냈다. 황식삼은 「대진 기설의 해석申戴氏氣說」「대진 이설의 해석申戴氏理說」「대진 성설의 해석申戴氏性說」을 발표해 '이가 기 가운데 있음理在氣中'과 '기질로써 성을 논함以氣質論性'의 관점에 대해 체계적으로 논술했다.[60] 그러나 우리가 대진 후계자들의 사상을 분석한다면 그들의 기론이 기본적으로 왕선산과 같은 것임을 발견할 수 있을 것이다. 예컨대 청대 휘주학파徽州學派의 정요전程瑤田·능정감 같은 사람들은 대진의 기론을 발양할 때 실제로는 이미 유사이학 논증 양식으로 바뀌었다. 그리고 황식삼의 「대진 기설의 해석」은 더욱이 기로부터 우주의 형성을 설명하고, 또 기가 어떻게 이理의 운행 속에서 드러나는가를 설명한다. 사람들의 공통적 욕망이 곧 이理라는 것에 대한 그의 관념은 왕선산과 아주 유사하다. 이는 선산의 학이 사람들에게 널리 알려지기 전에 왜 대진의 기론이 청대 기 중심적 유물론의 선구가 되었으며 마지막에 왕선산의 기 중심적 유물론에 합류되었는가를 명확히 이해하는 데 보탬이 될 수 있다. 청말의 유생 대다수는 왕선산의 기론에 기초해 사람들의 욕망이 곧 천리임을 추론했다. 담사동은 『인학仁學』에서 천리가 인욕을 말살함에 대해 비판했는데, 이 또한 왕선산 유기론의 용어를 사용해 전개한 것이다. 대진이 주장한 사상 양식은 신문화운동 과정에서야 비로소 자유주의자들에 의해 발견되었다.

59　胡適, 『戴東原的哲學』, pp.80-197.
60　張壽安, 「黃式三對戴震思想之回應」, 第五屆淸代學術硏討會論文(1997年 11月 15-16日).

4.7
중국 현대사상과
'유학이 사공을 강화하는 변이'의 관계

'유학이 사공을 강화하는 변이'의 여섯 가지 이상 유형

신지식인과 초기 혁명가의 사상 연원

조사 연구로써 구국하는 것과 실천주의

마오쩌둥과 왕양명·왕선산

막강한 사공 능력을 갖춘 사상 체계로서의 공산당 이데올로기

중국 근대 전통을 이해하려면 사상 변천의 내부 동력을 홀시해선 안 된다

앞서 소개한 내용을 종합해보면, 우리는 도덕 경지의 해체와 유가 이데올로기 재구성을 통해 '유학이 사공을 강화하는 변이'를 개괄할 수 있다. 우선 송명이학에는 네 가지의 이상 유형이 있지만 대진 이전에는 관념체계의 정합 불가능이라는 사상 유형을 대표하는 학설이 존재하지 않았다. 정주이학, 육왕심학, 그리고 송명이학 제3계열이라는 세 종류의 관념체계를 해체하면 고염무, 안원, 이이곡이 대표하는 세 유형의 경세치용 학파를 얻을 수 있다. 도덕 경지를 제거한 뒤 사공 강화의 수요에 순응해 유학의 재건에 부응한 것이 각양각색의 유기론이다. 송명이학의 네 가지 이상 유형의 배후는 네 가지 관념체계를 처리하는 양식이며, 유사심학

양식은 우주론을 배척하는 까닭에 체계적 기론을 건립할 수 없다. 이렇게 해서 네 가지 관념체계의 처리 양식은 세 종류의 유기론에 대응하고 있고, 따라서 '유학이 사공을 강화하는 변이'는 모두 여섯 가지의 이상 유형이 존재한다.(표 4.1) 이러한 사상 유형은 중국 근대 전통의 중요한 측면을 대표한다.

표 4.1 청초 사상 계보

관념체계의 유형 \ 사공을 강화하는 방식	해체	구성
정주이학 (유사이학 구성 양식)	고염무의 경세치용 (1)	왕선산의 기론 (5)
육왕심학 (유사심학 구성 양식)	안이학파 (2)	(6)
송명이학 제3계열	이이곡의 경세치용 (3)	(장재·유종주) 황종희의 기론 (7)
관념체계의 정합 불가능	(4)	대진의 기론 (8)

오늘날 연구자는 국공國共 양당의 초기 혁명가들에게서 고염무·안원·이이곡의 그림자를 볼 수 있으며, 그들의 혁명 강령에서는 황종희가 『명이대방록』에 밝힌 민본 정부에 관한 사상을 찾아볼 수 있다. 유기론은 근대 상력설의 유행 그리고 현대 중국인이 변증법적 유물론 세계관을 받아들인 내재적 양식을 보여준다. 국난이 닥칠 때면 항상 일군一群의 독서인이 민간으로 스며들었는데, 그들은 고염무처럼 조사 연구로써 수신·구국하거나 안원처럼 실천을 가장 우월한 신조로 삼았다. 청대에 대진의 기론이 끼친 영향은 크지 않았으나 '이리살인'은 놀랍게도 5·4 시기에 신지식인들이 개성 해방을 외치는 강력한 용어가 되었다. 더욱이 왕

선산 철학과 황종희 기론의 구조는 묘하게도 5·4 시기 이후 새로운 이데올로기의 방향을 예시하고 있다. 이 책의 2권과 3권에서는 상술한 청초 사상 유형의 분석에 근거해 5·4 시기 일부 지식인들이 과학 상식으로부터 유물주의적 발전관으로 귀납한 다음 사회 역사에 운용함으로써 유물사관을 얻었으며, 나아가 공산주의로부터 혁명적 인생관을 추론했음을 논증할 예정이다. 이는 과학 상식합리로부터 우주 법칙의 존재를 증명하고, 한 걸음 더 나아가 이상사회와 도덕 윤리의 합리성을 추리-연역하는 논증의 노선으로, 왕선산 철학과 동형 구조다. 즉 사람들이 공감하는 마르크스레닌주의는 거의 유사이학 이데올로기의 구성 양식이라고 할 수 있다. 그리고 마오쩌둥 사상은 뜻밖에도 송명이학 제3계열과 유사한 양식을 토대로 마르크스레닌주의를 수정한 것이다.

사람들은 마오쩌둥 사상을 마르크스레닌주의의 중국화로 간주하지만, 사상사가들을 곤혹스럽게 하는 특징을 드러내는 경우가 많다. 마오쩌둥 사상의 실천 철학은 마치 체험의 지식을 중시하고 독서에 반대해 왕학을 극단적 실용주의의 방향으로 이끈 안원·이공의 반주지주의의 현대판처럼 보인다. 그러나 변증법적 유물론 철학이든 지행관知行觀이든, 심지어 군사 사상이든, 마오쩌둥은 왕선산의 관점을 상당히 깊게 계승했다.[61] 마오쩌둥 사상은 왜 유사이학식 우주관을 갖춘 동시에 심학식 구조를 갖추게 되었을까? 우리가 볼 때 그 원인은 마오쩌둥 사상의 도덕 논증 양식이 송명이학 제3계열과 동형 구조라는 데 있다. 송명이학 제3계열은 도덕심을 합리성의 최종적 판단 근거로 삼지만 우주관에서 출발해 개인의 도덕을 추리-연역하므로 그것은 보통 유학 내부에서 이학식 도덕 논

61　彭大成, 『湖湘文化與毛澤東』(長沙: 湖南出版社, 1991), pp.205-207, 396-424, 435-440.

증 양식을 비판한 결과물이다. 마오쩌둥은 당내 소비에트 유학파가 과학 지식과 마르크스레닌주의 서적을 이데올로기 합리성의 최종 근거로 삼는 데 동의하지는 않았지만, 마르크스레닌주의가 우주 법칙으로부터 도덕을 추론하는 천인합일 구조는 필요로 했다. 그가 할 수 있는 일은 이데올로기를 도덕심과 유사한 무산계급 입장 위에 세우는 것이었다. 그 결과 송명이학 제3계열과 유사한 양식을 사용해 마르크스레닌주의를 재구성했다.

      중국 현대사상과 '유학이 사공을 강화하는 변이' 사이의 동형 구조를 발견하는 것은 일종의 공포에 가까운 신비감을 불러일으킨다. 본래 명말 청초에 유학의 변동 구조가 발생한 것은 소수민족이 중원에 주인으로 들어온 데 따른 송명이학의 반응인 반면 중국 현대사상은 서양 현대화의 충격에 대한 반응의 산물이다. 그런데 양자가 구조적 유사성을 지니는 이유는 무엇인가? 이와 같은 유사성이야말로 중국 문화가 도덕의 바람직성 파괴를 거쳐 서양 문화를 받아들였음을 정확히 설명한다. 명말 청초에 몇몇 사상가가 유학을 발전시킨 것은 송명이학의 바람직하지 않음을 가상假想하는 전제 아래 유학을 재구성한 것이다. 서양의 충격이 도래해 진정으로 유가 이데올로기가 바람직하지 않을 때는 사공을 강화하는 구조와 관념체계 재구성의 원칙도 중국 현대사상의 흐름에 분명히 드러날 것이다.

      이와 같은 동형 구조는 문명 융합의 심층구조가 중국 문화의 현대화 과정을 지배한다는 사실을 드러내는 것 외에, 중국 문화 구조의 현대적 전환의 가장 중요한 특징을 드러낸다. 즉 중국 문화는 서양의 충격으로 인해 현대적으로 전환되기 시작했으며, 서양의 충격에 대항하는 것을 문화 재건의 목표로 삼았다. 이 과정에서 도덕 이상의 재건과 현대화 실현의 역사적 추구는 상호 격동하고 융합한다. 또한 이로부터 말할 수 있는 것은, 현대화 과정에서 어떻게 하면 도덕 이상의 사공 능력을 강화할 것인가가 줄곧 새로운 이데올로기 형성의 내적 동력이었다는 사실이다. 사공 강화와 현대화, 이 두 가지 수요가 근대사에서 합쳐짐으로 인해 당대의 신유가는 유학의 가치체계가 현대 사회와 완전히 부합한다고 여겼으며, 그 사공 능력을 부단히 강화해 유가 도덕가치 안에서 과학화와 민주화를 이룬다면 향후 유학이 중국 문화 재건의 핵심이 될 것이라 보았다. 우리는 청말의 '유학이 사공을 강화하는 변이'의 분석을 통해 이와 같은 노력은 역사적으로 이미 오래전에 행한 적이 있음을 밝혔다. 실제로 유학의 기본 가치가 보존되는 한, 어떠한 개조가 치러진다 해도 유학은 동원력을 갖춘 현대적 사상 체계가 될 수 없다. 오직 유가의 도덕가치가 반증되기를 기다려야만, 즉 역전한 가치가 사공 강화의 기본 구조와 결합되어야만 비로소 도덕 이상의 사공 능력이 유학의 한계에서 벗어나 한층 확장된 방향으로 변화해 서양의 충격에 대항할 새로운 관념체계를 형성할 수 있다. 잘 알려져 있듯이 이것이 바로 중국공산당의 이데올로기로, 도덕 이상주의적이며 상당히 강한 동원력을 갖추어 막강한 사공 능력을 지닌 사상 체계라 할 수 있다. 그것이 중국 문화가 서양의 충격에 대항한 현대적 형태다. 그리고 유학이 사공을 강화하는 변이는 우리로 하여금 전통과 현대의 중간 형태를 볼 수 있게 한다. 이와 같은 중간 형태를 분석하는 일은 사공을 고도로 강조하는 현대 문화의 형태적 기원을 확실히 이해하는 데 도움이 되며, 다른 한편으로 더 중요한 것은, 공산당 문화가 중국 근대 전통을 구조적으로 대체한다는 것은 '유학이 사공을 강화하는 변이' 뿐만 아니라 유학의 현대적 전환을 포함해 모든 중국 근대 전통이 서양의 충격에 저항하는 것은 불가능하다는 점을 매우 구체적으로 보여준다.

제2차 융합을 논하기 위해 반드시 해결해야 할 논리적 전제가 있다. 그것은 '중국 근대 전통은 왜 서양의 충격에 대항할 수 없었는가?'다. '유학이 사공을 강화하는 변이'는 중국 근대 전통의 한 면만을 대표할 뿐으로, 전통의 근대적 전환 또는 적응에는 외부 충격의 응변 외에 다른 측면이 존재한다. 바로 전통 내부에 존재하는 근대화 동력으로서의 응변이다. 우리는 이러한 내부 동력에 대해 정확히 알기 전에는 중국 근대 전통의 전모를 헤아릴 수 없으며, 현대화의 관계에 대한 전면적 분석도 불가능하다. 그런 까닭에 우리는 중국 근대 전통의 형성을 촉진한 내부 동력에 관한 논의를 위해 약간의 지면을 할애하지 않을 수 없다.

5장

청대 사상 변천의 내재적 동력

서양의 충격 아래서는 어떤 종류의 도덕 이상이 바람직한가?
어떤 관념체계가 바람직하지 않은가?
이는 통상 이데올로기의 내용만으로 판단할 문제가 아니다.
왜냐하면 이데올로기는 사회적 행동의 청사진으로,
일반적으로 사회 조직이라는 프레임을 완전히 포괄할 수는 없으며
외래 문명의 충격을 직접 감당하고 대항하는 것은 사회 조직이기 때문이다. 이는
문화 연구 가운데 이루 다 헤아릴 수 없는 곤혹스러움과
신화myth를 자아냈다.

5.1
고증과 박학의 성행

중국 근대 전통의 두 차원

유학 변천을 추동한 내부 동력

왜 사상사는 학술사로 변하는가

고증考據의 흥기와 명말 청초 유자의 수신 방식의 변화

『일지록日知錄』과 『주자어류朱子語類』

성인의 말씀과 주장의 권위성

고증학은 일정한 의미에서는 송명이학의 변이다

청대 유학의 구조 변형으로 생성된 중국 근대 전통이 서양 현대문명의 충격에 대처하지 못한 까닭을 이해하고자 할 때 표 4.1에 나타난 여섯 가지 관념 유형에 착안하는 방식만으로는 부족하다. 이 여섯 가지의 이상 유형 가운데 대진의 기론을 제외한 나머지는 유학의 변형 구조의 외부 동력일 뿐이기 때문이다. 실제로 어떠한 관념체계의 변화든 외부 동력과 내부 동력의 종합적 작용에 따른 결과다. 청대에 관념체계의 변화·발전을 추동한 내부 동력은 외부 동력과 똑같이 중요하며, 심지어 일정 기간에는 더 중요하기도 하다. 이러한 외부 동력의 작용에 따른 유학의 개혁은 청대 초기에 출현했으나 200년간 묻혀 있다가 비로소 사회 사조에 영향을 끼치게 되었다. 200년간의 대기 과정에서 유학의 변화를 추동한 것은 주로 내부 동력이었다. 바꿔 말해 중국 근대 전통은 '유학이 사공을 강화하는 변이' 외에 사상 내부의 변화에 의해 규정되는 측면이 있었다. 사상사 연구자가 철학 관념 자체에 근거하지 않고 역사 속으로 돌아간다면 바로 이 점을 발견할 수 있을 것이다.

잘 알려져 있듯이 1820년대 이전까지 명말 청초 대유大儒들이 유학의 사공을 강화한 재구성은 사대부의 보편적 사상이 되지 못했다. 오히려 당시 사상가들의 함성은 인적 드문 산골짜기에서 사람의 발소리를 듣는 것처럼 매우 드문 것이었으며, 대유 본인들조차 잠시 역사에 의해 망각되었다. 청 궁정에서 벼슬하던 대다수 유생이 보기에 결사코 청조 섬김을 거부한 왕선산·고염무 등의 절개는 시대 정세를 파악하지 못한 것으로, 낡아빠진 명조에 충성하는 유신遺臣의 그것일 따름이었다. 청나라 초기, 소수 인사에 의한 유학의 재구성이 사회적 영향을 발휘하지 못한 결정적 이유는 사공 강화의 사회적 수요가 명말 청초에 한바탕 일었다가 급속히 스러졌기 때문이다. 청 왕조는 소수민족이 중원의 주인으로 들어와 세운 정권이기는 하지만 청나라 통치자들은 관내에 진입하기 전이나 개국 후에나 유학을 매우 중시했으며 유학화儒化라는 면에서 상당히 자각적이고 성공적이었다. 청나라 군대는 관내로 들어와 유생의 책략에 따르고 숭정崇禎 황제의 장례를 성대하게 치르면서, '틈적闖賊'[큰 변고를 일으킨 반역자. 주로 이자성을 가리킨다]으로부터 천하를 얻은 것이지 명조를 멸망시킨 게 아니라고 못박았다. 본래 유가 문화에는 종족 공동체의식이 아닌 문화 공동체의식을 강조하는 화하華夏 중심주의가 있었고,01 청조가 신속하게 태평성대에 진입하자 관변 이데올로기를 반성하는 외재적 동력은 곧 사라졌으며 사공 강화의 수요도 다시 일어나지 않았다.

유생은 명대와 마찬가지로 매일 독경하고 수신하고 벼슬길에 나아가는 전철을 밟느라 분주했다.

그렇다면 청대의 유생이 다시 송명이학의 의리義理 사변으로 돌아갔다는 말인가? 사람들을 곤혹스럽게 하는 것은, 청조 태평성대가 도래함에 따라 송명이학은 여전히 정통적인 관변 이데올로기이자 과거시험의 내용이었으나 민간에서는 오히려 박학樸學이 흥기했다는 점이다. 의리를 중시하던 송명이학은 점차 고증을 중시하는 박학으로 대체되었다. 역사상 유례가 없는 고증의 붐이 사대부 사이에 흥기하여 200년 동안 유학의 그 밖의 다양한 변형 구조를 압도하는 주류 형태가 되었다. 고증학풍이 발생한 원인을 밝히는 것은 유학의 구조 변형을 추동한 내적 동력을 정확히 이해하는 데 보탬이 될 것이다.

고증이 어떻게 청조 전기의 주류 학풍이 되었으며 마침내 200년 사상사를 학술사로 변하게 했는지에 대해서는 다양한 견해가 있다. 엘먼은 고증이 흥기하여 이학에서 박학으로 넘어가는 상황의 전개를 "도덕 담론에서 지식 담론으로 패러다임이 전환된 것"이라고 보았다. 그는 박학의 번영에 대해 청조의 '태평성세'를 매우 강조했다. 자세히 말하자면 당시 고증적 순수 학술연구는 관방과 민간이 제공하는 상당한 경제적 지지를 필요로 했는데, 많은 학자들이 상인 집안에서 배출되었으며 많은 서원이 상인 계층으로부터 물질적 도움을 받았던 만큼 이 모든 것은 강남 경제의 번영과 분리할 수 없는 관계를 형성하고 있었다.[02] 그러나 경제적 조건은 변화의 외부 요인일 뿐으로, 고증이 흥성한 내부 원인을 설

---

01 金觀濤,「創造與破壞的動力: 中國民族主義的結構及演變」, 劉青峰 編,『民族主義與中國現代化』(香港: 中文大學出版社, 1994), pp.129-131.
02 Benjamin A. Elman, *From Philosophy to Philology: Intellectual and Social Aspects of Change in Late Imperial China* (Cambridge, Mass.: Council on East Asian Studies, Harvard University, 1984).

명하기에는 부족하다. 장타이옌 등은 고증의 학풍이 일어난 배경에 대해 독서인이 만주인의 압박 때문에 감히 사상 문제를 건드리지 못했기 때문이라 보았다.03 량치차오梁啓超,(자는 탁여卓如, 1873~1929)는 청초 이학과 왕학의 공소空疎함에 대한 배반이 그 원인이라 여겼다.04 위잉스는 이 두 가지 관점은 하나의 기본적 사실, 즉 청나라 궁정이 정주이학을 제창한 부분을 설명하지 못한다는 사실을 찾아냈다. 당시 학인이 의리 사상을 논하는 것은 결코 금기를 위반하는 일이 아니었고, 설령 고증에 열중하는 학자들일지라도 이학을 신봉하는 이는 여전히 많았다. 위잉스는 명말 청초 사상 변화의 내적 맥락을 연구해야 한다고 보았다. 그리고 경전 고증의 학풍은 이미 명대 말기에 나타났으며 학인들은 고증을 통해 왕학과 정주이학 가운데 어느 쪽이 더 이치에 맞는지 판별하고자 시도했음을 지적했다. 왕양명 본인은 치양지설을 제기할 때 경전 인용의 권위를 매우 중시하여 고본古本『대학』의 수신修身에 대한 논법을 전문적으로 고증한 바 있다. 청초에는 황종희·황종염黃宗炎(1616~1686) 형제가, 얼마 뒤에는 모서하毛西河(1623~1716) 등이 줄곧 왕학의 입장을 견지했는데, 그들의 고증 목적은 확실히 정주이학의 지위를 흔드는 것이었다. 예컨대 송대 이후 역학 가운데 선천先天·태극太極과 같은 그림들이 본디 도교 쪽에서 전래한 것임을 고증해냄으로써 정주이학의 유학 정종正宗의 지위를 부정하기도 했다. 염약거閻若璩(자는 백시百詩, 1636~1704)는 비록 이학에 속한 인물은 아니었으나 그의 철학적 입장은 정주를 높이고 육왕을 내치는 쪽이었기 때문에 많은 고증 작업이 직접적으로 육왕심학을 부정하기

---

03 章太炎,『檢論』,卷四,「哀焚書」,『章氏叢書』,上冊, 正編上(台北: 世界書局, 1958), pp.558-559, 561-565.
04 梁啓超,『淸代學術槪論』(台北: 台灣中華書局, 1963), pp.13-15 및『中國近三百年學術史』(上海: 中華書局, 1937), p.14.

위해 이루어졌다. 예컨대 고문 「대우모大禹謨」 중 '18자 심법 전수十八字心傳'는 육왕 일파가 가장 즐겨 말하는 것이었으나 정주이학에 대해서는 주변적 가치일 뿐임을 내세워 위작임을 고증했으니, 육왕심학에는 치명적 타격이었다.05 바꿔 말해 박학의 흥기는 바로 송명이학의 내재적 갈등이 충돌한 결과라는 것이 위잉스의 인식이다.

위잉스의 해석은 설득력이 있지만 그의 입론은 주로 고염무에 근거한 것이다. 그러나 고염무 저작을 총체적으로 고찰한 자오강趙剛은 고염무가 육왕심학에 반대하지 않았을 뿐만 아니라 주자학의 이학 체계와 경학 체계에 대해 전반적으로 비판적인 입장이었음을 발견했다. 자오강은 고염무가 주자학의 5대 후계자傳人라고 한 장학성의 잘못을 바로잡았고, 나아가 고염무의 학술적 주장은 주자와 첨예하게 대립했으므로 정주이학의 올바름을 증명하기 위해 심학에 반대했다는 것은 불가능하다고 보았다. 즉 청대 초기에 민간의 지식인은 정주이학과 육왕심학 중 누가 옳고 그른가에 대해서는 그다지 흥미를 느끼지 않았기 때문에 한학의 흥기가 고증방법을 사용해 정주이학과 육왕심학의 쟁론을 해결한 결과물로 단순히 귀결 지어선 안 된다는 것이다. 자오강이 도달한 결론은, 후스·량치차오가 한학 흥기의 원인을 송명이학의 공소함에 대한 총체적 비판과 반동 탓으로 돌린 것은 아직 검증될 수 없다는 것이다.06 이렇게 해서 토론은 크게 한 바퀴를 우회하여 변함없이 장타이엔·량치차오의 최초의 관점으로 되돌아왔다. 이는 새로운 관점, 특히 총체적으로 고증학 흥기의 내부 원인을 연구 토론해야 함을 의미한다.

---

05 余英時, 「淸代思想史的一個新解釋」, 『歷史與思想』(台北: 聯經出版事業公司, 1977), pp.146-148.
06 趙剛, 「告別理學: 顧炎武對朱學的批判: 與余英時先生相榷」, 『學人』, 第九輯(南京: 江蘇文藝出版社, 1996), pp.41-70.

우리가 생각하기에, 고증 학풍의 흥기는 명말 청초 유자의 수신 방식의 큰 변화와 밀접한 관계가 있다. 어떤 의미에서 고증 학풍은 명말 청초 한때 사공 강화의 수요가 발흥했으나 청조가 태평성세로 진입함에 따라 빠르게 소멸한 데 따른 결과이기도 하다. 우리는 4장에서 명말 청초 사공 강화의 수요가 추동하던 시기의 주류 사조는 경세치용의 학문이었으며 경세치용은 사실상 입세 정신으로 송명이학의 수신 구조를 바꾼 것이라 분석했다. 이 사상은 실용과 행동의 중요성을 강조하기 위해 규범 및 실천만 강조할 뿐 사변을 필요로 하지 않는 '행'을 도덕과 동일시하거나 유기론을 토대로 실천과 정신 경지를 하나로 통합했다. 천리 경지에 대한 명상을 없앤 까닭에 유생의 수신은 경전 읽기와 실천, 두 가지 방법뿐이었다. 당시 경전 읽기와 같은 수신 방법이 고증으로 전화한 원인은 의미심장한 것이다. 수신 과정에서 경전 읽기는 어떤 행위가 도덕적인가를 자세히 이해하는 데 의의가 있음을 우리는 안다. 상식이성이 이데올로기 메타 층위가 될 때 경전은 진실성을 갖춰야 도덕규범의 표준이 될 수 있고, 경전의 진실성은 또한 상식이성의 지도 아래 고증으로써 판별할 수 있는 것이다. 그리하여 일단 도덕 경지 층위를 제거한다면, 도덕이 무엇인지를 사고하는 과정은 주정거욕의 사변이 아니라 경전과 성인의 말씀·주장에 대한 고증으로 변화할 것이다. 그것이 언어 문자로 표현된 것이 바로 공소함을 몹시 싫어하는 사변이며, 또한 고증의 열정으로선 의지의 순화를 체현하는 것이다. 대진은 바로 소학小學과 수신의 관계를 명확하게 논증했다. "경전의 지극한 것이 도다. 도를 밝힌 것이 그 (경전의) 글이다. 글을 이룬 것으로서 소학의 문자에서 벗어날 수 있는 것은 없다. 문자로 말미암아 어언에 통하고 어언으로 말미암아 옛 성현의 뜻에 통한다經之至者道也, 所以明道者其詞也, 所以成詞者, 未有能外小學文字者也. 由文字

以通乎語言, 由語言以通乎古聖賢之心志"07라는 말이 그것이다.

고염무의 『일지록』과 주희의 『주자어류』의 내용과 구조를 비교하면 청대 유자들의 수신 방법과 송명이학의 차이점을 매우 구체적으로 반영해낼 수 있다. 『일지록』 30권에 수록되어 있는 독서 찰기讀書札記 1020여 조條는 거의 전부 정치 형률刑律, 민생 풍속, 역사 흥망, 부세 요역, 그리고 경전 고증, 경세치용, 문헌 고증과 같은 분야에 집중되어 있다. '도기道器' '충서忠恕' '심과 이理' 등 송명이학이 도덕이 무엇인지 분별하는 것으로 간주하는 중대한 문제에 대해, 『일지록』은 100여 글자, 많아야 300~400자의 작은 찰기로써 설명했고, 총수도 20여 조에 불과해서 『일지록』 조수 전체의 2퍼센트를 차지할 뿐이다. 그리고 『주자어류』의 구조와 『일지록』은 완전히 다르다. 『주자어류』 총 104권 가운데 현실 문제와 역사적 흥망에 관한 내용은 겨우 14권으로, 전체의 10퍼센트다. 고증은 『주자어류』에서 있어도 그만 없어도 그만인 것으로, 주변적 가치만을 갖고 있을 뿐이다.08 이는 송명이학에서 경전 고증이 수신의 범위에 거의 속하지 않았음을 설명한다. 바꿔 말해서 명말 청초의 경세치용이 유학의 수신 방법을 바꾸었고, 유생은 고증으로 명경明經을 대신했으며, 위작의 변별을 도덕 사변으로 삼았다. 경전 고증과 실천궁행은 사공을 강화하는 차원에서만 존재하는 두 종류의 수신 단련 방법일 뿐이다. 이로써 우리는 고염무·왕선산·황종희 등이 왜 경전 고증을 그토록 중시했는지 이해할 수 있다. 설령 독서를 쓸모없는 것으로 여겨 귀로 들은 것을 입으로 전달하는 천박한 학문口耳之學이라 말한 안원·이공 또한 '예'의 초월적 본체에 대해서는 흥미를 느끼지 않았을지언정 '예'란 무엇인가를 사색해야

07 戴震, 「古經解鉤沈序」, 『戴震文集』, 卷十(香港: 中華書局, 1974), p.146.
08 趙剛, 「告別理學: 顧炎武對朱學의 批判: 與余英時先生相權」, 『學人』, 第九輯, p.57.

할 때에는 경전 고증으로 나아갔다.[09]

우리는 청조가 태평성세에 진입한 뒤 사공 능력을 강화해야 한다는 사회적 요구가 사라진 것이 앞서 설명한 보편적 조류에 어떤 영향을 끼쳤을지 가늠해볼 수 있다. 물론 관변 이데올로기를 신봉하는 자들은 여전히 치국평천하를 중요한 수신 방법으로 삼았을 것이다. 정주이학을 신앙하는 유생은 수신·제가로써 지방 엘리트 역할을 하고 과거에 응시하는 등 대대로 내려온 생활양식을 따랐을 것이다. 그러나 관에 협조하기를 거부한 민간 학자들에게 고염무가 중시한 구국救國은 더 이상 의미가 없다. 현실의 사회규범과 연계되는 그 어떠한 실천도 청조에 대한 복무의 범주에 들기 때문이다. 이때 민간의 학자가 할 수 있는 것이란 고증으로써 천도를 추구하는 것, 그러니까 경전 고증을 수신의 주요 영역으로 삼는 것이다. 다시 말해 사회의 안정과 번영이란 청초에 발전하기 시작한 경세치용에서 구국에 관한 것을 걸러냄으로써 경전 고증을 두드러지게 하는 것이다.

이와 같은 분석을 통해 우리는 청대 학자들이 정주이학과 육왕심학 중 누가 맞고 누가 틀렸는가를 판단하고자 고증을 한 것이 아니며, 이미 사변으로써 고증으로의 전화를 완료한 것이라는 결론을 얻을 수 있다. 사대부가 고증으로 수신하는 태도를 가지고 다시금 송명이학을 반성할 때, 위잉스가 말한바 이학과 심학의 모순은 비로소 박학을 발전케 하는 내적 동력이 된 것이다. 앞서 말했듯 이학과 심학의 모순은 명말부터 존재했으나 당시 사람들은 주로 의리지쟁義理之爭의 사변을 했을 뿐 고증을 문제의 해결 방법으로 삼지 않았다. 순수하게 고증 방법만 보자면 청

---

[09] 鄧克銘,『宋代理概念之開展』, p.131.

대의 고증은 명대의 고증에서 직접 계승된 것이다. 명나라 유학자 양신楊愼(자는 용수用修, 1488~1559), 초횡焦竑(자는 약후弱侯, 1541~1620), 진제陳第(자는 계립季立, 1541~1617)의 훈고·고증은 청대 고증의 전통을 형성하는 데 긍정적으로 기여했다. 그러나 명유들은 고증을 정주와 육왕 중 누가 맞고 누가 틀렸는지를 판별하는 방법으로 삼은 적이 없었다. 예컨대 한대의 경전 주석을 중시했던 양신에게 한학과 송학은 병존 불가능할 만큼 대립적인 경학 체계가 아니었다.[10]

오직 지식계층이 주정거욕의 의리 사변이 공소함을 깨닫고 고증을 수신 방법으로 삼을 때 그들은 비로소 송명이학을 통해 성즉리와 심즉리를 증명하려는 토론의 무효성을 체득할 수 있다. 즉 상식과 인지 상정만을 최종의 준거로 삼아 사변한다면 이학과 심학은 제가끔 자기 입장을 고집하면서 팽팽히 맞설 뿐 상대방을 설복시킬 수 없는 것이다. 이때 새로운 판별 기준을 도입하지 않을 수 없으니, 이것이 바로 성인의 말씀과 주장의 권위성이다.

송명의 대유학자들은 상식이성으로써 이학을 세우고 의심할 여지가 없는 가정을 줄곧 사용했다. 즉 상식합리로부터 도출한 결론은 성인의 말씀·주장과 자연적으로 일치한다는 것이다. 그러나 성인의 말씀과 주장이 수천 년에 걸쳐 두루 전해진 뒤에도 진실 여부는 진지하게 고찰해본 적이 없다. 이렇게 되면 정주이학과 육왕심학 중 어느 일파가 성인의 말씀에 더 부합하는지 판별하기 위해 성인의 말씀과 주장의 진위를 고찰하는 일은 불가피한 추세가 된다. 상식이성이 성숙하기 전에는 성인의 말씀과 주장의 진위를 판별하기란 매우 어려운 일이었으나, 상식이성

10　Chow Kai-wing, Yang Shen and Chiao Hung, "Various Uses of Philosophy in the Ming Period", 『漢學研究』, 第10卷 第1期(台北: 1992), p.28.

이 상식이 올바른지 여부를 판별한다는 것은 모든 사람들이 인지하는 방법이다. 어떤 말씀 한 구절이 진실하다면 반드시 상이한 연원의 여러 증거가 있으며, 옛 사람들이 살던 시대에 기록된 말과 주장에 가까울수록 신뢰도는 더 커진다. 이 때문에 수당 이후 중국의 문화 구조 속에서 상식이성이 생성된 이후로 경전 고증은 경학에서 소홀히 할 수 없게 되었다. 당대唐代에는 상식이성이 고문 운동의 번영을 촉진하여 경전 고증을 특색으로 하는 '춘추학'이 흥기했다. 춘추학은 이전의 경학과 달리 '경經'으로써 '전傳'을 검증하는 것으로, 역대 학자의 『춘추』 해석을 대담하게 회의하고 부정했다. 그 주된 목적은 사람들로 하여금 삼전三傳을 뛰어넘어 직접 『춘추』의 본뜻을 이해하도록 이끄는 것이었다. 대유학자 한유韓愈와 이고李翺는 자신이 이해한 공자를 근거로 새로운 주해를 썼으며, 심지어 『논어』는 베껴 쓰는 과정에서 착오가 생겨나 공자의 뜻에 부합하지 않으므로 바로잡아야 한다고 지적하기도 했다.[11] 이러한 것들이 상식이성의 추동 아래 일어난 경학 발전의 새로운 추세였다. 청대에 이르러 이렇듯 상식이성을 사용해 상식이 정확한지를 판단하는 방법들이 고도로 발전하면서 소학 가운데 서양 과학의 실증주의와 유사한 귀납법이 형성되었으며, 이는 경전 고증의 예리한 무기로 변모했다. 만약 고염무 등이 창립한 소학(문자·훈고·성운聲韻)의 방법론이 없었다면 청대의 고증은 불가능했을 것이다.[12] 그리고 고염무의 문자·훈고·성운 방법은 방법론적으로 상식이성이 집중적으로 표현된 것으로, 이로 인해 청대의 박학은 상식이성이 크게 발달한 환경에서 비로소 절정에 이를 수 있었다.

실제로 고증학의 흥기는 상식이성이 고도로 발달하고 '사공'

---

11 張躍, 『唐代後期儒學的新趨向』(台北: 文津出版社, 1993), p.52, 53, 55.
12 李紀祥, 『明末清初儒學之發展』(台北: 文津出版社, 1992), p.265.

강화를 요구하는 압력이 사라짐에 따른 결과로, 그것은 또한 송명이학의 변형 구조이기도 하다. 이는 곧 건가乾嘉 고증학이 어떻게 청초 경사經史의 학문에서 유래했으며, 경사의 학은 어떻게 명말 청초의 경세치용의 학문에서 연원했는가를 밝힐 수 있다.[13] 다시 말해 청대 태평성세의 도래는 민간의 문화 사조 선택에 결정적 작용을 일으켰다. 그에 따라 경세치용에 대한 사회적 수요가 크지 않았으므로 경세지학은 방법론상으로만 크게 발전할 수 있었던 반면, 사공을 강화하는 실천은 별 성과를 내지 못했다. 이 두 작용이 종합된 결과가 바로 청대 박학이다. 가장 전형적인 예는 장학성章學誠(자는 실재實齋, 1738~1801)이 제기한 '학술 경세學術經世'라 할 수 있다. 장학성은 고증의 대가였으나 그는 박학을 일종의 학술 경세로 간주했으며, 학술 경세에는 마땅히 경학 경세, 사학 경세, 문장 경세가 포함되어야 한다고 생각했다.[14] 순수 학술이 어떻게 경세를 할 수 있을까? 이는 이해하기 매우 어려운 것으로 보인다. 그러나 청대의 순수 학술이 기존에 사회적 사공이라는 측면에서 성과를 거두지 못한 경세의 학문을 대체하게 된 상황에서 경세 관념은 순수 학술 안에 내포될 수밖에 없는 것이다. 이는 청 말기 사상사를 인식하는 데 매우 중요하다. 왜냐하면 표면적으로 박학은 실용과 무관한 것으로 보이며 그 정신도 완전히 상반된 것으로 보이지만, 다름 아닌 경세치용의 학문에 기원을 둔 변형 구조이기 때문이다. 그러므로 일체화 구조가 외래 충격을 받아 사공을 강화하려는 수요가 다시 한 번 드러날 때 우리는 박학이 경세치용의 학문으로 전화되는 것을 볼 수 있다.

13　山井湧 著, 盧瑞容 譯, 「明末淸初的經世致用之學」, 『史學評論』, 第12期(台北: 1986), p.141-157.
14　周啟榮, 劉廣京, 「學術經世: 章學誠之文史論與經世思想」, 『近世中國經世思想硏討會論文集』 (台北: 中央硏究院近代史硏究所, 1984), pp.117-154.

5.2
중국 '과학주의'의 원천

상식이성이 이성화를 끝까지 관철한 것이
중국 근대 전통의 형성을 추동한 내부 동력이다
금문경학의 흥기
상식이성의 추동 아래 금문경학이 유학의 현대적 전환의 한 역량이 되었다
근대 과학주의의 심태
방이지가 다시 새롭게 인식한 천리
'과학이 곧 이학이다' '이학을 과학에 품는다'
유사 과학주의 심태가 과학 정신과 동등할 수는 없다
건가 시대의 역산曆算
이데올로기 재구성의 심층 동력

청대의 고증이 상식이성과 수신 방법의 변화가 결합한 데서 왔고 수신 방식의 변화를 추동한 것은 외부 동력에 속한다고 할 때 우리는 중요한 결론 하나를 얻을 수 있다. 중국 근대 전통의 형성을 촉진한 극히 중요한 내부 동력은 바로 상식이성이 이성화를 끝까지 관철한 것이라는 점이다. 우리는 3.2절과 3.3절에서 중국 문화 제1차 이성화의 기본 동력은 수당 이후 도덕 체계 중에 상식이성과 유가 경전이라는 이중의 권위가 출현한 데서 비롯되었고 송명이학의 성숙은 그 이중의 권위의 정합과 통일을 의미한다고 했다. 상식이성이 이데올로기 합리성의 최후 근거가 된다는 것은 경전보다 더 근본적인 것을 의미한다. 왕양명은 "내 마음에 돌이켜 성

찰해서 터득할 수 없을 때에는 설사 공자 말씀이라 해도 따르지 않겠다反省到吾心而不能領會時, 卽使是孔子說也不從"고 말한바, 인지상정의 합리성을 경전 위에 둔 것이다. 송명이학의 유학에 대한 재설계는 형이상학적 천인합일 구조를 건립하고 불교의 수신 방법을 흡수하기 위한 것이므로 '천리 세계', 즉 도덕 이상의 경지에 중심을 둔다. 그렇게 되면 실제 도덕규범과 내용의 이상화와 추상화로서의 경지의 사변과 구성은 결코 도덕원칙과 충돌을 일으키지 않는다. 또한 성인이 제기한 도덕원칙은 상식이성과 일치하므로 둘 사이에도 모순이 없게 된다. 그러므로 상식이성은 진정으로 경전을 능가한 적이 없다. 청대 초기, 도덕 경지 층위가 해체되어 유생이 상식이성의 방법으로 심학과 이학에 대해 어느 쪽이 성인의 본뜻에 더 부합하는가를 고찰하고 고증으로써 수신을 하기 시작했을 때 비로소 상식이성은 진정으로 경전의 진위를 판별하는 근거가 되었고, 이 과정이 추진되는 가운데 상식이성이 경전 문헌을 능가할 가능성이 발생했다. 이성화의 발전 과정은 드디어 청대 초에 끝까지 관철되었다.

그로 인한 피할 수 없는 첫 번째 결과는 바로 금문경학의 부활이다. 왜냐하면 상식이성의 방법으로 보건대 경전은 성인이 살던 시대와 가까울수록 신뢰할 만한 것으로, 그렇다면 고증이 심화함에 따라 다시금 고문경에 대한 회의가 제기될 것이기 때문이다. 고문경은 후한 말년에 유자가 금문경을 비판한 근거로, 진위에 대한 논쟁이 계속되었다. 유생에 의해 신봉된 순서로 보자면 금문경학이 고문경학보다 더 앞서기 때문에 선진 시대의 성인과 더 가깝다고 할 수 있다. 위원은 동중서를 중심으로 전한의 금문학자들이 육경의 원래 뜻에 가장 가까이 접근했으므로 금문경을 통해서만 성인에 다가갈 수 있고 공자의 도가 비로소 크게 밝혀질 수 있다고 보았다. 진수기陳壽祺(자는 공보恭甫, 1771~1834)는 그의 아들 진교종陳喬樅(자는 박원樸園, 1909~1869)에게 훈계하기를, 금문경학이 집록하여 보존할 만한 이유는 그것이 고문경의 선구이기 때문이라고 했다.[15] 우리는 1.4절과 2.1절에서 금문경은 대일통 제국의 사회제도적 요구에 부응해 선진 유학을 형상화한 것에 지나지 않음을 지적했다. 그것은 경전에서 출발하지만 경전에 얽매이지 않는 미언대의를 강조하고, 심지어 공자를 소왕으로 삼아 탁고개제托古改制의 정신을 주장했다. 이는 일체화 구조가 갓 건립되어 외래 도전에 직면한 시기에 통용되었다. 청대에 이르러 상식이성의 권위는 경전을 능가했으며 한 걸음 더 나아가 의심할 것 없는 금문경학 흥기의 동력으로서 유학이 스스로 내용과 구조를 바꾸는 능력을 강화했다. 상식이성의 추동 아래 미언대의로써 경전을 창조적으로 해석하는 금문경학의 정신은 드디어 유학이 현대의 요구에 적응하여 전화할 수 있는 역량을 갖추게 했다. 이른바 유학의 현대적 전환이란, 유학의 어떤 가치(예컨대 효도와 가정 윤리) 또는 어떤 부분적 구조(예컨대 공자를 높여 권위로 삼는 것)를 보존하되 현대사상과 가치를 도입하도록 촉구되는 것, 심지어 천인합일 구조를 타파하여 현대화 개혁의 이데올로기로 삼는 것을 가리킨다. 따라서 청대 고증학 배후의 이데올로기라는 내부 동력을 확실히 파악하지 않고서는 금문경학이 어떻게 중국 근대 전통의 일부가 되었는지 이해할 수 없다.

   제1차 이성화가 끝까지 관철된 결과, 19세기 서양의 과학주의와 상당히 유사한 심태가 중국에 나타났다. 과학주의 심태란 사람들이 과학을 지고한 가치로 여기며 과학을 맹신하는 것뿐만 아니라 과학 지식을 이데올로기 구성의 주요 기반으로 삼는 것을 의미한다. 지식인은 이

---

15 王汎森, 『古史辨運動的興起』(台北: 允晨文化實業股份有限公司, 1987), pp.78-84.

데올로기를 구축하기 위해 과학 지식에 관심을 갖기 시작하고, 과학 혹은 과학과 유사한 지식이나 방법을 통해 우주의 법칙을 탐구함으로써 마침내 도덕가치를 추론했다. 우리는 정주이학이 천리를 지적 상식 위에 건립했고, 지적 상식의 '격치格致'를 명확히 이해하는 것이 천리를 인식하기 위한 필수 경로가 되었다는 사실을 알고 있다. 이와 같이 자연계의 과학 지식을 사용해 도덕 이데올로기의 지향을 구축하는 것은 이미 유사이학 이데올로기 구성 양식에 내포되어 있었다. 그러나 정주이학이 관심을 둔 것은 도덕 경지였으며, 도덕 이상은 일찌감치 성인에 의해 지도되었다. 그러므로 유생이 자연계의 지식을 분명하게 이해하는 것은 성인의 가르침을 학습하고 터득하는 데 도움이 될 뿐이며, 정주이학은 아직 자연 지식을 사용해 도덕 이상을 구축하는 것의 중요성을 강조한 적이 없었다. 그러나 도덕 경지 층위가 해체된다면 유생이 상식이성을 사용해 정주이학과 육왕심학 중 어느 쪽이 성인의 본뜻에 더 부합하는가를 고증할 때 상황이 달라진다. 이때 우주 질서와 도덕 근원으로서의 이理는 지적 상식을 사용해 탐구할 필요가 있다. 이에 따라 이理에 대한 추구는 곧 자연 지식을 연구하고 선인들의 자연계에 관한 논술을 고증하는 열정을 불러일으켰다.

    명말 청초 중국 사대부가 과학 지식을 중시한 것은 중국 역사상 보기 드문 일이기에 모든 역사학자에게 주목되었다. 어떻게 명말 청초에 소규모의 과학기술 발전이 고조될 수 있었을까? 서양 과학의 전파라는 외부적 요인이 아니어도 당시 사대부가 과학을 연구하게 만든 문화적 동력이 있었는데, 그것은 바로 격치와 고증을 통해 유학의 결함을 바로잡고 무엇이 천리인지 새롭게 인식(재구성)하려는 노력이었다. 방이지는 이 방면에서 자못 대표성을 지닌다. 그의 『물리소지物理小識』가 이룬 성취는 명말의 사대부가 과학을 중시한 사실을 말해주는 주요 증거다. 방씨 가문의 연원에 대한 고찰에 따르면 방씨 학파의 발단은 명말의 방학점方學漸이다. 그는 양명학의 말류적 폐단에 대해 느낀 바가 있어 주자학을 끌어다 양명학을 구제하자는 주장을 제기했고 동시에 주자학으로써 양명학의 치우침을 교정했다. 방씨 학파는 3대째인 방이지에 이르러 "이학을 경학에 품는다藏理學於經學"라는 슬로건을 제기했다.16 방이지의 과학 중시는 바로 우리가 언급한 유사 과학주의類科學主義의 심태에서 나온 것으로, 그가 한 걸음 더 나아가 격치와 고증을 통해 무엇이 천리인지 인식하고자 했음을 말해준다.

명말 청초의 일부 유생이 과학을 중시한 원인에 대해 좀더 깊이 분석하면, 당시 소수의 유생들이 유가 이데올로기의 재구성을 모색한 것과 내적 연관이 있음이 뚜렷이 드러난다. 당시 과학에 열정적이었던 네 명의 학자는 웅명우熊明遇를 비롯한 유예遊藝·매문정梅文鼎(자는 정구定九, 1633~1721)·왕석천王錫闡(자는 인욱寅旭, 1628~1682)이다. 왕석천을 제외한 이들의 학술적 원류는 방씨 가학과 연관이 있다. 예컨대 웅명우는 매우 뚜렷한 경세 사상을 지니고 있었는데, 그가 저술한 『격치초格致草』는 송명이학에 만족할 수 없어 '진상眞象'과 '진수眞數' 속에서 '원리原理'를 탐구한 것이다.17 유예는 "이는 기 안에 있음理在氣中"을 주장했으며, 그로부터 나아가 "이는 수 안에 있음理在數中"을 추리-연역해, 힘써 "떳떳한 도의 회복反經"["군자는 떳떳한 도를 회복할 뿐이니, 경도가 바루어지면 서민이 (선에) 흥기하고, 서민이 흥기하면 사특함이 없어질 것이다君子反經而已矣 經正則庶民興 庶

---

16 張永堂,『明末方氏學派硏究初編: 明末淸初理學與科學關係試論』(台北: 文鏡文化事業有限公司, 1987).
17 張永堂,『明末淸初理學與科學關係再論』(台北: 台灣學生書局, 1994), p.20.

民興 斯無邪慝矣"(『맹자』「진심 하」)]을 통해 참된 유자의 학문眞儒之學을 세우고자 했다.¹⁸ 왕석천은 유예와 마찬가지로 명나라 유민으로서 이학에 관해 정주를 옹호한 점에서 고염무와 비슷하다.¹⁹ 그가 저명한 박물학자가 된 배경은 조사 연구를 통한 구국救國을 추구한 고염무와 유사한 것이다. 다시 말해 당시 사대부가 과학을 추구한 내적 동력은 "경학이 곧 이학이다" "이학을 경학에 품는다"와 동일시한 "과학이 곧 이학이다" "이학을 과학에 품는다"였다.²⁰ 이는 명말 청초의 유생이 과학을 중시한 것은 자각적으로 격치를 사용해 유가 이데올로기를 재구성함으로써 사공 능력을 강화하려는 의도가 포함되어 있음을 보여준다.

      청조가 태평성세에 들어섬에 따라 유학의 사공을 강화하는 외부 동력은 사라졌으나 상식이성에 의해 주도되는 이성화의 내적 동력은 여전히 존재했다. 유생의 과학주의 심태는 바뀌지 않았으나, 다른 점은 그들의 지식에 대한 관심이 자연계와 조사 연구가 아닌 문헌 고증에 집중되었다는 것이다. 량치차오와 후스의 학술사 연구는 서양의 근대 과학 정신이나 방법과 유사한 것이 이미 청대 고증에 나타났음을 강조하고 있다. 이들은 당시의 사대부가 관심을 기울인 대상이 자연계가 아닌 고대 문헌이었던 탓에 서양과 같은 근대 과학을 배태하지 못했음을 개탄했다. 그러나 우리는 유사 과학주의 심태를 과학정신 및 방법과 동일시하는 것은 잘못이라고 생각한다. 고증의 증거 추구, 진실 추구는 마치 과학 정신과 일치하는 것처럼 보이지만 상식이성에 의해 야기된 유사 과학주의 심태는 두 가지 점에서 과학 정신과 다르다. 첫째, 상식이성은 상식을 천연

---

18   張永堂,『明末淸初理學與科學關係再論』(台北: 台灣學生書局, 1994), pp.65-69, 86, 97.
19   張永堂,『明末淸初理學與科學關係再論』(台北: 台灣學生書局, 1994), p.191.
20   張永堂,『明末淸初理學與科學關係再論』(台北: 台灣學生書局, 1994), p.264.

의 합리로 간주하므로 왜 그러한가에 대해 깊은 탐구를 필요로 하지 않는다. 그러나 과학 정신에서 출발하면 상식은 연구의 대상이며, 반드시 해석과 함께 더 깊은 탐색이 필요하다. 둘째, 과학 정신은 지식 추구와 진리 추구를 궁극적 가치로 삼는 반면 상식이성의 이데올로기 가치는 지식 추구와 진리 추구 자체보다 수준이 높다. 청대 한학 가운데 이 두 가지가 뚜렷하게 드러나는데, 가장 전형적인 예는 건가 시대의 역산曆算[책력冊曆과 산술算術을 아울러 이르는 말]이다.

    청대 한학 가운데 경전을 전문적으로 연구하는治經 데 유용하게 사용된 도구는 바로 고증과 역산이다. 이 둘은 서로 연계되어 있으면서 각각 '유림의 소학儒林之小學'과 '유림의 실학儒林之實學'이라 불렸다.[21] 역산은 고증과 마찬가지로 상식이성의 기본 정신을 관통한다. 청대의 역산과 과학 정신의 추동을 받는 수학은 미묘한 차이를 지니고 있다. 고찰에 따르면 염약거의 『상서고문소증尙書古文疏證』이 세상에 나온 이후로 역산을 빌려 고대의 문헌古史을 분별하는 방법은 경학에서 매우 중요한 지위를 획득했으며 청대의 대수방정식론代數方程論을 번영케 했는데, 왕래汪萊(자는 효영孝嬰, 1768~1813)와 이예李銳(자는 상지尙之, 1768~1817)가 이 분야에서 지대한 공헌을 했다. 그러나 상식이성의 프레임에서 역산의 궁극적 의의는 수학 자체의 발전이 아니라 경학에 대한 공헌에 있다. 대진은 일찍이 가장 중요한 것은 역산학의 새로운 발견이 아니며, 역산 지식을 운용해서 경학 체계에 대한 완전무결한 이해를 세우는 것이 가장 중요하다고 분명히 했다. 전대흔錢大昕(자는 효징曉徵, 1728~1804)은 더욱 분명하게 "수는 육예의 하나로, 기예로 말미암아 도를 밝히니 유자의 학문이다數

---

21 川原秀城, 「戴震と西洋曆算學」, 『中國思想史』, 1989年 第12號, pp.1-35, 洪萬生, 劉鈍, 「汪萊, 李銳與乾嘉學派」, 『漢學硏究』, 第10卷 第1期에서 재인용.

爲六藝之一, 由藝以明道, 儒者之學也"라고 했다. 곧 '도리에 통달할達理' 수 없는, 그리고 '옛날에 통할通古' 수 없는 수학은 조금도 가치가 없다는 견해다.[22] 청대 학자들의 학문에 대한 가치 지향은 상식이성의 상술한 두 가지 특징 및 청대 수학 발전의 제약을 뚜렷이 반영하는 것으로, 역산이 근대 수학으로 발전할 수 없게 했다. 수학사의 관점에서 볼 때 이예의 가장 큰 공헌은 『개방설開方說』에 밝혀놓은 방정식 이론에 관한 독창적 발견이지만, 당시 사람들은 그것의 경학적 의의만을 중시했다. 왕래의 역산 연구는 '기이할 만큼 뛰어남超異'과 '낡은 것의 힐난難古'을 특징으로 한다. 이렇게 남들과 다르게 기발한 주장을 내세우는 정신은 상식을 자명하고도 천연의 합리로 여기는 상식이성의 기본 가치 추세와 부합되지 않았고, 그로 인해 당시 왕래의 작업은 시의에 맞지 않는 것으로 여겨져 사회적 영향을 발휘할 수 없었다.[23] 청대의 고증 정신은 과학 정신과 유사한 면이 있었으나, 역사적 사실이 분명하게 말해주듯 중국에서 근대 과학의 성장을 촉진시킬 수 없었음을 알 수 있다. 그럼에도 불구하고 고증에 의해 대표되는 청대의 이성화 물결 가운데에는 훗날 중국 문화 발전에 극히 중요한 이데올로기 재구성의 심층 동력이 포함되어 있었다. 그것은 바로 유학이 서양의 충격에 의해 전복될 때 과학 지식이 새 이데올로기를 구성하는 기초가 되었다는 점이다. 이는 1895년 이후 사대부의 서양 과학에 대한 추앙으로 드러나기도 했고, 혹은 옌푸嚴復의 서양 사상에 대한 독창적 번역에 의해 세워진 방대한 체계體系로 표현되기도 했다. 이와 같은 내재적 요인은 마침내 5·4 시기에 과학과 민주를 구호로 삼아 20세기 중국 문화 재건의 가장 놀라운 역량을 드러냈다.

---

22 洪萬生, 劉鈍,「汪萊, 李銳與乾嘉學派」,『漢學研究』, 第10卷 第1期, pp.90-91.
23 洪萬生, 劉鈍,「汪萊, 李銳與乾嘉學派」,『漢學研究』, 第10卷 第1期, pp.94-95.

5.3
청대 사상 변천의 큰 추세

청대 사상 변천의 세 단계

명말 청초 중국 근대 전통의 새끼꼴雛形의 출현

청대 태평성세 시기의 사상 추세

한나라 시대와는 다른 '한학'

18, 19세기 교체기의 중국 근대 전통의 성숙

실학과 공존하는 정주이학

경세치용의 또 하나의 원천

유학의 현대적 전환: 금문경학과 이원론 유학

중국 근대 전통을 흥기한 내부·외부 동력을 확인하고 나서 우리는 청대 사상 변천의 큰 추세를 파악할 수 있다. 총체적으로 말하면, 송명이학이 형성된 이후 이데올로기의 진일보한 변화를 이끈 두 가지 동력이 있다. 하나는 사상 문화에서 유래한 내부 동력으로, 그것은 순수하게 관념체계 내부 문제에 의해 추동된 사상 변화다. 때때로 사회 위기로 인해 관념체계 각 부분의 변화가 일어나곤 하지만 내부 동력은 오로지 기존 관념들이 서로 충돌하거나 정합하는 과정에서 진일보한 변천을 추동하는 흐름이라 할 수 있다. 예컨대 명말 청초 경세치용의 흥기와 사대부의 수신 방식의 대변화는 본디 사회 위기가 일으킨 관념의 변화지만, 일단 새로운 관념이 출현하면 그 상호작용에 의해 상식이성에 기초한 이데올로기가 세워지게 되며 상식합리성의 권위가 부단히 강화되는 과정으로 이어진다. 상식이성이 경전 위에 위치하게 되면 학자가 상식이성이 규정한 방법을 통해 경전의 진위를 고증하든, 금문경학이 흥기해 유학이 금문경학의 미언대의의 도움을 받아 현대적 전환을 진행하든, 심지어 유사 과학주의의 심태를 발전시키면서 그 기초 위에 새로운 이데올로기를 세우든, 그 모든 것은 관념체계 정합을 진행하려는 요구와 관념이 서로 부딪치는 데서 생겨난다. 그러므로 고증과 금문경학의 흥기는 모두 내부 동력으로 귀속시킬 수 있다. 두 번째 유형의 동력은 사상 문화의 외부에서 유래하는바, 이는 사회 문제로부터 발생한다. 송명이학이 도덕을 경지와 규범 층위로 구분하여 사공 능력의 감퇴를 초래했으므로 사회 내부에서 위기가 발생하거나 외래 도전에 직면할 때 사공을 강화하려는 요구는 불가피하게 이데올로기 변화를 추동하는 사회 동력이 된다. 우리는 그것을 외부 동력이라고 부른다. 사상 변천의 내부 동력은 시종일관 존재하는 반면 사회(외부) 동력은 태평성세에는 미약하다. 즉 사회 위기의 빈번한 발생으로 인해 역성혁명이 출현할 때 또는 외래 문명의 충격이 잇달아 발생하는 즈음에만 사회 동력은 비로소 사상 조류를 지배하는 주된 원인이 될 수 있다.

   이상의 분석을 근거로 사회(외부) 동력을 가로 좌표로 삼고 내부 동력을 세로 좌표로 삼는다면, 청대 지식인의 사상 변천의 큰 추세는 그림 5.1과 같이 OA, AB, BC의 세 기본 단계로 표시할 수 있다. 먼저 OA 단계를 고찰하면, 이는 명말 청초의 사상 변천이다.

그림 5.1 청대 사상 변천의 큰 추세

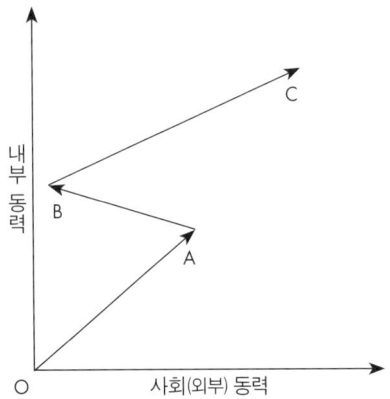

이 단계의 이데올로기 변천을 추동하는 내부 동력은 사회(외부) 동력과 동시에 존재한다. 송명이학은 이 두 동력의 작용에 의해 OA 방향으로 발전하고, 그 결과 명말 청초에 중국 근대 전통의 새끼꼴雛形이 출현했다. 그 새끼꼴은 기본적으로 두 가지 지표를 나타낸다. 그 하나는 지식·실용을 중시해 사공을 강화하는 것으로, 경세치용과 4.7절에서 말한 바 사공을 강화하는 다양한 변형 구조로 나타난다. 다른 하나는 경전 고증에 중점을 두고 고증을 수신의 주된 방법으로 삼는 것이다. 청초에 나타난 중국 근대 전통의 새끼꼴에서 이 두 지표는 동시에 존재하며 분할할 수 없다. 유학이 사공을 강화하는 변형 구조는 동시에 경전 고증과 대응한다. 바로 이러한 까닭에 명말 청초의 몇몇 유학 대가는 유학의 재구성에 중요한 공헌을 함과 동시에 고증 방법의 창시자였으며 심지어 박학의 창시자이기도 했다. 왕선산이 당시 사회에 널리 알려지지 않은 것을 제외하면, 고염무와 황종희를 스승으로 하는 후계자들은 고증에 대해 절서浙西와 절동浙東이라는 저명한 두 학파를 형성했다. 고염무와 황종희는

표 4.1에서 각각 해체와 구축이라는 서로 다른 유형에 속하는바, 절동학파와 절서학파의 고증 방법론으로 하여금 미묘한 차이를 드러내게 했다. 고염무는 도덕을 '행行', 곧 실천과 동일시했으며 그의 경전 고증 방법은 증거의 객관성에 비중을 두었다. 반면 황종희는 정신 경지와 실천의 합일을 주장하면서 유학은 하늘을 날줄로 삼고 땅을 씨줄로 삼는經天緯地 통일의 학문이라고 보았다. 고문 절동학파는 관념의 총체성을 중시했으며 고증할 때 우선 하나의 큰 방향을 확립하는데, 이는 왕학의 "먼저 그 큰 근본을 확립하는先立其大" 정신을 계승한 것이다. 그 대표적 인물은 장학성이다. 절서학파의 대표적 인물은 염약거로서 이들의 지식은 절동학파보다 더욱 광활했으나 또한 더욱 장황하고 잡다했다.[24]

역성혁명이 완성되고 태평성세가 도래했을 때 이데올로기 변천을 추동하는 사회(외부) 동력은 크게 약화되고, 이에 따라 유학 발전의 궤적은 두 종류의 동력이 추동한 OA 방향으로부터 사상 내부의 동력이 이끄는 AB 방향으로 급속히 전환된다. 이것이 청대 태평성세 시기의 사상 추세다. AB 방향에 드러나는 선명한 특징은 사회 사조가 경세치용에서 고증으로 바뀌는 것이다. 우리는 이학이 시종일관 청대의 관변 이데올로기였음을 주의해야 한다. 청초에 민간 학자들 사이에서 경세의 학문이 성행했으며 고증은 사공 강화의 사회적 요구가 부단히 감퇴하다가 끝내 사라진 뒤에 남은 경세의 학문 가운데 하나일 따름이다. 그러므로 고증학은 영향력이 부단히 증가하여 마침내 청대의 저명한 학설顯學이 되기는 했지만, 우리가 지금 추세에 대해 논하는 시기에는 관변 이데올로기가 아니었음을 잊지 말아야 한다.

---

24 余英時, 「淸代思想史的一個新解釋」, 『歷史與思想』, pp.150-151.

그림 5.1이 나타내는 바 AB 또한 두 개의 지표를 드러낸다. 먼저 세로 좌표 방향을 보면 사조는 내부 동력이 지향하는 차원으로 부단히 발전한다. 그것은 더욱 깊은 고증 단계로 전개되고 아울러 한 세기가 넘는 동안 매우 흥성한 상태에 이른다. 고증의 범위는 경학·소학·음운학·사학·방지학方誌學[방지方誌, 즉 지방地方의 사정을 기록한 역사·지리서를 연구하는 학문]·지리학·보첩학譜牒學[흔히 족보학으로 불리며, 문벌 귀족이 득세한 위진 남북조 시대 이후 발달한 학문]을 포괄하며, 심지어 역산·악곡학樂曲學[음악의 곡조를 나타낸 부호를 연구하는 학문] 그리고 기타 학과 지식까지도 포괄한다. 유생, 학인들은 고적古籍을 교주校注하고 위서僞書를 분별하고 일서佚書[고서 가운데 유실되어 전하지 않다가 다시 찾아낸 문헌]를 모으는 작업을 통해 중국 문화를 크게 정리했다. 그것은 또 유학 유형의 대전환을 의미하는 것이기도 하다. 한대 유학은 본디 경학이었으며 송대에는 경학이 이학으로 바뀌었다. 그러나 경세치용의 학문이 고증학으로 전환된 뒤, 당송 이래 유학이 사변에 무게를 두었던 의리지학義理之學은 유가 경전의 고증·인용·주소注疏 방향으로 접어들면서 매우 번잡하고 자질구레하고 잡다하게 변모했다. 과거시험을 준비하는 독서인士子과 학인은 대체로 고증에 기초했으며 심지어 넓게 배우고 잘 기억하는博學強記 정도로 학술의 수준을 평가하고 정했다. 학술 연구는 마치 크게 한 바퀴를 돌아서 다시 한대로 돌아온 듯했다. 그러므로 청대 박학은 또한 '한학'이라 일컬어졌다.

  주의해야 할 점은 청대의 고증은 내부 동력이 지향하는 방향을 따라 전개된 사상의 변화로서, 청대의 '한학'과 한대의 유학은 겉으로만 유사할 뿐 내재된 정신은 상이하다는 것이다. 한대의 유학 가운데 성인의 말씀과 주장을 기록한 경전은 가치·행위를 판별하는 궁극적 합리성의 표준이자 권위의 원천이었고, 독서인이 고증을 가져와 근거를 밝히는 행위는 이 유일한 합리성의 원천에 물길을 내어 사회·정치·사상·문화에 흘러들게 만드는 것이다. 그리고 청대 경전의 권위 이면에는 궁극적 합리성을 판별하는 표준이 존재했으니 이것이 바로 상식이성이다. 고증은 상식이성의 방법을 사용하여 수천 년 중국 문화에 축적된 고전 문헌을 검토하는 것일 따름으로, 그 목적은 유가 경전 원본과 본래의 의미를 찾고 역사 문헌의 진실을 구하는 것이다. 그것은 중국 문화 제1차 이성화가 스스로를 끝까지 관철함에 대한 표현으로서, 그 결과 금문경학이 흥기하고 유학이 현대적 전환의 현관에 이르렀다.

    다시, 박학이 중심을 이루는 사상 추세가 가로 좌표에서 표현된 것을 보자. 그림 5.1에서 AB는 세로 좌표 방향에서 계속 늘어나지만 가로 좌표 방향에서는 계속 감소한다. 그 의미는 매우 분명한 것으로, 청대 태평성세 시기에 유생의 사공 능력은 고증과 더불어 병행하면서 나날이 퇴화한다는 것이다. 본래 송명이학이 세운 형이상학 도덕 체계가 유학의 사공과 정신 경지의 상호 분리를 초래함에 따라 이미 유생의 사공 능력은 어느 정도 감퇴했지만, 100년 넘는 청대의 고증은 유생의 사공 창조성을 거의 상실하게 만들었다. 명나라 시대에 이미 유생은 '도학선생'이라 불렸으나 여전히 각양각색의 인물이 대거 배출되었다. 목숨을 내걸고 혼군·간신에 항쟁한 동림당 인물, 근대 사상의 맹아를 갖춘 채 목소리 높여 동심童心을 이야기한 이탁오, 민간에 깊이 들어가 백성에게 양명학을 알리고 가르친 민간 철학가 왕간, 그리고 가문으로 유토피아 실험을 한 하심은何心隱(자는 부산夫山, 1517~1579) 등이 그 예다. 그러나 청대에 이르러 100년 넘도록 고증에 심혈을 기울이자 대부분 창조성이 결여된 진부한 선생이 되었다. 공자진龔自珍(자는 슬인瑟人, 1792~1841)이 가장 먼저 이 점을 알아차렸다. 그는 "세상에는 재능 있는 승상이 없고, 재능 있는 장수도 없고, 재능 있는 농부도 없다. 시장에는 재능 있는 상인이 없고, 재능 있는 장인도 없으며, 심지어 재능 있는 도둑, 재능 있는 도적도 없다 世無才相, 才將, 才農, 市無才商, 才匠, 甚至無才偸, 才盜"라는 말로써 당시 모든 사람이 입을 굳게 다물고 있는 상황 그리고 매우 단조로운 인재 유형과 책벌레로 변해가는 독서인 등 사회 전반의 침울한 모습을 형용했다.

당시 청 왕조는 관료기구의 부패, 토지 겸병, 그리고 통제할 수 없는 인구 팽창에 따른 사회 동란을 배태함으로써 태평성세의 위태로운 모습을 노출하고 있었다. 그러나 같은 시기의 서양은 200년간 발전해온 선진 과학기술에 토대한 군사 무기와 저렴한 공산품을 내세워 중국의 대문 앞까지 확장하고 있었다. 이에 청 왕조는 대내외적으로 거대한 충격을 마주하지 않을 수 없었다. 외부의 충격이 불가피한 현실이 되는 경우, 이데올로기의 전화가 아무리 큰 고통과 곤란을 가져온다 한들 '고증'의 탐닉으로부터 유생이 깨어나는 것은 필연적 추세였을 것이다. 실제로 18세기 말에서 19세기 초에 이르는 기간에 중국 사상의 전향이 발생하기 시작했다. 또한 18세기 하반기부터는 이데올로기 변천을 추동하는 내부 및 사회(외부) 동력이 나타났고, 이로 인해 사상의 방향은 명말 청초와 유사한 국면으로 되돌아갔다. 그림 5.1에서 보듯이 BC 방향이 AB 방향을 대체하고 있다.

BC 방향은 명확히 OA와 평행을 이루고 있다. 그러므로 어느 면에서 BC는 청초의 새로운 추세가 다시금 소생한 것으로 간주할 수 있다. 우리는 앞에서 청초 유학의 총체적 추세에 대해 중국 근대 전통의 새끼꼴이 출현한 것이라 설명했는데, 그렇다면 OA와 평행하는 BC는 중국 근대 전통이 마침내 성숙했음을 의미하는 것이다. BC도 마찬가지로 두 개의 지표를 나타낸다. 가로 좌표에서는 사공과 경세치용이 강조되었음을 나타내며, 세로 좌표에서는 상식이성이 크게 발달하고 나아가 고증정신의 극한 발전을 나타낸다. 상식이성을 경전의 권위 위에 둠으로써 야기된 금문경학의 번영이 그것이다. 그러므로 18세기 말 사공에 무게를 둔 경세치용 사조는 금문경학과 동시에 출현한 것이다.

한 걸음 더 나아가 BC와 OA의 차이점을 고찰하는 것은 중국 근대 전통의 성숙 과정을 이해하는 데 도움이 된다. BC와 OA는 방향이 일치하지만 BC의 출발점은 세로 좌표의 높은 위치에 자리하고 있으며, 고증이 야기한 금문경학 단계에 대응하고 있다. 따라서 중국 근대 전통은 금문경학으로부터 출발한 것이라 말할 수 있다. 금문경학은 18세기 말 상주常州의 장존여莊存與(자는 방경方耕, 1719~1788)·유봉록劉逢祿(자는 신수申受, 1776~1829)의 가문 내부에서 가장 먼저 나타났다. 1780년에 장존여가 금문경학으로 전향한 것은 장·유 가문이 전국 정치 무대에서 물러난 때와 일치한다. 당시 간사하고 아첨에 능한 화신和珅(1750~1799) 등의 신하들이 광기에 가까운 부정 축재를 하는 세태 속에서 장존여와 유봉록은 관변 이데올로기인 유학의 가치에 문제가 있음을 느끼고 금문경학에서 부패에 대항할 자원을 찾기로 했다. 여러 대에 걸쳐 혼인 관계를 맺어온 장·유 두 집안은 지방에 세력을 지니고 있었을 뿐만 아니라 상층 관료기구에도 영향력이 컸다. 이렇게 해서 장·유 두 집안이 민간에서 제창한 금문경학은 가학家學의 범위를 넘어 빠르게 유생 사이에 영향을 끼쳤다. 이는 18세기 말~19세기 초 금문경학의 보급을 가져왔을 뿐만 아니라[25] 청말의 경세치용 학문의 중요한 원천이기도 했다.

BC가 대표하는 중국 근대 전통의 각 분야를 분석할 때 우리는

---

25   Benjamin A. Elman, *Classicism, Politics, and Kinship: The Chang-Chou School of New Text Confucianism in Late Imperial China*(Berkeley and Los Angeles: Uiversity of California Press, 1990).

두 가지에 주의해야 한다. 첫째, 비록 금문경학은 중국 근대 전통의 성숙에 공헌한 바가 컸지만 결코 유일한 출발점은 아니었다는 것이다. 그림 5.1이 보여주는 청대 사상의 변화는 지식계층의 이데올로기 추세를 대략적으로 그려낸 데 지나지 않는다. 더욱 중요한 배경은 청대 내내 주류적 지위를 점한 관변 이데올로기는 정주이학이었다는 것이다. 사회에 사공 강화의 수요가 발생하면 외부 동력은 마찬가지로 정주이학이 경세치용의 학문으로 전화하도록 추동하게 된다. 실제로 중국 근대 전통을 성숙케 한 또 하나의 출발점은 바로 18세기 사공 강화의 동력이 초래한 정주이학의 변형 구조다. 1776년 육요陸燿(1726~1785)의 『절문재문초切問齋文鈔』는 청조 이래 학술·풍속·재화와 부세財賦·구황 정책荒政·하천 방재河防 등 400여 편의 문장을 모아서 엮은 책으로, 건륭 말기 경세 사상을 드러낸 중요한 저작이다.[26] 이 책의 기본 골격과 원칙은 여전히 정주이학이었다.[27] 이것은 청초에 이학과 경세를 모순 대립으로 보았던 유자의 심태가 『절문재문초』에서는 더 이상 존재하지 않음을 설명한다. 이 책에 구체적으로 나타난 경세 사상은 19세기의 경세 사상과 중대한 차이가 있는데, 그 주요 내용은 불교와 도교를 배척하고 삼교합일에 반대하고 선진 유학으로 되돌아갈 것을 주장한 것이다. 또한 일부 지방의 문제와 사회적 문제에 대해서는 개혁 방안을 제기하면서도 핵심적인 정치 개혁에 대해서는 언급하지 않았다.[28] 이 모든 것은 『절문재문초』의 경세 사상이 정주이학으로부터 출발해 경세치용으로 전향했음을 명확히 말해준다. 위

26　黃克武,「理學與經世: 清初'切問齋文鈔'學術立場之分析」,『中央研究院近代史研究所集刊』, 第十六期(台北: 中央研究院近代史研究所, 1987), p.37.
27　張灝, "Three Conceptions of Statesmanship in the Ch'ien-Chia Era", 清華大學 "中國思想史上的經世傳研討會" 參考資料.

원魏源은 『황조경세문편皇朝經世文編』의 예언例言에서 이 책의 편집은 육씨를 본받은 것이라고 설명했다.[29] 이로써 『절문재문초』가 19세기 초 경세치용 사조의 또 다른 원천임을 알 수 있다. 이는 18세기 말 관방의 정주이학이든 민간 유생의 학술 추세든 모두 사공 강화라는 전향이 발생했음을 드러낸다. 중국 근대 전통은 마침내 성숙했으며, 게다가 일체화 구조가 직면한 내부와 외부의 충격에 대처하기 시작했다.

둘째, BC에 의해 대표되는 중국 근대 전통을 고찰할 때 우리는 유학의 현대적 전환에 관한 모든 내용이 포함되어야 함을 절대 잊어선 안 된다. 반면 금문경학은 유학의 현대적 전환의 시작을 대표할 뿐이다. 유학의 현대적 전환의 전면적 전개는 경세치용이 좌절된 뒤에 발생했다. 경세치용 그리고 유학이 사공을 강화하는 갖가지 변이가 실행에 옮겨졌지만, 중국이 여전히 부국강병을 이룰 수 없고 서양의 충격에 저항할 수 없는 시기에 일부 사상적으로 민감한 유생은 유가의 도덕 이상이 바람직하지 않음을 깨닫게 되었고, 도덕가치 역전의 메커니즘이 곧 효과를 나타내기 시작했다. 그리하여 대동大同의 이상과 혁명열사의 정신이 급진적 사인士人의 새로운 지향으로 자리 잡았다. 가치 역전으로 인해 형성된 이와 같은 가치들이 속속 금문경학으로 모여들어 변법變法의 이론적 근거가 되었다. 그 밖에도 청 조정과 광범위한 사인士人들이 서양 과학기술과 사회 제도를 학습할 수밖에 없음을 깨닫게 되었을 때, 청 조정은 자기 통치의 합법성을 지키기 위해 강상명교를 포기할 순 없었으나 사대부가 서양 학술과 제도를 학습하는 것은 허용할 수밖에 없었다. 이때 유생의 입장은

28　黃克武,「理學與經世: 清初'切問齋文鈔'學術立場之分析」,『中央研究院近代史研究所集刊』, 第16期, p.47.
29　魏源,『皇朝經世文編·五例』(台北: 世界書局影印, 同治十二年版, 1964).

서양의 제도 및 학문과 유가 윤리가 병존하게 하려면 어쩔 수 없이 천인합일 구조와 도덕가치 일원론을 포기함으로써 강상명교와 서양의 현대적 가치가 충돌하지 않게 해야 했다. 우리는 이처럼 이원론과 유사한 심태를 갖춘 유학을 이원론 유학이라고 부른다. 명백히 이원론 유학과 변법사상의 구체적 요소는 외부 동력에 의해 구성된 것이기는 하지만, 그것들의 총체적 형태는 여전히 관념체계를 정합시킨 산물이며, 사상 변화를 추동하는 내적 동력에 의해 결정되는 차원에 속한다. 즉 역전한 가치를 금문경학에 집어넣은 변법 이론과 이원론 유학 모두 유학의 현대적 전환의 일부이며, BC의 세로 좌표 방향의 진일보한 전개에 속한다.

5.4
왜 중국 근대 전통은
서양 현대화의 도전에 대처할 수 없었나?

전통의 조절·적응이 현대성을 갖추었는지 여부를 어떻게 판단할까

유가 윤리와 가정을 사회 기층 조직으로 삼는 것의 관계

거센크론이 논한, 후진국의 살아남기와 따라잡기의 여섯 가지 공통적 특징

일체화 구조는 현대 국가가 갖추어야 하는 동원 능력을 결핍했다

군왕 권력君權·신사 권력紳權·가족 권력은 개인의 공간으로
물러날 방도가 없었다

금문경학이 의고疑古 사조에 자리를 내주다

중국 근대 전통에 경세치용 그리고 금문경학을 포함한 유학의 현대적 전환이라는 두 차원이 병존하고 있는 이상, 서양의 충격에 대처할 수 있는가 없는가를 고찰하는 일은 반드시 이 두 부분과 현대화의 관계를 분석해야 한다. 표면적으로 이 두 부분이 현대의 충격에 대처하는 데는 별 문제가 없었을 것으로 보인다. 우선 경세치용과 '사공을 강화하는 변이'는 구국과 실천을 도덕 활동의 첫 자리에 둘 뿐만 아니라 지식 추구와 다양한 현대화 사업에 뛰어드는 것을 사공으로 삼을 수 있다. 유학의 현대적 전환, 특히 이원론 유학은 유가의 가치를 사적 영역에 한정시킴으로써, 어느 개인이 유가의 효도를 궁극적 관심으로 간주한다고 해서 그것이 그

가 공공 생활에서 현대적 가치와 사상을 담대히 도입하고 적극적이고 주동적인 정신으로 현대화 조류에 적응하는 것을 방해하지는 않는 것 같다. 그러나 이렇게 문화 체계를 사회 조직 구조에서 떼어내 단순히 그 현대성만으로 바람직한가를 판단하는 것은 잘못이다. 왜냐하면 일체화 구조에서 이데올로기는 정치 조직 합법성의 근거이며 필수적인 사회 정합의 기능을 담당하고 있기 때문이다. 일체화 구조의 이데올로기가 서양의 충격에 대해 바람직한가 여부는 그 내용만 볼 것이 아니라 반드시 이데올로기에 상응하는 일체화 구조의 조직 상황까지 검토해야 한다.

먼저 경세치용과 '유학이 사공을 강화하는' 갖가지 변이를 분석해보자. 우선 그 형태가 얼마나 다양한지를 떠나 한 가지 공통점은, 유가의 핵심 가치를 인정하고 있으며 효도와 유가의 가정 윤리를 받들어 실천한다는 것이다. 이 특징을 일체화 구조의 조직 원칙에 대응한다면, 곧 "가정을 사회 조직의 세포로 여기는 것"이다. 혹은 일체화 사회 정합의 세 층위로 보자면, 모든 층위가 가정·종족을 사회 기층조직으로 강조하는 것이다. 중국 근대에 전통 체제에 대해 가장 격렬히 비판하고 대담한 개혁을 주장한 인물은 고염무와 황종희다. 그러나 고염무는 봉건제를 군현제에 깃들게 할 것을 제기했으면서도 여전히 가족을 사회 조직의 핵심으로 여겼다. 황종희는 사대부에 대해 민주적 제도와 유사한 구상을 제시했지만 변화가 필요한 대상은 사회 상층 구조일 뿐 현 이하 향촌의 관리에 의한 자치와 기층 가족 조직은 건드릴 필요가 없다고 생각했다. '유학이 사공을 강화하는 변이'에 상응하는 사회 조직 형태는 여전히 가정·가족을 사회 기층조직으로 삼고 향촌의 신사에 의한 자치를 중층 조직으로 삼은 것임을 알 수 있다. 이와 같은 조직 방식에서는 사회 엘리트와 그들의 교육 근거지가 농촌에 있고, 재산은 주로 농업·토지와 연계되어 있으며, 절대다수가 향촌에 집중되어 있다. 따라서 상층 조직에 어떤 변화가 발생하든지 간에 이는 여전히 농업사회다. 현대 사회가 도시를 조직 동원의 중심으로 하고 교육·인재가 도시에 집중된다는 사실에 비추어볼 때 이와 같은 사회 조직 방식은 현대적 동원을 실현하기가 매우 어렵다.

   물론 농업사회에 속하며 경제적으로 낙후한 대국일지라도 서양의 충격에 대항할 수 있고 민족국가 간의 패권 다툼이라는 세계적 구도에서 살아남을 수는 있다. 그러나 그 국가가 현대 사회만이 갖출 수 있는 현대적 동원 능력과 유사한 무엇을 갖추었음이 전제되어야 한다. 이른바 현대적 동원 능력이란, 국가가 농업사회의 잉여 자산과 자원을 효율적으로 흡수하고 그것을 현대적 국방과 공업에 투자해 공업화를 실현함으로써 '추월'하는 것, 아울러 방대한 인력 자원을 동원해 현대적 군사 역량을 건립하는 것을 가리킨다. 하버드대학교의 경제사학자 알렉산더 거셴크론은 유럽 대륙의 현대화한 후진 국가들과 영국의 산업혁명의 차이점을 비교하면서 민족국가들 간의 패권 다툼에서 현대화를 수행한 후진국들이 살아남아 결국 선진국을 따라잡을 수 있었던 여섯 가지 특징을 제시했다. 첫째, 낙후한 국가의 공업화는 막판에 크게 역주하며 일반적으로 제조업의 고속 성장으로 나타난다. 둘째, 그들의 공업화 과정은 대공장·대기업 조직의 도입을 강조한다. 셋째, 소비재 생산보다 생산재 생산에 무게를 둔다. 넷째, 사람들의 소비 수준에 제한을 가한다. 다섯째, 국가가 신생 공업과 기업을 지도하며, 심지어 특수한 기구와 제도를 건립해서 경제를 조절·통제한다. 여섯째, 국가 경제가 낙후할수록 그 국가의 농업은 공업화 과정에서 신생 공업을 통해 더욱 발전하는 내부 시장을 형성하기가 쉽지 않다. 바꿔 말해 국가는 농업이 공업으로 발전하는 것을 박탈한다.[30] 이 여섯 가지 실행 요소가 바로 국가가 강대한 통제 경제를 갖추고 농촌 자원을 동원하는 능력이다. 데이비드 랜드는 거센크론의 연구를 심화해, 현대화하는 후진국이 선진국을 '따라잡는chase' 것에 관한 일반 이론을 제기했다. 그는 영국·프랑스·독일·러시아의 현대화 역정을 비교해, 현대화의 따라잡기 과정에서 국가와 관료기구가 결정적 역할을 했다고 보았다.[31] 그렇다면 '유학이 사공을 강화하는 변이'라는 이데올로기에 상응하는 사회 조직은 민족국가의 패권 다툼이라는 세계적 구도에서 살아남을 만한 동원 능력을 갖추고 있었는가? 우리가 『흥성과 위기』에서 논했듯이, 중국 전통 농업사회가 대일통 사회 정합을 실현할 수 있었던 결정적 요인은 통일된 유가 신념을 지닌 유생을 조직의 골격으로 삼은 것, 향촌의 신사의 자치, 그리고 가족을 사회 정합의 중하층 조직으로 삼은 것이다. 이와 같은 조직 방식의 특징은 사회 정합을 이루는 데 결코 방대한 국가 관료기구를 필요로 하지 않는다는 것이다. 중국 역대 왕조의 말단 관료기구는 현縣으로, 청조에 1개 현에는 평균 5명의 관원을 배치했으며 이들이 관리하는 지역은 평균 25만 명 규모였다. 관료기구가 세세한 향촌 사무를 처리할 수 없었으므로 농업사회에 대한 정부의 관리(예컨대 세금을 거두고 공공사업을 벌이는 것)는 향촌의 신사와 가족 조직에 의존할 수밖에 없었다. 이와 같은 정합 방식 아래 국가 관료기구는 향촌에 깊이 파고들 수 없었으며, 정부의 흡수력이나 농촌의 인력·물력에 대한 동원력도 극히 제한되었다. 청 정부는 전체 농업 생산의 2~4퍼센트를 장악했을 뿐이다. 이렇게 낮은 흡수력으로는 농업 잉여를 공업 투자로 전환할 수도 없거니와, 방대한 군대와 국방 역량을 구축할 수도 없다. 다시 말

---

30   Alexander Gerschenkron, *Econimic Backwardness in Historical Perspective*(New York: Frederick A. Praeger, Publishers, 1965), 353-354.
31   David S. Landes, *The Unbound Prometheus — Thechnological Change and Industrial Development in Western Europe from 1750 to the Present*(London: Cambridge University Press, 1969).

해 '유학이 사공을 강화하는' 변형 구조는 전통적 일체화 구조 속의 관료 기구를 키울 방도가 없었고, 따라서 현대화에 필수적인 동원력을 생성할 수 없었다.

만약 유학이 현대적 전환을 이루어 이원론 구조로 변환되었다면 그 결과는 어떠했을까? 이른바 이원론 유학이란 유가 윤리와 사회제도를 서로 무관한 두 영역으로 분리해내는 것으로, 그 목적은 유학을 개인 생활공간으로 물러나게 하고 공공 영역에서 현대적 가치를 채택하는 것이다. 이와 같이 전통을 현대적 양식으로 전환하는 것은 문화 관념을 현대화하는 것으로, 실현 가능할 것처럼 보인다. 그러나 청 조정은 경자사변庚子事變[1900년에 일어난 의화단 사건]이 발생한 뒤 대세에 밀려 어쩔 수 없이 서양의 제도를 도입한 것일 뿐 주동적·의식적으로 이원론을 받아들이고 경직된 관변 이데올로기를 변경한 것이 아니라는 사실에 주의해야 한다. 이원론은 단지 유신儒臣의 사상이 암암리에 변화한 것일 뿐이다. 게다가 관변 이데올로기가 이원론 유학이 되었다 할지라도 그 또한 실패할 운명이었다. 왜냐하면 일체화 구조 속의 이원론 유학은 사회 조직의 기초가 되기 어렵기 때문이다. 유학은 정치 조직과 권력의 합법성의 원천이었기에 그것이 지지하는 군왕의 권력, 향촌 신사의 권력, 그리고 가족의 권력은 개인의 공간으로 물러날 방도가 없는 것이다. 이원론 유학은 사회 구조의 전환을 통해 한편으로는 기존 사회 조직의 안정을 유지할 수 있을 뿐이었고, 다른 한편으로는 새롭게 개설된 공공 영역 속에서 새로운 사물, 예컨대 공업 경제, 입헌 정치, 민주 제도와 같은 것들을 최대한 도입할 수 있었다. 새로 출현한 현대적 공공 영역이 충분히 강대하다면 그것은 반드시 전통사회 정합 프레임에 충격을 주게 마련이며, 그리하여 사회 정합에 엄중한 위기를 초래할 것임을 우리는 알고 있다.

그것은 도시화한 향촌의 신사가 왕권을 무너뜨리는 식으로 나타날 수도 있고, 현대화가 기층 종법 조직의 해체를 가져오는 식으로 나타날 수도 있다.

우리는 『개방 중의 변천』에서 청 조정의 신정新政 시기에 중국의 제1차 현대화 운동이 사회 구조에 끼친 충격에 대해 집중적으로 논했다. 향촌의 권력 엘리트와 자금이 도시로 이동함에 따라 농촌의 가족 조직도 크게 약화되어 더 이상 기층 구조를 지탱하고 그에 상응하는 정합 기능을 발휘하기 어려워졌다. 향촌 신사의 도시화는 단지 향촌 신사 권력의 확장만 의미하는 게 아닌, 지방주의의 팽창과 왕권에 대한 전복까지도 가져온다.[32] 청나라 말기에 중국 현대화 운동이 초래한 사회 정합의 해체는 유학의 현대적 전환에 의해 이루어지는 이데올로기가 사회 정합의 유지와 현대화라는 이중의 임무를 완성할 수 없음을 설명한다.

사회 조직 측면의 원인을 제외하고, 유학의 현대적 전환에 의해 이루어지는 이데올로기는 또한 내부적 곤란에 직면하는데, 그것은 흔히 불안정하다는 것이다. 금문경학을 예로 들자면, 청말 금문경학이 공자가 한나라를 위해 법을 만들었다는 미언대의 정신을 빌려 경전을 창조적으로 주석하려 한 것은 고문경학에 비해 금문경학이 공자의 생존 연대에 더 가까웠고 그래서 더 의존할 만했기 때문이다. 그러나 우리는 이와 같이 복고에 의탁해 해방을 추구하는 동력이 금문경학에 머물러 있지 않는다는 것을 알고 있다. 마침내 상식이성이 추동하는 고증 정신은 유가 경전에 대한 해석을 춘추전국과 제자백가의 연대에까지 밀어붙였다. 그 결과는 대일통 이데올로기의 해체였고, 금문경학은 결국 더욱 철저한 의고

---

32 金觀濤, 劉靑峰, 『開放中的變遷: 再論中國社會超穩定結構』(香港: 中文大學出版社, 1993), pp.122-146.

疑古 사조에 자리를 내주었다. 이렇듯 역전한 가치를 금문경학에 부여해 발생시킨 갖가지 변법 이론 또한 오래 유지되는 바람직한 새 이데올로기가 되지 못한다.

5.5
유가 이데올로기의 현대적 전환이 마주친 문제

중국 근대 전통은 어떻게 하면
현대적 동원 능력을 갖춘 이데올로기로 전화될 수 있는가?
전환이 이론적으로 반드시 거쳐야 하는 네 단계
중국 근대 전통의 성숙과 경세치용의 실패
유학의 현대적 전환의 두 가지 형태
신문화운동을 역사적 관점에서 객관적으로 평가하기
외래사상의 중국화
제2차 융합을 어떻게 연구할 것인가

앞서 설명한 내용을 종합하면, 19세기 말 민족국가들이 패권을 다투는 세계 구도에서 중국이 내부 정합과 서양의 충격에 맞서는 이중의 목표를 실현하려면 반드시 현대적 동원 능력을 갖춘 국가를 건설해야 한다. 현대적 동원 능력이란 광대한 농업사회의 인력과 물력을 집중시켜 현대적 국방을 건립하고, 나아가 농업 잉여를 공업 투자로 전환하여 공업화를 실현하는 것이다. 이를 성취하려면 국가는 반드시 가족 조직을 타파하고 지주의 향촌 지배를 박탈해야 하며, 나아가 광범위하고도 기층으로 깊이 파고들 수 있는 월등한 관료기구를 건립해야 한다. 그런 의미에서 가족을 조직의 중심으로 삼고 사대부 개인의 도덕 엘리트주의를 기본 특징으로 하는 유학은 사공을 강화하는 변이를 진행하든 현대적 전환을 실행하든, 목표를 달성할 수 없다. 그러나 사공을 강화하는 도덕철학 구조를 유가 윤리로부터 분리해 대동 유토피아 및 혁명열사 정신과 같은 역전한 가치와 결합시킨다면, 이로부터 생성된 새로운 이데올로기는 오히려 일정한 시간 안에 역사적 수요에 부합할 수 있는 것이다. 장하오張灝가 담사동 사상 연구를 통해 제기한 혁명열사 정신은 그물을 돌파하는 것衝決羅網을 궁극적 관심으로 삼는 것이고, 대동 유토피아는 제도를 없앰으로써 모든 사람이 평등하고 도덕적으로 고결한 사회를 갈망하는 것이다. 이러한 이데올로기들은 윤상 등급의 타파 외에 응집력 있는 사상 체계體系까지 제공했기 때문에 강력한 혁명 정당을 조직해 내부사회 정합과 서양의 충격에 항거하는 이중의 목표를 실현하는 데 유리했다.

만약 우리가 중국 문화의 근현대적 전환에 대해 현대적 동원력을 갖춘 이데올로기가 유학을 대체한 것으로 묘사한다면, 현대적 동원의 수요에 부합하는 새로운 이데올로기는 근대 전통과 대립하면서도 상호 의존하는 복잡한 관계에 놓인다. 대립이라 함은, 현대적 동원력을 갖춘 새 이데올로기가 유학의 핵심 가치인 가정 윤리를 포기하는 것을 의미한다. 전체적 구조로 볼 때 유학의 핵심 가치를 유지하는 한, 어떠한 개량이 이루어진다 해도 이데올로기는 서양의 충격에 저항할 수 없기 때문이다. 현대적 동원력을 갖춘 새로운 이데올로기가 중국 근대 전통에 의존하는 양상은 전체 구조에 드러난다. 사공을 강화하는 도덕철학 구조는 서양의 충격에 항거하는 데 필요한 것으로, 역전한 가치에 의해 빚어진 새로운 관념을 사공을 강화하는 도덕철학 구조에 포함시켜 고도의 동원력을 갖춘 사상 체계體系를 형성하는 데 더욱 유리하다. 이와 같이 대립하면서도 의존하는 복잡한 관계는 근대 전통이 현대적 이데올로기로 전환하는 과정에서 반드시 부정의 부정을 거쳐 이루어진다.

첫 번째 부정은 중국 근대 전통이 반증되는 것이다. 그래야만 사공을 강화하는 도덕철학 구조가 유가의 가정 윤리와 분리될 수 있고, 가치 역전이 보편적으로 발생하여 새로운 이데올로기의 핵심 가치가 될 수 있다. 두 번째 부정은 역전한 가치에 의해 선택된 외래사상이 사공을 강화하는 전통적 도덕철학 구조에 포함되는 것이다. 역전한 가치는 서양의 관념을 선택해 자신의 표현 형태로 삼는데, 그렇기에 역전한 가치가 새 이데올로기를 이루는 과정은 외래사상이 중국 지식인을 전면적으로 정복하는 것처럼 보인다. 즉 전면적 서구화 또는 전면적 러시아 마르크스레닌주의의 수용으로 보인다. 이와 같이 역전한 가치가 사공을 강화하는 도덕철학 구조에 포함된 것은 외래사상의 중국화로 나타나고, 전면적 서구화와 교조주의本本主義에 대한 부정으로 나타난다. 이 때문에 우리는 중국 근대화 전통의 부정의 부정을 통해 이데올로기가 현대적 전환을 이루는 기본 단계를 거시적으로 스케치할 수 있다. 중국 근대 전통은 경세치용(사공을 강화하는 변이), 그리고 금문경학·이원론 유학(유학의 현대적 전환)이라는 두 차원이 존재하며, 각각 반증되었으므로 첫 번째 부정은 경세치용의 실패와 유학의 현대적 전환에 대한 반증, 두 단계로 구분할 수 있다. 두 번째 전환도 역전한 가치가 서양 사상을 선택적으로 흡수하는 것, 그리고 사공을 강화하는 도덕철학 구조가 새로운 이데올로기를 건립하는 것, 두 단계로 구분할 수 있다. 이렇게 해서 이데올로기가 현대적 형태로 전환되는 과정은 4단계로 구성된다.

1단계 시기는 1830년대에서 1890년대에 이르는 반세기로, 그 기본 맥락은 중국 근대 전통의 성숙과 경세치용의 실패다. 중국 근대 전통의 성숙에는 경세치용과 유학의 현대적 전환이 포함된다. 이 단계에서 부정되는 것은 경세치용 또는 '유학이 사공을 강화하는 변이' 한 차원일 뿐이다. 왜냐하면 경세치용은 원래 금문경학과 분리할 수 없는 것이기는 하나, 금문경학의 기본 논리는 학술 내부로부터 한 층 한 층 끌어올려 성인의 본뜻으로 거슬러 올라가는 것, 곧 "학문을 말미암음道問學"의 전개이기 때문이다. 이 사상 문화는 100년이 넘는 동안 내적 동력의 관성을 따라 발전했으나 19세기 상반기부터 사회 위기가 날로 심각해지고 일체화 구조는 갈수록 내부와 외부로부터 발생하는 도전의 압력, 즉 유학의 변천을 추동하는 외부 동력이 내부 동력을 압도하는 상황을 감당하기 어려워졌다. 따라서 금문경학 사조는 비록 경세치용과 동시에 흥기한 초반에는 우세를 점했지만 1890년대 이전 외부 동력에 순응해 발전한 경세치용의 학문적 중요성보다 훨씬 못 미쳤다. 이에 중국 근대 전통은 우선 유학이 사공 능력을 강화하는 추세에 의존해 일체화 구조가 맞닥뜨린 내외의 도전에 대처한 것이다. 이로써 박학 이후로 1890년대 이전까지 중국 사상계의 주된 양상은 경세치용의 학문이었다고 할 수 있다. 그 정신은 유가 문화의 기본 가치와 사회규범 속에 사공 강화의 내용을 더하고, 이러한 사상을 사회·정치·경제·군사 각 영역으로 현실화하여 다양한 사회 문제를 해결하는 것이다. 당시 명말 청초의 소수 사상가들의 저작이 광범위하게 읽혔으며 심지어 고염무·황종희·왕선산은 암암리에 성현으로 추앙되면서 그들의 정치적 주장이 사대부의 실천적 경세치용으로 전화되었다. 즉 유학이 사공을 강화하는 변이가 우선적으로 내외의 충격에 대항하는 무기가 되었다.

  2단계 시기는 청일전쟁의 패배로부터 신문화운동 이전까지 20년이다. 이 기간에 반증된 유가 이데올로기는 불가피하게 현대적 전환에 직면하게 된다. 1894년 갑오 청일전쟁의 패배는 중국이 반세기 동안 경세치용을 추진했지만 부국강병을 이루어 민족국가의 숲에 발을 들이는 데 실패했음을 의미한다. 이때 중국 근대 전통의 또 다른 면이 부각되었다. 유학의 현대적 전환이 사회사상의 주류가 된 것이다. 여기서 지적할 점은, 유학의 현대적 전환에 두 가지 형태가 존재한다는 점이다. 하나는 금문경학이고 다른 하나는 이원론 유학으로, 오직 이원론 유학만이 실천에 옮겨졌다. 그러나 먼저 유학의 현대적 전환을 초래한 것은 역전한 가치와 금문경학의 결합이다. 사상적으로 민감한 일부 유생이 보기에 청일전쟁의 패배는 유가 이데올로기의 바람직하지 못함을 증명한 것으로, 이때 가치 역전이 출현하기 시작해 당대에 심상치 않은 혁명 사조와 정치 개혁의 기세를 형성했다. 유학이 사공을 강화하는 변이의 구체적 내용은 명백히 시대에 뒤떨어졌고, 고염무·황종희·왕선산의 정치 주장은 더 이상 중시되지 않았다. 그러나 유학이 사공을 강화하는 변이의 사상 구조는 그 내용과 함께 버려지지 않았고 오히려 역전한 가치와 신속히 결합해 당시 가장 급진적인 반역 사조를 낳았다. 담사동譚嗣同(자는 복생復生, 1865~1898)은 왕선산의 기론을 토대로 그물을 돌파하는衝決羅網 사상, 즉 기로써 이理를 부숴버리는 것을 더없이 숭고한 도덕으로 간주했다. 이는 20세기 중국 사상계의 패권을 다투는 혁명 인생관의 탄생을 상징한다. 당시 기론의 기본 구조는 광범하게 펴져 있는 상력尙力 사조의 근거였을 뿐 아니라 지식인이 찰스 다윈(1809~1882)의 진화론을 승인하는 내재적 기초이기도 했다. 바로 이 시기에 황종희의 『명이대방록』이 중국 민권 사상의 기원으로 인식되었다. 이 새로운 사상들이 금문경학에 신속하게 포함되어 캉유웨이康有爲(자는 광하廣廈, 1858~1927) 등이 무술변법戊戌變法을 추동하는 지도 사상으로 자리 잡았다. 눈여겨보아야 할 것은, 황제와 황후의 당파가 대치하는 정치 구도에서 캉유웨이의 변법 사상은 관변 이데올로기가 되기 어려웠고 무술변법이 실패하자 금문경학도 역사에 의해 망각되었다는 사실이다. 실천에 옮겨진 것은 이원론 유학이다.

그에 앞서 장지동張之洞의 "중국 학문을 체로 삼고, 서양 학문을 용으로 삼는다中學爲體, 西學爲用"라는 구호에는 이미 유가 윤리와 서양의 과학기술 및 제도를 서로 무관한 영역으로 구분 짓는 경향이 내포되어 있었다. 그러나 1900년 경자사변 이후에서야 이원론 유학과 유사한 관념체계가 사대부에게 받아들여졌다. 오늘날 사상사 연구자들은 무술변법 실패 이후의 사상을 논할 때 대체로 청 조정이 자기 이익을 수호하기 위해 강경한 이데올로기적 입장을 고수하고 변혁을 거부한 면에만 관심을 보일 뿐 경자사변 후에 많은 유신儒臣의 사상에 미묘한 변화가 발생한 점은 눈여겨보지 않는다. 당시 서양의 강대한 압력으로 인해 청 조정은 강상윤리의 만고불변함을 강조함으로써 자기 권력의 합법성을 수호하되 다른 한편으로는 서양의 경제 및 정치제도를 중국에 도입하지 않을 수 없었다. 유생의 입장에서는 유가 이데올로기와 서양의 사회제도가 대립하는 난제를 처리하기 위해 부득이 천인합일 구조와 도덕가치 일원론을 버리고 유가 윤리와 서양의 이원론이 병존하는 것을 인정해야 했다.

우리는 무슨 근거로 1900년 이후 유신들에게 이원론 유학과 유사한 심태가 출현했다고 판정할 수 있는가? 당시 일반 사대부의 사상을 능히 반영한 것이 『황조경세문편』이다. 한 연구자가 1898년, 1902년에 걸쳐 판각하고 인쇄된 『황조경세문편』 4부 가운데 2339편의 문장에 대해 통계적 고찰을 수행한 바 있다. 1898년에 지어진 2부와 1902년에 지어진 2부는 내용 구조 및 개혁에 대한 중점적인 논의가 거의 일치하는데, 다만 1902년의 장정章程·조약條約·상주문奏摺 관련 문헌이 1898년의 것보다 많다는 사실이 드러났다. 확실히 1898년의 『황조경세문편』은 무술정

변 이전 일반 사대부의 개혁 사상을 반영하고 있고, 1902년의 『문편』은 그와 유사하게 경자사변 이후 갑오년의 유신維新 사상을 전면적으로 회복했음을 드러낸다. 상주문·장정·조약이 증가한 것은 경자사변 이후 향촌의 신사들이 즉각적인 행동으로 나아갔음을 의미하는 것이다. 더욱 중요한 것은, 사람들의 사상적 경향을 154개의 관점으로 구분하고 책 속에서 그러한 견해들이 동의를 얻은 횟수를 측정했을 때 동의율이 가장 높은 것은 다음과 같은 10개 관점으로 압축된다는 것이다.(괄호 안의 숫자는 편수이며 우리는 35편 이상인 것을 취했다.)

① 중국은 서양 학문을 채택해야 한다.(59)

② 서양의 학술과 중국 상고시대 학술은 상통하는 것이다.(53)

③ 중국과 서양을 겸하여 배울 것과 고금에 관통할 것을 제창한다.(49)

④ 교육의 내용은 중국과 서양을 병행해야 한다.(43)

⑤ 새로운 형태의 유용한 인재를 선발하여 쓰는 것을 장려해야 한다.(42)

⑥ 중국의 국세가 날로 쇠락하고 있다.(42)

⑦ 서양의 서적을 많이 번역하라.(38)

⑧ 신식 학당을 널리 창설해야 한다.(39)

⑨ 관방의 통제를 개선해야 한다.(35)

⑩ 변법이 중국의 유일한 출로다.(35)

가장 많은 동의를 얻은 이 10개 관점은 갑오년 이후에 성행한 경제·정치·법률제도에 대한 전면적 개혁이 사대부에게 널리 받아들여졌음을 말해줄 뿐 아니라,³³ 서양의 학문 및 제도가 유가 윤상과 병존할 수 있다는 관념 구조의 기묘한 변화가 발생했음을 의미한다. 우리는 많은 예로써 당시 저명한 유신들이 이와 같은 이원론적 심태를 갖고 있었다는 사실을 설명할 수 있다. 예컨대 『권학편勸學篇』을 지어 강량康梁(캉유웨이·량치차오)과 대항한 장지동은 원래 민권을 진흥하고 의원議院을 창립하는 데 앞장서서 반대한 인물이었으나 경자사변 이후 유달리 개방적인 사상으로 전향했다. 그는 류콘일劉坤一 등에게 보낸 전보에 "서양의 법제 가운데 가장 훌륭한 것은 상·하 의원이 상호 유지하는 법이다西法最善者, 上下議院互相維持之法也"라고 주장했고, 각 주현州縣의 장관을 신사와 민중이 선출하는 제도를 주장하기까지 했다.³⁴ 분명 장지동은 유가 도덕 윤리에 대한 입장을 포기하지 않았지만, 삼강오상을 인정하는 동시에 서양 정치제도와 유가 윤리는 모순하지 않는다고 보았다. 이는 사대부 사이에 도덕을 우주론과 사회제도와 무관한 것으로 간주하는 이원론적 심태가 형성되었음을 의미한다. 이와 같이 우리는 통계된 154개 관점 중 가장 많은 동의를 얻은 것들로부터 중국의 학술 도덕과 서양의 학술 및 사회제도가 병행될 수 있다는 주장의 근거를 확인할 수 있다.

    이원론 유학의 성행은 중국 현대사상의 초기 형태를 키워냈다. 바로 이 시기에 공리公理[일반적으로 인간과 사회에 통용되는 진리 또는 도리]는 전통적 천리天理를 대체했고, 민족주의가 성숙했으며, 중국 사대부는 영미권 사회제도와 현대사상을 상당한 정도로 받아들였다. 이원론 유학

---

33 웨정樂正, 「청말 경세문편 네 부의 변혁 추세를 측정한 보고서晚清四部經世文編變革取向的測定報告」. 웨정은 이 보고서를 1994년 연말에 완성해 홍콩중문대학 당대중국 문화연구센터에 제출했다.

34 蘇雲峰, 「張之洞的中國官僚系統民主化構思: 對張之洞的再認識」, 『近代中國史研究通訊』, 第8期(台北: 中央研究院近代史研究所, 1989).

을 배경으로 한 신정新政은 비록 중국의 1차적 현대화를 고조시켰으나, 현대화 운동은 사회 정합의 기본 구조를 파괴했다. 1911년 신해혁명은 확장된 향촌의 신사 권력에 의한 왕권 전복을 의미하며, 아무 제약도 없이 잇달아 세력을 키운 군벌들의 혼전 양상은 날로 엄중해지는 사회 정합의 위기를 드러낸다. 그리하여 이원론 유학이 반증되고, 유학의 현대적 전환의 실패는 유가 이데올로기를 전면적으로 부정하는 신문화운동의 폭발을 야기했다.

    3단계는 신문화운동이다. 이원론 유학의 부정은 중국의 신진 지식인으로 하여금 천인합일과 도덕가치 일원론으로 복귀하게 했으며 중국에 총체적 반전통주의를 낳았다. 이때 역전한 가치에 의해 창조된 혁명 유토피아는 중국 근대 전통에서 철저히 분리되어 중국인이 서양 현대 사상을 선택적으로 흡수하는 기초가 되었다. 즉 역전한 가치의 지배 아래 프랑스 계몽사상과 무정부주의가 저명한 학설로 인정되었다. 중국에 보편적 사회주의 조류가 출현했고, 마침내 서양의 자유주의는 마르크스주의의 상대가 되지 못했다. 3단계에서 유가 이데올로기가 총체적으로 포기되었으므로 고염무·황종희·왕선산안원 등의 이름은 철저한 반전통 사조 속에서 다시 잊혀졌다. 그러나 앞서 말한 대로 유학의 현대적 전환에서 반증되는 것은 이원론 유학일 뿐, 역전한 가치와 사공을 강화하는 철학의 결합은 결코 부정되지 않았다. 그러므로 사공을 강화하는 도덕철학 구조 및 혁명 유토피아는 20세기 사회에서 새로운 명칭으로 주류 사조로 표면화되었다. 예컨대 유기론이 그러하고 상력설이 변화된 유물론이 그러하다. 한편 대동사회는 사회주의·공산주의와 상호 융합했으며, 혁명열사 정신은 투쟁철학 구조와 정합을 이루었다. 이렇게 중국에서 새로운 이데올로기들이 패권을 다투며 사회 정합을 진행하는 단계가 전개되었다.

4단계는 외래 이데올로기의 중국화, 그리고 이를 통해 사회 정합을 실현하는 과정이다. 좁게는 5·4 이후 30년을 가리키며, 넓게는 1920년대에서 1970년대까지 반세기 넘는 기간을 포괄한다. 신문화운동 후반에 유기론과 사공을 강화하는 철학 구조는 중국 지식인이 새 관념을 정리하는 잠재적 양식이 되었다. 국민당은 유사심학 이데올로기 구성 양식에 기초해 삼민주의를 제창했다. 대진의 사유 양식은 중국식 자유주의가 도덕과 지식의 관계를 탐구하는 가운데 보편적으로 존재하고 있었다. 한편 유사이학 이데올로기 구성 양식은 사람들이 마르크스레닌주의를 받아들이는 근거가 되었다. 그러나 외래사상의 중국화가 보편적으로 발생한 것은 1930년대로, 예컨대 삼민주의의 유가화 및 마르크스레닌주의의 중국화가 그것이다. 당내 소비에트 유학파와 이데올로기의 패권을 잡기 위해 마오쩌둥은 송명이학 제3계열과 유사한 양식을 사용해 마르크스레닌주의를 재구성했다. 인간이 실천 속에서 진리를 인식하고 나아가 세계를 개조하는 것을 "물질이 정신을 변화시킨다物質變精神"라고 했는데, 이는 물질이란 세계의 본원이며 실천을 대표하는 것인 동시에 무산계급의 이익과 연계되어 있다는 것이다. 이는 뜻밖에도 '유학이 사공을 강화하는 변이'에서 기의 세 겹의 함의를 포함한다. 이는 마오쩌둥 사상이 명말 청초의 유기론과 구조적 동질성을 가지고 있기 때문으로, 마오쩌둥 사상의 성숙은 마르크스레닌주의의 유가화를 의미한다. 역전한 가치에 의해 선택된 이데올로기는 마침내 유학이 사공을 강화하는 철학 구조와 결합해, 사회 정합을 유지할 수 있고 서양의 충격에 대항할 만한 동원력을 갖춘 이데올로기를 출현시켰다. 중국 대륙은 마오쩌둥 사상으로 사회를 개조하는 새로운 시대를 맞았다.

이와 같이 4개 단계로 중국 현대사상의 형성을 스케치한 것은 확실히 지나치게 단순화한 것으로, 서양 사상이 전래되는 과정에서 중국 사상과의 상호작용에 소홀했고, 각 단계별 지식계의 다면적인 사상 변동을 다루지 못했다. 간단히 말해, 이 네 단계는 중국 근대 전통이 어떻게 현대적 동원력을 갖춘 새 이데올로기로 변화·발전하는가를 단순 분석한 이론 틀이다. 이것은 기껏해야 도덕이상주의라는 전제 아래 중국 문화의 상황을 이해하고 외래사상의 의미구조 변천을 이해하는 논리적 순서로 사용될 수 있을 뿐이다. 문화 융합의 양식이라는 관점으로 볼 때 이 네 단계는 서양 문화를 받아들이는 수용체로서의 근현대 중국 문화 및 그것이 주도하는 구조 변천을 대표한다. 그것은 서로 다른 성질의 두 부분으로 구분된다. 첫째 부분은 4단계 중 1단계로, 중국 근대 전통의 형성을 드러내며, 또한 유가 이데올로기의 반증을 의미하는 것이기도 하다. 이 단계를 거치면서 수많은 유생은 유가의 도덕 이상이 바람직하지 않음을 의식하기 시작한다. 둘째 부분은 그 뒤의 세 단계로, 유학의 현대적 전환의 실패를 제외하고 가치 역전이 어떻게 새 도덕을 창조하는가 하는가 그리고 외래사상에 대한 선택적 흡수와 창조적 재구성을 스케치한다. 네 단계에 의해 조직되는 중국 문화의 근현대적 전환을 연구 분석하는 부분은 이 책의 셋째 권에서 다룰 주제이고, 본 권에서는 제2차 융합에서 가치 역전이 어떻게 서양 사상에 대한 선택적 흡수와 창조적 재구성을 실행하는가에 비중을 두고 있다. 부분적 가치 역전은 청일전쟁 패전 뒤에 시작된 것이므로 청말 사상 변천의 1단계인 경세치용의 흥기와 실패를 고찰하는 것 또한 2차 융합을 분석하는 출발점일 것이다.

6장

경세치용의 흥기와 실패

사상은 사상을 낳아 기를 수 없다.
나비가 나비를 낳아 기를 수 없는 것처럼.

_ 아이제이아 벌린

한 시대의 정신은 때로는 이류二流 사상가에게서 가장 잘 보인다.

_ 베네데토 크로체

6.1
경세치용의 세 단계

경세치용 전개의 논리

경세치용 사조와 명말 청초의 사상 연계

포세신包世臣·공자진龔自珍·위원魏源

『해국도지』 그리고 "오랑캐의 특기를 배워 오랑캐를 누른다師夷長技以制夷"는 것

해안 방어 업무에 표현된 경세치용

1839년 1차 아편전쟁이 발발함에 따라 영국은 군대와 마약 판매로 중화제국의 대문을 열었다. 서양의 충격은 종내 불가항력적으로 도착했다. 1840~1890년까지 반세기 동안 중국 사회에서는 태평천국 농민 대봉기와 양무운동이라는 양대 사건이 연달아 발생했다. 두 사건의 성질과 의의는 너무 다르기 때문에 1830년대에서 1890년대까지 연속적으로 고찰하거나 그 배후의 공통적 본질로 거슬러 오르기는 매우 어렵다. 그러나 우리가 사상사의 관점에서 분석한다면 그 공통성은 매우 분명한 것이다. 태평천국 농민 대봉기로 인한 청 왕조의 타격이 일체화 구조 내부의 위기라면 양무운동은 외래 충격에 대한 반응이다. 사회적 행동에서 내부

위기에 대응하는 것과 외부의 도전을 처리하는 것은 방법적으로 차이가 크지만, 이데올로기적으로는 둘 다 유학이 사공을 강화하는 것에 속한다. 다시 말해서 그 배후의 공통성은 바로 경세치용의 전개다.

경세치용은 일체화 구조가 내부와 외부에서 충격을 받았을 때 유학이 자신의 사공 능력을 강화하는 응전의 하나로, 그 형태는 사회 위기의 성질에 직접적인 영향을 받는다. 19세기 전기, 중기, 후기의 외부 도전은 각기 성질이 다르기 때문에 관변 이데올로기의 강화 및 실천에 관한 핵심도 필연적으로 차이가 있었다. 따라서 유학이 사공으로 전화하는 방향과 성질 모두 일치하지 않았다. 다시 말해서 경세치용 사조의 내용 및 추진 주체의 사회적 역할은 계속 변화하고 있었다. 이 때문에 어떤 학자들은 경세치용을 공통된 알맹이를 가진 사조로 간주하지 않았다.[01] 그러나 사공 강화의 추진 과정으로서 경세치용의 사조는 두드러지며, 현실화하고 한계를 드러내는 세 단계가 분명히 존재하고 있다. 앞서 말한 것처럼 명말 청초 사회 대동란에 대한 반성에서 생성된 '유학이 사공을 강화하는' 경세 사상, 그것은 일체화 구조 내부의 위기를 처리하는 문제 그리고 사회 정합을 실현하는 문제에 대해서는 유효한 것이다. 그러나 경세치용은 서양의 충격에 대처하는 문제에 대해서는 효과적이지 않다. 이와 같이 19세기 전기, 중기, 후기 세 시기는 공교롭게도 경세치용의 흥기, 성공, 실패의 세 단계와 대응하고 있다.

1826년 『황조경세문편』이 간행된 때로부터 1차 아편전쟁 발발 전후 시기까지, 곧 19세기 중엽 이전까지는 첫 번째 시기다. 이는 경세치용 사조가 두드러지게 나타나는 단계다. 이 시기에 일체화구조는 내부와

---

01 韋政通 主編,『中國哲學辭典大全』(台北: 世界圖書出版公司, 1989), pp.694-695.

외부 충격으로 인한 거대한 압력을 느끼기 시작했다. 당시 기층사회의 위기는 이미 엄중했으나 전국적 농민 전쟁은 발발하지 않았다. 1839년에 발생한 1차 아편전쟁은 대다수 사인士人들로 말하자면 아직 아편전쟁의 패배와 망신을 뼈저리게 인식하게 한 계기는 아니었고, 그저 부단히 주권을 상실하는 것에 대한 치욕의 시작일 뿐이었다. 이 시기 경세치용 사조의 표현은 사대부 가운데 소수 선지자와 선각자가 지른 함성이었을 뿐이며 그들의 저작은 곧 닥쳐올 대내외적 충격의 내용과 대상을 정확히 파악하고자 하는 시도였을 뿐이다. 우리가 5장에서 논술했듯이 그림 5.1에서 BC의 추세가 드러내는 경세치용의 1단계는 두 가지 특징을 보인다. 첫째는 청초의 경세치용이 소생한 것이고, 둘째는 고증이 극단에 이르러 발생시킨 금문경학과 연계되어 있다는 것이다. 이 두 가지 특징은 19세기 상반기에 아주 뚜렷하다. 잘 알려져 있듯이 명말 청초 사공강화의 사회적 수요가 추동한 유학의 구조변형은 바로 이 단계에 이르러 낡은 서적 더미 속에서 재발견되어 식견 있는 사인士人의 주의를 불러일으켰다. 대표적 사건은 최초로 『선산유서船山遺書』가 비교적 대규모로 판각된 것이다. 임칙서의 스승 도주陶澍(자는 자림子霖, 1779~1839, 호림익胡林翼의 장인)는 양강兩江 총독 재임 시 왕선산을 몹시 좋아했다. 그의 지지 아래 등현학鄧顯鶴이 추한훈鄒漢勳(자는 숙적叔績, 1805~1853)과 구양조웅歐陽兆熊의 협조를 얻어 1842년 최초로 『선산유서』180권을 판각했다. 등현학 추한훈 등과 긴밀히 왕래한 위원도 왕선산의 영향을 받았다.[02] 이 사건은 경세치용과 명말 청초 사상의 부활을 상징한다.

금문경학의 근원은 경세치용의 제창자와 금문경학 유파의 학

02　彭大成, 『湖湘文化與毛澤東』(長沙: 湖南出版社, 1991), pp.133-136.

술 사승師承 및 광범위한 사회적 연계에 나타난다. 포세신包世臣(자는 신백愼伯, 1775~1855)·공자진·위원은 이 시기 경세치용의 대표적 인물로, 공자진과 위원은 당시 금문경학의 대가 유봉록의 학생이었다.03 포세신은 노련한 지방관으로서 자신은 "송학은 이미 (내) 성정이 좋아하는 바가 아니고, 한학 또한 스스로의 힘으로는 할 수 없다宋學旣非性所好, 漢學又不能自力"고 했다. 동년배 학인 중 포세신이 가장 중시한 인물은 유봉록이다.04 이 선구적인 세 인물의 사상을 좀더 깊이 분석하면 1단계 경세치용 사조의 성질을 명확하게 이해할 수 있다.

포세신은 고염무와 같은 부류의 인물이다. 그는 고염무의 『일지록』을 숙독했고, 지방관을 지내면서 실질적인 업무에 힘쓰면서 조사 연구하는 삶을 보냈다. 또 그는 아편 수입의 심각성을 가장 일찍 감지했으며 유민流民·조운漕運·수리水利에 대해 구체적 의견을 다수 내놓았다. 한편 공자진은 경종을 울리려 했던 경세가로, "나는 조물주(황제)께 권하옵나니, 다시 정신을 차리시고 일어나시어 일정한 격식에 구애받지 마시고 인재를 (많이) 내려주시옵소서我勸天公重抖擻, 不拘一格降人才"라고 외쳤다. 그는 깊은 잠에 빠진 시대를 깨우기 위해 시가와 문장으로써 목청을 높였을 뿐만 아니라 실제 문제를 중시하는 문장도 여러 편 썼다. 예컨대 소수민족 지역에 백성을 이주시켜 중원의 인구 과잉 문제를 해결해야 한다고 주장했고, 변경邊境에 관한 사안에도 주의를 기울였다. 공자진의 경세 사상은 전기와 후기 단계로 구분할 수 있다. 1814년에서 1818년까지는 1단계로, 조정을 향한 정면 비판과 풍자가 주를 이룬다. 1818년 향시에 급제한 뒤부터 1839년 북경을 떠날 때까지는 2단계로, 경세 사상을 금문경

03   李侃, 『近代傳統與思想文化』(北京: 文化藝術出版社, 1990), p.64.
04   韋政通, 『中國十九世紀思想史』, 上冊(台北: 東大圖書股份有限公司, 1991), p.116, 119.

학으로 표현하는 것, 예컨대 오경 가운데 '미언'을 뽑아내 경세의 '대의'를 드러내는 것이다.05 위원은 "오랑캐의 특기를 배워 오랑캐를 누른다師夷長技以制夷"라는 유명한 구호를 제기했다. 그는 두 가지의 중요한 일을 해냈다. 첫째는 1825년 장쑤江蘇 포정사布政使 하장령賀長齡(자는 우경耦耕, 1785~1850)의 초청을 받아들여 『황조경세문편』을 편집한 일로, 청말 경세 사조의 근원을 열었다고 할 수 있다. 둘째는 88만자에 달하는 『해국도지』를 저술해 곧 마주치게 될 외래 충격자의 면모를 중국의 학인들에게 드러낸 것이다.

위원의 『황조경세문편』은 명말 동림당 인사들이 엮은 『황명경세문편皇明經世文編』에서 영감을 얻은 것이다. 『황명경세문편』이 책으로 완성된 때는 명말인 1638년으로, 편저에 참여한 사람은 적어도 백 수십 명이며 상주문奏摺·서신·문장이 3000여 편 수록되어 있다. 우리가 3장에서 논했듯이 경세치용은 이미 명말 동림당 인물들로부터 시작된 사상으로, 처음에는 '도덕 경세'였다가 나중에는 '실학 경세'로 더욱 발전했다. 『황명경세문편』은 실학 경세 단계의 전형을 대표한다. 이 책은 '기사幾社'[명말에 장쑤와 저장 지역 문인들이 결성한 여러 단체 가운데 하나]의 유생들, 예컨대 진자룡陳子龍(자는 인중人中, 1608~1647)·서부원徐孚遠·송징벽宋徵璧 등에 의해 공동 편집되어 1638년 겨울 인쇄에 넘겨졌다. 내용은 완전히 실용과 부강을 추구하고 있으며 당장 시급히 처리해야 할 과제 중심으로 구성되었다.06 그중 '제노制奴', 즉 만주인의 중원 침입을 억제하는 사안에 관해 건의하는 내용이 많았기 때문에 청대에는 금서가 되었다. 이 문

---

05 周啟榮, 「從"狂言"到"微言": 論龔自珍的經世思想與經今文學」, 『近世中國經世思想研討會論文集』(台北: 中央研究院近代史研究所, 1984), p.295.
06 李紀祥, 『明末清初儒學之發展』(台北: 文津出版社, 1992), pp.50-74, 103-107.

집은 이학이 사공을 강화함으로써 내란과 외족 침략에 대처하려는 시도를 드러내고 있다. 약 200년 뒤 위원은 이 책의 서명을 직접 사용하여 명말 청초 여러 대유의 사공과 실천에 관한 언론을 모아 담았다. 위원이 엮은 『황조경세문편』의 주도적 사상은 고염무에 가장 가깝다고 말할 수 있다.07 그는 고염무의 『정림문집亭林文集』 『천하군국이병서天下郡國利兵書』와 황종희의 『남뢰문정南雷文定』 『명이대방록』을 선문집選文集 가운데 1, 2위에 배치했다.08 『황조경세문편』의 출판은 청대 식견 있는 사인士人들의 학술적 전향을 대표하는 것으로, 그들은 고증의 학문에서 걸어 나와 급격하고 복잡하게 변하는 시대와 마주하기 시작했다.

  『해국도지』의 출판은 이미 당시에 경세치용이 해안 방어와 대외 관계 업무에 도입되기 시작했음을 의미한다. 아편전쟁 당시 위원은 저장浙江 전위대에 참가해 영국 군대에 맞서 싸웠고, 영국군 포로 P. 앤스트루더安突得의 구두 자백을 근거로 『영국소기英吉利小記』를 썼다. 아편전쟁의 패배는 위원에게 큰 충격을 안겨주었다.09 위원과 임칙서는 개인적 친분이 돈독했는데, 1841년 임칙서가 청 조정에 의해 두 번째로 파직당하고 이리伊犁[신장 위구르 자치구의 한 지역] 수비대로 귀양 가는 길에 전장鎭江을 지날 때 『사주지四洲志』를 포함해 영국과 싸우면서 획득한 각종 자료를 위원에게 넘겨주면서 세계지리 저술로 엮어달라고 부탁했다. 『해국도지』의 가장 큰 특징은 자료가 상당히 정확하고 시의적절하다는 점이다. 위원은 영어를 전혀 이해하지 못했는데 어떻게 책을 엮었을까? 사실 위원은 당시의 중문 자료들을 광범위하게 비교 연구한 뒤에 비로소

---

07 韋政通, 『中國十九世紀思想史』, 上冊, p.47.
08 李漢武, 「黃宗羲與魏源: 黃宗羲啓蒙思想歷史命運的一個側面」, 『黃宗羲論』(杭州: 浙江古籍出版社, 1987).
09 熊月之, 『西學東漸與晚淸社會』(上海: 上海人民出版社, 1994), p.255.

책을 편찬한 것이다. 『해국도지』의 자료 인용 비중은 서양인의 번역 저작과 중국인의 저작의 비율이 4대 1이다. 구체적인 역사적 사실을 고증할 때나 고금중서古今中西의 기록이 일치하지 않는 문제를 처리할 때의 기본 원칙은 오늘과 서양을 근거로 하는 것, 곧 새로운 저작과 서양인의 저작을 토대로 삼는 것이었다.[10] 그가 『황명경세문편』을 엮을 때 '실제적인 것을 추구求實'했던 방법을 세계지리 연구에 사용했음을 알 수 있다. 청말 사상에 대한 위원의 가장 중요한 공헌은 그가 『황조경세문편』 서언序言에 제시한 '효력 중시注重效驗'의 원칙이다.[11] 이 때문에 우리는 위원이 『해국도지』를 저술하고 아울러 "오랑캐의 특기를 배워 오랑캐를 누른다"고 제기한 것은 경세치용 정신을 해안 방위 업무에 직접 응용한 것이라 말할 수 있다. 실상 그 시기에 중국 사대부가 쓴 서양에 관한 저술은 대부분 1단계 경세치용에 포함될 수 있다. 위원이 『해국도지』를 쓴 것과 비슷하게, 양정남梁廷枏(자는 장염章冉, 1796~1861)의 『합성국설合省國說』(1844년 출판)·『영국기英吉利國紀』(1845년 엮음) 및 서계여徐繼畬(자는 건남健男, 1795~1873)의 『영환지략瀛環志略』(1848년 출판)은 모두 아편전쟁의 패배에 충격을 받아 펴낸 것이다.[12] 1단계 경세치용의 특징은 중국 근대 전통이 어떻게 성숙했는가를 지극히 형상화했다는 점이다.

---

10 熊月之, 『西學東漸與晚清社會』, p.259.
11 劉廣京, 「魏源之哲學與經世思想」, 『近世中國經世思想研討會論文集』, p.359.
12 熊月之, 『西學東漸與晚清社會』, p.227, 239, pp.240-241.

6.2
태평천국 농민 전쟁과 이학 경세파

경세치용의 두 방향

내부 방향은 어떻게 외부 방향을 압도했나?

반란을 평정한 사대부·신사士紳의 '이례경세以禮經世'

'이에서 예로從理到禮'

증국번曾國藩은 예학의 범위를 극치까지 밀고 갔다

왕선산 학설이 저명한 학문顯學이 되었다

경세치용은 어떻게 해서 이념으로부터 현실로 전화했나?

결함의 폭로

경세치용의 제2단계는 태평천국 농민 전쟁 시기다. 1851년 홍수전洪秀全이 진톈金田에서 폭동을 일으키면서 대동란이 시작되었다. 농민 전쟁은 거의 중국 전역을 석권했고 20년 가깝게 지속되었다. 그 기간에 2차 아편 전쟁이 발생하기도 했지만 사회 내부에서 일어난 대규모 동란은 청 정권의 존망을 직접적으로 위협했다. 그런 탓에 청 조정과 사대부의 눈에 비친 서양의 외부 충격은 그보다 덜 중요했으며, 외래 충격은 내부 대동란에 가려지고 말았다.[13] 이 시기 '유학이 사공을 강화하는 경세치용'은 거

13　金觀濤, 劉靑峰, 『開放中的變遷: 再論中國社會超穩定結構』(香港: 中文大學出版社, 1993), pp.73-74.

의 전적으로 내부 동란을 겨냥한 것이었다. 청조는 비록 농민군에 의해 전복되지는 않았지만 크나큰 타격을 입었다. 특히 물산이 풍부하고 인구가 많은 여러 성省의 지방정부가 농민 전쟁에 의해 거의 완전히 파괴되어, 상당히 넓은 범위에서 사회질서가 무너졌다. 이 때문에 이 시기의 경세치용은 1차 아편전쟁 전후의 경세치용에 비해 내용과 방향이 매우 다르다. 이때 사조 변천을 추동한 것은 심각한 사회 위기였기 때문에 외부 동력이 사상사 내부의 동력에 비해 훨씬 컸다. 금문경학은 더 이상 중요하지 않게 되었으며 경세치용은 금문경학으로부터 벗어났다. 반면 명말 청초의 '유학이 사공을 강화하는' 변형 구조는 오히려 이 시기에 유용하게 쓰였는데, 오랜 기간 묻혀 있다가 이때 다시 세상에 널리 퍼지게 되어 사회 실천으로 전화되었다. 이 시기 경세치용의 주제는 유가 이데올로기가 중시한 인륜 강상을 다시 사회규범으로 구현하여 사회질서를 재정비하는 것이었다.

청조에서 이학은 줄곧 관변 이데올로기였다. 태평천국 농민 전쟁이 발발하기 전에는 현실 사회규범과 이데올로기가 주장하는 가치가 일치했기 때문에 말할 것 없이 의리지학이 당연시되었으며 유생의 관심은 주로 경전 혹은 문헌을 고증하는 데 집중되었다. 태평천국은 중국화한 기독교를 지도적 사상으로 삼아 청 왕조를 전복시키려 했을 뿐만 아니라 그 창끝은 유가 문화 전체를 겨냥했다. 이 때문에 당시 반란 평정에 참여한 사대부는 내부적으로 사회 동란을 평정하는 한편 강상명교로 향촌의 신사와 가족이 주재하는 기층 사회질서를 재건해야 하는 이중의 사명을 지니고 있었다. 다른 한편으로 이것은 유가 문화를 보위하는 전투이기도 했다. 이와 같은 배경에서 유학의 의리, 특히 그것이 사회규범 속에 체현된 '예禮'의 지위가 단번에 부각되어 모든 것을 압도할 만큼 중요해 보였다. 100년 넘게 청조의 학술 문화를 주도해온 한학 기풍은 이 20년 동안 빠르게 퇴조하면서 유학이 한학에서 이학으로 전화하는 현상이 나타났다. 극렬하고도 오랫동안 지속된 사회 동란 속에서 8000만 명의 인구가 급감했다. 특히 산물이 풍부하고 인구가 많은 성에서 많은 사망 인구가 발생했으며 지방관과 군 지휘관의 사상자 수치도 심각해 신속한 교체가 필요했다. 이처럼 피비린내 진동하는 살벌한 전쟁의 시대에 한학에 정통하고 글재주를 자랑하는 문관들은 경세치용을 추진하는 주력군이 될 수 없었다. 난세 속에 용감히 나선 유장儒將과 그들의 막료들, 그리고 지방에서 조직체를 꾸려 훈련을 시키고 목숨 걸고 태평군과 결전을 치른 향촌의 무장武裝 신사, 가족과 유가문화를 보위한 그들이 이 시기 경세치용의 주력군이었다. 기본적으로 한학에 관심이 없던, 이학이라는 정통 사상의 수호자들이었다. 그들의 목표는 예로써 경세하는 것, 즉 이례경세以禮經世로, 어떤 연구자들은 그들을 '이학경세파'라고 일컫는다.[14]

사실 '이학경세파'로 '이례경세'를 개괄하는 것은 명확하지 않다. 이학은 도덕 경지를 강조하기 때문에 그 수신 방식은 천리에 대한 명상과 분리될 수 없는 반면 '이례경세'는 도덕 경지에 관심을 두지 않는다. 5.3절에서 설명했듯이 그것은 실제로 경세치용의 또 하나의 원천, 곧 정주이학에서 출발하고 사공을 강화하는 추세로부터 생겨난다. 송명이학에서 예는 여태까지 '이'의 실천으로 간주되었기 때문에 '이례경세'의 맹아는 본래 송명이학의 실천을 중시하는 사상적 경향에 내포되어 있었다. 일찍이 명말 청초 한학이 흥기하기 전까지 유생들은 이학을 경학과 동일시하는 데 열중했으며 '예로써 이를 대신함以禮代理'을 제기했다. 그것

---

14 羅福惠,「近代湖湘文化鳥瞰」, 馮天瑜 主編,『東方的黎明: 中國文化走向近代的歷程』(成都: 巴蜀書社, 1988), p.377.

이 바로 '이례경세'의 맹아다. 설령 고증이 가장 성행했던 건륭·가경 연간에도 '예'가 유학의 핵심이라고 주장하는 사람이 적지 않았다. 청대 주자학의 중요한 도시 후이저우徽州에서 발전한 휘학徽學의 지향은 '예'에 대한 강조였다. 예컨대 능정감凌廷堪은 고증 방법을 사용해 육경에 '이理'자가 없음을 입증했다.[15] 대진·정요전程瑤田(1725~1814)에서 능정감에 이르기까지 '이에서 예로從理到禮'라는 뚜렷한 하나의 흐름이 있었다.[16] 즉 18세기 말~19세기 초 '예'를 중시하는 유학의 분파는 이미 송학에서 중요한 지위를 차지하고 있었으며 한학과 대립하는 형세를 이루었다. 그것들은 경세치용 사상의 또 다른 연원이다. 이렇게 해서 19세기 경세치용 학파가 흥기하던 무렵 '예치禮治'의 중시는 경세치용의 중요한 내용이 되었다. 위원이 편집한 『황조경세문편』에는 총 2253편의 문장이 수록되었는데, 내용 분류로 볼 때 예정禮政을 논한 편수가 397개로, 17.6퍼센트를 차지한다.[17] 이 때문에 사조의 전체 흐름으로 보자면, 태평천국 대동란의 발생은 원래 경세치용의 조류에 내포되어 있던 '이례경세'가 급속히 부각되어 주도적 지위를 점하게 했을 따름이다. 확실히 이 단계에서 중요한 것은 경세 사상 그 자체가 아니라 경세치용이 실제적으로 널리 추진되었다는 사실이다. 따라서 우리는 2단계를 경세치용이 대규모로 현실화한 시기라 말할 수 있다.

　　제2기 경세치용을 대표하는 인물은 증국번曾國藩(자는 백함伯涵, 1811~1872)·호림익胡林翼(자는 황생貺生, 1812~1861)·좌종당左宗棠(자는 계

15　張壽安, 「黃式三對戴震思想之回應」, 第五屆清代學術研討, 1997.
16　張壽安, 『以禮代理: 凌廷堪與清中葉儒學思想之轉變』(台北: 中央研究院近代史研究所專刊 [72], 1994), p.7.
17　黃克武, 「「皇朝經世文編」學術, 治禮部份思想之分析」(台北: 國立台灣師範大學歷史研究所碩士論文, 1985), p.9.

고계고高季高, 1812~1885)·유용劉蓉(자는 맹용孟蓉, 1816~1873) 등이다. 증국번은 '예학'의 범위를 극한까지 밀어붙여 모든 것을 아우르는 인류 공통의 학문으로 만들었다. 그는 한학과 송학은 반드시 '예학'에 정통해야 한다고 주장했다. 이렇듯 '예'는 한편으로는 예의禮儀와 제도·문물에 대해 상세하고 확실해야 하고, 다른 한편으로는 수기치인의 방법으로서 반드시 몸소 실천하는 것이어야 한다.[18] 한학을 기초로 하는 증국번의 예학은 사실 두 가지에 입각하고 있다. 하나는 몸소 힘써 행하며 도덕의 본보기와 규범을 세우는 것이고, 다른 하나는 고증과 지식으로부터 치국을 강화하는 사공 능력을 수집하는 것이다. 그 두 가지 목표는 일체화 구조를 회복하고 강화하는 것이었을 뿐 사상 영역에 공헌하고자 한 것이 아니었다.

  이 시기에는 경세치용 사상이 사회적 행동으로 전화함에 따라 명말 청초에 출현한 '유학이 사공 능력을 강화하는' 각종 분파 또한 중시되었다. 게다가 갈수록 사회에 보급되면서 중국 문화가 외래 충격에 대항하는 내적 자원이 되어 실천적 경세에 광범위하게 운용되었다. 증국번은 상군湘軍을 조직하는 데 척계광戚繼光(자는 원경元敬, 1528~1587)이 조직하고 훈련시킨 '척가군戚家軍'의 방법과 왕선산 사상을 매우 중시했다. 동치同治 연간에 증국번은 태평군을 진압하는 한편 『선산유서』 판각을 조직했는데, 판각한 320권의 『선산유서』 가운데 증국번 자신이 교열한 것이 117권이었다. 실천 영역에서 그가 태평천국을 진압한 많은 전략은 왕선산의 저작을 읽고 계발된 것이다. 예컨대 증국번은 농민군이 채택한 전술이 "개미가 맷돌 주변을 돌듯이 좌로 갔다 우로 갔다 하고如蟻旋磨, 忽左忽右" "몇 번이나 빙글빙글 선회하기를 여러 차례 하는多打幾個圈圈" 유격

---

18 鄧克銘, 『宋代理概念之開展』(台北: 文津出版社, 1993), p.151.

술이라는 사실을 재빨리 알아차렸는데, 이는 그가 읽은 왕선산의 『독통
감론讀通鑑論』『송론宋論』과 관련이 있다. 왕선산은 이 두 저서에서 "져도
도주하고 이겨도 도주하는 식으로 항상 도주하는敗亦走, 勝亦走, 無所不走"
농민 전쟁의 전술을 총정리했다. 증국번은 왕선산 학설을 이학에 대한
큰 발전으로 간주했다.[19]

이학경세파의 숭상으로 인해 왕선산 학설은 19세기 중엽에 유
명 학설이 되었다. 공교롭게도 당시는 상군이 금릉을 처음 수복한 때여
서 증국번 형제는 한때 권세를 떨쳤다. 『선산유서』가 출판되자 천하의
서원과 학자들 그리고 이름난 사인士人 집안들이 다투어 구입했다. 금
릉판 『선산유서』가 세상에 나온 이듬해(1865)에는 『선산유서』 교감 작
업에 참여한 바 있는 유육숭劉毓崧이 『선산선생연보船山先生年譜』를 지었
고 1866년 강남서국江南書局에 의해 간행되었다. 1872년 창사長沙에 증국
번 사당이 건립되었는데 곽숭도郭嵩燾(자는 백침伯琛, 1818~1891)는 그 사
당 곁에 '사현강사思賢講舍'를 세우자고 건의했다. 왕선산은 그곳에서 중
심이 되었고 곽숭도가 직접 왕선산 학설을 강의했다. 왕개운王闓運(자는
임추壬秋, 1833~1916)은 선산의 저술을 평하는 글을 썼으며 선산이 학문
에 힘쓴 것을 칭송했다. 왕선산은 "당대 유자들의 종사一代儒者之宗"로 존
숭되었으며 "임금이 취해야 할 본보기待王者之取法"라는 영예가 생겨났다.
1885년 호남 학정學政 주유연朱迪然이 형양衡陽에 선산서원을 설립해 선산
학설을 널리 알리고 시대에 필요한 영재를 육성하자고 제의했다. 1886년
에는 왕야핑王衙坪의 옛 원지院址를 '선산사船山祠'로 고치고, 봄가을 제사
에 쓰이는 물품을 제공했다.[20] 이로부터 '동치 중흥同治中興' 과정에서 왕

---

19 彭大成, 『湖湘文化與毛澤東』, pp.145-149.

선산이 건립한 유학 체계가 날로 보급되었으며 선산 학설은 단언컨대 개혁파와 보수파에 의해 추앙되었음을 알 수 있다.

사상사 그 자체로만 평가한다면 제2단계의 경세치용은 그 어떠한 새로운 공헌도 없다. 그러나 이들 이학적 경세파가 중요한 이유는 그들의 행동이 경세치용의 실현을 대표하기 때문이다. 일찌감치 명말청초에 경세치용 사상과 '유학이 사공을 강화하는' 각종 분파가 출현했지만 이학경세파가 등장하기 전까지는 큰 규모로 전화해 사회 실천에 도달할 기회가 없었다. 청 왕조를 구제하는 과정에서 경세치용을 관념에서 현실로 전화하게 한 것은 바로 이학경세파였다. 그들은 행동과 경험으로 경세치용을 어떻게 추진해야 하는가를 보여주었다. 경세치용의 2단계가 일체화 구조가 사공을 강화하는 다양한 실제적 가능성들을 모두 실현시켰으므로 3단계에서는 새로운 그 무엇이 있을 수 없으며, 사상적으로 2단계의 연속일 뿐이다. 그러나 경세치용의 3단계가 마주치는 문제는 2단계와 전적으로 다르다. 대동란이 진정되고 나자 서양문명의 충격에 어떻게 대응할 것인가라는 문제가 부각되었으며, 이는 청나라 조정과 사대부가 직면할 수밖에 없는 것이었다. 유학이 사공을 강화하는 변형 구조는 내부의 동란을 잠재우는 면에서는 매우 효과적이었으나 서양의 충격에 대처할 수 없었다. 이 때문에 경세치용의 내적 논리로 보건대 3단계는 그 한계가 전면적으로 드러난 시기에 불과하다.

---

20 許冠三,「船山學術思想生命年譜(下)」,『王船山的致知論』(香港: 中文大學出版社, 1981), p.123.

6.3
양무운동의 한계

양무운동의 경세치용

경세치용의 성공과 청 왕조의 중흥

유학의 맹목적 만족

증국번과 이학 명신들의 환각

청의파淸議派와 무실파務實派의 모순

양무파의 중심은 일체화 구조의 안정을 수호하는 것

동문관同文館 및 관련 논쟁

왜인倭仁의 의견

경세치용의 내재적 모순

1860년대 말~1870년대 초까지 중국의 내란은 그치기 시작했으나 외래의 도전이 다시금 두드러졌으며, 서양 공업문명의 충격에 대해 반응하지 않을 수 없었다. 이에 경세치용은 신속히 내부에서 외부로 그 무게중심을 옮겼다. 잘 알려져 있듯이 이것이 바로 경세치용의 3단계로, 역사학에서 일컫는 양무洋務운동 혹은 자강自強운동이다.

      현대적 국방과 공업을 창설하기 위한 30년에 걸친 자강운동 과정에서 청 조정은 외국으로부터 현대식 군함을 사들이고 군수 및 강철 공장을 창설했으며, 더불어 동문관同文館을 설립하고 최초로 해외에 유학생을 내보냈고, 서양 과학기술 저작을 번역함으로써 서양의 실제 사정에 대한 학습을 진행했다. 이에 견주어 사상과 문화의 측면에서 유학은 진지하고도 심도 있는 태도를 찾아볼 수 없다. 서양의 영향은 결코 사회제도를 건드리지 못했고 문화 가치의 변화는 더 말할 것도 없었으므로 대다수 사대부는 서양 문화의 존재를 냉담하게 바라보았다.[21] 마치 강철 같은 껍질이 중국의 제도와 문화 그리고 관변 이데올로기에 씌워져 현실에서 추진되는 양무洋務 사업과 분리시키는 것 같았다. 사학계에서 양무운동을 개괄했듯이, 서양의 영향 및 서양의 충격에 대한 일체화 구조의 반응은 기물器物 층위에 엄격히 제한되어 있었다.

    이러한 현상은 명말 청초에 비하면 다소 괴이하게 느껴질 수 있다. 명말 청초의 중국 전통사회는 19세기 후반기 때처럼 거스를 수 없는 서양의 현대화 충격을 받지 않았음에도 왕선산·황종희는 상식이성에 기초한 유학을 재구성했던 만큼 사회적 도전에 대한 중국 문화의 반응이 매우 민감했다고 할 수 있다. 그러나 양무운동 당시 진정한 서양의 충격이 도래했을 때 중국 문화의 주체인 유학은 마비되어 무감각한 것처럼 변했다. 이 현상을 초래한 원인은 다름 아닌 경세치용을 실천에 옮겼기 때문이다.

    우리는 청 왕조가 중국 역사상 유일하게 전국적 농민 전쟁의 대혼란을 겪고도 멸망하지 않았으며 도리어 중흥을 맞이한 왕조였음에 주의를 기울여야 한다. 청조는 어떻게 그런 결과를 이끌어낼 수 있었을까? 역사적으로 대규모 농민 전쟁은 역성혁명이라는 결과를 낳았다. 대혼란 속에서 탄생한 '진용천자眞龍天子'와 그를 둘러싼 유신·유장들은 힘을 합쳐 낡은 왕조를 전복하고 새 왕조를 세웠다. 그러나 청대 태평천국 대동

---

21 張灝, 「晚淸思想發展試論: 幾個基本論點的提出與檢討」, 周陽山, 楊肅獻 編, 『近代中國思想人物論晚淸思想』(台北: 時報文化事業有限公司, 1980), p.25.

란이 일어났을 때 대다수 유생은 청조의 전복이 아닌 중흥에 뜻을 두었다. 사실 청 왕조가 전국적 농민 전쟁의 타격에도 오랜 시간 존속할 수 있었으며 뒤이어 동치 중흥이 등장할 수 있었던 것은 경세치용의 성공에 기댔기 때문이었다. 경세치용의 성공은 두 가지 표준으로 말할 수 있다. 한편으로는 충군·효도와 같은 유학의 기본 가치를 고도로 발양하는 것이고, 다른 한편으로는 일체화 구조의 다양한 사공을 효율적으로 관철하는 것이다. 전자는 유신·유장들이 청조의 왕권에 충성하고 복종하는 것으로 구현되었고, 후자는 사회 구조를 복원하는 능력으로 드러났다. 양쪽 모두에서 뚜렷한 성과를 거두었다.

   농민을 진압하고 청조를 구제한 자들은 주로 유장 증국번·이홍장처럼 자발적으로 군사를 모집하고 훈련시킨 상군과 회군淮軍으로, 이들 무장武裝은 매우 독립적이었다. 그들이 청 조정에 신하로서 복종한 것은 조정의 군사력이 그들을 굴복시키기에 충분했기 때문이 아니라 그들이 유가 윤리를 고수했기 때문이다. 예컨대 증국번은 천경天京[태평천국의 도성. 지금의 난징南京]을 점령하자마자 곧장 12만 상군을 해산함으로써 자신이 군대를 끌어안고 입지를 강화할지 모른다는 청 조정의 의심과 염려를 제거했다. 그는 또한 자신의 아우 증국전曾國荃에게 만년의 절개와 지조를 보존하기 위해서는 가능한 한 권력을 놓아야 한다고 권고했다. 증국번과 같은 이학경세파들은 전쟁에 출정해 수많은 경제·군사적 난관을 극복하면서 실무적 역량과 지혜를 보여주었다. 그런 한편 그들은 군신대의君臣大義라는 도덕윤리에 속박되어 청조에 대한 충성심에 불탔으며 청조가 망국의 난을 극복하고 중흥할 수 있게 하는 것을 제 소임으로 삼았다. 이것은 앞서 말했듯이 경세치용의 성공을 대표하는 두 가지 표준이 동시적으로 실현되었음을 말해준다.

경세치용이 대성공을 거두었을 때 청조의 중흥과 더불어 유학의 자기만족이라는 결과를 피할 수 없다. 즉 유가 이데올로기는 사공에 큰 문제가 없으며, 명말 청초 이래 유학의 사공이 취약하다는 결함을 극복했을 뿐만 아니라 서양의 도전에 어떻게 대처해야 하는가라는 난제까지 해결할 수 있다고 생각하는 것이다. 사실 전장에서 서양 화기의 위력을 가장 먼저 느낀 이들이 바로 이학경세파였다. 서양 함선의 세력을 확인한 호림익은 그들을 막을 수 없다는 충격으로 안색이 변하면서 피를 토했고, 증국번은 유학생 용굉容閎(자는 달맹達萌, 1828~1912)을 임명해 강남제조국江南製造局[상하이에 설립된 관영 군기공장]의 기획·건립을 지원하게 했다. 이 모든 것은 내란을 평정하기 위해 그들이 서양의 화기와 군사기술을 적극 채용했으며 군사의 현대화는 경세에 없어선 안 되는 것으로 인식되었음을 명확히 드러낸다. 이미 군사의 현대화를 포함하는 경세치용이 승리를 거두었으니, 내란을 평정한 뒤 청 조정이 양무를 추진할 무렵에는 서양의 충격에 대항할 방도를 찾아냈다고 여겼을 것이다. 이는 위원이 경세치용에서 서양을 학습하기 위한 위치를 결정했듯이 "오랑캐의 특기를 배워 오랑캐를 누르는" 것이었다. 2단계 경세치용의 성공으로 양무운동이 광범위하게 전개될 때 많은 유생은 위원의 이러한 사고방식에서 벗어날 필요성을 전혀 느끼지 못했으며, 전쟁 시기에 함선을 견고하게 하고 대포를 예리하게 하는 국방 현대화의 길을 걷기만 하면 된다고 여겼다.

경세치용으로 서양의 충격을 막아낼 수 있다고 여긴 것은 환상이었을 뿐만 아니라 증국번 등의 사람들이 국방의 현대화와 경세치용의 목표가 일치한다고 생각한 것도 환상이다. 전국적 내란을 평정한 것이 국방의 현대화와 경세치용이라는 기본 목표 사이에 조화할 수 없는 모순을 발생시켰기 때문이다. 경세치용이라는 목표는 유가 윤리를 사회 조직에 전면적으로 관철시키는 것이다. 그런데 전쟁 기간에 경세치용의 주요 임무는 동란을 평정하고 임금과 국가에 충성하는 것이기 때문에 군사 현대화는 두말할 것 없이 동란을 평정하는 데 유익한 것이다. 따라서 서양의 무기를 끌어들이는 것은 결코 경세와 모순되지 않는다. 그러나 대동란이 가라앉은 뒤 경세치용이 요구하는 것은 모든 왕조의 건립 초기와 마찬가지로 교화를 널리 시행하고 강상윤리의 질서를 회복하며 부역과 세금을 가볍게 하고 백성과 더불어 휴식하는 것이다. 반면 국방의 현대화를 더욱 강화한다는 것은 정부가 대량의 투자로 현대 공업을 일으키고 서양 학문에 정통한 인재의 중용을 필요로 한다. 이러한 정책들은 공교롭게도 일체화 구조의 세 층위의 양호한 정합과 완전히 상반되는 것이다. 따라서 경세치용을 어떻게 하느냐를 놓고 사대부는 자신이 처한 상황에 근거해 서로 다른 유파로 나뉘게 된다.[22] 외교 업무를 처리하지 않을 수 없는, 또한 해양 방어를 주관하지 않을 수 없는 유신들은 시시각각 서방의 압력을 느끼므로 마땅히 국가가 더 많은 경비를 할애하여 양무를 추진하고 국방 현대화에 전력할 것을 주장할 것이다. 그러나 내부 사무직에 엉덩이를 붙이고 앉은 유신들은 양무를 확대하는 것은 백성의 부담을 가중시키므로 인정(仁政)의 원칙에 부합하지 않으며, 서양 학문을 익힌 인재를 중용하는 것 또한 유가의 윤리도덕 질서를 강화하는 데 부합하지 않는다고 여길 것이다. 이처럼 경세치용에 관한 양반된 쟁론과 충돌은 틀림없이 격렬해질 수밖에 없다.

  양무운동이 전개됨에 따라 무실파(務實派)와 양무 비판으로 유명

---

22 石錦,「淸末自强觀的內容, 分野及其演變(1840-1895)」,『近代中國: 知識份子與自强運動』(台北: 食貨出版社, 1977), pp.89-122.

한 청의파清議派의 모순은 날이 갈수록 격렬해져 끝내 양립할 수 없게 되었다. 오늘날 청의파의 보수 언론과 서구화 반대의 언론을 유심히 살펴보면 그들은 단순히 기물의 측면에서 서양 배우기에 반대한 것이 아니라 대체로 현실을 고려하고 유가 문화와 사회 체제를 수호하는 입장이었음을 발견할 수 있다.[23] 1865년 이후 청의파가 내세운 비판의 핵심은 국내 질서였다. 즉 먼저 국내 사안으로부터 출발해 양무에 대한 비판으로 귀착하고 있다. 그들은 결코 양무를 반대한 것이 아니라 양무와 내부 질서 간의 모순을 들여다보고 이의를 제기한 것이다. 예컨대 좌종당左宗棠이 내놓은 국방 현대화 방안에 그들이 반대한 근거는 거액의 경비가 소요된다는 점이었다. 1870년 이후 외교 업무에 주의를 기울이기 시작한 청의파는 서양의 과학기술을 배워야 한다고 주장하면서 양무파의 국방 현대화 계획 가운데 인원과 장비 규모가 맞지 않는다는 공격에 중점을 두었다.[24]

유학이 사공을 강화하는 실천으로서 경세치용은 유가 윤리의 기본 가치를 사회생활에 구체화하여 각종 현실적 문제를 해결하는 데 목적을 두었기 때문에 반드시 두 가지의 기본 방향이 존재한다. 첫째는 유학의 윤리도덕 실현을 강조하는 것이고, 둘째는 현실의 사회문제 해결에 주의를 기울이는 것이다. 따라서 경세치용의 실천에는 도덕을 중시하는 쪽과 현실의 사회문제를 중시하는 쪽으로 갈리게 된다. 일찍이 19세기 상반기에 경세치용 사조가 뚜렷이 나타났을 때, 그 내부에는 도덕을 중시하는 도덕파와 실제 문제를 중시하는 무실파가 있었다. 린만훙林滿紅은 도덕파와 무실파 유형으로 19세기 상반기 경세치용 학자들을 구분했다.(표6.1)

---

23 孫廣德, 『晚淸傳統與西化的爭論』(台北: 商務印書館, 1982), pp.21-24.
24 Marianne Bastid, "Qing Yi 請議 and the Self-Strengthening Movement", 中研院近史所 編, 『淸季自强運動硏討會論文集』, 下冊(台北: 中央研究院近代史研究所, 1988), pp.873-893.

표 6.1 가경·도광嘉道 연간 경세학자의 두 유파

	경세 학자	원적	최종 직위 혹은 과명과명
무실파	정이항丁履恒(1770~1833)	장쑤	현승縣丞, 진사進士
	임칙서林則徐(1785~1850)	푸젠	한림원 편수翰林院編修, 독무督撫, 진사
	하장령賀長齡(1785~1848)	후난	학정學政, 도대道臺, 독무, 진사
	허련許槤(1787~1862)	저장	지부知府, 양도糧道, 진사
	허미許楣(1797~1870)	저장	호부 주사戶部主事, 진사
	공자진龔自珍(1792~1841)	저장	예부 주사禮部主事, 내각 중서內閣中書, 진사
	위원魏源(1794~1856)	후난	막우幕友, 현승, 지부, 진사
	풍계분馮桂芬(1809~1874)	장쑤	한림원 편수, 막우, 서원 교사書院教師, 진사
	포세신包世臣(1775~1855)	안후이	거인擧人, 막우, 현승
도덕파	오가빈吳嘉賓(1803~1864)	장시	한림원 편수, 진사
	성의成毅(약 1850)	후난	숙사塾師
	관동管同(1780~1843)	장쑤	거인
	왕옥王堃(1786~1843)	장쑤	생원生員
	서자徐鼒(1801~1862)	장쑤	한림원 편수, 진사
	손정신孫鼎臣(1819~1859)	후난	한림원 편수·시독侍讀, 진사
	양장거梁章鉅(1775~1849)	푸젠	독무, 진사
	사계수謝階樹(?~1826)	저장	한림원 시강학사翰林院侍講學士, 진사
	심요沈垚(1798~1855)	저장	막우

우리가 6.1절에서 열거한 대표 인물들은 사실상 모두 무실파에 속한다. 경세치용 사상이 갓 형성되었을 때 도덕파는 의리와 일반적 정주이학을 논하던 관료들과 혼동되기 쉬웠다. 따라서 종전에는 도함道咸 시기의 학술 정신을 논하면서 경세무실에 대해서만 언급했을 뿐 '경세' 배후의, 심신을 수양하여 인도의 극치를 세우는 것修身立極 혹은 인을 완성하여 세상을 구제하는 것成仁救世 등 중국 전통의 도덕원칙에 대해서는 충분히 중시하지 않았다.[25] 무실파와 도덕파는 경세의 중점이 달랐으므

---

25 胡成, 「略論道咸時期的學術精神」, 『學人』, 第九輯(南京: 江蘇文藝出版社, 1996), pp.71-92.

로 사회 위기에 대한 그들의 반응에도 미묘한 차이가 존재했다. 린만훙은 당시 중국에서 은銀을 귀하게 다루고 돈錢을 천시하는 화폐 위기에 대한 양쪽 학자들의 반응을 체계적으로 고찰했다. 도덕파는 이데올로기와 국가의 작용을 중시했으며 '도덕식' 해결 방안을 강조했다. 예컨대 상업을 제한함으로써 국가가 시장과 이데올로기 및 관리 행위에 대한 통제를 강화해야 한다고 주장했다. 반면 무실파는 상업을 농업과 마찬가지로 중요하다고 여겨 시장 메커니즘을 강조했으며, 개인 간의 이익이 사회 이익을 침범하지 않는 한 정부가 간여할 필요가 없다고 주장했다. 제도 개혁에서도 도덕파와 무실파의 견해가 달랐다. 무실파 대다수는 점진적 개혁을 주장한 반면 도덕파는 겉으로는 보수 강경을 취하면서도 정치 개혁을 언급할 때는 비교적 급진적인 변혁을 주장했다.[26]

양무운동 과정에서 출현한 청의와 양무 두 유파는 사실 19세기 전기에 경세치용 실천 과정의 도덕파와 무실파가 새로운 형식으로 재현된 것이다. 양무를 운영하고 서양의 사물을 도입하는 문제에서 청의파는 도덕 교화와 이데올로기 강화라는 통제의 입장을 견지했으므로 분명 강경 보수였다면 양무파는 실제에 힘쓰자는 신축성 있는 입장이었다. 양무운동이 실패하여 정치 개혁이 불가피한 추세가 된다면 유가 이데올로기가 반증될 것이므로 청의파는 양무파보다 더 급진적인 개혁파로 전환될 공산이 컸다. 양무운동에서 청의파와 양무파의 관계는 19세기 전기에 실행된 경세치용 과정에서 도덕파와 무실파와 일맥상통하는 것으로, 양무운동 또한 경세치용의 일부였음을 충분히 보여준다.

양무운동이 경세치용의 궤도에서 벗어날 수 없는 이상, 어디까

---

26 林滿紅, 「嘉道年間貨幣危機爭議中的社會理論」, 『中央研究院近代史研究所集刊』, 第23期, 上冊(台北: 中央研究院近代史研究所, 1994), pp.163-203.

지 전개될 수 있는가 또한 매우 명확하다. 사공을 강화하여 외부의 도전에 대응하는 노력으로서의 경세치용, 그것의 핵심은 일체화 구조 자체의 온전함과 안정성을 수호하는 것으로, 항상 유학의 기본 가치와 강상명교를 수호하는 것이 최우선이었다. 사공을 강조한 이유는 그들이 유가 도덕을 중심으로 하고 유가 가치를 위해 복무하기 때문이다. 따라서 경세치용 과정에서 사공의 내용이 유가의 기본 가치와 충돌하거나 일체화 구조를 파괴할 가능성이 있다면 그러한 실행은 엄격히 제한되어야 한다. 이는 곧 양무가 기물 차원에 그칠 수밖에 없도록 규정했고, 서양 학습이 제도문화권에 조금이라도 진입하는 즉시 비판되거나 치명적 타격을 입혔다. 1866년의 동문관에 관한 쟁론이 바로 그 전형적 사례다.

    동문관은 외국어 인재를 양성하기 위한 목적으로 1862년에 창립되었다. 동문관이 설립할 때는 논쟁을 불러일으키지 않았는데 어째서 4년 뒤에 강렬한 반대에 부딪혔을까? 결정적 원인은 다음과 같다. 1866년 나라의 사무를 총관하던 공친왕恭親王 혁흔奕訢(1832~1898)은 증국번·이홍장李鴻章(자는 소전少荃, 1823~1901)·좌종당·영계英桂(자는 향암香岩, 1798~1879)·곽숭도·장익풍蔣益澧 등 양무의 운영을 주장한 관원들을 대표해 상소를 올렸다. 즉 동문관 안에 천문산학관天文算學館을 증설하고, 20대 나이의 거인擧人[명·청 시대에 향시鄕試 급제자를 일컫는 호칭] 및 정도正途[청대에 진사 거인 등 과거 급제자를 비롯해 각종 시험이나 추천을 통해 태학에 들어가 독서하고 과거를 쳐서 임용 자격을 얻은 사람들을 아우르는 호칭] 출신의 5품 이하 유생을 학습시켜 서양 학문에 정통한 인재를 양성할 것을 요청한 것이다.[27] 다시 말해 동문관은 본래 일체화 구조 바깥의 영역이었으

---

27 『籌辦夷務始末』, 同治朝, 卷四十六(台北: 國風出版社, 1963), pp.1128-1129.

나 이제는 과거시험의 명예功名를 가진 유생이 서양 학문을 학습하게 해야 한다는 것으로, 서구화가 일체화 구조에 스며들기 시작한 것이다. 이는 즉각 거센 반대에 부딪쳤다. 배척의 힘이 완강했기에 비록 이 방안을 양무 관료들이 중시하고 자희慈禧 태후가 지지했다 한들 실행될 도리가 없었다. 그 결과 반 년 동안 신청자는 98명뿐이었고, 정도 출신은 단 한 명도 없었다. 응시자는 72명으로, 30명이 합격했으나 수준이 낮아서 반 년 뒤 20명이 퇴학되고 남은 10명은 구관舊館에 병합되었다. 동문관 교수의 수학數學 지식도 미흡해서 겨우 지금의 초등학교 고학년에서 중학교 수준이었다. 동문관은 사인士人들에게 인정받지 못하자 동문관 학생들은 과학에 뜻을 보이지 않고 거꾸로 과거시험에 열중했다. "1894년 이전 동문관 학생 중 총 13인이 향시 이상의 과거시험에서 합격자 명단에 올랐다. 그중 한림翰林이 2명, 진사가 5명, 거인 및 부방副榜[정식으로 과거에 합격한 자를 일컫는 정방正榜 외에 따로 선발된 자]이 6명이었다."[28]

    당시 쟁론을 벌인 쌍방을 오늘날 분석해보면, 양무파는 나약함을 드러냈고 반대자들은 유가의 도의에 근거해 당당히 발언했음을 알 수 있다. 예컨대 왜인倭仁(자는 간봉艮峰, 1804~1871)은 중국을 바로세우는 도리立國之道는 예의禮義에 있고 서양의 기술에 있지 않다는 것을 반대의 근거로 들었다. 또한 유생이 서양의 과학기술을 학습하면 사인士人들이 "변하여 오랑캐에 복종變而從夷"하게 될 것을 우려했다.[29] 왜인은 동문관에 관한 두 번째 상주문에서, 중국 사대부가 오랑캐들에게 이용당하지 않을 수 있다면 산학算學이 전적으로 배워선 안 될 학문은 아니라고 인정했다. 그러나 혁흔과 문상文祥(자는 박천博川, 1818~1876)의 건의에 따라

---

28   熊月之, 『西學東漸與晩淸社會』, pp.332-333.
29   韋政通, 『中國十九世紀思想史』, 上冊, pp.418-419.

재산과 녹봉利祿을 목적으로 진사 한림이 서양 과학을 배우도록 고무한다면 인심을 파괴할 위험이 있으니 배우지 않는 것만 못하다고 거듭 강조했다. 왜인은 유학의 가치와 서양 학문의 가치·공리 사이의 모순을 정확히 알고 있었다. 곧 공명功名과 이록利祿에 유인되어 서양의 방법西法을 배우는 사람은 "의지와 품행志行"이 없다는 것이다.[30] 왜인의 이러한 견해는 꽤 영향력을 발휘하여 열린 사상을 지닌 곽숭도조차 혁흔·문상의 건의에 찬성하지 않았다.

당시의 중국은 20년 안팎의 전란을 겪은 직후로, 가장 절박한 사회 문제는 태평천국 전쟁으로 파괴된 농촌의 기층 질서를 회복하는 것이었다. 따라서 일체화 구조를 공고히 하고자 하는 입장에서 중국이라는 나라를 바로세우는 도리는 유가의 강상예의를 재천명하는 데 있으며, 이는 전적으로 필요한 일이다. 일체화 구조를 견고하게 하는 것은 관리를 심사하고 사공을 하는 데 '서양 학문'을 표준으로 삼기보다는 유가 이데올로기에 충실한 기준으로 관리를 선발할 것을 요구한다. 30년 뒤에 청나라 조정이 과거제를 포기하고 신학당 인재들을 등용한 것 그리고 몇 년 지나 청 왕조가 멸망한 역사로부터 본다면, 왜인이 당시에 표명한 반대 의견은 실로 선견지명이 있었다고 할 수 있다. 확실히 동문관의 쟁론은 경세치용의 범주에서 서양에 대한 학습이 기물의 영역을 벗어나 일체화 구조의 문화제도 영역으로 진입한다면 곤경에 처하리라는 것을 정확히 반영하고 있다. 동문관 사건은 변법이 어떤 좌절을 겪었는가를 전형적으로 드러낸다.

---

30 劉廣京,「一八六七年同文館爭議: 洋務運動專題研究之一」,『復旦學報』(社會科學版), 第5期 (上海: 1982), p.100.

6.4
서양의 영향이 가진 주변부적 성질

양무운동의 사상적 기초는 중체서용인가?
중국 문화 안에서 서양 학문의 주변부적 지위
주변부적 인물일수록 서양에 대해서 더욱 잘 안다
풍계분馮桂芬·왕도王韜·호례원胡禮垣·정관응鄭觀應
많은 사대부의 폐쇄적 심태

오늘날 사람들은 흔히 양무운동의 지도 사상을 '중체서용中體西用'이라 개괄한다. 사실 이와 같은 개괄은 부정확한 것이다. 시기상 '중체서용'이라는 구호는 청일전쟁 뒤 장지동(자는 효달孝達, 1837~1909)이 『권학편』에서 제기한 것으로, 유신 사상과 벌인 쟁론의 산물이다. 그 당시 양무운동은 실패를 고했다. 이와 같은 개괄은 내용적으로 서양 학문과 관변 이데올로기의 관계를 반영하지 못한 것이다. '중체서용'에서 '용'에 해당하는 서양의 학문은 '체'만큼 중요하지는 않아도 최소한 '체'와 병존할 수 있는, 사대부가 종사해야 하는 정당한 사업이었다. 그러나 양무운동에서 서양 학문의 위치는 이러한 지위에서 한참 멀었다. '중체서용'이 중시한 것은 '서용'이 '중체'와 이원적으로 병존할 수 있다는 것으로, 양자의 구조는 완전히 서로 달랐다. 그렇다면 양무파의 지도 사상은 무엇인가? 바로 우리가 앞에서 말한바, 유기론唯氣論은 경세치용의 이론 형태였으며 이학 경세파는 '체용불이體用不二'를 주장했기 때문에 우리는 기껏해야 양무파의 이론을 기론적氣論的 유학으로 간주할 수 있을 뿐이다. 행동을 강조하고 사공의 실천을 강조하는 기론에서 주장하는 것은 바로 '체와 용은 다르지 않다' 그리고 '도는 기를 벗어나지 않는다道不離氣'는 것이다. 이와 같기 때문에 양무운동의 가장 중요한 전제는 서양 문화와 현대 문물이 일체화 구조와 유학의 기본 가치를 손상하지 못하게 방어하는 것이었으며, 이 점에서 양무파 역시 동의했다. 양무파는 국방 현대화를 추진하고 서양의 방식을 배울 때 다른 사람들로부터 서양의 것을 맹목적으로 숭배하고 천리와 강상을 위배했다고 낙인을 찍히지 않을까 내심 긴장했다. 곽숭도가 가장 유명한 사례다. 그는 청 조정에 의해 영국에 특사로 파견되어 2년간 거주했으니 양무 관원 가운데 서양을 가장 잘 아는 사대부였다. 그러나 정통파의 유석홍劉錫鴻은 그가 눈에 거슬렸고, 영국 주재 당시 그가 한 언행 기록을 서양에 대한 맹목적 숭배의 증거로 삼았다. 곽숭도가 영국으로 떠나기도 전에 그의 집은 반대 시위자들에 의해 파괴되었고, 중국으로 돌아온 뒤에는 조정의 모든 문무백관이 들고일어나 그를 공격했다. 안팎의 공격은 그의 심신을 초췌하게 했다. 양무운동의 사상적 스승이라 불리는 이 유자는 왕선산이 유학을 새롭게 구성한 것에 탄복하는 것 말고는 감히 서양 학문이 전체 이데올로기에서 정식 지위를 차지한다고 주장하지 못했다.

      사실 양무운동은 경세치용의 일부인 만큼 이미 서양 학문의 주변부적 성질을 규정하고 있었다. 오늘날 어느 학자는 양무운동 시기에 서양의 충격이 중국에 끼친 영향을 과소평가해서는 안 된다고 강조하면서, 당시 많게는 5000명의 사람들이 서양과학 저작을 읽었다고 보았다.[31] 특히 개항지通商口岸에서 서양의 영향은 더욱 거대했다. 1876년 6월 22일 상하이에 격치서원格致書院이 설립되었다. 당시에는 매우 현대화된 과학교육기구로, 운영비의 80퍼센트 넘는 금액이 관원과 사인士人 출신 상인들의 기부로 채워졌다. 격치서원 학생들의 시詩·서書 작품과 오늘날 발견된 많은 답안지에서 확인할 수 있는 것은, 당시 적잖은 학생이 서양 서적을 상당 수준 숙지하고 있었으며 서양 학문에 관한 그들의 소양과 견해는 사람들에게 널리 알려진, 훗날 유명해진 캉유웨이 같은 인물들보다 결코 뒤지지 않았다는 것이다.[32] 그러나 이상하게도 당시 이들의 이름은 세상에 알려지지 않았으며 사회적으로도 유명하지 않았다. 이러한 현상은 공교롭게도 당시 서양 영향의 주변부적 성질을 반영한다. 격치서원의 편제 자체가 곧 주변부적이며 과학기술은 기물 차원의 문물에 속할 따름이었다. 격치서원에서 시·서 작품으로 최우수·우수·일등을 받은 학생들의 명단을 보면 겨우 4퍼센트인 7명만이 거인에 급제했다.[33] 다시 말해 서양 학문과 양무가 개항지와 모종의 분야에서 얼마나 영향력이 거대했든 간에 모두 일체화 구조의 바깥에 있었다는 것이다. 양무의 사회적 영향이 이와 같았을 뿐 아니라, 양무와 관련된 영향력 있는 유생들의 통계를 잡더라도 과거시험으로 명예를 얻은 사람은 극소수였다. 어느 학자는 양무운동과 관련해 비교적 유명한 독서인 34명을 열거했는데, 그중 과거시험으로 명예를 얻은 사람은 단 6명으로 18퍼센트를 보였으며 서양식

31　熊月之,『西學東漸與晚淸社會』, p.282.
32　熊月之,『西學東漸與晚淸社會』, p.367.
33　熊月之,『西學東漸與晚淸社會』, pp.385-391.

교육을 받은 적이 있는 사람은 10명으로 29퍼센트를 보였다.[34] 이러한 통계는 당시 독서인 가운데 사상적으로 서양의 충격을 진지하게 여기고 그에 대응한 사람은 극소수의 주변부 인물들뿐이었음을 말해준다.

왕스王栻는 청일전쟁 전에 서양의 충격을 인식하고 그에 반응을 보인 14명을 나열했다. 왕도王韜(자는 자전紫詮, 1828~1897)·용굉·하계何啟(자는 적지迪之, 1859~1914)·호례원胡禮垣·탕진湯震·진치陳虬(자는 지삼志三, 1851~1903)·송형宋衡·송육인宋育仁(자는 운자芸子, 1857~1931)·진치陳熾(자는 차량次亮, 1855~1900)·캉유웨이·곽숭도·설복성薛福成(자는 숙운叔耘, 1838~1894)·마건충馬建忠(자는 미숙眉叔, 1844~1900)·정관응鄭觀應(자는 관응官應, 1842~1922)이 그들이다.[35] 그들 중 (예컨대 캉유웨이처럼) 금문경학의 사고방식으로써 서양의 충격에 대응한 인물이나 청일전쟁 전후에 비로소 뛰어난 재능으로 활약한 인물을 제외한 나머지 인물로부터 우리는 한 가지 뚜렷한 분포 규칙을 볼 수 있다. 바로 주변부적 인물일수록 서양에 대해 자세히 알고 있었으며 그 반응도 비교적 깊고 넓었다는 사실이다. 그들을 세 부류로 구분할 수 있다. 첫째 부류는 과거시험에서 명예를 얻은 사대부로, 풍계분馮桂芬(자는 임일林一, 1809~1874)이 가장 사상이 심오한 인물이다. 둘째 부류는 과거시험의 명예가 있기도 하고 없기도 하는 경계선에 위치한 학자로, 대표적 인물은 왕도다. 세 번째 부류는 좀 더 주변부 인물들로, 홍콩에서 살던 변호사律師나 상인도 있었다. 대표적

---

34   34명의 지식인은 서수徐壽 서건인徐建寅 화형방華衡芳 이선란李善蘭 풍계분馮桂芬 장사계張斯桂 장문호張文虎 오가선吳嘉善 설복성薛福成 왕덕균王德均 뇌장賴長 조원익趙元益 이봉포李鳳苞 유이정劉彝程 가보위賈步緯 온자소溫子紹 기조희祁兆熙 증소길曾昭吉 황준헌黃遵憲 서화봉徐華封 반준덕潘駿德 동자산董紫珊 양앙증楊仰曾 소개태蕭開泰 용굉容閎 육영창陸榮昌 광기조鄺其照 마건충馬建忠 마량馬良 오정방伍廷芳 정관응鄭觀應 임삼林森 고홍명辜鴻銘 서봉舒鳳이다.(李長莉,『先覺者的悲劇: 洋務知識分子研究』[上海: 學林出版社, 1993], pp.211-219)
35   王栻,『維新運動』(上海: 上海人民出版社, 1986), pp.45-46.

인물은 정관응이다. 이 세 부류에 속하는 인물들의 서양에 대한 인식은 공교롭게도 얕은 것으로부터 깊은 것으로 향하는 계보를 이룬다.

풍계분은 한낱 말단관리로서 태평천국 농민 전쟁 기간에 지방의 민병 조직團練을 이끈 적이 있었지만 중용되지는 않았다. 그는 『교빈려항의校邠廬抗議』라는 제목의 저서 하나를 썼는데, 무엇보다도 당시 세계 구도는 중국 역사의 춘추전국과 마찬가지지만 화하華夏 중심의 세계 질서가 아님을 최초로 인식하고 있다. 풍계분은 중국의 어떤 제도들은 서양보다 못하므로 서양을 배워 마땅하지만 결코 중국이 이제까지 줄곧 뒤쳐져 있지는 않았으며 고대에는 서양에 훨씬 앞서 있었다고 했다. 따라서 중국의 자강은 고대의 가치 있는 사물을 회복하고, 후대에 중국을 낙후하게 만든 것들을 포기해야 한다는 것이다. 이 책의 친필 원고를 읽어본 증국번은 논의가 좋기는 하지만 실제에 부합하지 않는다고 여겨 관심을 두지 않았다. 1885년에 이르러 이 서적의 가치를 발견한 왕도가 비로소 책으로 간행했다.

왕도의 지위는 풍계분보다 좀더 주변적이었지만 서양에 대한 인식과 반응은 훨씬 더 본질적이었다. 왕도라는 인물은 겨우 수재秀才[명·청시대 과거제도에서 부府 또는 주州·현縣의 학교에 들어간 생원生員을 일컫는 호칭] 시험에 합격했을 뿐이다. 그러나 그는 "사연이 있는" "유랑하는 지식인"였다. 일찍이 1862년에 그는 태평군에게 계책의 글을 올려 청 조정의 지명수배를 받았다가 선교사의 도움을 얻어 홍콩으로 도피했고, 영국의 한학자漢學者 레게James Legge(1815~1897)가 '13경十三經'을 번역하는 작업을 도왔다. 1867년 왕도가 레게의 초청을 받아 영국으로 갈 무렵 중국은 여전히 대동란 속에 있었지만 영국은 반대로 서양문명의 중심으로서 세계에서 가장 현대화한 지역이었다. 영국의 과학기술과 사회제도 그리고 견실한 서양문명은 그에게 깊은 충격을 안겼다. 1884년 그는 다시 상하이로 돌아와 격치서원을 나서서 장악한 뒤 신파新派 학자들의 지도자가 되었다.

양무운동 시기의 사상가로서 왕도는 당시 학자들 가운데 서양에 대해 가장 잘 알고 있었을 뿐만 아니라 사상도 가장 해방적이고 깊이 있는 인물이었다. 1865년 이후 중국 유생들에게 깊이 박혀 있던 '중국의 도道―서양의 기器'라는 관념을 이미 극복한 그는 모든 국가는 평등하며 서양에도 성인이 있다고 여겼다.[36] 오늘날 왕도의 저작을 읽어본 이들은 모두 그 견해의 깊이와 서양에 관한 넓은 이해에 감동을 받을 것이다. 그는 중국인이 이전에는 보지 못했던 서양의 과학기술, 예컨대 라이터·의료기술·사진기술·전보·석탄가스와 같은 문물을 중국인에게 소개했을 뿐 아니라 자신의 저술을 통해 프로이센-프랑스 전쟁에 대해 기술했다. 심지어 당시 진압된 파리코뮌 노동자 봉기를 최초로 언급했다. 그는 서양에 대한 이해를 통해 중국이 부강하려면 오직 유럽을 배우는 수밖에 없음을 절감했으며, 아울러 인재 등용·군사 훈련·학교·법률 판례 등 각 분야에서 서양을 배워야 함을 논증했다. 또한 그는 당시에 기세등등하게 진행되었던 일본의 메이지 유신明治維新을 중국인에게 가장 먼저 소개한 인물이기도 하다. 왕도는 서양의 충격이 중국 문화에 위기를 초래할 것을 예감했고 이에 대해 깊이 우려하고 있었다.

양무운동 시기에 왕도보다 더 광범위하고 심도 있게 서양의 충격에 반응한 사상을 논하려면 더욱 주변부적인 인물들을 들여다볼 수밖에 없다. 호례원은 한낱 서생이었지만 홍콩의 큰 서원[1862년 청 정부가 세

---

36 Paul A. Cohen, *Between Tradition and Modernity: Wang Tao and Reform in Late Ch'ing China*(-Cambridge, Mass: Harvard University Press, 1974).

운 홍콩 최초의 학교인 홍콩중앙서원香港中央書院으로, 호례원은 1870년 졸업생이다. 쑨원孫文도 1884~1886년까지 이 학교의 고학년 과정을 다녔다. 1894년에 '황인서원皇仁書院'으로 이름을 바꾼 공립 중고등학교로서 현재에 이른다]에서 수학했다. 하계는 조기 영국 유학생 출신으로, 일찍이 홍콩에서 병원과 학교를 운영했다. 호례원과 하계는 『신정진전新政眞詮』을 공동 저술하여 변법을 광범위하게 논했다. 왕도에 비해 지위가 더욱 주변부적인 셋째 부류의 인물 가운데 가장 사상이 깊은 인물로는 정관응을 꼽아야 한다. 그는 매판買辦, 즉 외국 상사 대리인이자 상인이었는데, 나이가 왕도보다 10여 세 어렸기 때문에 양무운동 후기에 활약했다. 정관응은 관료기구가 현대 공업을 관리하는 과정의 여러 병폐를 목도하고, 중국의 전통적 용어인 "경작하며 싸운다耕戰"를 창조적으로 바꾸어 "장사하며 싸운다商戰"로 제시하여, 상업에 종사하는 것經商이 나라와 백성을 구하는 부강의 길이라고 주장했다. 이는 확실히 농업을 근본으로 하고 상업을 말단으로 하는 유가의 전통 관념을 뛰어넘은 것으로, 양무 시기 경세치용 사상의 새로운 발전을 대표했다. 그는 나아가 서양의 의회민주제를 배울 것을 주창하는 동시에 유가의 전통적 기본 가치와 군주 제도의 골격을 보존하자고 제안했다. 왕선산이 '이理'를 '기氣' 속에 구현한 것과 마찬가지로 정관응은 "기물이 도를 넓힐 수 있다器能弘道"는 사상을 제시하여 도道·기器의 변증법적 관계를 수립함으로써 서양에 대한 학습과 이학의 도통道統의 교조敎條 간 긴장을 제도적으로 완화하고자 노력했다. 『성세위언盛世危言』은 근대의 선진적 사인士人 기질을 지닌 상인儒商이었던 정관응이 30년간 축적한 경험을 토대로 저술한 서적으로, 양무운동 시기의 가장 심오하고 체계적인 저작이다. 그러나 이 책은 당대에 속하지 못했다. 책이 정식으로 출판되었을 때 양무운동은 이미 실패했고 청일전쟁 이후 사회주의 사상이라는 대변혁이 다가오고 있었다.

주변부적 선각자들과 뚜렷이 대비되는 것은 사회 중심적 지위를 차지한 많은 사대부의 폐쇄적 심태다. 그들은 관료이거나 지방의 유지 및 가문의 수장으로, 서양 세계에 대해 상당히 무지했다. 청일전쟁이 터졌을 때 구이저우의 어느 학대學臺['제독학정提督學政' 또는 '학정'의 별칭으로, 광서제 때 학제를 바꾸고 각 지방의 과거시험과 학교 행정을 관장하기 위해 청나라 조정에서 파견한 최고 장관]가 황제에게 올린 상주문을 보면, "일본의 북쪽 변방에 두 국가가 있사온데, 하나는 섬라暹羅[타이Thailand의 옛 이름인 시암Siam의 음역어]라 하옵고, 하나는 면전緬甸[미얀마Myanmar의 음역어]이라 하옵니다. 그들에게 군대를 출동해서 일본 북쪽을 공격하라 하시옵고, 중국 군대는 일본 남쪽을 공격하면 틀림없이 깃발을 펴자마자 승리를 거두고 신속하게 공功을 거둘 것이옵니다"[37]라고 했다. 이때는 위원의 『해국도지』가 발표된 지 반세기가 지났고, 설령 황준헌黃遵憲(자는 공도公度, 1848~1905)이 일본과 그들의 유신 사업을 소개한 전문서『일본국지日本國誌』역시 발표한 지 10년이나 되었다. 그러나 지방을 통치하던 이 관원들은 마치 들어본 적이 없는 것처럼, 터무니없는 잠꼬대를 늘어놓듯이 황당무계한 대책을 내놓았다. 이로부터 우리는 양무운동 시기 중국 주류 사상계의 보수성과 침울함을 느낄 수 있다. 절대다수의 사대부는 중국의 위대한 전통 속에 깊이 잠들어 있었으며, 현대화를 경세치용에 포함하려는 허황된 꿈을 꾸고 있었다.

---

37   曹聚仁,『中國學術思想史隨筆』(北京: 三聯書店, 1986), p.374.

6.5
판결적 검증의 추세로 나아가다

양무운동 실패의 이데올로기적 함의
도덕이상의 사공 과정을 현실화하는 일의 복잡성
청의파는 유학의 가치와 사공을 통일하는 데 더욱 주의했다
청의파가 일체화 구조와 양무의 대립을 의식하기에 이르렀다
청의파의 분화와 쇠락
왜 양무운동의 실패는 유학의 바람직성에 대한 판결적 검증을 구성하는가?

경세치용의 전개로서 양무운동은 서양의 영향이 기물의 차원에 머무르게 함으로써 주변부적 성질을 지녔으며, 이는 중국의 주류 사상이 30년 동안 정체되어 앞으로 나아가지 못하는 국면을 초래했다. 또한 이와 같은 까닭으로 중국 사상사에 하나의 예상치 못한 효과를 발생시켰다. 그것은 중국 사대부를 향해 다음과 같은 판결적 검증을 제공한 것이다. 즉 양무운동이 실패할 경우 유학이 내부에서 어떻게 조정을 하고 어떻게 사공 능력을 강화하든 간에 서양의 충격에 대처할 수 없음을 선명하게 증명한다.

청대의 중국 사상이 진화하는 추세를 크게 살펴보면, 명말 청초

의 소수 사상가들이 대담하게 송명이학의 궤도를 벗어나 유학을 재구성한 것이나 19세기 하반기를 주도한 경세치용 사조나, 그 기본 방향은 유가 이데올로기의 사공 기능을 강화하여 전통 일체화 구조가 자기 개량을 통해 안팎의 충격에 효과적으로 저항하는 것이다. 동치중흥과 양무운동은 이러한 모든 시도를 실천적으로 구체화함으로써 그 성공과 더불어 극복할 수 없는 한계를 선명하게 드러내는 계기가 되었다.

우선 이학경세파는 유학의 사공을 강화하려는 고염무·왕선산 등의 주장을 적극 받아들여 실천과 조사 그리고 국가 정치와 경제 실무에 관련된 지식을 중시했고 도덕 이상의 추구를 유학 강상의 재건에 현실화했다. 그것은 대규모 농민 봉기를 평정하거나 내부의 위기에 대응하는 데는 두드러진 성공을 거두었다. 뒤이어 이학경세파는 "오랑캐의 특기를 배우는" 국방의 현대화를 자체적인 경세 강령으로 삼아 내부를 안정시키고 외세를 몰아내고자 노력했다. 양무운동 당시 유생은 한편으로는 국방 현대화를 추진하면서 서양을 학습했고, 다른 한편으로는 서양의 문물을 끌어들이면서도 유학의 가치와 일체화 구조의 사회 정합을 파괴하지 않으려 안간힘을 썼다. 그러므로 양무운동의 모든 것은 일체화 구조 자체를 안정 지속케 한다는 전제 아래 서양에 대한 학습을 극한까지 밀어붙인 것이라 할 수 있다. 이와 같이 양무운동의 전개에도 불구하고 일체화 구조는 여전히 서양의 충격에 저항할 수 없음이 입증된 이상, 전통적 일체화 구조가 사공 능력을 강화해 서양의 충격에 대응함을 강구하기란 불가능하며, 유가 이데올로기 또한 바람직하지 않은 것이 된다.

주의해야 할 것은, 이학이 도덕 이상을 도덕 경지(천리) 그리고 경지의 현실적 구체화라는 두 층위로 나뉜 이후 유가 이데올로기의 사회제도에 대한 설계와 개혁 과정이 꽤 복잡하게 변화되었다는 사실이다.

그것이 바람직한가 여부를 가려내는 것도 이전보다 더 곤란해졌다. 관변 이데올로기의 실행은 다음과 같이 몇 부분으로 분해되었다. 첫째는 이상적인 인간관계(천리)를 '예禮'로 전화시키는 것이다. 둘째는 '예'를 실현하는 것으로, 그 목표는 일체화 구조 세 층위의 양호한 정합 상태를 회복하는 것이다. 사공을 강화해야 한다는 요구가 이 과정을 더욱 복잡하게 만들었다. 왜냐하면 그것은 다시 세 번째 내용을 새롭게 추가시켰기 때문이다. 즉 유생으로 하여금 사회를 자세히 알고 실용적 지식을 습득하고 안팎의 도전에 대처하기 위해 다양한 사회 문제를 해결하기를 요구한 것이다. 이와 같은 세 가지의 표면적 목표는 각기 다르고 내재적 논리도 다르기 때문에 이데올로기 전체가 바람직한지, 또는 세 갈래가 서로 모순되는지 감별하기 매우 곤란하게 한다.

일찍이 명대의 유생은 도덕 이상의 사공 과정을 구체화하는 데 복잡한 성질이 있다는 것을 이미 알고 있었다. 구준丘濬(자는 중심仲深, 1418~1495)은 8조목의 '치국·평천하' 아래에 허다한 기술 단위가 포함되어야 한다고 보았다.[38] 즉 기술적 성격의 많은 실무를 해결해야 비로소 외왕外王을 성취할 수 있다는 인식이다.[39] 청대 후반에 이르면 서양의 충격 아래 외래 기술의 분야는 국방의 현대화로 확충된다. 이때 도덕 실천에 포함되는 온갖 부분에 모순이 있는지를 살펴보는 길은 하나밖에 없다. 짧은 기간에 유생들은 상이한 세 분야의 일들을 동시에 실천하도록 강제된 상황에서 각 분야가 충돌하는지의 여부를 실천자의 눈앞에 충분히 드러나도록 하는 것이다. 동치중흥이 마침 이 역사적 계기를 제공했다. 당시 일체화 구조의 양호한 정합을 회복하면서 외래 충격에 대처하

---

[38] 丘濬, 「大學衍義補原序」「進大學衍義補表」, 『大學衍義補』(台北: 文淵閣四庫全書本, 商務印書館影印, 1971).

려면 유생의 경세치용을 '예치로 현실화하고' '사회 정합을 유지하며' '국방을 현대화하여 서양의 충격에 저항'한다는 세 가지를 통일된 틀에 넣을 필요가 있었다. 다시 말해 양무운동은 유가 이데올로기의 바람직성이 감별 가능한 것이 되도록 했다.

양무운동에서 청의파와 양무파의 쟁론은 경세치용 학설에 대한 감별이 이미 시작되었음을 암시한다. 청의파는 서양에 대해 양무파만큼 잘 알지 못했으며 양무를 운영하고 서양을 배우는 것의 절박성을 인식하지 못했다. 이는 청의파가 문제를 바라보는 관점이 나라의 정세에서 출발하고 있으며, 경세치용이 유학의 가치와 사공을 수호하는 데 더 주의했기 때문이다. 우리가 6.3절에서 밝혔듯, 청의파는 일반적으로 양

---

39 정주이학이 유가 도덕을 정신 경지와 도덕규범으로 구분한 뒤로, 두 층위의 통일은 그 이전 유학에서는 출현한 적이 없는 문제가 되었다. 유가 경전 『대학』에서 논한 팔조목은 내부로부터 외부를 향해 내성외왕을 실행하기를 강조했으므로(두 층위의 통일) 송대 이후『대학』의 지위는 날로 두드러졌다. 남송의 진덕수眞德秀(1178~1235)가 지은『대학연의大學衍義』로부터『대학』을 부연한『대학연의』는 점차 제왕을 교육하는 교과서가 되었다. 명대에 이르러 일부 민감한 사대부들은 사공에 서툰 정주이학의 약점을 인식했고 보충 방법을 찾기 시작했다. 구준의『대학연의보大學衍義補』가 대표적이다. 구준은 명초의 성세에 태어났지만 1449년 '토목의 변土木之變'과 1457년의 '탈문의 변奪門之變'은 그에게 지극한 자극을 주었다. 『대학』의 내성외왕을 좀더 강화하기 위해 그는『대학연의보』저술에 몰두해 외왕의 '이상 정치' 모델을 제기했다.『연의보』 160권 중 1권의 '성심·정의지요誠意正心之要' 외에도 '치국·평천하지요治國平天下之要' 12항을 제시했다. 즉 '정조정正朝廷' '정백관正百官' '고방본固邦本' '제국용制國用' '명예악明禮樂' '질제사秩祭祀' '숭교화崇敎化' (건축물·기구집기 등) '비규제備規制' '신형헌愼刑憲' '엄무비嚴武備' '어이적馭夷狄' 그리고 '성공화成功化'가 그것이다. 이 12개 항의 내용은 정부의 6부 조직에 근거해 배열한 것으로,(尹貞粉,「丘濬大學衍義補의 理論體系及其特點」,『漢學硏究』, 第10卷 第1期 [台北, 1992], p.33) 이로부터 기술적 성격의 많은 업무가 이미 외왕의 유기적 구성 부분이 되었음을 알 수 있으며, 이는 역사상 전례 없는 일이다. 어떤 학자는 그것을 명말 청초 '경세치용' 학문의 시작으로 간주하고(間野潛龍,「明代儒學と陽明學」,『明文化史硏究』[京都: 同學舍, 1979], p.161), 어떤 학자는 이것이 당시 유자가 전통 유학에 의심을 품고 분리했음을 분명히 보여준다고 했다.(李焯然,「大學與儒家的君主敎育論『大學衍義』及『大學衍義補』對大學的闡釋與發揮」,『漢學硏究』, 第7卷 第1期 [台北, 1989], p.14) 사실 구준의 시대에는 아직 송명이학이 경세치용으로 전환되는 현상이 출현하지 않았다.『대학연의보』는 외왕의 과정이 대단히 복잡하고 구체적이라는 점을 유자가 의식하게 되었음을 밝혀주는 것에 불과하다.

무에 반대하지 않았으며 양무에 대한 그들의 비난은 양무운동의 관리가 부실하고 부패한 것 외에는 거의 현실의 경제 능력 그리고 사회 정합과 양무 사업의 모순에 근거한 것이다. 양무파는 국방 현대화를 위해 군비·국방 및 이에 상응하는 맞춤형 공업 투자에 거액의 자금 투자를 요구했다. 그러나 당시 청 조정은 고작 국민총생산의 2~4퍼센트만을 장악했기에 조정의 징수 능력은 극히 낮은 수준이었다. 중앙정부가 장악한 세수는 황실과 관료기구를 간신히 부양하는 정도였기에 현대 공업에 투자 설립할 자금이 없었다. 양무와 외교 업무를 주관하던 총리아문總理衙門의 어느 한 해 경비는 겨우 백은白銀 700여 냥에 불과했다! 양무운동 시기에 현대 국방의 창설 경비는 거의 전액을 관세로 부담하고 있었으나, 또한 상당히 많은 관세가 열강과 체결한 불평등조약의 배상금 상환으로 사용되어야 했다.[40] 투자가 턱없이 부족한 이러한 상황에서 현대 국방의 창설은 수원水源 없는 물과 같았고, 공업화의 진행을 더디고 어렵게 하는 결과를 가져왔다. 제한된 자금은 단지 외국의 군함과 대포를 구매하기에 족할 뿐이었다.

  국내 업무에 정통한 청의파 관원들은 양무를 위한 대규모 투자를 조달할 방도가 없음을 분명히 알고 있었다. 태평천국의 대동란 직후 백성의 휴식과 요역 및 세금을 가볍게 하는 '인정仁政'이 절박한 마당에 그렇게 하지 않는다면 엄중한 사회 위기를 초래할 것이며 나아가 사회 정합을 파괴할 것이기 때문이다. 그 외에 중국 전통 일체화 구조의 국가 관료기구는 현 단위까지만 미치기 때문에 향촌 신사의 자치와 종법가족 조직은 국가의 동원력을 기층까지 확장할 수 있도록 협조해야 하면서도

---

40 金觀濤, 劉青峰, 『開放中的變遷: 再論中國社會超穩定結構』, p.105, pp.107-109.

농업 수입의 대부분의 잉여를 장악해야 했다. 이와 같은 사회적 동원 양식으로는 국가의 징수 능력이 크게 제고될 가능성이 없다. 이와 같은 정합 양식은 전통 일체화 구조의 초석으로서 변할 수 없는 것이다. 전통적 일체화 구조가 어떻게 혁신되든 향촌 신사의 자치와 종법가족에 의해 중하층 조직이 유지되는 기본적 특성은 변할 수 없기 때문이다. 유학 내적으로 사공 능력을 강화하려는 온갖 노력은 새로운 주장이 많든 적든 간에 효를 근본으로 하는 유가 윤리를 따르면서 엘리트 사대부의 문화 도덕적 지위를 수호하고 있었다. 이와 같은 사회 조직 구조에서 국가가 징세를 강행한다면 각급 지방관·아전·사인士人·지주의 부담은 갈수록 무거워지며, 중간에서 사복私服을 채워 기층 농민은 장차 감당할 수 없는 지경에 이르게 될 것이다. 역대 모든 농민 전쟁은 국가의 억압 및 지방의 광범위한 착취와 연관이 있다.[41]

한편 동문관과 유사한 쟁론은 청의파가 일체화 구조의 조직 원칙과 양무 사업의 대립을 이미 인식했음을 드러낸다. 서양에 대한 학습은 두말 할 것 없이 과거제도를 바꾸고 사대부는 서양 학문과 현대화된 관리를 배워야 한다는 내용이다. 그러나 청의파는 이것이 유학의 가치체계 및 일체화 조직의 전반적 형식에 저촉된다는 사실을 잘 알고 있었다. 현대화는 도시에서 일으키는 사업으로, 도시와 마을에서 공업을 경영하고 서양과학을 가르치는 신학당을 설립하여 현대화된 기업을 담당할 새로운 관리자가 양성되기를 요구하기 때문이다. 그러기 위해서는 여태껏 향촌과 토지에 집중되었던 자금과 사회 엘리트가 도시와 공업으로 전향하는 것이 전제되어야 한다. 그러나 일체화 구조의 안정穩定을 유지하려

---

41   金觀濤, 劉靑峰, 『開放中的變遷: 再論中國社會超穩定結構』, p.39, 84.

면 필연적으로 과거제와 가족 조직을 강화하고, 향촌의 신사가 지방과 향촌에서 사회 관리자족장의 역할을 수행해야 한다. 이는 현대화의 방향과 정반대로 가는 것이다. 즉 벼슬아치의 향촌 자치와 종법가족이 공고하면 할수록 현대화는 불가능하다. 이렇게 해서 경세치용파의 분열 자체가 '유가의 사공을 강화하는 변형 구조'에 대한 부분적 감별의 의미를 갖는다. 그것은 전통 일체화 구조를 유지하는 것과 서양을 향해 현대화를 학습하는 일이 물고기와 곰발바닥 두 가지를 다 얻을 수 없는 것[『맹자』 「고자告子 상」에서 맹자는 물고기와 곰발바닥 모두 얻을 수 없다면 물고기를 버리고 곰발바닥을 취할 것이며, 삶生과 의義를 모두 얻을 수 없다면 삶을 버리고 의를 취할 것이라고 했다]과 같음을 증명한다.

사실 청프전쟁[1883년 12월~1885년 4월] 이후 청의파 세력은 흥성에서 쇠약하는 양상을 보였는데, 이러한 변화 추세는 경세치용이 점차 반증되는 것을 상징하고 있다. 어느 학자가 집계한바, 양무에 반대한 청의파는 중견 사대부들이었다. 그중 진사와 거인 출신을 더하면 95퍼센트를 차지한다. 고급 직관(1~3품)의 점유율은 60퍼센트에 달했고, 중급 직관(4~5품)의 점유율 역시 34퍼센트에 달했다. 그러나 공생貢生[명·청대에 부·주·현의 생원(수재) 중 성적이나 자격이 뛰어난 자를 선발해 수도의 국자감으로 진학시켜 공부하게 했다. 황제에게 인재를 '바친다貢'는 의미에서 이들을 '貢生'이라 불렀다]과 군사軍士 출신의 비례는 극히 적었다.(표 6.2)[42]

---

42 陳淸敏,「淸季自強運動時期"淸議"之硏究」(台灣: 東海大學歷史硏究所博士論文, 1988).

표 6.2 청의파의 출신 성분

시기 출신	도광	함풍	동치	광서	(총수) 백분율
진사	10	13	18	11	(52인) 87%
거인	1	3	1		(5인) 8%
공생	1				(1인) 2%
군사					(2인) 3%

천칭민陳淸敏, 「청말 자강운동 시기 '청의'의 연구淸季自強運動時期"淸議"之硏究」(台灣: 東海大學歷史硏究所博士論文, 1988), p.152에서 인용.

한 걸음 더 들어가서 사대부의 중견을 대표하는 청의파가 양무운동 전기(1862~1874)와 중기(1875~1884) 그리고 후기(1885~1895)에 점유한 비율을 분석해보면, 1875~1884년 시기가 절정기로 반대파가 청의파 관료의 40퍼센트를 차지하는 것을 확인할 수 있다. 1885년 이후로는 10년에 걸쳐 관료의 23퍼센트로 줄어들어 청의파 인원이 뚜렷이 감소하고 있다.(표 6.3)

표 6.3 청의파의 변화

시간	관직	1품~3품	4품~5품	총계
1862~1874		18%	12%	30%
1875~1884		26%	14%	40%
1885~1895		16%	7%	23%

천칭민, 위의 글, p.157에서 가져옴.

이와 같은 변화가 일어난 까닭은 무엇일까? 궁정의 권력 투쟁이라는 요인을 제외한 다른 요인 하나는, 청프전쟁에서 청의파는 주전파

主戰派였지만 그중 많은 사람들이 현실과 서양의 대결에서 서양의 힘을 목격하기 시작했고, 서양을 배우고 양무를 하지 않을 수 없는 현실을 발견한 것이다. 다시 말해 청프전쟁의 실패는 청의파의 의견이 실행 불가능함을 증명했다. 그들은 진퇴양난을 느낀 것이다. 즉 국방 현대화를 하면 내부 사회 구조가 파괴될 것이고, 서양을 학습하지 않으면 망국에 이를 것이다! 장지동의 경우, 원래는 청의파에 속했으나 이내 청의파의 주장이 실제와 부합하지 않는다는 것을 깨닫고 단번에 양무파로 돌아섰다. 청의파의 영수인 장패륜張佩綸(자는 유초幼樵, 1848~1903)이 청프전쟁 뒤에 세력을 상실한 것 그리고 청일전쟁에서 패한 뒤 사상이 크게 바뀐 것이 청의파 사상 변화의 전형적 범례範例다.[43] 즉 청의파의 분화와 쇠락은 경세치용이 스스로의 문제를 뚜렷이 드러나게 했고, 경세치용이 서양의 충격에 저항할 수 있는가에 대해 더욱 많은 사대부들이 의심하게 되었다. 캉유웨이가 그러한 전형이다. 청프전쟁 이전 캉유웨이의 입장은 청의파에 가까웠다. 그러나 마강 전투馬江之役 소식이 전해지자 캉유웨이의 격분은 예사롭지 않았다. 그는 이렇게 썼다. "헤아려보건대 마강에서 패전한 뒤로 국가의 형세가 날로 급박해지고 있다. 중국의 분발은 이 몇 년간의 겨를이 있을 뿐이다. 때를 놓치지 않고 변법을 한다면 아직 부지할 수 있겠지만, 이때를 놓치고 고치지 않다가 나중에 그것을 하고자 한다면 외환이 날로 닥쳐와서 형세는 손쓸 수 없게 될 것이다計自馬江敗後, 國勢日蹙, 中國發憤, 只有此數年閑暇, 及時變法, 猶可支持, 過此不治, 後欲爲之, 外患日逼, 勢無及矣."[44] 그후 그는 『실리공법전서實理公法全書』『강자내외편康子內外篇』을 저

---

43   蘇啟昌,「張佩綸與晚淸淸流集團」(台灣: 東海大學歷史硏究所博士論文, 1987).
44   康有爲,「康南海自編年譜」, 中國史學會 編, 『戊戌變法』(四)(上海: 上海人民出版社, 1957), p.120.

술하기 시작했고, 아울러 황제에게 가장 먼저 글을 올리고 변법유신變法維新의 길로 나아갔다. 1884년 청프전쟁 중에 중국 푸젠 해군이 전멸한 사건은 민감한 몇몇 유생으로 하여금 유학에 대한 신뢰를 거두어 관변 이데올로기로 나아가게 했으며, 10년 뒤 청일전쟁의 패전과 경세치용이 반증되는 결과를 예시한 것임을 알 수 있다.

  이제 우리는 1894년 갑오 청일전쟁 및 그 결과가 왜 중국사상 발전에 지극히 중요한지 이해할 수 있게 되었다. 이전의 중국이 두 차례의 아편전쟁과 청프전쟁을 겪었을 때 누군가가 경세치용이 서양에 저항할 수 있을지 의구심을 보였음에도 결국은 "오랑캐의 특기를 배워 오랑캐를 누른다"는 구호를 제대로 관철하지 않았던 사실로써 중국의 실패를 해석할 수 있다. 뿐만 아니라 중국이 영국·프랑스라는 유서 깊은 자본주의 국가에 충분히 맞서 싸울 수 있는 실력을 갖추려면 결코 짧은 시일의 성과로는 불가능하다. 그러므로 이 몇 차례의 실패는 유가 이데올로기가 주장하는 이상사회의 청사진에 문제가 있음을 입증하기엔 미흡한 것이었다. 그러나 갑오 청일전쟁 무렵 중국은 양무운동을 추진한 지 30년이었고, 적수는 사대부의 눈에 중국보다 못한 일본이었다. 중국과 일본이라는 두 국가의 차이는 이 30년 동안 일본이 메이지 유신을 추진한 것으로, 기물 차원을 넘어 제도·문화 차원에서 전면적으로 서양을 학습하는 개혁을 실행했다는 데 있다. 중국 북양北洋 수군이 전멸했다는 소식이 전해졌을 때 중국은 아연실색하고 말았다! 이는 명백히 양무운동은 파산했고 일본의 성공은 제도와 문화 개혁을 실현한 데 있음을 선고한 것으로, 다음과 같은 사실을 증명한 셈이다. 중국의 유구한 역사 속에서 일체화 구조는 비록 사회 정합을 효율적으로 유지하는 제도였던 적이 있으나, 서양의 충격 아래 더 이상 중국을 유지할 수도 없으며 중국이 망하지 않으리라 보장할 수도 없다는 것이다. 이로써 이와 같은 제도를 설계한 유가 이데올로기 청사진 또한 동시에 반증되었다.

6.6
전환기의 시작

단절점과 출발점, 1895년
청일전쟁의 패전은 중국 사상사의 분수령이다
유가 이데올로기의 매력이 사라지다
두 차례의 반증과 두 차례의 융합
사공을 강화하는 구조의 프레임이 새 사상의 모체가 되다

1895년은 중국 근대 사상사에서 극히 기이하면서도 중요한 대전환의 시기다. 그 이전에는 사상이 아무리 요동치고 사상가가 아무리 해방적이어도 유학의 기본 가치라는 궤도를 벗어나지 않았다. 그러나 1894년 청일전쟁은 세상을 뒤흔드는 천둥소리와도 같이 단번에 유학체계를 강타하여 사람들로 하여금 유학의 기본 가치를 전면적으로 의심하게 했고, 일부 유학과 상반된 가치를 추구하는 현상을 낳았다. 이 사상적 충격은 극히 맹렬한 것으로, 1895년 이전의 관념 변천은 찻잔 속 파도에 불과할 뿐이었다. 량치차오는 청일전쟁의 패전이 일으킨 사상 변화를 일컬어 "우리 나라가 4000여 년 동안의 기나긴 꿈에서 깨어났다"고 말했다.[45] 장

하오張灝는 1895년을 '중국의 전환기의 시작中國轉型時期的開始'이라 했다. 그는 중국 정통 사대부의 심태든 사회적 큰 관심사든, 또는 지식인이 취급하는 신문·언론의 성격이든, 심지어 중국 지식인의 궁극적 관심이든, 1895년은 그 모든 것의 단절점이라는 사실을 발견했다. 1895년 이후의 양상은 그 이전과 완전히 달랐다.[46] 1895년은 청의파 역시 문화 가치의 지향이라는 점에서 대반전을 나타냈다. 그들 중 많은 사람들이 단시간에 전통을 보위하는 보수파로부터 급진적 개혁파로 전향했다.[47]

일반적으로 역사학자들은 청일전쟁 패전 뒤 중국이 직면한 전대미문의 망국의 위기를 말할 때 유생의 대오각성을 제시한다. 사실 망국과 사회 위기만으로는 청일전쟁의 패배가 왜 중국 사상사에서 분수령의 성격을 띠는지 이해하기 어렵다. 예컨대 만주족이 세운 청나라가 관내로 진입한 것과 명나라 왕조가 멸망한 것은 많은 유생의 눈에도 망국이었으나, 당시 그로 인해 격발된 반성은 유가의 기본 궤도를 이탈하지 못했다. 반면 1895년이 기이한 전환점이 된 결정적 이유는 청일전쟁이 양무운동의 실패를 선고했다는 데 있다. 양무운동 실패의 진정한 함의는 19세기 전반에 걸친 중국 근대 전통에서 경세치용으로 유가의 사공 능력 강화가 파산했음을 증명한 것이다. 그것은 유가가 사공을 강화하기 위한 변형 구조를 거쳤음에도 서양의 충격에 대항할 수 없으며 중국은 민족국가의 숲에 발을 들이지 못하게 된 것으로, 그렇다면 유가 윤리와 상응하는 사회제도는 현대 세계에서 좋은 제도가 아닌 것이다. 유가적 사회제

---

45 梁啓超,「戊戌政變記」,『飮冰室合集·專集』, 第一冊(上海: 中華書局, 1936), p.1.
46 張灝,「中國近代思想史的轉型時代」,『二十一世紀』(香港: 香港中文大學中國文化硏究所), 1999年 4月號.
47 柯文(Paul A. Cohen)著, 林同奇 譯,『在中國發現歷史: 中國中心觀在美國的興起』(北京: 中華書局, 1989), p.32.

도를 기필코 유지하려 했다면 중국은 멸망하여 서양의 식민지로 전락했을 것이다. 청일전쟁 이후 위로는 조정의 사대부에 이르기까지, 아래로는 민간의 독서인에 이르기까지 모두가 양무를 반성했다. 양무운동의 핵심 인물 이홍장은 "조정과 재야에서 모든 사람의 멸시와 비난朝野上下的唾罵"을 당했다. 허난성의 후보도候補道였던 역순정易順鼎은 정문呈文[옛날 하급 관아에서 상급 관아에 올리던 행정공문의 한 종류]에서 이홍장을 "나라 사람들 모두가 죽이는 것이 옳다고 합니다國人皆曰可殺"라고 했다.[48] 장패륜은 이홍장이 "40년간 공훈으로 이룩한 명망과 위신을 하루아침에 왜국과의 조약[시모노세키조약]으로 인해 깡그리 잃어버렸다四十年之勳名威望, 一旦爲倭約喪盡"고 했다.[49] 양무운동 실패의 원인을 반성한다는 것은 논리적으로 중국이 2000년 동안 실행해온 사회제도를 부정하는 것이다. 바로 구구갑歐榘甲이 "청일전쟁 이후 세상사람 모두가 조정을 믿어서는 안 된다는 것을 안다自中日戰爭以後, 天下皆知朝廷之不可恃"라고 말한 것과 같다.[50] 담사동은 양무운동 30년을 일컬어 "중국은 이 수십 년을 헛되이 보냈中國虛度此數十年"으며 "한갓 종전의 규정을 답습하여 국고를 허비했을 뿐徒奉行故事虛糜帑項而已"이라고 했다.[51] 당시 모든 사람이 서양 학문에 대해 이야기했고,[52] 집집마다 유신을 논했다.[53] 수많은 유생에게 양무운동의 실패는 중국 전통 사회제도의 가치 위상이 좋은 것(긍정·수호)으로부터 좋지 않은 것(부정·변

---

48 中國史學會 編, 『中日戰爭』(四)(上海: 上海人民出版社, 1957), p.71.
49 中國史學會 編, 『中日戰爭』(五), p.229, 230.
50 太平洋客(歐榘甲), 「新廣東(廣東人之廣東)」, 張枬, 王忍之 編, 『辛亥革命前十年時論選集』, 第一卷, 上冊(香港: 三聯書店, 1962), p.270.
51 譚嗣同, 「上歐陽中鵠書」, 『譚嗣同全集』, 上冊(北京: 中華書局, 1981), p.158.
52 歐榘甲, 「論政變爲中國不亡之關係」, 中國史學會 編, 『戊戌變法』(三)(上海: 神州國光社, 1955), p.156.
53 譚嗣同, 「與徐仁鑄書」, 『譚嗣同全集』, 上冊, p.269.

혁)으로 바뀌는 거대한 변화가 발생했음을 의미한다.

　　우리가 1.4절에서 밝혔듯이, 일체화 구조의 중요한 특징 중 하나는 사회제도와 도덕 이상을 동일시하여 모든 사회 병폐를 도덕 목표에서 벗어난 것으로 귀결시킨다는 점이다. 그러나 사회제도가 좋지 않은 것 또는 실현될 수 없는 것으로 증명되면, 즉 도덕 이상이 바람직하지 않음을 의미한다면, 그동안 사회제도와 도덕 이상을 감싸던 매력은 곧 사라지기 시작한다. 청일전쟁에서 패한 뒤 유가 이데올로기는 더 이상 불변적 기본 가치를 유지할 순 없었지만 세계적 현대화 조류 속에 우뚝 솟았다. 유학의 창조적 전화는 곧 시대의 새로운 임무가 되었다. 비록 유가 이데올로기에 대한 전면적 부정은 창조적 전화가 실패하기까지 기다려야 했지만, 청일전쟁 이후 내부에서 일어난 가치 역전의 폭풍은 처음부터 한꺼번에 나타나기 시작했고, 갈수록 맹렬해지는 서학동점이 거의 모든 독서인을 장악하면서 낡은 이데올로기가 해체되고 새로운 사상이 탄생하는 대변혁의 시대가 시작되었다. 그 뒤 중국인의 사상 관념은 너무나 빠르게 변화해 거의 5년마다 새로운 세대의 인물과 새로운 사상이 출현했다. 불과 20년 뒤, 사상의 대변동 속에서 청 왕조는 해체되었고 중국은 신문화운동의 입구에 다다랐다. 당시 지식인이 격한 감정에 북받쳤듯, 10년이라는 얼마 안 되는 기간은 앞선 100년간의 변천에 비해 맹렬했다.

　　진한 제국에서 청말에 이르기까지 2000년 동안 유가 이데올로기의 반증이 이루어진 것은 단 두 번뿐이다. 첫 번째는 위진남북조 시대다. 우리가 2.1절에서 논했다시피 당시 소수민족이 내지로 대거 이동하고 불교가 전래되는 등의 큰 혼란으로 인해 일체화 구조 세 층위의 양호한 정합 상태가 파괴되었다. 우주론 유학의 도덕 이상과 대일통 사회 정합이 이루어지지 못하자 우주론 중심의 유학은 바람직하지 않은 것임이 밝혀졌다. 이는 유가의 도덕 이상이 내부로부터 해체되는 사태를 초래해 '무위'와 '불간섭'을 천도로 하는 현학·불교가 그 자리를 대신하는 결과로 이어졌다. 이것이 중국 문화가 외부의 충격으로 인해 경험한 첫 번째의 거대한 개조였다. 이로 인해 중국 사회는 약 300년간의 동요와 분열로써 외래 충격을 소화하는 대가를 치렀다. 우리는 이것을 제1차 융합이라고 불렀다. 그리고 1895년 청일전쟁의 패전은 양무운동의 실패를 증명했고 많은 사대부들이 갈수록 강렬해지는 서양의 충격이라는 조류 속에서 마침내 중국이 전통적 일체화 구조라는 조직 방식을 유지하고서는 더 이상 이 세계에 발붙일 수 없음을 자각했다. 제1차 융합을 거쳐 건립된 이학 및 그에 상응하는 사회제도 역시 가장 뛰어난 것이 아님이 증명되자 유가의 도덕 이상은 다시금 바람직하지 않은 것이 되었다. 이로부터 유학 이데올로기는 다시 한 번 해체되었고, 위진남북조 시대와 유사하게 사회와 사상의 지각변동 시대가 출현했다. 중국 문화는 제2차 대융합의 시기로 진입했다.

    제2차 융합은 제1차 융합에 비해 외래 충격의 성질이 상이하다는 점 외에도 유가 이데올로기가 반증되는 방식에서 매우 상이하다. 위진남북조 때 유가 이데올로기의 바람직하지 않음은 우주론 유학에서 주장하는 사회제도가 실현될 수 없음을 가리킨다. 그러나 청일전쟁에서 패한 뒤 유생이 깨닫게 된 유가 이데올로기의 바람직하지 않음은 이학이 묘사한 사회제도가 실현될 수 없다기보다는 실현되었어도 서양의 충격에 대항할 수 없다는 것으로, 그러므로 역시 좋은 제도가 아니라는 것이다. 이학경세파가 태평천국의 난을 진압하는 데 성공한 것과 동치중흥이 사회 정합을 개조 복원한 것은 이학에 의한 사회 설계가 실현될 수 있음을 증명했으나, 청일전쟁의 패배는 서양의 충격 아래 이와 같은 제도가

취할 만한 게 아님을 선고했다. 이러한 차이로 제2차 문화 융합 당시 지식층의 가치 지향은 제1차 융합과는 매우 큰 차이를 드러냈다. 위진남북조 시대에 유가 도덕 이상의 실현 불가함은 도덕가치와 사회 유지의 윤리 규범을 추구하던 사대부로 하여금 개인 정신의 해방으로 전향하게 했다. 도덕 이상의 실현 방식 또한 유가적 실천 중시에서 도가적 현상玄想과 사변으로 변했다. 그로 인해 사대부의 참여 정신이 사회로부터 물러나게 되었다고 개괄할 수 있다. 반면 제2차 융합에서 유가의 도덕 이상이 반증된 원인은 그것이 실현될 수 없기 때문이 아니라 서양의 충격에 대항할 수 없기 때문이다. 그렇다면 포기되는 것은 유가의 도덕이상 그 자체일 뿐 사대부가 사공을 강화하는 참여 정신이 아니다.

이 점은 청일전쟁 이후의 사조를 이해하는 데 극히 중요하다. 원칙적으로 말하자면 유학이 반증됨은 송명이학에 대한 부정만 의미하는 게 아니다. 그것은 경세치용의 포기와 명말 청초의 유학의 각종 변형 구조까지 포함해야 마땅하다. 그러나 청일전쟁 이후 사대부가 사공을 강화하는 도덕 실천의 정신이 좌절된 것은 결코 유가의 도덕 이상이 부정되었기 때문이 아니다. 이런 까닭으로 청일전쟁 이후로 송명이학의 운명과 명말 청초 유가가 사공을 강화한 여섯 가지 변형 구조의 운명이 제각각 달라지게 되었다. 당시 사대부는 송명이학의 내용과 구조를 부정했으나, 서양 열강의 현실 압력에 저항하여 유가의 구조 전체와 사공 강화의 참여 정신을 그대로 유지했다. 고염무의 조사 연구로 나라를 구하고자 하는 사상, 왕선산의 기 중심적 유물론, 황종희의 민본주의 정부, 그리고 안습재의 실천주의는 그 안에서 유가의 도덕 윤리적 내용만 빼내면 서양의 충격에 대처하는 사대부의 사상 자원이 될 수 있다. 그리하여 청일전쟁 이후 송명이학의 위신이 급격히 떨어지는 20년 동안 고염무·황종희·왕선산 학설의 지위는 끊임없이 상승하여 새로운 사조의 지지자든지 보수적 사대부든지 관계없이 그들의 학설에 대해 모두 찬동을 표시했다. 본래 고염무·황종희·왕선산 세 유학자는 명나라 유민으로, 청 조정은 그들을 받아들이기를 미뤄왔으나 청일전쟁 이후 세 사상가의 정통적 지위가 관변에 의해 승인되었고, 마지막에는 문묘文廟에 종사從祀되었다. 이는 청일전쟁 이후 사공을 강화하는 유학의 변형 구조가 배태한 사회행동 구조와 사상적 틀이 유가 윤리로부터 신속히 분리되어 새로운 사상을 흡인하고 수용하는 모체가 되었음을 입증한다.[54]

---

[54] 세 유학자를 문묘에 종사한 것을 관변이 그들의 정통적 지위를 승인한 표지로 삼은 사실은 유학이 사공을 강화하는 기본 구조가 어떻게 19세기 하반기에 출현했는지, 또한 그것이 동치중흥 속에서 어떻게 정통 사대부에게 수용되어 마침내 갑오년 뒤에 공인되었는지를 형상적으로 보여준다. 연구에 따르면, 가장 일찍 문묘 배향이 발의된 인물은 고염무로서 그 시기는 동치 왕조 때였다. 1876년 8월 20일 곽숭도는 왕부지王夫之를 문묘에 종사함이 옳다고 상주했고, 조정은 이를 예부에 넘겨 토의한 뒤 보고하라고 명했으나 통과되지 않았다. 1884년 진보침陳寶琛은 다시 고염무·황종희 종사를 주청했다. 1907년 조계림趙啟霖이 다시 왕부지·황종희·고염무 세 유학자를 문묘에 종사하자는 건의를 올렸다. 그때는 신정과 입헌의 기세가 왕성하게 진행되어 고·황·왕 3인의 지위가 사대부들 사이에 이견이 없다시피 했고, 예부에서 비평하여 논하는 과정에서 받은 의견서說帖 26건 중 대부분이 찬동했다. 1908년 9월 1일 청 조정은 마침내 세 유학자의 문묘 종사를 허가했다.(何冠彪,「顧炎武, 黃宗羲, 王夫之入祀文廟始末」,『漢學研究』, 第9卷 第1期 [台北, 1991]) 본래 청조의 관변 이데올로기는 이학이고, 세 유학자가 부르짖은 학술은 모두 이학 비판이었다. 유학이 현대적 전환을 실현한 뒤에 비로소 그들의 학설이 관변에 의해 정통으로 간주되었다는 것은, 그들 학설이 유학의 도덕 내용과 분리될 수 있게 되었으며 아울러 새로운 사상을 받아들이는 프레임이 되었음을 의미한다.

7장

혁명 유토피아의 기원

사람들은 흔히 관념을 사물의 반영으로 여겨, 내 마음속의 귤은 단지 현실의 귤의 한 인상일 뿐이라고 간주한다. 이와 같은 상식을 사상사에 적용하면 엄청난 착오를 낳는다. 새로운 문물과 외래의 충격은 물론 관념 속에 반영되어 새로운 담론 대상이 될 수 있으나, 사상에서 개별적 관념이나 어휘는 중요하지 않은 것이다. 사상의 구조는 어휘와 행동의 상호관계를 통해 조직되는 것으로, 눈에 보이지 않는 큰 그물에 덮여 있는 눈에 보이는 사물을 꿰뚫어봄으로써 우리 마음속의 질서 있는 이념 세계를 구성한다. 새로운 사물이 가져다주는 외래 충격은 그러나 흡사 배구에서 네트를 건드리는 것과 같아서 새로운 관념 체계體系는 단지 기존 관념 구조의 변형일 뿐이거나, 총체적 역전일 수 있다. 어떤 전통이 위대할수록 관념의 체계성이 강하다는 점 또한 확연히 드러나게 마련이다.

7.1
중국 현대사상의 발단

1895년은 중국 현대사상사의 진정한 발단이다
중국 문화 변천의 내적 맥락에 근거하기
가치 역전에 의한 새 가치의 형성
담사동 및 그의 『인학仁學』
『인학』의 도덕일원론과 왕선산의 유기론 철학
'에테르ether'와 '기氣'
열사烈士 정신

사상 관념의 변천을 전통·근대·현대라는 세 개의 큰 시간대로 나눈다면, 1895년은 중국 현대사상사의 진정한 발단으로 볼 수 있다. 스트롬버그Roland N. Stromberg는 서양 근현대 사상사의 시기를 구분 지으면서 1590년부터 1789년 프랑스 대혁명까지를 '과학과 계몽의 시대'라 했고, 1789년부터 현재, 즉 계몽운동 이후의 관념을 통틀어 '당대 세계의 사상'이라 했다.[01] 이러한 구분법에 근거해, 우리는 명말 청초 이전의 사상을 '전통'이라 하고, 청대에 형성된 '중국 근대 전통'은 중국 사상사의 '근대'를 대표하며,

---

[01] 史壯柏格(Ronald N. Stromberg) 著, 蔡仲章 譯, 『近代西方思想史』(台北: 桂冠圖書股份有限公司, 1993).

1895년 이후는 중국 사상사의 '현대'라 할 수 있다. 확실히 서양 현대 이성주의와 계몽운동이 배태한 새로운 가치들은 1895년에서 1924년에 이르기까지 중국에서도 대부분 발견할 수 있다. 진보 관념, 민족주의, 인권 사상, 낭만주의, 과학주의, 유물론, 유토피아주의, 사회주의, 민주주의唯民主義[리다자오李大釗는 1923년 1월에 출간된 그의 저서 『평민주의平民主義』에서 당시 'Democracy'는 '민본주의民本主義' '민주주의民主主義' '민치주의民治主義' '평민주의平民主義' '유민주의唯民主義' '데모크라시德謨克拉西' 등으로 번역되었다고 했다] 그리고 무정부주의 등이 그것들이다. 서양은 프랑스혁명 이후 이데올로기의 시대를 맞았고, 중국도 5·4 시기 이후 현대 이데올로기의 패권에 의해 통치되었다. 모두가 놀라 마지않는 것은, 서양이 프랑스혁명을 전후로 거의 200년에 걸쳐 이루어낸 변화를 중국 사상은 1895년부터 1924년에 이르는 30년 동안 모두 겪었다는 사실이다.[02]

  우리는 서양이 200년 걸쳐 이루어낸 역정을 중국 사상이 20여 년에 완성한 사실에 대해 서양 현대 사조가 중국을 정복한 것으로만 해석할 수 없다고 생각한다. 이번 장부터 우리는 제2차 융합의 기본 논리를 토대로 앞서 말한 갖가지 현대적 가치의 기원을 분석할 것이다. 우리가 발견한 것은, 사상 변천의 내적 맥락으로 볼 때 1895년에서 1924년 사이 중국에서 한꺼번에 등장한 서양 계몽사조와 유사한 새 가치들은 대부분 중국 전통이 가치 역전과 제2차 이성화 작용이 낳은 결과라는 것이다. 때로는 서양 관념의 전래가 이와 같은 전통 구조의 변동에 새로운 명사名詞를 제공했으나, 많은 경우에 서양 현대사상의 내용이 중국 사상의 구조에 융합되기는 했으나 중국 문화 변천의 내적 논리에 의해 좌우되는 원

---

02 陳方正, 「'五四'是獨特的嗎?: 近代中國與歐洲思想轉型的比較」, 『二十一世紀』(香港: 香港中文大學中國文化研究所), 1999年 6月號.

래의 과정을 가속화하고 풍부하게 했을 뿐이다.

우리가 중국 문화 변천의 내적 맥락으로부터 일련의 현대 관념의 기원을 밝히는 데는 두 가지 목적이 있다. 첫째, 이 작업은 왜 중국이 서양의 현대 문화를 수용하는 것이 고도의 선택적 성질을 지니며, 왜 중국 문화가 맞닥뜨린 현대성의 문제는 서양과 완전히 일치하지 않는지를 이해하는 데 도움이 될 것이다. 둘째, 어쩌면 인류 사상 관념의 변천의 일반적 격식을 연구하는 데 필요한 척도를 제공할 수도 있을 것이다. 지금까지 관념사와 현대화 연구의 일반적 구조는 서구 중심적인 것, 즉 서양 사회·문화 변천의 역사적 경험에 근거해 제출된 이론이었다. 서양과 비교하면 중국 전통사회와 문화는 매우 정합적인 동시에 상대적으로 고립된 시스템이다. 우리는 상대적으로 고립된 시스템에 관한 연구로부터 시스템 변천의 일반 법칙을 총괄하는 편이 비고립적 시스템을 연구 총괄하는 것보다 훨씬 쉽다는 것을 안다. 중국 문화 변천의 내적 맥락에 근거해서 획득하는 진화의 메커니즘이 더 보편성을 갖춘다면 세계사와 서양 사상의 변천까지 확대될 수 있을지도 모른다. 뿐만 아니라 중국 사상이 전통에서 현대로 변천한 것은 서양에 비해 수백 년 뒤처졌으며 서양의 충격 아래 강요에 의해 완성된 것이므로 이에 대한 연구는 상이한 문화 간의 충돌 법칙을 밝히는 데 도움이 될 것이다.

문화 융합의 첫걸음은 가치 역전에 의한 새로운 가치의 형성이다. 우리가 1.7절에서 분석했듯, 도덕 그 자체를 궁극적 관심으로 삼는 문화 체계에서 도덕가치가 좋지 않은 것은 곧 나쁜 것이라는 양극성에 비추어볼 때, 어떤 도덕이 실현 불가능하거나 나쁜 것으로 증명되면 상반된 가치체계는 곧 바람직한 것 또는 좋은 것으로 인식된다. 우리는 이 과정을 가치 역전이라 불렀다. 청일전쟁의 패배는 유가 도덕 이상이 바람직하지 않음을 선언했고, 가치 역전을 보편적으로 출현시켜 유신 사조를 걷잡을 수 없이 발생하게 했다. 그것이 중국 문화의 제2차 융합의 시작이다. 청일전쟁 이후 가치 역전이 창조한 새로운 관념은 5·4 시기에 비해 상대적으로 서양의 영향을 적게 받았고, 따라서 이 시기의 가치 역전을 분석하는 일은 더욱 전형성을 갖는다. 가치 역전이 새로운 사상을 창조하게 만드는 과정을 선명하고도 구체적으로 밝히려면 우리는 사례 분석으로부터 시작하는 것이 바람직하다.

가치 역전이 어떻게 중국 지식인의 사상 변화를 지배했는지에 관한 가장 전형적인 예를 찾아야 한다면, 담사동밖에 없을 것이다. 담사동은 1865년생으로, 청일전쟁이 발발했을 때 나이가 30세였다. 그의 사상은 30세를 분수령으로 하여 완전히 상반된 세계를 드러낸다. 그는 본디 열정적인 문학 사대부였으나 1884년 청프전쟁의 실패를 목도한 뒤 30세가 되기 전 유일한 정치평론인「치언治言」을 썼다.「치언」은 그의 초기 사상을 대표하는 글로, 당시 청의파와 매우 비슷한 관점을 담고 있다. 즉 양무로 나라를 구하고자 주력하는 것은 본말이 전도된 오류를 범하는 것이라는 인식이다. 그렇다면 서양의 충격에 중국이 어떻게 대처해야 망국에 이르지 않을 것인가? 담사동은 먼저 천하에 변동 불가함을 확정해야만 천하의 변동을 가라앉힐 수 있다고 주장했다. 그가 말하는 변동 불가함이란 바로 유가의 윤리 강상이다. 즉 사대부는 오직 '수신 제가 치국 평천하'를 통해서만 나라를 안정시키고 세계에 발붙이고 살아갈 수 있다.[03] 그러나 청일전쟁의 패배는 담사동에게 더없이 큰 자극을 주었다. 그는 과거에 허송세월한 것을 뼈저리게 후회하며 "지금은 '중국과 외국

03　譚嗣同,「治言」,『譚嗣同全集』(北京: 中華書局, 1981), pp.104-109.

이 사납게 싸우니 글이 소용없는 때中外虎爭, 文無所用之日'임을 깨달았으며, 헛된 글虛文은 포기하고 실학을 연구하는 데 온 힘을 쏟아 세상을 광정하고 시국을 구제하고자 마음먹었다."04 바로 이 시기에 담사동은 유가 도덕윤리에 대한 태도를 완전히 바꾸었다.

이와 같은 급격한 전향은 그가 금릉金陵 후보지부候補知府를 맡았을 때 저술한 『인학人學』에 집중적으로 드러나 있다. 담사동은 사람을 겹겹이 속박하고 있는 일체의 그물羅網을 돌파할衝決 것을 주장했다. 여기서 그물이란 재산과 녹봉利祿, 세속적 학문俗學, 수사와 기교에 빠진 문학詞章, 세계 모든 학문全球群學, 군주 전제君主專制, 윤리 강상倫常, 하늘天, 불법佛法을 포함한다.05 담사동이 말한 그물은 매우 광범해서 모든 인류 사회의 제도와 규정, 심지어 갖가지 차이와 경계까지 포괄한다고 할 수 있다. 군주 전제, 삼강오상, 남존여비에 대한 날카로운 비판은 중국 역사상 유례가 없을 만큼 강렬한 것이었고, 황제 전제專制에 대한 반대는 곧바로 청에 반대하고 만주족을 배척하는反淸排滿 것으로 구체화되었다. 그는 남녀가 자유롭게 연애하고 자연스런 교합의 욕망에 순종할 것을 주장했으며 모두가 마음의 문을 열고 사회와 일체가 될 것을, 그리고 중국은 문호를 개방하여 세계와 일체가 될 것을 요구했다. 그가 주장한 철저한 사회 개방 및 성 해방 사상은 이후의 무정부주의자보다 더하면 더했지 못하지 않은 것이었다. 담사동은 일체의 구속과 죄악을 모두 사물의 '명名'에서 비롯된 것으로 여기고 '명'을 없애기 위해 힘써야 한다고 주장했다. 이는 겉보기에는 노장 사상이나 대승불교와 매우 흡사해 보인다. 담사동이 불교를 신봉한 적은 있으나 『인학仁學』에 표현된 정신 경지는 불교와 근본적인

04 王樾, 『譚嗣同變法思想硏究』(台北: 台灣學生書局, 1990), p.32.
05 譚嗣同, 「人學」, 戴 『譚嗣同全集』, p.4.

차이점이 하나 있다. 적극적 유위有爲 정신이 바로 그것으로, 그는 철저히 유위와 입세立世를 견지했으며 나아가 사상 해방의 '심력心力'에 의거하면 자연히 부강에 이를 수 있다고 여겼다. 담사동의 사상 변화는 그야말로 가치 역전 과정의 가장 좋은 예다. 유가 도덕이 바람직하지 않은 것으로 증명되자, 윤상 곧 유가 도덕의 가치를 타파하는 것이 곧 새 도덕이 된 것이다. 담사동은 적극적 유위에 의해 사회를 개조하려는 입세 정신으로 천리신조天理信條의 속박을 부수었고, 또한 일체의 규정과 윤상을 타파하는 것을 새로운 도덕 경지로 간주했다.

사상사 연구는 우리에게 이와 같은 가치 역전의 실현 과정을 제공해주었다. 장하오의 연구에 따르면, 담사동의 『인학』과 왕선산의 유기론은 기묘한 전승 관계가 있다.[06] 담사동의 청소년기는 고염무와 왕선산의 저작이 중천에 오른 해처럼 강렬한 영향을 끼친 시기였다. 담사동은 9세 때 베이징의 유양회관瀏陽會館에 살면서 유양瀏陽의 학자 구양중곡歐陽中鵠을 찾아가 스승으로 모셨다. 구양중곡은 왕선산의 학문과 기개를 가장 추앙한 인물이므로 담사동은 어려서부터 왕선산 철학의 영향을 받았다고 할 수 있다.[07] 그는 "500년 이래 학자 가운데 하늘과 인간의 이치에 정통한 이는 선산 한 사람밖에 없다"[08]고 했다. 1890년 담사동은 일찌감치 「왕지王志」를 써서 자신이 "선산을 사숙했다"고 인정했다.[09] 그가 인정한 것처럼 담사동은 왕선산의 유기론 철학에 직접 근거함으로써 유학 체계體系 전체를 전복하는 데 사용할 새로운 도덕일원론, 곧 『인학』을 구성했다.[10]

---

06 張灝, 『危機中的中國知識份子: 尋求秩序與意義』(太原: 山西人民出版社, 1990), p.32.
07 王樾, 『譚嗣同變法思想硏究』, p.21.
08 梁啓超, 『淸代學術槪論』(台北: 台灣商務印書館, 1963), p.15.
09 譚嗣同, 「三十自紀」, 『譚嗣同全集』, p.205.

우리는 앞서 4.4절에서 왕선산이 유학의 사공 능력을 강화하기 위해 정주이학 중 천리와 실천 사공의 층위를 하나로 통합했음을 지적했다. 그리고 도덕 이상을 실행할 능력을 대표하는 기氣가 으뜸이고, 천리는 다만 기의 운행 가운데에 깃들어 있을 뿐이라고 생각한 점도 지적한 바 있다. "이는 기에 깃들어 있다理寓於氣"는 왕선산의 주장은 '기'로 하여금 더욱 강력하게 '이'를 실현하도록 함으로써 도덕 경지와 사공이 분리되는 것을 막으려는 목적이 있었다. 유기론의 맥락에서 기는 우주의 본원이면서 욕망을 대표하며, 동시에 실천이기도 하다. 기로써 도덕철학을 건립하는 것은 두 가지의 이론 발전 방향이 있다. 첫 번째 방향은 기에 상당하는 도덕(심) 감정을 이론적 합리성의 출발점으로 간주하여 우주론과 도덕철학을 구성하는 것이다. 기는 도덕을 대표하므로 기를 사용해 속박을 타파하는 것도 당연히 도덕적인 것이다. 이것이 곧 송명이학 제3계열 기론의 기본 구조다. 두 번째 방향은 오직 가치 역전만을 새로운 도덕의 내용으로 여기는 것, 즉 천리에 대한 기의 부정을 도덕의 기초로 삼는 것이다. 이 가운데 두 번째 방향이 왕선산 기론 구성의 새로운 발전이었다. 왕선산 기론의 기본 이치는 기가 운행 중에 도덕(리)을 드러내는 것이라는 데 있다. 이렇듯 이理가 기의 운행 속에 깃들어 있다고 보는 사고방식은 물론 유가 윤리의 사공 능력을 강화하는 데 운용할 수도 있다. 그러나 도덕 윤리를 기가 운행 중에 표현하는 공통성이나 관계로 여기는 사고방식은 어떤 고정된 도덕규범을 부정하는 것을 이理로 간주함을 함축하고 있다. 다시 말해 왕선산 철학의 이론 구조는 유가 윤리와 관계를 끊을 수 있는 구조다. 실제로 유가 윤리 옹호라는 기본 전제를 바꾸기만 하면 왕

---

10 譚嗣同,「王船山的學術思想與仁學」,『湖南文獻』, 第5卷 第2期(台北, 1977).

선산의 이론 구조는 유가 윤리로부터 해방되어 역전한 가치를 수용하는 기본 프레임框架이 될 수 있다. 이론 구조상 이理는 반드시 기에 의탁해야 하는데, 이는 이미 송명이학의 이기 관계에 대한 부정이다. 유기론의 주장은 한 걸음 더 나아가 그러한 부정을 가치 역전이 되도록 확장할 수 있다. 즉 기가 이理를 실현하기는커녕 오히려 현존하는 윤리 질서를 전복 파괴하는 것이다. 이처럼 유기론 위에서는 유가 윤리의 전복을 새 도덕으로 삼는 가치 역전의 철학이 세워질 수 있다. 이 점이 바로 담사동이 왕선산 철학을 계승하고 발전시킨 점이다.

  담사동은 왕선산 기론의 기본 구조를 계승했으나, 다른 점이 있다면 기를 이용하여 천리를 폭파하여 천리가 설치한 갖가지 규정과 제약을 타파하자고 주장한 것이다. 담사동은 당시 서양 과학에서 빌려온 '에테르ether'라는 새로운 명사로써 왕선산의 '기'를 대체했다. 우리가 3,4절에서 논했듯이, 정주이학은 천리를 일종의 정신 경지로 삼아 불교의 수신과 유학의 도덕 목표를 교묘하게 결합했다. 천리라는 것이 이상화된 인간관계 및 우주 질서인 만큼 그것은 필연적으로 물질의 '무'이자 관계의 '유'라야만 했다. 물질의 '무'는 이학으로 하여금 불교의 '무욕'과 '주정主靜'을 받아들여 수신할 수 있게 해주었고, 형식의 '유'는 유가의 도덕 윤상을 긍정하여 수신의 목표가 허무가 아닌 유가의 윤리 도덕이 되도록 해주었다. 그러나 담사동은 기(에테르)로써 일체의 그물을 돌파해 모든 규정과 장애를 제거한 다음에 도달하는 경지는 물질의 '유'이자 형식의 '무'였다. '물질의 유'란 입세 정신을 대표하는 '기' 혹은 '에테르'(물질)로 일체의 속박을 타파하는 것이다. '형식의 무'는 원래의 천리 세계에 의해 수립된 일체의 등급 질서와 인간관계가 일소되어 아무것도 남지 않아야 하는 것이다. 확실히 담사동은 이학의 천리 세계에 존재하던 물질과 형식의 관계를 도치시켜 새로운 시대의 도덕으로 삼았다. 이것이 바로 장하오가 분석한 그물을 돌파하는 열사烈士 정신의 탄생이다.

열사 정신은 두 측면으로 구성되어 있다. 한편으로 그물 돌파가 최종적으로 지향하는 정신 경지는 불교의 경지와 다르지 않아서, 일체의 형식화된 관계를 소멸함으로써 인간에 대한 제도의 구속에 저항하고 나아가 개체 생명까지도 일종의 멍에로 본다. 그렇게 일체의 속박을 제거한 뒤에라야 비로소 영생과 숭고의 경지에 도달할 수 있는데, 그것은 지극히 눈부신 세계다. 다른 한편으로, 이 새로운 경지에 도달하기 위해 의지해야 하는 것은 '기'(에테르)다, 즉 모름지기 사람이라면 세계를 적극적으로 변혁해야 할 뿐 아니라 낡은 세계를 타파하기 위해 헌신해야 한다고 주장하는 것이다. 무술변법이 실패한 뒤 담사동으로 하여금 두려움 없이 스스로 죽음을 선택하게 한 것은 말할 것 없이 이러한 믿음이었을 것이다. 그는 중국 근대사에서 개혁과 변법을 위해 희생을 자처한 최초의 열사가 되었다. 장하오가 지적하듯이, 담사동은 장재張載의 기화론氣化論을 계승하고 나서 우주의 생멸은 기의 취산에 다름 아니지만 기는 영원한 존재이므로 생성도 없고 소멸도 없다고 생각했다. 이와 같이 그물 돌파에 의해 도달한 상태는 영원불멸의 대생명이다. 담사동은 1896년 이 점을 인식하고 나서는 '살신멸족殺身滅族'의 결심을 끝까지 견지했다. 1898년 무술변법 실패하자 담사동은 충분히 도망칠 시간이 있었지만 태연자약하게 대의를 지켰고, 자신이 『인학』에서 묘사한 열사 정신을 실현했다.[11]

11　張灝, 『烈士精神與批判意識: 譚嗣同思想的分析』(台北: 聯經出版事業公司, 1988), pp.107-108.

7.2
첫 번째 가치 역전
혁명 인생관과 혁명 도의

고유의 궁극적 관심을 도치시켜 새로운 궁극적 관심을 창조했다

청말 지사志士의 유협遊俠 심태

왜 '혁명'은 19세기 말에 부각됐으며 20세기에

모든 인민을 지배하는 새 도의가 되었나?

중국의 혁명 도의의 특수성

혁명의 이중의 함의

혁명 도의가 유기론에 붙다

왕선산과 송명이학 제3계열의 방향

우리가 담사동의 『인학』에 나타난 도덕 이상을 자세히 분석해야 하는 까닭은 다음을 강조하기 위함이다. 담사동의 궁극적 관심은 이학의 천리 세계에 존재하던 물질과 형식의 관계를 도치시키는 것으로, 이렇듯 본래의 궁극적 관심을 도치시켜 새로운 궁극적 관심을 창조하는 것은 근대 중국사상 변천에서 무척 중요한 논리다. 본디 무에서 새로운 가치(특히 새 궁극적 관심)를 창조하기란 대단히 어렵지만, 종전의 가치를 역전시키는 것은 새로운 가치를 창조하고 수용하는 지름길이 된다. 바로 이것이 역전한 가치를 대표한 혁명 인생관이 급속히 세상에 퍼지고 한 시대 학인들을 사로잡은 요인이다. 중국 역사상 지금껏 도덕 이상을 수호한 순교

자가 나오지 않은 시기는 한 번도 없었지만 그들 대다수는 전통 도덕과 이상 질서에 충실했을 뿐이다. 반면 혁명과 자기 파괴를 도덕 이상으로 삼고 사회 혁명에 투신함으로써 영생에 도달하는 것은 어디까지나 담사동부터 시작된 일이다. 우리는 이와 같이 완전히 새로운 문화 심태를 '혁명 도의道義의 집념'이라 부를 수 있을 것이다. 담사동이 희생된 지 얼마 지나지 않아 19세의 추용鄒容(자는 위단蔚丹, 1885~1905)이 『혁명군革命軍』을 써서 그물 돌파의 열사 정신과 반反만주족 민족주의를 결합시켰다. 그의 책이 출판되자 세상에 널리 알려졌다. 이때부터 혁명 도의가 세상을 휩쓸게 되었고 아무도 그 세찬 기세를 막을 수 없었다.

이와 동시에, 청말의 지사들에게는 일종의 유협 정서가 보편적으로 존재했다. 여기에는 유협에 대한 그들의 수많은 찬양이 단지 상무 정신이나 평등 의식 그리고 '포악한 자를 제거하고 약한 자를 도와주는' 서강부약鋤强扶弱의 숭배에 집중되었다는 뜻만 포함된 것은 아니다. 그것은 청말 지사들의 마음을 가장 폭넓게 사로잡은 것이 '희생'에 대한 갈망, 곧 최후의 일격 속에서 생명의 찬란함을 구현하고자 함을 뜻한다.[12] 이러한 유협 심리는 바로 혁명에 헌신하는 새 도덕이자 혁명 속에서 영생에 도달하려는 새 궁극적 관심이었다.

기존 학자들은 혁명 정신이 왜 20세기 전반에 최대의 괴력을 발휘했는가에 대해 논의할 때면 대부분 담사동의 사상적 전승과 영향력을 손꼽는다. 예컨대 마오쩌둥의 초기 사상에 가장 큰 영향을 미친 두 인물, 양창지楊昌濟(1870~1920)와 리다자오李大釗(자는 수상守常, 1889~1927)는 모두 담사동의 숭배자였다. 마오쩌둥은 청년 시절 「심력心力」이라는 글

---

12 陳平原, 『晚淸志士的遊俠心態』 『學人』, 第三輯(南京: 江蘇文藝出版社, 1992), p.45.

을 써서 양창지의 관심을 끈 적이 있는데,「심력」의 명제와 관념은 모두 담사동에게서 가져온 것이었다. 이를 보면 당시 학생들 사이에 담사동의 『인학』을 연구하는 풍조가 얼마나 성행했는지 알 수 있다. 심지어 후스胡適의 '대아불사大我不死' 관념이나 딩원장丁文江(자는 재군在君, 1887~1936)의 '전종만세全種萬世(모든 생명체의 영원한 평화)'를 위해 희생한다는 신념에서도 담사동의 열사 정신의 흔적을 찾을 수 있다.[13] 혁명열사 정신은 이렇듯 문화적 전승과 책의 영향력에 힘입어 확산되기도 했지만, 가치 역전의 논리에 근거해 창조될 수 있었다는 점이 더욱 중요하다. 사람들이 어떤 도덕이 더 이상 바람직하지 않다는 점을 발견하고 가치 역전에 따라 이를 배척하려 할 때 그들은 이제 자동적으로 담사동의 경지에 이르게 된다. 우리는 이 책 3권에서 문화혁명 중 홍위병들이 류사오치劉少奇의 공산주의 도덕 수양을 부정했을 때 그들은 담사동의 저작을 읽은 적이 없었음에도 담사동과 비슷한 전망을 품게 되었는지에 대해 논의할 것이다. 이런 논의를 통해 우리는 혁명 이후의 찬란한 경지에 대한 추용의 묘사든, 아니면 훗날 국민당원들과 공산당원들이 쏟은 헌신적 열정이든, 심지어 문혁 시기 홍위병의 조반유리造反有理[문화대혁명 때 마오쩌둥이 홍위병들을 부추기기 위해 내세운 구호로, 모든 반란에는 정당한 이유가 있다는 의미]든, 모두에게서 담사동의 그림자를 볼 수 있는지 이해하게 될 것이다.

      천리 세계와 모종의 확정된 도덕 질서의 역전은 혁명 도의의 정서적 응어리를 무의식적으로 생성할 수 있다. 새로운 가치의 기원인 이 메커니즘은 중국 근현대 사상사에서 가장 흥미롭고도 극히 중요한 문제에 답하는 데 도움이 된다. 그 문제는 왜 '혁명'이라는 단어가 19세기 말

---

13   張灝,『烈士精神與批判意識:譚嗣同思想的分析』, pp.137-139.

에 부각되었으며 20세기 내내 전 인민을 지배하는 새 도의가 되었는가, 그리고 그 결과 오늘날 중국 대륙에는 왜 아직도 '반혁명' 죄가 있고, 공산당 문화는 혁명의 그림자에서 벗어나지 못하는가 하는 문제에 대답하는 데 도움이 된다. 중국 고어에서 "짐승의 가죽에서 털을 제거하는 것을 일컬어 혁革이라"고 하고, '명命'은 생명과 명운을 의미한다. '혁'과 '명'이라는 두 음절이 합쳐진 '혁명'이라는 단어는 『역경』의 "천지가 변혁하여 사시四時가 이루어지고, 탕왕과 무왕이 혁명을 일으켜 하늘에 따르고 사람에 응하니, 혁명 시기의 의가 매우 크다天地革而四時成, 湯武革命, 順乎天而應乎人, 革之時之義大矣"[14]에서 연원한다. 그 원래 의미는 역성혁명, 더 정확히 말하자면 천도를 상실한 낡은 왕조를 전복하고 천도에 부합하는 새 왕조를 세운다는 뜻이다. 혁명이라는 어휘는 비록 예전부터 정면正面의 의미를 갖고 있었지만, 청말 이전에는 그리 자주 사용되지 않았고, 또 그때까지 중국인이 인정하는 가장 보편적인 도의를 갖춘 적도 없었다.

    오늘날 중국인이 '혁명'이라는 단어를 빈번히 사용하게 된 계기는 일본인이 맨 처음 서양의 'revolution'을 『역경』의 '혁명'이라는 두 글자로 번역했기 때문일 것이다. 이러한 혁명의 새 의미는 청말에 일본에서 중국으로 건너와 사람들에게 보편적으로 수용되었다. 우리는 서양의 'revolution'이 처음에는 천체가 일주하고 다시 시작하는 운동을 가리키다가 나중에는 기존의 정치 제도와 양식을 격렬하게 뒤집어엎고(때로는 평화적 개혁도 포함해서) 바꾼다는 의미로 바뀌었다는 것을 알고 있다. 18세기 이후로 그것은 더 한층 '새 것만이 살 길이다'라는 의미의 유신시구唯新是求의 집념을 뜻하게 되었고, 진보를 자신의 의미에 포함하여 불가

---

14   『周易正義』, 卷五(脈望仙館刊本, 1887).

항력적인 역사 발전의 조류를 나타내게 되었다.¹⁵ 그러나 20세기에 중국인이 받아들인 혁명 관념을 고찰해보면, 그것이 서양의 'revolution'과 완전히 같은 뜻이 아니었음을 발견할 수 있다. 최근 어느 학자는 혁명이라는 단어가 어떻게 중국에서 일본으로 전래되었으며, 그다음 어떻게 일본에서 중국으로 재수입되었는지 조사했다. 그는 혁명이라는 단어가 이 양쪽 여행길에서 의미상 매우 큰 구조 변화를 일으킨 점을 발견했다. 우선 일본은 'revolution'을 '혁명'으로 번역했지만 그 의미는 중국 문헌의 본래 '혁명'과 달랐을 뿐만 아니라 서양어 'revolution'의 온전한 의미와도 같지 않았다. 그리고 이 번역어가 청말에 중국으로 재수입되었을 때 중국인이 인정한 '혁명' 역시 일본 문헌의 '혁명'의 의미와 완전히 같은 것은 아니었다.¹⁶ 이리하여 20세기 중국인이 보편적으로 인정하는 혁명 도의가 어떻게 형성되었는지는 복잡한 미궁에 빠지고 말았다.

    일찍이 8세기에 탕무혁명湯武革命과 관련이 있는 『맹자』의 이론이 일본에 전래되었다. 그러나 일본은 천황만세일계天皇萬世一系[왕가의 혈통이 단절되지 않고 영원토록 이어지다]의 전통 관념에 기초해 있었기 때문에 중국 문헌의 '혁명'에 담긴 역성혁명이라는 의미를 받아들이기 어려웠다. 하지만 에도 시대 말기에 이르러 '혁명'이라는 말에 담긴 도의와 제구포신除舊布新[낡은 것을 제거하고 새 것을 널리 펴다]의 의리가 존왕양이 운동과 결합함으로써 결국 일본인은 메이지유신을 혁명으로 간주하게 되었다. 이런 까닭에 일본인은 'revolution'을 '혁명'으로 번역할 때 그 속에 담긴 역성혁명을 배제했을 뿐 아니라 'revolution'이라는 단어에 담긴 기존 정치제도의 폭력적 전복이라는 의미도 채택하지 않았다. 혁명은 개량

---

15 Hannah Arendt, On Revolution (New York: The Viking Press, 1965), pp.21-52.
16 陳建華, 「現代中國革命話語之源」, 『二十一世紀』, 1997年 6月號.

되어 점진적 진보와 동의어가 되었다. 청말에 량치차오를 비롯한 많은 일본 유학생과 혁명가들은 일본이 번역하고 소화한 서양 사상을 중국에 들여왔다. 입헌파立憲派가 일본 문헌의 '혁명'이라는 단어를 소개할 때는 되도록 일본에서 통용되는 본뜻을 유지함으로써 기존 정치 질서를 폭력으로 전복하는 데 반대했다. 그러나 혁명이라는 단어가 일본에서 중국으로 재수입될 때는 뚜렷이 역성혁명과 폭력에 의한 구체제 전복 등의 의미를 부여받았다. 나아가 이때부터 혁명은 중국인의 마음속에서 영원한 궁극적 도의가 되었다. 혁명은 설령 반동적 (구질서를 대표하는) 왕조(정권)가 전복되고 난 뒤에도 여전히 새 정치제도가 자신의 합법성을 유지하고 다른 의견들을 제압하는 최종 근거였다. 뿐만 아니라 그것은 각 개인 생활의 궁극적 목표이기도 했고, 심지어 자신의 행위를 구속하는 일종의 새로운 인생관이기도 했다. 서양의 'revolution'에는 혁명의 이러한 새 의미가 분명하지 않다.

      이런 사실은 혁명 도의의 기원을 중국 문화 내부에서 발생한 의미구조의 변화로부터 탐구해야 한다는 점을 말해준다. 즉 혁명이라는 단어가 번역되는 과정에서 도입된 의미 변화는 외래 관념이 중국인이 인정하는 의미구조에 의해 개조되었음을 반영한다. 우리가 보기에, 혁명은 19세기 말 이후 가장 보편적인 새로운 도의가 되었을 뿐 아니라 가치 역전이 창조한 중국인의 새로운 궁극적 관심에 의해 온전히 설명될 수 있다. 청말 이전에 혁명은 일종의 '유도有道가 무도無道를 물리치는' 행위이긴 했지만 아직 궁극적 가치를 가진 것은 아니었다. 궁극적 도의는 여전히 유가 윤리에 의해 규정되었고, 어떤 왕조가 천도를 상실했다는 것은 유가의 윤리 표준에 의거하지 않았기 때문이다. 반면 유가 윤리를 대표하는 새로운 정치 실체가 낡은 왕조를 전복하는 것은 다만 하늘의 뜻에 따르고 민심에 응하는, 본래의 우주 질서를 회복하는 과정일 뿐이다. 그 목표는 왕조의 합법성을 유가 도덕 위에 다시금 수립하는 것일 뿐이며, 이때 혁명은 잠깐의 도구적 의미만 지닐 뿐이다.

    청일전쟁 이후 지식계층은 유가 윤리가 더 이상 바람직하지 않게 되었고, 가치 역전으로 인해 그물 돌파의 열사 정신이 새 궁극적 관심이 되었으며, 열사 정신은 도덕가치 일원론과 천인합일 구조에 신속히 부합함으로써 보편적 사회 정의 및 천도가 되었음을 깨달았다. 혁명은 열사 정신이라는 이 새 도덕에 상응하는 사회 정의 및 우주 도덕 질서를 포괄하는 것이었다. 말하자면 '혁명'으로 새 도의를 총괄하는 것은 정확히 다음과 같은 이중적 의미를 지닌다. 첫째, 혁명은 현존하는 불합리한 사회제도를 전복하는 것을 뜻한다. 이런 함의는 중국에 원래 있던 혁명의 의미를 계승하고 확충한 것이다. 계승이라 함은 혁명이 '유도가 무도를 물리친다'라는 의미를 포함하고 있음을 가리키지만, 이 본래의 의미에 덧붙여 진보 사조에 순응하고 그물을 돌파함으로써 이상 경지에 다가간다는 내용이 분명히 추가되었다. 둘째, 혁명은 모든 제도와 차별을 소멸한 이상적 경지를 뜻한다. 이 의미는 완전히 새로운 것으로, 중국 전통적인 '혁명'의 의미와 구조적으로 다를 뿐 아니라 일본과 서양의 '혁명'에 대한 이해와도 같은 것이 아니다. 우선 이 도의는 구제도가 전복됨에 따라 소실되는 것이 아니다. 왜냐하면 구제도를 전복하는 일은 만리 장정의 첫걸음일 뿐이고, 그것을 대신하는 새 제도는 이상 경지를 향해 나아가는 중간 상태를 나타낼 뿐이기 때문이다. 따라서 혁명은 줄곧 최종적 도의로서 존재하는 것이며, 사회제도의 진전을 이끌어 변화하는 것을 뜻한다. 요컨대 청일전쟁 이후 나타난 혁명 도의의 불가항력적 기세는 가치 역전에 의해 창조된 새 궁극적 관심이 어떻게 천인합일과 도덕가치 일원론에 근거하여 우주 법칙과 인생관 그리고 각 방면에 자신을 관철했는지 분명히 보여준다. 추용은 『혁명군』이라는 책에서 '혁명'에 대해 다음과 같이 묘사, 규정하고 있다. "혁명이란 천연天演의 일반 법칙이다. 혁명이란 세계의 공리다. 혁명이란 존망을 다투는 과도기적 시대의 핵심 이치다. 혁명이란 하늘에 순응하고 사람에 호응하는 것이다. 혁명이란 부패를 제거하고 선량을 보존하는 것이다. 혁명이란 야만을 벗어나 문명으로 나아가는 것이다. 혁명이란 노예를 없애고 주인이 되는 것이다."[17] 여기서 혁명의 의미는 이미 우주, 사회, 역사, 인생 및 도덕 영역 등 모든 분야로 확대되어 가장 보편적인 가치가 되어 있다.

혁명은 유위 입세有爲入世의 정신에 의거하여 구세계를 파괴하는 것이다. 중국의 전통적 맥락에서 유위 입세의 실천 정신은 바로 기이기 때문에 담사동이 왕선산 기론의 구조를 개조하여 혁명열사 정신을 주장한 것은 결코 우연이 아니다. 바로 그렇기 때문에 혁명 도의가 중국에서 형성된다는 것은 한결같이 유기론을 토대로 한 결합이다. 혁명 도의는 19세기 말에 왕선산의 기론에 근거했지만, 20세기 이후에는 기론이 유물론으로 대체됨에 따라 혁명 정신은 주로 유물론과 변증법적 유물론을 자신의 이론적 근거로 삼았다. 이처럼 혁명 도의의 성장은 유기론적 도덕철학의 구축과 떼려야 뗄 수 없는 과정이었다. 우리는 양자의 관계를 그림 7.1로 표시할 수 있다.

그림 7.1에서 볼 수 있듯이, 유기론으로 세워진 도덕철학은 왕선산식과 송명이학 제3계열식 두 흐름이 있다. 왕선산 체계로부터 출발하면, 기를 이용하여 강상을 타파하고 역전한 가치를 새 도덕으로 삼는

---

[17] 鄒容,「革命軍」, 周永林 編, 『鄒容全集』(重慶: 重慶出版社, 1983), p.41.

결과에 이를 것이다. 반면 송명이학 제3계열로부터 출발하면, 기 자체가 도덕으로 간주되고 기를 이용하여 강상을 파괴하는 것 역시 당연히 도덕적인 것이 된다. 그것은 보편적 도덕이 된 우주관을 (도덕적) 기로부터 이끌어낼 수 있다.

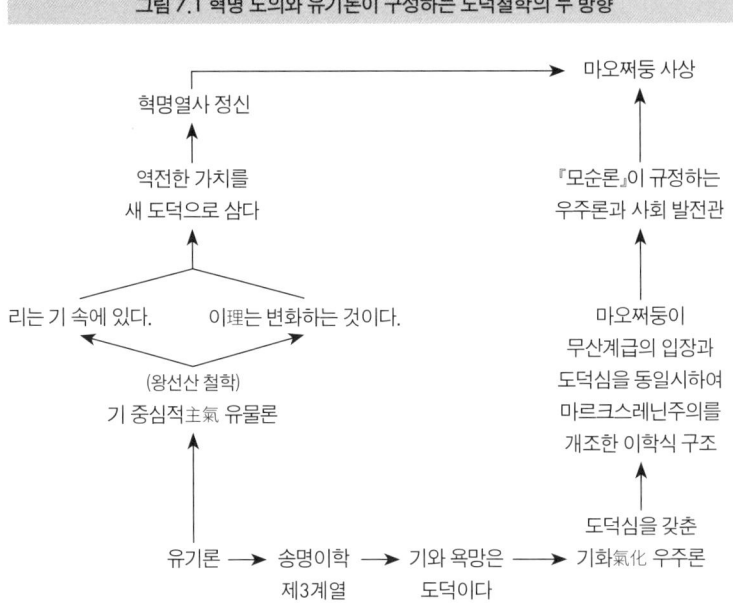

그림 7.1 혁명 도의와 유기론이 구성하는 도덕철학의 두 방향

송명이학 제3계열이 왕선산 체계와 다른 점은 새 도덕을 정면으로 확정할 수 있다는 점이다. 담사동의 혁명열사 정신에는 이 두 흐름을 동시에 포괄하고 있었다. 담사동이 비록 왕선산 철학에 근거하여 자신의 『인학』을 세우긴 했지만, 역전한 가치를 도덕 내용으로 삼을 때는 사상의 모호성으로 인해 기(욕망) 자체를 도덕으로 간주하기도 했다. 이런 식으로 기를 이용해 그물을 돌파하고 속박을 제거한 것이 그가 말하

는 불사不死의 대생명이다. 그러나 이처럼 두 흐름을 동시에 포괄하는 담사동 사상의 모호한 열사 정신은 그것이 사회화되고 발전하는 과정에서 계속 유지되기가 어려웠다. 왜냐하면 기론이 유물론에 의해 대체될 때 물질은 결코 도덕적인 것이 될 수 없었기 때문이다. 왕선산식 기론은 유물론으로 전환될 수 있었지만 송명이학 제3계열은 주의주의唯意志論였으므로 결국 20세기 초 혁명 인생관은 기본적으로 유물론적 언어에 의해 구축되는 것으로 결말이 났다.

담사동에서 시작하여 5·4 시기에 마르크스주의가 수입될 때까지 혁명 도의는 줄곧 왕선산의 주기主氣 유물론이 주도하는 방향을 따라 발전했다. 신지식인은 혁명, 구제도 전복, 가정 소멸, 속박에 대한 반항을 새 도덕으로 여겼고, 이는 유가 강상을 타파하는 역전한 가치를 핵심으로 하는 일종의 혁명 인생관이었다. 그렇다고 해서 송명이학 제3계열의 기론이 혁명 도의에 중요하지 않았다는 것은 아니다. 혁명 인생관은 역전한 가치를 새 도덕으로 삼았기 때문에 사회질서를 수립할 수 없었다. 왜냐하면 사회 새 질서의 형성은 반드시 도덕을 정면으로從正面 규정해야 하기 때문이다. 중국 공산당 문화에서 이 고리는 1930, 1940년대에 이르러 비로소 실현된다. 마오쩌둥과 류사오치가 송명이학 제3계열의 기본 구조를 이용하여 공산당 이데올로기를 재구축한 것이 바로 그것이다.

5·4 시기 중국 지식인이 인정한 마르크스레닌주의는 이학식의 것이었다. 공산주의 도덕과 혁명 인생관은 사회 발전 법칙이 제시한 것이었고, 사회 발전 법칙은 다시 변증법적 유물론의 세계관 위에서 수립되었다. 공산당원이 무산 계급의 입장을 견지하고 새 도덕 이상을 수립하려면 먼저 마르크스레닌주의 교과서를 숙달해야 했다. 이처럼 원전 학습과 마르크스, 레닌에 대한 지식은 새 도덕을 수립하기 위한 전제였다.

그러나 마오쩌둥과 류사오치는 지식과 도덕의 이학식 관계를 전도시킴으로써 마르크스레닌주의가 송명이학 제3계열과 유사한 구조를 갖게 했다. 이것은 도덕이 우주관과 지식을 결정하는 방식이었다. 그들은 무산계급의 입장을 먼저 확립해야 마르크스, 레닌의 경전을 이해할 수 있고 마르크스레닌주의자가 될 수 있다고 주장했다. 이처럼 마오쩌둥과 류사오치는 공산당원이라면 마르크스, 레닌 등의 고결한 인품과 고전 작가들의 인품이 무엇인지 먼저 학습해야 한다는, 일찍이 마르크스레닌주의에는 없었던 파천황破天荒의 주장을 펼쳤다. 이처럼 마오쩌둥과 류사오치는 필요에 따라 도덕규범을 대놓고 이데올로기 안에 집어넣을 수 있었다. 이로부터 중국공산당이 신봉하는 마르크스레닌주의 혁명 인생관은 전적으로 역전한 가치에만 기초하지 않을 수 있게 되었다. 구세계의 그물을 돌파하고 일체의 차별을 제거하는 공산주의 세계는 요원한 미래가 되었고, 현실적인 혁명 도덕은 전적으로 무산 계급의 입장에 의해 규정되었다. 이 책 3권에서 지적하겠지만, 그것은 일종의 유가화儒家化한 마르크스레닌주의였다. 공산당 문화에서 혁명 도덕의 형성은 결국 기론이 혁명 열사 정신을 구축하던 상황으로 되돌아갔고, 그리하여 도덕을 구성하는 두 가지 흐름을 포괄하게 되었다. 이것은 기론이 혁명 도의의 기본 구조를 얼마나 강력하고도 불가항력적으로 제약하고 있었는지를 말해준다.

7.3
두 번째 가치 역전
중국식 진보관

'변變'과 '진화'가 새로운 천도가 되다

청일전쟁 이전의 진화론은 폭넓은 시선을 끌지 못했다

중국식 진화론은 서양 진화론 및 사회다윈주의와 달랐다

서양 17, 18세기 진보관

중국 지식인, 사회 참여를 중시하다

캉유웨이의 진화관

대다수 중국 지식인의 진화관은 캉유웨이와 유사했다

담사동의 『인학』은 청일전쟁에 패전하고 2년이 지난 1896년에 저술되었으나, 그가 무술변법으로 피투성이가 되었을 때에도 이 책은 공개적으로 출판되지 않았다. 청일전쟁 이후의 사회 사조 가운데 그물을 돌파하는 열사 정신은 그저 열혈 청년의 마음속에서 울렁거리는 한 줄기 암류暗流였을 뿐 공개적으로 표출된 것이 아니었다. 당시 신문 언론의 주요 관심사는 진화에 대한 숭배로, 중국식 진보관은 다름 아닌 정주이학의 천리를 타파한 뒤 역전한 가치가 우주론적으로 표현된 것이었다.

      정주이학의 기본 출발점은 군·신·부·자 등 인간관계에서 추상화한 보편적 천리였다. 천리는 일종의 등급질서 관계인 동시에 불변의 항상성을 갖기 때문에 유가 도덕윤리의 역전은 서로 다른 두 흐름으로 표현될 수 있다. 하나는 윤상 도덕 자체를 부정하는 것이고, 다른 하나는 천리의 불변성을 부정하고 그 반대인 '변화'와 '진보'를 천도로 간주하는 것이다. 확실히 청일전쟁 패배 이후 담사동을 막론한 캉유웨이, 량치차오, 쑨원 등이 인정하는 우주론은 한결같이 '변화'와 '진화'를 보편적인 신조로 하는 것이었다. 중국이 다윈의 진화론을 수용하는 과정은 가치 역전이 어떻게 중국의 전통적 우주론의 구체적인 변화 과정을 지배했는지를 반영하는 전형적 사례다. 이는 특히 옌푸嚴復(자는 우릉又陵, 1853~1921)가 헉슬리의 『천연론天演論』을 번역하는 과정에 고스란히 나타나 있다.

    1894년에서 1895년까지의 청일전쟁 즈음, 톈진에 있는 베이양수군학당北洋水師學堂의 교무주임總教習이었던 옌푸는 한편으로는 『천연론天演論』을 번역하면서 다른 한편으로는 「급변하는 세계를 논함論世變之亟」 「체육의 중요성에 관해原強」 「구국 결의론救亡立決論」 「한유 비판闢韓」[한유韓愈의 「원도原道」를 비판한 내용]과 같은 일련의 중요한 문장들을 저술했다. 그는 깊은 위기의식 속에서 의식적으로 양무운동의 실패 원인을 총체적으로 검토했고, 중국에 다윈의 진화론을 도입해 진화가 새로운 천도가 되는 서막을 열었다.[18] 옌푸는 '물경천택 적자생존物競天擇 適者生存' 즉, 만물이 경쟁하고 자연이 선택하니 적응하는 자가 살아남는다는 말로써 중국이 왜 서양을 막아낼 수 없었는가를 설명했다. '물경천택 적자생존'은 무엇보다 당시 국제관계에 대한 묘사로서, 국가는 낙후되면 바로 공격을 받아 멸망할 것이며 오로지 '부강'해야만 국가 간의 투쟁에서 승리할 수 있다는 것이다. 이는 청일전쟁 이후 사람들이 쉽게 도달한 공통 인식이

---

18   郭正昭,「從演化論探析嚴復型危機感的意理結構」,『中央研究院近代史研究所集刊』,第七期(台北: 中央研究院近代史研究所, 1978), p.535.

었다. 옌푸가 진화론을 소개한 목적은 이러한 사실적 진술을 새로운 천도로 교체하는 것, 즉 '진화'와 '경쟁'을 우주를 지배하는 보편 법칙으로 바꾸기 위함이었다.

　　진화론과 사회다윈주의는 외래 사상으로서 19세기 후반 서양에서 크게 성행했다. 통계에 따르면, 1873년부터 1891년까지 진화론 관련 저작으로 라이엘Charles Lyell, 프라이어John Fryer 등에 의해 대략 13종이 발표되었고, 화형방華蘅芳·이선란李善蘭 등에 의해 번역되어 서적과 잡지에 중국어로 소개되었다.(표 7.1)[19] 그러나 청일전쟁 이전에는 사회적 관심을 받지 못하다가 이후에야 비로소 거스를 수 없는 거대한 힘으로 중국에 밀려들었다. 우주론적으로 이학의 '천리 불변'에 대한 사대부의 역전 심리에 정확히 부합했기 때문이다. 중국 사대부가 진화론을 수용하게 된 동력이 '하늘은 불변하고 도 역시 불변한다天不變道亦不變'는 이학 우주관에 대한 부정이었던 만큼, 이것은 사상 형태적으로 두 가지 진보관을 낳았다. 하나는 중국식 진보관으로서 역전한 가치에 의해 규정되는 것이고, 다른 하나는 서양식 진보관으로서 서양의 진보 이념, 곧 진화론과 사회다윈주의의 본래 뜻이다. 그러나 역전한 가치에 의해 중국 사대부의 우주관이 형성되는 과정을 보면 지식인이 중국식 진화론으로 서양의 진화 사상과 사회다윈주의를 어떻게 견강부회하고 오독했는지 잘 드러난다.

　　청일전쟁 이후 추구된 진화 사조를 분석 정리해보면 확실히 사대부가 신봉한 중국식 진화론과 서양 진화론 및 사회다윈주의의 근본적 차이를 발견할 수 있다. 그 차이점은 크게 두 가지로 나뉜다. 첫째, 서양 진보 관념의 주류는 줄곧 자연·우주 질서와 인류사회를 엄밀히 구분해온

19　金鍾潤, 「近代中國的進化思想硏究」(台北: 國立台灣師範大學歷史硏究所博士論文, 1991).

이원론이다. 이른바 진보와 관련된 서양의 이념은 진보에 대한 일종의 믿음, 즉 인류 문명이 이상적 방향으로 발전한다는 것이다. 그리고 이것은 인류 심리와 사회의 본질로, 어떤 외재적 소망에 따르는 것이 아니라고 본다.[20] 여기서 진보가 가리키는 것은 인류 사회이지 자연 세계가 아니다. 잘 알려져 있듯, 기독교 출현 이후 교도들은 머지않아 닥쳐올 세계의 종말에 대한 기대와 사변에 몰두했다. 서기 12세기 플로리스의 요아힘(1131~1202)은 사회질서가 세계 종말을 향해 진행한다는 역사 도식을 구성한 뒤 역사를 구속救贖[예수가 십자가에 못 박혀 인류의 죄를 대속代贖하여 구원함]의 과정으로 보았다.

표 7.1 청일전쟁 이전 진화론을 소개한 번역서와 출간물

책 또는 글의 이름	저자	역자	발표 시기	비고
서박사신저인본일서 西博士新著人本一書 [서양 박사가 새로 저술한 '인류의 기원'이라는 책. '서양 박사'는 찰스 다윈을 가리킴]			1873. 8	『신보申報』 동치 11년 윤6월 29일
지학천석地學淺釋	라이엘 雷俠兒(=萊伊爾)[Charles Lyell]	맥고완瑪高溫 [Daniel J. Macgowan]· 화형방華衡芳	1873	강남제조국본 江南製造局本 총32권 1871년부터 번역 시작
담천談天	허셸侯失勒 (赫歇爾) [John F. W. Herschel]	이선란李善蘭	1874	강남제조국 증보 재판
혼돈설混沌說 (5)	(추정)프라이어 傅蘭雅 [John Fryer]	맥고완	1877. 가을	『격치휘편格致彙編』제2년 제7권

20　J. B. Bury, *The Idea of Progress*(New York: Dover Publications, 1955), pp.2-5.

지학지략地學指略 (중권)	조지 오웬 文敎治 [George Sydney Owen]		1881	익지서회본益智書會本
서학고략西學考略 (하권)	윌리엄 마틴丁韙良 [William A. P. Martin]		1883	광서 9년 여름 동문관 중진진본眾珍珍本 (총2권)
서학약술西學略述 (7권)	조지프 에드킨스 艾約瑟 [Joseph Edkins]		1886	광서 22년 총세무사본 總稅務司本(총10권)
격치설格致說	종천위鍾天緯		1880년대	
지학거요地學擧要	(미상)·윌리엄슨 韋廉臣[Alexander Williamson]	윌리엄 뮤어헤드 慕維廉[William Muirhead]	1880년대 1890.3	『만국공보萬國公報』 제16책 광서 17년 2월
생명대도生命大道		윌리엄 뮤어헤드	1891년 봄	『만국공보』제16책 광서 17년 2월
지리초광地理初桄	맹제덕[미상]	프란시스 포트 卜舫濟[Francis Lister Hawks Pott]	1891. 가을	『격치휘편』
지학계고론地學稽古論	(추정)프라이어		1891년 겨울	『격치휘편』
박물신문博物新聞	艾約德[미상]		1891년 봄	『격치휘편』 봄

자료: 펑쯔이馮自毅, 「중국에서 진화론의 초기 전파와 영향進化論在中國的早期傳播與影響」, 김종윤金鍾潤, 「근대 중국 진화사상 연구近代中國的進化思想研究」(타이베이: 國立師範大學歷史研究所博士論文, 1991)에서 재인용.

이것은 하늘의 뜻이 규정하는 대로 종말을 향해 진행하는 역사관이다. 요아힘은 삼위일체론을 이용해, 그에 상응하는 세 가지 질서를 세 역사 시기에 전개했다. 첫째는 성부의 질서, 둘째는 성자의 질서, 셋째는 성령의 질서다. 이런 식으로 역사는 구속, 즉 '영혼'의 완벽한 '자유'를 향해 발전한다. 요아힘의 이론은 13세기에 큰 반향을 불러일으켰고, 그의 제자와 추종자들에게 마법과 같은 영향을 끼쳤다.[21] 확실히 종말론의 진보관은 인류와 관련된 것이지 자연이나 우주와는 상관이 없다. 그러므로 이원론적 진보 이념의 유전자는 처음부터 서양 기독교 문화에 의해 결정되었다고 할 수 있다.

　　　　17세기 이후 서양 사회는 현대적 전환을 시작하면서 진보 이념이 활발해졌다. 오늘날 사상사 연구자들은 17세기 이후 서양에서 진보 이념이 형성되었음을 강조할 때 기독교와의 관계를 지적하기도 하지만 문예부흥과 과학기술 진보에 훨씬 더 비중을 둔다. 문예부흥 이후 사람들은 과거의 인간과 지금의 인간이 다르다고 생각했고, 계몽 사상가들은 과학의 진보가 사회 및 도덕의 진보를 가져올 수 있다고 주장했다.[22] 그러나 뢰비트가 지적한 것처럼 이것은 일종의 반反기독교 사상의 기독교적 진보관이다. 이른바 반기독교 사상이란 근대 서양의 진보 이념이 『성경』 속의 종말에 대한 기대를 미래 사회에 대한 열망으로 치환하고, 진보의 동력을 과학기술 진보와 인류의 도덕적 완성으로 바꾸는 것을 가리킨다. 이는 기독교와 상반되지만, 실제로 이와 같은 진보관의 구조는 기독교의 종말론과 다르지 않다.[23]

　　　　이른바 서양의 17, 18세기에 성행한 진보관의 구조가 기독교 종말론과 다르지 않다는 것은 그것이 여전히 이원론적 입장을 유지하고 있다는 점, 즉 사회와 인간 정신은 진보해도 자연계는 진보와 무관하다고 보

21　洛維特(Karl Löwith)著, 李秋零, 田薇 譯, 『世界歷史與救贖歷史』(香港: 漢語基督教文化硏究所, 1997), pp.182-195.
22　Carl Becker, *The Heavenly City of the Eighteenth-Century Philosophers*(New Haven: Yale University Press, 1932); Christopher Dawson, *Progress and Religion*(London: Sheed & Ward, 1931); Morris Ginsberg, *The Idea of Progress*(Westport, Conn.: Greenwood Press, 1972).
23　洛維特 著, 李秋零·田薇 譯, 『世界歷史與救贖歷史』, 導言.

는 것을 의미한다. 기독교의 종말론에서 유래한 이러한 이원론적 진보관이 계속 유지되는 이유는 무엇일까? 그 원인은 자못 흥미롭다. 우리는 서양이 17세기에 과학혁명을 시작한바, 뉴턴 법칙에 근거해 천체 운동을 일종의 괘종시계와 같은 것으로 보면서 자연 현상이 역학 법칙에 따른다는 인식은 분명 기독교에 대한 심각한 도전이었음을 잘 알고 있다. 서양에서 기독교는 개인 도덕의 기초였다. 이런 도덕규범이 자연과학의 새로운 발견에 의해 전복되지 않을 가장 좋은 방법은 정신의 이성(도덕의 기초)과 자연계를 무관하다고 보는 것으로, 이것이 곧 정신과 물질을 구분하는 이원론이다. 이원론 철학에서 자연계가 기하학 질서에 따르는 거대한 기계라면 인간 정신은 영원불변한 이성에 의해 지배된다. 이성의 배후는 물론 신이다. 진보 이념의 기본 구조가 기독교에서 유래한 이상 신은 당연히 이원론 철학에 포함될 수 있다. 이와 같이 기하학화된 자연계는 진보나 진화와는 상관이 없는 것이었으므로 17세기 생물학 세계와 물리학 세계에는 기본적으로 변화演變라는 관념이 존재하지 않았다.[24] 진보는 오직 인간의 정신 도덕과 사회에만 관계하는 것이다. 구속救贖을 목표로 하는 종말론의 진화든 도덕적 진화든 간에 진보와 관계된 모든 것은 엄격히 인간과 사회에 한정된다. 자연계를 진보의 외부로 배제하는 관념은 이처럼 보편적인 것이어서, 심지어 변화가 우주 사회 및 만물을 지배한다고 생각하는 헤겔 같은 일원론자마저 '자연에는 역사가 없다'고 보았다. 즉 천체와 자연계의 사물은 오직 무한한 순환 반복에 놓여 있을 뿐 새로운 것을 발전시킬 수 없는, 인류 역사의 진보와 완전히 상반된 것이라는 인식이다.[25]

---

24 包默Franklin L. Baumer 著, 李日章 譯,『西方近代思想史』(台北: 聯經出版事業公司, 1988), p.71.

다윈의 진화론은 두말할 나위 없이 자연계에는 역사가 없다고 보는 당시 주류 사상에 대한 거대한 도전이었다. 그러나 수많은 사실을 기반으로 자연계의 진화가 증명되고 19세기의 압도적인 신념이 되었음에도 불구하고 서양의 주류 사상은 여전히 이원론적 사상 및 방법의 영향 아래 있었고, 대다수 사람들은 인간 정신의 진보와 자연계의 진화를 별개로 보았다. 다시 말해서 진화론을 생물학에 한정함으로써 진화론의 요체는 어디까지나 자연계일 뿐 사회 및 도덕의 진보관이 아니라고 본 것이다. 대다수는 도덕 이성과 자연을 이분하는 입장을 견지했다. 템플Frederick Temple 대주교 같은 인물은 도덕률은 영원히 불변하는 것이라 믿어 의심치 않았다. 헉슬리는 만년에 도덕의 진보를 인정했지만 도덕과 자연계가 서로 다른 영역이라는 생각을 고수했는데,[26] 이는 개량을 거친 이원론이었다. 그러나 중국 이학의 우주관은 본래 도덕을 중심으로 삼는 것으로, 이 사상이 역전된다 해도 천인합일의 구조는 불변이다. 게다가 우주관은 여전히 도덕과 분리될 수 없는 관계이므로 중국인이 인정하는 진보관은 일원론적이며, 우주의 진보와 사회 및 도덕이상의 진화는 하나의 기로 합칠 수 있다.

중국과 서양의 진보관에 드러나는 두 번째 근본적 차이는 진보의 양식 또는 메커니즘에 대한 사고방식이다. 중국의 진보관과 유사한 서양의 일원론적 입장은 사회다윈주의다. 그들은 사회와 도덕을 진화 안에 포함시켰는데, 그 전형이 바로 허버트 스펜서의 철학이다. 그러나 스펜서의 『제일 원리』『사회학 연구』 등의 저작에 그려진 도덕과 사회의 진화는 어디까지나 적자생존擇優汰劣의 자연 과정으로, 이것을 사회 원리에 끌어

---

25 史莊柏格 著, 蔡仲章 译, 『近代西方思想史』, p.502.
26 包默 著, 李日章 譯, 『西方近代思想史』, p.424.

들여 임천위치任天爲治, 즉 자연에 내맡겨 천하를 다스림을 주장하고 나아가 자유방임이 가장 진화 법칙에 적합한 사회 양식으로 간주했다.[27] 반면 중국인이 신봉한 사회와 도덕의 진화는 이학에 대한 부정으로, 도덕 이상이 갈수록 더 높은 수준으로 발전한다는 데 강조점을 두었다. 한편으로 도덕 수준은 시대에 따라 끊임없이 향상되며, 다른 한편으로 도덕은 '당위'를 강조하기 때문에 인간이 '당위'를 추구함은 세계를 개조하는 것과 다르지 않다. 따라서 중국식 진화 사상은 이런저런 기준에 따라 사람이 적극적으로 사회를 개조할 수 있다는 점을 가정하고 있다. 중국식 진보관은 적극적인 사회 참여와 새로운 이상을 추구하는 도덕을 앞세운 사회 진화를 매우 강조한다. 그런 만큼 짙은 주의주의와 유토피아적 사회공학의 색채를 띠고 있으므로 사회도덕의 진화를 임천위치와 자연선택의 관점으로 본 스펜서를 결코 추앙하지 않는다.

    캉유웨이의 진화관은 중국식 진화 관념을 구체적으로 보여준다. 그는 『대동서大同書』에서 "쾌락을 구하고 고통을 피하려는 계획을 매일 생각하는 것, 그것은 진화를 하기 위함이다日益思爲求樂免苦之計, 是爲進化"라고 함으로써 진화에 대한 명확한 정의를 제시했다. 즉 진화는 쾌락을 늘리고 고통을 줄이기 위한 것이다. 이것으로 보듯, 중국식 진화론에서 말하는 진화란 가치 수준의 부단한 향상으로, 사람이 노력하는 과정에서 이룰 수 있고 통제할 수도 있다. 예컨대 캉유웨이는 사람의 머리숱이 많고 적음을 진화 정도의 표준으로 여겼다. 진화할수록 머리숱이 적어지며 인간이 머리숱의 많고 적음을 통제할 수 있다는 것이다. 캉유웨이는 『대동서』에서 대동 세상에 도달하면 먼지가 체내에 들어오는 것을 막아주는 코털을 제외

---

27 汪暉,「嚴復的三個世界」,『學人』, 第十二輯 (南京: 江蘇文藝出版社, 1997), p.31.

한 머리카락, 눈썹, 생식기 털은 모두 깎아버려야 한다고 지적했다.[28] 이런 식의 단일 변수의 직선적 진화론은 사회다원주의와 전혀 다른 것이다.

근현대 대다수의 중국 지식인이 인정한 진화관을 살펴보면, 그들은 기껏해야 관념의 복잡성 및 자연선택에 대한 이해 측면에서만 캉유웨이의 양식과 차이가 있을 뿐 진화가 미치는 영역과 단선론의 구조는 완전히 같다는 점을 발견할 수 있다. 담사동, 량치차오, 쑨중산만 그런 것이 아니라 신문화운동 시기에 후스, 천두슈陳獨秀(자는 중보仲甫, 1879~1942), 리다자오 역시 그러했다. 예컨대 량치차오는 여러 번 관점을 수정하기는 했지만 진화관에 대한 숭배에는 변함이 없었다.[29] 그는 다위니즘을 소개할 때 진화가 정치·종교·풍속·역사를 지배하는 '대원리'[30]임을 명확히 인식했을 뿐만 아니라 진보에는 분명한 방향이 있어 시간에 따라 나선형의 상승 법칙을 따른다고 보았다. 이에 근거해 량치차오는 맹자의 '일치일란一治一亂', 즉 역사는 한 번 태평성대하면 한 번은 난세가 온다는 인식은 역사의 실상을 오해한 것이라 보았다.[31] 5·4 신문화운동 중에 천두슈와 리다자오는 사회다원주의를 버리고 경제결정론을 인정했지만, 경제 결정론이 숭배한 진보 관념은 여전히 사회가 (생산력 같은) 가치지표를 따르면서 부단히 진보한다는 단선론이었다. 훗날 중국의 마르크스레닌주의자들이 진일보하여 세계가 나선식으로 상승한다는 변증법적 발전관을 받아들이긴 했지만, 심층구조적으로는 캉유웨이가 천명한 중국식 진화 이념과 같은 구조였다.

28　康有爲, 『大同書』(北京: 中華書局, 1935), p.441, 448.
29　黃順二, 「梁任公的社會思想」, 蕭公權 等著, 『近代中國思想人物論: 社會主義』(台北: 時報文化出版事業有限公司, 1980), p.95.
30　梁啓超, 「新史學」, 『飮冰室文集』之九(台北: 台灣中華書局, 1960), p.9.
31　梁啓超, 「新史學」, 『飮冰室文集』之九, p.8.

7.4
유기론, 상력설尚力說, 변증법적 유물론

진화론은 진보 이념을 전하는 운반체가 되었다
왜 직접 다윈의 저서를 번역하지 않았을까?
옌푸가 지우고 고치고 부연한 것, 그리고 헉슬리의 본뜻에 대한 곡해
『천연론天演論』이 널리 유행한 까닭
상력설과 중국식 진보 관념
옌푸와 왕선산
상력 사상 그리고 변증법적 유물론과 유사한 우주관
중국식 진보 관념의 현대적 표현

옌푸가 진화론 관련 저작들을 어떻게 번역했는지, 외래의 진화 관념이 중국 사회에 수용되면서 어떻게 변형되었는지를 분석해보면 중국에 진화론이 전파되는 과정은 처음부터 중국식 진보 이념으로 서양의 진화론과 사회다윈주의를 대체하고 리모델링하는 식이었음을 알 수 있다. 이치상 서양의 진보 이념이 소개될 때 그 당시에 숭상되는 진보적 사회철학 저작들이 직접 번역되어야 마땅했다. 그러나 서양의 이원론적 진보 이념은 중국의 일원론적 진보관에 맞지 않았기 때문에 어쩔 수 없이 진화론이 진보 이념을 전하는 운반체가 되어야 했다. 그러나 다윈의 진화론 사상을 도입하면서 다윈의 원저는 왜 번역하지 않은 것일까? 옌푸는 영국

에 유학하면서 일찍감치 다윈의 명성을 앙모하고 있었고, 다윈의 저작이 순수 자연과학에 속하므로 사회도덕을 논하는 중국식 진화 이론과 부합하지 않는다는 사실을 잘 알고 있었다. 이런 까닭에 옌푸는 다윈의『종의 기원』이 아닌 10만 자도 안 되는 헉슬리의『진화론과 윤리학』을 번역 대상으로 채택했고, 책 제목도『천연론天演論』으로 정했다. 벤저민 슈워츠는 이 책에서 헉슬리가 논한 것이 진화론과 도덕 윤리의 관계라는 점이 옌푸가 이 책을 선택한 중요한 이유라고 지적했다. 헉슬리가『진화론과 윤리학』을 쓴 목적은 스펜서의 사회다윈주의에 반대하기 위함이었다. 헉슬리는 도덕 윤리까지도 자연선택의 진화 메커니즘에 의해 결정된다는 점을 인정하지 않았다. 그는 자연계의 물경천택이라는 자연진화론에 대립하여 자연에 대한 인간의 적극적 관여는 다른 영역에 속한다고 보았는데, 그것은 윤리학이다. 옌푸는 이 책의 요지와 자신이 창도한 중국식 진화론의 차이를 정확히 이해했기 때문에 부연 설명을 하거나 논변의 방식으로 번역함으로써 '위아소용', 즉 '만물이 나에 의해 사용된다爲我所用'는 목적을 달성했다. 옌푸는 스펜서의 입장에서 사회다윈주의를 옹호하고 진화론과 도덕이 유관함을 주장했다. 그런 한편 헉슬리의 주장을 받쳐주는 진화론 사상을 도입한 동시에 스펜서에 대한 헉슬리의 비판을 반박했다. 슈바르츠가 지적한 것처럼,『천연론』에서 헉슬리는 거의 스펜서의 들러리 역할을 맡은 셈이었다.[32]

      진화론과 사회다윈주의에 대한 옌푸의 '위아소용'식 곡해는 일찍이 신문화운동 시기에 주목받은 바 있다. 푸쓰녠傅斯年은 이렇게 본뜻에 맞지 않는 번역을 최악으로 여겼다.[33] 그러나 옌푸가 헉슬리 저작의

---

[32] 史華兹(Benjamin L. Schwartz)著, 葉鳳美 譯,『尋求富强: 嚴復與西方』(南京: 江蘇人民出版社, 1989), pp.90-104.

본뜻을 어떻게 곡해했는지 좀더 연구해보면, 그의 곡해와 부연 설명은 모두 진화론을 다음과 같은 특징을 갖춘 학설로 설명하기 위한 것이었음을 알 수 있다. 우선 사회와 도덕은 부단한 진화 속에 놓여 있다. 그러나 이 진화는 서양의 사회다윈주의가 인정하는 것과 같은 자연선택에 의존하는 '임천위치설'이 아니라 '자연과 싸워 이기는 것與天爭勝'이어야 마땅하다.³⁴ 이 두 가지가 바로 중국식 진화관의 정수다. 옌푸는 사회제도와 도덕이 합리적이라는 점을 강조하려면 반드시 스펜서의 사회다윈주의를 차용해야 함을 명확히 의식하고 있었다. 그러나 스펜서는 '임천위치'를 강조하고 소극적 무위無爲를 내포하고 있기에 '스스로 힘을 길러 안전을 도모함自强保重'과 모순되는 면이 있었다. 반면 헉슬리는 도덕 활동을 곧바로 비자연적 과정으로 보았기 때문에 '스펜서의 임천위치의 저급성에서 벗어날'³⁵ 수 있었다.

이러한 모순을 극복하기 위해 옌푸는 스펜서 철학을 창조적으로 재구성했다. 우선 그는 스펜서의 방임주의를 황로지학黃老之學으로 간주하고, '임천위치'를 '작위하는 바 없음無所作爲'이 아니라 생존 욕망의 정당성을 인정하고 이 욕망을 위한 분투를 고무하는 것으로 보았다. 이 때문에 그는 '물경천택 적자생존'을 '상력설尙力說' 위에 세웠는데, 그것은 곧 우주의 영원한 '힘'이 운동하는 과정에 드러나는 법칙이다. 더 중요한 것은 옌푸가 인간 사회, 즉 '집단群'의 두 가지 다른 의미를 구분했다는 점이다. 옌푸는 '군'의 첫 번째 의미를 '종種'으로 보았는데, 이는 생물학적 개념이다. 이 경우 '물경천택 적자생존'은 두말할 것 없이 종으로서의 집

---

33 傅斯年, 「譯者感言」, 『新潮』, 第1卷 第3號, p.532.
34 李擇厚, 「論嚴復」, 『中國近代思想史論』(北京: 人民出版社, 1979), pp.249-285 ; 鄭永福, 田海林, 『天演論』深微」, 『近代史硏究』, 總27期(北京: 1985), pp.220-221.
35 嚴復, 「譯『天演論』自序」, 『天演論』(北京: 商務印書館, 1981), p.x.

단의 진화에 대한 부정할 수 없는 철칙이 된다. 군의 또 다른 의미는 사회 내부의 윤리적 본질이다. 여기서는 생물학적 의미의 '물경천택 적자생존'이 적용되지 않는다.[36] 그렇다면 옌푸는 사람이 집단 내부에서 도덕규범을 존중하는 것과 집단 외부에서 적극적으로 나라를 보위하는 것을 어떻게 통일시킬 수 있을까? 이를 위해 옌푸는 물경천택에 도덕적 내용을 부여했다. 즉 하늘은 도덕을 지닌 것이고, 게다가 '물경'은 인간과 동물이 저마다 본능을 발휘하여 생존을 도모할 뿐 아니라 적극적으로 도덕을 실현하는 것을 포함한다. 이렇듯 옌푸는 인간이 유위로 세계를 개조하고 유위로 자연 진화에 참여할 수 있다는 헉슬리의 주장(그러나 헉슬리에게 이는 윤리학에 속하는 주장이다)을 충분히 이용하는 한편, 이러한 적극적 유위의 정신과 스펜서의 사회다윈주의를 교묘하게 결합시킴으로써 마침내 중국화된 사회다윈주의를 생성한 것이다.

옌푸의 비판 평론식 번역은 의심할 바 없이 다음과 같은 효과를 낳는 데 일조했다. 즉 중국인은 그 어떤 서양인도 권위자로 삼을 필요 없이 선택적으로 흡수하고 창조적으로 해석하는 가운데 역전한 가치에 어울리는 적당한 표현을 외래 개념 속에서 찾아낼 수 있었다. 이런 이유로 『천연론』은 1898년 출판 직후 중국 전역을 휩쓸었고, 10여 년 동안 30여 종의 판본이 발행되어[37] 노장과 소장을 막론하고 지식층이 앞다투어 읽는 필독서가 되었다. 초등 교사들도 종종 이 책을 학습 교재로 삼았으며 중등 교사들은 '물경천택 적자생존'을 작문 주제로 채택했다.[38] 량치차오가 묘사한 것처럼, 『천연론』은 갑오년 이후 신문화운동 전까지 20년 동

---

36 汪暉, 「嚴復的三個世界」, 『學人』, 第十二輯.
37 王拭, 『嚴復傳』(上海: 上海人民出版社, 1976), pp.44-45.
38 王拭, 「嚴復與嚴譯名著」, 商務引書館編輯部 編, 『論嚴復與嚴譯名著』, (北京: 商務印書館, 1982), p.7.

안 중국 사상계에서 제왕의 지위를 누렸다. 진화론은 의심할 것 없이 새로운 천도가 되어 있었다.

옌푸가 상력설을 이용해 사회다윈주의의 창조성을 재구성한 것은 그 자체로 중국식 진보 이념과 상력설의 떼어놓을 수 없는 관계를 말해준다. 도덕은 직선 방향으로 끊임없이 분발해 더 나은 방향으로 발전하며, 이는 전적으로 변함없는 사람의 노력에 달려 있다. 중국철학 전통에서 힘은 곧 기이며, 앞서 말했듯이 혁명이 유기론에 의탁하지 않으면 안 되는 것과 마찬가지로 중국식 진보 이념 역시 기론과 불가분의 관계를 맺을 수밖에 없다. 말하자면 진보는 반드시 기에 의탁하여 추진되며 기의 운행 중에 나타난다. 왕선산이 이학을 재구성하는 과정에는 이미 진보 개념이 포함되어 있었다. 왕선산이 기로써 이理를 실현한다고 주장할 때 이理가 변화하는 것이냐에 대한 언급은 거의 보이지 않는다. 즉 선산의 철학은 진보관을 직접적으로 논하지 않았다. 그럼에도 불구하고 그가 기를 앞자리에 놓고 이理는 기가 운행 중에 드러나는 것이라 한 것은 진리는 단번에 달성되는 것이 아니며 천리는 점차적으로 드러난다는 논리를 함축한 것이다. 왕선산은 『사문록思問錄』과 『독통감론讀通鑑論』 등의 저작에서 인류의 조상은 "직립 동물일 뿐"이며, 인간의 도덕 윤상은 없었다가 생겨나 점차 완성된 것이라고 했다. 따라서 군신, 부자, 부부, 형제, 친구 등의 인륜 관계는 천지가 존재하기 전부터 존재하는 영원한 '천하의 정리定理'가 아님을 명확히 밝히고 있다.[39] 왕선산은 일찍이 "수인씨와 신농씨 이전에는 군왕에 적임자가 따로 없고, 지어미에게 적당한 배필이 따로 없으며, 부자·형제·친구가 서로 믿고 친할 필요가 없었으리라

---

39   唐凱麟, 『走向近代的先聲: 中國早期啓蒙倫理思想研究』(長沙: 湖南教育出版社, 1993), p.122.

는 것은 감히 확실히 알지는 못해도 능히 추정할 수 있을 것이다燧農以前, 我不敢知也, 君無適主, 婦無適匹, 父子兄弟朋友不必相信而親, 意者僅穎光之察乎"40라고 말한 바 있다. 이 때문에 첸무를 비롯한 일부 학자는 왕선산의 철학이 진보, 심지어 진화론을 주장한 것으로 해석하기도 한다.41 담사동이 왕선산의 유기론을 자신의『인학』으로 더 발전시켰을 때 바로 진보관이 드러났다. 담사동의 열사烈士 정신 가운데 고상한 도덕 경지는 강상에 대한 배척이므로 현재 세계에 존재하는 것이 아니라 어디까지나 그물 돌파의 결과다. 이러한 궁극적 관심에 어울리는 천도란 오직 변화를 추구하는 진보관일 수밖에 없다. 왕웨王樾는 담사동의『인학』의 구조를 연구한 결과, 그 속에 관통하는 '인仁―통通―일신日新―평등平等'의 내적 논리가 있음을 발견했다.42 '일신'은 바로 변화 중심의 진화 철학이다.

  옌푸는 당대의 '서학 성인西學聖人'으로서 특별히 왕선산 학설의 관점으로 진화론을 해석한 것은 아니었다. 그러나 그의 서양 사회다윈주의에 대한 상세한 해석의 핵심은 중국식의 그것이었으므로 중국식 진화 관념을 내포하는 왕선산 철학에 부합한 것은 필연적이었다. 확실히 그와 같아서, 옌푸가 태양계의 진화를 토론할 때 사용한 것이 바로 기론이었다. 그는 "만물은 모두 간단하고 쉬운 데서 시작하여 뒤섞여 모이는 데서 끝난다. 태양계의 시초도 근원적 '일기'였으니萬物皆始於簡易, 終於錯綜. 日局始乃一氣"라고 했다.43『천연론』의 설명에서 옌푸는 이학의 '이가 기에 앞서 존재한다理在氣先'라는 설을 혹평한 바 있다. 그는 일찍이 "주자는 이理가 기에 앞서서 있다는 설을 주장했는데, 그러나 기가 없다면 무엇을

---

40 王夫之,『詩廣傳·周頌』(北京: 中華書局, 1965), pp.154-155.
41 錢穆,『中國近三百年學術史』, 上冊(台北: 台灣商務印書館, 1957), p.99.
42 王樾,『譚嗣同変法思想研究』, pp.57-61.
43 嚴復,「導言二·廣義」,『天演論』, p.7.

좇아 이理를 드러내겠는가?朱子主理居氣先說, 然無氣又何從見理?"⁴⁴라고 논증한 바 있다. 더욱이 옌푸는 '물경천택 적자생존'을 상력설 위에 세움으로써 천리와 인욕을 대립시키는 정주이학의 관점을 비판하고, 천연론이 밝히는 도리는 송유宋儒의 '이치는 하늘에 속하고 욕망은 사람에 속한다以理屬天 以欲屬人'와 상반된다고 보았다.⁴⁵ 그러나 상력설과 인간 욕망의 중시는 선산 철학의 기본 사상이다. 뿐만 아니라 옌푸는 물경천택에 대해 하늘은 도덕적 속성을 갖고 있으며 '집단'이 자기 욕망을 실현하는 과정에서 천리를 체현하는 것으로 보았다. 이런 생각은 이理가 기 가운데 깃들어 있다고 보는 왕선산의 복제본에 가깝다. 다시 말해, 옌푸가 숭배한 진화론은 선산 철학과 구조상 일치하는 것이다.

힘은 진화론의 기초다. 따라서 상력 사조는 중국 사상사에서 진화론과 함께 전파되더라도 서로 충돌하기는커녕 오히려 서로를 추동한다. 옌푸가 인민의 역량을 고취할 것鼓民力을 주장한 뒤 더욱 강력해진 상력 사조가 중국 사상계를 휩쓸었다. 5·4 시기 이전의 전형적 사례로는 채악蔡鍔(자는 송파松坡, 1882~1916)의 『군국민편軍國民篇』과 량치차오의 『신민설·상무를 논함新民說·論尙武』에서 체육과 상무 정신을 고취한 것이다. 그리고 5·4 시기의 상력 사조는 감성적 의지력과 '시력詩力'을 숭상하는 것으로 나타났다.⁴⁶ 잡지 『신청년新靑年』은 과학민주 사상을 고취하는 동시에 대역사大力士인 훠위안자霍元甲를 소개하는 글을 싣기도 했다. 5·4 시기 이후 상력 사조는 더욱 철학적으로 체계化體系化되었다. 왕선산 철학의 틀로 보자면, 량치차오가 말한 '담력膽力'과 '체력'이든, 담사동이 『인학』

---

44 嚴復, 「論十三·論性」, 『天演論』, p.85.
45 嚴復, 「論十六·群治」, 『天演論』, p.92.
46 郭國燦, 「近代尙力思潮述論」, 『二十一世紀』, 1992年 月號.

에서 제시한 18종의 힘이든, 루쉰이 추앙한 '시력'이든, 힘과 감정에 관한 많은 견해는 기에 속하는 것이며, 기 또한 나아가면 물질로 해석될 수 있다. 따라서 상력 사조는 진화론과 병행해도 모순되지 않는, 기 중심의 유물론에서 개척한 물질 숭상 사조의 다른 측면일 뿐이다. 바로 이러한 까닭에 청일전쟁 패배 이후 등장한 진화 사조에는 변증법적 유물론과 매우 흡사한 우주관이 어렴풋이 내비치고 있다. 왕선산의 유기론은 유물론과 이름만 다를 뿐으로, 또한 변화 중심의 철학으로 해석될 수 있었으므로 진화관은 어렵지 않게 변증법적 발전관으로 발전할 수 있었다. 사실 매우 많은 지식인이 왕선산 철학을 받아들인 뒤 변증법적 유물론과 역사적 유물론을 인정했음을 훗날의 역사가 입증한다.[47]

비록 왕선산의 유기론은 변증법적 유물론 진보관의 모든 구조적 요소를 포함하고 있었지만, 변증법적 유물론의 개념 표현을 얻기 위해 부정의 부정이라는 과정을 거치지 않을 수 없었다. 원래 유기론에서 기가 갖고 있는 물질, 힘, 실천이라는 세 겹의 함의는 중국식 진보관에서도 없어서는 안 될 것이었다. 그러나 5·4 시기 지식인들이 과학적이지 않다고 본 기론을 유물론으로 대체하려고 할 때 힘과 실천은 물질적 의미와 분리되었다. 그리고 이 분리 때문에 유물론은 중국식 진보 이념의 전체 의미를 다 포괄하지 못하고 기껏해야 우주 질서의 진화와 경제 발전에 따른 사회 진보만을 포함하게 되었다. 결국 투쟁에 의한 사회 개조 및 도덕의 진보에 대한 실천의 중요성은 다른 요인들로 설명해야 했다. 이

---

47 많은 지식인 및 공산당 초기 인물들의 자서전을 살펴보면 그들이 변증법적 유물론을 수용하기 전에 왕선산 철학에 열중하고 있었음을 분명히 알 수 있다. 예컨대 차오쥐런曹聚仁은 자기 사상의 변화 과정을 기술할 때 자신이 유물 변증법의 관점을 수용한 것은 왕선산의 역사론을 추종한 것에 뒤이은 일이었음을 인정하고 있다.(曹聚仁, 中國學術思想史隨筆』[北京: 三聯書店, 1986], p.370, pp.253-254)

작업은 1930~1940년대 마오쩌둥 사상이 5·4 시기 이래 교조주의적 유물론을 부정하고 변화를 단행하기까지 기다려야 했다. 마오쩌둥 사상에서 진보의 동력은 물질과 경제뿐만 아니라 반드시 대립물들의 투쟁과 실천에 의존해야 한다. 『모순론』은 대립물들의 투쟁을 강조하면서 기의 상력적 설명을 포함하고 있으며, 『실천론』은 실천이야말로 인류 도덕의 진보의 동력이라는 점을 분명히 밝혔다. 마오쩌둥의 두 이론이 이처럼 두 갈래로 유물론을 보완하고 나서야 비로소 선산 철학의 기는 완전한 의미를 회복했다. 그리하여 마침내 중국식 진보 이념은 왕선산 철학과 같은 구조를 지니면서 더욱 완벽하고 현대적인 표현을 얻게 되었다.

7.5
세 번째 가치 역전
대동 이상과 공산주의

인민 역량을 고취함鼓民力·인민의 지혜를 엶開民智·인민의 덕을

새롭게 함新民德과 대동 세계

지식인의 두 가지 목표: 중국의 부강과 세계의 대동

「예운禮運」편의 구조

고대의 대동 유토피아가 전화하여

현실적 사회 이상이 되지 못한 이유는 무엇인가?

대동 사회와 유가의 도덕이상주의 그리고 도가적 가치

대동 유토피아가 마법화魔化되다

캉유웨이의 『대동서』

대동의 이상과 중국식 마르크스주의의 관계

중국식 진화관에 의한 천리 세계의 부정이 그물 돌파의 혁명열사 정신과 다른 점은 가치 추구의 방향이 아니라 목표에 도달하는 방식에 있다. 전자는 진화가 한 걸음 한 걸음 천천히 그물을 돌파하는 점진적 과정이라고 주장한다. 그러나 최종 목표에서 그물 돌파 정신과 본질적으로 다른 점은 하나도 없다. 양자는 모든 속박과 차별과 규범적 제약 상태의 제거를 지향한다. 옌푸는 충분히 서양 자유주의를 이해하고 있었지만, 그 역시 속박을 제거하는 정도로써 도덕 진화의 수준을 판별했다. 예컨대 중국인이 더 이상 전족을 따르지 않고 아편에 손대지 않는 등 신체의 속박에서 벗어날 수 있게 '인민의 역량을 고취'한다면, 겉만 번지르르할 뿐 실

용성 없는 학문을 버리고 지적 구속을 제거함으로써 "인민의 지혜를 열어줄" 수 있다면, 비민주와 전제를 타파하고 정신 도덕과 사회제도의 속박을 제거함으로써 "인민의 덕을 새롭게" 할 수 있다면, 서양을 뛰어넘는 높은 진화 단계에 도달할 것이라고 생각했다.[48]

진화론이 천리를 부정하는 방식이 개량주의라면, 천리 세계를 통째로 파괴하는 그물 돌파는 급진주의다. 그러나 양자 모두 인간에 대한 각종 속박의 제거를 진화의 최종 방향 혹은 최종 도덕 목표로 간주했다.[49] 따라서 혁명이든 개량이든 당시의 사상과 도덕 열정은 모든 속박을 제거하고 모든 차별을 해소하는 완전한 경지를 지향했다. 담사동의 『인학』은 이러한 도덕 경지를 대표하는 것이었다. 그리고 도덕과 사회제도가 합일하는 중국 전통에서 도덕 이상은 반드시 사회제도에 투사되기 마련이었다. 사람들은 진화의 최종 목표이자 완벽한 도덕을 구현하는 이상사회가 존재한다고 믿었는데, 이것이 바로 '대동' 세계다.

19세기 말과 20세기 초 중국 사상의 중요한 특징은 지식인의

---

48 嚴復, 「論世變之亟」, 『直報』(天津), 1895年 2月 4-5日 ; 「原強」, 『直報』(天津), 1895年 3月 4-9日, 「辟韓」, 『直報』(天津), 1895年 3月 13-14日.
49 사실 스펜서의 사회다윈주의도 인류 사회 발전이 점차 '선善'에 가까워지고 있다는 견해를 내포하고 있다. 스펜서의 『사회학 원리』는 사회 진화는 다음과 같은 특징, 즉 사회 조직이 점차적으로 복잡해지고 각 부분의 기능은 전문화되며 각 부분은 자동 정합하는 과정으로 보았다.(Herbert Spencer, *Principles of Sociology*[Hamden, Conn.: Archon Books, 1969]). 일부 학자는 자유방임을 주장하고 경제에 대한 정부 간섭은 적을수록 좋다고 주장한 스펜서에 대해 인류 사회 발전이 도달할 점진적 진화의 최종 상태는 일종의 무정부적 유토피아라는 사상을 갖고 있었다고 인식한다. 옌푸는 스펜서를 숭배했고, 게다가 그의 진화관은 중국식이었다. 당연히 그는 진화가 완전무결의 방향을 향해 간다는 관점을 받아들였다.(王中江:『嚴復與福澤論吉』[鄭州: 河南大學出版社, 1991], p.251) 왕중장이 지적한 대로, 옌푸의 자유론의 가장 큰 특징은 집단에 치중해 개체가 아닌 집단의 자유에 관심을 기울였다는 점이다. 그리고 옌푸는 자유 가치의 근거를 논할 때 분명히 『노자』와 『장자』의 관점을 운용했으며 그것을 후생과 연계시켰다.(王中江:『嚴復與福澤論吉』, pp.229-231) 옌푸의 진화관 속에 구속을 제거하고 규범을 소멸하는 것을 진화의 최종 목표로 하는 의미가 포함되어 있었음은 분명하다.

사회 개조가 두 가지 보편적 목표를 지향했음을 드러내는데, 그것은 바로 중국의 부강과 세계의 대동大同이다.[50] 중국 부강은 낮은 단계의 진화 수준으로서, 그 목표는 세계열강의 밀림에 진입하는 것이다. 반면 세계 대동은 인류 사회에 그 어떠한 충돌, 전쟁, 착취, 차별이 남아 있지 않은 최종적 이상 경지를 나타낸다. 담사동의 『인학』이 유가 윤리와 상반되는 도덕을 대표한 것처럼, 대동 사회 역시 가치 역전이 사회관에 반영된 것이다. 그것은 가정과 강상 명교綱常名敎를 토대로 사회 계급질서를 세워야 한다는 유가 주장에 대한 부정이었다.

어쨌거나 '대동'은 유가 경전에서 나온 것이고, 유가 문화가 지향하는 이상사회인 것처럼 보인다. 그 가치 지향을 분석해보면 '대동'은 서로 다른 두 측면을 갖고 있다. 하나는 천하를 한 집안으로 보는 것이고, 다른 하나는 사회 등급과 빈부 차별을 소멸하는 것이다. '대동'이 가족애親情가 전면적으로 확대된 사회인 반면, 소강小康 세계는 가족애가 종법 관계에 의해 질서정연하게 확대된 사회다.[51] 확실히 '대동'은 세계를 가족애로 충만한 하나의 큰 가정으로 보며, 그 가정의 내부 질서는 성원들이 도덕을 준수하는 데서 나온다. 따라서 대동 이상은 한 사람 한 사람이 도덕적으로 고상해졌을 때 사회가 병폐 없는 완벽한 상태에 도달할 수 있다고 주장한다. 이는 의심할 것 없이 유가 도덕이상주의의 사회적 투사다. 그런 한편 '대동'은 제도와 법률과 각종 규범을 소멸한 사회를 이상 상태로 간주하는데, 이러한 사상 방법은 유가에서 왔다기보다는 도가적 가치가 사회관에 구현된 것으로 봐야 한다.

잘 알려져 있듯, '대동' 이상은 유가 경전 『예기禮記』의 「예운禮

50　汪榮祖, 『晚淸變法思想論叢』(台北: 聯經出版事業公司, 1983), p.25.
51　姜義華, 「論'禮'及其文化內涵」, 『中國文化』, 第14期(北京, 1996).

運」편에 가장 먼저 나타나 있다. 「예운」은 전국시대 말기 또는 진·한 즈음에 유가 학자가 공자의 이름을 가탁해 문답으로 정리한 한대의 문헌으로서, 진·한 교체기의 사상이 많이 반영되었다. 우리는 1.4절에서, '천인합일'의 구조를 유가 학설에 부여하기 위해 진·한 교체기에 많은 도가 사상의 요소가 유가 이데올로기에 흡수되었음을 지적한 바 있다. 그러므로 「예운」이 묘사한 대동 사회는 유가 도덕이상주의가 사회 병폐에 대한 도가의 견해를 흡수한 결과라 볼 수 있다. 예컨대 대동과 소강에 관한 주장 가운데 "믿음을 추구하고 화목을 닦는다講信修睦"라든가, "사람은 자기 부모만 부모로 섬기지 않고 (…) 홀아비, 과부, 자식 없는 노인, 고아, 불치병 환자도 불쌍히 여겨 모두 보살핌을 받는다人不獨親其親 (…) 矜寡孤獨廢疾者, 皆有所養"는 주장은 유가에서 온 것이 분명하다. 사실상 공자가 말한 "노인을 편안하게 해주고, 벗을 미덥게 해주고, 어린이를 품어준다老者安之, 朋友信之, 少者懷之"의 복사판이다. 그러나 '대동' 사회를 '대도가 행해지는 것大道之行'이라 하고, "천하를 한집안으로 삼는다天下爲家"를 "대도가 이미 사라짐大道旣隱"으로 보는 관점은 분명히 유가와 다른 것으로, 전형적인 도가 사상에 해당한다. 반면 "현명하고 능력 있는 사람을 가려 뽑음選賢與(舉)能"은 묵가이며, "물건이 바닥에 버려지는 것을 싫어한다貨惡其棄於地也"는 농가農家에서 온 것이다.[52] 이에 대동은 유가, 도가, 묵가 등 여러 사상을 한데 그러모아 창조한 사회적 이상임을 알 수 있다.

「예운」은 '제왕의 예악 연혁을 기록한 것王禮樂之因革'으로서 합리적 사회질서인 '예'의 기원과 연혁을 탐구한 문헌으로, 첫머리부터 대동과 소강을 논하고 있다는 데서 우리는 예사롭지 않은 의미가 있다고

---

52   陳正炎, 林其錟, 『中國古代大同思想硏究』(上海: 上海人民出版社, 1986), pp.91-93.

생각한다. 일체화 구조에서 '예'는 치국의 청사진이자 사회 설계의 모형이다. 「예운」은 도덕가치로 세계를 빚고자 한 유가의 도덕이상주의의 심태를 계승하고 있다. 그와 동시에 사회제도와 그 병폐에 대한 도가의 견해를 흡수했다. 즉 도가의 규범 소멸주의를 예치禮治 위에 놓음으로써, 중국 역사상 최초로 제도 규범을 소멸한 도덕 사회를 궁극적 이상으로 하는 유토피아를 제시하기에 이른 것이다. 유가와 도가의 이러한 기묘한 결합은 전국시대 말기부터 진·한 교체기의 기간에 유학이 도가의 천인합일 구조를 빌려 대일통 이데올로기를 창조하는 과정의 부산물이었다. 한편으로 더욱 중요한 사실은, 위진남북조시대에 중국 문화의 초월적 차원이 형성된 이후로 줄곧 도가의 무위와 규범 소멸주의는 중국 문화의 초월의식 속에 도덕 유토피아의 형식으로 보존되었다는 점이다. 대동 이상의 규범 소멸주의는 다름 아니라 도덕 유토피아가 사회제도 설계 위에 투사된 것이라 할 수 있다.

'대동'은 가치 면에서 유학과 도가라는 서로 다른 방향을 포함하고 있었기 때문에 일체화 구조 안에서 '당위' 세계의 자격으로서 대동이 세계 개조의 청사진에 반영될 때 두 방향이 갈등 없이 병행되기는 불가능했다. 유가는 줄곧 도덕을 윤상 등급으로 실천해왔으므로 유가가 주장하는 이상사회는 장유유서, 곧 이상적 윤상 관계를 구현하는 사회일 수밖에 없다. 이러한 청사진으로 개조한 세계, 곧 '당위' 사회는 '지덕至德, 지선至善'의 상태로, 마땅히 사회제도를 소멸하는 내용을 포함할 수 없으며 윤상 등급의 타파는 더욱 반대할 수밖에 없다. 도덕이 유가 윤리와 동일시되는 까닭에 대동 이상 중에서 도가적 가치에 부합하는 지표들은 도덕 기반을 결여하고 있으므로 실행력도 가질 수 없다. 특히 대동 이상사회를 어떻게 실현할 것인가 하는 경로 및 방식에 대해 「예운」은 전혀 언급하고 있지 않다. 따라서 도덕 이상을 실현하려는 유생의 입세 정신을 통해 사회적 행동으로 전화되는 일은 발생할 수 없다. 그러한 청사진은 그저 상상에 그칠 뿐, 사회적 실천에 옮길 수 없는 경우가 허다하다. 특히 이학이 성숙해진 이후 유학은 천리 세계를 이상적 경지로 삼았는데, 그것은 형식의 '유'이자 물질의 '무'였다. 형식의 '유'가 윤상 등급의 질서를 긍정하는 것인 반면, 물질의 '무'는 도가와 불교에서 유래한 '주정거욕主靜去欲'을 윤상 등급을 깨지 않는 범위로 제한한 것이다. 따라서 대동 이상 가운데 도가적 가치에 의해 규정된 이념은 유학의 심층에 감춰져 사회적 이상으로서 부각될 수 없었다.[53]

표 7.2는 한대 이후 이상사회와 부분적으로 관련된 상상들을 제시하고 있다. 표에서 대다수 유토피아 이상들은 '대동' 사회와 같은 양상이며, 유가 도덕이상주의와 도가 가치를 결합하고 있음을 알 수 있다. 이 가운데 유가의 가치를 위주로 하는 이상사회의 청사진은 많든 적든 유생의 치국평천하 및 제왕의 인정仁政 안에서 표출될 수 있었으나, 도교나 불교에 속한 것은 기본적으로 실현 불가능했다. 우리는 이 도표에서 송명 이학이 성숙한 이후 도교와 불교식 유토피아가 뚜렷이 감소했음을 알 수 있다.

표 7.2 한조부터 청조까지 문헌에 나타난 부분적 유토피아 사회 청사진

왕조 연대	이상사회를 일컫는 말	출처	사상의 유래
전한	'지덕至德' 사회	육가陸賈의 『신어新語』	유가
전한	"수복희씨지적修伏羲氏之跡, 이반오제지도而反五帝之道"	『회남홍렬淮南鴻烈』	황로(유가)

53　金觀濤, 「中國文化的烏托邦精神」, 『二十一世紀』, 1990年 12月號.

후한	'공양삼세公羊三世'와 '정전제도井田制度'	『춘추공양해고春秋公羊解詁』	유가
후한	'만년태평萬年太平'	『태평경太平經』	도가
위진	'화서씨지국華胥氏之國' '종북국終北國'	『열자列子』	노장과 불교
위진	'태초사회太初社會' '지덕지세至德之勢'	완적阮籍과 혜강嵇康	도가
위진	포경언鮑敬言의 "고자무군古者無君, 승어금야勝於今也"	갈홍葛洪의 『포박자외편抱樸子外篇』	도가
동진	'도화원桃花源'	도연명의 「도화원기桃花源記」 「오류선생전五柳先生傳」	도가
당조		『무능자無能子』「기견紀見」	도가
당조	'백장청규百丈淸規'	회해懷海의 『칙수백장청규敕修百丈淸規』	불교
오대	'대화사회大和社會'	담초譚峭의 『화서化書』	도교
오대~송	'해인국海人國'	왕우칭王禹偁의 『녹해인서錄海人書』	도가
북송	'정전井田'의 설계와 "민포물여民胞物與"	장재張載의 저작	유가
북송		이구李覯의 『평토서平土書』	유가
남송	'서경은향西京隱鄕'	강여지康與之의 『작몽록昨夢錄』	도가와 유가
송·원 시기	"폐유사廢有司, 거현령去縣令"	등목鄧牧의 『백아금伯牙琴』	도가
명	'취화당聚和堂'	하심은何心隱	유가
명·청 시기	"애무차등愛無差等"	부산傅山의 『상홍감집霜紅龕集』	유도묵
명·청 시기		황종희黃宗羲의 『명이대방록明夷待訪錄』	유가
청초		당견唐甄의 『잠서潛書』	유가와 도가
청초		안원顏元·이공李塨·왕원王源의 『언행록言行錄』과 『평서平書』	유가
청		이여진李汝珍의 『경화록鏡花錄』	유가와 도가

자료: 천정옌陳正炎, 린치셴林其錟이 저술한『중국 고대 대동사상 연구中国古代大同思想研究』
의 자료를 근거로 정리한 것이다.

        표는 송명이학의 천리 세계가 하나의 도덕 경지로서 도가 사상의 유토피아를 효과적으로 대체하고 있음을 보여준다. 여기서 유학자가 추구하는 지선至善 사회는 진정한 의미의 '대동'이 아니라 '천리'로 간주된 예禮,[54] 즉 일종의 이상적 군·신·부·자 관계였다. 당시 아무리 이단적인 사회 이상일지라도 유가의 자기장을 벗어나기가 힘들었다. 예컨대 그 어떤 유생도 이상 속의 도화원桃花源이 가정을 소멸할 것이라고 생각하지 않았다.

        청일전쟁 이후 유가 이데올로기는 더 이상 바람직하지 않은 것으로 여겨졌고, 만고불변의 천리는 진화론과 그물 돌파의 혁명정신에 의해 격파되었다. 그나마 도가 가치를 포함한 '대동' 이상은 가까스로 떨어져 나와 개혁자들에 의해 새롭게 해석될 수 있었다. 이때 '대동' 이상 속 도덕의 의미는 더 이상 유가의 윤상이 아닌 역전한 가치의 그물 돌파였다. 그리하여 제도 및 차별의 소멸처럼 원래 도가적 가치 규정에서 생성된 내용들이 현대 및 서양 용어들 속에 주입됨으로써 역전한 가치를 포용하는 프레임으로 바뀌었다. 대동 유토피아는 마법화魔化되었다.[55] 그것은 신속하게 부각되어 새 시대의 사회 이상이 되었다. 당시 이러한 사회 이상들 가운데 가장 두드러진 대표는 무정부주의와 사유제 소멸의 공산주의였다. '대동'은 무정부주의와 공산주의의 대명사가 되었다.

        그러나 반드시 지적해야 할 점은, 유가 윤리를 부정한 직접적

---

54 上山春平,「朱子的人生論與禮論」,『中國哲學史研究』, 第3期(北京, 1986), pp54-65.
55 金觀濤,「中國文化的烏托邦精神」,『二十一世紀』, 1990年 12月號.

결과는 자유와 평등을 새로운 가치 지향으로 삼는 것이기 때문에 대동 이상의 신봉자는 중국 근대에서 가장 먼저 자유와 평등을 고취하고 그 가치들로써 사회를 개조하는 선구자가 되었다는 사실이다. 자유와 평등이라는 가치를 정치적으로 실현하는 일은 바로 민주, 민권 그리고 대중 참정을 주장하는 것이다. 그런 까닭에 중국의 현대 정치문화가 형성되는 과정에서 다음과 같은 중요한 현상들이 나타났다. 우선 프랑스 계몽운동이 숭배한 가치를 인정함으로써 자유를 새 도덕과 일반의지公共意志로 간주하고 자유를 민주공화 이론의 근거로 고취한 사람들이 있었다. 이들은 대부분 초기 무정부주의나 공산주의의 신봉자들과 같은 무리로, 예컨대 장타이옌은 무정부주의와 유사한 이념을 갖고 있던 시기에 루소를 추종하기 시작했다. 그는 루소야말로 "어둠을 크게 밝혀 자유를 극진히 할 수 있으며能光大冥而極自由" "민권과 자유를 제시한提出民權自由" 창시자라고 생각했다.[56] 평등의 가치가 경제 제도로써 구체화된 것이 바로 사회주의다. 따라서 중국에서 사회주의는 공산주의, 무정부주의와 함께 전래되었다. 가장 이른 시기에 비교적 영향력이 컸던 사회주의 선동자는 무정부주의자 류스페이劉師培(자는 신숙申叔, 1884~1920)와 장지張繼(자는 박천薄泉, 1882~1947)였다. 그들은 일찍이 장타이옌과 함께 '사회주의 강습회'를 조직하여 서양 사회주의, 무정부주의 그리고 1905년의 러시아 혁명을 소개했으며「『공산당선언』서문」을『천의보天義報』에 발표했다.『공산당 선언』1장의 중역본은 바로 류스페이 그룹에서 번역 간행한 것이다.[57] 평등은 대동 이상의 일부였으므로 쑨중산의 사회주의 강령인 민생주의를 포

---

56 朱維錚,「『民報』時期章太炎的政治思想」,『復旦學報』, 第5期(上海, 1979), p.43.
57 朱維錚,「劉師培的腳印」,『音調未定的傳統』(沈陽: 遼寧教育出版社, 1995), p.309.

함한 중국의 다양한 사회주의는 (장캉후張亢虎의 신사회 민주주의[58] 또는 훗날의 길드 사회주의, 순박한 사회주의든 관계없이) 공산주의와 뚜렷한 경계선이 없었다. 이들 간의 차이는 단지 경제적 평등을 실현하는 방법과 절차에 있었을 뿐 가치 이념에 있지 않았다. 게다가 그것들은 모두 중국의 대동 이상과 연결되어 있었다.

주의해야 할 점은, 자유와 평등이라는 서양 가치가 중국에서 유가 윤리의 부정으로 도출될 수 있었다 해도 이는 역전한 가치의 일부였을 뿐 이상사회 건설이라는 역전한 가치 전체를 대표하는 것은 아니었다는 점이다. 사회 관념상 역전한 가치의 전체적 구현은 이학의 우주 질서를 전도시킨 것으로, 형식 관계의 '무'와 물질적 '유'를 의미한다. 천리 경지의 이 역전은 불교 이론과 매우 비슷하게 실현되었다. 다시 말해서 사회적 고난에 대한 불교의 견해를 사회제도의 설계에 구현한 결과와 비슷했다.[59] 따라서 전체적으로 역전한 가치를 구현한 사회 이상은 불교와 매우 비슷할 수밖에 없었다. 매우 흥미로운 점은 도덕 이상과 천도관에서 각각 역전한 가치의 전형적 사례가 있었던 것과 마찬가지로 천리 세계의 역전을 대표하는 사회관에서도 역전한 가치의 전형적 형태가 나타났다는 점이다. 이것이 바로 캉유웨이가 불교식 공산주의 비전을 제시한 『대동서』다. 일찍이 주웨이정朱維錚은 『대동서』의 사상적 연원을 고찰한 바 「예운」에서 말하는 대동 사회와는 별 관계가 없다는 점을 발견했다. 즉 캉유웨이는 '대동'이라는 명칭만 사용했을 뿐이며 실제로는 새로운 사상을 그 안에 집어넣은 것이다. 캉유웨이의 초기 저작 『실리공법전서實理公

---

58 楊幼炯, 「民初各派社會主義之政治思想」, 蕭公權 等著, 『近代中國思想人物論: 社會主義』, p.199.
59 金觀濤, 劉青峰, 「理想主義與烏托邦: 『大同書』中儒家與佛家的終極關懷」, 『二十一世紀』, 1995年 2月號.

法全書』는 『대동서』의 사상적 기초를 창안한 저서로 볼 수 있다.[60] 캉유웨이는 『실리공법전서』와 『대동서』에서 장차 서양의 가치와 중국의 전통적 가치를 결합하여 국경을 초월하는 이상사회를 설계했다.[61] 더 정확히 말하자면, 캉유웨이의 『대동서』는 천리 세계의 역전, 곧 불교와 유사한 '형식의 무'를 보편적 공리公理로 삼아 이상사회를 건설하고자 했다.

『대동서』는 일체의 고통과 사회 병폐에 대해 9개의 근원, 곧 9종의 차별이 존재한 결과로 돌린다. 9종의 차별이란 국계國界(국가의 존재), 급계級界(귀천과 청탁의 차별), 종계種界(인종 차별), 형계形界(남녀 형태와 사회적 역할의 차별), 가계家界(가정 조직), 업계業界(사유제와 재산의 차별), 난계亂界(법률의 차이와 사회의 계층), 유계類界(사람과 동물의 차별), 고계苦界(차별 때문에 생겨나는 차별)이다. 그는 이 9대 차별을 제거한다면 모든 사회적 고난을 없앨 수 있고 인류 사회는 '대동'의 이상 경지에 도달할 수 있다고 보았다. 이처럼 사회 병폐와 고통의 근원을 차별과 사회규범으로 돌리는 것이나 일체의 차별과 제도를 제거해 지선至善에 도달하는 완벽주의完美主義는 불교 사상방법의 현대판에 다름 아님을 누구나 느낄 수 있다. 『대동서』에서 진화의 최종 목표(즉 궁극적 이상)를 묘사하는 부분은 특히 불교적 색채가 뚜렷하다. 캉유웨이가 이 책에서 가장 많은 지면을 할애한 부분은 「거가계去家界」인데 가정의 해체를 '출가'와 동일시하고 있다. 나아가 사람과 동물의 형태적 차별을 벗어날 것과 더불어 신선 방술, 단약 제조, 시해屍解['주검을 지운다'는 의미로, (도사가) 득도 후 육신만 남겨두고 혼백이 빠져나가 신선이 되는 것, 혹은 육신(주검) 대신 임시로 자신의 옷衣·지팡이杖·검

60　朱維錚, 「從『實理公法全書』到『大同書』」, 『音調未定的傳統』, p.288.
61　蕭公權, 「理想與現實: 康有爲的社會思想」, 蕭公權 等著, 『近代中國思想人物論: 社會主義』, pp.39-70.

劍 등의 물건만 남겨두고 승천하는 것]까지 대동 사회에 진입한 뒤에 마땅히 추구해야 할 더 높은 진화의 경지라고 주장한다.[62] 량치차오와 장하오는 캉유웨이의 대동 이상에는 매우 강한 불교적 배경이 자리하고 있음을 지적하는 한편, 그 속에 포함된 적극적 유위有爲의 입세 지향으로 인해 불교나 노장과는 분명히 구별되며 다만 유가의 도덕 및 사회 이상에서 비롯된 새로운 형태라고 보았다.[63]

담사동의 새로운 인학이 '에테르'로 일체의 그물을 타파할 것을 주장한 것과 마찬가지로, 캉유웨이의 대동 세계는 이학에서 천리 세계의 물질과 형식의 관계를 도치시킴으로써 필연적으로 물질의 '유'를 주장한다. 그렇기에 대동은 현세를 지향하며 욕망과 갖가지 물질적 힘으로 충만해 있다. 따라서 대동 이상은 '기'와 '에테르'의 '통달通達'에 의탁할 수도 있고, 부강을 추구하는 민족·민생주의를 통해 실현될 수 있으며, 나아가 생산력이 고도로 발전된 첨단 과학기술의 공산주의 사회를 이끌어낼 수 있다. 대동 세계는 19세기와 20세기가 교체하는 시기에 지식인이 광범하게 인정한 목표였고, 전통의 천리 세계가 무너진 20세기 사회의 이상적인 발전 방향을 예견한 것이다.

대동 이상이 대표하는 중국식 공산주의 사회는 마르크스와 소비에트 교과서에서 주장하는 공산주의와 어떤 관계가 있을까? 쉽게 알 수 있듯이, 대동 이상의 본질은 한 사람 한 사람이 도덕적으로 고상해져서 모든 사회제도 및 화폐가 제거된 사회에 있다. 역사적으로 대동 이상은 중국인이 마르크스와 소비에트 공산주의를 받아들일 수 있는 전통문화의 유전자에 해당하는 것이다. 즉 그것은 어떤 외래 사상을 선택적으

---

62 康有爲, 『大同書』(上海: 中華書局, 1935), p.451.
63 張灝, 『危機中的中國知識份子: 尋求秩序與意義』, p.78.

로 흡수할지를 결정할 수 있을 뿐 아니라 중국인의 공산주의적 실천의 자생적 양식을 규정하는 내재적 성분이다. 이에 대한 전형적인 사례가 캉유웨이의 『대동서』와 중국 공산주의 실천의 관계다.

    중국 현대사상에서 캉유웨이의 『대동서』는 러시아와 서양의 마르크스주의 영향을 받기 전의 공산주의 이상을 대표한다. 『대동서』의 사상은 청말과 민국 초기 세대에게 영향을 끼쳤으나 정식으로 전문全文이 발표된 때는 1935년이다. 당시 이런 유의 중국식 공산주의는 순도 높은 볼셰비키 관점에서 볼 때 낙후된 것이었다. 사상적 가치를 제외하면 『대동서』가 현실성 있다고 생각하는 공산당원은 없었던 것 같다. 그러나 1958년 공산주의 대약진과 문화대혁명 운동 중에 그랬듯이, 중국인이 소비에트의 영향을 벗어나 중국식 공산주의를 실행하려고 할 때 대동 사회의 청사진은 실험자의 의지에 의해 불려나오는 식이 아니라 적절한 시기가 되어 모습을 드러냈다.

    1958년 마오쩌둥의 호소에 부응하여 많은 공산당 간부가 농촌에서 공산주의 인민공사화 운동에 나섰을 때, 『대동서』에 대한 그들의 기억은 멀고도 희미한 것이었다. 그러나 그때 마오쩌둥은 한말의 장로張魯가 관중 지역에 할거 정권을 시행하면서 밥을 제공하되 돈을 받지 않는 정책을 예로 들면서 중국의 사회주의가 유서 깊다는 점을 지적했으며, 공산당 간부들에게 캉유웨이의 『대동서』를 읽으라는 문서를 하달했다. 이에 많은 간부들이 『대동서』를 지참하고 농촌으로 가 인민공사화 운동을 추진했다. 1966년 문화대혁명이 시작되자 사유재산이 몰수되고 도농 차별과 남녀 차별이 소멸되었다. 중국은 획일적으로 파란 제복을 입은 공유제公有制 국가가 되었지만, 홍위병 중에 『대동서』를 읽은 사람은 거의 없었다. 그들은 캉유웨이가 주장한 공유제와 고완귀공古玩歸公[모든 골동

품은 국가에 귀속된다]을 알 리 없었고, 『대동서』에서 묘사한 미래 사회 모습에 사람마다 자전거가 있고 남녀가 같은 의복을 입으며, 심지어 화장터와 추도회까지 당시 중국 모습과 흡사하다는 사실을 알지 못했다. 이것은 중국 사상이 외래 문구를 이용해 자신을 표현할 때는 종종 그 속에 담긴 중국 문화의 원류를 잊어버릴 수도 있으나 그 사상이 실천에 옮겨질 때 중국 유전자는 외래사상보다 훨씬 역동적으로 표출된다는 사실을 말해준다.

7.6
무정부주의의 유형

무정부주의는 혁명 유토피아를 당장 실행될 새 도덕으로 여겼다
류스페이劉師培와 허전何震 부부의 사례
스푸師復의 사례
장타이옌의 상대주의, 개인주의, 무정부주의
전 인류에 대한 철저한 혁명의 갈구
무정부주의와 불교 및 금욕의 관계
무정부주의의 네 가지 이상 유형

이상사회가 완전한 도덕과 동등하게 취급되는 구조에서 대동의 이상은 그물 돌파라는 새 도덕 목표와 긴밀하게 연계되며 도덕 추구는 반드시 행동에 호소하게 된다. 따라서 대동 이상과 그물 돌파 정신이 지식인의 실제 행동으로 전화된다면, 필연적으로 중국 역사상 유례없는 도덕 목표와 이상사회를 추구하는 행위 방식이 탄생하는 셈으로, 그것이 바로 무정부주의다. 19세기 하반기 한때 서양과 러시아에서 무정부주의가 성행했는데, 이는 본디 다양한 사회주의 사조 가운데 하나였다. 청일전쟁 이후 이 사조는 이학을 부정하고 청 정부에 반대하는 지식인의 급진적 도덕 추구와 단박에 부합했다. 그리하여 20세기 초 일본과 프랑스의 중국

유학생들 그리고 망명 지식인들 사이에서 중국의 무정부주의 사조가 등장했다. 그들은 대개 헌신적이며 열광적인 혁명가로서 새 도덕의 추구는 반드시 행동으로 실현되어야 한다고 주장했다. 현존하는 모든 질서와 규범에 반대한 그들은 국가 경계가 없고, 인종 경계가 없고, 너와 나의 경계가 없고, 빈부가 없고, 존비가 없고, 귀천이 없고, 정부와 법률과 강상이 없는 세계를 추구했다. 한편 암살, 희생, 파괴와 모든 차별을 없애는 것이 그들의 새로운 도덕 준칙이었다.

  분명히 알 수 있는 것은, 대동 이상과 열사 정신의 지식인이 이와 같은 궁극적 관심사를 행동으로 그리고 현실의 도덕 추구로 전화할 것인지는 대동 사회가 그들의 내면에 자리 잡은 위치, 즉 대동 사회가 요원한 미래를 대표할 뿐인지 여부에 달려 있다. 대동 사회의 신앙자가 즉각 행동할 것을 주장하거나 그물 돌파를 당장의 도덕 실천으로 바꾸자고 주장하는 순간 그들은 즉시 무정부주의자로 바뀐다. 대표적으로 류스페이劉師培와 허전何震[류스페이의 아내]이 그러한데, 그들은 1907년 이전에 이미 역전한 가치에 경도되었다. 1907년 2월 류스페이 부부는 일본에 도착한 뒤 일본 사회의 '강경파'가 주장하는 직접 행동을 받아들였으며 급진적 무정부주의자가 되었다. 일반적으로 정부의 해체 또는 화폐 및 사유제의 폐지 같은 주장을 먼 미래의 일로 미뤄야 하는가 문제는 진화론에 대한 지식인의 견해와 관련이 있다. 진화론은 점진적이고 순차적인 개혁을 주장하는데, 물론 이와 같은 천도관으로는 진화의 최종 목표를 당장 실행해야 할 것으로 앞당길 수 없다. 예컨대 캉유웨이는 진작부터 대동 사회를 구상하고 있었지만 "공자는 대동에 뜻을 두었으나孔子志在大同" "소강에 종사했다事在小康"는 점을 잘 알고 있었고, 대동을 당장 실현하려 하면 세상을 크게 혼란케 할 것이라 믿었다. 따라서 지식인이 진화론을 보편적 천도로 간주하지 않거나 진화론을 혁명 논리로 대체해야 한다고 주장한다면(즉 혁명 수단을 운용함으로써 이상적 목표에 신속히 매진할 수 있음을 수용한다면) 일체의 차별을 없애는 도덕 이상과 무정부적 대동 사회는 더 이상 요원한 미래로 남겨둘 수 없으며, 그와 같은 이상을 현재의 도덕적 추구로 삼아야 한다는 견해가 지식인의 행동과 주장에 드러나게 될 것이다. 이때 천리 세계의 역전도 다름 아닌 무정부주의로 나타나게 될 것이다.

　　청말 무정부주의자들의 사상이 변화된 과정을 살펴보면, 점진적 개량을 주장한 지식인과 달리 그들은 혁명, 파괴, 암살과 같은 수단을 통해 낡은 질서를 신속히 멸하고 이상적 경지가 하루 빨리 도래하는 데 노력을 기울였음을 발견할 수 있다. 따라서 그들 중 일부는 진화론을 믿지 않았다. 예컨대 스푸師復(원명은 류스푸劉思復, 1884~1915)는 지식이 진화한다는 것을 믿었을 뿐 진화를 통해 도덕을 완성시킬 수 있다고 믿지는 않았다. 그는 "도덕과 지식은 반비례하는 것이다. 지식이 발달할수록 도덕은 점점 하락하는데, 이는 100년 동안 구미 대륙이 경험한 것이다. 중국은 20년 동안 이것을 다시 경험했다"[64]고 말했다. 류스페이도 진화론을 믿지 않았는데, 그는 최초로 무정부주의적 성질을 갖춘 것은 도가의 무위와 불간섭이며 중국이 세계에서 가장 수월하게 무정부주의 국가에 도달할 것이라 보았다.[65]

　　진화론을 부정하고 무정부주의로 전화한 하나의 전형적 사례를 찾고자 한다면 바로 장타이옌을 꼽을 수 있다. 청일전쟁 이후 장타이옌은 진화론을 믿었으며 강학회強學會에 가입해 변법 유신을 주장했

64　蔣俊, 李與芝, 『中國近代的無政府主義思想』(濟南: 山東人民出版社, 1991), p.171.
65　何震, 劉師培, 「論種族革命與無政府革命之得失」, 『天義報』, 第六, 七卷(1909年 9月 1日, 15日).

다. 그는 한동안 옌푸가 번역한 『천연론』 사상을 극진히 떠받들었다.[66] 1903년 『쑤바오蘇報』 사건으로 투옥된 장타이옌은 옥중에서 사상의 큰 변화를 맞았다. 불교 유식론에 대단히 깊은 감명을 받은 그는 『유가사지론瑜伽師地論』을 거듭 연구했고, 유식론을 세계사상으로 삼아 인간 삶의 기본 방법을 깊이 관찰하고 분석하기 시작했다. 유식론은 인간의 인성에 선·악·무기無記[선악의 분별이 없는 상태]라는 세 개의 씨앗三種籽이 있다고 보는데,[67] 이것으로 진화를 고찰하면 그 속에 선이 존재하는 동시에 악도 존재한다는 점을 깨닫게 된다는 것이다. 장타이옌은 이처럼 선악이 동시에 진화한다는 관점을 일컬어 '구분 진화俱分進化'라 했다.[68] 중국식 진화론에서는 세계가 선한 방향으로 진화하는 게 보편적 천도인데 장타이옌이 악의 진화를 인정한 이상 진화는 인류를 차별도 없고 강상도 없는 이상적 경지로 인도할 수 없다. 뿐만 아니라 불교의 관점에서 볼 때 천리든 공리든 모두 허망한 것이므로 장타이옌은 진화론이 인간의 궁극적 관심과 무관할 뿐 아니라 그 어떤 공리, 심지어 공공성조차 자성自性[산스크리트어 스바하바svabhāva를 번역한 불교 용어로, 모든 존재가 지니고 있는 변하지 않는 존재성을 가리킨다]을 갖지 못한다고 보았다. 그러나 유식론에서 모든 것이 허망하다고 단정하는 근거는 모든 것이 주체가 쌓아올린 것이라고 보기 때문이다. 일체의 법을 부정하는 이러한 이理 자체는 허무가 아니다. 그것은 '묘유妙有'[만물이 실체가 없는 가운데 여여히 존재하는 모습]라 하는데, 주체와 이 '묘유'의 이理는 역전한 가치를 새 도덕으로 삼는 기초가 된다. 그리하여 장타이옌에게 일체의 차별을 제거한 절대 평등은 지고무

66　王汎森, 『章太炎的思想(1868-1919)及其對儒學傳統的衝擊』(台北: 時報文化出版事業有限公司, 1985), pp.34-36.
67　熊十力, 『佛家名相通釋』, 卷上(台北: 廣文書局, 1974), p.49.
68　章太炎, 「俱分進化論」, 『章氏叢書』, 下冊(台北: 世界書局, 1958), p.861.

상한 도덕적 실재로 나타난 것이다. 장타이옌은 절대 평등에 근거해 어떤 정부나 집단 그리고 사회 조직에 대해 비판하고 부정했는데, 왕후이汪暉는 이에 대해 "부정성의 자유" 그리고 "반현대적인 개체, 임시성의 개체 관념"이라 했다.[69] 사실 장타이옌의 상대주의와 개인주의의 본질은 천리 세계의 역전을 유일한 도덕으로 삼은 데 있다. 이 관점으로 보자면 그것은 여전히 무정부주의의 하나다.

무정부주의는 천리 세계의 역전을 도덕으로 삼았으므로 그 이상적 형태는 관계(차별)의 무와 물질의 유다. 이러한 이상적 형태는 불교와 매우 흡사하다. 그러한 역전의 이상적 형태가 사회관에서 캉유웨이의 불교 공산주의로 표현되었듯이, 일종의 도덕 이상으로서의 무정부주의도 불교와 매우 흡사한 초월적 차원을 규정했다. 장타이옌의 '오무五無' 세계가 이를 대표한다. '오무'란 (종과 성별 등을 포함한) 모든 차별을 없앤 상태를 나타내는 것으로, 5개의 연속 고리로 이루어져 있다. 먼저 무정부無政府에 도달한 뒤 무취락無聚落, 무인류無人類, 무중생無眾生, 마지막으로 무세계無世界로 이어진다. 장타이옌은 인류가 소멸되어야만 정부가 되살아날 가망이 영원히 사라진다고 생각했다. 동시에 인류는 생물의 진화에서 비롯되었으므로 생물이 다시 인류가 되는 쪽으로 진화하지 않으려면 반드시 종 자체를 멸해야 한다고 보았다. 따라서 종이 소멸되면 진일보한 무세계가 이루어지는 것이다.[70] 장타이옌의 생각은 황당하기 이를 데 없는 것 같다. 세계와 인류가 존재하지 않는데 어떻게 평등이 도덕으로 언급될 수 있겠는가? 그러나 유식론의 관점에서는 모든 것이 자연스럽

---

69 汪暉, 「個人觀念的起源與中國的現代認同」, 『中國社會科學季刊』(香港)1994年秋季號, pp.51-84.
70 章太炎, 「五無論」, 『民報』, 第16號(東京, 1907年 9月), pp.1-22.

다. 평등이라는 도덕은 세계가 곧 허무의 이理임을 논증하는 것에 해당하고 그 배후는 '묘유'이므로, 평등은 세계에 대해 독립적으로 존재할 수 있는 것이다. 이리하여 불교와 유사한 '오무' 세계는 천리 세계가 철저히 역전한 형태로서, 마찬가지로 영원한 도덕적 존재다. 왕판선王汎森이 지적한바 '오무'는 장타이옌의 도덕 이상의 초월적 차원을 구성한다.[71]

그러나 진화론을 믿는 일부 무정부주의자들은 즉각 온 인류의 철저한 혁명을 실행할 것을 주장했다. 왜냐하면 즉각적이고 철저한 혁명을 주장해야 도덕 이상으로서 역전한 가치가 비로소 당장의 추구로 전화될 수 있기 때문이다. 그들은 비록 세계가 진화하고 있기는 하지만 세계 혁명의 절박성 때문에 대동 이상이 먼 미래에 실행되도록 두어서는 안 된다고 생각했다. 이 때문에 진화론을 믿는 무정부주의자들은 혁명당이 국부적 혁명만을 도모할 뿐이며 그것은 의미가 없다고 비판했다.[72] 그들은 20세기가 도래할 때 세계적 혁명의 물결이 일어나기를 갈망했으며 모든 국가가 와해되기를 기대했다.[73] 이 외에 인류 도덕이 진화하는 과정이므로 반드시 당시 중국의 각 사상 유파를 도덕적 완성(진화) 정도에 따라 상이한 등급으로 나눌 수 있어야 했다. 이와 같은 구분에 따르면 유가 윤리는 가장 낮은 등급이고 각종 개혁 집단은 중간 등급이며, 무정부주의자는 최상층을 차지해 가장 고상한 도덕을 대표한다.[74]

청일전쟁 이후 유위적 입세 정신에 의지해서 그물을 돌파하고 천리 세계를 전복하지 않으면 안 되었는데, 당시의 언어 맥락상 이러한 입세적 정신은 기氣로 표현되는 것이다. 우리가 그림 7.1에서 토론한 바

---

71 王汎森,『章太炎的思想(1868-1919)及其對儒學傳統的衝擊』, p.123.
72 四無,「無政府主義可以堅決革命黨之責任心」,『新世紀』, 第58期.
73 匿名作者,「七國」,『新世紀』, 第48期.
74 眞,「革命與進化」,『新世紀』, 第20期.

와 같이, 사람들이 기로써 속박을 타파하고 윤상 등급을 타개할 때 도덕철학은 두 가지 방향으로 발전한다. 하나는 역전한 가치를 새 도덕으로 삼는 것이고, 다른 하나는 기(욕망)를 도덕으로 간주하는 것이다. 이 두 가지 방향은 반드시 중국 무정부주의에도 나타나게 마련이다. 이렇게 해서 청말 민초에는 두 유형의 무정부주의자가 나타났다. 그 하나는 비금욕적 무정부주의로, 역전한 가치를 새 도덕으로 간주하는 동시에 기가 대표하는 각종 개인 욕망도 새 도덕과 동등하게 취급하는 것이다. 이와 같은 정황에서 지식인은 개인 욕망의 실현이 자유를 대표하며 그 자체가 일종의 새 도덕이라고 보았다. 다시 말하자면 '삼강 혁명三綱革命'을 진행한 뒤,[75] 정부와 갖가지 차별의 제거를 통해 장차 개인 욕망과 행동으로 충만한 세계를 달성하는데, 개인의 절대적 자유가 곧 지선至善의 이상적 상태다. 이 때문에 그들은 개인 정욕의 방임을 추구하고 오직 개성만이 진실한 것이라고 생각했다. 심지어 혼인을 거부하는 성 해방과 "인간이 진화하고 애정이 널리 확산하기를 바란다면 반드시 혼인 폐지로부터 시작해야 하며 남녀의 잡교雜交로부터 시작해야 한다"[76]는 주장을 실행에 옮겼다.

  다른 유형의 무정부주의자는 역전한 가치를 도덕으로 삼았을 뿐 인간의 다양한 욕망을 도덕과 동등하게 취급하지는 않았다. 앞의 유형과 비교하자면, 이는 일종의 금욕적 무정부주의다. 그들은 차별을 거부하고 제도에 반항하고 윤상을 파괴하는 것을 새로운 이상 추구로 여겼을 뿐 아니라 욕망의 절제를 실행함으로써 개인 도덕의 순수함과 고상함을 찾아야 한다고 주장했다. 요컨대 우리는 무정부주의를 표 7.3와 같이 네 가지 유형으로 구분할 수 있다.

---

75 眞, 「三綱革命」, 『新世紀』, 第11期.
76 李良玉, 『動盪時代的知識份子』(杭州: 浙江人民出版社, 1990), p.108.

표 7.3 청말 민초 무정부주의 계보

개인 욕망에 대한 태도 \ 진화론에 대한 태도	동의 (단, 혁명으로 진화를 대체하거 나 진화를 가속할 것을 주장)	진화론이 새로운 천도라는 것을 인정하지 않음
비금욕	A 다수의 『신세기新世紀』 필자들이 대표적	B 『천의보天義報』의 무정부주의
금욕	C 우즈후이吳稚暉, 리스쩡李石曾과 같은 소수의 이학식 무정부주의자	D 스푸의 무정부주의 장타이옌의 무정부주의

이 네 가지 기본 유형 가운데 A와 B 유형은 비금욕적 무정부주의로, 청말 민초 무정부주의자의 다수다. A와 B의 차이는 주로 진화론에 대한 태도의 차이에 있었다. 진화론을 인정하지 않는 B 유형의 전형은 류스페이 부부가 주도한 『천의보』다. 『천의보』에 발표된 무정부주의 강령은 사회 진화를 언급하지 않은 채 국가 정부 및 사회제도의 폐기를 주장했는데, 이는 도가 학설과 본질적 차이가 없다. 게다가 강령은 중국 고대 전통에 대해 깊은 경의를 품고 있다. A 유형은 진화론을 인정하는 무정부주의로, 1907년 파리에서 창간한 주간지 『신세기』가 이러한 주장을 대표한다. 『신세기』파는 진화론을 신뢰한 것과 무정부주의가 고대부터 있던 것이 아닌 사회 진화의 결과로 생각했다는 점에서 『천의보』파의 무정부주의와 크게 다르다. 그러나 그들은 점진적 변화를 주장한 진화론자와도 달라서, 반드시 혁명으로 진화를 가속해야 한다고 강조했다.[77] 뿐만 아니라 『신세기』의 대다수 필자들은 개인 욕망의 방임을 새 도덕으로 간주

---

77 蔣俊, 李興芝, 『中國近代的無政府主義思想』, pp.84-85.

했다.

반면에 C와 D 유형은 금욕적 무정부주의다. 이 가운데 D는 진화론을 믿지 않는 유형으로, 이 경우 금욕의 힘은 주로 불교 및 유사 불교의 주장에 근거한 것이다. 대표적 인물인 장타이옌은 한때 인도로 가서 승려가 되고자 한 적이 있다.[78] 또 다른 사례로, 스푸는 무정부주의자의 도덕적 타락이 사회질서에 미치는 영향에 주목해 무정부주의 신념은 금욕을 통해 도덕적 고결을 유지해야 한다고 강조했다. 1912년 스푸는 비안彼岸, 지펑紀彭과 함께 '심사心社'를 조직했는데, 이 사단의 규약 가운데 "고기를 먹지 않으며, 술을 마시지 않으며, 담배를 피우지 않으며 (…) 결혼을 하지 않으며, 하인을 부리지 않으며, 종성種姓[종족宗族, 곧 성姓과 본本이 같은 일가]을 칭하지 않는다" 등의 규정은 고도의 금욕적 색채를 띠고 있다. 스푸 자신은 고기를 먹지 않는다는 신조를 굳게 지켰다. 그가 중병을 앓고 있을 때 의사가 쇠고깃국牛肉湯을 먹고 체력을 회복하라고 권고했지만 거절했다. 어떤 면에서 그는 무정부주의의 신조를 고수하느라 영양실조에 걸려 세상을 떠났다고 할 수 있다. 그는 특별히 글을 써서 육식은 부도덕하다고 논한 적이 있는데,[79] 이러한 관점은 캉유웨이가 『대동서』에서 논한 '거류계去類界'와 닮은 데가 있다. 따라서 스푸의 사상 양식은 어느 정도 불교와 유사하다.

유형 C에 대해 말하자면, (혁명으로 이상사회의 실현을 가속하는) 진보관을 인정하지만 욕망의 방임을 주장하지 않는 특징을 지닌다. 사상 형태로는 대개 왕선산의 기 중심적 유물론, 즉 기는 단지 물질을 대표할 뿐이며 기와 상응하는 욕망이 모두 도덕과 동등하게 취급되는 것은 아니

---

78 汪榮祖, 『章太炎研究』(台北: 李敖出版社, 1991), p.78.
79 師復, 「素食主義淺說」, 『民聲』, 第7號(1914年 4月 25日), pp.1-4.

라는 입장이다. 따라서 이 유형의 무정부주의자는 대개 유물론적 과학주의자이기도 하다. 우즈후이는 일찍이 과학적 관점에서 육식하지 않는 것의 장점을 논한 바 있고, 『신세기』파를 대표하는 또 다른 인물인 리스쩡은 초지일관 과학적 채식주의자였다.[80] 여기서 청말 민초의 무정부주의자들을 금욕과 비금욕으로 구분하는 것은 개인의 욕망을 도덕으로 간주하느냐 아니냐의 문제라는 점을 지적할 필요가 있다. 상식이성은 개인 욕망의 정당성을 긍정하기 때문에 당시 금욕적 무정부주의자라도 정상적인 양성 관계 및 성욕은 부도덕하다고 보지 않았다. 이와 달리 모든 인간 욕망을 억제해야 하며 양성 관계도 부도덕하다고 주장하는 금욕적 무정부주의는 문화대혁명 중의 홍위병 운동에서 충분히 표출되었다. 그것은 문화대혁명 과정에서 나타난 상식이성의 파괴와 연관된 현상이었다.

---

80 高慕軻(Michael Gasster)著, 陳家秀 譯, 「辛亥革命前的無政府主義者」, 蕭公權 等著, 『近代中國思想人物論:社會主義』, pp.155-156.

7.7
혁명 유토피아, 포퓰리즘, 의사불학

무엇이 혁명 유토피아인가

중국 유토피아의 범도덕주의泛道德主義 속성

불학이 잠시 부흥한 이유

왜 천리세계의 역전이 형성한 관념은 불학과 닮았나?

의사불학擬似佛學의 정의

의사불학의 중국 현대사상에 대한 공헌

포퓰리즘民粹主義과 대중주의·평민주의

전면적 역전과 부분적 역전

근대와 위진남북조 두 차례 유가 이데올로기의 위기 비교

가치 역전의 다종다양한 면면을 총체적으로 분석해보면, 궁극적 관심으로서의 혁명열사 정신이든 천도로서의 진화론이든 이상사회로서의 대동 세계든, 유가 이데올로기의 내용과 구조를 전도시켜 빚어낸 새로운 가치들은 세 가지 공통된 특징이 있다.

  첫째 특징은 혁명의 유토피아다. 혁명은 이 새로운 가치들이 모두 유가의 강상 그물을 타파하고 각종 속박을 풀어내야 하는 것을 가리킨다. 그리고 유토피아는 사람들이 모든 차별, 규범, 제약이 사라진 상태를 지선의 궁극적 목표로 여기는 것을 나타낸다. 사실 약간의 사회생활 상식만 있어도 국가 가정·남녀 역할의 차별이 없는 대동 사회 또는 담사

동이 말한 절대 평등의 세상이란 현실적으로 실현될 수 없을뿐더러, 만약 실제 사회제도로 전환한다면 많은 문제와 재난이 초래될 것임을 짐작할 수 있을 것이다. 사람들이 유토피아라는 말을 사용하는 경우 그것은 주로 가능성 없는 이념을 가리키며, '공상'과 동의어다. 서양에서 유토피아는 기독교의 일부 원칙을 개량한 것에 기인한 것으로, '신천신지新天新地'를 향한 천년에 달하는 절대적 열망을 속세에 실현하고자 함이다. 바로 지리 대발견과 문예부흥의 산물이다.[81] 유토피아와 혁명은 본디 서로 다른 두 범주에 속하기 때문에 서양 유토피아는 마르크스주의가 출현하기 전까지만 해도 혁명과 연관이 없었다. 그러나 중국에 전파된 유토피아는 곧바로 혁명과 표리를 이루었다. 혁명은 유토피아 사회를 자신의 목적으로 삼았고, 유토피아는 혁명을 자신의 표출 방식으로 취했다.

  중국 현대사상에서 혁명 유토피아는 서양과 다른 중대한 차이가 있다. 일반적 의미의 실현 불가능한 이념이 아닌, 도덕원칙에 근거한 미래 사회의 건설을 의미한다는 점이다. 물론 서양의 유토피아 사회에 대한 묘사에도 법률, 가정 윤리, 심지어 개인 도덕에 대한 언급이 있으나 서양 사상가들이 열망하는 유토피아 사회는 어떤 도덕적 원칙에 기초해 세워지는 게 아니다. 반면 중국에서는 혁명열사 정신이든 대동 사회든 무정부주의든 간에 그 핵심 가치는 새 도덕이다. 이른바 혁명 유토피아란 역전한 가치의 도덕을 천인합일 구조와 도덕가치 일원론에 순응시키면서 이를 사회제도와 우주 질서로 확장하여 형성한 관념 군群의 집단이다. 혁명 유토피아가 범도덕주의라는 본질을 갖고 있었기에 무정부주의자는 유토피아 원칙을 당장 실행할 수 있는 도덕적 실천으로 여겼고, 상상과

---

[81] Krishan Kumar, *Utopia and Anti-Utopia in Modern Times* (Oxford: Basil Blackwell, 1987).

행동이 분리되지 않는 세계에서 살았다. 대동 이상과 혁명 인생관의 신봉자들은 혁명 유토피아를 지금 당장 실행할 수 없다는 것은 알고 있었지만, 미래에 이 도덕원칙들을 실행할 수 있다는 것을 조금도 의심한 적이 없었다. 그들은 새 도덕원칙들의 실천을 미래로 연기했을 뿐 아니라 완벽한 사회라면 누구나 이러한 도덕원칙들을 준수할 것이라 굳게 믿었다. 본래 상상에 속할 뿐이었던 이 도덕원칙들을 굳게 믿지 않았다면 혁명가들이 단결하여 구세계 개조의 역량을 형성하기란 불가능했을 것이다.

그러나 도덕 활동은 가장 본질적인 규정성이므로 두말할 것 없이 몸소 체험하고 실천할 것을 요구한다. 그저 상상 속에서만 세워져 있고 당장 나서서 실행할 필요가 없는 도덕이란 무의미하기 때문이다. 19세기 말과 20세기 초에 중국 사람들은 단지 상상 속에서 성립하는 (혹은 1만년 후라면 합리적이겠지만 지금 당장 추진할 필요가 없는) 유토피아를 자신의 도덕적 증명으로 광범위하게 수용했다. 중국 현대사상 속의 혁명 유토피아는 단지 서양·러시아·일본 등의 근현대 사상 속의 혁명과 유토피아를 수입해 결합한 것이 아니라 중국 문화에 원래 존재한 도덕주의적 유토피아를 전승하고 발전시킨 것이었다. 우리는 2장에서 도덕 유토피아는 위진남북조 시대에 기원한 것이며 중국 문화 제1차 융합의 독특한 산물이라는 점을 지적한 바 있다. 당시 '무위無爲'는 명교名敎와 다른, 단지 상상 속에만 존재하는 가치를 구성했고, 내성외왕內聖外王의 구조를 통해 중국 문화 전통 속에 융합되었다. 그리고 송명이학에서는 불교의 수신 방법이 유교의 도덕 이상 속에 완전히 편입되어, 기가 전혀 없는 순수 이념 세계가 상상 속에만 존재하는 윤상 관계를 구성했다. 이것은 도덕 유토피아 발전의 제2 단계다. 그리고 중국 현대사상 속의 혁명 유토피아는 의심할 바 없이 도덕 유토피아가 한층 발전한 제3 단계를 대표한다. 우리는 기나긴 역사 과정 속에서 도덕 유토피아가 음성에서 양성으로 바뀌어 가는 부단한 출현 과정을 목격할 수 있다.

둘째, 새 관념체계들은 불학과 매우 유사하면서도 본질적으로는 달랐다. 캉유웨이의 『대동서』에 묘사된 이상 경지와 장타이옌의 '오무五無' 세계는 불교에 매우 근접해 있었으며, 담사동의 『인학』 역시 불학을 지침으로 저술한 것이다. 담사동의 말에 따르면, 우옌단吳雁丹의 부탁을 받아 저술된 『인학』의 첫 번째 목적은 불교 바람을 널리 퍼뜨리는 것이고, 두 번째 목적은 변법의 대의를 진술하는 것이었다.[82] 더군다나 담사동은 그물 돌파 이후 실현된 '에테르'로 충만한 절대 평등의 경지를 불사不死의 대생명으로 보았는데, 그 종교성이 너무 강해서 어느 학자는 아예 응용 불학應用佛學이라 일컬을 정도였다.[83] 서양 교육을 받은 옌푸도 불학에 대해 더없는 경외감을 보였으며 "불학은 사람의 사유로는 다 헤아릴 수 없다佛不可思議"[84]고 생각했다. 거자오광葛兆光에 따르면, 무술변법 전후 시기에 가장 개명되고 신사상을 수용하기 쉬운 지식인들은 대개 불학 애호자들이었다. 그는 제송서除宋恕(자는 평자平子, 1862~1910), 량치차오, 왕강년汪康年(자는 양경穰卿, 1860~1911), 호유거胡惟去, 손보선孫寶瑄(자는 중여仲璵, 1874~1924) 외에도 하증우夏曾佑(자는 수경穗卿, 1865~1924), 문정식文廷式(자는 도희道希, 1856~1904), 주석은周錫恩, 진보잠陳寶箴(자는 우명右銘, 1831~1900) 등의 인물을 꼽고 있다.[85] 실상 5·4 시기 이전에 사상적 영향력을 지닌 거의 모든 인물이 불학의 훈도를 받은 바 있었으며 심지어 그들의 사상적 혁신조차 모두 불학의 낙인이 찍힌 것이었다.[86]

---

82 譚嗣同,「致汪康年書·3」,『譚嗣同全集』, p.343.
83 陳少明 等,『被解釋的傳統: 近代思想史新論』(廣州: 中山大學出版社, 1995), pp.112-125.
84 嚴復,『天演論』(眞幻·佛法按語).
85 葛兆光,「從無住本, 立一切法-戊戌前後知識人的佛學興趣」,『二十一世紀』, 1998年 2月號.

신문화운동 과정에서 무정부주의, 사회주의, 공산주의를 주창한 대다수 인물들 역시 불교 신앙과 이러저러한 관련이 있음을 볼 수 있다. 신문화운동 직전에 존재한 중국 무정부주의의 양대 흐름 가운데 타이쉬太虛(본명은 여呂, 법명은 유심唯心, 1890~1947)와 루아이밍魯哀鳴이 대표하는 '극단적 사회주의파'가 있었는데 이들의 사회적 이상은 거의 불교와 직결된 것이다. 그 자신이 승려였던 타이쉬는 불교 이상과 사회주의가 일치함을 발견하고는 무정부주의를 주장했다.[87] 루아이밍은 『극락지極樂地』라는 소설을 써서 유명해졌다. 이 소설은 화폐를 폐지하고 정부를 소멸하여 오대주가 한 집안을 이루는 새 도화원을 묘사해 커다란 사회적 반향을 불러일으켰다. '극락지'라는 단어는 불교의 극락세계라는 용어에서 직접 가져온 것으로, 루아이밍이 구상한 이상사회는 불교와 유사한 특징을 보일 뿐만 아니라 그 스스로 불교를 궁극적 관심으로 삼았다. 결국 루아이밍은 아예 항저우 육화탑사六和塔寺로 달려가 머리를 깎고 승려가 되었는데, 출가를 무정부주의적 이상의 마지막 결말로 삼은 셈이다.

당시 거의 모든 사회주의와 무정부주의 신봉자들에게서 불학을 인정하는 요소를 발견할 수 있다. 전해지는 말에 따르면, 량치차오와 장바이리蔣百裏는 신문화운동이 중국의 르네상스로서 중국에 새로운 불교를 일으킬 수 있다고 보았다. 확실히 저우언라이周恩來도 다르지 않았다. 그는 청년 시절 거류계去類界와 무국계無國界의 무정부주의를 주창하면서 불교와 서양이 혼합된 이상이라는 점을 공개적으로 인정했다. 그리고 1916년 5월 발표한 「성능동물론」[『중용』23장 "저즉명著則明, 명즉동明則動"에 대해 주자

---

86 麻天祥, 『晚清佛學與近代社會思潮』(台北: 文津出版社, 1992).
87 「太虛自傳」, 『太虛大師全書』, 冊五十八(台北: 太虛大師全書影印委員會, 1970), p.194.
88 『梭風』, 第30期.
89 朱謙之, 『革命哲學』(上海: 泰東圖書局, 1921).

가 주석한 "움직인다는 것은 정성이 사물을 움직이게 한다는 것이다動者, 誠能動物"라고 한 구절]에서 인류의 장래는 '종의 경계를 없앰種界破' '국가의 경계를 없앰國界破' '대동의 경지에 오름相躋於大同之境'에 있다고 보았다. 이러한 이상의 근거는 다름 아닌 '유가의 공자, 서양의 예수, 불가의 석가'였다.[88] 그런가 하면 혁명가와 무정부주의자를 아예 '금강역사와 같은金鋼性 혁명당'이라고 부르는 사람도 있었다.[89] 한커우 안서漢口安社의 입사 서약은 공공연하게 이렇게 선언하고 있다. "아미타불의 극락國極樂國과 예수 그리스도의 천당이 지구에 반드시 실현되게 하라."[90]

이처럼 유신과 혁명 숭상의 신사조가 불학과 무척 유사했기 때문에 불교 용어는 중국 현대 어휘에서 매우 중요한 유래를 지니게 되었다. 표 7.4는 오늘날의 중국어 관용 어휘들로, 사람들은 이 어휘들이 불교에서 비롯되었다는 사실을 거의 인지하지 못하고 있다. 대부분은 청일전쟁 이후 대중의 세속 생활에 파고들어 상용 구어 또는 정치, 문화 용어로 진화했다. 신사조와 불교 사이의 상호 침투와 촉진은 언어적으로만 나타난 게 아니라 각 지역의 혁명 행동으로도 나타났다. 난징을 해방시킬 때 각처의 승려들은 승려군을 조직하거나 혁명군에 직접 참가했다. 상하이에서는 영은사의 위황玉皇이 난징 연합군에 대항하는 공격을 통솔했고, 사오싱紹興에서는 사오싱 연합군을 결성하여 디셴諦閑 승려(본성은 주朱, 이름은 구쉬古虛)를 통령으로 추대했다.[91] 20세기 초에는 동남아 불교 국가들에서도 무정부주의가 크게 일어났으며, 서양의 충격에 대응하는 현지 불교의 장대한 저항 운동의 일부를 이루었다.[92]

---

90 『學匯』, 第346期, 1923年 1月 11日.
91 釋東初 編著, 『中國佛教近代史』, 上冊(台北: 东初出版社, 1992), p.89.
92 Heinz Bechert and Richard Gombrich eds., The World of Buddhism (London: Thames and Hudson, 1984).

표 7.4 불교에서 유래한 근현대 유행어

어휘	(설명이 필요한 경우) 어휘의 뜻	출처의 예
일분이이일 一分二二一	이름은 다르나 실상은 같음 名異實同	『경덕전등록·보제달마景德傳燈錄· 菩提達摩』
일분자 一分子	원래는 극소한 점을 가리켰으나, 나중에는 전체의 한 요소를 가리킴	『경덕전등록·복주현사사비선사 景德傳燈錄·福州玄沙師備禪師』
불가사의 不可思議	원래는 언어로 표현할 수 없는 미묘한 경지를 가리킴	『유마힐경·불사의품 維摩詰經·不思議品』
세계世界		『능엄경楞嚴經』권4
세론世論	원래는 다른 종교나 학파의 말이나 주장言論을 가리킴	『신승전神僧傳』
박물博物	만물	『대당서역기·마랍파국 大唐西域記·摩臘婆國』
인도人道	원래는 인간계人界를 가리킴	『업보차별경業報差別經』
입리入理	원래는 도리道理를 깨달음領悟을 가리킴	『여지염법사서與智琰法師書』
입성초범 入聖超凡	[범인凡人의 영역을 벗어나 성인의 경 지로 들어가다]	『단경서壇經序』
화신化身		『대승의장大乘義章』권19
화경化境	[예술 작품 따위의 최고의 경지]	『화엄경소華嚴經疏』권6
신봉信奉		『여맹상서서與孟尙書書』
신도信徒		『낙양가람기·경명사 洛陽伽藍記·景明寺』
조관부분 條貫部分	조리條理가 일관되고 부위部位가 분명함	『홍명집·정무론弘明集·正誣論』
가명假名	실제實際를 반영하지 못하는 개념, 언어	『대승의장』권1
위대偉大		『대당서역기·이란나발벌다국 大唐西域記·伊爛拏鉢伐多國』
공상共相	[공통점]	『구사론俱舍論』권23
전인(후과) 前因(後果)		『형신론形神論』 (『남제서·고일전론南齊書·高逸傳論』)
전신前身		『진서·양호진제전晉書·羊祜賑済傳』
전진前塵	[지나간 일]	『능엄경』권2
진아眞我	[참 나, 참된 본성]	『구사론·파집아품俱舍論·破執我品』
진공眞空		『장간사중식비長干寺眾食碑』

진상眞相			『낙양가람기·수범사 洛陽伽藍記·修梵寺』
진리眞理			『영지해이체의令旨解二諦義』
진실성眞實性			『남악대사대승지관과판 南岳大師大乘止觀科判』
진제眞諦	[구휼, 진휼]		『중답장장사서重答張長史書』
현관玄關	원래는 법문法門에 입도入道함을 가리킴		『문선·왕예문선·王y 「두타사비문頭陀寺碑文」』
냉난자지 冷暖自知	[물을 마시는 자가 그 차고 뜨거움을 안 다, 제 속은 제가 잘 안다]		『대일경소大日經疏』
처량凄涼			『낙양가람기·건중사 洛陽伽藍記·建中寺』
명멸冥滅			『마가반약참문摩訶般若懺文』
원유두, 채유주 冤有頭, 債有主	[원한에는 상대가 있고, 빚에는 빚쟁이 가 있다]		『오등회원·서선수선사법사 五燈會元·西禪需禪師法嗣』
출현出現			『단경·부촉품壇經·付囑品』
인가印可			『유마힐경·제자품維摩詰經·弟子品』
도산刀山	[지옥에 있다고 하는 칼이 삐죽삐죽 솟은 산]		『삼매해경·관불심품 三昧海經·觀佛心品』
분화分化	원뜻은 교화를 분별하여 베풀다 分施敎化		『단경·기상품壇經·機像品』
분문불치 分文不值	[아무런 가치도 없음을 이르는 말]		『고존숙어록古尊宿語錄』
분신分身			『고승전·신이하·소석 高僧傳·神異下·邵碩』
이타利他			『정토론淨土論』
산번刪繁	[번잡한 곳을 삭제하여 간단하게 하다]		『고승전·역경중·구마라십 高僧傳·譯經中·鳩摩羅什』
차별差別			『백유경·인위고옥중유악귀유 百喩經·人謂故屋中有惡鬼喩』
전문專門	홀로 문호를 세우고 스스로 일가一家를 이룸		『대당서역기·인도총술 大唐西域記·印度總述』
전수專修			『교인신증·육본敎引信證·六本』
도사導師	원래는 중생을 이끌어 불도佛道에 들게 하는 자를 가리킴		『불보은경·대치품佛報恩經·對治品』
대천세계 大千世界			『경덕전등록·희운선사 景德傳燈錄·希運禪寺』

7장 혁명 유토피아의 기원

대아大我	원래는 '상常·락樂·아我·정淨'의 아我를 가리켰으나 나중에는 집단集體을 가리킴	『열반경·고귀덕왕보살품삼涅槃經·高貴德王菩薩品三』
미동작랍味同嚼蠟	[맛이 밀랍 씹는 듯하다, (말·문장 따위가) 무미건조하다]	『능엄경』권8
명근命根	[가장 귀중히 여기는 것]	『여지의서與智顗書』
유심唯心	오직 마음속內心에만 있고 심외心外에 없는 진리법	『화엄경·십지품華嚴經·十地品』
유아독존唯我獨存		『오등회원·칠불五燈會元·七佛』
단도직입單刀直入		『경덕전등록·민덕화상景德傳燈錄·旻德和尙』
사대주四大洲		『구사론기俱舍論記』권8
원심圓心	원래는 열반 수행에서 인과因果의 원만구족圓滿具足을 구하는 마음을 가리킴	『남해기귀내법전南海寄歸內法傳』
원만圓滿		『여석지의서與釋智顗書』
원융圓融		『능엄경』
희망希望		『백유경·탐아욕여부자등재물유百喩經·貪兒欲與富者等財物喩』
상주常住	영원히 존재함永存	『법화경法華經』권1
율사律師	원래는 계율을 잘 아는 승려를 가리킴	『열반경·금강신품涅槃經·金剛身品』
안신입명安身立命		『경덕전등록·경잠선사景德傳燈錄·景岑禪師』
종지宗旨	원래는 불교 교의를 가리킴	『송서·이만전宋書·夷蠻傳』
정력定力	[어지러운 생각을 없애고 마음을 한 곳에만 쏟는 힘]	『무량수경無量壽經』하下
실제實際	원뜻은 실상實相과 같은 말	『금광명최승왕경金光明最勝王經』

자료: 『한어대사전漢語大詞典』(색인 미포함, 총12권), 전전 3권(上海: 漢語大詞典出版社, 1991). 이 표는 첸원중錢文忠이 정리한 것이다.

한편 관념 자체의 발전 논리로 볼 때, 청일전쟁 이후 신진 사대부들이 연이어 불학을 신사조 구성을 위한 자원으로 이용했다는 점에서 신사조는 청대 내내 쇠퇴의 길을 걸었던 불교에게 일정 정도 부흥을 가져다주었다고 할 수 있다.[93] 최근 들어 많은 학자들이 19세기 말과 20세기 초에 불학이 일시적으로 부흥한 사실을 주목하고 있다. 그러나 이러한 불학 부흥의 특징과 원인을 불교 자체에서 찾아낼 수는 없을 듯하다. 예를 들어 거자오광은 청말 민초에 성행한 불교에서 다음과 같은 특징을 지적한 바 있다. 첫째, 불학이 부흥한 시기는 19세기 말, 심지어 1895년 이후로, 그 전까지 불교의 상황은 점점 쇠약해지고 있었다. 19세기 중반은 불교가 중국에 들어온 이래 가장 심각한 쇠퇴기였고, 19세기 후반에 이르러서는 불교계 사람들도 불교의 영향이 나날이 줄어들고 있음을 느꼈다. 그런데 어떻게 1895년 이후 갑자기 불학이 부흥하게 된 것일까? 둘째, 당시 불학에 흥미를 느낀 이들은 주로 신학문을 지지한 담사동, 캉유웨이, 량치차오, 쑹슈, 장타이옌 같은 문인 사대부들이었다. 다시 말해 청말 불교가 잠시 되살아나 풍미하게 된 것은 종교적 의미의 불교가 아니라 문화적 의미의 불학이었다. 그것은 시종일관 상층 지식계층의 사상운동이었기 때문에 부흥했더라도 실제 사회생활의 영역에 진입할 수 없었고 운영 가능한 제도와 규범으로 발전할 수도 없었다.

이에 대한 거자오광의 해석에 따르면, 1895년 청일전쟁 패전 이후 중국 사대부는 불교가 일본 메이지 유신의 기초가 되었다는 오판으로 인해 불교에서 서학을 이해하는 동시에 서양의 충격에 대항하는 정신적 자원을 찾고자 한 것이다.[94] 그러나 이런 해석은 문화 사상 변화의 내재적 근거를 전혀 언급하지 않은 것이다. 비록 청일전쟁 이후 수많은 학자들이 일본으로 유학을 떠나긴 했지만, 당시 그들이 마음에 품은 이상적 사회제도와 학습 모범은 기본적으로 서양이었지 일본이 아니었다. 우

---

93 高振農, 『佛教文化與近代中國』(上海: 上海社會科學院, 1992), pp.8-13.
94 葛兆光, 「論晚清佛學復興」, 『學人』, 第十輯(南京: 江蘇文藝出版社, 1996), pp.89-119.

리가 보기에, 불교가 잠시 부흥한 주요 원인은 천리 세계의 역전이 만들어낸 관념이 불교와 유사했고 신사조들이 형태상 불학과 매우 흡사했기 때문에 진보적 지식인들이 약속이라도 한 것처럼 불학에서 신사상을 찾았던 것이다. 이 점은 당시 일시적으로 부흥한 것이 왜 민간 불교가 아니라 지식인 문화로서의 불학이었는지를 이해하게 해준다. 대체로 사대부 중에서도 시대에 민감한 진보적 지식인들이 불학에 관심을 보였던 것이다. 다만 청말 민초에 불교와 신사조가 함께 뒤섞이고 서로 되비춘 것은 단기적 현상일 뿐이었다는 사실을 잊어선 안 된다. 5·4 이후 신사조가 점차 형태를 갖추어 나가자 그와 더불어 불교와 차이가 확대되었다. 무엇보다 주류적 지위를 점한 신사조는 불교의 해탈과 탈세속 경향에 반대했다. 신사조의 기본 관념은 대부분 과학적 우주관에서 도출되거나 서양의 최신 사조에 의탁하고 있기에 불교와 섞이기를 거부하는 일이 발생했다. 1920년대 불자 청년들과 신사조 지지 청년들 사이에 벌어진 대논전이 그 대표적인 사건이다.[95] 그 결과 신사조(역전한 가치가 주도한 이념)는 불교와 결별하고 각자의 길을 걷게 되었다. 1920년대 이후 불교는 신사조를 추동하는 힘을 잃으면서 중국 사상계에 대한 영향력도 급격히 떨어졌다. 심지어 타이쉬 같은 고승은 담사동의 『인학』과 캉유웨이의 『대동서』에서 자양분을 얻어 불교를 개조하려 할 정도였다.[96] 요컨대 청일전쟁 이후 발생한 유가의 가치 역전은 불학과 유사하지만 본질적으로 불학이 아닌 것이다. 우리는 그것을 의사擬似불학이라고 부를 수 있을 것이다.

  셋째, 신관념체계는 모두 포퓰리즘populism의 성질을 갖고 있었

---

95 李少兵,「佛學與現代新文化: 中國現代史上佛化新靑年與非宗敎新靑年論戰述評」,『中國文化』, 第13期(北京, 1996), pp.181-190.
96 冉雲華,「太虛大師與中國佛敎現代化」,『太虛誕生一百周年國際會議論文集』(香港: 法住出版社, 1990), pp.2-15.

다. 이른바 포퓰리즘은 통상적으로 평등을 최고의 도덕으로 여기는 사조를 가리킨다. 평등을 숭상하기에 인민 대중 역시 신도덕의 담지자가 되고, 포퓰리즘은 종종 '대중주의大衆主義' 또는 '평민주의平民主義'로도 불린다. 서양에서 평등을 신도덕으로 여기게 된 시점은 프랑스대혁명이었다. 학계에서는 흔히 프랑스대혁명 이전의 계몽운동, 특히 루소의 저작을 포퓰리즘의 효시로 본다. 러시아에서 포퓰리즘은 나로드니키民粹派['인민주의자(파)'를 뜻하는 러시아어 'Народники'(영어 Narodniki)를 따라 '나로드니키'라고 한다] 자체의 정치적 주장에서 기원했는데, 그것은 러시아 지식인들이 서양의 개인주의에 맞서 러시아 촌락 공동체 정신으로 대항한 것과 관련이 있다.[97] 중국 사대부들에게 엘리트精英를 중시하는 전통이 있었던 반면 19세기 후반 러시아에서 나로드니키가 성행한 사실로 인해 사람들은 통상 중국 현대사상 속의 포퓰리즘民粹主義이 러시아에서 전래된 것으로 여긴다. 그러나 사실 중국 지식인들은 이미 프랑스대혁명에 대해 알고 있었기에 러시아를 스승으로 받들기 전에 포퓰리즘적 가치를 가지고 있었으며, 청일전쟁 이후 흥기한 신사조들 역시 포퓰리즘 경향을 띠고 있었다.

　　잘 알려져 있듯이 1895년 이후 사대부들은 인민 대중에게 널리 신사상을 보급하기 위해 백화문 신문을 창간하기 시작했다. 당시 신사상을 지닌 지식인들은 개량을 주장하든 혁명을 주장하든 간에 인민의 역량을 굳게 믿었으며, 인민 속으로 뛰어들어야 한다고 주장했다. 5·4 시기 청년 지식인은 더욱 포퓰리즘에 열광했는데, 농민 군중의 해방을 외쳤을 뿐 아니라 러시아 나로드니키가 그랬듯이 도시를 떠나 농촌으로 들어가

---

[97] 金雁, 卞悟, 『農村公司·改革與革命: 村社傳統與俄國現代化之路』(北京: 中央編譯出版社, 1996), pp.259-293.

민중을 추동했다.[98] 리샤오티[李孝悌]의 고찰에 따르면, 이러한 포퓰리즘 지향은 5·4 시기에 갑자기 발생한 것이 아니며 그 기원은 청일전쟁 직후로 거슬러 올라간다. 청말의 사대부는 비록 5·4 시기의 청년들처럼 직접적으로 러시아식 포퓰리즘을 신봉한 것은 아니었지만 인민을 중시하고 인민에 대한 선전 및 교육의 기본 양식으로 볼 때 양자는 완전히 같다고 할 수 있다.[99]

청일전쟁 이후 유가 이데올로기가 더 이상 바람직하지 않게 되었을 때 유가 윤리의 부정에 의해 초래된 가치 역전은 왜 혁명 유토피아, 의사불학, 포퓰리즘이라는 세 가지 특징을 띠게 된 것일까? 만약 유가 윤리를 두 차원, 즉 입세 유위의 정신과 강상 명교의 구체적 내용으로 나누어본다면 유가 도덕의 역전도 두 가지 형태가 존재하게 될 것이다. 하나는 강상 명교의 내용을 부정하고 그 반대급부를 도덕으로 여기면서 동시에 입세 정신을 부정하는 형태로, 우리는 이것을 전면적 역전[全面逆反]이라 부르기로 한다. 다른 하나는 도덕 내용만 부정하고 입세 정신을 부정하지 않는 것으로, 이것은 부분적 역전[部分逆反]이라 부르기로 한다. 논리적으로 유가 도덕에 대한 전면적 역전은 불교와 노자의 사상을 지향하는 것이다. 위진남북조 시대의 상황이 바로 전면적 역전의 예다. 그러나 청일전쟁 이후 유가 윤리에 대한 부정은 전면적 역전이 아닌 부분적 역전이었다. 혁명 유토피아, 포퓰리즘, 의사불학은 실제로는 적극적 유위를 보존하는 입세 정신의 전제 아래 형성되었으며, 단지 유가의 윤리적 내용만을 부정함으로써 도달한 결과다.

---

98 邁斯納 Maurice Meisner 著, 中國北京市委黨史硏究室編譯組 譯, 『李大釗與中國馬克思主義的起源』(北京: 中共黨史資料出版社, 1989), pp.77-82.
99 李孝悌, 『淸末的下層社會啓蒙運動(1901-1911)』(台北: 中央硏究院近代史硏究所專刊[67], 1992), p.15, pp.223-225.

앞서 우리가 지적했듯이, 캉유웨이의 대동 이상, 장타이옌의 '오무' 세계, 그리고 담사동의 그물 돌파는 모두 적극적 입세 정신을 가지고 있었다는 점에서 불교 정신과 큰 차이를 지닌다. 사실 담사동, 캉유웨이, 장타이옌뿐 아니라 청말에 불학을 숭상한 사대부들은 불학을 좋아하는 관점이 동일하지는 않았을지언정 적극적 입세만큼은 공통적이었다. 차이위안페이蔡元培(자는 학경鶴卿, 1868~1940)는 「불교호국론」에서 중국이 쇠락한 이유는 부혁傅弈, 한유韓愈 같은 어리석은 유생들이 불가를 배척했기 때문이라 보았고,[100] 이에 불교 배후의 정신적 동력을 고취하는 것이 망국을 막는 길이라고 했다. 문정식文廷式은 붓다를 칸트에, 용수龍樹를 라이프니츠에 비유하고, 불교 경전으로 플라톤을 독해했는데, 이 역시 서양을 이해함으로써 변법도강變法圖強[법제를 개혁하여 나라가 강성해지기를 도모함]하고자 함이었다.[101] 의사불학이 불학이 아닌 까닭은 적극적 유위의 입세 정신으로써 불교의 주장을 실현하려고 했을 뿐 해탈을 최종 목적으로 삼는 입세 불교入世佛教에 동의하지 않았기 때문이다. 입세 불교는 비록 구세救世를 주장하고 혁명 행동에도 참여할 수 있었지만 입세는 어디까지나 수단일 뿐이며 최종 목적은 해탈이었다. 이것은 신사조와 완전히 모순되는 지향이었다. 궁극적 관심이 달랐기 때문에 결국 의사불학은 불교와 작별하지 않을 수 없었다. 따라서 청일전쟁 시기에 역전한 가치가 의사불학을 만들어낸 이유를 이해하려면 당시 입세 유위 정신이 어째서 한 번도 부정되지 않았는지 분석하지 않을 수 없다.

청일전쟁 이후 유가 이데올로기가 바람직하지 않게 된 상황을 위진남북조 시기와 비교해보면, 위진 시대는 유가 이데올로기의 바람직

---

100 高平叔 編, 『蔡元培全集』, 第一卷(北京: 中華書局, 1984), p.105.
101 汪叔子 編, 『文廷式集』, 下冊(北京: 中華書局, 1993), pp.953-956.

하지 않음으로 인해 입세 정신의 부정을 포함한 전면적 가치 역전이 일어났지만, 청일전쟁 이후에는 입세 정신을 부정하지 않는 부분적 가치 역전이 일어났다는 점이 드러난다. 왜 유위의 입세 정신이 부정되지 않았을까? 앞서 5.7절에서 논했듯이, 청일전쟁 이후 유가 이데올로기가 반증되었을 때 직면한 상황은 위진남북조 때와 달랐다. 위진남북조 시대에 유가 이데올로기가 바람직하지 않게 된 것은 그것이 주장하는 이상사회의 청사진이 실현될 수 없었기 때문이다. 사대부들이 유가의 도덕 이상이 실현될 수 없음을 깨달았을 때 유위 입세 정신이 먼저 무너졌다. 그리고 사람들이 '무위'를 새로운 천도로 삼게 된 이후에 위진 현학과 불교가 그것을 대체한 것이다. 반면 청말에 중국 문화가 서양의 공업문명에 충격을 받았을 때 유가 이데올로기가 바람직하지 않게 된 것은 이상사회를 향해 유가가 제기한 비전이 실현될 수 없었기 때문이 아니라, 실현되더라도 더 이상 훌륭한 사회제도를 대표할 수 없게 되었기 때문이다.(그것은 중국을 몹쓸 종자의 몹쓸 나라亡種亡國로 만들 것이다.) 이때 지식인들이 부정한 것은 유가 이데올로기의 구체적 내용이었을 뿐이며 유위의 입세 정신은 오히려 서양의 충격에 대항하는 데 필수적인 것이었다. 사실 청말의 지식계층이 입세 정신을 조금도 부정하지 않았으므로 당시의 역사적 조건과 관련된 사항을 제외한다면 관건은 중국 문화의 이성 구조의 내부 형태에 있는 것이다. 따라서 한대와 청말의 문화 구조에 어떤 차이가 있는지 비교해볼 필요가 있으며, 이를 통해 청일전쟁 이후의 역전 사조에서 발견되는 상술한 세 가지 특징을 검증해볼 수 있을 것이다.

7.8
두 차례 가치 역전의 구조적 비교

두 차례 가치 역전의 결과는 왜 다른가?

입세의 이중의 함의

두 가지 제한 조건 아래 가치 역전의 면면 관찰

의사불학은 왜 새 이데올로기의 적수가 못 되는가?

입세 불교에서 포퓰리즘으로

영구혁명과 유예된 혁명

외래 충격에 반격할 수 있느냐가 이상 경지 바람직성의
가장 중요한 판단 근거가 되다

한대의 일체화 구조에는 이데올로기와 사회 조직이라는 두 층위만 있었으나(그림 1.1) 청대에 이르면 이데올로기의 배후에 다시 상식이성이라는 최후의 합리성 판단 근거가 새 층위를 이루게 된다(그림 3.3). 뿐만 아니라 유가 이데올로기의 내부 구조를 보더라도 청대와 한대는 현저한 차이를 보인다. 한대의 도덕 이상이 목표로 하는 '예'는 사회규범에 해당하는 것으로서, 입세 정신이 직접적으로 '예'의 실현을 지향했다. 반면 이학에서는 사회규범 위에 다시 도덕 경지를 대표하는 천리 체계를 형성했다. '예'는 '천리'가 현실 세계에 실현된 것으로 간주되었다. 이러한 구조에서는 천리 경지와 '예'가 분리되어 있으므로 도덕 이상을 추구하는 과정은 두 단계로 나뉜다. 천리 경지를 지향하는 것이 먼저고, 천리를 사회제도 속에 실현하는 것이 그 다음이다. 구조상 이런 차이가 있었기에 도덕 이상이 바람직하지 않을 때 두 차례의 가치 역전이 가져온 결과도 현저한 차이를 보였다.

      우선, 상식이성의 힘이 대단히 강했기 때문에 당면한 세계의 삶의 가치를 긍정한 반면 현실을 벗어나 '무'를 정신의 경지로 삼는 수신 행위의 의의는 부정했다. 이 때문에 19세기 이후에 출현한 가치 역전은 어디까지나 상식이성에 의해 제한된 도덕가치가 지정한 변화일 수밖에 없었다. 바꿔 말하면, 상식이성은 중국 문화의 심층구조가 되었으며 중국의 사상 발전에 두 가지 심원한 결과를 가져왔다. 첫째, 이때부터 입세 정신은 결코 부정할 수 없는 것이 되었다. '입세'라는 것은 통상 넓은 의미와 좁은 의미로 구분된다. 넓은 의미에서는 사람이 현세에서 활동하는 것에 궁극적 의의가 있음을 가리키며, 좁은 의미에서는 좀더 나아가 사람은 모름지기 사회에 관심을 가져야 하고 사회적 가치가 개인보다 상위에 있다고 규정하는 것이다. 문화적 가치체계의 메타 층위로서의 상식이성, 곧 상식과 인지상정人之常情의 궁극적 합리성은 인간 사후의 신비 세계를 인정하지 않음을 의미한다. 사람들은 반드시 현세 생활의 궁극적 의의를 긍정해야 하며, 세상을 등지는 출가는 상식과 상리에 위배되는 것으로 간주된다. 3.1절에서 지적했듯이, 불교조차도 상식이성의 영향으로 인해 입세로 전향하는 모습을 드러냄으로써 이 세계를 벗어나는 것이 아닌, 이 세계 안에서 해탈을 추구하는 것으로 전환했다. 그러므로 상식이성이 이데올로기의 메타 층위를 이루고 있는 한, 지식인이 유가 도덕을 바람직하지 않은 것으로 여기더라도 세계를 부정하는 허무를 새로운 도덕으로 간주할 수는 없었다. 뿐만 아니라 서양의 충격에 대항하기 위해 지식인들은 사회에 관심을 갖지 않을 수 없었고, 상식이성이 넓은 의미의 입세를 긍정할 때에는 좁은 의미의 입세 정신, 즉 사람은 마땅히 사회에 관심을 가져야 하며 자기중심의 개인 수양에만 빠져서는 안 된다는 정신이 요구되었다. 그리하여 청말 이후 중국 지식인은 지극한 구세 정신에 고취되었다. 서양의 충격이 아무리 맹렬하고 중국 사회가 혼란과 쇠락을 거듭하더라도, 심지어 영토가 파괴되고 국가와 집안이 멸망에 이를지언정 적극적 유위로 사회적 책임을 다하는 지식인의 열정은 식은 적이 없었다. 따라서 청일전쟁 이후 유가의 도덕 이상이 바람직하지 않음을 알았을 때에도 이미 전면적 역전은 불가능했다. 넓은 의미와 좁은 의미의 입세 정신의 제한 아래 부정否定의 창끝은 다만 도덕 이상의 구체적 목표를 겨냥할 수 있었을 따름이다. 사람들은 혁명으로 낡은 도덕을 타파했지만 그 결과는 유가 도덕 이상의 부분적 역전이었다. 우리가 앞서 말했듯이, 유학이 사공 능력을 강화하는 변형 구조는 유가의 도덕 윤리가 반증되었을 때 나타나지만, 사공 강화의 기본 구조는 유가 윤리와 분리되어 보존될 수 있었고 더 나아가 역전한 가치를 흡수하는 프레임이 될 수 있었다. 그 본질은 다름 아니라 입세 정신이 유가 윤상의 부정에 의해 야기된 관념체계와 결합한 데 있다.

상식이성은 중국 문화의 심층구조가 가져온 두 번째 결과로, 어떤 가치체계든 상식과 인지상정에서 나온 것이어야만 안정적이다. 반면 역전한 가치에 의해 창조되거나 흡수된 새 관념이라 하더라도 상식과 인지상정에 비추어 합리성이 입증되지 않으면 결코 오래갈 수 없었고, 더구나 이성화를 통과한 관념체계에 경쟁 대상이 될 수 없었다. 예컨대 입세 불교의 최종 목표는 해탈이지만, 구국 구민을 수단으로 삼고 최종 목표를 선전하지 않는다면 입세 불교와 혁명 유토피아는 별 차이가 없을 것이다.

그러나 그렇다 할지라도 입세 불교가 혁명 사조와 충돌 없이 나란히 발전할 수는 없다. 왜일까? 이성화가 진행됨에 따라 혁명 유토피아는 상식이성에서 근거를 찾게 되므로 필연적으로 입세 불교와 결별할 수밖에 없기 때문이다. 이 점은 불자 청년들이 벌인 새 이데올로기 논쟁에 뚜렷이 드러났다. 1920년대에 신사조와 불교 사이에 논쟁이 벌어졌는데, 혁명 청년들은 불교의 종교성 그리고 해탈을 추구하면서 입세를 병행하는 태도에 불만을 표출했다.[102] 그러나 그들이 불교를 비판한 핵심 근거는 불교가 내세우는 공산주의 등의 새로운 가치에 아무런 과학적 근거가 없으며 인권이나 민주적 가치와 합치하지 않는 데 있었다. 젊은 시절에 불교에 심취했던 차이위안페이가 신문화운동에 대해서는 "과학이 발달한 이후 모든 지식과 도덕 문제는 과학에 의해 증명되므로 종교와 관계가 없다"[103]고 주장했다. 우리는 본서 2권에서 과학과 민주 그리고 개인의 독립이 실제로는 상식이성의 현대적 형태라는 점을 밝힐 것이다. 즉 과학, 민주, 개인의 독립으로 혁명 유토피아를 지지하고 불학을 비판한 현상은 역전한 가치가 이미 상식이성 속에 있는 합리성의 최종 판단 근거와 결합한 것이 명백하다. 뿐만 아니라 마르크스주의는 현대의 상식이성 위에 세워진 새로운 이데올로기이므로 입세 불교와 대등하게 놓고 말할 수는 없다.

이와 같이 상식이성의 제한을 받는 부분적 가치 역전은 보통 3단계 과정을 거친다. 먼저, 원래는 불학의 관념체계에 포함되어 있었으나 '세상을 버리고 떠남'을 지향하는 정신에 의해 가려져 있던 가치가 분명하게 드러난다. 다음으로, 그런 가치에 의해 조성된 입세 불학이 혁명

102　李少兵,「佛學與現代新文化:中國現代史上佛化新青年與非宗教新青年論戰述評」,『中國文化』, 第13期(北京, 1996), pp.181-190.
103　蔡元培,「通信」,『新青年』, 第3卷 第1號(1917年 3月 1日).

유토피아, 포퓰리즘 등 새 사조들과 영향을 주고받으며 함께 어우러진다. 마지막으로, 혁명 유토피아가 현대의 상식이성과 결합하여 새 이데올로기로 탈바꿈하면서 입세 불학과 차이점이 두드러져 격렬한 논쟁에 이어 불가피한 결별을 맞는다. 앞서 우리는 혁명 유토피아가 흥기하는 과정이 이와 같았음을 논증한바, 중국 포퓰리즘의 흥망성쇠를 자세히 분석해보면 마찬가지로 이 3단계 과정을 거쳤음을 발견할 수 있다. 물론 유가 윤상을 어떻게 전복하든 포퓰리즘의 성격을 띨 수밖에 없다. 유가 윤리의 정교한 윤상 등급은 지식인의 엘리트주의精英主義를 주장하는 반면 윤상 등급과 엘리트주의에 대한 부정은 곧 중생 평등衆生平等을 숭상하는 것이다. 가치 역전의 메커니즘에 의해 평등은 새로운 도덕으로서 포퓰리즘의 기본 이치를 구성한다. 그러나 전면적 가치 역전 상황에서는 '세상을 버리고 떠나야 한다'는 정신에 의해 포퓰리즘이 가려진다. 위진남북조 시대에는 대승불교 안에 중생 평등이라는 구세 목표가 있었으나, 대승불교는 현세를 헛된 환상으로 보았기 때문에 평등은 '일천제一闡提[깨달음을 구하려는 발심發心이 없고 세속적 쾌락에 빠져 부처가 될 수 없는 중생을 가리키는 북방 불교의 용어]도 성불할 수 있다'는 식으로 표현될 수 있었다. 이러한 성불 기회의 평등에 대해 말할 때 허망한 환상에 지나지 않는 현세가 평등한가 아닌가는 하찮은 일이다. 게다가 평등이 출가와 결합하면 평등 가치를 프롤레타리아 대중에게 실현하는 일은 중생을 제도하는 일이 된다. 그러나 불교 체계 속의 '현세를 버리고 떠남'이라는 지향을 적극적 입세로 바꾸기만 하면 포퓰리즘은 불교의 교의 속에서 발현될 수 있을 것이다.

    장타이옌의 사상이 그 전형적인 경우다. 장타이옌은 유식론으로 자신의 도덕 사상을 세웠다. 우리는 2.5절에서 인도 유식론의 경우 만물이 헛된 환상임을 논증하는 도리가 세계의 현상학적 구조를 가리켰다면, 중국 불교의 묘유지리妙有之理는 불성을 훨씬 더 많이 가리킨다는 점을 지적했다. 세계의 현상학적 구조든 불성이든, 현세를 버리고 떠난다는 불교의 가치 지향에서는 세계를 허망한 환상으로 보는 해탈의 길에 지나지 않는다. 그러나 장타이옌은 이러한 불교 이치를 사용해 유위 입세 정신을 포함하는 역전 가치를 수용했고, 그것은 일체의 차별 폐지를 주장하는 평등관으로 바뀌었다. 이 평등관이 유위 입세 정신에 의해 추동되면서 포퓰리즘과 유사한 도덕적 지향이 된다. 말하자면 유식론은 장타이옌에게서는 강력한 평민주의로 표현된다. 장타이옌은 유식론을 신봉한 뒤로는 서양의 민주와 의회정치에 동의하지 않았다. 그가 보기에 의회와 정당은 재력가들의 장난감이었다.[104] 장타이옌은 공공연하게 불교를 '평민 종교'라고 규정했으며[105] 낡은 세계를 타격하는 총파업을 지지했다. 그런가 하면 1910년 창간한 『교육금어잡지教育今語雜志』에 "내가 쓴 저술들은 모두 언어로 푼 것이니 기대하건대 농부나 시골 사람이나 다 이해할 수 있을 것이다凡諸撰述, 悉演以語言, 期農夫野人, 皆可了解"[106]라는 창간 취지를 밝혔다. 장타이옌의 유식론에 담긴 포퓰리즘 성격은 이처럼 명확해서, 어떤 연구자는 이를 극단적 평민주의라 부르기도 했다.[107] 분명히 알 수 있듯이, 장타이옌에게 포퓰리즘이란 입세 불학의 변화된 형식에 지나지 않는다. 이러한 평민주의는 청말 민초에 크나큰 영향력을 발휘했으나 얼마 지나지 않아 5·4 사조 가운데 하나인 포퓰리즘民粹主義 사조에 압도되고 말았다. 신문화운동의 포퓰리즘은 가치 지향에서 장타이옌과 비슷하긴 했으나 경제적 평등관과 민권 보급의 토대 위에 세워진 것이고, 경제 평등과 민권은 또한

---

104 章太炎,「五無論」,『民報』,第16號.
105 章太炎,「總同盟罷工論序」,『章氏叢書』,下冊, p.858.
106 湯志鈞 編,『章太炎年譜長編』,上冊(北京: 中華書局, 1979), p.322.
107 王汎森,『章太炎的思想(1868-1919)及其對儒學傳統的衝擊』, p.140.

현대적 상식이성의 일부였다. 그것은 새 도덕의 자격으로 새 이데올로기 속에 급속히 유입되었다. 반면 장타이옌의 입세 불학 형태의 포퓰리즘은 1920년대에 이르러 사상 박물관 속의 한 유물로 전락하고 말았다.

상식이성이 이데올로기의 메타 층위를 이룸으로써 역전한 가치로 하여금 의사불학, 포퓰리즘, 혁명 유토피아라는 성질을 갖도록 이끌었다면, 송명이학의 '천리'와 '예'의 이분二分 구조는 중국 현대사상의 또 다른 거시적 특징을 규정했다. 송명이학의 도덕 이상은 '천리'와 '예'라는 2개 하위 체계로 이루어졌으므로 이에 대한 부정을 진행하는 대신 역전한 가치로 채워 넣으면 2개의 상이한 하위 체계를 만들어낼 수 있다. 하나는 '천리 경지'의 부정이고, 다른 하나는 현실 사회제도인 예에 대한 부정이다. 전자가 영원한 혁명 도의를 구성한다면, 후자는 특정 시기의 혁명 대상과 단계적 강령을 나타낸다. 전자는 사변과 상상으로 존재하면 되므로 현실에서 멀리 벗어난, 실행 가능성이 없는 유토피아일 수 있다. 그러나 후자는 현실적인 실행 가능성을 요구하고 혁명 과정에서 변할 수도 있는 것이다. 도덕 경지와 도덕 실천의 분리는 역전한 가치의 실천 속에서 두 종류의 가능성을 낳았다. 하나는 부단한 혁명론과 단계적 혁명론으로, 한 단계 혁명을 완성한 뒤에 새 혁명을 재개함으로써 유토피아 목표를 향해 조금씩 다가가야 함을 강조한다. 다른 하나의 가능성은, 경지로서의 혁명 이상을 유예시킨 채 선전만 할 뿐 실행에 나서지 않는 것이다. 부단한 혁명론과 유예된 혁명론은 전통적 도덕파道德派와 무실파務實派를 대체한 것으로, 20세기 혁명 당원과 지식인들 사이에서 급진과 보수라는 새로운 경계를 낳았다.

이학의 기본 구조에서는 현실의 사회규범이 천리 세계를 실현하는 것이므로, 그것은 또한 천리가 바람직한지 여부를 판별하는 모종의 검증 지표를 제공한다. 역전한 가치가 이 두 하위 체계를 채우는 그때, 이와 같이 검증하는 것과 검증되는 것의 관계는 마찬가지로 존재하며, 그리하여 혁명으로 세운 새 사회제도가 외부의 충격에 효과적으로 대응 가능한가는 이상 경지의 바람직성을 감별하는 가장 중요한 기준이 된다. 양무운동의 실패 경험이 명확히 보여주었듯이, 유가 이데올로기로 사회를 빚어낸다는 것은 국가와 사회가 경제적 역량 없이 현대화를 실현하려는 것으로, 곧 '부富'의 부족함이다. 마찬가지로 국가와 사회가 국방을 현대화하지 않고서 서양의 침략을 막아내려는 것으로, 곧 '강强'의 부족함이다. 이로써 자연스럽게 '부'와 '강'은 사람들이 새 관념체계의 바람직한 정도를 가늠하는, 그리고 모종의 사회제도가 이상적 도덕 경지를 대표할 수 있는가를 가늠하는 시금석이 되었다.

    결론적으로, 사상사 변화발전의 내재적 맥락으로 볼 때 당대 중국 문화의 이성구조를 통해 가치 역전이 어떻게 새 관념을 형성하는가를 설명할 수 있다. 위진남북조 시기에 일어난 한대 유학 구조(2.1절에서 서술했듯이)에 대한 역전은 입세 정신을 부정하고 사회규범을 제거하는 전반적 허무주의를 출현시켰다. 그러나 청말에는 현세 지향의 상식이성이 소멸될 수 없었기에 입세 정신에 의한 이학 구조(그림 3.4에서 보았듯이)의 역전으로 인해 혁명 유토피아라는 결과를 낳았다. 이 유토피아 이념을 현실에서 구체화하는 일은 중국이 반드시 부강을 지향할 수 있어야 한다고 요구한다. 이 논리가 청일전쟁 이후 가치 역전 원칙이 창조한 갖가지 새 관념들의 최초의 형태를 규정했으며, 아울러 역전 심리가 주도하는 사회사상 발전의 큰 방향을 규정했다.

8장

제2차 융합의 논리

서양 근현대 사상의 변천은 갈래가 매우 복잡하고 양상도 다양하다. 그러나 뿌리로 돌아가면 그것은 두 개 노선으로 이루어져 있었다. 한 갈래는 과학혁명에 대한 기독교 문화의 반응으로, 이는 서양 현대 문화에서 이원론과 다원주의를 주도적 구조가 되게 했다. 또 다른 갈래는 도덕(선 의지)과는 다른 종류의 정당성, 곧 권리 개념의 형성으로, 이는 서양 현대 가치의 핵심이 되었다. 중국 근현대 이후, 역전한 가치에 의한 서양 사상의 선택적 흡수와 창조적 재구성 역시 중국 현대사상에서 이 두 갈래 노선이 어떻게 전개되었는가로써 설명할 수 있다. 그것은 바로 과학 일원론이 이원론적 이성주의를 대체한 것과 권리의 도덕화였다. 이 과정은 서양에서 원래 현대성現代性 비판으로 등장한 마르크스주의를 현대 중국의 주도적 사상으로 이끌었다.

8.1
서양 근현대 사상 변천의 큰 추세

과정이 결과보다 더 중요하다

두 관계망의 정합

과학혁명에 대한 기독교의 응답

정신과 물질心物을 둘로 나누는 이성주의

유동流變에 의한 실재實有의 전복과 변증법적 유물론의 흥기

이신론理神論과 유럽 대륙의 계몽운동

심물心物 이원론에서 가치 다원주의로

7장에서 우리는 가치 역전이 만들어낸 새로운 관념의 이상 유형ideal type 들 및 그것들의 총체적 특징에 대한 분석을 했다. 그 목적은 제2차 융합 과정에서 중국 문화가 서양 사상을 어떻게 선택하고 수용했는지 조사하는 것이었다. 우리가 논증했듯이, 청일전쟁 이후 중국 사대부가 싹틔운 급진 사상은 가치 역전의 산물일 뿐만 아니라 20세기 공산당 문화와 동형 구조다. 그렇다면 중국 공산당 문화가 20세기에 주도적 지위를 차지한 사실은 그 자체로 20세기 중국 정치문화가 역전한 가치에 의해 서양 사상을 선택적으로 흡수하고 창조적으로 재구성한 결과임을 입증한다. 물론 제2차 융합 과정의 처음과 끝을 비교한 내용이 융합 과정 자체를 말

해주는 것은 아니다. 사상사 연구에서 사상의 진화 과정을 분석하는 일은 그 결과보다 훨씬 더 중요하다. 일단 최종 결과는 놔두고 과정 자체에 주목해보면 변화무쌍하고 난해하기 그지없는 맥락에 빠져들게 된다. 한편으로 서양의 근현대 관념 자체가 오랜 진화 발전을 거쳤으며, 다른 한편으로 역전한 가치의 출현은 중국 사회의 위기와 직접 관련이 있는데다 변화무쌍한 사회 배경과 발전 과정을 전제하고 있다. 근현대에 중요한 관념들이 거쳐 온 변천의 과정을 하나 하나 분석해보면 중국 특유의 가치와 사상 방법이 서양 문화에 대응해 일정 정도 선택과 재해석을 거쳤음을 확인할 수 있다. 허다한 외래 가치와 관념이 도입, 변형, 재도입을 거치면서 사회 기타 요인들과 상호작용한 과정은 총체적으로 파악하기가 쉽지 않을 만큼 복잡하다.

중국과 서양 문화의 충돌 및 융합의 과정을 명료하고도 총체적으로 확인하기 위해서는 두 가지 관계망을 고찰하지 않으면 안 된다. 첫 번째는 서양 근현대 사상 변천의 내적 맥락으로, 서양 사회의 주도적 가치체계에 얽힌 역사적 맥락 그리고 그에 대한 비판과 부정으로 변화가 일어난 분기점을 포함한다. 두 번째 관계망은 청일전쟁 이후 중국인이 서양 문화를 이해하고 수용한 개념 구조로서, 말하자면 가치 역전에 의해 주도된 중국 문화가 자기 의의意義에 의거해 전개되는 맥락이다. 이른바 문화 융합이 이루어지는 가운데 역전한 가치가 서양 사상에 대해 선택적으로 흡수하고 창조적으로 재구성하는 구체적 과정을 연구한다는 것은 바로 이 두 관계망이 어떻게 상호작용하는지를 고찰하는 것이다. 7장에서 우리는 가치 역전의 구조와 그것이 전개되는 네트워크를 개괄적으로 논술했다. 이 장에서 우리가 할 일은 첫 번째 관계망을 정리함으로써 서양 근현대 사상들의 큰 추세를 제시하는 일이다. 이와 같은 큰 배경이 있어야 중국 본토의 역전한 가치가 그 사상들의 어떤 지점을 재해석한 것인지, 아울러 어떻게 서양 사상의 의의 변화 중의 일부를 기생寄生 대상으로 삼았는지 이해할 수 있다.

  서양 근현대 사상의 변천은 갈래가 매우 복잡하고 관련 범위도 넓어서 의미의 전개 맥락을 간명하고 명료하게 제시하기 어렵다. 그러나 중국 사상을 척도로 삼아 문화 체계의 핵심 가치와 궁극적 관심에 초점을 맞춘다면 서양 근현대 문화의 심층구조가 두 갈래 중심 노선으로 이루어져 있음을 알 수 있다. 첫 번째 노선은 과학혁명에 대한 기독교의 반응으로, 그 결과 서양 근대사상 전반을 주도하는 심물心物 이분의 이원론적 이성주의가 형성되었고 이 주류 심태에 대한 도전과 부정으로 낭만주의, 일원론적 과학주의, 변증법적 유물론, 파시즘 등이 생겨났다. 두 번째 노선은 도덕(선 의지)과 동일하지 않은 정당성, 즉 권리 개념의 출현이다. 권리 개념은 계몽운동 과정에서 서양 현대 가치의 핵심이 되었고, 17세기 이후 시장경제와 개인의 자주성을 숭상하는 자유주의 사조를 구성했다. 이 주류 심태의 부정은 권리의 도덕화에 따른 포퓰리즘, 무정부주의, 사회주의 사조 등이다. 중국 문화의 제2차 융합 과정에서 역전한 가치가 어떻게 서양 문화를 선택적으로 흡수하고 창조적으로 재구성했는지 이해하려면 서양 근현대에서 주도적 지위를 점했던 이원론적 이성주의와 중국 문화가 맺은 관계, 그리고 역전한 가치가 과학일원론을 흡수하는 동시에 권리가 도덕화하는 등의 과정을 연구 분석하지 않으면 안 된다. 다시 말해서 중국에서 가치 역전이 전개한 관념 변천의 관계망과 서양 근현대 사상 전개의 관계망 사이의 상호작용은 이 두 갈래 노선에서 각각 파악될 수 있다.

  먼저 첫 번째 노선부터 분석해보자. 서양의 종교개혁 시기에 자연계는 신앙과 구별되는, 정복과 통제가 가능한 외부 세계로 간주되었다. 이원론의 씨앗은 기독교의 이러한 입세 전향에 이미 포함되어 있었다. 그러나 과학혁명 전까지 기독교는 진정한 도전에 직면했던 적이 없었다. 17세기에 탄생하여 서양 근현대의 주류 사상을 지배한 심물 이분의 이성주의는 바로 과학혁명의 충격에 기독교 문화가 창조적으로 대응한 결과였다. 서양 사상사에서 종교개혁 이후 가장 중대한 사건은 과학혁명이었다. 뉴턴 법칙은 자연계를 기하학적·역학적으로 바라보게 했고, 이에 따라 달라진 자연관은 기독교에 엄청난 충격을 주었다. 종교는 서양인의 도덕적 기초였기 때문에 자연 과학 사상에 의해 혁명적으로 전복되는 상황을 피하려면 기독교가 규정하는 궁극적 관심과 사회 도덕규범은 반드시 기독교와 기하학적·역학적 자연관의 첨예한 충돌을 극복해야 했다. 심물 이분의 이성주의는 이러한 역사적 조건 아래 생겨난 것이다. 이른바 심물 이분이란 인간의 마음과 자연, 우주를 서로 무관한 두 영역으로 나누는 것을 말한다. 신앙, 이성, 도덕이 같은 영역이라면, 우주 질서와 자연 현상은 그와는 다른 영역이다. 이러한 이원론적 이성주의에서 유럽 대륙과 영국은 다소 차이를 드러냈으며, 유럽 대륙에서는 데카르트의 이원론을 대표했다. 데카르트는 자연 전체를 물질로 이루어진 큰 기계로 간주했다. 동물도 영혼과 감정이 없다는 이유로 기계로 분류했으며, 기하학과 역학 법칙에 적용되므로 과학적 방법으로 연구할 수 있다고 여겼다. 반면 인간의 지성과 마음은 물질세계와 구별되는 별도의 존재다.[01] 따라서 심물 이분의 이원 구조가 세계에 부여되었을 때 한쪽은 시계와도 같은 물질적·기계적 자연계이고 다른 한쪽은 인간의 이성과 신앙, 특히

---

01 René Descartes, *Descartes: Philosophical Writings*, ed. Elizabeth Anscombe and Peter Thomas Geach (London: Nelson, 1966).

생각하는 자아에 의해 신의 존재를 추론할 수 있는 영역이다.[02] 이런 구조로 보면, 도덕은 인간 이성의 산물로(신으로부터 온 것일 수 있다) 자연계와 관계가 없다. 데카르트 철학이 대표하는 심물 이분의 이성주의는 상황에 따라 다른 명칭으로 불렸는데, 흔히 신고전주의라 불리기도 했으나 때로는 간단히 이성주의라 불리기도 했다. 어쨌거나 서양 유럽 대륙에서 상당히 근대 사상의 주류 형태를 대표했다.[03]

영국의 계몽사상은 마음과 자연을 두 영역으로 엄격히 구분한 점에서 유럽 대륙과 마찬가지로 이원론적 입장을 견지했다. 그러나 영국 이성주의는 데카르트 철학과 다소 달랐으며, 그 주된 차이는 이성과 도덕의 관계를 다루는 부분에 있었다. 영국의 계몽사상가들은 대체로 도덕을 신앙의 결과로 보았을 뿐 이성에서 도덕을 이끌어낼 가능성에 대해서는 의심했다. 17세기부터 19세기까지 서양 사상은 자본주의의 흥기와 과학기술 혁명에 힘입어 비약적으로 발전했고, 데카르트 이성주의와 영국 계몽사상에 발맞추어 대륙 이성주의와 영미 경험주의를 발전시켰다. 두 계열이 다소 차이를 보이기는 했지만 앞서 말한 심물 이분의 이성주의를 공통적으로 신봉했다. 그리하여 이후로 도덕, 신앙과 자연계를 구분하는 이원론적 구조는 바뀌지 않은 채 서양 근현대 사상의 주류가 되었다. 따라서 우리는 데카르트의 이원론을 예로 삼아 그것이 비판·부정된 뒤에 어떤 새로운 관념이 출현하는지 고찰해볼 수 있다.

확실히 이성의 획일화, 보편화 그리고 인간의 감정을 소홀히 하는 것에 대해 비판하고 부정하는 것은 개성, 정감, 그리고 비이성적 창조

---

[02] E. J. Dijksterhuis, *The Mechanization of the World Picture*, trans. C. Dikshoorn (Princeton, N.J.: Princeton University Press, 1961).

[03] Albert G. A. Balz, *Descartes and the Modern Mind* (1952,1967).

력을 추앙하는 낭만주의를 초래할 수 있다. 그러나 사상의 기본 구조로 볼 때 내부로부터 심물 이분의 이성주의를 부정하는 데는 또 두 가지 맥락이 있다. 하나는 기계적 유물론과 무신론으로, 정신이 물질로부터 독립적으로 존재함을 직접 부정하며 어디까지나 이성과 마음을 물질의 속성으로 본다. 다른 하나는 이성의 기초를 이루는 영원불변하는 실재를 의심하고 부정하는 것이다. 바우머Franklin L. Baumer는 데카르트의 이원론을 평가하면서 이렇게 말했다. "데카르트와 그가 속하는 이성주의자 집단은 새로운 스타일의 '고전적' 우주, 즉 조화롭고 합리적이고 기하학적인 우주를 창조했다고 할 수 있다. 그리고 그런 우주에 대해 영원한 본질 또는 본체에 근거하여 상세한 설명을 할 수 있었다."04 이러한 우주관에서는 비록 물질이 운동, 변화하더라도 영원히 불변하는 실재와 질서가 여전히 존재한다. 특히 도덕의 기초를 이루는 마음 역시 불변하는 이성 규칙에 의해 지배된다. 바우머는 이를 두고 "실재實有가 변화流變를 능가했다"05고 표현했다. 영원한 실재에 대한 부정은 곧 변화관을 주장하는 것이다. 쉽게 알 수 있듯이, 특정한 역사적 계기가 출현하면 (예컨대 이원론적 이성주의가 과학기술의 새로운 발전이나 현대 자본주의의 위기를 해석할 수 없게 되는 것 같은 난관에 봉착하면) 심물 이분의 이원론적 이성주의에 대한 부정은 이내 서양 근현대 가치의 또 다른 방향으로 진화할 것이다. 이는 마치 나무에서 가지들이 갈라지듯이 서양 근대사상의 진화 발전이라는 줄기 위에서 생장해 간다.

　　알다시피 이원론이 생겨난 이래 유물론과 무신론은 이원론에

04　包默Franklin L. Baumer 著, 李日章 譯, 『西方近代思想史』(台北: 聯經出版事業公司, 1988), p.45.
05　包默 著, 李日章 譯, 『西方近代思想史』, pp.38-51.

대한 비판으로서 기독교 사상과 병존해왔다. 바우머의 견해에 따르면 18, 19세기 두 세기 동안 서양 사상 발전의 추세는 변화가 실재를 전복하는 식이며, 심지어 그는 20세기 초에 이르면 변화가 실재를 능가해 완벽한 승리를 거두었다고 보았다.06 물론 20세기 초에 서양 근현대 주류 사상에 해당하는 심물 이분의 이성주의가 진짜로 전복되었는가는 사람에 따라 의견이 다르다. 그러나 이원론의 주류 가치를 부정하며 나타난 갖가지 유파들이 숨겨진 면모를 드러내면서 점차 강력한 사상적 흐름을 형성했다는 점은 뚜렷하다. 그 유파들은 서양 근현대 주류 사상에 대한 비판과 반성으로 나타난 동시에 현대적 가치를 대표하는 것들이었다. 예를 들어 변증법적 유물론은 심물 이분의 이성주의를 부정하는 완결판이었다. 그것은 이원론을 물질일원론으로 대체했고, 영원한 실재와 불변하는 이성을 발전관으로 대체했으며, 그리하여 심물 이분의 이성주의와 정반대되는 이데올로기를 구성해냈다.

    변증법적 유물론의 성숙은 두 개의 고리를 통해 실현되었다. 하나는 계몽운동에서 종교적 권위에 반대한 것이고, 다른 하나는 계몽사상 자체에 대한 비판이다. 유럽 대륙에서 계몽운동이 일어난 18세기는 이원론적 이성주의가 종교를 물리치고 자신의 권위를 확립한 시대였다. 대륙에서 계몽운동의 주된 기조는 데카르트식 심물 이분의 이성주의가 충분히 발전한 것이었다. 프랑스에서는 이신론理神論, deism 과 백과전서운동이 계몽운동을 대표했다. 그러나 칸트 철학은 이신론을 부정했고, 이원론적 이성주의를 한 단계 더 높이 끌어올림으로써 계몽사상의 집대성자가 되었다. 칸트의 이원론과 데카르트의 이원론을 비교해보면, 심물 이분

---

06 包默 著, 李日章 譯, 『西方近代思想史』, pp.477-491.

의 이성주의가 계몽운동 과정에서 강대해졌으며 날이 갈수록 종교와 분명한 경계선을 긋게 되었음을 알 수 있다. 데카르트의 이원론이 자연계와 이성계를 별개의 두 영역으로 나눈 뒤로 이성은 사유하는 정신으로서 신의 존재를 내세울 수 있었다. 그러나 칸트는 사실과 도덕가치 또는 본체 사이에 경계선을 그었다. 그리하여 이성주의는 17세기의 '신-자연' 이원론에서 현대의 '가치도덕-사실' 이원론으로 발전했다. 그러나 이원론의 내용은 현대화되었지만 심물 이분의 기본 구조는 아무 변화가 없었다. 스트롬버그가 말하듯 "데카르트에게 물질과 정신 두 영역이 있어 하나는 필연의 영역인 반면 다른 하나는 자유의 영역이라면, 칸트 역시 그렇게 보기는 마찬가지였다. 그러나 데카르트가 물질세계를 완전하게 인식할 수 있다고 본 반면 칸트는 그렇게 보지 않았다."[07] 칸트의 이원론 철학에 대한 총체적 반박은 서양 변증법적 유물론 철학의 기초를 놓았다. 우리가 알고 있듯이 마르크스의 변증법적 유물론은 두 가지 원천을 갖고 있는데, 하나가 헤겔의 유심주의 발전관이라면 다른 하나는 포이어바흐의 유물론이다. 그러나 헤겔 철학이든 포이어바흐 학설이든 모두 칸트의 이원론 철학에 대한 부정에 기초해 있다. 따라서 서양의 변증법적 유물론 철학은 계몽사조를 비판한 결과였다고 할 수 있다.

  이로부터 알 수 있듯이, 서양 근현대 사상의 변천을 기본 구조의 변화라는 관점에서 정리하자면, 주류 형태인 심물이원론 구조가 스스로 분화하고 명칭을 바꾸면서 더욱 발전하여 오늘날의 가치 다원주의가 되었다고 할 수 있다. 이 주류 구조의 전개 과정에서 그것을 비판하고 부정하며 생겨난 여러 갈래의 가지가 항상 동반되었다. 예를 들면 19세기

---

07 史壯柏格(Ronald N. Stromberg)著, 蔡仲章 譯, 『近代西方思想史』(台北: 桂冠圖書股份有限公司, 1993), p.339.

전반의 낭만주의와 문화 민족주의, 19세기 후반과 20세기의 사회다윈주의, 마르크스주의, 그리고 파시즘 등이다. 그러나 서양에서 이원론 구조를 부정하는 비판 사조가 아무리 강력했다 해도, 또는 어떤 새로운 모습으로 나타났다 하더라도, 그 사조들은 한결같이 주류 구조에 대한 보충으로 존재했다.

8.2
왜 과학일원론이 이원론을 대체했는가?

세기 전환기에 중국·서양 사상의 상반된 변화·발전 추세

진화론의 보급과 1890~1914년 유럽 사상의 위기

과학일원론과 새로운 이원론의 두 가지 새로운 진보 이념

유물론과 반이성주의의 흥기

과학일원론의 전파가 지연되다

천리의 쇠락과 공리의 흥기

공덕과 사덕의 분리

1900~1915년 중국 지식인은 비교적 영미 사상을 이해하고 있었다

역전한 가치는 어떻게 서양 문화를 수용하는 의미구조가 되었는가?

앞서 설명한 서양 현대사상 변천을 배경으로 할 때, 중국 문화는 어떻게 서양 문화를 선택적으로 흡수하여 전통적 형태에서 현대적 형태로의 전환을 완성한 것일까? 전통적 유가 이데올로기의 천인합일과 도덕가치 일원론은 중국 문화의 큰 전통으로서, 서양의 이원론적 이성주의와는 조금도 어울리지 않는다. 따라서 청일전쟁 패배 이전에 중국은 서양 근현대 사상에서 선견포리船堅砲利[전함이 견고하고 함포가 맹렬한 것, 곧 강성한 해군을 의미]에 관한 과학기술을 수용할 수 있었고 심지어 기독교 영향으로 대규모 태평천국 운동이 발생하기도 했지만, 이원론적 이성주의만큼은 이해하기가 어려웠다. 6장에서 지적했듯이 양무운동 과정에서 서

양의 영향은 주변적 지위에 머물렀을 뿐이다. 이 주변적 지위의 외래 영향 중에서도 가장 생소한 것은 다름 아니라 서양 근현대 사상의 핵심인 심물 이분의 이성주의 구조와 가치 다원론이었다. 장하오가 말한 대로, 청일전쟁 이전까지는 서양의 충격이 맹렬했을지언정 사상계는 서양의 가치를 무시할 수 있었다. 당시 주요 사상가였던 진풍陳澧(자는 난보蘭甫, 1810~1907), 주차기朱次琦(자는 야규雅圭, 1807~1881), 유월俞樾(자는 음보蔭甫, 1821~1907), 황이주黃以周(자는 원동元同, 1828~1899)의 저작들을 보면 서학의 그림자를 거의 찾아볼 수 없다.[08] 청일전쟁 이후 사람들이 유학 이데올로기의 바람직하지 못함을 의식하기에 이르자 기존 중국 사대부의 의미세계는 분쇄되었으며 서양 사상이 기세등등하게 유입되기 시작했다. 중국 지식계의 서학 수용은 이른바 '량치차오식'의 수입, 즉 짜임새가 없고無組織 선택의 여지가 없고無選擇 본말이 갖춰지지 않고本末不具 유파를 구분하지 못하고派別不明, 오직 다수를 귀하게 여기는惟以多爲貴[09] 식으로 비쳐진다. 그러나 중국 지식인이 외래사상과 가치를 정합하고자 도모하는 한 즉각적으로 개인 도덕, 사회 정의, 우주론의 상호 관계를 처리할 필요가 있었다. 우리가 앞서 거듭 논증했듯이, 유가 윤리가 바람직하지 않고 가치 역전이 보편적으로 발생하는 시기에 개인 도덕, 사회 정의, 우주론의 상호 관계를 주재한 것은 여전히 천인합일과 도덕가치 일원론이었다.

  이로써 보듯 전통 유가 이데올로기가 주도적 지위를 점한 시기든, 유학이 반증되고 역전한 가치가 주도적 지위를 점한 시기든, 중국에

---

08 張灝,「晚淸思想發展論: 幾個基本論點的提出與檢討」,『近代中國思想人物論: 晚淸思想』(台北: 時報文化出版事業公司, 1980), p.27.
09 梁啓超,『淸代學術槪論』(台北: 台灣中華書局, 1963), p.71.

서 사유의 기본 양식은 항상 일원론에 의해 지배되었으며, 중국 문화는 서양의 현대 이원론적 이성주의를 수용하는 심리가 결여되어 있었다. 다만 1900년 경자사변 이후 10여 년간은 예외였다. 당시 청 조정에서는 경직된 관변 이데올로기를 견지함으로써 전력을 다해 강상 명교를 수호하려 하는 한편 서양의 압력 아래 서양의 사회·경제·정치 제도를 학습하는 신정책을 시행할 수밖에 없었다. 이와 같은 배경에서 많은 유신儒臣들은 어쩔 수 없이 유가 도덕을 사회제도 및 우주론과 분리해 두 영역으로 나누었는데, 이는 유학의 천인합일 구조와 도덕가치 일원론을 파괴하는 행위였다. 이에 대해 우리는 의식의 현대적 전환이 유학에 강요되었다고 말할 수 있다. 당시 사회 엘리트의 보편적 심리는 서양 이원론과 유사한 구조로 변화하는데, 이른바 이원론 유학이라 하는 것이다. 이는 전체적으로 이원론적 이성주의에 접근한 것이었다. 그러나 바로 그 무렵 서양 주류의 이원론적 이성주의가 난관에 봉착했고, 그 영향력은 그 이전이나 이후보다 훨씬 못 미쳤다. 다시 말해 우리가 서양 사상 변천의 그물이 어떻게 중국의 역전한 가치가 전개하는 그물과 충돌했는지를 살펴본다면 이 두 그물의 진화가 마침 상반된 추세에 놓여 있었음을 알 수 있다.

  오늘날 사상사 연구자들은 1880~1914년 무렵을 유럽 사상의 위기 시대라고 부른다.[10] 유럽 사상의 위기란 특정한 영역이나 가치가 도전을 받는 정도가 아니라 17세기 말에 정립된 서양의 근현대 문화 구조가 총체적 전복의 위기에 처함을 의미한다. 자본주의가 초래한 갖가지 사회 문제를 제외할 때 사상사 내부적으로 위기를 발생케 한 주요 원인은 진화론의 보급에서 비롯되었다. 어떻게 생물 과학을 발전시킨 진화론

---

10 史壯柏格 著, 蔡仲章 譯, 『近代西方思想史』, pp.571-635.

이 서양 근현대 사상에 그와 같은 충격을 주었을까? 핵심은 진화론이 심물 이분의 이원론적 이성주의의 기본 구조를 건드렸다는 것이다. 우리가 7.3절에서 지적했듯이, 이원론적 이성주의는 기본적으로 진보를 인간 정신과 사회로 한정하고 자연계는 기하학과 역학 법칙에 따를 뿐 역사가 없다고 보는 관점에서 시작한다. 그러나 진화론의 발견은 이러한 철학을 허망한 것으로 만들었다. 진화론은 자연계도 엄연히 진화 과정에 있으며 그 진화 메커니즘은 인간 정신 또는 사회 진화와 근본적 차이가 없으며, 심지어 인류도 유인원에서 진화했다고 보기 때문이다. 서양 근현대 사상의 기본 구조였던 데카르트식의 이원론적 이성주의가 흔들리기 시작하자 서양 근현대 문화에 강렬한 진동이 일었다. 이것은 17세기에 서양이 근현대 사회로 진입한 이래 한 번도 겪어보지 못한 사상적 위기였다. 당시 종교와 과학의 대논전은 날로 격화되었다. 이는 이원론적 이성주의를 인정함으로써 무마되었던 도덕 또는 궁극적 관심과 과학 사이의 충돌이 다시 폭발한 것이다.

  이원론적 이성주의의 난관을 극복하기 위해 유럽 대륙과 영미에서 나타난 신사조는 각각 달랐다. 다윈의 진화론이 빚어낸 사상적 위기에 대해 영국이 보인 반응은 새 진보 이념의 형성으로 귀결되었는데, 이는 다시 신이원론과 과학일원론으로 나뉜다. 이 두 사조의 차이는 불가지론과 스펜서의 사회다원주의를 이용해 분석해볼 수 있다. 스펜서는 고전적인 이원론적 진보관을 전복해 다윈이 발견한 진화의 메커니즘을 인간·사회·우주 전체로 확장했다. 웹Sidney Webb이 말한 대로 "주로 콩트, 다윈 그리고 스펜서의 노력 덕택에 우리가 이상사회를 불변의 국가로 상상하는 일은 더 이상 불가능해졌다. 사회의 이상은 정태적인 것에서 동태적인 것으로 바뀌었다. 사회 유기체의 필연적 경로는 부단한 성장과 발전이라는 것이 이제 하나의 공리가 되었다."[11] 이처럼 원래 자연계 연구에 속해 있던 과학 이론을 도덕 및 사회제도 구성의 기초로 삼는 것, 이것이 과학일원론이다. 반면 '불가지론agnosticism'은 헉슬리에 의해 주창되었는데, 역사상 '그노시스파gnostics'와 서로 대립한다. 증명할 수 없는 사실에 대해 함부로 결론내리지 말 것을 주장하는[12] 불가지론은 일종의 순수한 과학 정신이다. 이에 따르면 정신·도덕·종교·사회제도 등 영역이 다른 세계는 구태여 통일할 필요가 없으며, 그 영역들은 각자 자신의 가치법칙을 따른다. 이런 주장의 본질은 물론 다원주의 입장이다. 사실 불가지론은 심물 이분의 이성주의의 새로운 형태라 할 수 있다. 불가지론과 유사한 새로운 이원론들은 영국과 미국에서 큰 영향력을 발휘했다. 특히 사회다윈주의와 함께 영미 경험주의가 더욱 발전하도록 이끌었다.

반면 유럽 대륙에서는 한창 유행하던 과학일원론과 각종 신이원론을 제외하고, 현상학과 유물론 그리고 반이성주의가 유행했다는 점에서 영미권과 달랐다. 현상학은 서양 근현대의 심물 이분 전통의 반대급부로 주체 지향성에서 출발하는 일원론 철학으로, 그 영향력은 주로 학계에 한정되었다. 사회적 목소리가 컸던 쪽은 유물론과 반이성주의다. 유물론은 1830년대부터 출현하기 시작했지만 다윈의 진화론이 유행하고 나서야 비로소 보편적 사회사조가 되었다.[13] 헤켈Ernst Haeckel 의 『우주의 수수께끼Riddle of the Universe at the Close of the Nineteenth Century』(1900)는 전형적인 유물론적 진보관을 보여준다. 독일 생물학자인 헤켈은 다윈의 진화론을 널리 퍼뜨린 인물로 '다윈의 독일 투견'이라 불릴 정도였다. 그는 물

---

11 Sidney Webb, "Historic", *Fabian Essays in Socialism*(London: George Allen and Unwin, 1931), p.29.
12 Thomas Henry Huxley, "Agnosticism", *The Nineteenth Century*, vol. XXV(February 1889).
13 包默 著, 李日章 譯, 『西方近代思想史』, p.367.

질일원론을 주장하여 물질과 인간 사회를 통일시켰으며, 물질은 끊임없이 진화하고 있다고 간주했다. 이에 사람들이 변증법적 유물론을 받아들일 수 있는 기초를 제공했다. 19세기 말, 변증법적 유물론과 함께 흥기한 마르크스주의, 생기론活力論, 에너지론唯能論 외에 유럽 대륙에서 성행한 또 다른 사조는 반이성주의로, 전통적 이성주의가 잘못된 것인 만큼 이성도 인간의 창조력을 속박하는 질곡으로 간주되었다. 사람들은 의지를 숭상하기 시작했고, '신은 죽었다'는 니체의 주장으로 도덕 기초가 위기에 처하자 '무슨 일이든 해도 된다'는 반도덕적 풍조가 퍼져나갔다. 이러한 추세가 반유대주의, 제국주의 및 인종주의와 결합하면서 20세기 초의 파시즘으로 나아가게 되었다.[14] 다양한 사조 가운데 사회 중견층은 늘 새로운 형태의 이원론적 이성주의를 신봉했으나 과학일원론, 변증법적 유물론, 반이성주의는 사람들의 마음을 사로잡을 만큼 강한 위세를 보였다.

  19세기 말과 20세기 초 서양 현대사상의 변화를 배경으로 하여 중국은 청일전쟁의 패배를 겪었고, 이로 인해 사회와 사상이 전면적으로 전환하는 시기에 접어들었다. 청일전쟁 패배에 따른 사상의 충격은 유가 이데올로기가 더 이상 바람직하지 않음을 증명했고, 그로 인해 중국 문화가 서양의 가치와 사상을 수용하고 정합하는 과정에 두 가지 새로운 요소를 등장하게 했다. 하나는 역전한 가치로서, 과학일원론과 유물론 및 사회다원주의와 잘 들어맞았다. 다른 하나는 현대적 전환을 강요받은 유가 사상이다. 5장에서 말했듯이 이 전환은 금문경학을 이용해 유가 경전을 다시금 명확히 서술하는 것과 이원론 유학이라는 두 갈래로 나뉘었는데, 이원론 유학은 나름대로 서양의 이원론적 이성주의에 접근했다. 곧이어

---

14 漢哪·鄂蘭Hannah Arendt 著, 林驤華, 『極權主義的起源』(台北:時報文化出版企業有限公司, 1995), p.79, 203, 251.

무술변법의 실패로 유학이 금문 경학을 이용해 현대적 전환을 시도하는 게 얼마나 허망한 일인지 만천하에 드러났다. 이원론 유학은 순식간에 사회 주류 사상이 될 수밖에 없었다. 이러한 1895~1914년까지 20년 동안의 과정은 중국과 서양 사상의 상호작용에 미묘한 양상을 불러일으켰다.

우선 1895~1900년 사이에, 이원론 유학이 형성되기 전의 주류 사조는 잠시 사회다원주의를 역전한 가치의 중심 노선으로 받아들였다. 옌푸가 『천연론』으로 중국식 진화 이념을 표현한 것이 그러한 사례다. 청일전쟁 이후 서양의 유물론과 과학일원론이 중국의 역전한 가치와 잘 들어맞기는 했지만, 1900년 경자사변으로 인해 청 조정이 새로운 정치를 강요받게 되자 유가 윤리와 사회제도를 무관한 영역으로 분리할 수밖에 없었던 많은 유신들의 심리는 이원론과 유사한 구조로 바뀌었다. 당시 서양 이원론은 비록 도전에 직면해 있었으나, 중국이 서양 사상을 수용하고 정합하는 과정에서는 가장 이해하기 쉬운 17~18세기의 사상 형태로 기본 구조가 바뀌었다. 그리하여 중국 문화에 서양의 이원론적 이성주의에 경도된 시기가 나타났다. 이로 인해 만연했던 역전한 가치가 어느 정도 통제되었고, 서양 유물론이 중국에 들어오기까지는 사회다원주의에 비해 10여 년 지연되었다. 잘 알려져 있듯이 서양에서 유물론적 진보관은 사회다원주의와 거의 동시에 생겨난 사조다. 구조적으로 볼 때 유물론적 진보관은 사회다원주의에 비해 중국의 역전한 가치의 기론 구조에 더 근접한 것이다. 하지만 유물론적 진보관을 대표하는 헤켈의 저작은 신문화운동이 폭발할 무렵에 비로소 중국어로 번역되었는데, 이는 사회다원주의가 수입된 시기보다 한 세대가량 뒤처진 것이다. 이런 현상은 확실히 1900년 이후 중국 사회사상이 이원론 유학에 의해 지배된 것과 관련이 있다. 일반적으로 진화론은 청일전쟁 이후 옌푸가 『천연론』을 번역하고 '물경천택 적자생존'을 모르는 사람이 없을 정도인 때부터 30년 동안 중국 사상계를 군림했다. 그러나 1900~1915년 시기에 사람들이 인정한 진화론과 옌푸가 주장한 진화론을 비교해보면 미묘한 차이가 있음을 알 수 있다. 옌푸가 『천연론』을 번역한 직접적인 동기 중에는 도덕이 시대에 따라 진화한다는 것을 증명하고자 하는 목적도 있었다. 그러나 1900년 이후 지식인 대다수는 진화론을 사회제도와 우주 질서에 한정했을 뿐 개인 도덕과 가정 윤리를 포함시키지 않았다. 다시 말해서 1900~1915년 시기에 과학일원론은 기를 펴지 못했고, 도덕과 우주는 서로 다른 영역으로 분리되어 있었다.

사실 1900년 이후 개인 도덕 및 가정 윤리와 우주론이 서로 무관한 영역으로 구분되었기 때문에 '공리公理'가 신속하게 흥기하여 전통의 '천리'를 대체할 수 있었다. 윌리엄 로우William T. Rowe는 일찍이 청말의 정치 어휘 변화에 주목한 적이 있는데, '공론' '공무' 등의 '공公'자가 사람들 사이에 광범위하게 사용되었으며 엘리트 사회에 서양의 'public'과 비슷한 '공공' 개념이 수용되어 정치 문제에 관한 새로운 매개 변수가 되었다고 했다.[15] 1908년 장타이옌은 당시의 사회 사조를 묘사하면서 구체적으로 다음과 같은 말을 남겼다. "옛사람들은 신성을 관여할 수 없는 것으로 여기고 명분이라 했다. 요즘 사람들도 신성을 관여할 수 없는 것으로 보는데, 첫째는 공리, 둘째는 진화, 셋째는 유물, 넷째는 자연을 일컫는다.昔人以爲神聖不可幹者, 曰名分. 今人以爲神聖不可幹者, 一曰公理, 二曰進化, 三曰惟物, 四曰自然"[16] 청말 신정新政 시기에 사람들은 왜 우주 법칙과 사회 정의

15　William T. Rowe, "The Public Sphere in Modern China", *Modern China*, vol. 16, no. 3(July 1990).
16　章太炎,「四惑論」,『民報』, 第22號(東京, 1908年 7月).

를 표현할 때 기존의 '천리'가 아닌 '공리'라는 용어를 보편적으로 사용했을까? 공리가 천리를 대체한 원인이 단지 청말 사회에 공공 공간이 형성되고 민간 사회가 확대되었기 때문이라고만 볼 수는 없다. 우리가 알다시피 역대로 중국의 현 단위 이하는 줄곧 민간 자치였고, 신사紳士의 권력 구조에는 관변이 간섭하지 못하는 공공의 영역이 존재했다. 뿐만 아니라 중국어의 '공'은 일찍이 『시경·국풍』에서도 사용되었듯 줄곧 개인과 가정 바깥의 공공 영역이라는 의미를 지녀왔다. 이처럼 '공'은 이른 시기에 보편적 가치로 출현했는데 어째서 '공리'라는 단어는 20세기 초에서야 보편적이고 공공적인 도리가 된 것일까?

우리가 보기에, 중국에서 '공'은 개인과 가정을 넘어서는 바깥 영역을 대표하며 긍정적 가치正面價値를 갖고 있었으므로 천인합일과 도덕가치 일원론 체계體系 속에서 보편적 진리를 대표하는 데 쓰일 수 없었다. 보편적 진리인 천도는 우주 질서, 사회 정의, 그리고 가정 윤리가 한데 통합된 것이다. 예를 들어 효도처럼 가정 관계에 속하는 범주는 영역으로는 '사私'와 동등하지만 어쨌든 그것은 천리에 속한다. 이 때문에 '공'이라는 개념은 천인합일 구조와 도덕가치 일원론이 지배하는 담론 체계體系에서는 천리를 표현하는 데 사용된 적이 없었다. 이학에서 '공'의 의미는 오직 '사'와 대립하는 가운데 성립하며, '사'의 개념은 오직 개인 또는 가족 행위가 윤상과 무관하거나 명백히 강상에 위배될 때만 사용될 수 있다. 사정이 이러하기에 '사'와 대립하는 '공'의 사용도 제한되어, 천인합일이 가정과 국가에 똑같은 조건으로 보편 적용되는 정의와 도리라는 점을 표현하는 데 사용될 수 없었다. 오직 우주 법칙, 사회 정의, 가정 윤상, 개인 도덕 사이에 경계선이 분명히 그어졌을 때만 개인과 가정 바깥의 도리를 표현하는 '공리'는 비로소 우주 법칙과 보편적인 사회 정의의 대명사가 될 수 있었다. 여기서 우리는 공리가 천리와 같지 않다는 점, 즉 그 당시 천리가 일원론의 '이理'였다면 공리는 천리와 다른 이理를 대표했다는 사실을 알 수 있다. 공리의 보편적 사용은 중국 지식인의 심태가 이원론과 유사한 구조를 한 차례 출현시켰다는 점을 분명하게 보여준다.

우주 법칙, 사회제도와 가정 윤상, 개인 도덕에 발생한 이원론식의 단절은 곧 유가 윤리가 보편 관념의 층위에서 우주와 사회제도 영역을 이탈하기 시작했음을 의미한다. 이런 경우 유가 도덕이 위축되어 생겨난 빈자리를 채울 새로운 도의가 필요하다. 이때 진화론이 우주 법칙의 새 내용으로 삼을 만한 공리에 속한다고 한다면, 사회 정의 영역에 생긴 거대한 가치 공백에 직면한 사상가는 이를 새로운 공공 도덕으로 세우지 않을 수 없다. '공덕公德'을 구체적으로 세우려 한 대표적 문헌은 량치차오의 『신민설新民說』이다. 1902년 량치차오는 일본 요코하마 출판사의 『신민총보』에 '중국의 신민新民'이라는 필명으로 『신민설』의 내용을 장편 연재했다. 그는 중국인의 도덕의식은 아주 일찍 발달했지만 생활에 표현되기에는 '사덕에 치우치고 공덕이 위태롭다'고 지적했다. 그는 군신, 부자, 형제, 부부, 붕우의 관계란 모두 '한 사인私人에 대해 한 사인이 섬기는 것'이며, 따라서 이와 관련된 도덕은 사덕이라고 보았다. 비록 중국인이 개인 도덕의 수양과 내면의 반성을 중시하는 것은 큰 가치를 지니지만, 어디까지나 그것은 개인의 도덕일 뿐이다. 중국의 전통 도덕에는 국가나 집단 이익 같은 공공사업을 지향하는 가치가 완전히 결여되어 있다. 량치차오는 사덕이 선하지 않은 것은 아니지만 그렇다고 충분한 것도 아님을 논증했다. 중국을 구하기 위해서는 공덕을 바로세우지 않으면 안 되며, 이 공덕은 중국 전통문화에 없는 것이므로 서양 문화에서 배우지 않으면 안 된다. 그러나 공덕이 사덕을 대체할 수는 없다. 공덕은 사회 국가에서 성취하는 것이고 사덕은 개체에서 성취하는 것이기 때문이다. 이러한 이치에 근거해 량치차오는 지식을 중시하고, 질서를 중시하고, 권리를 중시하고, 민족을 중시하고, 국가를 중시하는 서양의 현대적 의식을 도입하는 것, 그것이야말로 중국인이 반드시 확립해야 할 공덕이라고 보았다.[17] 확실히 공덕과 사덕의 병렬은 가정 윤리와 사회 정의의 이원론에 대한 더없이 생생한 표현이다. 사실 량치차오의 공덕은 가정 윤리와 개인 윤리 바깥 영역의 가치 공백을 메우려 시도한 것으로『신민설』의 발표는 청천벽력과 같았으며, 당시 지식인들에게 엄청난 충격을 안겨주었다. 그의 주장은 지식인뿐만 아니라 당시 출간되는 초등학교 교과서에도 영향을 끼쳤다.[18]

마오쩌둥이 청년 시절 '신민학회'를 세운 것 또는 오늘날에도 많은 중국인이 '신민'을 자기 이름에 가져다 쓰는 것으로도『신민설』의 영향이 얼마나 깊고 컸는지를 알 수 있다.『신민설』의 보급은 공공 영역이 정식으로 가정 및 사인私人 영역과 단절하고 독립하기 시작했음을 뜻하며, 이것이 곧 중국 현대 정신의 시작이었다. 이 모든 과정은 1900~1915년 시기에 중국의 주류 사상 구조가 서양의 이원론적 이성주의에 가장 근접했음을 말해준다.

서양 근현대 사상의 발전을 기준으로 볼 때 중국 지식인의 서양 현대사상에 대한 이해는 서양과 정반대의 길을 밟았다. 서양에서는 먼저 데카르트와 칸트의 이원론이 나왔고, 이들에 대한 부정이 사회다원주의와 과학일원론으로 나타났다. 반면 중국 지식인은 먼저 사회다원주

17　梁啟超,「新民說」,『新民叢報』, 第1-11期, 第38-41期, 第46-48期(日本橫濱, 1902-1903).
18　黃克武,『一個被放棄的選擇: 梁啟超調適思想之研究』(台北: 中央研究院近代史研究所, 1994), p.53.

를 받아들이고 혁명 유토피아를 싹틔운 뒤에 이원론 심태로 인해 데카르트와 칸트 학설의 의의를 발견하게 되었다. 즉 신정 기간에 이르는 동안 사대부들은 신사상을 갖추고 난 다음에 비로소 칸트 학설을 숭상하기 시작했다. 데카르트와 칸트의 이원론 철학 그리고 개조를 거친 왕양명 심학은 수많은 지식인으로 하여금 이원론 유학을 명확히 논술할 수 있게 하는 기본 구조가 되었다. 한편 청 조정은 서양 국가를 현대화의 모범으로 삼았기 때문에 일정 정도 영미 자유주의 사상도 전파될 수 있었다. 1900년에서 1915년 시기, 서양에서 이원론적 이성주의의 기본 구조는 도전받고 있었던 반면 중국 지식인이 서양 문화를 받아들이는 데 사용한 의미구조는 서양의 이원론적 구조에 가장 가까웠기에, 당시 15년은 1980년대 이전 중국인이 서양 근현대 사상의 주류 관념을 비교적 많이 이해하고 받아들인 유일한 시기다. 이처럼 앞뒤 순서가 바뀌고 불분명한 현상은 두 문화가 서로 충돌하는 시기의 중요한 법칙을 드러낸다. 종류가 다른 두 문화가 상호작용을 할 때 약세의 문화가 강세의 문화 내용을 수용한다는 것은 기본적으로 강세 문화 그 자체의 상태에 달려 있는 게 아니라 약세 문화가 외래문화를 이해하는 의미구조에 의존한다는 것이다.

바로 이와 같은 이유로 유학의 현대적 전환이 실패함에 따라 역전한 가치와 기론은 중국 지식인이 서양 문화를 수용하는 의미구조로 빠르게 자리 잡았다. 이때 우리는 이원론이 즉시 과학일원론과 도덕가치 일원론에 자리를 내주고, 우주론적 사회제도가 다시금 도덕 윤리와 고도로 정합되는 것을 확인할 수 있다. 1915년 천두슈가 신문화운동의 신호탄을 쏘면서 유가 윤리를 비판하는 데 사용한 가장 중요한 근거는 반드시 도덕은 시대를 따라서 진화해야 한다는 것이었다. 첸쉬안퉁錢玄同이 제기한 황제제도와 유학의 관계에 대한 논증이든, 우위吳虞가 말한 비효非

든, 이원론을 타파하고 다시 일원론 구조로 되돌아갈 것을 전제한 것이다. 역전한 가치의 추동으로 과학일원론은 새 시대 도덕의 기초가 된다. 그러나 몇 년도 못 되어 과학일원론은 유물론적 진보관으로 대체되면서 변증법적 유물론이 20세기 중국 사상계를 제패하는 기본 구조를 이루었다. 신문화운동은 원래 중국 지식계가 전면적 서구화를 추구하고 서양의 자유주의를 도입하고자 노력을 쏟던 시기였다. 그러나 우리가 보기에, 신지식인의 서양 현대사상에 대한 갈망은 강렬했으나 신정 시기 청 조정의 부패와 이원론 유학의 실패가 그들을 과학일원론에서 벗어나지 못하게 했다. 이때 이후 사상계에 어떤 논쟁이 일어났든, 또는 새로운 사상과 이데올로기가 사회 조직과 상호작용을 통해 끊임없이 자기 개혁을 시도했든, 중국의 신문화는 더 이상 서양 근현대에서 주도적 지위를 점한 이원론적 구조에 근접한 적이 없었다. 일부 사상 유파들을 통해 이원론이 잔류하고 있었다 한들 그것들은 단지 순수 학술이었을 뿐 사상계에 미치는 영향력은 미미했으며, 대부분 신유학과 같은 특수한 형태로 주변적인 위치에 머물렀다.

8.3
도덕과 다른 종류의 정당성
권리의 기원

자유주의 이념이 없었다면 현대 시장경제는 불가능했다
16세기 자본주의 배후의 참신한 문화 요소
서양 현대 가치의 핵심
무엇이 도덕과 다른 종류의 정당성인가
자주성의 배후: 도덕과 권리의 상이한 성질
도덕과 다른 정당성으로서의 개인 권리 또는 자유
영미 경험주의 전통이 권리 이념의 온상이 되다

서양의 이원론적 이성주의와 중국의 일원론적 사상의 차이만 비교하는 것으로는 중국 문화 제2차 융합 과정의 온전한 그림을 얻을 수 없다. 구조는 단지 가치를 수용하는 프레임일 뿐으로, 구조 형태의 변화는 가치 체계의 자세한 변화의 추이를 포괄할 수 없다. 중국 문화가 어떻게 서양 가치를 선택적으로 흡수하고 창조적으로 재구성했는지 이해하려면 서양 근현대 사상 변천의 또 다른 실마리를 전개해야 한다. 바로 도덕과는 다른 종류의 정당성, 즉 권리라는 개념이다. 권리 개념은 어떻게 등장하여 서양 현대 가치의 핵심이 되었을까? 현대 서양문명이 전통 문명과 구별되는 가장 중요한 특징은 두 가지로, 하나는 과학기술 혁명이고 다른 하나는 자본주의 시장사회다. 8.1절에서 논했듯이, 심물 이분의 이원론적 이성주의 및 다원주의의 흥기는 기독교 문화와 과학혁명이 상호작용한 결과로, 현대사상의 첫 번째 특징을 만들어냈다. 반면 두 번째 실마리의 경우는 서양 현대문명의 두 번째 특징, 즉 시장사회에 초점을 맞추어 그것이 어떻게 형성되었는지, 그리고 서양 문화 대전통과 어떤 관계에 있는지 연구해야 한다.

서양 전통에서 기독교와 자본주의의 상호작용은 베버의 프로테스탄트 윤리가 그 서막을 열었다. 그러나 중국 학자들이 아직 심도 있게 다루지 않은 영역이 있는데, 그것은 권리 개념이 어떻게 생겨났는가 하는 문제다. 브로델의 견해에 따르면, 자본주의 시장경제의 모든 제도는 베네치아 심지어 고대 로마시대에서 그 싹을 찾을 수 있다. 폴라니는 시장사회 형태의 형성 과정에 대한 역사적 고찰을 통해 현대 시장경제는 고대 시장경제로부터 자동적으로 발전한 것이 아님을 증명했다. 시장경제는 서양 근대 정치와 관념체계가 관여한 결과다. 예를 들어 영국 시장경제의 성장과 국가 중상주의 및 자유주의 이데올로기는 밀접하게 관련되어 있다.[19] 따라서 어떤 의미에서 보자면 16세기 이후 서양 자본주의 혁명 과정의 새로운 요소는 주로 사상 관념 쪽에서 발생한 것으로, 그것은 바로 도덕과는 다른 종류의 정당성으로서의 자유와 평등 또는 권리 개념의 출현이다. 벌린의 고찰에 따르면 고대 그리스-로마 시대에는 사람들에게 권리라는 개념이 없었으며, 서양에서 개인의 프라이버시 같은 권리 개념이 출현한 시기는 빨라도 16세기에 앞서지 않는다.[20] 우리가

---

19   博蘭尼(Karl Polanyi)著, 黃樹民 譯, 『鉅變: 當代政治, 經濟的起源』(台北: 遠流出版事業股份有限公司, 1989).
20   柏林(Isaiah Berlin)著, 陳曉林 譯, 『自由四論』(台北: 聯經出版事業公司, 1986), pp.238-239.

보기에, 권리라는 이념의 전혀 새로운 성질로 인해 고대 세계(예컨대 그리스와 로마)의 시장경제와 민주 정치에서는 불가능했던 어떤 형태가 권리 규정 아래 놓인 시장경제와 정치 운용에서는 출현하게 되었다. 이 점을 이해하기 위해서는 도덕과 다른 종류의 정당성이 무엇인지부터 분석하지 않으면 안 된다.

모두가 알고 있듯이, 전통사회의 사람들은 등급제와 신분제에 속박되어 자유와 평등은 정당성을 얻을 수 없었다. 고대 그리스 철학과 로마법에서 권리는 '정확' '정의'와 의미가 같았고 그것은 순수법률 개념이었다.[21] 권리는 법률이 보호하는 정당한 이익과 임무를 뜻할 뿐 오늘날과 같은 '자주성' '자유'의 의미를 지니지 않았다. 근현대에 신분 등급을 타파하고 전통적 속박을 해체하는 사회적 전환 과정에서 사람들이 자유와 평등을 긍정하게 되었을 때에도 그것은 선 의지 구조를 갖춘 새 도덕으로 간주되기가 극히 쉬웠다. 그러나 도덕과 다른 종류의 정당성으로서의 자유와 평등이야말로 16세기 이후 서양이 만들어낸 가장 놀라운 창작이다. 지금도 중국인들은 자유와 평등이 어떻게 해서 도덕과 다른 종류의 정당성으로 등장하게 되었는지 제대로 이해하지 못하고 있다. 오늘날 서양 정치 철학자들이 권리를 정의하면서 권리도 도덕적 속성을 띠고 있다고 하거나 자유주의 정치 철학을 윤리학으로 분류하는 경우에도 권리는 도덕과 같은 것이 아니다. 게다가 오늘날 정치 철학자들이 말하는 도덕은 칸트가 말하는 '선 의지'와 다르다. 그것은 기껏해야 매킨타이어가 말한 '규칙의 도덕 morality of rules'[22]에 속할 뿐이어서 덕성을 포함하지도 않

---

21 沃克(David M. Walker)著, 北京社會與科技發展硏究所組織 翻譯, 『牛津法律大詞典』(北京: 光明日報出版社, 1988), p.774.
22 石元康, 「二種道德觀: 試論儒家倫理的型態」, 劉述先 編, 『儒家倫理硏討會論文集』(新加坡: 東亞哲學硏究所, 1987), p.234.

거니와 선 의지와는 더욱 관련이 없다. 이 책에서는 도덕을 선 의지로 엄격히 정의함으로써 권리 개념에서 덕성과 선 의지를 배제하기로 한다. 이것야말로 권리라는 개념의 본질적 규정이기 때문에 우리는 권리를 도덕과 다른 종류의 정당성으로 정의한다. 이렇게 말할 수 있는 근거는 무엇일까? 권리가 강조하는 것은 바로 '자주성'이기 때문이다. 그러나 도덕은 그 자주성을 바람직성과 덕성의 자유라는 항목에 귀속시킬 뿐 아니라 '선 의지'를 더 강조하고 있다. 선 의지를 지향하는 구조는 자주성의 구조와 완전히 다르다. 예를 들면 사람들이 자유와 평등을 인간의 권리로 볼 때, 이것은 모든 개인의 독립과 자주를 중시하는 것이지 그 행위의 당위성 여부 또는 옳고 그름을 따지는 게 아니다. 권리가 사람의 자주성이 정당하고 합리적이라고 주장하는 것은, 자주성이라는 이름으로 사람의 행위가 모두 옳거나 선을 지향하기를 요구하는 것이 아니다. 그저 이런 행위가 타인의 이익(혹은 공공 규칙)을 침해하지 않는 한 사람은 그 행위를 할 권리가 있으며, 권리는 그런 행위들의 정당성을 보장해준다.

    이와 같은 권리 정당성에 대한 논증은 다음과 같은 기본 가정 위에 세워진다. 각 개인은 자신이 무엇을 필요로 하고 무엇을 할 수 있는지 가장 잘 알고 있다는 것, 그리고 사회가 개인의 자주성을 최대한 발휘하게 하여 개인이 하고 싶거나 할 수 있는 일을 하게 한다면 사회는 최대의 활력을 가질 수 있다는 것이다. 이 가정을 문화·경제·정치 제도에 적용하면 오늘날의 서양 자유주의의 기본 신조를 획득할 수 있다. 예를 들어 문화적으로 개인의 신앙의 자유, 가치 판단의 자주성을 강조한 것이 바로 다원주의다. 개인의 자주성을 경제에 적용하면 시장경제의 기본 원칙과 출발점이 바로 나온다. 즉 경제 제도는 인류가 상호 협동하는 하나의 방식이라는 점, 각 개인은 자기가 생산하거나 소유한 물건을 가져와 다른 사람과 교환함으로써 개인 이익을 실현함과 동시에 사회 이익을 증대시킨다는 점, 그리고 경제 제도의 가장 중요한 기능은 사유 재산권과 자유 교환이 효과적으로 진행되도록 보증하는 데 있다는 점을 인정하는 것이다. 이러한 원칙에 근거하면, 인간에게 생존권이 있다는 것은 기본적으로 어떤 개인도 다른 사람에 의해 생활 안전을 침범받아서는 안 된다는 것을 의미하고, 태어날 때부터 곧 밥 먹을 권리가 있음을 의미하는 것은 아니다. 더 나아가, 개인의 자주 원칙이 정치에서 표현된다는 것은 각 개인이 권리의 일부를 양도하여 정부가 공공 사무를 처리하는 기능을 집행할 수 있게 하는 것을 말한다. 정부 권력은 사람들이 권리의 일부를 자발적으로 내놓는 데서 나온다. 그러므로 정부의 통치는 반드시 사람들의 동의를 구해야 하고, 사람들은 민주 선거를 통해 정치 구조와 통치자를 바꿀 수 있다. 뿐만 아니라 정부 권력은 사람들의 개인적 자주성을 침해하는 것을 막기 위해 반드시 제한을 받아야 한다. 이 외에, 인간의 권리 중 어떤 것을 정부에게 양도해야 할지 결정해 주는 고정불변의 원칙은 없으므로 정부 조직이 공포하는 법률이 의거해야 할 것은 오직 경험뿐이다. 그것은 시행착오의 성질을 띨 수밖에 없고, 끊임없는 시행착오의 경험이 누적되는 가운데 성장하는 것이다.

  요컨대, 우리가 원하기만 하면 앞서 말한 추론을 이용하여 정치, 경제, 문화 등의 분야에서 서양 자유주의의 기본 원칙을 얻을 수 있다. 따라서 자주성이야말로 현대성의 본질이라는 것을 알 수 있다. 그리고 자주성의 배후에는 일종의 도덕과는 다른 정당성이 있다. 만약 권리라는 개념이 도덕과 다른 종류의 정당성이 아니라고 하면 모든 것이 어떻게 바뀔지 한번 상상해 보자. 만약 권리에 속하는 이념들인 자유와 평등이 일종의 도덕으로 변한다면, 설령 그 이념들의 구체적 내용이 바뀌지 않더라도 여기서 나오는 추론과 사회제도 운용 원칙은 보나마나 자유주의와 충돌하게 될 것이다. 선 의지로서의 도덕은 권리에는 있을 수 없는 다음과 같은 두 가지 특징을 갖고 있다. 첫째, 도덕은 '당위當然'이고, 따라서 그것이 사회제도에 반영되면 도덕가치를 대표하는 사회는 '당위'의 사회가 될 것이다. 따라서 도덕원칙의 청사진에 근거하여 사회를 설계하는 일이 가능하며, 이때 도덕원칙은 사회를 건설하는 기능을 갖게 되어 그것의 실시는 유토피아 사회 프로젝트로 쉽게 전화될 수 있다. 둘째, 도덕은 일종의 선으로서, 이 도덕가치에 반대하는 것은 불선이고 부도덕과 도덕 파괴는 비난받아 마땅한 것이다. 만약 이런 생각을 사회제도의 층위로 끌어올리게 되면, 본래 도구성에 속하고 부단한 시행착오 속에 있게 마련인 이런저런 제도들이 곧바로 도덕가치와 같아지게 된다. 그 결과, 그 도덕가치가 이른바 '자유와 평등'이라고 하더라도, 부도덕에 대한 비난은 자칫 정치적 견해가 같지 않은 사람에 대한 박해로 바뀌기 쉽다. 도덕으로서의 자유와 평등이 사회제도로 전환되면 개인의 자유를 말살하는 전제 혹은 독재 정부가 될 가능성이 곧장 생겨난다. 여기서 보듯, 권리가 일단 도덕화하면 현대 자유 사회는 퇴화하거나 변질될 것이고, 아니면 상당히 전통사회 조직 형태로 후퇴하거나 전체주의가 되고 말 것이다. 지금까지 우리는 권리를 도덕과 다른 종류의 정당성이라고 정의하고, 나아가 그것이 현대 사회의 핵심 가치라는 점을 확인했다. 이제 우리가 대답해야 할 문제는 이것이다. 도덕과 다른 종류의 정당성으로서의 자유와 평등은 어떻게 생겨난 것인가? 그것은 왜 현대 서양에서 먼저 나타났는가? 그리고 주로 영미 경험주의의 발전에 힘입어 성장한 이유는 무엇인가?

우리가 생각하기에 이 문제는 문화 체계가 도덕 합리성에 대해 어떻게 논증하는가로부터 고찰할 수 있을 것이다. 권리를 도덕으로부터 구분해내는 가장 중요한 전제는 '정당함正當'(어떤 행위에 대한 긍정)과 '마땅히 해야 함應該'은 동일하지 않음을 인식하는 일이다. 그렇다면 사람들이 어떤 행위를 인정하는 동시에 선 의지를 지향할 필요가 없다고 인식하게 되는 경우는 어떠한 사회 조건에서 가능할까? 이는 도덕기초 논증[도덕의 기초에 대한 논증 또는 새로운 가치의 도덕적 기초에 대한 논증]에 실패할 때에만 비로소 등장할 수 있다. 1.7절에서 지적했듯이, 서양 문화 전통에서 도덕은 두 가지 기원을 갖고 있다. 하나는 신에 대한 신앙으로서, 이는 히브리 전통이다. 다른 하나는 지식 추구를 중시하는 것으로, 이는 고대 그리스 전통이다. 기독교는 발전 과정에서 이 두 가지 전통을 흡수하고 소화하여 서양 전통문화 속에 특유의 도덕 논증 구조를 마련했다. 예를 들어 시장경제 발전이나 주권 국가의 출현과 같은 사회적 전환으로 개인의 자유와 평등이라는 새 가치의 합리성을 논증해야 했을 때, 앞서 말한 전통 구조는 기본적으로 힘을 쓰지 못했다. 신에 대한 믿음은 기껏해야 전통 도덕을 유지할 수 있었을 뿐이며, 사회가 세속화됨에 따라 기독교가 제공해온 전통 도덕은 점차 가정과 민간의 공간으로 물러났다. 새 행위 규칙들에 관한 한 더 이상 신과 인간 사이의 약속으로 받아들이기 어려워졌다. 물론 여전히 기독교는 현대성에 대해 갖가지 비판할 수 있겠지만 새 가치들에 대해 더는 도덕 논증을 할 수 없게 되었다. 다른 한편 [고대 그리스의 지식 추구 전통을 살펴보면] 지식 자체는 좋고 나쁨을 따지지 않고 오직 진짜와 가짜만 구분하므로 자유와 평등이라는 새로운 가치들의 합리성을 지식으로 논증하려는 시도는 '존재實然'에서 '당위應然'를 추론할 수 없다는 논리적 곤경에 처하게 된다. 다시 말해서 신을 지향하는 신앙과 지식을 추구하는 의지는 자유와 평등을 지향할 수 없을뿐더러 이들을 선

의지가 되도록 만들 수도 없다. 그러므로 시장경제의 발전 과정에서 자유 등의 가치가 새 도덕으로 자리 잡기란 대단히 어려운 일이었다. 바로 이런 배경에서 도덕과 다른 종류의 정당성이 자연스럽게 성장하게 되었다. 매킨타이어는 계몽운동 이후 서양의 도덕기초 논증에 대한 역사적 고찰을 통해 놀랍고도 중요한 한 가지 사실을 발견했다. 그것은 17세기부터 지금까지 서양의 모든 도덕기초 논증이 실패로 돌아갔다는 사실이다.[23] 우리가 볼 때 서양 근현대의 도덕기초 논증 실패와 도덕과 다른 종류의 정당성의 성장은 같은 사태의 두 측면에 지나지 않는다.

이에 대한 중요한 증거는 도덕과 다른 종류의 정당성으로서 개인의 권리가 주로 영국에서 성숙했다는 사실이다. 사상사 연구자들이 늘 흥미진진하게 이야기하는 주제 중 하나는, 16세기 이래 영국 사상가들은 자유와 평등을 권리와 법치로 이해하기 시작하여 정부 권력을 제한할 것을, 특히 어떠한 권력 집중으로부터도 개인의 자유가 위협받지 않도록 보장할 것을 주장했다는 것이다. W. H. 그린리프는 그것을 '자유의지론Libertarianism'이라고 불렀다.[24] 1688년 영국의 명예혁명은 정치 영역에서 이러한 가치 이념이 무르익은 결과라고 볼 수 있다. 존 밀턴(1608~1674)의 『출판의 자유Freedom of the Press』와 존 로크(1632~1704)의 『정부론Two Treatises of Civil Government』은 이 분야의 대표적 저작이다. 18, 19 두 세기 동안 이러한 자유 이념은 경제 영역으로 확장되어 자유무역, 상업 그리고 관련 노동 계층 등 각 분야에서 토론되었다. 예를 들어 애덤 스미스(1723~1790)의 '천부 자유natural liberty' 개념, 시장경제에 자유 가치를 구

23　麥金太爾(Alssdair MacIntyre)著, 龔群, 戴揚毅 等譯, 『德性之後』(北京: 中國社會科學出版社, 1995), pp.48-79.
24　W. H. Greenleaf, *The British Political Tradition*(London: Methuen & Co.Ltd., 1983), pp.15-28.

현한 제임스 밀(1773~1836)의 논증, 그리고 제러미 벤담(1748~1832)이 주장한 공리주의(개인에게 유익한 행위는 사회에도 유익하다) 등은 이 분야의 전형적 사례다.[25] 문제의 본질은 이것이다. 어째서 영미 경험주의 전통이 도덕과는 다른 종류의 정당성, 곧 권리라는 이념을 배태한 온상이 된 것일까?

우리가 16, 17세기 영국에서 개인의 권리 개념을 성장케 한 독특한 정치 및 경제 조건을 무시하고 사상 내부에서만 그 원인을 찾는다면, 영미 경험주의 사상은 대륙 이성주의에 비해 개인의 자유와 평등에 대한 도덕성 논증이 이루어지기 훨씬 불리했음을 쉽게 발견하게 될 것이다. 다시 말해 새 가치에 대한 도덕 논증의 효력 상실이 곧 도덕과는 다른 정당성이 성숙하게 되는 문화적 조건이다. 실제로 영미 계몽사상은 점차 유럽 대륙의 계몽사조와 갈라지게 되는데, 대륙 이성주의와 달리 경험주의를 형성한 것 자체가 개인의 자유와 평등에 대한 도덕 논증의 효력 상실과 연관된 것이다. 8.1절에서 지적했듯이, 17세기 과학혁명은 서양 사상에서 자연의 모습을 변화시켰다. 도덕적 기초로서의 기독교와 기하학화된 자연관의 충돌을 극복하기 위해 서양에서는 심물 이분의 이원론적 이성주의가 출현했다. 이원론적 이성주의는 유럽 대륙과 영국에서 시작되자마자 서로 다른 형태를 드러냈다. 유럽 대륙에서는 과학적, 기하학적 추리에 기초한 데카르트의 명료한 사유방식을 자명한 이성으로 삼았다. 그리하여 이성으로부터 신의 존재를 도출할 수 있었고 인간 도덕의 원칙도 세울 수 있었다. 그러나 영국에서는 도덕의 기초가 이성에 속하는 것이 아니라 신앙에 귀속되는 것으로, 인간 이성은 종교적 진리를 발견할

25　郭少棠, 『西方的巨變: 1800-1980』(香港: 香港教育圖書公司, 1993), pp.249-251.

수 없다고 보았다. 영국 계몽사상가들도 대륙 이성주의와 마찬가지로 자연계와 도덕의 관계에 대해 심물 이원의 입장을 유지하기는 했지만, 신의 존재와 도덕의 기초는 이성에 의해 증명되는 것이 아니라 신앙 위에 세워진다고 여긴 것이다. 확실히 유럽 대륙의 이성주의는 이성으로 도덕을 추론하고 지식만으로 도덕 기초의 변화를 논증한 반면 영국 계몽사상가들은 이성에서 도덕을 추론하기를 포기했고, 그 결과 개인의 자유와 평등은 도덕적으로 논증될 수 없다고 생각했다. 도덕의 기초는 신에 대한 신앙으로 엄격히 제한되었고, 이 믿음은 사람들이 잘 알고 있는 전통 도덕을 지지하는 데만 쓰일 수 있었으므로 자유와 평등이라는 새 가치와는 관련이 없었다. 이처럼 이 새로운 가치들은 마땅히 존재해야 하는 것이지만 도덕과 다른 종류의 정당성일 수밖에 없었다.

8.4
경험주의, 이성주의, 사회주의

영국 경험주의의 배경은 회의론이다

회의론이 성장한 경로

흄의 회의론과 영국 계몽운동에서 도덕 논증의 실패

이성과 정감으로 도덕의 기초를 논증하다: 서양 현대 가치의 또 다른 형태

권리의 도덕화

무엇이 적극적 자유인가?

유럽 이성주의의 발전

일반의지公共意志가 새 도덕이 된 이후

루소 사상, 포퓰리즘, 무정부주의

오늘날 사상사가들은 영국 경험주의의 기원을 논할 때 이성에서 도덕을 도출할 수 없다는 신앙주의信仰主義가 영국 회의론의 성장을 촉진했기에 경험주의의 가장 중요한 요인은 회의론이라는 점을 강조한다. 바우머에 따르면, 종교개혁 당시 '오직 신앙fides sola'이라는 원칙은 정통 가톨릭에 반대하는 신교도들의 가장 강력한 무기였다. 그러나 17세기에 이르자 모든 것이 정반대가 되어 점점 더 많은 신교도들이 이성주의자가 되었고, 이성으로 신의 존재를 도출할 수 있다고 주장했다. 반면 가톨릭은 전통적 아퀴나스주의를 버리고 오히려 신앙에 호소했다. 이 이원론적 신앙주의는 17세기 이후 피로니즘Pyrrhonism과 결합하여 지성의 겸손을 인간 내면에 불

어넣었다.²⁶ 우리가 보기에, 이 이원론적 신앙주의에서 나온 회의론이 영국 경험주의의 주요 성분이 됨에 따라 영국 계몽사상가들은 마침내 자유와 평등에 대한 도덕 논증이 불가능하다는 점을 깨닫게 된 것이다. 그들은 우선 '당위'와 '존재' 사이의 단절을 인식했다. 바로 이러한 문화적 전제로 볼 때, 자유와 평등이 획득한 정당성은 도덕과 다른 종류의 것일 수밖에 없다. 그러므로 이념이 도덕과 다른 종류의 정당성으로 성숙되는 과정은 바로 이원론적 이성주의가 회의론 쪽으로 발전한 것과 같은 과정이다.

영국 경험주의 전통의 형성은 일반적으로 로크에서 시작해서 조지 버클리, 데이비드 흄, 애덤 스미스, 제러미 벤담에 이르는 사상 변천으로 총괄된다. 사실 다른 관점에서 보면 이것은 영국 회의론이 성장한 맥락이기도 하다. 로크는 이성주의와 회의론의 중간에 위치해 있는 사상가다. 그는 한편으로는 데카르트와 마찬가지로 명료한 사유를 숭상하여, 신의 존재를 이성으로 증명할 수 있을 뿐만 아니라 그 증명은 수학적 정확성과 동일하다고 여겼다. 그러나 다른 한편으로는 본유本有 관념을 포기하여 인간의 지성은 무한을 파악할 수 없다고 보았으며, "근본적으로 신의 실체에 대해 아무것도 알 수 없다"²⁷고 자인했다. 이처럼 로크의 관점은 대륙 이성주의와 다른 경험주의 입장을 유지했다. 버클리는 외부 세계를 우리의 감각에 귀속시킴으로써 인간은 신의 이념을 가질 수 없음을 규명했다.²⁸ 버클리의 사상을 회의론의 방향으로 계속 밀어붙인 흄은 이성으로 신의 존재를 증명할 수 없음을 추가 논증하는 것 외에 (비록 우리가

---

26 包默 著, 李日章 譯, 『西方近代思想史』, pp.79-80.
27 John Locke, "An Examination of P. Malebrache's Opinions of Seeing all Things in God", *The Works of John Locke*, vol. VIII (London: Routledge/Thoemmes Press, 1997), sect.6.
28 George Berkeley, *Three Dialogues Between Hylas and Philonous* (Oxford: Oxford University Press, 1998).

믿음으로 신의 존재를 받아들일 수는 있지만) '존재'에서 '당위'가 도출될 수 없음을 처음으로 또렷이 의식했다. 흄은 다음과 같이 논증했다. "내가 지금까지 마주친 도덕학 체계 가운데 (…) 명제들에서 통상적인 '이다'와 '아니다'의 결합이 아니라 느닷없이 '해야 한다' 또는 '하지 말아야 한다'로 결합된 명제가 나오지 않은 적이 없었다. (…) 이렇게 전혀 이해할 수 없는 사태, 즉 새로운 관계가 그것과 전혀 다른 관계로부터 어떻게 도출될 수 있는가는 설명과 더불어 명확한 이유가 제시되지 않으면 안 된다."[29]

회의론자가 지식으로부터 '당위'가 도출될 수 없다는 점을 깨닫고 나자 이성은 더 이상 도덕의 근거가 될 수 없었다. 이성은 본질적으로 지식을 추구하는 인간 의지이기 때문이다. '존재'와 '당위' 간의 크나큰 격차로 인해 인간의 의지는 자유 및 평등과 정합할 수 없게 되었다. 이에 맥킨타이어는 흄이 발견한 '존재'와 '당위'의 도출 불가능성을 일컬어 도덕 논증 운동의 '묘비명'[30]이라 했다. 확실히 흄은 회의론의 관점에서 권리가 도덕과 다른 종류의 정당성이라는 점을 논증한 집대성자가 되었다. 예를 들어 그는 이 회의론을 정치에도 확대 적용하여, 사람들을 더 행복하게 할 수 있는 정부란 존재하지 않는다고 주장했다. 이런 태도는 벤담과 영국의 다른 자유주의 철학자들에게도 일관되게 유지되었다. 회의주의는 한편으로 믿음을 기독교의 기초로 삼음으로써 가능한 한 기독교가 과학혁명과 정치 변혁의 영향을 받지 않도록 보호하는 동시에 수학과 과학에서 나온 이성을 인간의 마음心智에 배치하지도 않았거니와 도덕의 기초로 삼지도 않았다. 이로써 자유와 평등은 자연스럽게 자주성과 관련 있는 권리로 이해되었다.

29   休謨(David Hume)著, 關文運 譯, 『人性論』(北京: 商務印書館, 1980), pp.509-510.
30   麥金太爾 著, 龔群, 戴揚毅 等譯, 『德性之後』, p.72.

대륙 이성주의의 발전은 확실히 이와 달랐다. 애초에 인간은 도덕과 신의 존재를 이성으로 추론할 수 있다고 믿었다. 시간이 지나면서 기독교는 이성주의가 배태한 계몽사상과 점점 멀어졌다. 계몽사상가들은 이성이 신의 존재를 증명할 수 없다는 점을 깨달았지만, 이성과 인간 감정이 도덕의 기초가 되어야 한다는 점에는 변함이 없었다. 예를 들어 칸트는 『순수이성 비판』에서 신의 존재는 도덕적 존재 속에서만 증명될 수 있다고 지적했다. 그는 인간의 도덕적 천성으로부터 신, 자유 그리고 불멸을 이끌어내 "도덕은 인간을 필연적으로 종교로 이끈다"[31]고 말했다. 보기에 따라서 칸트가 도덕에 근거하여 신을 증명한 반면 이성에 근거한 신의 증명 가능성을 부정한 것은 회의론과 신앙주의의 입장을 취한 것 같다. 즉 그의 철학에 경험주의적 경향이 담겨 있는 것처럼 보인다. 그러나 칸트에게는 도덕 역시 이성의 일종으로, 말하자면 도덕은 이성으로부터 제시할 수 있는 것이다. 이 점에서 칸트는 여전히 대륙 이성주의에 속해 있다. 독일 철학이 이성으로 도덕을 도출한 것과 달리 프랑스 계몽사상가들은 인간 감정으로 도덕의 합리성을 논증하기를 선호했다. 이처럼 대륙 이성주의 사조에는 영국 경험주의와 같은 도덕 논증 실패에 대한 인식이 없었다. 비록 그들도 '존재'와 '당위'가 다르다는 것, 심지어 '존재'에서 '당위'가 도출될 수 없다는 것을 알았지만, 모호한 방식으로 이성의 추구는 보편 규칙을 지향하는 의지로 간주될 수 있었고 그래서 도덕과 연계될 수 있었다. 이처럼 자유와 평등이라는 가치를 이성 또는 감정으로부터 추론할 수 있다고 간주할 때 자유와 평등도 인간의 선 의지에 포함된다는 도덕 논증으로 미끄러지기 쉽다. 이러한 구조에서 권리는 정

---

31 Immanuel Kant, *Religion within the Limits of Reason Alone*, trans. Theodore M. Greene and Hoyt H. Hudson(New York: Harper, 1960), introduction.

당하고 선할 뿐 아니라 '당위'와 동일시되므로 우리는 그것을 권리 (또는 자유) 관념의 도덕화라고 부르기로 한다.

　　잘 알려져 있듯이 대륙 이성주의는 자유와 평등에 대해 영미 경험주의와 다르게 이해했다. 예를 들어 존 스튜어트 밀은 『자유론』에서 프랑스식 자유는 평등을 앞세우는 자유라고 지적했는데, 이렇듯 평등은 단순히 권리에 그치지 않고 도덕가치의 하나로 이해되었다. 다른 예로, 루소는 자유를 자연적 자유와 정치적 자유로 나누었는데, 여기서 정치적 자유는 인간의 새로운 도덕이었다. 그런가 하면 자유를 적극적 자유와 소극적 자유로 나눈 아이제이아 벌린은 대륙 이성주의가 인정한 자유는 적극적 자유에 더 가까운 것으로서 영미 경험주의가 타인의 간섭에서 벗어난 소극적 자유를 강조한 것과 다르다고 보았다. 자유에 왜 적극적이고 소극적인 구분을 했을까? 자유와 평등에 대한 대륙 이성주의의 이해는 왜 영미 경험주의와 달랐을까? 하이에크는 대륙 이성주의가 이성의 힘을 과장하면서 문명을 이성이 이루어낸 산물로 보는 데서 그 이유를 찾았다. 즉 대륙 이성주의는 영미 경험주의와 달리 문명을 자연 발생적으로 진화하는 시행착오의 결과로 보지 않은 것으로, 일종의 이성의 자부였다. 그러나 하이에크의 관점은 왜 대륙 이성주의가 적극적 자유를 인정했는지에 대해서는 설명해주지 못한다. 적극적 자유의 본질은 자유를 주체성으로 보고 자유 가치를 실현하는 것이 당위임을 강조하는 데 있다. 여기서 자유는 선과 동일시되며 자유를 추구하는 것은 일종의 선 의지가 된다. 인간 의지가 선을 지향하는 것이야말로 도덕의 기본 구조다. 여기서 적극적 자유는 소극적 자유에 비해 도덕적 색채가 강하다는 점에서 소극적 자유와 다르다는 것을 알 수 있다.

　　일반적으로 도덕은 '당위'를 중시하고 인간의 의무를 강조한다.

적극적 자유가 법률에서 허용하는 자주성을 일종의 '당위'로 보는 만큼 '당위'는 자연스럽게 인간의 의무를 포괄한다. 이처럼 적극적 자유의 개념으로 볼 때 인간이 사회를 위해 의무를 다하는 것은 자신이 누리는 권리의 전제라 할 수 있다. 또한 권리가 단지 인간의 자주성을 부각시키는 것으로 충분하다면 반드시 권리 규정의 각 내용을 실현할 능력이 필요한 것은 아니다. 권리(또는 자유)가 도덕화되면 사정은 달라진다. 이 경우 도덕은 그 내용이 바람직한 것이어야 하므로 사람들이 생각하기에 인간의 권리도 인간이 성취할 수 있는 것이어야 한다. 따라서 법률이 자신에게 부여한 권리를 실현할 경제적 능력이 없다면 그는 권리란 허망한 것이라 여길 것이다. 더 나아가 각 개인의 선 의지가 한데 모여 일반의지가 되는데, 선 의지의 보편화라 할 수 있는 이 일반의지가 바로 도덕이라 할 수 있다. 그리하여 일반의지의 표현인 사회제도는 당연히 새 도덕과 같아진다. 루소에게 사회적 공의公義는 공공의 대아大我이기도 하고 모든 사람이 결합함으로써 생겨나는 공공의 인격과 도덕이기도 하다. 그것은 국가이기도 하고 공민이기도 하다.[32] 반면 민주는 새 도덕적 이상을 실행하는 제도로 간주되고, 법률의 행사는 인간의 도덕화에 기여해야 하는 것으로 간주된다.[33] 이것은 장하오가 말한 적극적 민주高調民主를 구성한다. 그것은 민주를 개인의 권리를 보호하는 제도로 보는 영미 자유주의의 소극적 민주와는 분명히 다르다.[34] 사회제도를 도덕가치의 실현으로 삼게 되면 필연

32　盧梭(Jean-Jacques Rousseau)著, 何兆武 譯, 『社會契約論』(北京: 商務印書館, 1980), pp.24-25.
33　伊士頓(Stewart C. Easton)著, 李邁先 譯, 『西洋近世史』(一)(台北: 幼獅文化事業公司, 1989), p.344.
34　張灝, 「中國近代轉型時期的民主觀念」, 『二十一世紀』(香港: 香港中文大學中國文化研究所), 1993年 8月號.

적으로 이상적 원칙에 기초한 설계를 함축하게 되고, 그것은 유토피아로 전화되기 십상이다. 따라서 엄밀히 말하자면, 자유가 일종의 새 도덕으로 바뀌는 것은 사람들이 이성의 힘을 과장해서가 아니라 이성 또는 감정으로부터 도덕을 도출할 수 있다고 확신하기 때문이다. 다시 말해 이성이나 감정으로부터 자유와 평등이라는 새 가치를 도출할 때, 의식적으로든 무의식적으로든 도덕 논증 양식을 운용해야 한다고 믿기 때문이다.

그러므로 우리는 자유와 평등의 이념에 포함되어 있는 도덕가치 요소의 많고 적음(즉 선 의지를 강조하는 정도의 차이)에 근거해 이에 상응하는 관념과 관념체계를 분류해볼 수 있다.(표 8.1) 권리라는 개념에 포함되어 있는 도덕 성분이 증가함에 따라 권리의 도덕화가 일어나고 개인의 권리와 소극적 자유도 적극적 자유와 의무를 강조하는 권리로 바뀐다. 더 나아가 적극적 자유를 도덕화하면 개인의 권리는 완전히 평등으로 바뀌고 자유 역시 사람들에게 해방 과업에 참여할 것을 호소하는 일반의지로 바뀐다. 이에 상응하는 관념체계가 무정부주의, 포퓰리즘, 공산주의다. 따라서 우리는 루소의 일반의지가 새 도덕이 되고 난 뒤 왜 프랑스 계몽사조로부터 무정부주의와 포퓰리즘이 곧장 뒤따랐는지를 이해할 수 있다.

표 8.1 도덕화 정도와 서양 관념체계

	도덕화 정도		
	낮음	중간	높음
관념	권리 소극적 자유	의무를 강조하는 권리 적극적 자유	평등 일반의지
관념체계	영미 경험주의	대륙 이성주의	무정부주의 포퓰리즘 공산주의

루소의 사상이 포퓰리즘과 무정부주의의 발원지라는 점은 이미 적잖은 학자들에 의해 논증되었다.[35] 따라서 공산주의 혁명의 기원을 탐구하려면 반드시 루소의 사상으로 돌아가야 한다. 그런데 루소의 사상은 왜 포퓰리즘과 유토피아주의의 기초가 될 수 있었는가? 루소는 개인의 자주성에 속하는 권리를 일종의 도덕가치로 바꾸었고, 그 결과 자유의 반대인 속박은 부도덕한 것이 되었다. 그리고 인간의 속박은 대부분 사회로부터 나온다. 이로써 인간의 자연 상태는 속박이 없는 자유로 대표되며 선한 것인 반면 사회가 악을 만들어낸다는 중요한 결론이 도출된다. 이러한 이념의 진행은 두 방향으로 전개될 수 있다. 하나의 방향은 사회에 대한 반대 및 모든 사회 조직의 거부다. 개인의 자연 상태가 선을 의미하는 만큼 사회는 불필요한 것으로, 바꿔 말해서 인류가 사회 이전의 상태에 놓이는 것이야말로 이상적 도덕 경지를 구현하는 것이다. 이것이 루소가 말한 '고귀한 야만인'이다. 당시 프랑스 왕후 마리 앙투아네트가 궁중에서 젖소를 기르고 손수 젖을 짰는가 하면 샤토브리앙은 아메리카에 가서 인디언들과 함께 생활하기도 했는데, 이런 모습들은 계몽사상이 성행하는 가운데 무사회 원시 상태에 대한 동경의 표출이었다.[36] 이러한 가치 추구는 나중에 19세기 낭만주의의 원천이 되었다. 한층 더 발전하여 무정부주의가 출현하게 되었다. 반면 또 다른 방향의 근거는 이러하다. "악은 과거의 사회를 나타낼 뿐 '당위'의 이상사회까지 포함하는 것은 아니다. 이상사회가 되더라도 모든 것이 다 갖춰진 사회는 아닐 뿐더러 심지어 사회는 개인의 중요한 결정 요소가 될 것이다. 따라서 우리의 임무는 사회를 다시 세우고 사회의 타락한 힘을 숭고한 힘으로 변화시키

---

35 朱學勤,『道德理想國的覆滅』(上海: 三聯書店, 1994), pp.73-130.
36 伊士頓 著, 李邁先 譯,『西洋近世史』(一), p.350.

는 일이다."[37] 루소는 대체로 두 번째 노선에 기초하여 자신의 '평등과 자유' 관념을 발전시켰다. 그는 좋은 사회는 이기심 위에 세워질 수 없으며 반드시 자유와 평등이라는 새 도덕을 이상으로 삼는 사회여야 한다고 생각했다. 이것이 바로 민주 유토피아다. 이러한 배경에서 우리는 프랑스대혁명의 합리성이 루소의 사상에서 비롯되었으며, 그것이 발전하여 무정부주의와 공산주의가 되었음을 볼 수 있다.

18세기 프랑스와 유럽 대륙에서는 주로 두 번째 노선으로 자유·평등·민주 이념이 전개되었고, 무정부주의와 공산주의는 잠복해 있었을 뿐이다. 그러나 사람들이 프랑스대혁명이 인간의 자유와 평등을 쟁취하는 데 실패했으며 적극적 자유를 지지하던 이원론적 이성주의가 파산했음을 깨닫게 되자 프랑스식 계몽사상은 곧 마르크스주의로 발전했다. 이원론적 이성주의의 위기와 자유의 도덕화가 극단으로 향한 결과 자유주의와 완전히 다른 새 이데올로기가 흥기한 것이다.

---

37 史壯柏格 著, 蔡仲章 譯, 『近代西方思想史』, p.227.

8.5
국가의 독립과 개인의 자주

중국 문화의 궁극적 관심은 시종일관 도덕이었다
중국의 지식인은 평등과 자유를 도덕과 다른 종류의 정당성으로 보기 어렵다
권리는 처음부터 집단과 국가에 국한되었다
'권리'라는 문자의 표면적 의미에 '정당正當'성의 의미가 적은 이유는 무엇인가?
중국인들은 왜 'rights'를 '민직民直'으로 번역하기를 거부했나?
어떻게 해서 권리 주체가 국가에서 개인으로 바뀌었나?
권리는 경쟁에 도움이 된다

서양의 권리 개념의 도덕화 계보와 연관하여 중국 근현대 사상의 의미구조 전개를 고찰해본다면, 중국 문화가 어떻게 서양의 현대적 가치를 선택적으로 흡수하고 창조적으로 재구성했는지 구체적 과정을 확인할 수 있을 것이다. 우선 중국 문화의 궁극적 관심은 신도 아니고 지식 추구도 아닌, 시종일관 도덕이었다. 16세기 이후 서양의 사회적 전환 과정에서 발생한 자유와 평등의 도덕 논증이나 그 효력 상실은 중국에서 일어날 수조차 없었다. 상식이성의 성숙은 그런 경향을 더욱 부채질했다. 서양 문화에서, 회의주의의 지배 아래 사람들이 '존재'로부터 '당위'가 도출될 수 없음을 깨닫게 되자 지식 추구의 이성은 더 이상 선 의지로 전환되기

어려웠고, 이는 개인의 자유와 평등을 도덕과 다른 종류의 정당성이 되도록 만들었다. 그러나 중국에서는 입세 도덕에 대한 상식이성의 긍정이든 상식의 자명함이든, 처음부터 회의론이 성장할 공간을 배제했다. 유가 윤리가 바람직하지 않게 되자 윤상 등급을 타파하는 평등과 속박의 그물을 벗겨낼 자유가 긍정적 가치를 얻게 되었고, 이 가치들은 즉시 선 의지와 결합하여 일종의 새 도덕으로 바뀌었다. 이것이 바로 우리가 상세히 논한 바 있는 가치 역전이다. 그러므로 유가 이데올로기가 주도적 지위를 점하고 있던 전통 중국사회에서 강상 등급을 폐기하는 자유와 평등은 도덕과 다른 종류의 정당성을 획득할 수 없었다. 유가 이데올로기가 바람직하지 않게 되고 그물 돌파와 강상 거부 등의 변화가 새 도덕이 되고 나자, 중국 지식인은 더욱 평등과 자유를 도덕과 다른 종류의 정당성으로 인식하기 어려워졌다. 중국 문화가 서양 근현대의 주류 가치를 배척한 것은 중국의 일원론 사상 구조와 서양의 이원론이 공존할 수 없다는 점과 정확히 일치한다.

  그렇다면 중국인은 어떤 조건에서 자주성을 정당한 것으로 인식할 수 있었을까? 확실한 사실은 오직 중국의 국가 자주가 외부의 충격으로 손상을 입었을 때 비로소 가능했다는 것이다. 한 조사에 따르면 'rights'가 맨 처음 '권리'라는 용어로 번역된 것은 1860, 1870년대에 총리아문에서 발간한 『만국공법萬國公法』이다.[38] 이 사실은 자주성에 대한 중국인의 인식이 국가 주도로 이루어졌음을 말해준다. 19세기 후반 양무운동으로 서양 사상이 유입될 무렵 자주성이 합리적이라는 관념이 중국에 들어오기 시작했다. 어떤 학자는 중국인이 가장 먼저 받아들인 개인의

---

38 劉廣京,「晚淸人權論初探: 兼論基督敎思想之思影響」,『新史學』, 第5卷, 第3期(1994), p.6.

독립과 자주는 기독교의 영향이라고 보았다.[39] 캉유웨이가 『실리공법전서實理公法全書』에서 기하학 공리의 유비를 통해 모든 사람은 저마다 자주권이 있다고 논증했는데, 이는 확실히 선교사가 번역한 『만국공법』에서 얻은 지식과 관련이 있다. 그러나 캉유웨이는 『실리공법전서』에서 인간의 자주권을 '권리'라는 단어로 표현하지 않았다. 비록 양무운동 전 기간에 걸쳐 자주성 관념이 중국에 유입되었지만 그것은 극히 주변적 위치에 머물렀다.

우리는 청일전쟁을 전후로 권리라는 단어가 사대부의 정치 용어와 논의에 빈번히 등장한 사실을 발견했는데, 이는 중국 지식인의 시야에 자주성이 들어왔음을 나타내는 것이자 중국 국가 주권의 보편적 상실과 맞물려 있음을 확인해주는 것이다. 일반적으로 국가 주권은 정치적 자주와 경제적 이익 두 영역으로 구분할 수 있다. 중국어에서는 경제적 이익과 재정적 권한을 보통 '이권利權'이라고 부른다. 한편 '권리'는 권세와 재화를 두루 가리킨다. 『순자荀子』「권학勸學」에 이런 말이 있다. "군자는 (인의를 실천함에 있어) 완전하지 않고 순수하지 않음은 칭찬받을 수 없다는 것을 안다. (…) 이런 까닭으로 권력의 강제, 이익의 유혹이 군자의 뜻을 기울게 하지 못하고, 많은 사람들의 강압이 그 뜻을 바꾸게 하지 못하며君子知夫不全不粹之不足以爲美也 (…) 是故權利不能傾也, 群眾不能移也"에서 권리는 정치권력과 경제 이익이라는 의미를 포함한다. 갑오년을 전후로 사대부들은 국가의 경제 이익과 자주성 상실을 뼈저리게 느꼈다. 불평등 조약 체결과 타이완 할양은 사람들로 하여금 국가의 자주성이 위협받고 있음을 보편적으로 인식하게 했다. 그래서 당시 조서上諭나 상주문奏摺 그리

39　劉廣京,「晚清人權論初探: 兼論基督教思想之思影響」,『新史學』, 第5卷, 第3期(1994), p.21.

고 외교 문서에 '이권'이라는 단어가 광범위하게 사용되었으나 이후 '권리'와 병용되었고, 마지막에는 '권리'라는 단어로써 국가 자주성을 표현했다. 표 8.2는 무술변법 전후 나타난 '이권'과 '권리'의 용법들이다. 이로써 이권은 비교적 국가 경제 분야의 이익과 자주성에 엄격히 사용되었고, 권리는 정치와 경제 두 분야의 국가 이익과 자주성을 포괄한다는 점을 알 수 있다. 담사동은 권리라는 단어를 사용하면서 그것이 집단이 소유하는 자주적 전권이라는 점을 분명히 밝혔다. 다시 말해서 갑오년 전후로 중국 지식인이 권리라는 단어로써 자주성을 표현한 것은 그들이 국가의 독립과 자주의 중요성을 인식했기 때문이다. 이런 까닭에 당시 신사紳士 계층이 이해한 자주성은 서양의 권리와 큰 차이가 있었다.

우선 서양의 '권리'는 주로 개인의 자주성을 가리킨다. 그러나 중국인은 국가 권력과 이익 측면에서 서양 열강의 간섭과 피해로부터 자주성의 정당함을 인식하게 되었다. 따라서 권리의 주체는 처음부터 집단과 국가였고, 그 정확한 의미는 국가와 집단의 독립과 자주 그리고 정당한 이익과 권력이었다. 표 8.2에서 권리와 관련된 대부분의 논술 주체는 국가와 집단이다. 국가가 자주를 이룰 수 있는가 없는가는 실력의 유무에 달려 있었기에 권리는 또한 권력과 늘 동일시되었다. 당시에 '권력'은 '권리'로 더 자주 불렸으며 20세기 전반기까지 적지 않은 사람들이 두 용어를 혼용했다. 그러나 서양에서 권력과 권리는 근본적으로 다른 것이다.

중국과 서양의 권리 관념의 두 번째 중대한 차이점은, 서양의 자주성은 도덕과 다른 종류의 정당성을 갖고 있으며 그 정당함이라는 가치 함의가 'rights'의 이념에 큰 비중을 차지한다는 것이다. 반면 중국이 권리를 이해할 때는 어떠한 전제 아래 누릴 수 있는 이익과 권력이 되는 경우가 훨씬 많았다. 중국 문화에서 정당성은 일반적으로 도덕과 뗄 수 없는 관계를 이룬다. 설령 권리가 윤상 도덕규범에 의한 정당한 이익과 권력으로 이해되는 경우에도 정당성의 가치판단은 이익과 권력에 직접적으로 표현되지 않는다.[40] 중국어의 이 '권리'라는 단어가 글자 그대로 갖고 있는 의미를 분석해 보면 다음과 같다.

표 8.2 1900년 이전 '권리'의 용법

인물 및 출처	'이권'과 '권리'에 관한 내용	요점 분석
광서제 상론上論 (1877)	근년에 수출 액수가 급감했는데 만약 시급히 바로잡지 않는다면 시간이 지날수록 하락하여 더욱 이 이권을 보호할 수 없을 것이다.	이권은 국가의 경제적 이익 또는 자주성을 가리킨다.
광서제 상론 (1879)	녹차가 업무의 주를 이룰 지경으로, 근래 중국의 이권이 크게 국외인에게 침탈당했다.	위와 같음.
총리아문, '재차 상무를 강구해 주시기를 간청하는 상주문奏覆請講求商務摺'(1895년 12월)	서양 상인은 겨우 정세와 자세正子兩稅만 납부하면 아무 지장 없이 순조롭게 진행할 수 있어 이권이 중국 상인보다 우월하옵니다.	이권은 경제적 이익 방면의 자주성을 가리킨다.
광서제 상론 (1896년 5월)	시모노세키조약은 중국 백성의 생계에 큰 장애가 되니 시급히 자구책을 마련하여 이권을 보호해야 한다.	이권은 국가의 경제적 이익 또는 자주성을 가리킨다.

40 캉유웨이의 주장이 이러한 경우의 전형적 예를 보여준다. 그는 윤리규범에 따른 합리적 이익과 권력을 권리라고 불렀다. 그는 다음과 같이 논증한 바 있다. "『춘추』에는 한 집안에 대한 말이 있고 한 나라에 대한 말이 있고 천하에 대한 말이 있다. 신민들 일신·일가의 권리·의무로부터 국가의 군주·재상의 권리·의무, 천하 만국의 권리·의무가 모두 규범으로 정해져 있다. 권리·의무라는 것은 『춘추』에 관해 장생[『莊子』「天下」]이 '춘추는 명분을 말했다[春秋以道名分]'고 일컬은 그것이다. 사람들 모두가 명분을 지킨다면 각기 제자리를 얻을 것이다春秋有臨一家之言焉, 有臨一國之言焉, 有臨天下之言焉. 自臣民身家之權利義務與國家君相之權利義務, 天下萬國之權利義務, 皆規定焉. 權利義務者, 春秋莊生謂之道名分也. 令人人皆守名分, 則各得其所矣."(康有爲, 「刊布春秋筆削大義微言考題詞」, 湯志鈞 編, 『康有爲政論集』, 下冊 [北京: 中華書局, 1981], pp.807-809)

성쉬안화이盛宣懷, '붙임: 은행 설립을 간청하는 편찰 附請設銀行片'(1896년 9월)	(은행 설립) 입법은 이미 중국의 표호票號·전장錢莊에 좋고 국가가 보호를 맡기면 권리를 방해함이 없으므로 통상을 개방하지 않기를 유지할 수 있습니다. 페르시아波斯는 권리를 다 잃었지만 오히려 옛 봉토는 남았습니다.	권리는 국가의 정치와 경제 각 분야의 이익 또는 자주성을 광범하게 가리킨다.
캉유웨이, '청제께 올리는 다섯 번째 글 上淸帝第五書'(1897)	페르시아는 권리를 다 잃었지만 오히려 옛 봉토는 남았습니다.	권리는 국가의 정치적 이익 또는 자주성을 가리킨다.
나장기羅長裿, '조서에 부응하여 교대로 주청드리는 의견서무請代奏應詔陳言疏'(1898)	중국이 현재 파운드를 주조함鑄鎊은 오로지 외국이 파운드 가치를 올리고 은의 가치를 떨어뜨리는 병폐를 막으려는 것으로, 그에 의거해 반드시 큰 이익을 얻지는 못한다 해도 큰 손해를 입지는 않을 것이오니 진실로 이권을 만회하는 시급한 일이옵니다.	이권은 국가 경제 분야의 이익 또는 자주성을 가리킨다.
성쉬안화이, '중국 통상은행을 순차적으로 설립하는 일의 준비상황을 아뢰는 상주문籌辦中國通商銀行次第開設情形摺'(1898년 4월)	어음매입은행議覆銀行의 이익과 병폐를 나란히 남양南洋과 북양北洋이 사찰稽查하여 이권을 지킬 것이옵니다.	이권은 국가 경제 분야의 이익 또는 자주성을 가리킨다.
캉유웨이, '청제께 올리는 여섯 번째 글'	그 이권을 모조리 취하고 일거에 망한 자는 미얀마緬甸이옵니다. (…) 그 이권을 거둔 뒤에 망한 자는 인도印度이옵니다. 그 이권을 거머쥔 채 서서히 분할되어 망한 자는 터키土耳其와 이집트埃及이옵니다.	이권은 국가 경제 분야의 이익 또는 자주성을 가리킨다.
캉유웨이, '청제께 올리는 여섯 번째 글'	첫째는 법률국法律局이옵니다. 외국에서 온 자들은 그들의 국민을 스스로 다스리고 우리와 더불어 평등한 권리를 취하지 않사오니, 실로 비상한 국치國恥이옵니다.	권리는 국가 정치 분야의 자주성을 가리킨다.
캉유웨이, '요다 햐쿠센 군에게 답하는 글 復依田百川君書'	그리고 황상께서는 이리하여 하마터면 유폐될 뻔하셨으나 다행히 공친왕恭邸이 (서태후에게) 힘써 간하여 중지되었습니다. 칭다오膠와 뤼순旅이 잇달아 할양됨에 미치자 정권의 이권을 계속 잃었습니다.	이권과 정권을 구별했으므로 이권은 특히 국가 경제 분야의 이익 또는 자주성을 가리킨다는 것을 알 수 있다.

| 담사동, '당불진에게 답하는 글報唐佛塵書' | 혹은 광산 판매권售礦之權은 성국省局에 귀속되고 광산 운영권辦礦之權은 현국縣局에 귀속되며 (…) 혹은 권리가 모두 현국에 귀속된다. (…) 장래에 혼란스럽게 뒤얽힐 근심을 없애려면 현국에 자주自主의 전권을 주지 않으면 안 된다. 이른바 권리는 모두 현국에 귀속되어야 한다. | 명확히 권리와 자주의 전권을 동일시했으므로 그 주체는 국가의 성省과 현縣이다. |

※ '이권'은 줄곧 국가 경제 분야의 자주성을 가리키는 용어로 쓰였고, '권리'는 정치와 경제 두 분야에서 국가의 이익과 자주성을 광범하게 가리켰다. 그러므로 중국 사대부는 '권리'를 통해 군체의 자주성이 정당하다는 의도를 드러내고 있다.

'이利'는 비록 가치판단을 포함하지만 정당함과 직접 연계되지 않는다. 한편 '권權'이라는 글자는 기본적으로 가치판단을 포함하지 않는다. 옌푸가 『천연론』을 번역하면서 'rights'를 '권리'라고 옮길 때 이미 이 점을 발견한 것이다. 'right'에는 '곧음'과 '올바름'의 의미가 있다. 그는 량치차오에게 보내는 편지에서 그것을 '권리'로 옮기는 것은 곧 '패로 왕을 번역하는以霸譯王' 것과 다르지 않다고 보았다.[41] 옌푸 자신은 개인의 자유를 '민직民直'이라는 단어로 옮기기를 선호했는데, '직' 또는 '민직'이 'rights'의 의미를 더 정확히 표현한다고 여긴 것이다.[42]

옌푸의 말대로 '권리'를 '민직'으로 옮기는 게 더 정확하고 합당하다 한들 사회적으로 받아들여지지는 않았다. 그 이유는 구태여 말할 필요가 없는 것이, 중국의 지식인은 어디까지나 국가의 주권과 이익에 따른 집단의 자주성을 정당한 것으로 인식했기 때문이다. 즉 '권'과 '이'라는 두 글자는 국가의 이익과 독립 자주를 분명하게 표현하는 반면 '민

---

41 嚴復,「與梁啓超書」,『嚴復集』, 第三冊(北京: 中華書局, 1986), p.519.
42 黃克武,『自由的所以然: 嚴復對約翰彌爾自由思想的認識與批判』(台北: 允晨文化實業股份有限公司, 1998), p.123.

직'은 국가의 자주성을 담아내지 못한다. 결국 국가를 주체로 보는 이상 국가의 자주성이 정당하다는 이념을 표현하기에는 권리보다 합당한 단어가 없었던 것이다.

1900년 경자사변 이후, 청 조정이 국가 자주권을 수호하는 과정에서 드러낸 나약함과 무기력은 사람들로 하여금 국가가 독립 자주를 지킬 수 있는가는 국민이 자주성을 지니고 있는지와 밀접함을 깨닫게 했다. 국가는 개인들로 구성되므로 개인이 독립과 자주를 쟁취하지 못한다면 국가와 집단의 독립 자주도 있을 수 없다. 이때 권리 관념은 국가와 집단에서 개인으로 확장된다. 당시 이원론이 유가 윤리와 사회제도를 별개의 영역으로 구분함에 따라 사회 활동과 제도 면에서 관념체계가 받는 도덕적 포위는 상대적으로 약해졌다. 도덕과 다른 종류의 정당성으로서 권력은 진보적 지식인에 의해 널리 받아들여졌다. 그러므로 중국 지식인의 권리에 대한 이해가 서양에 가장 근접했던 시기는 당연히 1900년부터 1915년까지다. 우리의 분석은 증거가 있는 것인가? 표 8.3이 그 증거로, 1900~1911년 기간에 지식인이 권리라는 어휘를 운용한 양상을 보여준다.

표 8.3 1900년부터 1911년까지 '권리'의 운용

인물 및 출처	'권리'와 관련된 내용	의미 분석
량치차오, 「덕성의 열 가지 상반상성하는 뜻 十種德性相反相成義」『청의보 淸議報』82, 제84기(1901)	무릇 서양 국가들의 정치적 기초는 민권에 있고, 민권의 공고함은 국민이 권리를 경쟁함에 조금도 양보하려고 하지 않기 때문이다.	국민이 권리를 경쟁하는 것이 민권을 공고하게 한 다. (B)
	그러므로 사람으로서 자기를 이롭게 하는 사상이 없는 자는 반드시 그 권리를 놓아버리고 그 책임을 해이하게 내던져, 끝내 자립할 수 없는 지경에 이른다.	권리는 이기利己 사상에 기초하며, 인간의 자주성이다. (A)

미상, 「국민을 말한다 說國民」『국민보 國民報』제2기 (1901)	권리란 무엇인가? 하늘이 사람을 낳음에 신체 자유의 권리를 준 이상, 곧 국정 참여의 권리를 준 것이다.	권리는 하늘이 준 것天賦이다. (A)
	그러므로 권리라는 것은 폭군도 억압하지 못하고 가혹한 벼슬아치도 침범하지 못하고 부모도 빼앗지 못하며 친구도 훼손할 수 없는 것이다. 대저 그러한 뒤라야 국민의 권리라고 이른다. (…) 권리가 없는 자는 국민이 아니다.	권리는 개인의 자주성이며 정당한 것이다. (A)
량치차오, 「신민 설·권리사상을 논함新民說·論權利思想」『신민총보新民叢報』제7기(1902)	권리 사상의 강하고 약함은 실로 그 사람의 품격과 관계되는 것으로 (…) 눈앞의 구차한 안일을 탐하고, 가벼운 소소한 재화를 꾀하는 자, 그는 틀림없이 권리를 쓸모없는 물건처럼 보기에 이른다. 이는 바로 인격의 높고 낮음과 더럽고 깨끗함으로 말미암아 구분되는 바다.	권리 개념의 도덕화: 권리 사상은 개인 도덕과 연관이 있다고 인식하고 있다. (D)
	대저 인간의 삶에 권리 사상이 있음은 하늘이 준 양지良知·양능良能이다.	권리 관념의 도덕화: 권리는 양지에서 온다. (D)
	권리는 무엇으로부터 생기는가? 강한 데서 생겨난다. 저 사자와 호랑이가 뭇 짐승을 대함이며, 추장과 국왕이 백성을 대함이며, 귀족이 평민을 대함이며, 남자가 여자를 대함이며, 큰 군집이 작은 군집을 대함이며, 강력한 나라가 허약한 나라를 대하는 것으로서, 모두가 우월하고 절대적인 권리를 점한다. 사자, 호랑이, 추장 등이 포악한 것이 아니라, 모든 사람이 자기의 권리를 신장시키고자 하기를 꺼리지 않음은 천성이 그러한 것이다. 이런 까닭에 권리라는 것은 반드시 그것을 놔버리는 갑이 있은 후에 그것을 침입하는 을이 있다.	경쟁으로부터 권리의 합리성을 논증하고 권리 다툼이 경쟁을 야기한다고 인식하는 바, 여기서 권리는 도덕과 다른 종류의 정당성으로 인정된다. (B)
	권리라는 것은 항상 외부 세계의 침해를 받음에 멈추는 때가 없는 것과 같이 내부 역량의 저항도 멈추는 때가 없다. 그런 후에 비로소 권리는 성립한다. 저항력의 후하고 박함은 곧 권리의 강하고 약함과 비례하는 것이다. (…)	권리와 경쟁은 관련이 있다: 권리와 저항력은 정비례를 이룬다. (B)

무릇 권리의 경쟁 역시 이 법칙일 따름이다. 국민된 자가 협력하면서 각자 자기 분수 안에서 경쟁하는 책임을 다하면 자연히 침탈과 억압이 행해질 수 없을 것이고 (…)	권리는 경쟁에 도움이 된다. (B)
권리 경쟁은 멈추지 않는 것이며, 이를 확립하고 이를 보장하는 것, 그것은 법률에 의지한다.	권리, 경쟁, 법률 사이의 관계
무릇 이 때문에 동력과 반동이 서로 싸우는 것이고 그리하여 큰 싸움이 일어나니, 실로 이것이 생물 진화의 일반 법칙이다. 오늘날 새로운 권리, 새로운 법률이 성취될 수 있느냐 여부는 모두 항전하는 자의 힘의 강약을 보고 판단하는 것이며, 도리의 우열은 상관이 없다.	생물 경쟁으로부터 새로운 권리의 형성을 논증한다. 권리는 도덕과 다른 종류의 정당성이다. (B)
국민이란 개인들이 결집한 것이고, 국권이란 개인들의 권리가 결성된 것이다.	국가의 권리는 개인들의 권리가 결집하여 이루어진 것이다. (C)
다시 말하자면, 국가는 나무에 비유할 수 있고 권리 사상은 뿌리에 비유할 수 있다. 그 뿌리가 이미 뽑혔다면 (…) 말라 죽는 것으로 귀결된다.	국가의 권리는 개인들의 권리의 상호 의존 관계이다. (C)
우리나라의 국권과 다른 나라의 국권이 평등지기 위해서는 먼저 우리나라 모든 사람의 고유한 권리가 평등해져야 하며, 먼저 우리나라 국민이 우리나라에서 누리는 권리와 다른 나라 국민이 다른 나라에서 누리는 권리가 평등해져야 한다.	개인 권리가 평등해야만 비로소 국가 권리도 평등해진다. (C)
형이상의 생존形而上之生存, 그 조건의 한 끝에서 권리가 가장 중요하므로, 금수에게는 생명 보존이 자신에 대한 유일무이한 책임이지만 인류라 불리는 존재는 생명 보존과 권리 보존 양자가 상호 의존한다. (…) 그렇지 못한 자는 홀연 그가 사람으로서의 자격을 상실하고 금수와 동등한 자리에 설 것이다.	리의 의의는 생존에 필수적인 자주성이다. 권리는 형이상의 생존과 관련이 있으므로 '권리'의 유무가 인간과 금수의 경계선이다. (A)

		개인이 된다는 것은 사·농·공·상·남·녀를 막론하고 각자 스스로 권리 사상을 견지함을 제1의 진리로 삼는다. 국민이 정부에게 권리를 얻지 못하면 그것을 위해 싸워야 하고, 국민에게 권리의 투쟁을 당한 정부는 그것을 양보해야 한다.	권리는 개인의 자주성이고 반드시 노력해서 쟁취해야 한다. (A)
		하늘이 사람을 낳음에 권리를 부여했고 또한 이 권리를 확충할수 있는 지식을 부여했으며 이 권리를 보호할 수 있는 능력을 부여했다.	개인의 권리는 하늘이 부여한 것이다. (A)
		한 부분의 권리들을 합하면 전체의 권리가 되고, 한 개인들의 권리 사상을 누적하면 한 국가의 권리 사상이 된다.	국가의 권리는 개인과 부분의 권리가 합하여 이루어진 것이다. (C)
미상, 「권리편權利篇」 『직설直說』제2기(1903)		권리 사상은 실로 위대하다! 이 생존 경쟁의 세상에서 권리는 경쟁의 날카로운 무기利器이다. 군권君權은 현저히 위축되어 날로 사라져 가고, 열강은 사납게 도래하여 장차 그 수가 늘어나는데 우리 국민은 그에 저항할 권리가 없고 지구는 협소하니, 장차 어떻게 발붙이고 살아갈 텐가?	권리는 경쟁의 날카로운 무기다. (B)
		권리의 작용은 무엇인가? 경쟁이고 강제強制이다. 경쟁이란 부강의 징조. (…) 대저 진화계天演界 속에서 산다는 것은 자존할 수 있는 자는 우세하고 자존을 다투지 못하는 자는 열등하니 (…) 겸양이란 실제로는 약함과 열등의 기초일 뿐이다. 광활하고 비옥한 토지는 장차 백인들의 식민지가 될 테니, 아, 비통하구나!	권리의 기능은 경쟁에 있으며, 경쟁이 있어야 부강해질 수 있다. (B)
		(…) 권리의 정의는 크고 분명한 것이다. 지금 다시 한 마디로 요약하자면, 권리란 모든 사람이 그 본성을 온전히 하여 타인과 경쟁하고 타인을 강제하는 것이다.	권리의 본질은 사람이 그 본성을 온전히 하여 타인과 경쟁하는 것이다. (B)
		대저 권리 사상이란 타인과 나의 권리의 구별을 존중함을 이르는 것이다. 내가 타인의 권리를 침해하지 않으면 타인 역시 나의 권리를 침해하지 않는다. (…) 조금이라도 임시로 빌리는 것을 허용하지 않으며, 물러나 맡기고 사양해서는 안 된다는 것, 이것이 권리 사상의 요지다.	권리의 본질은 개인의 자주성이다. (A)

출처	인용문	해설
	대저 사람은 하늘과 땅 사이에 태어나 살아감에 스스로 천연天然의 권리가 있으니 부모라도 빼앗을 수 없고 귀신이라도 이를 훔쳐 없앨 수 없다.	개인의 권리는 신성불가침한 것이다. (A)
	인간의 권리는 각각 경계가 있어서 서로 침해할 수 없다.	개인으로 권리의 경계를 분할한다. (A)
	권리의 실질은 곧 인간의 본분이다. (…) 본분은 권리의 실질이며, 권리는 본분으로 인해 생겨난다.	권리의 실질은 인간의 본분이다. (A)
장지쉬張繼煦, 「서론敍論」『호북학생계湖北學生界』제1기(1903)	비록 그러나, 경쟁 풍조가 향하는 바는 오로지 꼭두각시 노릇에 만족하고 손님 역할을 자임하는 것이다. 그러므로 권리는 타인에 의해 침해될 뿐이다. 만약 기회를 틈타 얻는 이익의 인도를 따른다면 (…) 경쟁에 모든 힘을 다 쏟는 자, 우리의 진화進化에 마땅히 도움이 될지 대체 어찌 안단 말인가?	권리, 경쟁, 진화 사이의 관계를 논증한다. (B)
미상, 「교육 범론敎育泛論」『유학역편游學譯編』제9기(1903)	무릇 개인의 권리는 전체 권리의 일부로, 한 사람이 그의 권리를 잃으면 전체의 권리가 이미 그 일부를 잃은 것이다. 만약 서로 간의 견제로 모든 사람이 자신의 권리를 잃게 되면 전체의 권리는 결국 아무것도 남지 않는다.	국가 권리와 개인 권리의 상호 의존. (C)
양두성楊篤生, 「후난의 후난인湖南之湖南人」『신호남新湖南』(1903)	두 사람(왕선겸王先謙과 엽덕휘葉德輝를 가리킴)이 다투는 것은 개인의 사권私權과 사리私利이다. 개인의 사권 사리를 다투는 것은 마침내 후난인의 공권公權과 공리公利를 희생하여 (…)를 따르는 데 이르는 것이다.	권리를 공권과 사권으로 나눔. (D)
	그리하여 공덕公德은 새벽에 해가 승천하는 것처럼 발달하고, 공권公權은 반석이 땅속에 뿌리 내린 것과 같이 굳건하며 (…) 이런 까닭으로 개인 권리주의라는 것은 개인 권리주의가 아니라 실제로는 공덕의 건축 무대다.	권리는 공덕 위에 세우는 것이다. (D)
다워大我, 「새 사회의 이론新社會之理論」『절강조浙江潮』제8기(1903)	권력이란 권리이며 현존하는 권리는 모두 외부에서 온 것이다. 나의 권력(권리)은 신과 국가와 자연이 모두 나에게 주지 못한 다. 나는 권리를 가지는가, 그렇지 않은가? 유일한 재판관은 자아일 뿐이다.	개인의 권리는 자주성이다. 권리와 권력을 혼용함. (A)

	국민이란 주州와 촌村을 막론하고 그 수의 많고 적음을 떠나 모두가 스스로 주인自主이 될 수 있고, 스스로 다스릴自治 권리가 있다.	권리는 자주성이다. (C)
한구漢駒, 「새 정부의 건설新政府之建設」『강소江蘇』제5, 6기(1903)	세계에서 나라를 세운다는 것은 결코 국민(과) 국민의 정부가 없어서는 안 되며 (…) 정부가 있으므로 인해 본本 집단의 권력이 더욱 확대될 수 있으니 (…)	정부는 집단의 권력을 더욱 확대할 수 있다. 권리와 권력을 혼용함. (C)
야루亞盧 (류야즈柳亞子), 「중국입헌 문제中國立憲問題」『강소江蘇』제6기 (1903)	논자 역시 지구상 각국의 군주입헌 정치체제가 무엇으로부터 생겨나는지 아는가? 사람들의 마음이 분발하여 조국을 사랑하고 수호하는 집단적인 생각이 권리를 요구하는 것이니(…)	애국이 권리를 요구함. (C)
추용鄒容, 『혁명군革命軍』 (1903)	자유 독립국 가운데 선전 포고, 평화 담판, 동맹 결성, 무역 거래 및 독립국이 마땅히 행하는 모든 일은 최대한의 권리와 각 대국과의 평등을 갖추는 것이다.	국가의 권리와 자주의 정당성 (C)
추용鄒容, 『혁명군革命軍』 (1903)	과학格致學이 나날이 개명함에 따라 (…) 세계 문명이 나날이 개화함에 따라 (…) 사람의 지혜가 나날이 총명해짐에 따라, 누구나 누릴 수 있는 천부의 권리를 가져야 한다.	모든 사람은 천부의 권리를 누린다. (A)
	각 사람의 박탈할 수 없는 권리는 모두 하늘이 준天授 것이다. 생명, 자유, 그리고 이익을 주는 모든 사물은 하늘이 부여한 天賦 권리에 속한다.	권리는 박탈할 수 없다. (A) 천부의 권리는 생명, 자유, 그리고 개인의 이익을 포함한다. (A)
	각 사람의 권리는 반드시 보호되어야 하며, (…) 정부를 세우는 것은 권한을 빌려 인민의 권리를 보호하는 일을 전문적으로 관장하는 것이다.	정부는 반드시 개인의 권리를 보호해야 한다. (C)
	어느 때든 정부가 인민의 권리를 침범하는 일이 있으면 인민은 곧 혁명을 일으켜 구 정부를 타도할 수 있다. (…) 정부를 바꾸어 그 권리를 보호하려는 생각을 이루고자 하는 것이 어찌 인민의 지대한 권리가 아니겠으며, 또 인민이 자신을 소중히 하는 의무가 아니겠는가?	정부가 인민의 권리를 침범하면, 인민은 곧 혁명을 일으켜 정부를 타도할 수 있다. (C)

장지張繼, 「'유학생을 조속히 체포하라는 밀지'를 읽고 분개하며讀'嚴拿留學生密諭'有憤」『소보蘇報』(1903년 6월 10, 11일)	우리의 권리를 보건대, 이른바 국가 권력을 보위하는 병권, 이른바 생명을 보호하고 보살피는 법권, 이른바 국민이 고생스럽게 얻은 재산을 보호하는 재산권이거늘, 모두 지금 어디에 있단 말인가?	국가의 권리를 병권, 생명 보호권, 재산권으로 나누다. (C)
선샹윈沈翔雲, 「장지동에게 답함復張之洞書」『黃帝魂』(1903)	결론적으로 말해서, 모든 사람에게 자주권이 있다는 것은 지구적 공리公理이자 문명의 정점極으로서 아무도 반박할 수 없습니다.	모든 사람은 자주권이 있다. (A)
린셰林懈 (백화도인白話道人), 「국민의견서國民意見書」『중국백화보中國白話報』(1904)	무릇 국민은 조세租稅를 내는 자로서, 모두 각종 권리를 누려야 마땅하다. 이 권리를 자유권이라고 하며 사상의 자유, 언론의 자유, 출판의 자유가 그 예다. 이들 자유권을 우리 모두가 누려야 한다.	개인의 권리는 사상의 자유, 언론의 자유, 출판의 자유를 포함한다. (A)
쭈쫭竹莊, 「중국 여성의 배움이 흥하지 않는 것의 해악을 논함論中國女學不興之害」『女子世界』第3期 (1904)	남자와 여자는 똑같이 천지 사이에서 태어나고, 똑같이 하늘이 준 권리를 가지며, 똑같이 생존 경쟁의 능력을 지닌다.	남녀는 똑같이 천부의 권리가 있다. (A)
	우리나라 여자들은 올바르고 마땅하게 그 생존을 경쟁하는 능력을 떨쳐 일으켜, 하늘이 부여한 권리를 회복함으로써 남자에게 의존하는 나약한 근성劣根을 없애야 한다.	권리는 개인의 독립, 자주이며, 의존성이 없는 것이다. (A)
딩추워丁初我, 「여자의 가정 혁명을 말함女子家庭革命說」『여자세계女子世界』제4기 (1904)	만약 권리가 없다면 사람의 노예人奴가 되는 것이고, 만약 자유가 아니라면 하늘의 죄수天囚가 되는 것이다.	권리는 개인의 자주성이다. (A)

류야즈(야루), 「서글픈 여자 세계哀女界」『여자세계』제9기 (1904)	대저 권리라고 일컫는 것은 사람이 태어날 때 함께 생겨나는 것으로, 다른 사람에게 박탈당하지 않는 한 죽을 때까지 하루도 떼어놓을 수 없는 것이다.	권리는 자주성이며, 타인에 의해 박탈될 수 없다. (A)
	반드시 논자가 말한 바와 같이, 장차 중국의 남자(들)도 또한 권리를 갖지 못하는 반열에 처하게 될 것이니, 도리어 포악하고 국민을 해치는 자가 국민의 공권公權만 빼앗고 그 사권私權은 빼앗지 않는다고 원망한다면 방임이 지나친 것이다.	권리는 공권과 사권으로 나뉜다. (D)
야터亞特, 「국민적 여성의 주조를 논함論鑄造國民母」『여자세계』제7기 (1904)	나는 지금 2억 동포가 (…) 정신을 바짝 차리고 품성과 기질을 개조하여 수천수백 년 전에 이미 잃어버린 권리를 하루아침에 경쟁으로 회복하기를 바란다.	'경쟁'으로 부녀자의 권리를 추구한다. (B)
미상, 「조정이 존속을 꾀하고자 하면 먼저 국시를 정해야 한다論朝廷欲圖存必先定國是」『동방東方』제7기(1904)	유럽과 미국의 좋은 법良法을 본받고, 일본의 성문법成規을 모범으로 삼아 헌법을 제정하고 만천하에 포고하여 모두가 함께 듣고 알게 함으로써 통치자의 위세와 권력을 제한하고 피통치자의 권리를 보호한다.	통치자의 위세와 권력을 제한하고 국민의 권리를 보호한다. (C)
왕징웨이汪精衛, 「민족적 국민民族的國民」『민보民報』제1, 2기 (1905)	공권이라고 일컫는 것은 국가 기관의 자격을 구성하여 획득하는 권리이고, 사권이라 일컫는 것은 개인의 자격으로 획득하는 권리이다. 인민은 한편으로 국가를 구성하는 분자分子이지만, 다른 한편으로는 자유롭고 독립된 인격으로서, 그 권리와 의무가 모두 국법에 규정되어 있으며 (…)	권리를 공권과 사권으로 나눈다. (D)
	개인의 권리에서 보자면, 전제專制는 틀림없이 인민의 자유를 인정하지 않는다. 그러므로 국가는 개인에 대하여 권리만 있고 의무는 없으며, 개인은 국가에 대하여 의무만 있고 권리가 없다. 만약 입헌이 되면 국가와 개인 모두 권리가 있고 의무도 있게 된다.	오직 입헌만이 국가와 개인 모두 권리를 갖게 할 수 있다. (C)

천톈화陳天華 (사황思黃), 「중국은 민주정체로 다시 시작해야 한다論中國宜改創民主政體」『민보』제1기 (1905)	우리는 중국 국민이 완전한 권리를 누릴 수 있다고 생각한다. (…) 만약 어느 날 모두가 국가 원리에 밝아져서 공적 권리는 귀중하게 여길 만한 것이며 의무를 다하지 않을 수 없는 것임을 알게 된다면, 무리를 지어 의무로써 공적 권리를 요구할 것이다. 낭떠러지에서 떨어져 내리는 바위는 바닥에 닿을 때까지 멈추지 않는 법이다.	권리는 공권과 사권으로 나뉜다. (D)
쑨원孫文, 「민보」1주년 기념 대회 연설'民報'周年記念大會上的演說」『민보』제10기(1906)	생계를 도모하여 얻은 모든 이익이 자본가에 의해 남김없이 흡수 되어버리니, 빈민은 비록 역량은 있으나 행동할 권리가 없다.	쑨중산의 민생주의는 권리와 개인 경제를 최우선시하고 권리는 모든 사람이 성취할 수 있는 것임을 암시한다. (E)
량치차오, 「모신문 제4호가 본 신문에 반론한 데 답함答某報第4號對於本報之駁論」『新民叢報』제79기(1906)	(…) 사법적으로 계약자 한쪽이 혹여 계약한 바 의무를 이행하지 않으면 다른 쪽이 그것을 이행하도록 강제할 수 있는 권리가 있는 것은 그 권리가 법률에 의해 규정되어 있기 때문이다. 법률은 그 배후에 국가 권력이 있으므로 그 권리의 강제는 실상 국가로부터 유래하는 것이다.	국가는 법률을 제정하고 수호하므로 권리 이행을 강제할 수 있다. (C)
왕징웨이, 「최근 신민총보의 비혁명론을 반박한다駁'新民叢報'最近之非革命論」『민보』제10기(1906)	상하이 상인들의 동맹파업 사건은 국제적 권리를 주장하고 있는데, (…) 국제 관념은 국가 관념에서 근원하는 것으로서 (…) 그러나 그들(동맹 파업한 상인들)이 능히 개인의 권리 관념으로부터 국가의 권리 관념으로 나아가는 것을 보건대, 그들이 개괄적 주장으로부터 조리 있는 주장으로 나아갈 수 있음을 확실히 알수 있다.	국제적 권리의 주장은 국가 관념에서 근원하고, 국가의 권리는 개인의 권리 관념에 기초한다. (C)
예샤성葉夏聲 (몽첩생夢蝶生), 「무정부당과 혁명당 해설無政府黨與革命黨之說明」『민보』제7기(1906)	국가와 사회의 구별은 강제력의 유무로 정해진다. 그러므로 개인이 국가에 복종하는 것 역시 그것이 강제력이 있기 때문이다. 무릇 강력한 국가가 없다면 인민의 권리나 자유는 보장될 수 없다.	국가가 강하지 못하면 인민은 권리나 자유가 없다. (C)

※ 이로부터 다음과 같은 사실을 알 수 있다. 당시 '권리' 관념은 이미 도덕화 경향을 보이고 있지만, 사람들은 그것을 도덕과 다른 종류의 정당성으로 보는 경우가 더 많았다. 사람들은 경쟁과 국가의 독립 자주로부터 개인의 자주가 정당하다는 것을 논증했다. '권리'가 아직은 유가 도덕과 대립하지 않았던 것이다.

      표 8.3에 소개한 50여 개의 전형적 예문을 통해 우리는 '권리'에 대한 사람들의 이해가 대체로 A, B, C, D, E 5개 유형으로 구분될 수 있다는 사실을 알 수 있다. 그중 첫 번째 유형 A가 가장 많은 비중을 보이는데, 그 의미는 개인의 자주성이다. 즉 개인의 권리를 하늘이 부여한 것이고 빼앗길 수 없는 것으로 보는데, 이 같은 의견은 서양의 천부 인권 개념에 가장 근접한 것이다. B와 C 두 유형도 상당 수 차지하는데 그중 B 유형은 물경천택 원리에 근거해 권리 경쟁이 정당하다는 점을 논증하고 있다. 다시 말해서 개인의 자주성을 지키는 것이 경쟁에 유리하므로 권리 경쟁은 국가 발전과 부강에 도움을 줄 수 있다는 것이다. 심지어 어떤 이는 약육강식에 근거해 자주성이 자연적이고 합리적이라고 논증하기도 했다. 이는 당시 사람들이 진화론을 보편적으로 수용한 것과 연관된다. 세 번째 C 유형은 개인들 또는 일부 사람들(혹은 지방)과 국가의 관계 그리고 입헌, 법률과 국가, 개인 권리에 대한 관계로부터 권리를 논한다. 이러한 논증에서 우리가 발견할 수 있는 기본적 사고방식은 인간이 개인의 자주성을 가져야 하는 이유를 국가의 독립 자주의 필요성에서 찾는다는 것이다. 즉 개인의 자립이 없으면 국가는 독립 자주를 쟁취할 역량을 가질 수 없다는 것이다. 비록 당시에도 국가 권력이 너무 크면 개인의 자주를 훼손할 것이라는 견해가 없진 않았지만, 이런 관점은 주류를 점하지 못했다. 뿐만 아니라 그 점을 논증하는 목적은 대부분 만주족 국가의 정권을 반대하는 데 있었다. 어쨌든 이 세 가지 유형은 명확히 개인의 권리

가 도덕과 다른 종류의 정당성이라는 함의를 품고 있다.

그러나 당시 진보적 지식인의 권리에 대한 이해가 서양의 의미에 상당히 접근했다고 하더라도 그들의 마음속에는 강력한 의지, 즉 권리는 개인이 분발해서 노력하고 적극적으로 쟁취해야 할 목표라는 인식이 전제되어 있었다는 점을 잊어선 안 된다. 개인 권리의 쟁취를 국가 독립 자주의 동력으로 간주하든, 개인 권리를 물경천택의 천연 법칙에 근거해 논증하든, 그 배후에는 이러한 전제가 깔려 있었기 때문에 당시 사대부들이 인정한 자유는 소극적 자유일 수 없었다. 많든 적든 권리는 도의와 진보를 대표하는 것이며 도덕화 경향을 나타내고 있었다. 그러나 당시는 여전히 유가 윤리가 가치체계의 핵심적 지위를 차지하고 있었으므로 권리가 도덕화되었더라도 공덕과 사덕이라는 이원론의 틀 안에서 보조적 성격의 새 도덕이 될 수밖에 없었다. 이에 대해 사람들은 공덕이 새로운 자리를 마련한 것으로 여겼을 뿐 결코 유가 윤리의 핵심적 지위를 대체할 수 있다고 여기지 않았다.

표 8.3의 D 유형은 개인의 자주성을 도덕의 일부로 보는데, 이 유형은 확실히 앞의 세 유형보다 비중이 적다. 이 유형의 사람들은 대체로 량치차오를 모방하여 도덕을 공덕과 사덕으로 나누고, 권리를 공권과 사권으로 구분했다. 권리를 완전히 도덕으로 간주하여 개인의 경제 영역에 적용하고 있는 E 유형은 그 수가 더욱 적다. 이 유형에서는 권리에 도덕적 바람직성을 부여하는데, 즉 모름지기 권리로 규정하는 내용은 사람들이 저마다 성취할 수 있다는 것이다. 특히 가난해서 경제적 실력이 없는 자에게는 권리도 없는 것과 다름이 없다. 사실 이 유형의 사례는 하나뿐으로, 쑨중산이 사회주의와 민생주의를 논할 때 권리를 이런 관념으로 사용했다.

표 8.2와 표 8.3을 종합적으로 고찰하면 우리는 다음과 같은 사실을 알 수 있다. '권리' 관념이 중국 현대 정치사상에 진입하게 된 배경에는 청 조정의 무능 및 국가 주권 상실의 역사와 관계가 있고, 양무운동이 국가의 자강을 추구한 것과 일맥상통한다. 그리고 갑오년 이후 중국인들은 경쟁 기능에 근거해서 권리의 의미를 이해했다. 여기서 알 수 있는 것은 권리의 도덕화 경향이 처음부터 존재했다는 점이다. 그럼에도 1900년부터 1911년까지 권리가 도덕과는 다른 종류의 정당성임을 사대부들이 상당히 인정한 데는 '권리' 관념을 유가 윤리와 구분함으로써 유가 윤리가 서양의 가치에 의해 전복되지 않게 하려는 배경이 있었다. 그러나 전통 도덕이 전복되고 중국인들이 어쩔 수 없이 새 도덕을 찾아 나서게 되자 도덕과 다른 종류의 정당성을 보호하던 이 장벽도 곧 완전히 사라지고 말았다.

8.6
권리의 도덕화 과정

양극화: 권리가 순수 법률개념으로 바뀌는 것과 권리의 도덕화
신문화운동 초기, 개인의 자주성은 강상명교와 대립하는 새 도덕이 되었다
권리는 달성될 수 없는 그 내용으로 인해 허망한 것으로 여겨졌다
생존권에 관한 논쟁, 노동자는 마땅히 노동 산물의 전권을 향유해야 한다
무정부주의와 사회주의 사상의 중국 전파

1915년 신문화운동이 서막을 열었을 때 중국의 지식인이 다시 일원론의 심태로 돌아갔다는 전제 아래, 예전 같으면 도덕과 다른 종류의 정당성을 수용할 수 있었던 사회·국가 집단 등의 영역은 더 이상 존재하지 않았고, 정치문화에서는 도덕가치를 벗어나 자주성과 정당성을 논하는 것을 우스꽝스럽고 시대에 뒤떨어진 것으로 보았다. 도덕과 다른 종류의 정당성이 더 이상 중요하지 않게 되자 사람들이 '권리'라는 말을 사용하는 방식에도 양극화 현상이 나타났다. 사람들은 한편으로 이것을 순수 법률 개념으로 보았다. 즉 권리란 법률의 보호 아래 이익 또는 이 이익을 실현하는 권리다. (심지어 돈을 쓰면서 향유할 수 있는 이익도 '권리'라 불리었다.) 다

른 한편으로, 반전통주의가 전면적으로 성행함에 따라 가치 역전이 보편화되었고 신지식인은 그물을 뚫고 개인의 독립과 평등을 실현하는 것을 새 도덕으로 보았다. 당시 한때 '권리'라는 관념 속에 포함되어 있던 자유와 개인의 자주성이 역전한 가치가 긍정하는 새 도덕과 재결합함에 따라 '권리'는 '개인'과 더욱 많이 연계되었으며, 게다가 더욱 뚜렷한 도덕적 함의를 가졌다. 신문화운동 전반기에 개인의 자주는 적극적 자유와 동의어가 되었고, 더 많은 경우에 평등을 의미하게 되었다. 인민의 정치 참여와 주인 역할을 강조할 때 권리라는 말을 사용하는 사람이 많아지면서 권리는 의무와 함께 중시되었을 뿐만 아니라 강상명교라는 노예 도덕과 구별되는 새 도덕이었다.

　　가장 큰 영향력을 발휘한『신청년』의 경우, '권리'라는 단어는 총 1047회 등장하는데, 각각의 의미를 분류해보면 '권리'의 개념이 신해혁명 이전과는 차이가 클 뿐만 아니라 신문화운동의 다른 단계에서도 의미가 달랐음을 알 수 있다. 표 8.4는 『신청년』 잡지에서 추출한 '권리' 관념과 관련된 대표 예문들이다. 그중 가장 많이 쓰인 의미는 여전히 개인의 독립과 자주로, 표 8.3의 A 유형과 비슷하다. 그러나 전후 문맥 연구를 통해 당시 '권리'라는 말이 어떻게 사용되었는지를 살펴보면 절반 이상의 예문이 새 도덕과 관련되어 있음을 확인할 수 있다. 즉 권리는 개인의 자주성으로서, 강상명교와 대립하는 일종의 새 도덕이라는 점이다. 표 8.3에서 상당한 비중을 차지했던 B 유형은 표 8.4에서는 거의 존재하지 않는다. 『신청년』 잡지에 권리와 경쟁 관계를 논하는 예문은 꽤 줄어들었는데, 이는 사람들이 더 이상 권리를 물경천택에 의해 규정되는, 도덕과는 다른 종류의 정당성으로 보지 않게 되었음을 의미한다. 반면 표 8.3에서는 드물게 나타나는 D 유형이 표 8.4에서는 상당히 많아졌는데, 이는 유가 윤리를 따르는 것이 이제는 노예 도덕으로 간주되고 그물을 돌파하는 자유와 개인의 자주성이야말로 전통 도덕을 대체할 새로운 도덕으로 인식되기 시작했음을 말해준다. 이렇게 해서 자주성으로서의 권리는 도덕화되었다.

표 8.4 『신청년』 잡지의 '권리'와 관련된 용법

인물과 출처	권리와 관련된 내용	의의 분석
천두슈, 「청년에게 삼가 고함敬告靑年」 1권 1호(1915년 9월)	동등한 한 사람이 (…) 절대로 다른 사람을 노예로 삼을 권리가 없고, 노예로 자처할 의무도 없다. 노예라 일컫는 자는 옛날 우매하고 나약하여 난폭한 자의 탈취에 대해 그 자유와 권리를 잃은 자를 가리킨다. (…) 충효 절의는 노예의 도덕이며, (…) 그 옳고 그름, 영예와 모욕이 타인의 명령에 좌지우지되고 자신을 본위로 삼지 않는다면, 개인의 독립적이고 평등한 인격은 소멸되어 존재하지 않게 될 것이다.	여기서 권리의 의미는 자주성이다. 그러나 천두슈가 이 어휘를 사용한 목적은 자주성이 노예 도덕과 대립하는 새 도덕이라는 점을 표명하는 것이다. (A) (D)
천두슈, 「프랑스인과 근세문명佛蘭西人與近世文明」 1권 1호 (1915년 9월)	프랑스혁명 이전에 (…) 인류 가운데 독립되고 자유로운 인격을 지닌 자로 여겨진 것은 오로지 소수의 군주와 귀족뿐이었다. 그 나머지 대다수 인민은 모두 특권자에게 부속된 노예들이었다. 자유와 권리라 할 것이 없었다. (…) 근래의 사회는 민주사회다. 각 사람은 법률 앞에서 모두 평등하다. 불평등이 완전히 소멸한 것은 아니라 할지라도 잔존하는 것은 재산 사유의 불평등일 뿐이다.	여기서 권리의 의미는 자주성과 평등이다. 천두슈가 이 글에서 표명하는 것은 불평등의 특권 일체에 반대해야 하며 권리라는 말은 재산의 평등을 내포하는 도덕적 의미가 있다는 것이다. (A) (D)
천두슈, 「공화국가와 청년의 자각共和國家與靑年之自覺」 1권 1호(1915년 9월)	자유의 주된 의미를 생각하건대, 우선 그 품격을 자중해야 한다. 이른바 품격이란, 엄정함을 존중하고 정서를 고결히 하고 타인에게는 늠름하여 침범 못할 엄숙한 몸가짐을 주는 것이다. 그러나 자신의 자유를 존중하고자 하면 반드시 타인의 자유도 존중해야 하며, 자신의 마음 존중에서 나아가 모든 사람에게 베풀어주는, 자유와 권	자유와 도덕을 존중하는 것이 새 도덕이다. (A) (D)

천두슈, 「오늘날의 교육방침今日之敎育方針」1권 2호 (1915년 10월)	리를 상호 존중하는 습관을 길러내야 한다. 이것이 평등한 자유다. 근세 유럽 문명이 고중세보다 나아간 점은 국가주의 역시 특이한 징후라는 것이다. 국가주의가 흥성하여 점차 한도를 넘어서면서 결국 인민의 권리를 침해하는 사태를 면치 못했다. (…) 참된 국가란 개인의 권리 일부를 희생하여 전체 국민의 권리를 보전하는 것이다. (반면) 거짓된 국가란 전체 국민의 권리를 희생해 한 사람을 받드는 것이다.	국가는 인민의 권리를 침해할 수도 있다. 참된 국가의 권리는 반드시 개인들의 권리의 집합에서 나와야 한다. (C)
가오이한高一涵, 「공화국가와 청년의 자각共和國家與青年之自覺」1권 2호(1915년 10월)	사회를 손상하여 자기 하나를 이롭게 하는 것도 틀린 것이지만, 자기를 손상하여 사회를 이롭게 하는 것도 그른 것이다. (…) 자기도 이롭고 타인도 이롭게 하자는 주의自利利他主義는 개인주의小己主義를 기초로 한다. 그것이 개인주의에 기초한다는 것은 무슨 말인가? (…) 개인小己의 자유와 권리를 보호함으로써 그 천성이 자력으로 발전될 수 있게 하고, 나아가 인도人道의 완성을 추구할 수 있게 한다. 있는 그대로 말하자면, 먼저 개인이 있고 난 뒤에 국가가 있다. 먼저 국가가 있고 난 뒤에 개인이 있는 것이 아니다. 개인을 이롭게 하기 위해 국가를 창조한다는 말은 (도리가) 있다. 국가를 이롭게 하기 위해 개인을 창조한다는 말은 들어본 적이 없다. (…) 우리 청년들이여, 정당한 노력으로 낡은 습속과 싸우자. (…) 자유와 권리 두 가지는 능력을 발휘하는 계단이다. 힘써 권리를 서로 존중하고, 자유를 서로 사랑하여 (…) 자신의 천성을 완전히 발전시켜야 한다. 그것이 바로 사회의 일원으로서 완전히 독립하는 길이다.	여기서 가오이한은 개인의 독립, 자주로서의 권리가 자기도 이롭고 타인도 이롭게 한다는 주의를 내세우는 기초를 밝혔을 뿐 아니라, 또 개인 권리는 결코 국가를 위한 권리 투쟁의 필요로 인해 발생한 것이 아니라는 입장을 견지했다. 이는 신해혁명 이전 사람들의 개인 권리에 대한 기초적 관점과 큰 차이가 있다. (A) (D)
리이민李亦民, 「인생의 유일한 목적人生唯一之目的」1권 2호 (1915년 10월)	고통을 물리치고 즐거움으로 나아감은 인간 본성이 저절로 그러한 것이며 하늘이 부여한 권리다. 우리가 스스로 주장으로 삼아야 마땅하다. (…) 충효 절의는 당신에게 뿌리 내린 것이 전혀 아니고, 당신 외의 사람이 당신에게 부과한 일방적 의	권리는 개인 의지의 자주성에 달려 있다. 권리는 필자에게 충효 절의와 구별되면 서 자신에 의존하는 새 도덕으로 간주된다. (A) (D)

	무다. (…) 자유 의지가 발전할 여지는 조금도 없다. 이를 안다면, 속히 당신의 큰 방침을 '나를 위함爲我'으로 결단하여 독립 자주의 길로 나아가라. 속히 당신의 큰 목적을 '쾌락快樂'으로 결정하여 당신의 욕구와 의지를 성취하라.	
가오이한, 「근세 국가 관념과 고대의 차이점 개략近世國家觀念與古相異之槪略」1권 2호 (1915년 10월)	이전에는 국가가 인권을 박탈하여 (…) 지금 국가는 누구나 차별없이 대하며 인류에 속한다면 고루 인권을 누린다. 인간의 신체는 권리를 누리는 주체이고, 사람에게 부속된 기구로 봐서는 안 된다. (…) 대저 국가는 사람을 위해 세워진 것이고, 국가의 권리는 인민의 권리를 기반으로 한다. 자유와 인격은 모두 권리를 바라고 추구하는 계단이며, 권리는 또 인생의 귀착점歸宿에 이르고자 의지하는 것이다. 오늘날 국가의 근본이 국민에게 있다는 이 치는 서양에서 크게 천명되어 국가 전체가 전력으로 인민의 권리를 보호하고 있다. (…) (고·중세에는) 공법과 사법이 구분되지 않았다. 영토권은 물권과 동일시되어 국왕에 의해 사유되었고, 국왕의 권력은 곧 그 가족의 권리였다. (근세에는) 공법과 사법이 확연히 구별된다. 공공의 권리는 일변一變하면 공공의 의무다. (…) 타국에서 자유, 평등, 인격, 권리는 영원 불변한 진리로 여겨지며 국가가 전력을 기울여 보호하는 것이다. 우리나라는 반드시 정통 사상과 행위 규범에서 벗어난다고 하여 국가가 전력을 기울여 말살하고 있다.	권리의 의미는 개인의 독립과 자주성이다. 국가의 권리는 인민 개인의 권리에 기초하므로 국가는 개인의 권리를 보호해야 한다. 그러나 중국에서는 국가가 개인의 권리를 말살하고 있다. (C)
가오이한, 「사회 계약과 국가의 근본民約與邦本」1권 3호 (1915년 11월)	국가 존재는 오로지 인민의 권리를 보호하는 것을 직무로 한다. (…) 불량한 정부에 대한 인민의 혁명권은 (…) 이미 타당한 도덕적 권리가 되었다. (…) 대저 인민은 국가에 대하여 그 생명을 희생할 수도 있고 그 재산을 잃고 포기할 수도 있지만, 그러나 그 자유를 스스로 훼손하거나 그 권리에 스스로 상해를 입힐 수는 없다.	권리의 의미는 개인의 독립과 자주성이다. 국가는 개인의 권리를 박탈할 수 없다. (A) (C)

가오이한, 「공화국가와 청년의 자각共和國家與青年之自覺」 1권 3호(1915년 11월)	청년이 자각하는 길은 우선 의지를 단련하는 데 있다. (…) 바로 이 의지를 가지고 있어야 인간의 역량이 자연의 운행을 이길 수 있으며 사물에 지지 않고 사물을 이길 수 있다. 먼저 당위의 방침을 정하고, 그에 근거하여 장차 귀의할 바를 구한다. 행복, 안녕, 자유, 권리는 획득할 수 있고 항상 지킬 수 있으니, 이는 곧 의지를 세움의 작용立志之用이다.	자주성으로서의 권리는 뜻을 세움의 일부다. (D)
가오이한, 「국가는 인생의 귀착점이 아니다國家非人生之歸宿論」 1권 4호(1915년 12월)	국가가 인민에게 요구할 수 있는 것은 (무엇인가?) 인민의 생명은 희생할 수 있지만 그 인격은 희생할 수 없다. 인민이 국가에 충성을 다한다는 것은 (무엇인가?) 일신의 생명은 희생할 수 있으나 일신의 인격은 희생할 수 없다. 인격은 권리의 주체로, 인격이 없으면 권리가 기탁하는 바가 없고, 권리가 없으면 금수가 되고 노예가 되어 공민公民이 될 수 없다. (…) 우리가 애국하는 행위는 자기 권리를 확장하여 국가를 지탱하는 데 있다. 자기의 권리를 희생하는 것은 도리어 국가의 존재 요소를 잃는 것으로, 쌍방이 모두 패하고 상처를 입는 것이다.	권리의 의미는 자주성이다. 권리는 개인의 인격이자 도덕이다. 애국 행위는 자신의 권리를 확장하여 국가를 지탱하는 것이다. (C)
리다자오李大釗, 「청춘青春」 2권 1호(1916년 9월)	저 우아하며 정결하고 차분한 청춘, 무한한 희망을 거느리고 오네. (…) 앞길 까마득한 나의 청춘 앞에서 말없이 받아들이리, 나 혼자 누리는 권리를.	여기서 권리의 의미는 자격과 유사하다. 즉 일정한 전제 아래 정당한 이익과 일을 주도할 수 있음을 뜻한다.
뤄페이이羅佩宜, 「독자 논단: 생활 속의 협력과 의존讀者論壇—論生活上之協力與依賴」 2권 2호(1916년 10월)	생각건대, 사사로움을 따르는 것率私과 공사를 받드는 것奉公은 반드시 그 경계가 있어야 한다. 백성에게 부과하는 조세가 제멋대로이고 무절제한 것은 오직 개인의 권리를 다투는 데만 힘쓰고 고위직의 영예를 도모하는 것이니, 협동하여 일을 처리하는 의로움과는 어긋난다.	여기서 권리의 의미는 개인의 이익이다. 관원은 개인의 권리만을 다투어서는 안 된다는 것이 글쓴이의 생각이다. (F)
기자記者, 「국내 주요 사건: 차관 협상國內大事記—借款交涉」 2권 3호(1916년 11월)	[위안스카이에 의해] 공화정이 부활해 국가 재무度支가 급격히 팽창하자, 정부는 지급이 막막한 상황에 처해 5개국 은행단에게 제2차 선후대차관善後大借款 1억 위안을 빌리려 한다. (…) 따라서 이 차관은	권리의 함의는 국가 주권과 경제적 이익이다. (C)

중국 현대사상의 기원

578

	여하튼 그 영향 관계가 지극히 중요하고, 권리의 손실은 말할 것도 없다.	
양창지楊昌濟, 「치생편治生篇」 2권 4호(1916년 12월)	일의 전권事權을 소유하고 그로써 도道를 행하여 세상을 구제하려는 뜻을 펴고자 원한다면 정계政界에 투신해도 좋다. 관직에 복무하는 것은 의무이지 권리가 아니다 (…) 대저 군인이 되는 것도 관직에 복무하는 것과 마찬가지로 국민의 의무이지 개인의 권리로 보아서는 안 된다.	권리는 경제 영역에 적용되며, 그 의미는 경제적 이익이다. (F)
광성光昇, 「중국 국민성 및 그 약점中國國民性及其弱點」2권 6호(1917년 2월)	자유에는 겉과 속 양면이 있는데 소극적 관점에서 말하자면 구속받지 않는 것이고, 적극적 관점에서 말하자면 권리의 자유사상, 즉 권리사상이다. 그것은 인격주의에서 유래한 것으로, 인격이란 법률상의 권리를 누리고 의무를 다하는 주체다. (…) 그러나 국가주의로 말하자면, 그들은 권리를 말하는 반면 우리는 인의仁義를 말하고, 그들은 경쟁을 말하는 반면 우리는 예양禮讓을 말한다. 마침내 예양은 쇠락했고 인의는 공허함으로 퇴보했다. (…)	권리는 적극적 자유이며, 그것은 인격에서 도출되는 것으로서 도덕적 함의를 갖는다. 그것은 중국의 예양과 대립하는 것이다. (A) (D)
천두슈, 「대 독일 외교對德外交」3권 1호 (1917년 3월)	그러나 약자와 피정복자인 우리의 지위에서 논하자면, 당연히 강자와 정복자에게 천부의 권리가 있음을 인정하지 않고 온 힘을 다해 그들과 항쟁해야 한다.	강자가 약자를 정복할 천부의 권리가 있음을 인정하지 않는다. (G)
량화란梁華蘭, 「자녀 문제: 여자 교육子女問題—女子敎育」3권 1호(1917년 3월)	이른바 남녀 교육의 평등은 종류의 평등을 교육하는 것이 아니라 인격의 평등을 교육하는 것이다. (…) 남자가 교육상의 존귀함과 영예로움 및 권리를 누릴 수 있으면, 여자 또한 동등한 존귀함과 영예로움 및 권리를 누릴 수 있다. 이것이 이른바 교육 평등이다.	권리의 평등은 인격의 평등이다. (D)
가오이한, 「근대 3대 정치사상의 변천近世三大政治思想之變遷」4권 1호 (1918년 1월)	근세란, 바로 인민의 권리와 자유가 법률에 의해 부여되었음을 아는 것이다.	권리를 긍정했다. 권리는 자주성과 적극적 자유의 의미를 포함한다. (A)

우징헝吳敬恒, 「유럽 유학의 고학 및 이주 진학 생활을 논함論旅歐儉學之情形及移家就學之生活」 4권 2호(1918년 2월)	우리 음식물은 너무 많아서 불만스러울 따름이지 너무 적어서 불만은 아니지만, 영국인 고학생 숙소의 음식은 양생의 재료인데다 남아돈다. 이 8파운드의 권리는 방과 음식을 제외하고 누릴 수 있는 복지가 또 한 가지 있다. 매주 한 번 목욕을 할 수 있다는 점이 그것이다.	여기서 권리의 의미는 일정한 전제 아래 누릴 수 있는 이익이다. (F)
천두슈, 「동방잡지 기자에게 다시 묻는다 再質問東方雜誌記者」6권 2호 (1919년 2월)	공리주의의 이른바 권리는 이른바 최대 다수의 최대 행복이 민권 자유와 입헌 공화에서 중요한 조건이라는 점을 주장한다.	권리의 의미는 적극적 자유다. 여기서 권리는 이미 경제적 이익을 함축하고 있으며, 경제 영역에 적용되었다. (A) (F)
가오이한, 「스펜서의 정치철학斯賓塞之政治哲學」6권 3호 (1919년 3월)	스펜서가 국가에 반대한 이유는 자연 권리를 보전하고 싶은 것이다. (…) 스펜서가 말하는 권리는 자연적 권리이며 그것은 천부적으로 타고난 것으로, 사회가 생겨나기 전부터 존재했던 것이다. (…) 루소 역시 그렇게 말했다.	영미 경험주의는 프랑스식 자유주의 속에 포함되어 있으며 권리는 자주성과 적극적 자유의 함의를 동시에 갖는다고 인식한다. (A)
저우쭤런周作人, 「일본의 신촌 日本之新村」6권 3호(1919년 3월)	사람이 몸이 허약하여 어떤 작업도 할 수 없다면 노동을 하지 않아도 되고 (…) 사람들 각각에게 이러한 권리가 있는 것은 각자가 노동에 있어 이미 의무를 다했을 뿐만 아니라 불행한 이웃을 대신해 노동했기 때문이다. 그러므로 대가 없는 급여가 전혀 이상할 것이 없다.	권리가 경제 영역에 적용되었을 뿐 아니라 상당한 도덕적 함의도 갖는다. 가장 중요한 의의는 평등이다. 두 번째로 중요한 함의는 '의무는 권리의 전제'로서, '권리'는 각자 할 수 있는 바를 다하고 각자 필요한 바를 취한다는 의미를 갖는다. (F) (D)
요시노 사쿠조吉野作造 저·가오이한 역, 「선거권의 이론적 근거選擧權理論上的根據」6권 4호(1919년 4월)	오늘날 정치의 실질을 연구하여 그 요지를 제1장에 밝히자면, 선거권―인민참정권은 인민 고유의 권리임을 인정하지 않을 수 없다. (…) 이와 같은 학설(천부인권설)은 18세기 말 프랑스인들이 주장한 개인의 절대적 자유와 개인의 지고한 권리를 담은 갖가지 학설들을 한 덩어리로 합한 것이다.	인민의 정치 참여가 권리 관념 속에서 갖는 중요성을 특히 강조했다. 권리는 적극적 자유의 함의를 갖는다. (A)
루쉰, 「우리는 지금 아버지 노릇을 어떻게 하고 있는가	그들의 오점은 연장자長者 중심의 기준과 이기利己 사상에 있다. 권리 사상은 몹시 중요한 반면 의무 사상과 책임은 반대로 가벼운 것은, 부자 관계는 다만 '아버	여기서 권리가 갖는 의미는 개인의 이익과 이기다. (F) (G)

我們現在怎樣做父親」6권 6호 (1919년 11월)	지께서 나를 낳으시고 父兮生我'라는 하나의 사건으로써 연소자幼者의 모든 것이 연장자의 소유가 되어야 마땅하다고 여기는 것이다.	
후스, 「신사조의 의의 新思潮之意義」7권 1호(1919년 12월)	지금까지 교육은 소수의 '독서인'의 특별한 권리였고, 대다수 사람들과 무관한 것이었다. 그래서 문자가 심오하여 이해하기 어려운 점이 별 문제가 되지 않았다. 근래에는 교육이 전 국민의 공공 권리가 되었고, 교육의 보급이 불가결한 것임을 모든 사람이 안다.	권리의 규정 사항의 모든 사람의 도달 가능성을 강조했다. 여기서 이미 도덕적 바람직성을 권리 관념 속에 삽입했다. (E)
타오뤼궁陶履恭, 「유럽 여행의 감상 遊歐之感想」7권 1호(1919년 12월)	지금까지의 대의는 물론 인민을 대표하지만 소비자의 이익만 대표할 수 있을 뿐 생산자의 이익은 대표하지 못했다. 현재 저 수많은 노동자가 평생을 오로지 제조에 종사하면서 그들 생산자의 권리를 보호, 확장하고 싶어하지만 현재의 국회는 그 일을 할 수가 없다.	권리 관념이 경제 영역에 응용되었다. 여기서 권리의 의미는 이익이다. (F)
타오뤼궁, 「구미의 노동문제 歐美勞動問題」7권 2호(1920년 1월)	(…) 그밖에, 일할 능력은 있지만 아무도 고용하지 않은 사람들과 일할 능력이 없는 사람들이 모두 일할 권리를 요구한다. (…) 오직 노동자만이 생산자이며, 따라서 노동자 자신은 그에 상당하는 권리를 가지고, 생산을 조종하고, 그들의 생명과 밀접한 관계가 있는 공업을 조종해야 한다는 점을 알 것이다.	권리 관념이 경제 영역에 응용되었다. 여기서 권리는 모든 사람이 일을 주도할 수 있음으로 이해되었다. (F) (E)
가오이한, 「치안 경찰조례에 대한 비판 對於治安警察條例的批評」7권 2호 (1920년 1월)	원래 법률상 승인된 권리는 결코 근거 없이 꾸며낸 것이 아니라, 사회에 대하여 다해야 할 의무와 바꾼 것이다.	의무를 다하는 것이 권리 획득의 전제이고, 의무는 당위의 함의를 가지므로 권리 개념은 이미 도덕적 속성을 갖고 있음을 강조했다. (A) (D)
저우쭤런, 「신촌의 정신 新村的精神」7권 2호 (1920년 1월)	모든 사람은 생존할 권리가 있고, 따라서 아무 대가 없이 의식주를 취득할 수 있어야 한다.	권리는 평등 분배의 대명사다. 저우쭤런은 사람은 타고날 때부터 먹을 권리를 지닌다고 주장했다. 권리 관념이 도덕과 동등하게 취급될 뿐더러 경제 영역에 적용된다. (H)

천두슈, 「맬서스의 인구론과 중국 인구 문제馬爾塞斯人口論與中國人口問題」7권 4호 (1920년 3월)	가령 인구 과잉이 빈곤을 조성하는 유일한 원인이라면 (…) 유독 하층 빈민만 제한할 이유가 없다. 상류의 부유한 계급이 번식할 권리가 있다면, 그들의 이와 같은 권리는 어디서 온 것인가? 또 어찌 빈민은 생존권이 없다고 주장하는 지경이 되었으며, 또한 잔치에 초대되지 않은 손님은 자리에 앉을 권리가 없는 것처럼 어찌 부모 재산을 물려받지 못한 사람은 밥 먹을 권리가 없다고 말하는 지경에 이르렀는가?	권리가 경제 영역에 운용되어, 생존권으로부터 사람의 먹을 권리를 추론했다. 권리는 경제적 평등의 함의를 내포한다. (H)
왕싱궁王星拱, 「분투주의의 한 해석奮鬪主義之一個解釋」7권 5호(1920년 4월)	그러므로 나는 불량한 사회와 분투할 것이다. 한편으로는 나를 위해 생존의 권리를 다툴 것이고, 다른 한편으로는 나를 위해서 '사회에 복무해야 하는' 의무를 다툴 것이다.	저자는 사회에 복무할 의무를 다투어야 함을, 즉 일자리를 요구하는 것이 모든 사람의 권리임을 주장했다. 여기서 도덕 바람직성에 권리 관념이 부여되었다. 즉 권리에 규정된 사항은 반드시 모든 사람이 성취할 수 있어야 하는 것이다. (E)
천두슈, 「노동자의 각오勞動者底覺悟」7권 6호(1920년 5월)	첫 단계의 요구는 역시 밥을 구해 먹는 일이다. 반드시 스스로 밥해 먹을 시간이 되면 기름, 소금, 땔감, 쌀, 채소, 솥, 부뚜막, 사발, 접시 등을 모두 자기 손 안에 넣어야만 일을 하는 사람의 권리가 비로소 안정되고 견고해지는 셈이다.	권리가 경제 영역에 운용되어, 노동자는 경제적 운명을 스스로 장악해야 함을 강조했다. 권리 각 항목의 내용은 모든 개인이 성취할 수 있는 것으로 일컬어졌다. (E) (F)
허우커주侯可九, 「무어우추 선생에게 고함告穆藕初先生」7권 6호 (1920년 5월)	가령, 한 달 임금으로 대양大洋[중화민국 시기의 은화] 8위안의 최저 생계비를 받으며 날마다 12시간씩 마소처럼 고달픈 노동을 하는 것은, 게다가 인신매매 식의 지원서를 쓰게 해서 그를 단단히 결박하는 것은 그들의 사람 된 권리를 말살하는 것이 아니겠습니까!	권리가 경제 영역에 운용되어, 노동자는 이미 사람으로서의 권리를 상실했다고 인식하고 있다. (E) (F)
즈츠知恥, 「통신: 노동문제 通信─勞動問題」 8권 1호(1920년 9월)	노동자는 마땅히 '교육받을 권리'를 요구해야 한다. 노동문제에 열성적인 자는 마땅히 '노동자는 교육받기를 요구할 권리가 있음'을 고취해야 한다. (…) 철저한 방법은 단 한 가지, 바로 평민주의 교육이다. 어떤 사람이든 관계없이 마땅히 교육받을 권리가 있다.	노동자는 교육받을 권리가 있다. 권리의 내용은 반드시 모든 사람이 성취할 수 있어야 하는 것으로 이해되었다. (E)

가오이한, 「존 듀이 박사 강연록: 사회철학과 정치철학杜威博士講演錄―社會哲學與政治哲學」 8권 1호(1920년 9월)	권리란 무엇인가? 행위의 규정 가운데서 권력을 가지면 이렇게 할 수 있다. (…) 그가 그렇게 할 수 있는 이유는 사회의 모든 힘이 법률을 배후로 그를 도와주기 때문이다. (…) 따라서 권리는 곧 모든 사회 세력이 법률을 배후로 그의 이러한 행위를 허용하는 일종의 권력이다. (…) 모든 종류의 권리는 의무와 서로 관련된다. (…) 권리가 있지만 의무를 이행하지않으면 소위 권리란 없는 것이다. (…) 권리는 세 가지로 구분된다. 첫째, 개인의 권리 또는 천부적 권리이다. 둘째, 공민의 권리다. 셋째, 정치적 권리다. (…) 이러한 개인의 모든 권리는 사회 국가가 공인하는 것이다. 그러므로 개인의 법률 정치적 자유는 갖가지 권리의 총합이다.	권리와 바람직성을 연계시켰다. 권리는 의무를 실천한다는 전제 아래 법률이 허용하는 어떤 일을 할 능력을 갖는 것으로 규정되었다. 이는 두 가지 의미를 지닌다. 첫째, 법률적 의미의 권리로 회귀한 것으로, 법률의 보호를 받는 이익이다. 둘째, 도덕 목표의 바람직성이 권리 개념에 부여된 것으로, 이것이 이루어지지 않을 때 사람들은 권리의 정당성을 질의할 수 있다. (E)
천두슈, 「국가 경사를 기념하는 일의 가치 國慶紀念底價値」 8권 3호(1920년 11월)	다만 안타까운 것은 (…) 다수의 사람이 본래는 당위에 속하는 행복을 얻을 수가 없고(앞서 공화정치가 다수의 행복을 조성하지 못한다고 언급함), 다음으로 소수의 사람도 구미의 중산계급처럼 행복을 얻을 수 없다는 점이다. 자유 권리와 행복은 여전히 극소수 사람들에 의해 독점된다.	자본주의 사회에서 권리는 단지 소수에게만 독점되므로, 권리의 불평등함이다. (G) (F)
(러)부하린波哈蓮 저·전잉震瀛 역, 「러시아 연구: 러시아 '볼셰비즘'과 노동하는 여자俄羅斯研究:俄國'布爾塞維克主義'和勞動的女子」 8권 5호(1921년 1월)	소비에트 정부와 혁명은 전체 노동자가 육체노동과 두뇌의 힘으로 창조하는 데 이바지한다. (…) 바로 그들이 인류 생존의 가치 창조를 돕는다. 그들이 협력할 권리와 의무는 남자와 여자의 구별이 없다.	소비에트 러시아에서는 남녀 권리의 평등을 성취했다. (I)
리다李達, 「사회주의를 논하며 량치차오에게 묻는다討論社會主義幷質梁任公」 9권 1호 (1921년 5월)	나는 결코 혁명을 일으키는 데 부랑자들을 이용하기를 주장하지 않는다. 그러나 불행하게도 노동자들이 직업을 잃고 부랑자가 되었다. 만약 상당한 집단 훈련이 되어 있다면, 그들이 자신의 권리를 주장하는 일을 어찌 절대 불허할 수 있겠는가?	직업을 잃은 노동자는 혁명할 권리가 있다. (I)

가오이한, 「공산주의의 역사적 변천共産主義歷史上的變遷」 9권 1호(1921년 6월)	현재 유럽과 다른 문명국가들이 소유한 사유재산은 사회의 어느 계급이 다른 계급의 생산 결과를 독점壟斷할 권리를 법률이 부여했기 때문에 생긴 것이다. (…) 노동자는 마땅히 자기 노동의 결과를 전부 누려야 하고, 이 두 번째 원칙으로부터 발생하는 권리가 '전체노동수익권全勞動受益權'이다. (…) 만약 노동자가 이런 권리를 실행하고자 한다면 재산제도는 바뀌지 않을 수 없다.	권리가 경제 영역에 적용되어, 노동자는 자기 노동의 성과를 누릴 권리가 있다고 주장한다. 자본주의 사회는 노동자가 자기 노동의 성과를 누릴 권리를 박탈했다. (F) (G) (I)
어우성바이區聲白·천두슈, 「무정부주의 토론討論無政府主義」 9권 4호 (1921년 8월)	무릇 권리를 누리기만 하고 의무를 다하지 않거나, 혹은 자신의 자유를 원하기만 하고 타인의 자유를 침범하는 것을 모두 개인주의라고 부른다. (…) 일본이 조선의 독립을 불허하는 것처럼 자기 권리만 생각하고 타인의 권리를 침범하는 것이 바로 개인주의라고 생각한다.	무정부주의자와 제국주의자는 자기 권리만 생각하고 타인의 자유를 생각하지 않는 것으로 여기고 있다. 여기서 이미 권리 추구를 개인주의로 간주하고, 개인주의는 부도덕한 것이라 간주했다. (G)
스춘퉁施存統, 「마르크스의 공산주의馬克思底共産主義」 9권 4호(1921년 8월)	마르크스의 견해에 따르면, 일체의 권리는 유산계급 사회의 잔재이며, 노동전수권勞動全收權도 마찬가지다. (…) 이것은 '평등한 권리'라고 불리는데, 사실은 불평등한 노동에 대한 불평등한 권리이다. (…) 이 밖에도 갖가지 다른 차별들이 있다. 예를 들어 어떤 노동자는 결혼을 했지만 다른 노동자는 결혼을 하지 않았다든가, 누구는 다른 사람에 비해 자녀가 더 많다든가 등이 모두 그렇다. (…) 만약 이러한 폐해들을 피하고자 한다면 우리는 곧 '권리'란 평등한 것이 아니라 사실상 불평등한 것이라는 점을 알 수 있다. (…) 권리가 있다고 주장할 때는 곧 평등이 없는 셈이다. 일체의 권리는 모두 불평등한 권리다.	경제적 불평등으로 인해 노동자들은 권리를 실현할 수 없다. 저자는 이에 근거해 '권리'가 불평등한 것, 부도덕한 것, 따라서 허망한 것으로 본다. 여기에는 확실히 다음과 같은 논리가 있다. 우선 권리에 부여된 도덕바람직성의 각 내용들이다. 이 내용들이 실현 불가능할 때 권리는 바로 부정된다. 권리 관념의 도덕화로 인해 권리의 부정이 초래된다. 권리는 계급성이 있다. 오늘날의 이른바 권리는 유산계급 사회의 잔재일 뿐이다. (G) (I)
가오이한, 「성 헌법 중의 민권문제省憲法中的民權問題」 9권 5호(1921년 9월)	무릇 17, 18세기의 정치가들이 요구한 권리와 헌법상 규정된 권리는 공통적으로 '정치적 기본권'이라 할 수 있다. (…) 개인 발전의 첫걸음은 동직조합同業公所의 독점을 타파하고 '직업의 자유'를 요구하며 동직조합의 독점매매 및 독점운영의 특권을 전복하는 것이었다. 해외로 향한 발전의 첫걸음은 보호정책을 타파하고 자	17, 18세기 권리 관념이 '정치적 기본권'으로 다시 정의되어, 그것이 중산 계급의 요구로 간주되고 있다. 그 전제는 사람들이 이미 누리고 사용할 재산이 있다는 점이다. 재산은 노동에서 나오는 것이므로 노동자가 자신의 산

	유방임 정책을 요구하며, 이와 같은 개인의 자유가 법률적 보장을 얻게 하는 것이었다. 그리하여 사람들은 헌법에 주의를 기울여 '영업의 자유' '거주와 이전의 자유' 등의 권리를 헌법으로 규정하여 그것들이 신성불가침의 조항이 되게 했다. (…) 이상의 갖가지 자유 권리가 모두 '정치적 기본권'이다. (…) 중산층 이상의 계급이 요구한 것인 만큼, (…) 필연적으로 상당한 재산, 상당한 직업, 상당한 기능을 가진 사람들만이 충분히 누릴 수 있었고, 이 모두는 고등 생활을 누리지 못하는 사람은 가지지 못하는 권리였다. (…) 마르크스 이후, 사람들은 모두 '재산이 노동의 창조물'이라는 것을 안다. (…) 그러므로 어떤 이가 '무릇 노동자가 생산한 것은 전부 노동자에게 귀속되어 스스로 누리고 사용해야 한다'고 주장하는 것은 이 원칙에서 발생한 권리로서, 곧 '전체노동수익권'이다. (…) 공산제도가 채용되기 이전에 생존 물자를 획득하지 못하는 사람들을 마땅히 법률로써 보장해야 한다. 자세히 말해 미성년자가 교육받을 권리를 법률적으로 인정해야 하고, 노쇠와 질병으로 노동력을 잃은 사람이 구제받을 권리를 법률적으로 인정해야 한다. (…) 사유재산 제도 아래 실업의 병폐를 구제하고 싶으면 노동력이 있는 사람 모두가 노동할 기회를 요구할 권리를 법률로 인정해야 한다.	물을 누릴 권리가 있다는 데서 출발해 이전의 권리관념은 불합리한 것임을 추론했다. 합리적 권리는 경제적 평등을 포함해야 한다. 이 글은 권리의 도덕화를 근거로 삼아, 지식인이 어떻게 도덕 바람직성으로 권리를 규정하고, 마지막에 자유주의와 갈라져 각자의 길을 가는지를 전형적으로 반영했다. (E) (H) (I)
저우포하이 周佛海, 「자유와 강제, 평등과 독재自由和強制, 平等和獨裁」 9월 6호 (1922년 7월)	자본 계급이 싸워 얻은 자유와 평등은 바로 그들 계급의 자유와 평등이다. (…) 그들은 기업의 자유가 있고, 무역의 자유가 있고 (…) 노동자를 착취할 자유가 있으며 (…) 다른 계급의 권리 전부를 그들은 남김없이 모두 가졌다.	권리는 계급성을 가진다. 자산 계급은 다른 계급의 권리를 강제적으로 독점한다. (G) (I)
기자, 「중국 사회주의 청년단 제1차 전국대회를 간추림 中國社會主義青年團第一次全國	민주혁명의 승리로 우리 무산계급은 비록 얼마큼은 자유와 권리를 얻을 수는 있었다. 그러나 완전한 해방을 얻지는 못했다.	자유와 권리가 무산계급의 최종 해방의 목표는 아니다.

大會紀略」9권 6호 (1922년 7월)		
취추바이瞿秋白, 「세계의 사회 개조와 코민테른世界的社會改造與共産國際」계간I 1호(1923년 6월)	자산계급은 이미 '잉여 가치'를 독점하고 있고, 객관적 경제 구조상 그들이 이 권리를 포기한다면 그들 자신이 더 이상 존재할 수 없으며 (…)	권리가 경제 영역에 운용되었다. 자산 계급은 잉여 가치를 강제적으로 독점할 권리를 포기할 수 없다. (F) (I)
저우포하이, 「사회의 현재와 장래社會之現在與將來」계간I 2호(1923년 12월)	무엇을 생존권이라고 하는가? 바로 사회의 성원이 사회에 대해 자신이 생존할 권리를 주장하는 것이다. (…) 자본주의 사회에서 (…) 빈민은 사회구제를 받을 권리가 없다. (…) 그러나 사회주의 사회에서는 그렇지 않다. (…) 각 개인은 당연히 사회를 향해 생존을 주장할 권리가 있다. 사회가 반드시 각 성원의 존재를 보호해야 하는 것은 사회의 의무이며, 각 성원이 사회의 보호를 받는 것은 그들의 권리다. (…) 노약자와 장애인도 부양을 요구할 권리가 있다.	사회는 각 성원의 생존을 유지할 의무가 있다는 주장이다. 생존권은 모든 사람이 밥 먹을 권리가 있는 것으로 이해되었다. (H)
저우포하이, 「생산방식의 역사적 관찰生産方法之歷史的觀察」계간I 3호(1924년 8월)	그러나 농노는 비록 천민으로 간주되었고, 영주의 자유로운 학대와 살육을 당했지만, 그러나 그들이 토지에 대해 얼마간의 권리가 있다는 점은 인정되었던 것이다. 이것이 곧 그들이 노예와 동일하지 않은 주요 특징이다.	권리가 경제 영역에 운용되었고, 그 의미는 생산 자료에 대한 계급의 지배 권력이다. (F) (I)
장광츠蔣光赤, 「위대한 무덤 앞에서在偉大的墓之前」계간II 1호 (1925년 4월)	10월혁명의 굉음은 러시아 국경 안의 동방 약소민족의 족쇄를 완전히 제거했다. (…) 10월혁명 이후, 그들은 비로소 민족 평등의 권리를 누릴 수 있었으며, 비로소 다시 발전할 수 있는 기회를 얻을 수 있었다.	10월혁명은 약소민족에게 평등의 권리를 부여했다. (I)

※ 이 연구는 우리가 홍콩연구지원국의 지원을 받은 '중국 현대 정치관념 형성의 계량적 연구 中國現代政治觀念形成的計量研究' 과제의 일부분이다. '권리'라는 단어의 통계는 치리황戚立煌 선생이 담당했다.

당시에도 (C 유형에 속하는) 개인 권리와 국가 권리의 관계를 논하는 견해는 여전히 많았지만 그 강조점과 논리 면에서 신해혁명 전과는 큰 차이가 있다. 신해혁명 전 10년 동안, 지식인 대다수는 국가의 자주성에 근거해 개인의 자주가 필수적임을 제시했다. 그러나 신문화운동에서는 오히려 사회 정의가 개인 도덕에서 나온다는 양식을 적용함으로써 개인의 독립과 자주가 유가 윤리에 대응하는 새 도덕이 되었고, 사회 정의와 천도 역시 이 새 도덕의 속성을 갖추어야 했다. 이와 같이 신지식인들은 개인의 권리의 합리성이 국가의 독립과 자주의 필요성에서 비롯되는 게 아니라고 보았다. 오히려 그들은 개인의 독립과 자주가 국가보다 훨씬 더 중요하다고 보았다. 또한 국가의 권리가 너무 크면 개인의 권리를 침해할 것이라는 점을 강조한 사람도 적지 않다. 주목할 점은, 이러한 추론의 근거가 서양에서 중시하는 소극적 자유에 있지 않고 유가 윤리에 반대하는 사상운동 가운데 자주성을 새 도덕으로 간주한 시각에서 비롯되었다는 사실이다. '권리'가 새 도덕이 되었으므로 도덕의 바람직성도 권리에 광범위하게 부여되었다. 신문화운동 이전에는 개인의 권리를 개인의 경제적 평등에 적용하는 경우가 드물었기 때문에 경제적 능력이 없음에 대해 권리를 바랄 수 없다는 의미로 생각하는 이 또한 드물었다. 그러나 유사한 견해들이 1919년 이후에는 급격히 증가했다. 이것이 보여주듯, 권리의 도덕화로 인해 사람들은 저절로 '권리'에 대해 도덕의 바람직성과 갖가지 의미를 담아 요구하거나 평가하게 되었고, 만약 권리 내용이 모든 사람이 바랄 수 있는 게 아니라면 권리도 불평등한 것, 허망한 것으로 간주했다.

   표 8.4에는 표 8.3에 없던 새 유형들이 등장한다. 이를테면 권리를 이기성과 부정적 가치로 보는 G 유형, 인간의 생존권은 반드시 밥 먹을 권리를 포함해야 한다고 주장하는 H 유형, 그리고 심지어 권리를 계급적 성격으로 보는 I 유형 등이다. 뿐만 아니라 표 8.4에는 하나의 뚜렷

한 추세가 존재한다. 즉 1919년 이전에는 권리라는 말이 긍정적 가치를 가졌던 반면, 1919년 이후에는 권리 관념이 기능화됨에 따라 순수 법률 개념이 되거나 아니면 개인의 경제적 이익의 대명사가 되었다는 점이다. 『신청년』이 마르크스주의로 기울어짐에 따라 권리 개념은 경제 영역에 광범위하게 적용되었고, 경제 분배의 불평등이 권리의 불평등으로 간주되었다. 빈곤한 대중의 교육 받을 권리 그리고 인간의 생존권에 밥 먹을 권리가 포함되어야 하는가의 문제가 보편적 관심을 끌었다. 지식인은 가난한 수많은 인민이 배불리 먹을 권리가 없다는 그 이유 때문에 자유주의에 대해 회의를 품게 되었다. 1920년 이후 사람들은 계급론에 근거하여 권리 경쟁이 야기한 사회 문제를 비판하기 시작했다. 즉 사람들의 경제적 지위가 불평등한 까닭에 어떤 이들은 할 권리가 있는 일도 할 수 없는 지경이 되었다는 것으로, 이 때문에 권리는 불평등하고 허망한 것으로 인식되었다. 권리라는 단어는 점점 더 논란거리가 되었고, 연이어 부정적 의미를 드러내자 마침내 비판의 대상이 되고 말았다.

    여기서 우리가 보듯, 역전한 가치가 새 도덕을 구성하는 추세에서 권리의 도덕화는 불가피하다. 그리고 권리에 도덕적 함의를 부여하면 권리의 각 항목의 내용을 모든 사람이 달성할 수 있음을 반드시 주장할 것이다. 이렇게 되면 경제적 지위의 불평등 혹은 시장사회에서 경제능력을 갖지 못하는 것은 권리의 불평등을 의미하게 된다. 자유주의로부터 사회주의와 마르크스주의를 향해 발전하는 것 또한 저지하기 어려운 것이다. 신문화운동 이후에 극소수 이원론자가 자유주의의 권리에 대한 정의를 견지한 것을 제외하면,[43] 거의 모든 지식인이 도덕 내용을 권리에 부여했다. 우리는 자유와 평등이라는 이 새로운 가치들에 갈수록 도덕적 함의가 많아진다면 그것들은 이미 권리라는 어휘로 개괄할 수 없으며,

권리는 곧 폐기되고 쓰이지 않을 것이라는 것을 안다. 이렇게 해서 혁명 유토피아가 그 뒤를 이어 정치사상을 주도하게 된다.

사실 역전한 가치가 주도적 지위를 차지하는 의미구조가 되고 난 뒤에는 '권리'가 아무리 도덕화할지라도 윤리 등급을 타파하고 일체의 속박을 제거하는 것을 새 도덕의 가치 추구로 삼는다고 강력하게 표현하기에는 힘이 충분하지 않다. 그리하여 도덕적 속성이 더 뚜렷한 새 관념들이 흥기해 정치문화에서의 권리의 위치를 대체했다. 표 8.5는 『신청년』 잡지 속에서 일련의 키워드들이 출현하는 빈도를 통계낸 것이다. 이로부터 1920년 이후 '사회주의'의 사용 빈도가 '자유'와 '권리'를 뛰어넘기 시작해, 사람들이 보편적으로 수용하는 새로운 도의가 되는 것을 분명히 볼 수 있다.

---

43 신문화운동 이후 활동한 인물 중 권리에 대한 견해가 서양적 의미의 자주성에 상당히 근접한 사람은 장쥔마이張君勱다. 알다시피 장쥔마이는 줄곧 유가 도덕으로 궁극적 관심을 삼았고, 그의 사상은 중국 당대 신유학의 한 기원을 이루었다. 권리에 대한 그의 견해는 그가 개인 도덕과 정치 제도를 두 영역으로 구분해야 한다고 주장한 것과 연관이 있다. 실제로 그는 이원론 유학의 기본 입장을 계승한 사람이다. 장쥔마이의 권리 이해 중에 그가 의무를 강조한 점도 느껴지기는 하지만, 여전히 적극적 자유의 운치가 조금은 있다.(張君勱, 『立國之道』[桂林: 出版社不詳, 1939]; 「新儒家政治哲學」, 『自由鍾』, 第一卷 第3期[1965年 5月 1日])

표 8.5 『신청년』잡지 속의 정치 용어 빈도 통계

권수	총편수	편수/차수									
		자유	평등	권리	민주	(민주주의 德先生)	(데모크라시 德謨克拉西)	인권	개인독립	사회주의	민권
제1권 (1915-1916)	163	41/250	16/43	26/125	7/14	0/0	1/1	10/24	3/3	6/9	3/8
제2권 (1915-1916)	155	41/79	16/48	30/72	2/6	0/0	0/0	3/7	1/11	5/6	0/0
제3권 (1917)	147	34/155	24/67	24/47	13/28	0/0	0/0	3/7	0/0	5/7	1/1
제4권 (1918)	112	12/55	6/7	9/26	1/58	0/0	0/0	2/4	0/0	1/1	1/2
제5권 (1918)	157	26/93	20/35	15/46	2/11	0/0	0/0	4/4	0/0	3/11	1/1
제6권 (1919)	161	31/144	20/50	21/76	5/19	2/4	0/0	7/21	0/0	19/124	2/2
제7권 (1919-1920)	145	41/334	27/103	46/216	4/13	1/3	1/1	9/15	0/0	21/97	2/2
제8권 (1920-1921)	174	48/347	36/110	40/186	7/14	0/0	13/35	6/7	2/2	60/528	1/1
제9권 (1921-1922)	126	33/181	24/200	33/157	6/27	0/0	6/13	5/6	0/0	45/708	1/1
계간 I (1923-1924)	65	27/148	15/49	23/59	13/60	0/0	11/53	2/2	0/0	37/508	2/8
계간 II (1925-1926)	56	18/132	13/37	15/37	5/10	0/0	13/86	4/5	0/0	25/208	3/4
총수	1461	325/1918	217/749	282/1047	65/260	3/7	45/189	55/98	6/16	227/2207	17/30

※ 이 표는 장칭章淸 박사가 작성한 것이다. 이 연구는 우리가 홍콩연구지원국에서 지원 받은 과제「중국 현대 정치관념 형성의 계량적 연구」의 일부분이다.

8.7
중국 문화는 어떻게
서양 근현대 사상을 선택했나?

서양 근현대 사상의 네 가지 이상 유형
중국의 이원론자는 서양 자유주의를 어떻게 수용했나?
왜 중국 지식인은 계몽사상을 수용하는 동시에 마르크스주의로 기울었나?
역전한 가치가 드러낸 숨겨진 모습
사상 변천이 연속되는 광경
영미 사상은 프랑스 계몽사상의 적수가 못 되었다
프랑스 계몽사상은 주로 일본을 거쳐 중국에 전래했다
루소를 추앙한 혁명적 지식인
프랑스식 민주·자유가 서양 근대사상의 대표로 간주되다
중국 지식인이 마르크스주의를 인정한 경로

앞서 말한 내용을 종합하면, 이원론(다원주의)과 권리의 도덕화 과정을 인정하는가에 따라 우리는 서양 근대사상을 4가지 기본형으로 나눌 수 있다. 영미 자유주의는 이원론 구조를 갖고 있지만 권리를 도덕과 동일시하지 않았다. 프랑스식 계몽주의는 세계관에서는 이원론에 속하지만 권리에 대한 견해는 도덕화와 일치한다. 세 번째 기본형은 마르크스주의로, 일원론을 주장하되 권리를 도덕적 가치로 대체한다. 네 번째 기본형은 파시즘으로, 일원론적 반反도덕 이데올로기다. 중국 문화가 서양 근대사상을 선택적으로 흡수한다는 것은 곧 중국 지식인이 상이한 시기에 인정한 의미구조가 이 4가지 기본형과 상호작용했음을 뜻한다. 확실히 중국 문화는 줄곧 도덕이상주의였고 반도덕 이데올로기와는 친화적일 수 없었으므로 파시즘은 중국에서 그리 큰 영향력을 발휘하지 못했다. 뿐만 아니라 권리의 도덕화 경향으로 인해 설령 이원론 유학이 주도적 지위를 점한 시기였더라도 중국의 수많은 지식인은 여전히 자유를 새 도덕으로 간주하는 가치 지향을 유지하고 있었다. 이렇게 중국의 이원론자들이 서양 근대사상에 친화적인 경향은 영미 자유주의와 프랑스 계몽사상을 동시에 흡수하는 형태로 나타났다. 다소 보수적인 이들은 영미 경험주의로 기울었고, 급진적인 이들은 프랑스식 자유와 평등에 공감했다. 바꿔 말해서, 사람들이 영미 자유주의를 받아들여야 할 대상으로 여겼더라도 마음 깊은 곳에는 프랑스식 계몽사상이 잠재해 있었다.

지식인이 역전한 가치를 의미구조로 삼았을 때 그것이 흡수한 서양 관념은 어떤 유형이었을까? 역전한 가치는 구조상 일원론이었으므로 그것이 직접 가리키는 것은 과학일원론과 유물론이다. 그러나 자유와 평등을 새 도덕으로 삼는 경우에 친화적인 것은 프랑스식 계몽사상이다. 따라서 역전한 가치의 내핵으로 보면 그것이 선택한 것은 유물론과 마르크스주의였지만, 그 외피로 보면 프랑스식 계몽사상도 또한 포함하고 있었다. 이 점은 중국 지식인이 혁명 유토피아와 마르크주의를 수용한 방식이 서양과 어떻게 달랐는지 이해할 수 있게 해준다. 서양에서 포퓰리즘과 무정부주의는 프랑스식 계몽사상의 껍질을 벗고 나온 것이어서 필연적으로 거쳐야 하는 과정, 즉 사람들이 프랑스대혁명이 충분히 철저하지 못했음을 깨달아야만 비로소 프랑스식 계몽사상의 적극적 자유를 무정부주의와 사회주의로 대체할 수 있었다. 계몽사상이 포퓰리즘과 사회주의로 바뀌는 과정은 점진적으로 진행되었다. 반면 중국에서는 무정부주의와 사회주의 사상이 수용됨과 거의 동시에 프랑스식 계몽사상이 유입되었다. 심지어 중국의 지식인은 프랑스 계몽사상을 건너뛰고 마르크스주의를 바로 수용할 수도 있었다.

연구에 따르면, 서양의 사회주의 사상을 가장 먼저 소개한 사람은 자오비전趙必振으로, 당시는 프랑스식 계몽사상이 사람들에게 막 알려지던 때였다. 자오비전은 1900년 당재상唐才常(자는 불승黻丞, 1867~1900)의 자립군自立軍 무장봉기에 가담했으나 실패로 돌아가자 일본으로 건너갔다가 1902년 상하이로 돌아와서 광지서국廣智書局의 번역 작업에 참가했다.[44] 그는 고토쿠 슈스이幸德秋水가 1901년에 출판한 『20세기의 괴물, 제국주의 二十世紀之怪物帝國主義』를 번역했다. 이 책은 중국에서 제국주의를 분석 비판한 첫 번째 번역서였으나, 출간된 지 얼마 안 되어 청 정부에 의해 판매 금지되었다.[45] 1903년 자오비전은 다시 후쿠이 준조福井准造의 『근세 사회주의近世社會主義』를 번역 출판했는데, 마르크스주의를 체계적으로 소개한 첫 번째 번역서였다.[46] 이 책은 마르크스의 생애와 잉여가치론 그리고 제1인터내셔널과 파리코뮌에 대해 소개하고 있으며, 『자본론』에 대해서는 "한 시대의 거대한 저술로서, 새로운 사회주의자를 위해 유일무이한 진리를 상세히 밝혀냈다"고 칭찬했다. 광지서국은 『근세 사회주의』의 신간 광고에서 이 책의 출간은 두 가지 시대적 의의를 지닌다고 언급했다. 하나는 유럽 각국의 노동 문제에 대한 해설이 매우 상세하여 앞으로 중국의 사회 공업 발달에 귀감이 될 수 있다는 것이고, 다른 하나는 중국인들이 사회주의와 무정부주의의 근본적 차이를 확실히 이해하도록 돕는다는 것이다.[47] 『공산당 선언』이 중국에 전래된 것은 지식인이

---

44 熊月之,『西學東漸與晩淸社會』(上海: 上海人民出版社, 1994), p.643.
45 田伏隆, 唐代望,「馬克思學說的早期譯介者趙必振」,『求索』, 第1期(長沙, 1983).
46 姜義華,「我國何時介紹第一批馬克思主義譯著」,『文匯報』, 1982年 7月 26日.
47 熊月之,『西學東漸與晩淸社會』, p.644.

프랑스대혁명을 동경하던 시기와 거의 같다.『공산당 선언』의 최초 발췌 번역본은 아마도 주즈신朱執信(이름은 대부大符, 1885~1920)이 '칩신蟄伸' 이라는 필명으로『민보民報』제2호에 발표한 글일 것이다.48 1906년 쑹자오런宋敎仁(필명은 '강재彊齋')과 예샤성葉夏聲(필명은 '몽접생夢蝶生')도『공산당 선언』의 일부 내용을 소개했다.49

중국 마르크스주의가 무정부주의, 사회주의와 동시에 전래했을 뿐만 아니라 그것들이 프랑스대혁명과 계몽사상과도 혼동되었음을 알 수 있다.

상술한 분석은 1900년부터 1915년까지 중국 문화가 어떻게 서양 사상과 상호작용했는지 스케치하는 데 도움을 줄 수 있다. 처음에는 이원론 심태가 주도적 지위를 차지했기 때문에 이 단계에서는 중국 지식인이 주로 영미 자유주의를 학습 대상으로 삼았다. 그러나 이 15년 동안 역전한 가치가 부단히 발전하여 혁명 유토피아는 숨겼던 모습을 드러냈고, 더 나아가 비주류에서 주류로 서서히 바뀌었다. 혁명 유토피아와 친화적인 서양 이념은 마르크스주의와 프랑스 계몽사상이었으므로 역전한 가치의 사회적 영향이 커지자 서양 사상의 유입은 점차 영미 자유주의, 프랑스 계몽주의, 마르크스주의 3자 공존으로 바뀌었다. 그리고 역전한 가치가 주류를 점하게 되자 영미 자유주의에 대한 관심이 줄어들고 프랑스식 계몽사상과 마르크스주의가 서양 학문의 주체가 되었다. 마지막으로, 일원론이 완전히 승리할 무렵 프랑스 계몽사상은 마르크스주의의 적수가 되지 못했다. 다시 말해서 역전한 가치가 숨겼던 모습을 드러

---

48 蟄伸,「德意志社會革命家小傳」,『民報』,第2號(東京, 1906年 5月), pp.7-10.
49 彊齋,「萬國社會黨大會略史」,『民報』,第5號(東京, 1906年 6月), p.80.
夢蝶生,「無政府黨與革命黨之說明」,『民報』,第7號(東京, 1906年 9月), pp.119-120.

내자 서학을 선택적으로 흡수하는 정도가 나날이 강화되었다. 서양 사상에 대한 사회적 인정은 영미 자유주의, 프랑스 계몽사상, 혁명 유토피아 3자 공존에서 단일화 및 급진화를 선택하는 일련의 과정을 거쳤다.

중국 지식인이 가장 먼저 받아들인 것은 영미 자유주의 사상이었다. 그 배경을 살펴보면 대략 두 가지다. 우선 중국에서 이른 시기에 유학생들이 선택한 서양은 유럽 대륙이 아닌 영국과 미국이었기 때문에 서양 학문이 전래된 시기도 대륙 이성주의와 프랑스 계몽사상보다는 영미 자유주의가 앞섰다. 그 외에, 1900년에서 1915년까지 유학은 현대적 전환을 시도했고, 그 결과 이원론 심태를 형성했다. 그것은 상대적으로 영미권의 근현대 사상 구조에 근접했으며 당시 대다수 지식인은 영미 현대사상을 주요 학습 대상으로 삼았다. 이를 대표하는 사례는 중국인들이 옌푸의 번역 작업을 수용한 것으로, 비록 옌푸가 청일전쟁 패전 후에 『천연론』을 번역한 행위가 서양의 과학일원론을 인정한 것임을 의미한다 해도 그가 번역한 서양 명저들은 기본적으로 영미 자유주의 계열에 속했다. 예컨대 『원부原富(국부론)』『군기권계론群己權界論(자유론)』『법의法意(법의 정신)』는 각각 경제·정치·법률 분야의 영미 자유주의 기본 사상을 전형적으로 대표한다. 그러나 옌푸의 번역서들이 사회에 미친 영향력을 살펴보면 출간된 시간 순서에 따라 서서히 감소하는 수열數列을 드러내고 있음을 발견할 수 있다. 『천연론』이 보수적 지식인과 급진적 지식인 모두의 마음을 사로잡은 데 비해 『원부』와 『군기권계론』은 당시 온건 개량파를 끌어들이는 데 그쳤을 뿐 혁명 청년들에게는 큰 공감을 얻지 못했다. 옌푸가 번역한 명저들의 발표 시기와 재쇄 수량을 정리한 표 8.6에서 알 수 있듯이, 가장 늦게 출판된 『명학천설名學淺說(논리학 입문)』(그 이유는 이 책이 논리학과 방법론에서 알기 쉬운 저작이었기 때문이다)을 제외하면 서양 사상의 학문적 원리에 편중된 다른 옌푸의 역서들은 점차 발행량이 줄어들었다. 옌푸가 번역한 서양 명저 시리즈의 영향력은 왜 감소하게 된 것일까? 루쉰은 번역서의 글이 이해하기 어렵기 때문이라고 보았다.[50] 그러나 더 중요한 원인은 그 책들이 프랑스 계몽사상과 경쟁하기 어려웠다는데 있다. 역전한 가치가 혁명의 깊은 흐름 속에서 부단히 고양되고 있었으므로 많은 청년들의 마음속에서 영미 경험주의와 자유주의는 프랑스 계몽사조보다 흡인력이 떨어지기 시작한 것이다.

표 8.6 옌푸가 번역한 저서 목록과 그 사회적 영향

역서명	원서명	원저자	원서 출판 연도	번역 연도	출판 정황	발행량 추산
천연론 天演論	Evolution and Ethics	토머스 헉슬리	1891	1894? -1896	陝西本(1895) 沔陽盧氏愼始基齋木刻(1898)	1921년까지 20판 (상거래만. 이하 같음)
원부 原富	An Inquiry into the Nature and Causes of the Wealth of Nations	애덤 스미스	1776	1897-1900	上海南洋公學譯書院 (1901-1902)	미상
군학의언 群學疑言	The Study of Sociology	H. 스펜서	1873	1898-1903	文明編譯書局 (1903)	1919년까지 10판
군기권계론 群己權界論	On Liberty	존 스튜어트 밀	1859	1899	商務印書館 (1903)	1920년까지 7판

---

50 魯迅,「關於翻譯的通信」,『二心集』(北京: 人民文學出版社, 1980), pp.178-196.

사회통전 社會通詮	A History of Politics	E. 젠크스	1900	1903	商務印書館 (1904)	1915년까지 7판
법의 法意	The Spirit of Law	C. L. S. 몽테스키외	1743	1900?- 1909	商務印書館 (1904-1909)	1913년까지 4판
목록명학 穆勒名學 (상반부)	A System of Logic	존 스튜어트 밀	1843	1900- 1902	金陵金粟齋木刻 (1905)	1921년까지 초판
명학천설 名學淺說	Logic Primer	W. S. 제번스		1908	商務印書館 (1909)	1921년까지 11판

※ 이 표는 왕스王栻의 「옌푸와 번역 명저嚴復與嚴譯名著」와 허린賀麟의 「옌푸의 번역嚴復的翻譯」의 자료에 근거해 만들었다. 商務印書館編輯部 編, 『論嚴復與嚴譯名著』(北京: 1982), p.11, 29.

프랑스 계몽사상은 주로 일본을 거쳐 중국에 전래되었다. 1880년대 일본에서는 '자유민권 운동'이 흥기했고, 이 운동 중에 프랑스 혁명사와 프랑스 문명과 관련 있는 저작들이 일본어로 대거 번역되었다. 일본이 보기에 프랑스는 현대문명과 밀접한 연관이 있었고 프랑스대혁명은 서양문명 발전을 추동하는 거대한 동력이었다. 그리고 이 무렵은 많은 중국 청년이 일본으로 유학을 간 때였다. 1900년 이후, 유학생들은 혁명에 대한 동경으로 말미암아 프랑스를 중국의 학습 모델로 삼았고,[51] 심지어 프랑스를 서양문명의 어머니로 여겼다. 그들은 프랑스 계몽사상을 서둘러 중국에 다시 전파했다.

추산하면 1896~1911년까지 15년간 적어도 1014종의 일본어 서적이 중국어로 번역되었다. 이 수치는 앞서 반세기 동안 중국에서 번

---

51 Paau Shiu-lam, "The Vogue of France among Late-ch'ing Chinese Revolutionaries: Metamorphosis and Interpretations", 『中國文化研究所學報』, 제17권(香港: 香港中文大學中國文化研究所, 1986).

역한 서양 서적의 합계보다 훨씬 많을 뿐 아니라 같은 시기 15년 동안 중국에서 번역한 서양 서적의 수치보다 많다.[52] 이처럼 해일처럼 밀려들어온 일본 역서들 가운데 상당 부분은 프랑스대혁명, 계몽사상, 사회주의 저작을 소개하는 역서들이었다. 일역 저술의 수량 규모, 전파 범위, 충격의 강도는 사상계의 판도를 바꿔놓았으며, 당시 사람들의 어휘 사용에도 큰 변화를 일으켰다. 당시 대량 번역 작업에 참여한 대부분의 일본 유학생은 서양 문화에 대해 잘 알지 못했으며 심지어 일본 문화도 밝지 못했으나,[53] 사실 이런 식의 번역과 소개는 중국인에게 친숙한 의미구조를 잘 표현할 수 있었다. 프랑스 계몽사상과 사회주의를 소개한 저작은 양적으로 절대 우위를 점했을 뿐만 아니라 질적으로도 중국인에게 친숙한 사상에 훨씬 근접했다. 비록 옌푸는 가능한 한 서양의 진화론과 자유, 권리 등의 이념들을 중국인의 사상 양식에 맞추어 번역하기는 했지만, 영미 자유주의는 개인의 권리에 관한 사상이므로 중국인들이 그것을 새 도덕으로 삼게 하기란 쉽지 않았다. 반면 프랑스 자유주의는 일종의 새 도의로서의 혁명과 자유 평등의 관계가 역전한 가치를 신봉하는 중국 지식인에게 공감을 불러일으키기에 훨씬 유리했다. 이에 적잖은 중국 지식인은 프랑스 계몽사조를 영미 자유민주 이념보다 진일보한 것으로 여겼다.

이 점에 대한 중요한 증거 하나는, 1900년 이후 중국 정치사상 문헌에서 루소라는 이름이 빈번하게 출현했고, 루소의 저작이 중국 지식인에게 서양의 민주와 자유를 이해하는 경전이 되다시피 한 것이다. 1900년 여름, 루소의 『사회계약론』(『민약론』)이 요코하마에서 출판된 『개지록開智錄』에 처음 발췌 수록되었다. 몇 개월 뒤 도쿄에서 출판된 『역서

---

52 熊月之, 『西學東漸與晩淸社會』, p.640.
53 王汎森, 「戊戌前後思想資源的變化: 以日本因素爲例」, 『二十一世紀』, 1998年 2月號.

총편譯書叢編』에는『사회계약론』의 부분 번역이 4회에 걸쳐 발표되었다. 1901년에는『에밀愛彌爾』의 중국어 번역이 출판되었고, 같은 해 11월과 12월『청의보淸議報』는 루소를 소개하는 글을 3회에 걸쳐 잇달아 발표했다. 이후 루소의 평등 자유관은 혁명적 의인 지사들 사이에서 서양의 민주 자유를 대표하게 되었다. 1903년 주즈신, 후한민胡漢民, 왕징웨이汪精衛는 광저우에서 '군지사群智社'를 결성하고 루소의 저작들을 지도서로 삼았다. 추용의『혁명군』은 "루소라는 지혜의 깃발을 들어 그것을 우리 중국 땅에 나부끼게 하자執盧梭諸大哲寶幡, 以招展之於我神州土"라고 제창했다. 류스페이는 상하이에서 루소의 사상에 기초하여『중국민약정의中國民約精義』를 썼고, 천톈화陳天華는『민보』에 소설을 발표하면서 루소를 황종희黃宗羲에 비유했다.[54] 량치차오는 서양의 정치 혁명들과 일본의 메이지 유신이 모두 루소의『사회계약론』의 가르침에 힘입은 것으로 보았다.[55] 그는 이렇게 썼다. "루소가 천부 인권을 제창한 것은 (…) 이 한 줄로써 유럽 학계가 마치 맨땅에 벼락이 치고 어둠에 광명이 내비치며 바람과 구름이 한꺼번에 휘몰아친 듯하더니, 고작 10여 년이 지나지 않아 결국 프랑스 대혁명이 터졌다."[56] 쑨중산은 평생 영미 사상을 가장 많이 접했지만 마지막에는 프랑스 계몽사상의 자유, 평등, 박애로 삼민주의를 설명했다. 그는 프랑스혁명의 구호였던 '자유, 평등, 박애'를 중국 혁명의 '민족, 민권, 민생'과 동일시했다.[57] 쑨중산은 프랑스의『인권 선언』을 극진히

---

54 瑪麗安·巴斯蒂,「辛亥革命前盧梭對中國政治思想的影響」, 劉宗緒 主編,『法國大革命二百周年紀念文集』(北京: 三聯書店, 1990), pp.55-63.
55 元冰峰,『淸末革命與君憲的論爭』(台北: 中國學術著作獎助委員會, 1966), p.69.
56 梁啓超,「論學術勢力之左右世界」,『飮冰室合集·文集』, 第三冊(上海: 中華書局, 1941).
57 孫中山,『民權主義·第二講』『國父全集』, 第一冊(台北: 中國國民黨中央委員會黨史委員會, 1973), p.80.

떠받들었을 뿐 아니라,[58] 루소를 유럽의 성인으로 간주하여 중국인의 마음에 공자가 차지하는 지위를 서양에서는 루소가 누리고 있다고 보았다. 다시 말해 쑨중산을 포함한 혁명파의 '서양을 본받자'는 기본 정신은 바로 '프랑스에게 배우자'였다.[59]

  요컨대 1895년 청일전쟁 패배부터 1915년 신문화운동 개시까지 20년 동안 중국 지식인의 서양 이해는 하나의 뚜렷한 추세를 이루고 있는데, 바로 사람들이 점차적으로 프랑스식 민주 자유를 서양 근대사상의 대표로 여기게 되었다는 것이다. 민국 첫해에 일찌감치 리스쩡, 우즈후이, 차이위안페이, 왕징웨이, 장지張繼 등은 학생들을 프랑스로 유학 보냄으로써 "미국의 비가 유럽의 바람을 압도하는美雨壓倒歐風"[청나라는 경자년(1900)에 발생한 '의화단 사건'으로 열강 11개국과 불평등한 신축조약辛丑條約을 맺으며 거액의 배상금인 '경자배관更子賠款'을 떠안았다. 1908년 미국 의회가 자국 권리의 배관 대부분을 중국 유학생 경비로 분할 지급하는 안을 통과시킨 것에 힘입어 1909~1937년까지 미국에 건너간 중국 유학생이 수천 명에 달했다] 유학 전통을 바로잡아야 한다고 강하게 주장했다.[60] 그들은 그렇게 하는 것이 진정한 서양문명을 이해하는 데 도움이 되리라고 믿었다. 중국 사회가 날이 갈수록 프랑스 사상을 중시하게 되자 1915년 신문화운동이 개시되었을 때 신지식인은 대부분 프랑스 계몽사상을 이상적 상태로 여겼고 (영미의) 자유 민주의 발전으로 여겼다. 비록 로크의 계약론과 루소 사상의 차이점을 발견한 이들도 있었지만 그들은 여전히 루소의 학설을 로크 사상의 발전이라 여겼다.[61] 사정이 이와 같았으므로 천두슈는 프랑스를 유

---

58 孫中山,「飭內務部通飭所屬禁止買賣人口令」,『國父全集』, 第四冊, p.38.
59 陳三井,「孫中山與近代法國」,『近代史硏究』(北京), 1997年 第2期.
60 吳稚暉,「海外中國大學末論」, 陳三井 編,『勤工儉學運動』(台北: 正中書局, 1981).
61 高一涵,「民約與邦本」,『新靑年』, 第1卷 第3號(1915年 11月 15日).

럽 문명의 어머니라고 보았고 '인권설' '진화론' '사회주의'를 서양 근대 사상의 가장 중요한 3대 성과라고 말했으며, 그와 같은 사상의 창시 권한을 모두 프랑스에 돌렸다. 그는 "이 근세 3대 문명은 다 프랑스인들의 하사품이다. 세계에 프랑스가 없었다면 오늘의 암흑이 얼마나 더 계속될지 알 수 없었을 것이다.世界而無法蘭西, 今日之黑暗不知仍居何等"62라고 했다. 『신청년』은 특별히 프랑스어 'LA JEUNESSE(청춘)'를 제호로 삼아 지식인의 마음속에서 프랑스식 자유 민주 이념이 서양 근대문명을 통솔하는 지위에 있음을 상징화했다.

　　　　1915년을 전후로 중국의 진보적 지식인은 왜 프랑스식 계몽사상이 서양 사상을 대표한다고 생각했을까? 아울러 그 사상은 왜 영미 경험주의와 모순이 없다고 생각한 것일까? 바로 그 전까지만 해도 영미 자유주의, 프랑스 계몽사상, 마르크스주의는 내내 진보적 지식인들의 내면에 공존하고 있었으므로 그 사상들 간의 중요한 차이를 발견하지 못한 것이다. 간단히 말해서 서양에 대한 인식 정도가 깊어지는 과정과 역전한 가치에 근거해 서학을 선택 정합하는 과정이 동시적이었기 때문에 결과적으로 역전한 가치가 서양 사상을 선택적으로 수용하는 것이 곧 서양에 대한 인식의 심화로 간주되었던 것이다. 그리하여 혁명 유토피아가 점차 주도적 지위를 확보하게 되었고, 신문화운동이 시작되는 즈음에 이르렀을 때 신지식인이 받아들인 서양의 근현대 가치는 기본적으로 프랑스 계몽사상 계통이었고 영미 전통은 프랑스 계몽사상의 일부로 분류되었다.63 뿐만 아니라 역전한 가치 전체에 근거할 때 자유, 평등, 포퓰리즘은 단지 유가 윤리 가운데 부권, 군주권, 엘리트주의만 부정하는 반면 천

62　陳獨秀,「法蘭西人與近世文明」,『新青年』, 第1卷 第3號(1915年 11月 15日).

리 세계의 전면적 역전은 사회제도와 사유재산의 철폐를 지향하는 의사 불교와 유토피아주의까지 포괄할 수밖에 없다. 따라서 중국 지식인이 이해한 서양 사상의 내적 의미구조에 근거할 때, 이원론을 포기하고 천인합일의 구조와 도덕가치 일원론으로 복귀한 이상 프랑스식 계몽의 입장에서 무정부주의와 공산주의를 향해 나아가기란 매우 쉬운 일이었다. 실제로 1919년 이후 과학일원론은 혁명 유토피아를 정합함으로써 중국 지식인으로 하여금 마르크스주의를 인정하도록 촉진했다.

63 사람들은 흔히 1900~1915년이 중국 문화가 영미 경험주의를 학습한 시기였다는 점을 보지 못하고서 신문화운동 전기에 영미 경험주의를 승인한 것으로 오해한다.(高力克,「『新青年』與兩種自由主義傳統」,『二十一世紀』, 1997年 8月號) 이런 개괄의 가장 큰 문제점은 프랑스식 자유주의와 마르크스주의를 한데 섞어 동일시하는 것이다. 프랑스 계몽사상은 아무리 급진적이라 해도 여전히 자유주의에 속한다. 아무리 급진적인 계몽사상가일지라도 자본주의 경제제도를 완전히 부정한 적은 없다. 예컨대 루소가 인정한 평등의 이상이 정치적으로 의미하는 것은 기껏해야 개인 권력은 폭력을 행사할 만큼 커질 수 없다는 것이고, 경제적 평등은 어떤 개인도 다른 공민을 구매할 만큼 부유해질 수 없다는 것일 따름이다.(Jean-Jacques Rousseau, *The Social Contract*, bk II [harmondsworth: Penguin Books, 1968], chap.XI)『신청년』이 1919년에 일으킨 전향은 자유주의에서 마르크스주의로의 전향인 만큼 1919년 이전의『신청년』을 영미 자유주의 전통에 속하는 것으로 규정하는 것은 논리에 부합하지 않는다.『신청년』이 어떻게 영미 자유주의 입장에서 직접 마르크스레닌주의로 전향했는가를 해석할 길이 없기 때문이다. 반대로『신청년』의 전기 입장을 프랑스 자유주의로 분류한다면 문제가 순리적으로 풀린다. 왜냐하면 프랑스식 자유주의는 사회주의와 마르크스주의로 전향할 가능성을 내포하고 있었기 때문이다.

8.8
제2차 융합의 세 단계

중국과 서양에서 마르크스주의가 흥기하는 메커니즘 비교
중국 현대사상 형성의 세 단계
이원론 유학과 영미 전통의 상호작용
신문화운동과 이데올로기 교체
새 이데올로기의 중국화
중국 현대문화 형성의 한 단계로서 마르크스레닌주의와 마오쩌둥 사상
우리는 개방적 심태로 중국 현대사상 형성의 여러 단계를 평가할 수 있는가?
사상사 연구가 문화 건설에 대해 갖는 의의

마르크스주의가 서양에서 흥기한 과정을 중국 지식인이 영미 사상 숭배로부터 프랑스식 계몽으로 전향한 뒤 다시 공산주의로 전향한 과정과 비교할 때 양자 사이에 미묘한 차이가 있음을 발견할 수 있다. 서양에서 일어난 마르크스주의와 전체주의는 근대 사회와 사상 위기의 산물이다. 사상사의 내적 맥락에서 보자면, 서양의 자유주의 지식인이 마르크스주의 신봉으로 전향하려면 반드시 두 가지 전환을 거쳐야 한다. 하나는 권리의 도덕화다. 즉 권리가 도덕적 바람직성의 구조에 부합해야 하고, 경제적 지위의 불평등은 권리가 허망한 것임을 증명해야 했다. 다른 하나는 이원론을 포기하고 일원론을 인정하는 것이다. 이 두 가지 전환은 기본

적으로 19세기 서양의 근현대 사회와 사상의 위기와 직접적인 관련이 있다. 잘 알려져 있듯이, 19세기 전반의 서양 사회는 나날이 자본주의 사회의 병폐가 폭로되면서 격동하고 있었다. 이에 포퓰리즘과 유토피아주의가 급속히 팽창했고 갖가지 사회주의와 유토피아 사상이 최고조에 달했다. 청년 시절의 마르크스는 바로 자본주의 시장경제의 불평등을 근거로 프랑스혁명이 내세운 목표가 실현되지 않았다고 회의하기 시작했다. 다시 말해 서양에서는 19세기 전반에 권리의 도덕화가 출현했으며 그것은 현대 시장사회의 병폐에 대한 비판과 결합되어 있었다. 마르크스는 일찍이 1840년대에 헤겔의 변증법과 포이어바흐의 유물론으로 사회주의 이론의 기초를 재구축했고, 그 둘을 하나의 통일된 사상 체계로 정합했다. 만약 사람들의 사유 양식이 이원론에 지배되어 있었다면 마르크스주의는 그토록 빠르게 전파될 수 없었을 것이다. 사실 마르크스주의가 서양에서 흥기한 두 번째 전제는 1880년대에 나타난 서양 근대사상의 위기였다. 진화론의 보급은 이원론이 17세기 말에 누렸던 확고부동한 지위를 뒤흔들었고, 이에 따라 과학일원론이 이원론을 비판하는 큰 흐름 속에서 마르크스주의가 마침내 저명 학설로 자리하게 되었다.

      위와 같은 과정은 중국이 서양 근대사상을 흡수한 과정과 동형 구조로 보인다. 왜냐하면 중국 지식인도 영미 자유주의로부터 마르크스주의로 전향했고, 권리의 도덕화 그리고 일원론에 의한 이원론의 대체라는 두 가지 전환을 겪었기 때문이다. 그러나 중국과 서양 사이에 이러한 두 가지 전환을 추동한 사회 문화적 동력은 근본적 차이가 있다. 중국에서는 역전한 가치의 숨겨진 모습이 드러나면서 지식인이 서양 사상을 주도적으로 수용하는 구조를 이룸으로써 자동적으로 권리의 도덕화 그리고 일원론이 이원론을 대체하는 과정으로 이어질 수 있었다. 다시 말해서 서양에서 권리의 도덕화를 촉진한 것은 시장사회의 위기였고 일원론이 이원론을 대체하게 만든 것은 과학혁명에 따른 문화 충격으로, 이는 현대 사회가 한층 발전하는 과정에서 맞닥뜨린 문제에 속한다. 반면 중국에서 권리의 도덕화와 과학일원론 흥기의 내적 추동력은 주로 가치 역전에서 나왔다. 역전한 가치가 외래사상을 흡수해 도덕 이데올로기를 재구성하는 것은 본디 중국사회의 일체화 구조의 고유한 문화 융합 메커니즘이다. 중국 문화가 19세기 말에 받아들인 도전 그리고 유학의 현대적 전환 시도와 그 실패는 모두 곤경에 처한 사회의 현대적 전환과 직결된 것이다. 그렇지만 원칙적으로 볼 때, 중국은 외래 문명의 강력한 충격을 받아 기존의 도덕 이데올로기가 바람직하지 않게 되면 곧바로 가치 역전이 발생하며 그것은 외래문화를 흡수하여 새 이데올로기를 구축하는 거대 역량이 된다. 이런 메커니즘은 위진남북조 시대에 충분히 드러난 바 있다.

위진남북조 시대에 일어난 전면적 가치 역전의 결과는 이데올로기의 교체였다. 그리고 신문화운동 중에 역전한 가치가 외래사상을 선택적으로 흡수하고 재해석한 결과도 이데올로기 교체의 실현이었다. 제2차 융합의 중심 고리는 제1차 융합과 정확히 일치한다. 다만 위진남북조 시대에는 상식이성이 아직 형성되지 않았기 때문에 전면적 가치 역전이 구축한 새 이데올로기가 사회 정합을 이룰 수 없었다. 따라서 제1차 융합은 이데올로기의 교체를 통해 중국 문화의 심층구조를 재형성한 것일 뿐이다. 반면 제2차 융합이 시작되었을 때는 상식이성이 충분히 성숙해 있었고, 상식이성의 제한 아래 가치 역전은 혁명 유토피아를 만들어 냈다. 뿐만 아니라 가치 역전은 유가 이데올로기의 현대적 전환에 실패한 뒤에 전면적으로 전개되었으므로, 이데올로기의 교체는 유학의 현대적 전환 실패를 전제로 한다. 이와 같이 유학의 현대적 전환은 문화 융합의 핵심 메커니즘이 전개되기 위한 준비 단계라 할 수 있다. 게다가 상식이성의 입세 정신이 추동하는 가운데 형성된 새 이데올로기는 사회 정합의 기능을 가졌으므로 새 이데올로기가 형성되기만 하면 새로운 사회 정합을 추동할 수 있었다. 제2차 융합은 또한 사회 정합 과정에 의한 새 이데올로기의 개조를 반드시 포함했다. 다시 말해서 상식이성이 중국 문화의 심층구조가 되었기 때문에 제2차 융합은 제1차 융합보다 복잡하게 진행되었는데, 그것은 다음과 같은 세 단계로 이루어졌다.

제1단계는 1895~1914년까지 20년간으로, 중심 노선은 유학의 현대적 전환에 의해 형성된 이원론 구조와 서양의 주류 사상인 영미 전통과의 상호작용이었다. 비록 캉유웨이, 량치차오가 유가의 기본 가치와 서양 현대사상을 조화시키려 시도했지만 1단계에서는 안정된 현대 문화를 형성하지 못했다. 이원론은 사실 청 조정이 현대화의 충격에 대해 권력을 유지하기 위한 부산물이었을 뿐으로, 이원론 유학이 영미 사상을 흡수한 것은 사상적으로만 진행된 현대적 전환의 준비 작업이라 할 수 있다. 이원론 유학의 실패는 중국은 오직 이데올로기의 교체를 통해서만 현대 문화를 형성할 수 있음을 의미하는 것이었다. 그러나 다원주의가 진정으로 중국 사람들의 마음에 자리하기까지는 더욱 오랜 시일이 필요한 것으로, 제2차 융합이 완성되고 새 이데올로기가 강제로 해체되었을 때 비로소 시작될 수 있었다.

제2단계는 신문화운동 10년(1915~1925)으로, 역전한 가치가 프랑스 계몽사상, 과학일원론, 마르크스주의를 선택적으로 흡수하고 창조적으로 재구성함으로써 이데올로기 교체가 실현되는 과정이다. 중국 현대문화의 형성에 있어 이 단계는 성공적이었고 신속했다고 할 수 있다. 매우 짧은 10년 동안 중국 지식인은 우주관, 사회 정의, 도덕 내용의 교체를 이루었을 뿐 아니라 문화 서술방식의 변화, 곧 백화문으로 문언문을 대체하는 일을 이루었다. 오늘날까지도 여전히 중국인들은 5·4 시기에 창조한 새 가치와 이데올로기 담론 속에서 살아가고 있다.

제3단계는 새 이데올로기가 사회 정합 과정에서 진행한 자기개조로, 여기에는 도덕철학의 사공 강화라는 기본 구조에 새 이데올로기가 편입되는 과정이 포함되어 있다. 우리는 이것을 새 이데올로기의 중국화이자 이에 기초한 사회 정합의 진행이라고 부른다. 제3단계에서 중국인들은 새 이데올로기로 중국사회를 재건했으며 민족 독립에 대한 깊은 자긍심을 느꼈다. 그러나 현대 정치문화가 형성됨에 따라 중국인들은 그에 따르는 거대한 압력과 그늘을 크게 느끼기 시작했다.

이 세 단계의 전개 과정으로 볼 때 제2차 융합은 매 단계가 이전 단계의 부정인 것처럼 보인다. 신문화운동은 이원론 유학의 부정이고, 1930년대 국민당의 신전통주의는 5·4 사조의 부정이며, 마오쩌둥 사상은 국민당의 관변 이데올로기에 대한 승리를 기초로 건립되었으니, 20세기 중국사상사는 마치 앞 세대에 대한 비판과 부정의 역사인 것처럼 보인다. 그러나 이 세 단계를 하나로 연결시켜보면 연속되는 부정의 이면에 100년 간의 거스를 수 없는 총체적 흐름이 숨어 있음을 발견할 수 있다. 그것은 중국 문화가 서양 현대문명의 충격 아래 바람직한 새 도덕 이상을 찾고자 부단히 노력해왔다는 사실이다. 무엇보다도 그 도덕 이상은 독립을 유지하는 한편 현대화를 가속화할 수 있는 이데올로기를 수립하는 방식으로 나타났다. 이러한 이데올로기를 찾은 후에 중국인들은 그것을 안심입명의 궁극적 의의로 삼았고, 내재적 목표를 추구하는 운동을 시작했다. 오늘날 제2차 융합의 결과인 마오쩌둥 사상은 해체되었고 20세기 말부터 중국 문화는 새로운 서양의 충격 속에서 새로운 전환을 맞이한 상황에서 우리는 제2차 융합을 어떻게 평가해야 하는가? 특히 현대 사회에서 도덕 이상을 찾고자 하는 이 노력을 어떻게 볼 것인가?

이 질문에 답하려면 먼저 현대성과 도덕이 대체 무슨 관계인지를 면밀히 이해해야 한다. 우선 현대 사회는 기본적으로 도덕에 기초해 조직된 사회가 아님을 정확히 인식해야 한다. 도덕과 다른 종류의 정당성으로서의 권리는 개인의 자주성을 종교와 전통적 도덕의 질곡에서 해방시켰고, 바로 그러한 까닭에 현대 사회는 전통사회가 상상할 수 없는 창조력을 갖게 된 것이다. 그러므로 우리는 중국과 세계라는 두 측면에서 20세기 중국 현대사상의 형성과 그 해체의 의미를 고찰할 수 있다. 서양 세계에 있어 중국 문화의 제2차 융합은 중국 문화 특유의 역사적 경험일 뿐이지만, 현재 임박한 새로운 세기와 관련해서는 보편적 교훈을 담고 있을 것이다. 지금까지 서양 사회는 중국처럼 강력한 도덕이상주의의 지배를 받은 적이 없었으나 중국보다 훨씬 먼저 도덕 기초의 상실이 가져온 현대 사회의 문제를 인식했다. 현대 사회는 사적 이익과 목표를 추구하는 개인들을 조직하여 질서 있는 사회를 이루기 위해 방대하고 번잡한 법률 체계體系에 의존하지 않을 수 없다. 그러나 현대 사회든 과거의 인류 사회든 도덕이 없어서는 안 된다는 점을 발견하게 되었다. 20세기 현대 사회는 법률이 도덕을 대체한 결과 유발된 갖가지 문제에 직면해 있으며, 이 때문에 서양철학자들은 다시 현대 가치의 도덕 기초를 찾기 시작했다. 어떤 철학자들은 심지어 '도덕적 권리moral rights' 개념을 제시했는데, 이는 실정적 권리positive rights 와 다른 일종의 도덕과 같은 '당위'라고 주장했다.[64] 이런 상황에서 중국 문화는 20세기에 도덕적 기초를 다시

---

64 Maurice W. Cranston, *What are Human Rights?* 2d ed.(London: The Bodley Head, 1973).

세워본 역사적 경험이 있으므로 틀림없이 서양에 거울이 되어줄 수 있을 것이다. 오늘날 서양 사상계가 20세기 공산주의 혁명 경험으로 얻은 총체적 교훈은 거의 나치의 반인류, 반도덕적 죄악으로 종합되는 전체주의 이론이다. 이 이론은 도덕이상주의가 개인의 자유에 위해가 될 수 있다는 점을 거의 고려하지 않은 것이다. 다시 말해서 중국 문화의 제2차 융합의 역사는 적어도 서양을 향해, 도덕이상주의는 현대 사회에서도 마찬가지로 거대한 동원 능력을 갖고 있으며, 또 위기를 은폐하고 있음을 드러내 보여줄 수 있다.

  중국 문화의 제2차 융합은 서양 현대사회가 위기를 드러내고 흥기한 전체주의를 배경으로 일어났다. 그리고 오늘날 전체주의의 해체라는 과제는 사람들로 하여금 과거에 추구했던 것을 역사의 착오 또는 잊어야 할 악몽으로 간주하게 하기 쉽다. 그러나 역사 연구의 기본 임무는 우리의 역사적 기억을 회복하는 데 있다. 특히 사상사 탐구는 사람들로 하여금 열린 마음을 갖게 한다는 점에서 깊은 의미를 지닌다. 어떤 시대든 당대의 보편적 관념과 가치의 속박을 뛰어넘기란 어렵다. 사상사가 없다면 가장 훌륭한 인물이라도 기껏해야 한 시대의 보편적 관념을 비판함으로써 사상해방의 역량을 획득할 뿐이다. 그러나 사상사는 사람들로 하여금 역사적으로 다양한, 그리고 현존하는 사상과 가치에 대해 반성하고 의심해볼 것을 요구한다. 그리고 인류가 자연과 사회를 다스리는 데 적용해온 심오한 사상 역량 속에서 각 민족의 사상 관념의 변화 양식을 찾는다. 이 점에서 중국 근현대 사상 변천은 의심할 바 없이 상당한 의의를 가지고 있는 것이다. 지금까지 인류 사상 변천의 보편적 양식에 대한 우리의 이해는 기본적으로 서양의 역사적 경험에서 획득한 것이었다. 그러나 우리는 중국 문화가 외래문화를 융합한 경험으로부터 인류 사상 변천의 보편적 양식을 통찰함으로써 서양 경험 중심의 편중을 극복하고자 한다. 우리는 중국 2000년 문화와 문명의 역사적 경험을 떠나서는 그 어떤 보편적 이론도 완전하거나 정확할 수 없다고 믿는다.

중국인에게 제2차 융합 메커니즘의 심층 분석은 중요한 의미가 있다. 왜냐하면 외래문화를 융합한 경험과 독특한 메커니즘은 줄곧 사람들이 자부심을 느껴온 전통이기 때문이다. 확실히 19, 20세기에 그런 전통이 이루어낸 놀라운 성과는 중화민족으로 하여금 현대 세계에 빠르게 진입하게 했다. 그러나 가치 역전에 힘입어 새 도덕을 형성한 것은 본질적으로 맹목적 역량이었음을 잊어서는 안 된다. 단지 그것에만 의존해서는 중국 문화의 현대화를 실현할 수 없다. 제2차 융합이 수립한 이데올로기는 20세기 마지막 30년에 이미 해체되기 시작했고, 중국 문화는 지금 새로운 현대적 전환을 진행하고 있다. 중국 문화와 서양 문화가 재차 충돌하는 역사적 상황에서 과연 전통적 문화 융합 메커니즘이 다시 나타날 것인가? 그 메커니즘은 21세기의 중국 문화 건설에서 어떤 역할을 담당할 것인가? 이 모든 질문에 대한 해답은 지금 얻을 수 없지만, 한 가지 분명한 것이 있다. 중국 문화 건설이 맹목적 역량에 의해서만 추동된다면 우리는 과거에 발생한 비극과 재난이 재연되는 것을 피할 수 없을 것이라는 점이다. 올더스 헉슬리는 이렇게 말했다. "사람들이 그다지 기억하고 있지 않는 역사적 교훈이야말로 역사가 인간에게 주는 모든 교훈 중에 가장 중요한 것이다." 사상사 연구가 얻어낸 교훈이야말로 한 민족이 가장 발견하기 어렵고 기억하기 어려운 교훈이다.

역자 후기

역자의 일은 독자들이 흥미를 잃지 않고 저자의 글을 끝까지 읽을 수 있도록 바람직한 한국어로 돕는 것이다. 그러려면 저자의 주요 사상과 논지, 책의 논리 구성과 내용까지 훤히 알아야 하는데 지금도 역자는 저자와 저서를 간단명료하게 소개하지 못하겠다. 지금껏 이분들이 쓴 문장을 한 줄 한 줄, 아니 한 글자씩 좇아가는 수준으로 옮기면서 캄캄한 터널을 통과하는 시간이 길었을 뿐이다. 2017년 봄에 일단락지었던 번역문은 현재의 본문보다 훨씬 직역에 가까웠다. 다행히도 훌륭한 원고 교정자를 만나서 한국어 흉내를 낼 수 있게 되었다.

지난 몇 주 사이에 역자는 또 저자의 예전 인터뷰 기사와 근작 가운데 독자에게 참조가 될 만한 문장들을 골라 옮겨보았다. 하지만 여전히 한국어의 활달한 맛을 느낄 수 없다. 물론 원서도 쉽게 읽히는 글이 아니다. 저자가 "사상사의 거시적 연구" 또는 "관념사"라고 부른 이 책은 보통의 편년체 사상사류와 달리 장구한 세월에 걸친 역사적·사회적 주제들, 가령 왕조 교체, 외래 문명(문화)의 충격, 이데올로기 변동, 여러 사건의 추이와 여러 인물의 사상(들)과 저작(들)의 의의 등에 관해 저자 특유의 방법[01]과 관점[02]을 사용해 일관된 논리로 탐구하고 해석한 결과다. 설사 독자가 철학 전공자라 해도 저자의 논리와 사상에 대해 낯설게 느낄 것이다.

역부족이지만, 독자가 이 책을 읽는 데 도움이 될 만한 저자의 다른 글들을 발췌해 독자와 함께 읽어보려고 한다.

1. 간체자판 『중국 현대사상의 기원』(2011) 서문

우선, 2011년 베이징에서 출판된 『중국 현대사상의 기원』(간체자판)의 저자 서문을 읽어보자. 저자들은 중국인이고, 중국이 아닌 홍콩에서 먼저 이 책을 출판(2000)한 후에 10년이 지난 시점에 중국에서 출판했으니 중국 독자들에게 무엇을 말했는지 궁금하다. 머리말의 제목은 '사상으로서의 사상사 연구'다. 우선 간접 인용으로 시작해야겠다.

    이 책의 '주제'는 근현대 시기에 중국 문화가 서양 문화를 어떻게 융합했는가(제2차 문명 융합)를 탐구하고, 위진남북조 시기에 (중국의 도교와 인도의) 불교 사상을 소화한 제1차 문명 융합과 비교하려는 것이다. 중국 사회의 '초안정 구조'를 전문적으로 논한 책은 『흥성과 위기』 『개방 중의 변천』 그리고 이 책 『중국 현대사상의 기원』(제1권)까지 세 종류다. 이 책이 앞의 두 책과 다른 점은 중국 전통 사상(주로 유학 사상)의 심층구조를 상세히 정리하여 전통 사상이 변천하는 내재적 논리와 함께 외래 문명의 충격에 반응하는 내재적 논리를 드러내 보이려는 것이다. 이

---

01   베르탈란피의 시스템이론(일반체계이론)에 근거를 둔 저자의 시스템진화론의 방법(론)을 말한다. 마르크스와 베버의 사회 진화 동력에 관한 이론은 중국의 역사를 유효하게 해석할 수 없다. 사회 진화는 경제가 결정하는 것(마르크스)도 아니고, 단순한 이념의 추동(베버)도 아니다. 정치·경제·문화 3개 하위 체계가 서로 번갈아 작용하는 방식에 의존하는 것이다. 따라서 서로 다른 문명사회(들)에서는 3개 하위 시스템의 상호작용 방식과 진화의 메커니즘 및 형태도 서로 다르게 나타난다.

02   크게 ①가치 역전 ②상식이성 두 관점이다. ①'(도덕) 가치 역전'의 기제가 작동한 결과 후한 말기부터 삼국 및 위진 시기에 걸쳐 이루어진 제1차 문명 융합에서는 '위진현학'이 생성되어 새로운 도덕이 되었고, 제2차 문명 융합에서는 근대 서양의 충격을 받아 평등의 가치를 추구하는 것이 '궁극적 관심'을 이룬 '혁명 유토피아'가 새 도덕이 되었다. ②(도덕)이데올로기의 '메타층위'를 이루는 '(유학의) 상식이성'은 중국의 도덕 이데올로기(들)의 근거다. 즉 송명이학이 구축되고 또 분화하는 근거였으며 국민당과 공산당 각각의 이데올로기가 구축되는 근거를 제공했다. 이후의 추이는 아직 진행 중이다.

어서 다음과 같이 쓰고 있다.(문단은 역자가 나눔)

(…) 높은 곳에 올라가 지형을 살피는 일이 그러하듯, 시간이 오래 지나면 지날수록 역사적으로 존재한 사상 체계體系의 총체적 구조와 그 변천의 맥락을 뚜렷이 볼 수 있다. 우리는 원칙적으로 유학의 심층적 사유[일원론一元論적 사유]의 패러다임을 벗어나서는 중국 근현대 사상의 기원을 이해할 수 없다고 생각한다. 20세기 중국의 새 이데올로기에 담긴 핵심 가치가 혁명 유토피아라면, 그 도덕은 혁명 인생관이며 그것이 사회에 투영된 것이 공산주의적 이상이다. 그러므로 중국 현대사상의 기원과 변천을 탐구하기 위해서는 반드시 혁명 유토피아와 송명이학宋明理學의 관계 그리고 혁명 유토피아가 어떻게 실천에 옮겨졌는가를 연구해야 한다. 그래서 우리의 연구는 크게 세 영역으로 계획되었다.

먼저[첫째], 유학이 어떻게 불교를 수용, 소화하여 송명이학으로 변천했는가를 분석하고, 중국 문화가 외래 문명을 융합한 양식을 추출해낸 다음, 이를 토대로 중국 문화가 나타낸, 근현대 서양 문명의 충격에 대한 반응을 고찰하여 혁명 유토피아의 기원을 분석하고자 했다. 그 연구 결과가 바로 이 책이다. 이어서[둘째], 1895년 이후 혁명 유토피아의 흥기와 모더니티現代性를 학습한 중국 문화 간의 상호작용을 통해 중화제국이 현대 민족국가로 전환되는 추이 그리고 중화민족이라는 정체성의 형성을 구체적으로 서술해야 한다. 그런 다음에는[셋째], 다시 새로운 도덕 이데올로기의 형성과 그것이 어떻게 사회적 실천으로 전화되었고 또 해체되었는가를 연구해야 한다. 연구 계획綱領의 후반이 바로 이 책의 속편, 즉 이어서 펴낼 두 권의 구성이다.

『중국 현대사상의 기원』을 홍콩에서 출판한 후 이러한 연구와 저술의 상황이 어떻게 진행되고 있는지 묻는 독자들이 적지 않았다. 이에 대해 독자에게 사과의 말씀을 드려야겠다. 앞의 책을 출판한 지 벌써 11년이 되었지만, 지금까지 후속 저작 두 권이 완성되지 않았기 때문이다.03

1974년 이후 『중국 현대사상의 기원』의 방법과 관점이 숙성해 간 30년 세월 동안 진관타오·류칭펑은 '문혁'이 몰고 온 시대의 곡절과 사회 변동, 1980년대 계몽운동의 열기, 1990년대 내륙과 해외를 떠도는 삶의 고단함, 무엇보다 학문적 장벽 앞에서 번민하는 와중에도 포기하지 않고 부단히 진로를 탐색해왔다. 앞에서 언급한 '시스템이론 3부작'이 그 세월의 결실이다. 그렇지만 저자가 예고한 『중국 현대사상의 기원』의 후속 저작(제2권, 제3권)이 출간되었다는 소식은 들려오지 않았는데, 그 이유를 전부는 아니더라도 간체자판(2011) 서문에서 조금은 알 수 있다. 계속 읽어보자.

연구 계획이 전반적으로 느리게 진행되는 이유는 제1권을 완성한 뒤 관념사觀念史 연구로 전환하여 10년을 할애하지 않으면 안 되었기 때문이다. 우선, 『중국 현대사상의 기원』에서 제시한 중국의 시스템 변천 양식에 대한 개괄에 좀 더 확실한 증거가 필요했다. 즉 경험적 증거를 사용해 관념 변천을 검증할 필요가 있었다. 다음으로, 알다시피 이데올로기는 관념의 체계系統[시스템]이므로 관념으로 이루어진다. 관념체계의 기원과 전개, 즉 새로운 도덕 이데올로기의 형성과 진화를 연구하기 위해서

---

03 진관타오金觀濤·류칭펑劉青峰, 『중국 현대사상의 기원: 초안정 구조와 중국 정치문화의 변천中國現代思想的起源: 超穩定結構與中國政治文化的演變』 제1권(北京: 法律出版社, 2011), 「서序: 사상으로서의 사상사 연구作爲思想的思想史研究」

는 중국 현대 관념의 기원과 내포를 하나하나 추적해 고찰해야만 한다. 그러므로 우리는 컴퓨터 데이터베이스를 보조도구로 이용해 키워드를 분석하는 방법을 발전시켜왔다.

현대 한어[중국어]를 대상으로 중요 정치용어를 연구하는 과정에서 우리는, 관념 층위層次에서 중국 근현대 사상은 거시적으로 세 단계의 변화 발전을 거쳤음을 알게 되었다. 첫 번째 단계는 청일전쟁 이전으로, 유학 관념을 사용해 서양의 현대 관념을 선택적으로 흡수한 시기다. 두 번째 단계는 1895~1915년 약 20년으로, 중국과 서양을 분리하는 이원론二元論이 성행했으며 공공公共 영역에서 서양의 현대 관념을 학습한 시기다. 세 번째 단계는 신문화운동新文化運動(1915~1925)으로, 서구 현대 관념을 전면적으로 재구성한 시기다.

이 세 단계를 거치는 동안 서양의 현대 관념은 중국 문화의 심층구조(유학의 일원론적一元論的 사유 양식)에 의해 재구성되어 중국식의 현대 관념으로 변모했고, 그것들은 새로운 이데올로기를 구축하는 기초적 요소가 되었다. 이로부터 알 수 있는 것은, 5·4 시기 마르크스레닌주의의 수용과 그것의 중국화中國化는 제2차 문화 융합의 논리 전개의 사슬 중에 서로 다른 고리에 해당한다는 점이다. 그러므로 우리는 『관념사 연구』라는 책을 완성한 뒤에야 비로소 『중국 현대사상의 기원』의 속편을 저술할 수 있게 되었다.04

한국어판 서문에서도 밝혔듯이 저자들은 "『중국 현대사상의 기원』의 기본 관점을 검증하기 위해 데이터베이스 통계 키워드를 사용해

---

04 진관타오·류칭펑,「서序: 사상으로서의 사상사 연구作爲思想的思想史研究」

관념의 기원과 변화·발전을 분석하는 방법을 개발하는 데 10년이 걸렸"고 그 연구 성과를 출판한 책이 『관념사 연구: 중국 현대 중요 정치용어의 형성』(2008)이다. 한국어 번역서 제목은 『관념사란 무엇인가』(2010)다.

2. 문화대혁명과 '공개된 연애편지'

대학원 시절에 이리저리 주워듣고 막연하게 알고 있었던 저자(들)의 생애와 사상의 궤적을 독자 앞에 풀어 보려니 막막할 따름이다. 최근 들어 몇 가지 자료를 찾아 읽으며 조금은 더 알게 되었지만, 역자 스스로 만족할 만한 수준은 못 된다. 최소한 이 글에서 말해야 할 것은 저자 진관타오·류칭펑의 사상과 논리의 출발점이다. 그것은 마오쩌둥 개인숭배와 권력투쟁으로 점철된 문화대혁명(1966.5~1976.10)의 환멸이 점점 짙어져가던 그 시대상 그리고 새로운 사고와 학문에 목말랐던 청년 의식이었다. 10여 년 전의 인터뷰 기사를 읽어보자.

> (…) 기자: 당신은 원래 베이징대학 화학과 학생이었는데, 어떤 기회와 인연이 당신의 흥미를 인문·사회과학으로 옮기게 했나요?
>
> 진관타오: 문화대혁명이었습니다. 거대한 사회 변동이 노인 세대와 한창 성장하는 청년 세대에게 미치는 영향은 완전히 다릅니다. 중학교[중고교] 시절 나의 모든 흥미는 자연과학에 집중되어 있었어요. 1966년 '문혁'이 시작됐을 때는 베이징대학 화학과에 다녔는데 그때는 내 사상이 성숙해가고 있었지만 아직은 미성숙한 전환기였습니다. 그 대변동의 시대가 나로 하여금 역사, 삶, 철학을 사유해보게 했습니다. 만일 '문혁'이

없었다면 혹은 '문혁'이 10년 후 발생했다면 나는 과학자가 됐을지도 모릅니다.

기자: 그런데 그런 격동의 시대에 그런 것들[역사, 삶, 철학]을 생각할 시간이 있었어요?

진관타오: 1968년 이후 베이징대학에 지하[은밀한] 독서 풍조가 점차 성행하고 있었지만, 공개적 상황에서는 여전히 무력 투쟁과 계급 대오 청산 운동이 진행되고 있었고, 전공 지식을 학습하는 것도 운동에 무관심한 '백전白專'[정치에는 무관심하고 전문 분야에만 관심을 둔 사람. 반의어는 '홍전紅專']이란 비난을 받았어요.

나는 운 좋게도 독서하고 사고할 수 있는 비교적 좋은 환경에 있었습니다. 어렸을 때부터 그림 그리는 것을 좋아해서 베이징대학 미술팀에 들어갔어요. 문혁에서 미술팀의 임무는 마오 주석의 초상과 각종 포스터를 그리는 일이었습니다. 그림 그리기는 우리가 겉으로만 [정치] 운동에 참가하고 대부분의 여가를 독서와 사유에 쓸 수 있게 해줬어요. 미술팀 구성원들은 베이징대학 각 학과 출신으로, [마오 주석이 아닌] 친구들에게 충성하고 [정치] 운동에 대해 어느 정도 꿰뚫어볼 줄 알며 사상의 자유를 지향하고 있었습니다. 1970년 졸업할 때까지 비교적 자유로운 사상을 가진 미술팀에서 보낸 이 단계는 내 사상 변화에 아주 중요했습니다.

그때 나는 마르크스·엥겔스 전집을 다 읽고, 다시 마르크스에서 헤겔로 거슬러 올라갔습니다. 읽으면서 헤겔 변증법에 대한 성찰과 비판을 고통스럽게 시작했습니다. 몇 년간의 사상적 전환을 총결하기 위해 나는 간헐적으로 사고의 결과를 철학 노트에 썼고, 1970년 초에야 완성했습니다. 이 노트는 미술팀 내의 친구들 몇 명 사이에서 떠돌았는데, 바로 그걸 통해 류칭펑과 알게 되었고, 우리의 연애도 시작되었습니다. 아마 독자들은 류칭펑이 '진판斬凡'이라는 필명으로 쓴 『공개된 연애편지公開的情書』 속의 남자 주인공에게서 자신감 있고 열정적인 사유인의 모습을 볼 수 있을 것입니다.

기자: 『공개된 연애편지』는 1980년 『10월十月』이라는 잡지에 처음 발표되었고, 그 영향이 매우 컸습니다. 이 소설은 신시기 문학 초기에 청년세대 전체의 마음을 뒤흔들었습니다.

진관타오: 사실 『공개된 연애편지』는 1972년에 쓰였습니다. 베이징대학 물리학과 학생이었던 칭펑[이 책의 공동 저자 류칭펑]은 중문학과로 옮겨 1970년 졸업한 뒤 구이저우貴州 칭전淸鎭중학교[고등학교] 교원으로 배치됐습니다. 그녀는 저를 포함해 다른 친구들과 주고받은 편지를 근거로 창작, 정리해 소설을 완성했지요.

그 최초의 필사본은 붉은색 플라스틱 표지의 노트에 베껴 '작은 빨간 책 小紅書'[문혁 당시 모든 인민이 휴대해야 했던 마오쩌둥 어록과 같은 이름]이라 불렸고, 이후 다시 등사본이 친구들 사이에 조용히 퍼졌습니다. 문혁 이후 한동안 문화대혁명 속에서 성장한 청년세대를 '실의에 빠진 세대失落的一代'라고 부르는 것이 유행했는데 이 표현은 조금은, 부분으로 전체를 개괄한 것 같습니다. 『공개된 연애편지』에서 라오주老九, 전전真真, 라오가老嘎, 라오셰먼老邪門 등 공장과 농촌으로 흩어진 대학생들이 긴밀히 편지를 주고받으며 독서와 사고를 유지하는 것이 우리 세대의 고된 진리 탐구를 생생하게 보여줍니다.

기자: 당시의 조건에서 하루에 편지를 몇 통씩이나 주고받은 것은 매우 이례적입니다. 이런 현상이 보편적이었나요?

진관타오: 대학생들 사이에서 상당히 보편적이었습니다. 1970년부터 1971년까지 나는 자주 하루에 몇 통의 두꺼운 편지를 받았고, 우체부도

놀랐지요. 당시에 서클들이 모두 서신을 통해 사상, 특히 중요한 정치이론 저작을 읽은 후 삶의 깨달음을 주고받았는데 이는 문혁 후기에 청년 지하 독서 서클의 중요한 형태였습니다. 1967년 수많은 공개적 독서회가 '반혁명 조직'으로 몰렸기 때문에 이후 독서회는 은밀하게 숨어 친한 친구끼리 마주 토론하거나 편지만 주고받았습니다.

1970년 나는 대학을 졸업한 후 항저우 플라스틱 공장에 배치되었고 칭펑은 구이저우에 있었으며 우리 서신 왕래 서클은 7, 8명의 친구가 있었습니다. 1973년 칭펑은 정저우鄭州대학 교원으로 전근되었고, 나도 정저우대학으로 전근되었습니다. 1978년 칭펑과 나는 베이징으로 돌아가라는 배치 명령을 받고 중국과학원에 가서 일했습니다. 이듬해『공개된 연애편지』가 항저우 사범학원 민간 등사 간행물『우리我們』에 게재되었고 1980년 1월『10월』에 공개적으로 발표되었습니다.[05]

3. '철저 재건'의 계몽운동과 시스템이론 3부작

신시기(개혁·개방 시기) 특히 1980년대 계몽운동의 열기('문화 붐文化熱') 속에서 청년 학인들의 영혼을 사로잡은 "사상(문화) 지도자思想領袖"는 한국 학계에도 잘 알려진 리쩌허우李澤厚(1930~2021)였다. 그는 자신의 거작들, 예를 들어 '중국 고대·근대·현대 사상사론' 시리즈, 칸트의 '비판철학'에 대한 비판적 연구, 또『미美의 역정』(1981)과 같은 공전의 미학 저작들을 통해 '서구 근대 사상문화를 본체로 삼고, 중국 전통 사상문화를 공용

---

[05] 진관타오 인터뷰 기사「1980년대의 웅대한 사상운동八十年代의 一個宏大思想運動」,『경제관찰보經濟觀察報』, 2008년 4월 27일.

功用으로 삼자'는 이론적 주장을 펼쳤다. 이 때문에 '서체중용론西體中用論'의 주창자로 일컬어졌다.

한편, '문화 붐' 속에서 '철저재건론徹底再建論'의 기수로 일컬어진 소장 학자 중에는 저자 진관타오가 있었다. 또 당시의 중국 독서인들을 크게 매료시킨 '미래로 향해 나아가다走向未來' 총서를 그 시초(1982)부터 기획하고 편집위원회를 이끈 주역도 저자들이었다. 인생의 반려자인 진관타오와 류칭펑은 그 이전에 청년 독자들의 지지와 반대를 한 몸에 받으며 큰 사회적 반향을 불러일으킨 "신시기 문학의 효시" 『공개된 연애편지』(1972/1980)의 남자 주인공과 작가로 이미 문단에 그 존재를 알린 터였다.

무엇보다 저자들은 서구의 현대 과학이론을 인문·사회과학 연구에 도입해, 혁명의 구호가 아닌 새로운 학술과 사상을 갈구하던 젊은 학인들에게 시스템이론系統論(일반체계이론), 사이버네틱스控制論, 정보이론信息論의 '3론三論' 붐을 일으킨 장본인이다. 그 첫 번째 책이 앞서 언급한 『흥성과 위기: 중국 봉건사회의 초안정 구조를 논함』(1984)이다.[06] 그리고 1989년 4월 초 중국을 떠나 홍콩중문대학 중국문화연구소에서 연구원 생활을 시작했다. 새로운 환경에서 학문적 우여곡절을 겪었으나 후속작 『개방 중의 변천: 중국 사회의 초안정 구조를 재론함』(1993)을 완성했고, 다음으로 『중국 현대사상의 기원: 초안정 구조와 중국 정치문화의

---

06   『흥성과 위기』(湖南人民出版社, 1984)의 초고는 1974년에 썼고 1979년 지인들이 등사해 회람하다가 1980년 저자가 『구이양사범학원 학보貴陽師範學院學報』에 연재한 것을 계기로 학계의 주목을 받았으며 그해 출판사 요청을 받고 약 1년간 전문서로 고쳐 썼다. 이때 내세운 가설이 '중국 봉건사회는 초안정 시스템'이라는 것이다. 이 책은 당국의 "갖은 간섭" 아래 3년간 유예 끝에 출판되었다. 그 "사회적 영향은 넓고 깊었으며" 특히 "역사와 사회 연구 분야에 최초로 3론을 도입했다는 평가를 받았다."(위와 같음)

변천』(2000)을 썼다.

    이들 책의 부제에 사용된 '초안정 구조'라는 키워드는 중국 전통사회와 현대사회의 초안정 시스템, 그 내부구조를 들여다본다는 맥락을 가진 용어다. 역자는 이들 "1980년대 시스템이론 3부작"의 연구 방법론이 저자들의 '시스템 진화론'이고, 그 뿌리는 루트비히 베르탈란피 L. v. Bertalanffy(1901~1972)가 20세기 중반에 제창한 시스템이론(일반체계이론)이라는 사실을 알게 되었다.

    1990년대 초에 비하면 오늘날 한국 사회는 학술 정보와 지식을 제공하는 데이터베이스 기반 인터넷 서비스가 상당히 큰 폭으로 발달했다. 그래서 역자도 1970년대에 저자가 "독학으로" 공부해 그들의 사상적 바탕으로 삼은 '(당시의) 현대 과학이론'을 이제 조금씩이나마 공부하고 이해하며 나아갈 수 있다. 이런 문명 발달도 예사롭지 않은데, '문혁'이 하늘을 뒤덮은 그 엄중한 시기에도 꺾이지 않고 '첨단'의 학술과 이론을 스스로 찾아서 공부했다는 사실이 생각할수록 놀랍다.

    (…) 기자: 이 책[『흥성과 위기』]에서 당신들은 중국 봉건사회는 초안정 시스템이라는 가설을 제기했습니다. 이 가설의 주요 내용은 무엇입니까?

    진관타오: 중국 전통(봉건) 사회에는 두 가지 잘 알려진 현상이 존재합니다. 하나는 봉건사회의 장기간 연속(봉건 전제의 특히 완고함)입니다. 다른 하나는 200~300년에 한 번씩 사회 전체에 파급을 미치는 대동란(봉건왕조의 주기적 교체)이 발생한다는 것입니다. 오랫동안 역사가들은 이 두 현상을 별도로 연구했고, 둘 사이의 관계를 조사하지 않았습니다. 그러나 우리는 두 현상이 서로 관련되어 있으며 공통적 본질에서 함께 파생된 것, 즉 초안정 시스템이라는 한 몸통의 두 측면이라고 믿습니다.

초안정 시스템은 정치와 이데올로기적으로 사회를 강력하게 통제하고, 제도 개혁과 새로운 사회 조직의 성장을 허용하지 않습니다. 반면에 부패는 거부할 수 없으며 그 결과 왕조가 부패하고 대혼란이 불가피합니다. 따라서 중국의 2000년 전통 사회·역사에서 모든 봉건 왕조가 사회 안정기에는 번영하는 모습을 볼 수 있지만, 태평성대는 오래 지속될 수 없습니다. 모든 성대한 왕조의 말기에는 상업의 병적 번영, 극심한 빈부 격차, 관료 정치의 극도로 부패한 현상이 나타나는데 우리는 이러한 현상을 '가짜['짝퉁' 정도로 읽힌다] 자본주의假資本主義'라고 부릅니다. 그 결과 대동란이 발생해 수백 년 동안 축적된 생산성과 진보가 물거품이 되었습니다.

대동란은 부패를 효과적으로 제거해 사회질서를 재건할 수 있게 했지만, 새로운 사회 구조로 진화하기보다는 원래의 낡은 정치 구조와 동일한 새 왕조를 재정립할 뿐입니다. 새로운 사회를 건설하기 위한 각종 진보의 축적이 대동란에 의해 파괴되었기 때문입니다. 우리가 인식하기로는, 치세와 난세가 번갈아 나타나는 초안정 시스템의 이러한 메커니즘이 중국 전통사회를 원래의 궤도에 묶어놓아, 그 내부의 상품 경제가 아무리 발달해도 현대 사회에 진입할 수 없었습니다. 바로 이 때문에 최초의 현대 사회는 시장경제가 한때 서구보다 발달했던 중국 전통사회가 아니라 서구 봉건사회 속에서 탄생한 것입니다.

기자: 『흥성과 위기』는 사회에 널리 유행하며 깊은 영향을 미쳤습니다. 왜냐하면 당신들은 처음으로 현대 자연과학의 방법을 중국 역사 연구 분야에 도입했기 때문입니다. 자연과학의 성과와 방법을 사용해 인문과학의 문제를 정량적으로 분석하고, 중국 사회·역사의 발전 법칙에 대한 이론적 모델을 제시하여 경직된 학문 분위기에 신선한 공기를 불어 넣었습

니다. 그러나 중국 봉건사회의 장기간 연속의 원인을 놓고 역사학계에서 1920년대 말과 1950년대 초에 두 차례 대토론이 있었는데, 왜 1980년대 초에 다시 역사학계의 이슈가 되었습니까?

진관타오: '문혁' 기간에 봉건주의가 범람했기 때문에 '문혁'이 끝나자마자 역사학계에서는 중국 봉건사회가 장기간 연속된 원인에 대해 토론하기 시작했습니다. 사실상 사람들의 '문혁'에 대한 가장 끔찍한 발견은 봉건적 전제가 혁명의 이름으로 부활했다는 것입니다. 문화대혁명 속에서 혁명은 하늘을 뒤흔들었고, 많은 사람이 그것을 새로운 가치로 여겼습니다. 그러나 '혁명'이라는 단어가 중국의 말과 문장 속에 고대부터 존재해 왔으며 그 의미는 다름 아닌 바로 왕조 교체라는 생각에 도달한 사람은 얼마나 될까요! 원래 5·4 이후의 혁명은 봉건주의 비판 위에 세워졌는데, 이제 사람들은 '반反전통' 그 자체가 봉건 전통에서 결코 벗어나지 못했음을 발견했고, 이는 사람들이 '왜?'라고 묻지 않을 수 없게 했습니다.

해외 학자들은 5·4 이후의 중국 현대사상을 중국 전통의 단절이라고 보는 일종의 확정적인 견해定見가 있는 것 같은데, 이는 곧 5·4 이후의 중국 당대 사상을 중국 전통의 단절로 간주하는 것입니다. 그러나 칭펑과 저는 봉건주의가 이미 폐기되었는데 왜 '문혁' 속에서 다시 살아 돌아왔는지 묻고 싶었습니다. 이는 근현대사를 포함한 중국 역사의 진행 과정을 다시 사고해야만 한다는 것을 보여줍니다. 따라서 '문혁' 이후 봉건주의에 대한 반성은 매우 중요했으며, 그것은 1980년대 계몽운동의 전주곡이 되었습니다.

단순히 어떤 국지적인 혹은 어떤 측면에서 역사 변천의 궁극적 원인을 탐구하는 것보다도, 우리는 온전한 역사 전체의 관점에서 중국 봉건사회의 내부구조를 이해하고 경제, 정치, 사상문화의 몇몇 방면이 서로 번갈아 어떤 영향을 주고받으면서 서로 인과관계를 이루었는가 하는 역사의 변화 속에서 종합적으로 연구하는 데 더 중점을 두었습니다.

기자: 바꿔 말하면, 당신들은 방법론에 더 중점을 둡니까?

진관타오: 1980년대 초에 방법론이 성행하기 시작했고 '방법론 붐'까지 형성되었습니다. 예컨대 당시 '3론'의 영향은 매우 컸고, 한 시대를 풍미했으며, 문학 연구에서조차 '3론'을 도입하려는 시도가 있었습니다. 오늘날 어떤 이는 그것을 '과학주의'로 분류하는데, 무리는 아닙니다. 중국의 모든 계몽운동은 과학적 방법론에 대한 관심과 관련되었기 때문입니다. 5·4 신문화운동에서 과학은 도덕과 반전통을 평판評判하는 도구였습니다. 그러나 청펑과 저는 1980년대의 '방법론 붐'은 역사적 '과학주의'를 훨씬 능가한다고 생각합니다. 역사적으로 '과학주의'는 낡은 이데올로기를 비판한 뒤 새로운 이데올로기를 구축하는 것을 지향했기 때문입니다. 1980년대의 '방법론 붐'은 그렇지 않았으며 과학기술 그 자체에 대한 성찰反思를 포함해 깊은 반성의식을 옹호했습니다. 그런 의미에서 1980년대의 계몽운동은 확실히 이전보다 깊어졌습니다.

기자: 왜 당신은 시스템이론을 초안정 시스템이론의 방법론적 기초로 삼으려고 했습니까? 오늘날 당신은 당신들이 1980년대에 일으킨 '3론 붐'을 어떻게 평가합니까?

진관타오: 만약 서구의 역사적 경험을 바탕으로 중국 봉건사회가 장기간 연속된 이유를 생각한다면, (그것은) 곧 왜 현대사회가 서구에서 가장 먼저 나타났는지를 탐구하는 것입니다. 서양 학자들은 진즉에 답안을 갖고 있었는데 베버의 본보기[패러다임]가 유명한 예입니다. 만약 우리가 이 문제에 대한 마르크스주의의 대답을 경제결정론으로 본다면, 베버 학설은 넓은 의미의 관념결정론에 속합니다. 제가 시스템이론을 중시하는 이

유는 그 어떤 단일 요인의 결정론에도 빠지지 않기 때문입니다.

『흥성과 위기』를 쓰고 출판하던 당시에 우리는 아직 베버의 학설에 대해 잘 알지 못했지만, 하나의 결정론에서 벗어나 또 다른 결정론에 빠져서는 안 된다는 것을 이미 의식하고 있었습니다. 1990년대에 이르러 국내의 많은 학자는 서구에서 가장 먼저 현대 사회에 진입했다는 베버의 설명을 받아들였습니다. 2000년대 이후 포스트모더니즘의 결정론 해체의 물결을 따라 더 많은 사람이 '거창한 역사는 무의미하다'는 명목 아래 이 문제에 대한 탐구와 토론을 포기했습니다.

그러나 우리는 이러한 흔들림이 올바른 방법론의 부족으로 인한 것이라고 믿습니다. 우리는 심지어 시스템이론이 20세기 가장 중요한 사상적 유산 중 하나라고 생각합니다. 왜냐하면 시스템이론은 우리가 결정론의 한계에서 벗어나게 해주고, 또한 포스트모더니즘 역사학처럼 역사의 큰 문제에 대한 탐구를 포기하는 것을 피할 수 있게 해줍니다. 사실 저와 칭평은 30여 년 전의 관점과 방법을 시종일관 포기하지 않았고, 부단히 관련 연구를 계속 심화하며 세분화하고 있습니다.[07]

4. 마르크스주의와 베버 학설에 대한 비판

저자들도 여느 학자나 연구자와 마찬가지로 학문적 진로를 찾는 과정에서 당연히 우여곡절을 겪었다. 20세기 세계 인문·사회과학의 양대 패러다임인 마르크스주의와 베버 학설에 경도되기 마련이었다. 그러나 결국에

---

07 『경제관찰신문』의 진관타오 인터뷰 기사(2008년 4월 27일), 위와 같음.

는 양자를 비판적으로 성찰하며 당대 과학이론에 뿌리를 둔 자신들의 방법론을 내세웠다. 20세기 말 한국 학계에서도 마르크스주의자와 소위 '베버리언'의 두 진영이 대립했고, 상대방의 관점에 애써 무관심하거나 서로를 인정하지 않으려고 했다. 오늘의 상황도 크게 달라지지는 않은 것 같다. 그렇다면, 이제 저자의 다른 글을 통해 그들이 1989년 4월부터 7년 동안 홍콩에서 겪은 학문적, 사상적 변화에 대해 들어보는 것이 좋겠다.

과학철학에서 인문·사회과학 연구로 나아간 저자들이 처음 접한 홍콩, 타이완 학계는 그들에게는 그야말로 낯선 환경이었다. 역자는 그들이 사상사의 거시 연구(관념사 연구) 속으로 들어가면서 마주친 어려움은 무엇이었고, 또 분투 끝에 얻은 깨달음은 무엇이었는지에 대해 맥락을 짚어 읽어가면서 자못 흥미진진함을 느꼈다. 꼭 학문을 연구하는 독자가 아니더라도, 또 1980~1990년대에 청년기를 보낸 독자가 아니더라도, 지식과 교양의 가치를 알고 추구해나가는 모든 독자에게 유익한 글이 아닐까 생각한다.

> 홍콩에서 일한 초기에 칭펑과 나는 1980년대를 되돌아보며 성찰하는 작업을 계속해야 한다고 생각했다. 우리는 한편으로는 『21세기二十一世紀』 저널의 창간에 참여했고, 다른 한편으론 『흥성과 위기』의 속편인 『개방 중의 변천』을 쓰기로 결정했다. 1980년대에 완성된 『흥성과 위기』가 시도한 것은 통제이론(사이버네틱스)과 시스템이론이라는 새로운 방법을 중국 전통사회의 거시적 구조 연구에 도입한 것, 그리고 '초안정 시스템' 이론을 제시한 것이다.
>
> 『개방 중의 변천』은 중국 근현대 사회의 초안정 시스템의 역사적 변화 발전을 탐구하려는 취지였다. 나는 대학을 1년밖에 다니지 않았을 때 '문

화대혁명'이 시작되어 독학으로 대학교육을 마친 경우로, 양자역학, 시스템이론, 돌연변이설 등을 혼자 공부했다. 1978년에 나는 중국과학원 과학철학연구실에 가서 일했는데 전공은 과학철학이었다. 당시에는 맡은 직책을 스스로 감당할 수 있다고 생각했고, 또 1980년대에는 '시스템의 철학系統的哲學' 3부작을 연이어 완성하며 출판했다. 『발전의 철학發展的哲學』(1986), 『정체의 철학整體的哲學』(1987), 『사람의 철학人的哲學』(1988)이 그것이다.

하지만 홍콩에서 일을 시작한 후 도전이 찾아왔다! 나는 과학철학 연구를 계속할 수 없었고 1980년대에 내가 이해한 시스템이론 연구도 이어갈 수 없었다. 그래서 인문과 역사 영역으로 들어가지 않으면 안 되었다. 그렇지만 그때 나는 서구의 인문과 역사 연구에 대해 아는 것이 매우 적었다. 예를 들어 1986년에 나는 왕젠셴王軍銜과 공동으로 『비장한 쇠락: 고대 이집트 사회의 흥망悲壯的衰落: 古埃及社會的興亡』이라는 책을 출판했다. 집필 기간에 우리는 가능한 한 많은 문헌을 수집하려고 했지만, 베이징도서관은 고대 이집트 문명에 관한 영문 서적이 많지 않았다. 우리의 자료는 대부분 소련의 연구에서 온 것이다.

이 책이 출판된 후 어느 타이완 학자가 우리를 비판했는데, 그 대체적인 뜻은 우리 연구가 근거한 사료 기반이 취약하고, 서양 학계의 관련 연구 성과에 대해서도 아는 바가 거의 없다는 것이었다. 솔직히 말해 비평자가 『비장한 쇠락』을 읽고 이해했는가 여부와 상관없이 그의 의견이 일리가 없는 것은 아니다. 왜냐하면 우리는 당시 상대적으로 폐쇄적 환경에서 연구했기 때문에 접할 수 있는 자료가 매우 제한적이었고, 미국에서 유학한 타이완 학자들에 비해 최신 연구 성과를 정확히 알 수 없었기 때문이다.

타이완의 학자들로서는 서양의 학술 저작을 읽지 않고는 책을 쓸 자격이 없다. 타이완의 사상가 린위성林毓生이 했던 말을 기억한다. 그는 미국에 간 뒤에야 막스 베버를 알았고, 그때 부끄러워서 몸 둘 바를 몰랐다고 말한 적이 있다. 내가 베버의 저작을 진정으로 읽은 것도 홍콩에 간 뒤였지만, 나는 부끄러워서 몸 둘 바를 모르지는 않았다. 그 이유를 말하면, 1970년대에 나는 베버를 이해할 수 없었다. 1980년대에는 베버를 연구하기 위해 마음을 가라앉힐 수 없었다. 1990년대에 내가 직면한 큰 문제는 서양 인문·사회과학의 진전을 이해하는 것, 또 그것들과 내가 원래 쥐고 있던 것 사이의 관계를 이해하는 것이었다. 사실, 자연과학과 과학철학에서 사회과학으로 전향하기는 쉽다. 하지만 일보 더 나아가 인문과 역사 연구로 전향하기란 쉽지 않다. 그래서 나는 이미 42세였지만 처음부터 배우기 시작해야 했다. 다시 새롭게 '도를 깨닫는聞道' 과정이었다. 나는 어려서부터 마르크스의 영향을 받았지만, 베버는 마르크스와는 완전히 다른 유형의 사상가였다. 내게 가장 크게 와닿은 것은 제1차 세계대전 이후 베버의 변화다. 마르크스의 학문은 모더니티現代性에 대한 비판에 뿌리를 둔 것으로, 제1차 세계대전은 현대적 가치의 바람직하지 않음不可欲을 증명한 것에 불과했다. 반면에 베버의 사상은 더 미묘하다. 그는 줄곧 현대적 가치의 확고한 옹호자였다. 제1차 세계대전이 사람들로 하여금 자유주의의 정당성에 대한 의문을 품게 했을 때, 베버는 개인의 권리가 현대 사회의 핵심 가치라는 점을 결코 부정하지 않았다.

베버는 모더니티가 쇠우리[Iron Cage]라는 것을 인식하면서도 쇠우리를 철저히 타파하는 것은 사람들을 깊은 수렁에 빠지게 할 뿐이며 해방을 얻게 하는 것이 아니라고 굳게 믿었다. 5·4 운동 이후의 중국인들이 서양 현대사회의 위기를 발견한 뒤, 그것이 본보기[패러다임]가 되는 것을 부정한 것은 조금도 어려운 일이 아니었다. 어려운 일은, 이런 때에도 여전히 현대적 가치와 개인의 권리를 견지하며 현대사회를 위한 출로를 모색하는 것이었다. 베버의 중요성은—모더니티가 시작된 이래로—그가 현대적 가치는 그 어떠한 도전에 직면하더라도 포기되어서는 안 된다는 것을 인식한 최초의 사상가라는 데 있다.

'도를 깨닫는' 과정에서도 나는 여전히 과학철학을 늘 잊지 않고 사색했지만, 유감스럽게도 홍콩에는 이 분야의 학자가 극히 적었다. 처음에는 친구 몇 명과 과학철학을 토론하는 작은 모임을 만들고 싶었지만, 이는 1990년대의 시대 분위기와 크게 맞지 않아 결국 자연히 끝나고 말았다. 나 역시 칭펑과 함께 인문과 역사 연구에 깊이 들어갔다.

5. 사상사 연구의 고충 — 가치중립(객관성)의 허구성

중국사상사中國思想史 속으로 들어가다

한동안 나와 칭펑은 베버의 사상에 흡인되어 인문·사회 연구에 있어 더이상 시스템이론을 운용할 필요가 없고 [베버의] '이해'의 방법을 운용하면 된다고 생각했다. 그러니까 과거의 사회적 행동을 지배했던 사상 속으로 우리 자신이 들어가게 하면 된다고 생각했다. 그러나 『개방 중의 변천』을 쓰는 과정에서 우리는 서양에서의 현대 자본주의의 기원과 관련된 베버의 이론은 근현대 중국 사회의 변천을 설명할 수 없다는 것을 알게 되었다.

어디서 문제가 생겼을까? 우리는 사회의 변화 발전을 연구함에 있어 시스템이론의 중요성을 다시 한 번 깨달았다. 『개방 중의 변천』은 베버의 영향을 받지는 않았지만 우리는 베버 학설의 묘미를 잊지 않고 있었다. 나중에야 우리가 깨달은 것은, 문제의 초점을 오로지 관념 시스템[사상(사)의 거시 체계]이 변화 발전하는 내재적 논리에 집중해야만 베버의 '이해' 방법의 중요성이 비로소 드러나게 된다는 것이다.

1993년 『개방 중의 변천』을 출판한 뒤 2000년까지 꼬박 7년 동안 우리는 책을 내지 않았다. 무슨 까닭인가 하면, 우리는 『중국 현대사상의 기원』을 쓰기 시작하면서 사상사 연구 영역으로 들어갔는데, 이때 나는 자신이 사상사의 내재적 논리, 특히 19세기 서양 사상사를 근본적으로 이해하지 못했음을 발견했기 때문이다. 그 밖에도 나는 중국 유학儒學도 이해하지 못했다. 관련 저작을 독해하면서 나는 그것들이 무엇을 논하고 있는지 이해하기 어려웠다. 이것은 나에게 큰 난관이었다. 나는 내 원래의 사상방식에 큰 맹점이 존재하는 까닭에 사상사에 내재하는 이치를 독해할 수 없는 것이라고 느꼈다.

나중에야 나는 자연과학과 사회과학에서 사상사 속으로 들어가는 것의 고충을 분명히 알 수 있었다. 바로 객관성과 가치중립을 묵인한다는 것이다. 그것은 연구자가 자신을 사회적 행동자로 간주해 마음속으로 자신이 연구하는 사회적 행동을 재연할 방도가 없게 만들기 일쑤다. 그 결과, 자신의 연구 대상을 진정 이해할 수 없게 된다. 사상 밖에서 사상을 논하는 것은 실제로는 자각하지 못하는 사이에 '연구자의 사상'으로 '행동자의 사상'을 대체하는 것이다. 이 모든 것이 가짜 이해를 초래한다. 인문과 역사 연구도 물론 객관성과 가치중립성을 요구한다. 그러나 그것은 다른 방법을 사용해 실현하는 것이다.

[그 방법은] 구체적으로 두 단계로 나눌 수 있다. 첫째 단계는 연구자가 특정 가치체계에 들어가 그것에 대한 이해를 진행하는 것이고, 둘째 단

계는 연구자가 이 가치체계에서 물러나 그것의 비판자, 반성자가 되는 것이다. 이와 같은 '들어감'과 '물러남'이 연구 과정에서 반복적으로 진행되어야 한다. '들어감'이 없으면 연구자는 과거 사람들의 마음 내지는 관념의 전개와 변화의 내재적 논리를 이해할 수 없다. '물러남'이 없으면 연구자는 객관적 반성을 할 수 없고 심지어 '온전한 전체整體'로서의 관념체계를 볼 수도 없으며 자신의 '들어감' 이후 체험을 인과因果관계로 표현할 수도 없다.

마르크스의 학설에 근거하면, 존재가 의식을 결정하며 의식이란 모두 의식이 도달한 존재다. 어느 시대의 존재라 해도 당시의 보편 관념 및 그 관념의 지배 아래 있는 사회적 행동을 포함한다. 그렇다면 이러한 보편 관념은 무엇으로부터 오는가? 바꿔 말해, 새로운 관념이 생겨나는 기제는 무엇인가? 일단 초점을 사회적 행동이 그것을 지배하는 관념에 대해 어떻게 반反작용을 하는가에 맞추자, 나와 칭펑의 사고 맥락은 차츰 분명해지기 시작했다. 우리는 두 가지 유형의 관념체계가 존재한다는 것을 깨달았다.

하나는[첫 번째 유형의 관념체계는] 사회적 행동에 의해 쉽게 변하지 않는 관념으로, 도덕 가치가 그 예다. 존재는 당위에 대해 의문을 제기할 수 없으므로 도덕 가치는 일단 확립되면 쉽게 바뀌지 않는다. 다른 하나는[두 번째 유형의 관념체계는] 사회적 행동과 서로 융합된 관념인데, 그것은 기본적으로 사회적 사실의 한 부분으로 간주될 수 있다. 가장 전형적인 예가 바스티유 감옥 점령 사건이다. 당시 역사의 장면에서는 바스티유 감옥을 습격한 행동이 그리 중요하지 않았지만, 나중에는 그것이 프랑스 대혁명의 시초로 간주되었다. 이는 프랑스에서 대두된 인민주권 관념이 해당 사건을 재해석한 것과 밀접한 관련이 있다. 소위 관념 변화의 내재적 논리는 대부분 첫 번째 유형의 관념체계 속에 존재한다.

우리는 더 나아가, 도덕이 스스로 바람직하지 않을 때 가치 역전價値逆反이 발생할 수 있음을 발견했다. 이는 도덕을 궁극적 관심으로 하는 문화, 곧 중국 문화 특유의 것으로, 원래 가진 도덕규범이 바람직하지 않거나 '좋지 않다不好'고 여겨질 때 원래의 도덕규범과 상반相反하는 가치가 새로운 궁극적 관심이 된다. 새 궁극적 관심도 여전히 도덕이다. 연구자는 자신이 사회적 행동자인 것으로 가정해야 하며, 원래의 도덕규범이 바람직하지 않을 때 자신의 사상이 어떻게 변화할지 상상할 필요가 있다.

오랜 시간의 모색 끝에 우리는 비로소 중국 사상사와 서양 사상사의 기본구조를 분명히 알았다. 19세기 서양 사상사를 익히기 위해 나는 '들어감'의 방법에 생각이 미쳤고, 그것이 바로 『마르크스 엥겔스 전집』의 '주注'을 연구함으로써 당시 서양의 주류사상을 이해하는 것이었다. 나는 청년 시절부터 『마르크스 엥겔스 전집』에 익숙했는데 일단 이런 숙지하는 내용을 보편적 사상의 진화 과정 안에 두었더니 많은 것이 명확해지기 시작했다.

그리고 당시 나와 칭펑은 다음과 같은 강한 신념을 갖고 있었다. '홍콩중문대학은 신유가新儒家의 발원지인데 [여기서 '신유가'는 20세기 '현대 신유가New Confucianist'를 가리키는 말로, 송명이학자의 별칭으로 불리는 '신유가 Neo-Confucianist'와 구별된다. 그러나 리쩌허우는 『중국 현대 사상사론』에서 현대 신유학을 현대의 송명이학으로 인식했다] 우리가 여기서 일하면서 신유가의 유산을 계승하지 않을 이유가 없다. 따라서 반드시 신유가들이 사상사에 기여한 바가 무엇인지 알아야 한다.' 그래서 우리는 7년 동안 우리 자신의 지식체계體系를 갱신하는 데 많은 공을 들였다.[08]

6. '(도덕) 가치 역전'에 대하여

사실은 더 길게 인용했어야 하는데 여기서 짚고 갈 개념이 있어서 잠시 중단했다. '가치 역전價值逆反'이라는 개념의 번역어 때문이다. 10여 년 전에 이 개념을 처음 봤을 때 니체 철학의 (권력의지를 준칙으로 하는) '모든 가치의 전도顚倒' 곧 '가치전도' 개념과 동일시할 뻔했다. 그러나 곧 저자의 의도는 다르다는 것을 알았다.

윗글에서도 "이는 도덕을 궁극적 관심으로 하는 문화, 곧 중국 문화 특유의 것"이라고 한정했으므로 니체의 '가치전도'와 동일 개념이 아니다. 저자도 자신의 '가치 역전' 개념(관점)과 관련하여 니체 철학을 언급한 적이 없다. 그리고 설사 이 관점이, 저자들께 죄송스럽지만, 니체 철학의 '짝퉁'이라 해도 저자의 맥락에서 번역하는 것이 타당하다. 저자의 다른 책을 번역한 한국어 역서는 '價值逆反'을 '가치전도'로 옮겼는데, 역자의 생각은 다르다는 점을 말한 것이다.

'가치 역전'과 '가치 반전' 두 번역어를 놓고 꽤 오랜 시간을 고민했다. 문맥상의 활용, 능동태 사용 원칙, 더 잘 통하는 발음 등을 기준으로 비교(예: 역전한 가치/반전한 가치)한 끝에 '역전'을 택했다. 물론 '반전'도 틀린 번역은 아닐 것이다. 또 언급해야 할 점은, 니체의 '모든 가치의 전도Die Umwertung aller Werte'와 '가치전도Umwertung' 개념은 중국의 학계에서는 '重估一切價值(모든 가치를 다시 매김/~ 가치의 재평가)'와 '價值重估(가치 재평가)'로 번역하는 것이 일반적이라는 것이다.

그럼에도 역자는 '(도덕) 가치의 역전'이라는 저자의 관점(개념)

08　진관타오,『잃어버린 진실: 현대사회의 사상적 곤경消失的真實: 現代社會的思想困境』'서언序言', 中信出版集團, 2022

을 아직도 잘 이해하지 못하겠다. 지금도 어렵기만 하다. 혹시 독자들도 이해하기 어려운 것 아닐까? 이 개념을 설명해놓은 저자의 다른 책이나 글은 없는지 궁금해서 찾아 헤맨 끝에 『중국 사상사 10강中國思想史十講』(法律出版社, 2015)의 제3강이 이 문제를 언급한 것을 발견했다.

저자에 따르면, '도덕 가치의 역전'은 일종의 사상·문화적 현상이다. 도덕을 '궁극적 관심'으로 하는 중국 문화에서, 고유한 도덕(적) 목표가 성취될 수 없을 때 사람들은 고유한 도덕규범과 반대되는 측 혹은 도덕규범에 대한 부정을 새로운 도덕으로 간주해, 인생의 새로운 의의로 삼는다는 것이다. 이어서 저자는 '가치 역전의 원리'와 '도덕 가치 역전의 정의'에 대해 쓰고 있다. [ ]의 내용은 역주다.

> 가치 역전價値逆反의 원리: 가치란 무엇인가? 왜 가치는 역전할 수 있는가? 가치는 주체가 대상에 부여하는 주관적 평가다. 이 대상은 객체일 수 있고, 기호일 수 있고, 또 [몽상과 같이] 존재하지 않는 것일 수도 있다. 어떤 평가를 한다는 것은 곧 주체의 (해당) 대상에 대한 행위를 규정한다는 것이다. 따라서 우리가 어떤 가치를 담론할 때는 필연적으로 가치의 두 층위와 연관된다. 하나는 주체의 평가가 가리키는바 대상이라는 층위로, 그것은 가변적인 것이다. 다른 하나는 일단 대상에 어떤 평가를 매긴 뒤에는 그것에 대한 주체의 행위가 규정되는데, 이는 의의意義의 층위로 불변성을 갖는다. 어떤 가치든 가치 의의의 층위와 그것이 가리키는 대상의 층위, 두 층이 있음을 이해했다면, 그리고 이 두 층위는 분리될 수 있는 것임을 이해했다면, 가치 역전은 (어떤 하나의) 가치 의의의 층위는 변하지 않으나 [주체가] 가리키는 대상은 완전히 상반된 것으로 변화할 수 있음을 알 수 있다.

'도덕 가치 역전道德價値逆反'의 정의: [도덕은 개체의 의지가 선善의 가치를 지향하는 것으로, '선'의 가치는 일련의 행위 규범에 해당한다] 도덕 가치 역전은, 도덕을 궁극적 관심終極關懷[Ultimate Concern]으로 하는 문화에서 고유한 도덕의 내용이 '바람직하지 않다不可欲'거나 '좋지 않다不好'고 여겨질 때[따옴표는 역자], 원래의 도덕 내용과 상반相反하는 가치를 새로운 도덕으로 삼아서 추구하는 현상이 발생하는 것을 가리킨다. 도덕 가치가 역전되어 상반하는 과정에서 도덕은 '선을 향한 의지向善的意志'로서의 가치라는 이 의의는 변하지 않으나, 선이 가리키는바[선과 연관되는] 대상은 상반하여, 도덕은 원래의 (어떤 하나의) 규범으로부터 이 규범을 부정하는 것으로 변한다. A는 'A 아닌 것(非A)'으로 변하고 이 'A 아닌 것'이 바로 새로운 도덕의 내용이 되는 것과 같다.

왜 도덕을 궁극적 관심으로 하는 문화에서만 도덕의 내용이 바람직하지 않을 때 도덕 가치 역전이 출현하는가? 왜냐하면 다른 주축 문명에서는 도덕은 궁극적 관심이 아니며 하느님의 명령이나 지식 추구와 같은 외래적 규정에서 유래하는 반면 중국 문화에서는 도덕 그 자체가 궁극성이고, 다른 더 높은 가치에서 도출되는 것이 아니기 때문이다. 중국 문화에서는 무엇이 선에 대응하는가 하는 것은 하느님의 바뀔 수 없는 외재적 규정에서 유래하는 것이 아니다. 원래의 선이 가리키는바[선과 연관되는] 대상이 바람직하지 않을 때[不可欲, 바라거나 욕망할 수 없음], 초월적 시야는 여전히 현세에 존재하여, 그 가치에 대한 부정으로 좋은 가치를 대신할 수 있을 뿐이다.[09]

---

[09] 진관타오, 『중국 사상사 10강中國思想史十講』(北京: 法律出版社, 2015), 제3강

역자는 이 글을 읽고서 당장에 (도덕) 가치 역전이라는 메커니즘을 명쾌하게 이해했노라고 말할 수는 없다. 그러나 위의 인용문을 반복해 읽고 되새기면서 저자의 권유대로 '들어감'과 '물러남'의 가치중립적(객관적) 연구를 하다 보면 "도를 깨닫듯" 밝은 이해에 도달하지 않을까 기대한다. 이 문제는 이쯤 기록해두고, 앞에서 중단한 저자의 『잃어버린 진실: 현대사회의 사상적 곤경消失的真實: 現代社會的思想困境』(2022) '서언序言'을 좀 더 읽어보자.

7. 과학적 진실과 인문적 진실 ─ 포퍼의 반증주의에 대한 비판

청년 시절부터 나는 과학적 진실이 무엇인지 알고 있었고, 홍콩에서 일하는 기간에는 다른 종류의 진실, 즉 인문적 진실성을 의식하기 시작했다. 인문적 진실성은 주체가 자연어에 대한 이해를 통해 타인의 관념 또는 과거에 발생한 사회적 행동이 주체의 마음속에서 한 번, 또 한 번 되풀이되며 재연될 수 있게 한다. 과학적 진실은 '통제된 실험의 보편적 반복 가능성受控實驗的普遍可重複性'에 해당하고, 인문적 진실은 주체가 사회적 행동에 참여하거나 참여를 상상하는 통제된 과정의 반복 가능성受控過程的可重複性으로, 우리는 그것을 이해 가능성可理解性이라 불렀는데 그것은 과학적 진실성으로 환원化約될 수 없다. 건전한 현대사회에서는 두 가지 진실성 구조가 필수적이다.

인문적 진실성

일단 인문적 진실성을 이해하고 나자, 나는 즉시 자신의 1980년대 철학

연구의 맹점을 발견했다. 1988년에 출판한 『사람의 철학』에서 나는 가치 시스템[체계]과 '궁극적 관심'에 대한 연구를 해나가면서 그것과 현대 과학의 관계를 분석해야 한다는 것을 조금은 의식했다. 그러나 인문 연구의 독특한 방법과 진실성의 원칙을 이해하지는 못했다. 인문적 진실은 과학적 진실로 환원될 수 없으므로 현대사회를 과학철학 위에 세우는 것은 존재와 당위를 혼동하는 것이고, 성공할 수 없다는 것을 나는 깨닫기 시작했다.

이는 부인할 수 없이 내게 큰 충격을 주었으며, 계몽운동(1980년대 사상 해방운동을 포함해서)의 한계, 즉 현대사상을 민족주의 혹은 과학주의 위에 세우는 것의 제한성을 깨닫게 했지만, 한 걸음 더 나아가 되돌아보며 성찰해야겠다는 결심을 더 강하게 했다. 현대사회의 정당성 논증의 한계를 깨달은 이상, 서구 주류사상 중에 모더니티의 기원과 관련된 내용을 체계[시스템]적으로 연구할 필요를 느꼈다. 이와 동시에, 중국 근현대 관념 변천의 궤적을 그리기 위해 칭펑과 나는 키워드에 대한 통계 분석을 진행하기 시작했다. 이를 바탕으로 서구 모더니티의 기원과 중국 현대 관념의 형성을 비교하려는 시도였다.

1990년대 후기에 많은 역사 문헌이 전산화되었다. 이는 우리가 '중국 근현대사상사 전문 데이터베이스'를 구축해, 키워드에 대한 통계 분석을 통해 중국 현대 정치 관념의 기원, 변화 발전, 재구성을 추적하고, 『개방 중의 변천』과 『중국 현대사상의 기원』 두 저서의 관점을 검증할 수 있게 했다. 칭펑은 데이터베이스 구축에 많은 시간과 노력을 들였고 나는 서양의 개인, 권리와 같은 관념의 기원과 모더니티 논증에 대해 자세히 정리하기 시작했다. 나는 포퍼가 '빠르게 쇠하는 철학자'로 불리는 것이 무리는 아니라는 것을 점점 더 또렷이 볼 수 있었다.

포퍼의 '부정적 공리주의'와 하이에크의 시장경제 정당성 논증은 서로 찬란히 비추기는 했지만 둘 다 존재로부터 당위를 추론하는 데 힘썼다. 사실상 현대사회의 정당성 논증은 도덕 논증 항목이다. 그것은 과학 위에 세워질 수도 없고, 사실에 관한 인식론적 원리를 사용해 추론할 수도 없다.

나는 반증주의證僞主義의 오류를 일찍이 깨달았지만, 존재와 당위의 관계를 사고해본 적은 없었다. 이때야 비로소 모더니티는 하느님에 대한 신앙과 인지적 이성 간의 분리와 공존에서 기원했음을 인식하기에 이르렀다. 만일 신학 사상, 특히 칼뱅주의파의 '성약聖約' 관념(사람이 하나님 앞에 서약하는 것)의 지지가 없었다면 시장경제의 부단한 확장과 과학기술의 무제한적 발전을 허용하는 현대 계약사회는 출현할 수 없었을 것이다.

문화사상 연구에 있어서 홍콩은 특수성이 있다. 중국 근현대사로 말하자면, 홍콩은 줄곧 비非중심적이고 특수한 위치에 처해 역사의 짐이 그다지 많지 않았다. 이는 보다 개방적인 역사관을 형성하는 여건을 마련해주었다. 그러나 철저히 개방된 마음은 공허한 것일 수밖에 없다. 1990년대에 칭펑과 나는 타향을 떠도는 자에게 반드시 일어나는, 문화적 대 끊김文化斷根의 과정을 겪었다. 누구를 위해 글을 쓰고 무엇 때문에 연구를 하는지, 자신이 누구인지 당혹스럽기까지 했다. 사실, 모더니티의 기원을 연구하려면 먼저 개체를 완전히 집어삼키기에 족할 만큼의 허무함부터 체험해야만 한다.

홍콩중문대학에서 일한 10여 년은 내가 청년 시절 이후 학문에 집중할 수 있었던 드문 시간이었다. 자신의 사고를 어떻게 국제 표준에 접목할 것인가 하는 것이 그 시대 내륙內地 지식인들이 자주 봉착한 문제였다. 나에게 있어 국제 표준의 접목은 서양 학계의 사유 양식을 따라 사고하는 것이 아니라 과학과 인문, 중국 문화와 서양 문화를 온전하게 통합하고, 이를 보다 광활하고 보편적인 구조 안에 두는 것이다.

홍콩에서 나는 마르크스가 런던에서 현대사회를 관찰하며 『자본론』을 썼던 정경을 자주 생각했다. 홍콩은 계약사회다. 홍콩을 통해 사회를 관찰하면서 나는 사람들이 왜 경제 동물로 변하는지 알게 되었고, 또 현대사회의 다원적 균형의 중요성을 이해했다. 물론 우리의 생활 형편은 영국에서 망명 생활을 했던 마르크스보다 훨씬 나았다. 홍콩에 살아본 적이 없는 사람은 상업 대도시 홍콩의 80퍼센트를 차지하는 교외 지역이 개발되지 않았다는 것을 모를 것이다. 주말에 직장 동료들과 하이킹을 나갔다가 대여섯 시간 인적이 없고 이따금 들소 떼가 풀을 뜯고 있는 깊은 산속을 걸어간 것은 잊을 수 없는 기억이다. (…)[10]

저자들이 홍콩중문대학 중국문화연구소에서 분투하고 있었던 1992년 초에 역자도 한국에서 갓 대학을 졸업한 뒤 홍콩에 건너와 같은 대학의 연합서원聯合書院에서 예비 대학원 과정을 밟고 있었다. 장차 전공 분야로 삼고 싶은 '현대 신유학' 관련 자료를 수집하면서 1월부터 6월까지 그곳에 머물렀다. 배후에 샤틴 만沙田灣이 펼쳐진 서원 기숙사에서 지내면서 '문화적 대 끊김'이나 '허무'를 느낀 건 아니었지만 처음 외국 생활을 시작한 20대 청년이 느끼기 마련인 이국적 정서와 향수에 젖은 기억은 남아 있다.

그러나 당시 한창 불안과 동요에 휩싸였던 사회주의 중국에서 건너온 연구자가 자본주의 첨단의 홍콩 사회, 학술계에서 겪은 사상·문

---

10 진관타오, 『잃어버린 진실: 현대사회의 사상적 곤경』 '서언'

화적 허무감은 도저히 다른 것이었으리라. 인용문에 서술된 저자의 생각을 역자가 온전히 이해했다고 말하기는 어렵다. 원문을 좇으며 자료를 찾고 공부하면서 오역을 최소화하려고 애쓸 뿐이다. 그리고 역자와 함께 저자의 문맥을 좇고 행간을 들춰내면서 민첩하게 구하려 애쓰는 독자를 상상하며 계속 공부하고 있다.

8. '진실성 철학'으로 전향하다

이제 저자가 『중국 현대사상의 기원』(제1권)의 후속작 제2권, 제3권을 저술할 것이라고 기대할 수는 없을 듯하다. 물론 시스템이론은 저자들의 확고한 방법론이고, 함께 '3론 (붐)'을 형성한 '사이버네틱스(통제이론)'는 특히 저자가 중시하는 연구 방법론이다.(본래 시스템이론에서 분화한 연구 분야다) 다만 『잃어버린 진실』(2022)은 저자들이 '진실성 철학'의 연구로 방향을 전환했음을 보여준다.

『잃어버린 진실』 서문에서 진관타오는 20세기의 세 가지 혁명으로 일컬어지는 전 지구화의 대두, 과학 혁명, 철학의 언어학적 전향에 대해 비판한다. 그 목적은 현대인이 철학적 사고에 눈뜨게 하려는 것이다. 이와 동시에 과학이 무엇인지 분명히 하여 철학과 과학의 경계를 명확히 확립하고자 한다. 저자는 그렇게 해야만 인류의 진실한 가치와 의의를 다시 세울 수 있다고 믿는다. 말은 쉽지만 거대하고 어려운 주제가 아닐 수 없다.

그렇지만 역자는 이 '노익장'들의 학문적 귀착을 무심코 지나칠 수 없다. 지난날에 진관타오와 류칭펑이 걸어온, 고단하지만 중대한 학문의 길을 이제 조금은 알기 때문이리라. 저자는 근래에 예전보다 더욱 왕성한 저술과 강의를 하고 있다. 실천하는 철학자는 사람들을 이끌고 나아간다. 누가 알겠는가? 21세기 중국인을 변화시키고, 중화인민공화국을 바꾸어놓을 수도 있다. 그리하여 세계인이 시선을 모으고 귀를 기울여 거대한 변화를 시작하게 이끌 수도 있다. 나는 근래에 인류를 향해 이토록 담담하게 '진실한 마음'을 다시 세우자고 말하며 치밀하게 논증하는 사상가를 본 적이 없다. 『중국 현대사상의 기원』(간체자판) 서문의 마지막 부분을 끝으로 역자 후기도 마무리해야겠다.

> 회상해 보건대, 우리가 이 책의 연구와 저술에 몰입하던 1993년 당시, 중국어권 사상계에는 두 가지 사조가 있었다. 하나는 중국 근대 이후의 급진주의 특히 신문화운동의 '전반적 반反전통주의'에 대한 비판이었다. 다른 하나는 당시 열기를 더해가던 '자유주의'라는 화제였다. 당시 우리가 불안감을 느낀 것은 이들 두 사조 모두 역사의식이 결핍되어 있기 때문이었다. 그러므로 『기원』은 그 자체로 이들 사조에 대한 응답이다. 흔히 사상 탐구자에게 가장 큰 도전은 사회와 사상의 변화가 사상 연구보다 빠르게 전개되는 것이다.
>
> 홍콩에서 이 책을 출판한 2000년 그 당시는 마침 세기가 바뀌던 때로, 1990년대 사조는 철 지난 것이 되어버린 반면에 새로운 세기의 면모는 뚜렷이 드러나지 않았다. 10년이 지난 오늘날 톈안먼 광장에 모습을 드러낸 9.5미터 높이의 공자상孔子像은 세계 2위의 경제 실체로 비약한 중국에게 과거 전통문화의 영광을 회복해야 한다고 부르짖는 것만 같다. 동시에 유가의 도덕 문화를 이용해 이미 심각하게 규범을 상실한 사회 기강을 바로 세우려고 하는 것 같다.

사상사 연구는 언제나 사상 자체보다 뒤처질 수밖에 없지만, 그것은 시대의 격랑 아래로 흐르는 깊은 해류와 같다. 표면은 그다지 세간의 주목을 받지 못해도 심층에서는 오랫동안 지속적 영향력을 발휘하고 있다. 그러므로 역사상 두 차례 발생한 중국과 외국의 문명 대융합의 경험을 연구하고 깊이 성찰하는 과정을 거치지 않고서는 중국 문화가 나아가는 방향을 전망하기 어려울 것이다. 사실, 사상 변천에 대한 역사적 감각을 가지고 우리 선배들의 사고와 시도를 진지하게 이해하면 오늘날 중국이 직면한 도덕적 타락, 궁극적 관심[Ultimate Concern]의 부재를 해결하기 위해 급조해낸 방편들이 얼마나 창백하고 무기력한지 알 수 있다. (…)[11]

이 글을 맺기 전에, 함께 원서를 읽고 번역을 고민해주신 한국철학사상연구회 김우철 선생님께 감사의 말씀을 드려야 한다. 이 책 원서의 근현대 부분을 역자보다 먼저 읽고 초역까지 해주셨기에 역자가 그것을 검토하고 수정하며 한결 수월하게 번역문을 만들 수 있었다. 하지만 원통하게도 선생은 COVID-19 바이러스가 온 세상을 집어삼키던 그 무렵에 중환자실에 격리되어 너무도 허망하게 영면에 드셨다. 역자의 마음을 다해 감사와 애도를 바친다.

10여 년 전에 이 책의 번역을 기획하고 역자에게 번역을 맡겨주신 노승현 선생님께는 감사하다고 인사할 염치도 없다. 죄송하다는 말씀밖에 못 드리겠다. 41세의 역자에게 번역을 맡겨 48세의 역자에게서 역문을 받았고, 다시 7년이 지난 오늘에야 그 열매를 보는 것이니 무슨 말씀을 드리겠는가! 속이 미어진다. 그때나 지금이나 선생이 기획하는 중

---

[11] 진관타오·류칭펑, 『중국 현대사상의 기원』 제1권, 「서: 사상으로서의 사상사 연구」

국 인문학 역서들은 식견과 안목을 갖춘 한국 독자의 사랑을 받을 뿐 아니라 한국의 중국학 수준을 몇 단계나 끌어올리고 있다. 그래서 역자도 분수에 넘치는 욕심을 부려봤지만, 너무 오래 걸렸다.

글항아리 출판사에게 감사드린다. 역자가 출판사에 번역 원고를 넘기기로 약속했던 기일을 터무니없이 어긴 데다, 내용이 읽기가 쉽지 않은 원서이고, 역문도 좋은 한국어가 아니었기에 이 책이 출판될 것이라고는 예상하지 못했다. 그러나 이승은 선생님의 놀라운 실력을 통해 원고 교정이 이루어졌고, 마침내 진관타오·류칭펑 선생의 이 책이 한국 독자에게 전해질 수 있게 되었다. 이 모든 것을 가능하게 해주신 강성민 대표에게 깊이 감사드린다.

부록

오늘날 사회사상 위기의 근원을 논함
論當今社會思想危機的根源

여기 부록으로 싣는 저자의 글은 홍콩중문대학 중국문화연구소 시절 저자들이 창간에 참여했던 『21세기』 창간 30주년 논총(2020년 10월호, 제181기)에 게재되었다. 그 후 원고 수정을 거쳐 '진실성 철학 시리즈真實性哲學系列' 서문에도 수록했다. 역자는 『21세기』의 글을 바탕으로 '시리즈' 서문과 비교해 들고 빠진 부분을 보완한 뒤 번역해 이 책에서 소개한다. 저자의 생각을 몸소 이해해보려고 역주를 달고 [ ] 속에 넣었다. ( ) 속 내용은 저자의 것이다. 글의 제목은 『21세기』에 실린 그대로다. ―옮긴이

진관타오

"철학의 혼란은 이제까지 사회사상의 혼란을 의미하고 있다. 인류의 사상을 바다에 비유한다면, 철학적 사고는 아마 그 가장 심층의 닿기 어려운 밑바닥일 것이다. 역사적으로 말하자면, 바다의 표면은 그림처럼 햇빛 찬란하고 평온할 때도 있고, 비바람이 몰려와서 파도가 용솟음칠 때도 있지만, 정작 해저 깊은 곳에선 거의 어떤 감각도 없다. 그러나 거꾸로, 바다 깊은 곳에서 어떤 소동이 일어나 혼란해지면, 인류 사상의 동요는 장

차 아주 오랫동안 지속될 것이다."_ 진관타오,『사람의 철학: '과학과 이성'의 기초를 논함』[01]

1. 2020년의 세계

『21세기』창간 10주년[2000년]과 20주년[2010년]에 즈음하여 나는 두 차례 글을 발표해 '인류의 새로운 세기는 어떤 모습을 할 것인가?'를 토론했다. 새로운 세기에 인간은 어떤 '세기 의식'을 갖게 될 것인지에 관해 나는 이렇게 지적했다. '21세기 의식'의 형성은 20세기 역사에 대한 비판과 성찰에 바탕을 두는 것이다. 그것은 혁명과의 결별, 시장경제의 의심할 여지없는 정당성의 확립, 모든 민족에게 도구적 이성과 보편적 인권이 수용되는 것 등을 포함한다. 그러나 동시에 이런 의식의 근간을 갉아먹는 변화도 일어나고 있다. 즉 평화와 번영의 일상화는 인류로 하여금 과거의 고난을 잊게 하고 있다고 말이다. 나는 이제 한 걸음 더 나아가 질문을 던지고자 한다. '21세기 의식'이 형성된다는 전제가 더는 존재하지 않는다면, 가슴 조마조마했던 20세기 역사를 간직한 21세기 현재의 관념 시스템[이하 '시스템系統'은 '체계'로 표기]은 또 무엇으로 바뀔 것인가?[02] 『21세기』창간 30주년 즈음에 신종 코로나바이러스 감염증COVID-19의 만연과 세계적 동시 유행의 혼란에 직면했다. 이 모든 것이 답을 가진 듯하다. 21세기 인류는 사상思想에 있어 19세기로 되돌아갈 것이다.

01   진관타오,「서언序言: 哲學家的內心獨白」,『사람의 철학人的哲學: 論'科學與理性'的基礎』(成都: 四川人民出版社, 1988), p.6.
02   진관타오,「我們生活在'新世紀'嗎?」,『21세기二十一世紀』(香港中文大學, 中國文化硏究所), 2000년 10월호, pp.51-55.

2020년은 획기적 의미를 갖는 해다. 신형 코로나바이러스의 전 지구적 유행은 수많은 사람의 생명을 앗아갔을 뿐 아니라 전 세계를 보기 드문 '대봉쇄'[great lockdown] 상태에 몰아넣었고, 전 지구적 경제활동도 전례 없는 불황에 빠지게 했다.『이코노미스트The Economist』의 기사가 지적했듯이 "전염병은 글로벌 거버넌스의 무정부 상태를 드러낸다. 프랑스와 영국은 격리 검역 규칙을 놓고 끊임없는 논쟁 중이고, 미국은 무역전쟁을 계속하고 있다. 미국 연방준비제도가 타국 중앙은행에 대출해주는 등 코로나19 기간의 협력 사례가 있기는 하지만 미국은 세계의 리더 역할을 하고 싶어 하지 않는다. (…) 세계 각지의 여론은 바야흐로 전 지구화를 포기하고 있다."03

영국의 공식적인 유럽연합 탈퇴, '흑인 생명은 귀중하다Black Lives Matter'라는 반인종차별 운동의 발전, 미국의 새 대통령 선거…… 이 모든 것은 세계에 더 많은 불확실성을 가져왔다. 실상 코로나19는 인류 생존에 위협이 되지 않고 역사상 발생했던 감염병에 비하면 미미한 수준이다. 그러나 이상하게도 그것이 인류의 사상에 가한 충격은 거센 파도와 같았고, '낙타를 짓누르는 마지막 지푸라기'였다.[서양 속담 '한도를 넘으면 지푸라기 하나를 더 얹어도 낙타의 등뼈가 부러진다The last straw breaks the camel's back'에서 유래] 그 후 사람들은 20세기 두 차례 세계대전의 교훈을 소중히 여기지 않게 되었고, 전 지구화에 반대하는 사상과 민족주의를 막을 수 없었으며, 많은 사람의 심리상태는 19세기로 되돌아갔다.

19세기는 현대 민족국가가 급격히 팽창한 시대로, 민족국가의 이익을 지상 가치로 삼았다. 이는 인류를 제1차 세계대전으로 몰아

---

03 "Goodbye Globalization," *The Economist*, May 16th(2020), pp.7-8.

넣었으며 이것이 가져온 재난은 모더니티現代性[04]를 의심하는 사조의 유행을 초래하여 마르크스주의에 대항하는 파시즘이 출현했다. 그 결과는 제2차 세계대전과 냉전이었다. 20세기 인류는 전 지구화가 발전시킨 거대 위기를 맞이했다. 두 차례 세계대전에서 수천만 인구를 잃었고, 게다가 전체주의[totalitarianism, 1930년대 후반에 주로 이탈리아 파시즘, 독일 나치즘, 일본 군국주의를 통칭하는 말이었고, 제2차 세계대전 이후 냉전 시기부터는 주로 공산주의를 가리켜왔다] 통치의 고통을 겪을 대로 겪었다. 이를 성찰하는 과정에서 비로소 제1차 전 지구화[05], 모더니티, 민족국가, 민주적 가치 등의 문제를 재조명하고, 전체주의 사회가 일으킨 교훈을 받아들여 시장경제의 성공과 그 파생된 문제를 성찰하고, 현대적 가치의 체계體系를 재구성하고 보완한 결과 제2차 전 지구화가 출현했다.[06]

그러나 30년의 평화와 번영을 거치며 경제와 과학기술이 놀랍

---

04 역사적으로 '모더니티'는 전통을 거부하고 개인주의가 우선 고려되며 자유와 평등을 지지하는 흐름을 대변한다. 또한 인간의 완성, 사회적·과학적·기술적 발전에 대한 믿음, 합리화와 전문화, 산업화와 도시화, 세속화 등을 내포한다. 철학적으로는 콩트, 마르크스, 프로이트의 철학으로 대표되며 계몽주의, 실존주의, 마르크스주의 등과 연관된다. 저자는 마르크스와 베버를 비판하므로 덧붙이자면, 모더니티에 대한 비판자들, 가령 아도르노와 지그문트 바우만은 '합리화' 개념을 '발전을 위한 발전'으로 규정한 베버와 달리, 모더니티를 근대 사회에 부정적이고 비인간적 영향을 준다고 보았다. 두피디아 '모더니티Modernity' 참조. — 옮긴이

05 제1차 산업혁명(1760~1840)의 직접적 영향으로 1810년부터 제1차 세계대전 발발(1914) 이전까지 약 100년간 세계(상품, 노동력, 자본) 시장이 통합한 양상을 가리킨다. 즉 ①세계 상품시장이 통합하면서 무역량이 급증 ②대량 이민 시대가 열리면서 국제적으로 많은 노동력이 이동 ③국제 자본시장이 통합하면서 자본의 이동도 매우 활발했다.(이철희, '제1차 세계화', 네이버 TV 서울대 지식교양 강연, 생각의 열쇠 참조.) — 옮긴이

06 제2차 세계대전 이후 본격화한 (제2차) 전 지구화는 교통과 통신기술의 발전으로 국가 간 교류가 증대되어 국경의 제약이 점차 약화하고 개인과 사회 집단이 한 세계 안에서 상호 의존성이 심화하는 현상이다. 경제·정치·문화 등 사회 다양한 영역에서 영향을 미치고 있다. 전 지구화는 생활의 편리함과 수준을 향상시켰지만 국가, 인종, 민족, 종교 간의 대립 및 국가, 집단 간의 정치적 이해득실을 둘러싼 갈등이 심화되었고, 이에 따른 환경 문제 등 다양한 문제점이 제기되었다. 두피디아 '세계화Globalization' 참조. — 옮긴이

게 발전하는 동안 역사는 또 재연되는 듯하다. 제2차 전 지구화가 조성한 문제에 봉착해, 특히 이 요동치며 불안정한 세계에 직면해 기존의 사회와 정치철학, 거버넌스와 통합의 경험은 모두 효력을 잃었다. '자유주의의 성지'인 미국도 먼로주의Monroe Doctrine 07 시대로 후퇴하고 민족주의와 보호주의 사조가 날이 갈수록 유행하고 있다. 그 트레이드마크는 트럼프의 등장과 '미국 우선'[America first] 정책의 출현이다. 그런데 이러한 사건들 배후의 더 심층적인 위기는 사실事實 자체의 공공성이 무너지고 있는 것이다.[저자의 맥락에서 '사실'은 '팩트fact'와 '진실truth'을 포괄한다. 이 글은 2020년 시점에서 과학과 정치-사회를 규정하는 '포스트 팩트post-fact'와 '포스트 진실post-truth'의 특성을 비판하고 저자의 '진실성 철학'을 대안으로 내세우기 위한 것이다] 후쿠야마Francis Fukuyama 의 말을 빌리자면, 현재 "거의 모든 권위 있는 정보의 유래는 질문에 봉착했고, 의심스럽고 출처가 불분명한 사실들의 도전을 받고 있으며" "민주제도가 총체적 곤경에 직면한 것의 직접적 결과는 가장 기본적인 사실에 대해 합의하지 못하는 것으로, 미국, 영국 및 세계 각국이 그렇지 않은 경우가 없다"는 것이다.08 이는 제2차 전 지구화의 가치 기반이 흔들리고 있음을 보여준다. 공통의 가치가 없는 글로벌 경제 공동체는 생각할 수 없는 것이다. 따라서 민족주의를 지상의 가치로 삼는 것이 끊임없는 충돌과 심지어 전쟁을 가져온다는 것을 안다

---

07 1823년 미국 먼로 대통령이 선언한 미국의 외교원칙으로, 주로 ①유럽 국가는 남북 아메리카에 새로 식민지를 얻어선 안 된다. ②유럽 국가는 서반구 독립국에 유럽의 구체제를 강요해선 안 된다. 두 가지를 가리킨다. 19세기 중엽에는 서반구에서 미국의 세력 확장을 방해하려는 시도를 배제하는 주장의 근거로 이용되었고, 19세기 말~20세기 초에는 서반구에서의 미국의 정치적 우월성을 유럽에 대해 주장하고 미국만이 질서 유지자를 위해 간섭할 수 있다는 입장의 근거가 되었다. 21세기 정치학대사전 '먼로주의' 참조.—옮긴이

08 弗朗西斯·福山,「"後事實"世界的興起」,『中國新聞周刊』(2017년 2월 13일), pp.22-23.[원본: Francis Fukuyama, "The Emergence of a Post-Fact World"(Jan 12, 2017), *The Project Syndicate*]

하더라도, 그 후과는 문명의 퇴행일 것이며 21세기의 인류는 사상에 있어 19세기로 후퇴하고 말 것이다.

　　　　이는 우리에게, 도대체 이 세상이 어떻게 된 건가? 하는 의문을 품게 한다. 이 질문에 답하려면 20세기의 또 다른 양대 사건을 되돌아봐야 한다. 하나는 20세기 과학 혁명, 특히 상대성 이론과 양자역학의 출현이다. 수 세기 동안 사람들은 코페르니쿠스 혁명, 뉴턴 역학, 상대성 이론 및 양자역학에서 차례로 파격적인 과학 혁명을 일으키는 것을 목격했다. 21세기에 들어서도 새로운 과학 혁명이 있을 것이라는 낙관적 믿음이 있었지만, 실상은 그렇지 않았다.[09] 즉 상대성 이론과 양자역학은 현대과학의 궁극적 기초이지만, 왜 이 두 이론이 현대과학의 초석인지에 대해 철학자들은 아는 바가 매우 적다. 20세기의 과학철학자들, 즉 카르납Rudolf Carnap, 포퍼Karl R. Popper로부터 쿤Thomas S. Kuhn에 이르기까지 그들의 과학 혁명에 대한 해석은 결국 틀린 것으로 판명되었다. '현대과학이란 무엇인가?'에 대한 20세기의 철학적 탐구는 실패했다고 말할 수 있다. 사람들은 이 실패가 제2차 전 지구화 속에서 사상과 가치의 기초가 좌절된 것과 일란성 형제라는 사실을 깨닫지 못했다.

　　　　과학과 정치-사회 분야가 직면한 문제는 모두 대단히 어렵고 힘든 것이다. 먼저 정치-사회 분야에서 보자면, 제2차 전 지구화의 가치 기반이 무엇인지, 그 배후의 사회 운행 메커니즘을 알지 못한다면 우리는 어떻게, 민족주의가 상호 충돌하고 끝내 초래될 문명의 퇴보를 피할

09　혹자는 현재 인공지능 분야의 진전이 새로운 과학 혁명을 대변한다고 말할지 모른다. 그러나 실상 오늘날의 인공지능 '혁명'의 본질은 컴퓨터 하드웨어가 발전하고 방대한 데이터가 축적됨에 따라 뉴럴 네트워크 오토머터神經網絡自動機[neural network automata]의 연구와 제조가 물질적·기술적 조건의 한계를 돌파할 수 있게 한 것으로, '과학 혁명'이라 부를 수 없다. 金觀濤, 「反思'人工智能革命'」, 『文化縱橫』, 2017년 8월호를 참조할 것.

수 있을까? 과학기술 분야에서 보자면, 우리가 거시적 관점에서 과학이 무엇인지 이해하지 못하고, 또 과학이 왜 진실인지 알지 못한다면 그 결과는 과학주의가 또 한 차례 대두하는 것과 과학 유토피아 사조의 범람일 뿐이다. 결국 과학은 새로운 종교가 될 것이다.

  오늘날 새로운 기술이 다양한 분야에서 빠르게 대중화되고 또 적용되고 있음에도 우리는 여전히 과학에 대한 거시적 이해가 부족하다. 나는 생명과학의 진전을 예로 들어 다음과 같이 설명한 바 있다. 오늘날 유전공학과 합성생물학의 새로운 발전으로 인해 큰 변화가 일어나고 있고, 막을 수 없지만, 사람들의 생명에 대한 거시적 이해는 생물의 세부 지식에 대한 이해와 조작을 따라가지 못한다. 그 결과, 기술이 과학 전체를 지배하면서 인간은 '조물주' 역할을 할 수 있다는 맹목적 자신감을 가지게 되었다.[10] 구글의 수석 미래학자인 레이 커즈와일Ray Kurzweil은 2045년에는 인류가 영생을 실현할 것이라고 예언했을 정도다.[11] 하지만 이는 진실真實한 것일까? 만약 그렇지 않다면 이와 같은 일대一大 환각은 왜 유행하는가?

  누군가는 이렇게 말할지도 모른다. '역사적으로 보면, 인간은 언제나 기술을 완전히 이해하기도 전에 그것을 조작하고 응용했으며, 또 그 위에 허위적 신념을 의탁했다. 증기기관, 전기에서 원자력까지 모두 그러했다. 부실한 과학 상상들, 별로 대단한 일도 아닌 것에 크게 놀라워해서는 안 된다.'[따옴표는 역자] 그러나, 과거 과학의 발전은 이론이 한 걸

---

10 王芊霓·艾其,「南都觀察對話金觀濤: 我們活在'盛世', 卻從未如此恐懼風險」(진관타오와의 대화: 우리는 '번영의 시대'에 살고 있지만, 정작 이처럼 공포스러운 모험은 없었다),『南都觀察』

11 Ray Kurzweil, "Immortality by 2045", Kurzweilai.Net, http://www.kurzweilai.net/global-futures-2045-ray-kurzweil-immortality-by-2045.

음 뒤처졌을 뿐, 사상과 이성은 언제나 기술을 파악하려고 노력했고, 과학적 진실성의 기반은 흔들린 적이 없었다. 그러나 오늘날은 다르다. 인터넷, 인공지능, 생명과학 기술의 발전은 이 시대의 사상을 훨씬 뛰어넘었고, 과학 연구자들은 더 이상 전체적 방향을 파악하기 어려우며, 심지어 그것을 환상이나 미신과 구별할 수도 없다. 더욱 치명적인 것은, 많은 사람이 생각하고 궁리하기思考를 포기했다는 점이다.[『표준 국어대사전』의 '사고思考' 참조]

　　20세기 종교는 차츰 공적公的인 생활에서 벗어나고 있다. 본래는 과학기술의 기초를 사고하고 현대 사회의 가치체계와 정합整合[온전하게 결합]하는 것이 철학의 과제였지만, 오늘날 철학자들은 언어 분석의 감옥에 갇혀 사회 문제를 이해하지 못하고 현대과학을 이해하지 못하고 있다. 우리는 흔히 인간의 지적 욕망은 무한하며 그것[지적 욕망] 또한 인류 자신의 지적 욕망에 의해 파괴된다는 말을 듣곤 한다. 기실 이런 말은 정확한 것이 아니다. 왜냐하면 지적 욕망은 두 가지로 구분되기 때문이다. 하나는 거시적이고 철학적인 욕망이고, 다른 하나는 미시적이고 세세한 욕망이다. 나는 이렇게 생각한다. 오직 과학과 현대 사회에 대한 인류의 거시적이며 철학적인 파악 능력이 소멸하는 경우에만, 영혼이 없는 과학기술은 비로소 인류에게 상해傷害를 야기하고, 심지어 현대 사회의 파멸을 초래할 것이다.

　　아이러니하게도 철학이 곤경困境[predicament]에 빠진 것은 20세기 철학 혁명의 결과다. 현재의 사상적 위기의 근원을 분석하기 위해 나는 20세기 두 번의 세계대전, 냉전, 과학 혁명과 나란히 놓아도 위화감이 없는 또 하나의 대사건을 언급하고 싶다. 그것은 바로 철학 혁명이다. 모두가 알다시피 인류는 언어(즉, 기호체계符號系統)를 통해 세계를 파악하고, 수천 년 동안 언어(기호)를 사용해 철학, 진리, 역사를 토론해왔다. 그러나 인류가 줄곧 알지 못한 것은, 기호란 무엇인가? 왜 사람은 기호를 사용할 수 있는가? 기호를 토론하는 것은 어떤 가치가 있는가? 하는 문제였다. 이는 물고기가 물속에 살고 있다는 사실을 모르고, 물이 어떤 제한을 가져다주었는지 인식하지 못하는 것과 같다. 인류가 물고기와 자신의 삶이 어떻게 다른가를 아는 것은 물 바깥에 서서 물고기를 볼 수 있기 때문이다. 바로 이렇게, 20세기 철학의 언어학적 전향을 비유적으로 표현할 수 있다. 줄곧 물속에서 살았던 물고기가 수면 밖으로 뛰쳐나와 자신이 생존한 세계를 볼 수 있게 되는 것과 마찬가지로 철학자는 세계와 언어가 동형 구조[이소모피즘]라는 사실을 발견하고, 자신이 기호를 사용해 세계를 파악한다는 것, 형이상학은 언어의 오용이 가져온 착각이었음을 의식하기에 이르렀다는 것이다.

  이러한 의미에서는 철학의 언어학적 전환은 인류의 위대한 사상적 해방이고, 그것은 20세기 과학 혁명과 동등하게 중요한 혁명이다. 그러나 상대성 이론과 양자역학의 확립과는 달리, 이는 정작 사람의 사상을 금지하는 혁명이 되었다. 논리실증주의[logical positivism]의 흥기가 뚜렷이 보여주었듯이 과학에 대한 철학의 인식은 아리스토텔레스식으로 바뀌어 삼단논법[syllogism]을 세계 연구의 방법으로 삼았고, 그것을 사용해 새로운 지식을 내놓았다. 그 외에도 그것은 형이상학을 철저히 폐기하는 동시에 인문과 도덕을 철학에서 배제했다.

  아이러니하게도 철학 혁명의 대표자로 공인되는 비트겐슈타인이라는 천재의 등 뒤에서 철학은 거세되었고, 그 창조성은 올가미에 속박되었다. 카르납이 주장했다시피 철학자의 유일한 작업은 언어분석으로 바뀌어, 한편으로는 무의미한 형이상학적 문장을 추려내고, 다른 한편으로는 나머지 의미 있는 문장을 두 부류로 나눈다. 하나는 논리와 문법으로써 진위를 가릴 수 있는 문장이다. 또 하나는 세계를 묘사하는 경험적 의미를 갖는 문장이다. 전자는 수학자, 논리학자, 언어학자에게 분석을 맡긴다. 후자는 과학자에게 건네준다.[12] 이렇게 되면 인류는 언어가 대상을 어떻게 파악하는지 찾아내 사상이 작동하는 큰 구조의 윤곽을 그릴 수 있을 것만 같았다. 이는 참으로 멋진 철학적 상상이었지만, 결과는 도리어 인문 정신의 쇠락과 '사람人'의 위축이었다. 사람의 이상理想도 철학의 죽음과 함께 조소의 대상이 되었다.

    누군가 이런 질문을 할지 모른다. '두 번의 세계대전과 냉전을 어떻게 과학 혁명, 철학의 언어학적 전향과 아울러서 논할 수 있나? 앞의 둘은 20세기 인류 생활의 정치질서와 물질세계의 격변에 해당하고, 후자는 철학이 마침내 자기가 무엇인지를 깨닫고, 그리하여 그것이 짊어진 무거운 부담을 없애버린 것이 아닌가?'[따옴표는 역자] 실상, 바로 철학의 죽음이 오늘날 인문적 가치가 정치와 과학기술 문제에 응답할 힘이 없게 된 상황을 초래한 것이다. 내가 강조하고 싶은 것은, 모더니티·민족주의에 대한 성찰과 과학 혁명을 이해하고자 힘쓰는 과학철학은 동시에 생성되었으나, 또 동시에 실패했다는 점이다. 하지만 왜 두 가지 모두 실패했는지 사고하는 사람은 많지 않다. 이는[두 가지가 함께 생성하고 함께 실패한 것은] 우연의 일치일까?

    내가 제시할 관점은 이렇다. 표면적으로는 코로나19가 인류를 19세기 사상의 상태로 퇴행시켰다고 하겠지만, 더 심층적인 원인은, 제2차 전 지구화의 기초가 되는 각종 신념이 일격에도 견디지 못할 만큼 취

---

12   王巍, 「認知意義的判斷標准」, 載吳彤·蔣勁松·王巍 主編, 『科學技術的哲學反思』(北京: 淸華大學出版社, 2004), p.143.

약하고 모래 위에 세워진 것이라는 점이다. 20세기 두 차례의 세계대전과 냉전 그리고 과학 혁명과 마주했던 우리는 현대 사회의 사상적 기초를 개선했어야 한다. 즉 모더니티, 과학, 생명의 의의에 대한 인류의 인식을 새로운 수준으로 끌어올렸어야 한다. 그리고 이 노력이 허사로 돌아간 가장 중요한 이유는 철학이 언어분석의 감옥 속에 갇혀 기호적 진실과 경험적 진실의 관계를 진정으로 이해하지 못했기 때문이다.

위의 분석을 종합하면 다음과 같은 결론을 얻을 수 있다. 모더니티의 토대는 인류가 전통사회 속에서 형성한 진실한 마음眞實心靈이다. 오늘날 온갖 사상적인 곤경의 이면에는 모두 하나의 공통적 본질이 존재한다. 바로 진실한 마음의 상실이다. 그것[진실한 마음의 상실]은 모더니티의 전개상 필연적 결과다. 정치-사회, 과학, 철학의 영역에서 인류가 마주친 곤경은 전혀 관련이 없어 보인다. 그러나 이들 3자 뒤에는 진실성의 상실이라는 공통의 본질이 있고, 그러므로 진실성 철학眞實性哲學은 원점으로 돌아가는 탐구에 해당하며, 그 목적은 이 잃어버린 진실성을 새로 되찾는 것이다.

2. 진실성이란 무엇인가?

무엇이 진실한 마음인가? 진실성이란 무엇인가? 이는 오늘날 사상계에서 가장 곤혹스러운 질문이면서 또 전혀 깨닫지 못하는 문제다. 분석의 편의를 위해, 나는 우선 '진실성'을 '대상'에 대한 주체의 가장 기본적인 감각과 판단으로 정의한다. 그것은 대상에 대한 주체의 태도가 소홀할지 아니면 주의할지를 규정한다. 이와 같은 가장 기본적인 감각과 판단은 더 나아가 대상을 평가하고 자신과 대상의 관계를 규정하는 선제다. 진실성은 인류 생존의 조건이며, 인류가 과학, 정치-사회, 철학 분야에서 탐구를 수행하는 인식론의 초석이다.

오랜 세월 사람은 줄곧 세 가지 진실성의 매개체였고, 전통사회의 진실성도 세 층위를 포함하고 있었다. 첫째, 모든 사람이 시시각각 외부세계를 마주하고 그 대상이 진실인지 아닌지 구분해 판단하고 반응할 수 있다. 나는 이를 (넓은 의미의 기술을 통해 느낀 것을 포함하여) 사실의 진실성事實的眞實性이라고 부른다. 둘째, 주체는 매일 자기를 마주하고, 행동과 가치의 매개체로서 자아에는 행동의 의의와 가치의 진실감이 존재한다. 나는 이를 가치의 진실성價値的眞實性이라고 부른다. 셋째, 사람은 죽음을 마주할 필요가 있는 존재이고, 죽음이 불가피함을 의식할 때 주체는 삶의 궁극적 의미라는 고문拷問에 직면하고 대답할 것이며, 아울러 그에 상응하는 사고와 행동이 수반될 것이다. 나는 이를 궁극적 관심의 진실성終極關懷的眞實性이라고 부른다.

전통사회에서 상술한 세 층위의 진실성은 서로 온전히 결합해 사람의 진실한 마음을 구성했으므로 그것은 전통문화의 기반이다. 모더니티는 궁극적 관심(히브리 신앙)과 [그리스·로마의] 인지認知이성 간의 이원적二元的 분열에서 기원한 것으로,[13] 이로부터 상호 정합적인 세 가지 진실성은 서로 분리되기 시작했고, 각자의 전개 속에서 자신에 대한 이해를 발전시켰다. 이는 진실성의 일대一大 해방이었으나, 사람들은 이 세 가지 진실성이 상호 유지維持하는 것임을 알지 못했다. 현대 사회 초기

---

13   Modern은 라틴어 modernus에서 도출된 단어다. 라틴어 modo는 '바로 지금'의 뜻으로 5세기에 처음 기독교 시대와 이교도 시대를 구분하는 의미로 사용되었다. 두피디아 '모더니티' 참조—옮긴이

만 해도 서로 분리된 세 가지 진실성은 여전히 연계되어 존재했다. 즉 사람은 아직 진실한 마음을 가지고 있었다. 그러나 세 가지 진실성의 상호 유지 메커니즘이 사라짐에 따라 그 장기적 후과로 세 가지 진실성은 각각 서로 다른 인식론을 형성할 수밖에 없었다. 이 세 가지 인식론은 상호 유지적 메커니즘이 결핍되었기 때문에 각각 발전하는 중에 모두 비정상적으로 변화되어갔으니 그 결과는 진실한 마음의 해체다. 이것이 바로 19세기부터 오늘날까지 사상의 위기가 시간이 가면 갈수록 심화한 근본 원인이다.

일찍이 19세기 말에 니체는 '신은 이미 죽었다'고 제기했다. 20세기 도덕[적] 상대주의가 나날이 흥기하면서 도덕은 이익 추구와 동일시되었고, 이는 궁극적 관심이 사회에서 물러나기 시작했다는 것, 그리고 가치의 공공성을 상실했다는 것을 의미한다. 정치-사회 영역에서 진실성의 상실은 사실, 가치, 궁극적 관심의 [상호] 분리를 수반한다. 가치의 공공성의 소멸은 필연적으로 그 진실성의 해체를 초래한다. 이때, 어떻게 개인 생명의 궁극적 의의를 안정시킬 것인가? 이는 바로 민족주의가 부단히 팽창하는 사상적 원인이다.

20세기 두 차례 세계대전의 교훈은 사람들이 국가의 주권은 반드시 인권에 기초해야 하며 민족주의가 지고무상한 것이 아니라는 것을 수긍하게 했지만, 정작 '제2차 전 지구화의 가치론적 기반은 무엇인가'[따옴표는 역자] 하는 근본 문제는 줄곧 해결하지 못했다. 실상, 도덕과 신념이 없는 사람들에 의해 구성된 계약사회에서 민족정체성(주의)은 현대의 보편적 가치보다 더 높은 의의[가치]를 지닐 수밖에 없고, 민족 지상의 주장이 사회적 충돌 와중에서 다시 한 번 대두되는 것은 불가피하다. 이런 것들이 모두 인류 문명이 직면하고 있는 거대한 도전들이다.

궁극적 관심[의 진실성]과 가치의 진실성이 더 이상 존재하지 않을 때, 과학기술과 경제의 지속적 발전은 인류의 유일한 목표가 된다. 그렇지만 과학기술이 의존하는 사실의 진실성은 언제까지 존재할 수 있을까? 도덕과 신앙[신념]이 결핍된 사회가 과학기술과 경제의 진일보한 발전을 포용할 수 있을까? 다시 말해서, 현대 사회의 발전, 특히 과학기술의 급속한 발전으로 다른 두 층위[궁극적 관심, 가치]의 진실성은 모두 사라지고, 사실의 진실성만 남게 되었다. 20세기에 들어 사실의 진실성은 더 나아가서 주체와 무관한 객관적 진실로 탈바꿈했다. 그러나 사실의 진실성은 인류의 열린 마음을 지탱할 수 있을까?

21세기에 들어 인터넷 시대가 도래하고 가상현실virtual reality이 확장되면서 객관적 진실도 와해되어가는 중이다. 우리는 진짜와 가짜가 구분되지 않는 세계에서 살아갈 가능성이 매우 크다. [상술한바] 후쿠야마가 제기한 '포스트 팩트後事實[post-fact] 시대의 도래가 바로 이를 증명하고 있지 않은가? 인터넷 기술의 발전은 한편으로는 우리에게 간편한 정보 획득 채널을 제공하지만, 다른 한편으로는 소셜 네트워크에도 각종 허위 정보가 넘쳐나고 있으며, 참 정보와 거짓 정보의 경계가 나날이 모호해지고 있다. 참과 거짓이 구분되지 않는 세계는 필연적으로 혼돈과 동요의 세계인 것이다. 사실의 진실성에 기반하는 비판적 이성은 더 이상 열린사회의 기초가 될 수 없다.

아래에서 나는 오늘날 세계의 진실성 판단의 혼란을 설명하기 위해 두 가지 사례를 제시한다. 먼저 과학 분야에서 기호적 진실과 경험적 진실의 혼동이다. 2019년 4월 세계 여러 나라의 과학자들이 일제히 블랙홀 사진을 공개했는데, 이 사진은 200명 이상의 과학 연구자가 10년 이상에 걸쳐 4대륙 8개 관측 지점에서 '포착'한 시각적 증거로, 아인슈타인의 일반 상대성 이론의 블랙홀 존재에 대한 예견을 실증한 것이다. 블랙홀 발견은 의심할 바 없이 대단한 진보다. 여기서 내가 분석하려는 것은 이 발견의 진실성이 아니라 블랙홀의 사진이 대체 무엇을 의미하는가 하는 것이다.

과거의 경험에 근거하면, 사진에 찍힌 물건은 모두 경험적 진실이다. 이 사진은 의심할 바 없이 과학계가 대중에게 블랙홀의 존재 증거를 보여준 것은 틀림없다. 그렇지만 내가 질문하고 싶은 것은 이것이다. 이 사진이 정말로 통상적인 사진처럼 미지 대상의 존재를 증명한 것일까? 즉 그것은 진실인 걸까? 사실상 블랙홀은 시공간의 특이점spacetime singularity 으로서, 기호적 진실(수학적 진실)이지 경험적 진실이 아니다. 이른바 블랙홀 사진이 '포착'한 것은 블랙홀 가장자리의 빛의 고리[후광]일 뿐이다. 우리는 블랙홀 사진을 볼 때 수학적 진실과 경험적 진실을 혼동한다. 과학자들은 사진을 보여줄 때 이를 알고 있었을지도 모른다. 문제의 관건은 사회 대중은 이런 혼란에 대한 감각이 전혀 없다는 점이다.

블랙홀의 진실성은 수학 기호의 층위에만 존재한다. 1916년 독일 천문학자 카를 슈바르츠실트Karl Schwarzschild 는 계산을 통해 아인슈타인의 중력장 방정식에 대한 하나의 해를 얻었는데, 이 해는 대량의 물질이 공간 한 점에 집중되면 그 주위에 기이한 현상, 그러니까 질점質點 주위에 계면界面 즉 '시계視界'가 존재한다는 것을 밝혀냈다. 일단 이 계면에 들어가면 빛도 빠져나갈 수 없다. 이와 같은 '불가사의한 천체'는 미국의 물리학자 존 휠러John Archibald Wheeler 에 의해 '블랙홀'로 명명되었다. '블랙홀'은 경험적으로는 무의미한 것이라고 할 수 있지만, 우리는 그것을 경험상 존재하는 것으로 상상한다. 이 문제를 더 잘 설명하기 위해 우리는 또 다른 명제를 볼 수 있다. 신神은 존재하는가 여부가 그것이다.

20세기 언어철학에 따르면 기호의 진실성은 경험에서 나와야 한다. 그렇지 않으면 무의미하다. 이런 의식은 인문·사회·종교 영역에까지 깊숙이 파고들었다. 수학은 기호체계이고 자연어는 또 다른 기호체계로, 상술한 예를 자연어의 예로 바꾸면 사람들은 기호와 경험을 혼동하는 것이 적절하지 않음을 쉽게 깨닫는다. 모두가 알다시피 『성경』에 근거하면 하느님은 존재하신다. 그러나 많은 철학자가 보기에 하느님은 자연어의 한 기호일 뿐이다. 자연어 텍스트를 읽을 때는 순수 기호와 경험적 대상을 대표하는 기호를 엄밀히 구분해야 한다. 전자는 진실한 것이 아니고 후자가 진실한 것이다.

　　그러나 나는 따져 묻고 싶다. 과학의 영역에서는 순수 기호(수학적 진실)와 경험적 대상을 나타내는 기호(과학적 진실)가 혼동되어도 된다고 생각하고 블랙홀 사진을 꺼내 대중에게 보여주면서, 반면에 왜 인문·사회과학 영역에서는 자연어로 표현되는 대상들 가운데서 순수 기호와 경험적 대상을 나타내는 기호를 구별해야 하는가? 블랙홀은 수학적 진실로서 존재하는데 왜 마찬가지로 기호인 하나님은 존재하지 않는가? 여기서 나는 종교의 문제를 토론할 생각은 없지만, 이 예를 빌려서 20세기 사람들의 습성화된 사유 패러다임이 오늘날 온갖 사상적 곤경을 만들어낸 근원임을 설명하려고 한다.

　　인류는 현재 심각한 정신 분열에 빠져 있다. 어떤 사람들은 과학을 추앙하고 수학 기호가 그들의 마음속에서 새로운 하느님이 되어 인류가 고급 문명이 창조한 가상세계에서 살아갈 가능성이 크다고 생각한다. 다른 사람들의 마음속에서는 종교 신앙이 의심할 바 없이 진실한 것이고 그것은 이성의 제약을 받지 않을 뿐 아니라 반이성적이기까지 하다. 각종 극단주의 사조가 이 관념의 지배 아래 일어난다. 오늘날 기호와 경험의 관계를 어떻게 인식할 것인가? 어떤 상황에서 기호는 경험 세계에 끼워 넣을 수 있는가? 어떤 상황에서 불가능한가?[14] 대답한 철학자는 없었지만 이는 엄밀한 철학적 분석이 필요하다.

또 다른 예는, 이른바 '데이터로 말하라'다. 최근 몇 년 사이에 빅데이터는 진상真相과 거의 동일시되었고, 사람들은 빅데이터가 혼란스러운 상황을 파악하고 불확실한 상황에서 확실한 경계를 긋는 데 도움이 될 수 있다고 믿는다. 그러나 빅데이터는 정말 우리가 세상을 더 깊이 통찰하게 할 수 있을까? 코로나19 사태에서 빅데이터는 기이한 역할을 했다. 때로는 즉시 업데이트되고 정확해 보이는 저 데이터들이, 사람들이 전염병의 추세를 이해하는 데는 도움이 되지 않으며, 되레 사실을 왜곡할 가능성이 있다.

미국 템플대학 수학과 교수인 존 앨런 파울로스John A. Paulos는, 표면상으로는 정밀한 전염병 데이터가 실제로는 많은 불확실성을 포함하고 있다고 지적했다. 첫째, 사망률 및 감염률과 같은 기본 자료의 불확실성으로, 도대체 전염병으로 인해 사망한 사람이 몇인가? 검사 없이 치료를 받는 사람이 많고, 감염되었을 가능성은 있으나 증상이 없는 사람들을 고려하면 실제 감염자 수를 어떻게 실증할 수 있는가? 둘째, 의료기관과 언론이 이런 데이터를 보도하는 방식이 왜곡될 수 있다는 것인데, 가령 어느 날 어느 곳에서 신규 환자가 10배 증가했는데, 이는 이전의 바이러스 검사 건수가 부족했기 때문일 수 있다. 하루아침에 바이러스 검

---

14 오랜 기간 우리는 진실성의 원칙에 대해 오해가 있었다. 기호 체계가 경험과 부합하기만 하면 진실이라고 생각하는 것이 그것이다. 이는 옳지 않다. 어떤 기호 체계가 경험과 부합한다는 것은 이 기호 체계가 경험 세계의 정보를 전달할 수 있음을 분명히 나타낼 뿐이다. 이 정보가 신뢰할 수 있는가 없는가를 기호 체계는 논하지 않는다. 기호와 경험은 항상 분리된 것이다. 우리는 그것을 혼동해서는 안 된다. 자연어와 수학 언어도 서로 다른 두 종류의 기호 체계다.

사 범위를 확대하면 자연히 '환자 수'는 배로 늘어날 것이다. 이런 의미에서 숫자의 정확성은 순수 수학의 영역에 존재할 가능성이 더 크다는 것이다. 이러한 통계 숫자가 최종적으로 가져온 것은 나날이 증가하는 사회적 분열과 공포다.[15]

그리고 더욱 중요한 것은, 상이한 빅데이터 상호 간의 자기 일관성自洽[self-consistency, '자기모순 없음'이라는 뜻에서] 부재다. 이 모든 것은, 상이한 빅데이터 뒤에는 상이한 문화와 제도, 그리고 전염병이 상호작용하는 상이한 패러다임이 숨어 있음을 보여준다. 코로나19 전염병이 인류 사회에 초래한 진정한 영향은 인명 손실이 아니라, 그것이 일종의 촉매제가 되어 상이한 사회 관념의 격변을 초래한 점이다. 이는 오늘날의 모든 빅데이터 분석에서는 발견하기 어려운 것이다.

상술한 예는 일상생활에서 비일비재하다. 참과 거짓, 경험과 기호 사이의 경계가 나날이 모호해질 때 우리는 이론에 무슨 문제가 발생했는지를 여전히 판단할 수 있을까? 우리를 끊임없이 소외시키고 평준화하는 예상 밖의 계획들과 구상들에 대하여 합리적 수정을 해낼 수 있을까? 인문과 역사 속에 근본적으로 진실성이 존재하지 않는다면 역사의 교훈은 무슨 의의가 있는가? 20세기 사람들은 한때 역사에 법칙이 있다고 믿었지만, 그 결과 사람의 자유의지를 부정하고 전체주의의 흥기를 가져왔다. 21세기 사람들은 역사의 법칙을 부정하지만, 기묘하게도 과거의 역사가 반복되고 있음을 발견한다.

---

15   John A Paulos, "We're Reading the Coronavirus Numbers Wrong"(18 February 2020), *The New York Times*.

3. 진실성 철학의 연구

나는 진실한 마음의 해체가 오늘날 세계의 헤아릴 수 없이 많은 사회와 사상의 위기의 총체적 근원이라고 생각한다. 현대 사회가 막 형성되고 현대과학이 갓 부상했을 때 인류는 진실한 마음을 가지고 있었고, 겨우 이 수백 년 사이에 과학기술은 일취월장하고 있다. '진실한 마음'이라는 것은 진실성이 인류의 마음 세계에 투영된 것이다. 오늘날 우리는 변화한 물질문명을 갖고 있지만, 인류의 마음을 되돌아보면 오늘날처럼 연약하고, 죽음을 두려워하고, 약해 빠져서 반항하기를 겁낸 적은 없었다. 이 때문에 현재 인류의 앞길은 암담한 것이고, 우리는 장차 문명이 없는 고도 과학기술 세계에 직면하게 될 것이다. 이런 세계에서는 과학기술의 발전도 방향이 없는 것이다.

  이 시대 인류의 기술은 이미 우리가 화성에 가서 생활할 수 있게 지탱하고도 남는다. 우리가 그럴 용기만 있다면 말이다. 그렇지만 우리에게 그런 용기가 있을까? 우리는 이런 기술을 너그럽게 품는 마음이 있는가? 없다! 나는 이런 마음이 없으면 쓰라린 역사의 교훈은 냉대 받아 역사상 몇 번이나 출현한 재난이 재연될 수 있으며 과학기술 성취까지도 100년 뒤에는 잊힐 것이라고 생각한다. 그러므로 오늘날 인문학자들이 해야 할 일은, 인류의 진실에 속하는 크고 웅장한 마음을 재건하는 것이다. 이 마음은 우리의 기술과 서로 짝을 이룰 수 있으나, 기술 그 자체 또는 과학의 전문 연구로부터 생성될 수는 결코 없는 것이다.

  오늘 우리가 자주 듣는 문제는, 어떻게 해야 인류가 존엄성을 지니는 사회를 세울 수 있느냐는 것이다. 기실 존엄한 인생이 존재해야 존엄성 있는 사회가 존재할 수 있다. 그리고 진실한 마음을 갖출 때 사람은 존엄성 있게 생활할 수 있다. 이 때문에 문화와 사회 재건의 핵심은 현대의 진실한 마음을 재건하는 것이다. 그렇지만 반드시 똑똑히 인식해야만 하는 점이 있는데, 전통사회의 진실한 마음은 회복 불가능하다는 것이다. 현대 사회에서 어떻게 사람이 궁극적 관심의 진실성을 갖추게 하고, 또한 그것이 가치의 진실성 및 사실의 진실성과 서로 유지하게 하여, 사람이 다시 한 번 세 가지 진실성의 매개체가 되게 할 수 있을까 하는 것, 이는 시대가 철학자에게 제기하는 질문이다. 나는 이를 '진실성 철학眞實性哲學'의 탐구와 토론이라고 부른다.

'진실성 철학'이라는 용어는 내가 제시하는 것이다. 내가 진실성과 철학 연구를 한 데 섞어 논하는 이유는, 오늘날 철학 연구의 방향이 무엇인지를 더 높은 층위에서 파악하고자 하는 것이다. 서양철학사에서 벗어나 각 문명의 가치체계를 분석하기만 하면,[16] 철학 연구는 고대 그리스 문명에서 기원한 '애지愛智philosophia'로부터 벗어나서 그 깊은 곳에 숨겨진 본질(즉 진실성)에 대한 탐구와 토론으로 방향을 전환할 것이다. 왜

---

[16] 이 글은 주로 '주축 문명軸心文明'의 의미에서 '문명'이라는 용어를 사용한다는 점을 설명해야겠다. 독일의 철학자 야스퍼스Karl Jaspers는 기원전 수백 년 사이에 출현한 그리고 사라진 몇몇 고대 문명들(예: 고대 이집트 문명과 유프라테스, 티그리스강 유역의 문명)의 각기 다른 불멸의 문화들에 최초로 주목해 '주축 문명' 가설을 제시했다. 그 후 서구 학계는 '초월적 돌파[transcendental breakthrough]'라는 개념으로 이 연구를 심화하여 문명-동역학[Civilizational Dynamics] 연구 분야를 형성했다. 나는 『주축 문명과 현대 사회軸心文明和現代社會』에서 위의 가설을 더욱 발전시켰다. 즉 '궁극적 관심[Ultimate Concern]'은 고대 문명이 멸망한 후 인류가 사회로부터 걸어 나와 생명의 궁극적 의의를 찾은 데서 유래하며 이는 곧 '초월적 돌파'이기도 했다. 초월적 돌파를 경험한 문명이 '주축 문명'으로 불리는 까닭은, 인간은 필사의 동물이며 죽음을 극복하려면 죽음을 뛰어넘을 수 있는 의의를 찾아낼 필요가 있기 때문이다. 일단 그 목표를 찾아내면 궁극적 관심의 진실성을 구성한 것이다. 나는 이 책에서 초월적 돌파는 오직 네 가지 목표 유형만이 존재한다는 것을 증명했다. 내가 '네 가지 초월적 시야'라 부르는 그것들은 네 가지 주축 문명 형태, 즉 ①히브리의 구원 종교, ②인도의 해탈 종교, ③고대 그리스·로마의 인지 이성認知理性, ④도덕을 궁극적 관심으로 삼은 중국의 그것[문명]이다. 이들 전통사회가 가리키는 것은 곧 초월적 돌파로부터 모더니티의 기원 사이에 이르는 주축 문명의 단계들이다. 자세한 내용은 진관타오, 『주축 문명과 현대사회軸心文明和現代社會』 참조.

냐하면 문명마다 모두 자기의 궁극적 관심, 도덕 가치 그리고 (궁극적 관심, 가치와 온전히 결합하는) 사실의 진실성이 있기 때문이다. 다시 말해 문명에 따라 진실한 마음은 서로 다르며, 고대 그리스의 '애지'의 이성과 진실에 대한 추구는 진실한 마음의 한 유형일 뿐이다. 바로 이 때문에 우리는 먼저 전통사회의 진실한 마음의 구조를, 그리고 전통사회가 현대로 전환되는 과정에서 맞은 진실한 마음의 해체를 분석해야 한다. 이런 기초 위에서만 진실한 마음이 모더니티와 모순되는지의 여부와, 현대의 진실한 마음의 재건을 탐구하고 토론할 수 있다.

이 목표에 이르기 위해 진실성 철학의 논술은 세 부분으로 나눌 수 있다고 생각한다.

첫째, 왜 현대 사회에 들어서면서, 특히 현대 과학기술 구조가 형성되면서 진실한 마음이 한 걸음씩 무너져왔는가를 역사적 각도에서 분석한다. 실상 모더니티는 궁극적 관심(히브리 신앙)과 [그리스·로마의] 인지적 이성의 이원적 분열이고, [모더니티] 자체가 세 가지 진실성의 상호 유지 메커니즘의 소멸을 의미하고 있다. 오늘날 우리가 진실성을 말할 때는 흔히 사실(객관 실재)의 진실성을 가리키며, 진실성의 더 복잡한 내포는 무시되기 일쑤다. 예를 들어보자. 사실, 가치, 궁극적 관심, 이 세 종류의 진실성은 내재적 통일성이 있고, 그것이 전통사회의 진실한 마음을 지탱하고 있었는데, 이와 같은 통일성이(또는 있어야 마땅한 내적 연계가) 더 이상 존재하지 않는다면 가장 무서운 일이 발생할 것이다. 진실한 마음의 단계적 해체가 그것이다.

실제로는, 진실성이 객관적 실재와 동일시되고 가치의 진실성과 궁극적 관심의 진실성이 와해될 때, 사실(객관 실재)의 진실성도 오래가지 못한다. 결국 인류는 진실과 허위가 구분되지 않는 세계에 살게 된다. 이 운명에 대하여 인류는 정말 무능해서 아무 일도 못하는 것일까? 이것이 우리에게 역사 연구를 통해 진실한 마음이 해체되는 논리를 밝히라고 요구한다. 내 생각은 다음과 같다. 설사 역사 연구를 통해 이 모든 것이 불가피한 것임을 발견한다 해도, 그러니까 예컨대 아시모프Isaac Asimov가 SF『파운데이션』에서 묘사한 것처럼 문명이 퇴행할 수 있고, 기술이 잊힐 수 있고, 현대인이 사상의 암흑기를 살아갈 가능성이 있다 하더라도, 진실한 마음의 역사에 관한 연구를 수행하여 그 '기나긴 암흑기'를 단축해야만 한다. 어떻게 단축할 수 있을까? 나는, 그 관건은 진실한 마음의 상실이라는 역사적 교훈을 수용하는 것이라고 생각한다.

둘째, 방법론 층위에서 현대 사회의 진실한 마음 재건이 가능한지 여부를 논한다. 나는 과학적 진실의 기초가 보편적[일반적]으로 반복 가능한 통제 실험의 자기모순 없는自洽[self-consistent] 확장, 즉 통제된 실험의 결과에 근거해 통제 변수 집합控制變量集[control variables set]을 늘려가고 이를 기반으로 새로운 통제 실험을 할 수 있으며 이 새로운 통제 실험도 보편적으로 반복될 수 있음을 발견했다. 마침 수학은 보편적으로 반복 가능한 통제 실험의 자기모순 없는 확장 구조의 기호적 표현이다. 수학적 진실과 과학적 진실은 동형 구조[이소모피즘]이므로 수학적 진실과 과학적 진실을 가로로 걸치는 아치형 다리를 세울 수 있고 그리하여 과학적 진실의 확장을 가져올 수 있다. 이는 바로 과학 혁명의 때마다 수학의 큰 발전이 수반되는 것을 설명할 수 있다.

이에 근거해, 우리는 중요한 하나의 결론을 얻을 수 있다. 진실성에는 과학적(보편적으로 반복 가능한) 진실, 사회적(일부 사람에 대해 반복 가능한) 진실, 개인적(개인에 대해 반복 가능한) 진실과 같이 서로 다른 영역들이 존재한다. 서로 다른 영역들이 반드시 서로 교차하는 것은 아니다.

진실성의 표준이 서로 같지 않고, 게다가 각 영역의 진실성은 모두 경험과 기호 두 층위가 있다. 서로 다른 진실성의 영역과 층위의 정합을 실현하는 것은 그것들 사이에 아치형 다리를 세우는 것이다. 아치형 다리를 하나하나씩 세울 수 있으면 우리는 궁극적 관심의 진실성, 가치의 진실성, 사실의 진실성이 서로 유지하는 구조를 찾아낼 수 있다. 이 분석이 옳다면 현대 사회에서 진실한 마음의 재건은 가능한 일이다.

셋째, 서로 다른 층위에서 21세기의 진실한 마음은 어떤 것이어야 하는가를 논증한다. 과학적 진실성이든 사회적 진실성이든 개인적 진실성이든 상관없이, 자유의지의 존재가 모든 기호적 진실성의 전제다. 그리고 기호적 진실은 진실성의 각개 영역에 존재하므로 개인의 자유가 원본 가치元價値이고, 도덕과 그 밖의 모든 가치는 개인의 자유로부터 내세워진다. 비록 모더니티가 대두함에 따라 전통사회의 궁극적 관심은 불가피하게 사라졌지만, 진실성의 온전한 전체 구조에서 보자면 전통적인 궁극적 관심과 동등한 가치를 추구하는 것은 결코 허망한 것이 아니다. 다만 철학자들은 지금까지 진실성의 온전한 전체 구조를 탐구 토론한 적이 없었고, 그것들[궁극적 관심의 진실성, 가치의 진실성, 사실의 진실성]의 존재를 알지 못했다. 이러한 의미에서 현대적 의미의 궁극적 관심은 재구축될 수 있다. 다원적인 현대의 궁극적 관심은 가치의 진실성, 사실의 진실성과 온전히 결합하여 현대인의 진실한 마음을 구성해야 하고, 그리하여 21세기 인류의 과학, 정치-사회, 철학 영역의 탐색을 위한 새로운 토대를 마련해야 한다.

찾아보기

ㄱ

가치 다원주의 513, 520
개인의 독립 506, 538, 567, 574, 575~577, 587
개인의 자주성 515, 538, 552, 557, 562, 564, 567, 570~571, 573~575, 608
개인주의 310, 478, 482, 499, 576, 584
건가乾嘉 고증학 331
게오르그 빌헬름 프리드리히 헤겔 291, 293, 451, 520, 604
격의 불교 134
경자사변庚子事變 355, 363~365, 524, 528, 561
경지境界 층위 278~280, 282, 287, 291~292, 326, 333, 335
고문경古文經 107~108, 111, 198, 333~334
고문경학 109~111, 118, 125, 198, 333, 356
고염무顧炎武 269, 273, 275, 277~278, 280~282, 290, 311, 313~314, 322, 325, 327~328, 330, 337, 342~343, 352, 361~362, 366, 374, 376, 405, 420~421, 430
공공 의지 94
공덕公德 522, 531~532, 565, 571
공론空論 140, 529
공리公理 122, 170, 365, 395, 441, 474, 481, 522, 526, 529~531, 556, 567
공리주의 74, 543, 580
『공산당 선언』 472, 593~594
공산주의 49, 102, 285, 315, 366, 436, 443~444, 471~473, 475~476, 482, 492, 506, 551~553, 584, 602~603, 609
공자孔子 60~62, 64, 66, 69, 95, 101, 108, 110, 116, 154, 156, 159, 163, 172~173, 181, 199, 204, 208, 225, 239, 280, 309, 330, 333~334, 356, 467, 479, 493, 600
과학일원론 515, 525~529, 532~534, 592, 595, 602, 604~606
과학주의 35, 186, 332, 334, 336~337, 341, 426, 487, 515, 624, 637, 650
과학혁명 261, 265, 451, 512~513, 515~516, 536, 543 547, 605
관계의 '유有' 432
구마라습鳩摩羅什 143
『국부론』 595
권리의 도덕화 512, 515, 545, 551, 572~573, 585, 587~588, 591~592, 603~605
귀무貴無 513, 155, 228
그리스 전통 94, 541
금문경학 59, 63~64, 71, 107~111, 116, 118, 332~334, 340~341, 345, 347~351, 356~357, 360~363, 373~374, 379, 399, 527
급진주의 35, 465, 641
기 중심적 유물론主氣唯物論 300, 312, 420, 442, 486
기독교의 입세적 전향 184

ㄴ

나흠순羅欽順 289
낭만주의 426, 515, 518, 521, 552
내성외왕內聖外王 161~164, 233~234, 490
『노자』152, 160
노자老子 65, 129~130, 154, 171, 280, 309, 500
노장老莊 31, 125, 128, 130, 134, 137~138, 150, 153~154, 159, 256, 429, 458, 470, 475
『논어』330

ㄷ

단계적 혁명론 509
단절형斷裂型 246, 251~252, 279, 310
담사동譚嗣同 312, 359, 362, 417, 425, 428~430, 432~436, 441~443, 445~446, 454, 460~461, 465~466, 475, 491, 497~498, 501, 557, 560
대일통大一統 37, 39~43, 45, 50, 52, 59, 62~65, 69, 78, 86, 107~110, 112, 116~117, 123, 151, 179, 181~182, 186, 194, 198, 201~202, 224, 233, 253, 270, 334, 354, 356, 418, 468
대진戴震 246~247, 251, 304~314, 321, 326, 338, 367, 381
데이비드 흄 545~547
데카르트의 이원론 516~520
도구적 이성 215, 645
도덕 경세 269, 278, 375, 380, 391
도덕 활동의 구조 94
도덕가치 역전 89, 91~93, 102, 349
도덕가치 일원론 47, 56~62, 71, 73~74,

77, 81, 86, 91, 97~98, 102, 107, 124~125, 127, 131~133, 141, 143~147, 165, 193, 222, 235~236, 239~240, 246~247, 250~254, 297, 311, 350, 363, 366, 440, 489, 522~524, 530, 533, 602
『도덕경』129
도덕과 사회제도의 합일 87
도덕과는 다른 (종류의) 정당성 539, 543
도덕규범의 바람직하지 않음 96
도덕의 바람직성 82~85, 88~91, 98~99, 112, 114, 116, 316, 587
도덕의 법률화 55
도덕이상주의 32~33, 52, 60, 103, 211, 241, 368, 464, 466~469, 592, 608~609
도덕화한 우주 247, 255
독화獨化 165, 168, 170, 174
동중서董仲舒 59, 66~68, 115~116, 333

ㄹ

량치차오梁啓超 244, 285, 311, 324~325, 337, 365, 415, 439, 446, 454, 458, 461, 475, 491~492, 497, 531~532, 560~562, 569, 571, 583, 599, 606
류사오치劉少奇 33, 436, 443~444
류스페이劉師培 29, 472, 478~480, 485, 599

ㅁ

마르크스레닌주의의 유가화 367
마르크스레닌주의의 중국화 315, 367
마르크스주의 31~32, 48, 95, 149, 366, 443,

464, 476, 489, 506, 512, 521, 527, 553, 588, 591~594, 601~604, 606
마오쩌둥 사상 29~34, 102, 256, 315, 367, 442, 463, 603, 607
막스 베버 48, 50~51, 72~73, 180, 184~186, 214~217, 536
『만국공법萬國公法』555~556
『맹자』337, 410, 438
맹자孟子 60, 62~63, 66, 95, 101, 163, 172, 203, 225, 280, 306, 309, 410, 454
머우쭝싼牟宗三 248~249, 297
메타 층위 96~97, 101, 150, 180, 183~184, 186~187, 199, 217, 236, 252~253, 326, 504, 509
『명이대방록明夷待訪錄』296, 301, 314, 362, 376, 470
묘유妙有 140~141, 143~145, 481, 483
무신론 178, 518
무실파務實派 385, 389~392, 509
무욕 137, 225, 256, 432
무위 66, 91~92, 118, 120, 122, 124, 127~128, 131~134, 136~138, 141, 150, 152~156, 158~165, 167, 172, 174~176, 191, 198, 219, 419, 457, 468, 480, 190, 502
무정부주의 94, 366, 426, 429, 471~472, 478~480, 482~487, 489, 492~493, 515, 545, 551~553, 573, 584, 592, 594, 602
문화 민족주의 521
문화 심층구조 102, 106, 179, 192, 199, 208, 504~505, 515, 605
문화 엘리트주의 241
문화 융합 31, 82, 92, 96, 98, 100~101, 180, 253, 265, 368, 420, 514, 605, 610
문화대혁명文化大革命 32~34, 96, 102~103, 436, 476, 487
물각자조物各自造 150, 158~160, 168~169
물질적 '무無' 224, 228

ㅂ

바람직성可欲性 82, 84~85, 183, 583
박학樸學 323, 325, 328, 330~331, 342, 344~345, 361
반야공종般若空宗 140~141, 143, 193
반야학 70, 139~145, 147~148, 222
반이성주의 522, 526~527
반전통주의 31, 366, 574
반주지주의 33, 241, 315
법률의 도덕화 55
법제형 지배 50
변증법적 유물론 314~315, 441, 443, 455, 462, 513, 515, 519~520, 527, 534
본체론 127, 129, 141
부분적 가치 역전 89, 91~92, 95, 97, 123, 368, 502, 506
불교의 중국화 147
불성론 139, 145~146, 175

ㅅ

사공事功을 강화하는 102
사덕私德 522, 531~532, 571
사상 변천의 장기적 양식 37
사회 정합 (방식) 37, 39, 41, 45, 47, 49, 51~52, 54, 61, 70, 88, 90, 96~100, 102~103, 107, 116~117, 166,

183, 199, 212, 252, 254, 352, 354~356, 366~367, 372, 405, 407~408, 413, 419, 605~607
『사회계약론』302, 598~599
사회다원주의 445, 447, 452, 454~460, 521, 525~528, 532
사회주의 49, 366, 402, 426, 472~473, 476, 478, 492, 515, 571, 573, 583, 585~586, 588~589, 592~594, 598, 601, 604
삼민주의三民主義 102, 256, 367, 599
상대주의 478, 482
상력설尙力說 293, 314, 366, 455, 457, 459, 461
상식이성 96, 101~102, 168, 172, 174~176, 178~180, 182~184, 186~187, 191~195, 198~202, 204~208, 211~214, 217, 220, 222, 232, 235~237, 243, 245~247, 249, 252~254, 266, 276, 279, 294, 297, 303, 326, 329~330, 332~335, 337~339, 341, 345, 347, 356, 487, 503~507, 509~510, 554~555, 605~606
상식합리 101, 168, 170, 172~174, 180, 182~183, 187, 208~209, 213, 246, 251, 253~254, 266, 292, 294, 315, 329
상식합리 정신 101, 168, 171, 182, 208
새로운 이원론(신이원론) 522, 525~526
석가모니 139, 143
『선산유서船山遺書』373, 382~383
선善 의지 75, 84, 92~95, 124, 128, 133~136, 139~140, 148, 153~154, 193, 237, 326, 512, 515, 537~538, 540~541, 548~551, 554~555

선종禪宗 191~197, 209~222, 228, 233, 244, 272
성왕합일聖王合一 47, 50
성즉리性卽理 232, 237, 246, 310, 329
송명이학 31, 161, 163~164, 186, 221, 237, 247~252, 260, 256, 260, 267, 269, 272~275, 279, 287, 289, 292, 309~310, 313, 316, 321, 323, 325~329, 331~333, 336, 340~342, 345, 380, 405, 420, 432, 469, 471, 490, 509
송명이학 제3계열 246~251, 255, 285~286, 288~289, 296~297, 299~300, 303~307, 311, 313~316, 367, 431, 434, 441~444
수신修身 구조 140, 193, 326
『순수이성 비판』548
『순자』556
순자荀子 63, 121
신고전주의 517
신도가新道家 66
신문화운동 102, 312, 358, 361, 366~367, 418, 454, 456, 458, 492, 506, 508, 528, 533~534, 573~574, 587~588, 600~601, 603, 605~607
『신민설新民說』531~532
신유학新儒學 35, 66, 534
신전통주의 607
『신청년』461, 574, 588~599, 601
신해혁명 366, 574, 576, 586~587
『실리공법전서實理公法全書』412, 473~474, 556
실천론 292
실천주의 285, 313, 420

실학 경세 278, 375
심물 이분의 이성주의理性主義 516~519, 523, 526
심물心物 이분二分의 이원론二元論 515, 518, 525, 536, 543
심성론心性論 139, 144~145, 148, 193, 222~223, 244, 280
심즉리心卽理 237, 307, 310, 329
심학心學 33, 235, 240~246, 250~251, 254, 256, 262, 272, 275, 285~290, 296~300, 311, 325, 328~329, 333, 533
쑨중산孫中山(쑨원) 402, 446, 454, 472, 569, 571, 599~600

ㅇ
아리스토텔레스 93
아이제이아 벌린 370, 549
안원顔元(습재) 269~270, 277~278, 283~285, 290, 311, 313~315, 327, 366, 420, 470
애덤 스미스 542, 546, 596
앨러스터 매킨타이어 537, 542
양무운동 35, 371, 385~386, 388~389, 392, 396~398, 401~405, 407~408, 411, 413, 416~417, 419, 446, 510, 522, 555~556, 572
양무파 385, 390, 392, 394, 397, 407~408, 412
양유음불陽儒陰佛 221
에른스트 헤켈 526, 528
엘리트주의 507, 601
역사적 유물론 462
『열반경涅槃經』 144~145
열반적정涅槃寂靜 183

열사烈士 정신 425, 433, 435~436, 440, 443, 445, 460, 479
영구혁명(부단한 혁명) 503
영국 계몽사상 517, 544, 546
영미 경험주의 94, 517, 526, 535, 540, 543, 549, 551, 580, 592, 596
영미 자유주의 533, 550, 591~592, 594~595, 604
『영환지략瀛環志略』 377
예로써 이를 대신함以禮代理 380
예현쌍수禮玄雙修 160, 162
오랑캐의 특기를 배워 오랑캐를 누른다師夷長技以制夷 371, 375
왕부지王夫之(왕선산王船山) 269~270, 273, 275, 288, 290~296, 300, 302~303, 305~306, 311~315, 322, 327, 342, 361~362, 366, 373, 378, 382~383, 386, 397, 402, 405, 420~421, 425, 430~432, 434, 441~443, 455, 459~463, 486
왕양명王陽明 33, 235, 238~239, 240~244, 254, 261, 272, 280, 283, 286, 296, 298~300, 313, 324, 332, 533
왕조의 주기적 교체 45, 621
용수龍樹 140, 144, 329, 501
우주론 유학 70, 107, 111, 113, 116~119, 121, 123, 128, 133, 136, 151~152, 155, 418~419
위르겐 하버마스 71, 73, 184~186, 212, 216~217
유가 윤리 42~44, 50, 76, 123, 150, 156, 172, 208~209, 211, 233, 242, 244, 301, 350~351, 355, 359, 363, 365, 387, 389~390, 409, 416,

421, 428, 431~432, 439~440,
446, 466, 468, 471, 473, 500,
505, 507, 523, 531, 533, 555,
561, 571~572, 575, 587, 601
유가 이데올로기 50, 55, 69, 74, 77~78, 80,
86, 152, 169, 180, 183, 185,
198~199, 204~205, 212, 217,
219~220, 222, 232, 240, 252,
256, 266, 269~271, 316, 336~
337, 361~363, 366, 368, 379,
388, 392, 405, 407, 413~415,
418~419, 467, 471, 488, 500~
503, 510, 522~523, 527, 555,
605
유기론唯氣論 230, 270, 287~290, 292, 294,
296~297, 299, 305, 311~314,
326, 366~367, 397, 425, 430~
434, 441~442, 459~460, 462
유럽 대륙의 이성주의(대륙 이성주의) 517,
543~544, 546, 548~549, 551,
595
유물론唯物論(유물주의) 147, 230, 257, 270,
292~293, 300, 312, 314~315,
366, 420, 426, 441~443, 455,
462~463, 486, 513, 515, 518~
520, 522, 526~528, 534, 592,
604
유사 과학주의類科學主義 332, 336~337
유사심학類心學 254, 296~297, 313~314,
367
유사이학類理學 254~256, 288, 294~296,
312, 314~315, 335, 367
유식론唯識論 139~141, 145~147, 481~482,
507~508
유신維新 사상(사조) 355, 363~364, 396, 428
유토피아주의 426, 552, 602, 604

유학의 현대적 전환 317, 332, 334, 340,
349~351, 356, 358, 360, 362,
366, 368, 533, 605~606
육상산陸象山 235, 237~238
육상원융六相圓融 148
육왕심학陸王心學 237, 242, 244, 246~248,
274, 280, 282~283, 289, 299~
300, 305~307, 311, 313~314,
324~325, 328~329, 335
응변應變 107~110, 112, 318
의사불학擬佛學 488, 500~501, 503, 509
이기이원론理氣二元論 224
이데올로기 교체 99~100, 102, 254, 603,
605~606
이례경세以禮經世 378, 380~381
이리살인以理殺人 304~306, 308, 314
이성 권위의 이원화 205, 207, 214
이성화理性化 180, 183, 187, 212~217, 220,
223, 235~236, 245~255, 266~
267, 276, 279, 332~334, 337,
339, 345, 426, 505~506
이원론 유학 340, 350~351, 355, 360, 362~
363, 365~366, 524, 527~528,
533~534, 592, 603, 606~607
이학경세파 380, 383~384, 387~388, 397,
405, 419
이학의 제4계열 246, 251
인지상정人之常情 101, 168, 170~172, 174,
183, 186, 191, 193, 213
『인학仁學』312, 425, 429~430, 433~434,
436, 442, 445, 460~461, 465~
466, 491, 498
일원론적 과학주의 515
일체화 구조 45~47, 49, 52~56, 59~63, 66,
70, 77, 80, 82, 86, 88~89, 98~
100, 108~110, 116~117, 132,

151, 165, 169, 180, 182, 186,
199, 206, 211, 217, 230~231,
245, 253, 269~271, 331, 334,
349, 351~352, 355, 361, 371,
372, 382, 384~387, 389, 393~
395, 397~398, 404~406, 408~
410, 418~419, 468, 503, 605
임마누엘 칸트 75~76, 501, 519~520, 532~
533, 537, 548
입세入世 정신 97, 118, 124, 182, 186, 191~
192, 194, 198, 209, 278, 326,
430, 432, 441, 469, 483, 500~
503, 505, 508, 510, 606

ㅈ

『자본론』 593
자오비전趙必振 593
자유민권 운동 597
장 자크 루소 302, 472, 499, 545, 550~553,
580, 591, 598~600
『장자』 65, 152, 158~160, 163, 277
장자莊子 134, 154, 159, 163, 280
장재張載 229, 249~250, 288, 290, 296~297,
299, 314, 433, 470
장지동張之洞 363, 365, 396, 412, 567
장지張繼 567, 600
장타이옌章太炎 29, 324~325, 472, 478,
480~483, 485~486, 491, 497,
501, 507~509, 529
재성才性 127, 131~132, 143
전면적 가치 역전全般性價値逆反 89, 91~92,
97, 123~124, 137, 150, 155,
161, 180, 183, 502, 507, 605
전체주의 47, 52~53, 103, 540, 603, 609
정이程頤(이천伊川) 210, 225~227

정주이학程朱理學 230, 232~233, 235~236,
238~240, 244, 246, 248, 250,
254, 271, 274, 279~280, 283,
287~289, 291~294, 299~302,
305~306, 310, 313~314, 324~
325, 328~329, 335, 340, 348~
349, 380, 391, 431~432, 445,
461
정치 문화의 운반체 52
정호程顥(명도明道) 210, 223~225, 246, 248,
250
제1차 융합 89, 100~101, 107, 116, 150, 183,
187, 252, 255, 419~420, 490,
605~606
제1차 이성화 235, 245, 252, 266~267, 276,
332, 334, 345
제2차 융합 90, 92, 99~102, 187, 255, 261,
265~266, 318, 358, 368, 419~
420, 426, 428, 513, 515, 535,
605~610
조지 버클리 546
존 로크 542, 546, 600
존 밀턴 54
존 스튜어트 밀 549, 596~597
존재와 당위 74
주자학 221, 275, 281, 325, 336, 381
중관中觀 140
중국식 자유주의 256, 310, 367
중국식 진보관 445, 447, 453, 462
중국식 진화론 445, 447, 453
중체서용中體西用 396
증국번曾國藩 378, 381~383, 385, 387~388,
393, 400
진보관 445, 447, 450~452, 455, 459~460,
462, 486, 525~526, 528, 534

ㅊ

차이위안페이蔡元培 501, 506, 600
천도무위天道無爲 121~122
천두슈陳獨秀 454, 533, 575~576, 579~580, 582~584, 600
천리 경지 326, 405, 503, 509
천리 세계 70, 224, 228, 233, 283, 287, 291, 333, 432, 434, 436, 464~465, 469, 471, 473~475, 480, 482~483, 488, 498, 509
천인감응 학설 66, 107~108, 111~112, 114~116, 119, 123, 176, 201~202
천인분리天人相離 121~122
천인커陳寅恪 29, 37
천인합일天人合一 47, 56~57, 59, 61, 63, 65~67, 69~71, 73~74, 81, 86, 88, 91, 97~98, 101~102, 107, 115, 122, 124~125, 127~133, 141~143, 154, 147, 165, 172~173, 199, 201~204, 212~213, 220~222, 224~225, 228, 232, 236~237, 246~247, 249, 252~255, 272, 286, 294, 311, 316, 333~334, 350, 363, 440, 452, 467~468, 489, 522~524, 530, 602
천태종天台宗 147~148, 209
『청의보淸議報』561, 599
청의파淸議派 385, 390, 392, 404, 407~412, 416, 428
체용불이體用不二 397
첸무錢穆 30, 147, 167, 311, 460
초안정 시스템(구조) 71, 80, 99, 101, 176, 261, 263
초월의식 130, 161, 164, 167~168, 468
추용鄒容 435~436, 441, 566, 599

ㅊ

치양지致良知 235, 238, 240~243, 261, 272, 299, 324, 261, 272, 299, 324

ㅋ

카리스마 47, 50
칸트의 이원론 철학 520, 533
칼 폴라니 536
캉유웨이康有爲 362, 365, 398~399, 412, 445~446, 453~454, 464, 473~476, 479, 482, 486, 491, 497~498, 501, 556, 559, 606

ㅌ

탕융퉁湯用彤 29, 165
토머스 헉슬리 464, 452, 455~458, 526, 596

ㅍ

파리코뮌 401, 593
파시즘 49, 515, 521, 527, 591~592
판결적 검증 404
펑유란馮友蘭 230~231
평민주의 426, 488, 499, 508, 582
포스트모더니즘 35, 38
포퓰리즘民粹主義 488, 498~500, 503, 507~509, 515, 545, 551~552, 592, 601, 604
프랑스대혁명 49, 499, 553, 592, 594, 597~598
프랑스식 계몽사상 553, 592~594
프리드리히 니체 527, 633, 656
프리드리히 하이에크 549

ㅎ

하분지학河汾之學 201, 204
학술 경세 331
한유韓愈 64, 129, 133, 137, 173, 199, 203, 207, 211, 249, 330, 446, 501
한학漢學 266, 325, 329, 338, 340, 344, 374, 380~382, 400
합법성 42, 49~50, 52, 55~56, 61~63, 71~73, 87, 96~98, 109, 151~152, 165, 201~204, 215, 271, 272, 349, 352, 355, 363, 439~440
『해국도지海國圖誌』 262, 371, 375~377, 403
허버트 스펜서 452~453, 456~458, 525, 580, 596
혁명 유토피아 92, 95, 102, 149, 162, 186, 366, 478, 488~490, 500, 505~507, 509~510, 533, 589, 592, 594~595, 601~602, 605
혁명 인생관 315, 362, 434, 443~444, 490
현학玄學 31, 92, 101, 119, 124~125, 129, 132~134, 137, 142, 150, 152~155, 160~161, 164~168, 172, 174~175, 177, 181~182, 208, 218~219, 419, 502
형식적 '유有' 224, 228
혜강嵇康 153, 156, 177, 470
혜원慧遠 147, 178
화엄종華嚴宗 147~148, 209
황로지학黃老之學 (황로학) 65~66, 127, 457
황종희黃宗羲 269, 278, 296~297, 299~303, 314~315, 324, 327, 342~343, 352, 361~362, 366, 376, 386, 420~421, 470, 599
「황하의 요절河殤」 33
회의론 545~548, 555
후스胡適 304, 309, 311, 325, 337, 436, 454, 581
히브리 전통 94, 541

중국 현대사상의 기원
초안정 구조와 중국 정치문화의 변천

초판인쇄 2024년 9월 12일
초판발행 2024년 9월 27일

지은이 진관타오·류칭펑
옮긴이 송종서
펴낸이 강성민
편집장 이은혜
기획 노승현
마케팅 정민호 박치우 한민아 이민경 박진희 정유선 황승현
브랜딩 함유지 함근아 박민재 김희숙 이송이 박다솔 조다현 정승민 배진성
제작 강신은 김동욱 이순호

펴낸곳 (주)글항아리 | 출판등록 2009년 1월 19일 제406-2009-000002호

주소 경기도 파주시 심학산로10 3층
전자우편 bookpot@hanmail.net
전화번호 031-955-8869(마케팅) 031-941-5161(편집부)

ISBN 979-11-6909-295-1 93150

잘못된 책은 구입하신 서점에서 교환해드립니다.
기타 교환 문의 031-955-2661, 3580

www.geulhangari.com